JOZEF BANÁŠ

Jubelzone

„Die Vergangenheit von jedem
erkennen Sie daran,
wie er sich heute verhält.“

(Willy Brandt)

WELTBUCH
History

JOZEF BANÁŠ

Jubelzone

Mit einem Vorwort von Peter Pragal

11. Mar. 2013

Aus dem Slowakischen übersetzt
von
Lydia Heinzl

Die slowakische Originalausgabe ist unter dem Titel »Zóna nadšenia«
2008 im Verlag Kelion erschienen
»Buch des Jahres 2008 in der Slowakei«

Dieser Roman beruht auf wahren Begebenheiten.
Einige Charaktere und Ereignisse sind aber frei erfunden.

Dieses Buch erschien
mit freundlicher Unterstützung von:

Slolia - Slowakisches Literatur- und Informationszentrum in Bratislava

und der

Prvá stavebná sporiteľňa Bratislava

WELTBUCH Verlag GmbH, Dresden
www.weltbuch.com

ISBN 978-3-938706-25-1

Umschlaggestaltung: Dirk Kohl
Gesetzt bei WELTBUCH Verlag GmbH, Dresden
Druck und Bindung: Stredná odborná škola polygrafická, Bratislava

INHALT

DANKE 9
VORWORT von Peter Pragal 11
PROLOG 15

TEIL I
Kapitel 1: KIEW 2005 19
Kapitel 2: BERLIN (West) 1968 22
Kapitel 3: KIEW 1968 26
Kapitel 4: NEUWIED 1968 33
Kapitel 5: MOSKAU 1968 38
Kapitel 6: PRAG 1968 44
Kapitel 7: KIEW 1968 45
Kapitel 8: WASHINGTON 1968 48
Kapitel 9: BRATISLAVA 1968 53
Kapitel 10: PRAG 1968 57
Kapitel 11: KOKTEBEL (Krim) 1968 61
Kapitel 12: NEUWIED 1968 66
Kapitel 13: BRATISLAVA 1968 70
Kapitel 14: ZVOLEN (Slowakei) 1968 76
Kapitel 15: BRATISLAVA 1968 83
Kapitel 16: MOSKAU 1968 87
Kapitel 17: BRATISLAVA 1968 94
Kapitel 18: BRATISLAVA 1968 97
Kapitel 19: USCHGOROD (Ukraine) 1968 104
Kapitel 20: BERLIN (West) 1968 108
Kapitel 21: BERLIN (West) 1968 115
Kapitel 22: KIEW 1968 120
Kapitel 23: NEUWIED 1968 122
Kapitel 24: BRATISLAVA 1969 125
Kapitel 25: KOLODNE (Ukraine) 1969 131
Kapitel 26: NEUWIED 1969 132
Kapitel 27: KOLODNE (Ukraine) 1969 139
Kapitel 28: NEUWIED / BRATISLAVA 1969 141

TEIL II

Kapitel 1: BRATISLAVA 1970 147
Kapitel 2: BERLIN (West) 1970 156
Kapitel 3: PREŠOV (Slowakei) 1970 - 1971 163
Kapitel 4: KOMSOMOLSK AM AMUR 1971 172
Kapitel 5: BRATISLAVA 1971 – 1974 181
Kapitel 6: BERLIN (West) 1971 – 1972 196
Kapitel 7: PIESTANY (Slowakei) 1975 202
Kapitel 8: BERLIN (West) 1972 – 1979 218
Kapitel 9: MOSKAU 1977 221
Kapitel 10: PRAG 1977 227
Kapitel 11: BERLIN (West) 1981 237
Kapitel 12: MOSKAU 1979 / FEYZABAD 1982 240
Kapitel 13: PRAG 1978 254
Kapitel 14: MOSKAU 1982 262
Kapitel 15: BRATISLAVA 1977 - 1980 271
Kapitel 16: BERLIN (West) / NEUWIED 1982 - 1983 283
Kapitel 17: BRATISLAVA / PRAG 1982 291
Kapitel 18: MOSKAU 1982 - 1987 298
Kapitel 19: BERLIN (Ost) 1983 - 1986 305
Kapitel 20: BERLIN (West) 1987 322
Kapitel 21: BERLIN (Ost) 1987 326
Kapitel 22: MOSKAU 1988 330
Kapitel 23: PRAG / BERLIN (Ost) 1987 336
Kapitel 24: PRAG 1987 338
Kapitel 25: BERLIN (Ost) 1987 343
Kapitel 26: BERLIN (Ost) / MOSKAU 1989 347
Kapitel 27: BERLIN (Ost) 1989 351
Kapitel 28: BERLIN (Ost) / FRANKFURT (Oder) 1989 355
Kapitel 29: BERLIN (Ost) 1989 362
Kapitel 30: BERLIN (Ost) 1989 365
Kapitel 31: BERLIN (Ost) / BRATISLAVA 1989 368
Kapitel 32: BERLIN (Ost) 1989 373

TEIL III

Kapitel 1: PRAG / BRATISLAVA 1989 381
Kapitel 2: BRATISLAVA / PRAG 1989 388
Kapitel 3: MOSKAU 1989 - 1991 396
Kapitel 4: BERLIN (Ost) 1989 400
Kapitel 5: BRATISLAVA 1989 402
Kapitel 6: BRATISLAVA 1989 - 1991 407
Kapitel 7: BERLIN 1991 411
Kapitel 8: WIEN / PRAG 1992 415
Kapitel 9: MOSKAU / KIEW 1991 - 2005 418
Kapitel 10: BRATISLAVA 1992 - 1999 422
Kapitel 11: PRAG / BRATISLAVA 1992 - 1998 428
Kapitel 12: BERLIN 1990 - 2005 429
Kapitel 13: BRATISLAVA 2001 - 2004 432
Kapitel 14: BRATISLAVA 2004 439
Kapitel 15: KIEW 2005 448
Kapitel 16: BRATISLAVA 2005 455
Kapitel 17: BERLIN / BRATISLAVA 2006 463
Kapitel 18: KOLODNE 2006 472

EPILOG 487

DANKE

Der Autor denkt zwar allein, aber er schreibt mit vielen gemeinsam. Mit denen, die ihm beim Beschaffen vom Archivmaterial behilflich sind, die ihre kritischen Meinungen äußern oder in den Momenten der aufkeimenden Zweifel Mut spenden. Ich möchte mich vom ganzen Herzen bei allen, die mir geholfen haben, dieses Buch zu schaffen, bedanken und bei einigen besonders:

Meine Frau Maria, Töchter Maria und Adelka, die Weihnachten 2005 nach 37 Jahren Thomas in Berlin gefunden haben und wir so diese Geschichte angefangen haben zu schreiben.

Thomas Angermann, mit dem ich Ostern 2006 in Erinnerungen schwelgte und unsere Gedanken zur Basis dieses Romans wurden.

Ola und Michail Obicki aus dem Dorf Kolodne, die mich zur Hochzeit eingeladen hatten und ich so Iwan kennenlernte.

Iwan Iwanowitsch Pauk, der beim Einmarsch in die Tschechoslowakei im August 1968 dabei war und mir ermöglichte, in die Seele eines Soldaten der Sowjetischen Armee reinzuschauen.

Peter Hartmann, ein Freund aus Berlin, der mir eine Menge wichtiger Unterlagen und Ratschläge zur Verfügung gestellt hat.

Franz Eder, ein Journalist aus Wien, der unser Leben der damaligen Zeit von drüben beobachtet und festgehalten hat.

Lydia Heinzl, eine hervorragende und engagierte Übersetzerin.

Peter Pragal, der damalige »Stern«-Korrespondent in Ostberlin und Prag, der mir mit seiner Freundschaft mein diplomatisches Dasein in der DDR angenehmer machte.

Dirk Kohl, der Dresdner Verleger, der von allen deutschen Verlagen am besten nicht nur die Idee, sondern auch das Herz dieser Geschichte verstand.

VORWORT

von Peter Pragal

Diplomaten neigen häufig dazu, nach der Pensionierung ihre Erfahrungen und Erlebnisse aufzuschreiben und als Buch zu veröffentlichen. Manche schildern Geschichte und Menschen der Länder, in denen sie Dienst taten. Andere beschränken sich auf die Analyse politischer Vorgänge. Und wieder andere stellen sich selbst in den Mittelpunkt und erzählen ausschweifend ihr berufliches Leben. Jozef Banáš wählte keine dieser publizistischen Formen. Er schrieb einen Doku-Roman, in dem er Zeitgeschichte mit dem Schicksal von teils fiktiven, teils authentischen Personen geschickt verknüpft.

Die dramatisch zugespitzten Lebensläufe seiner Protagonisten, eingebettet in die jüngere Historie Mittel- und Osteuropas, ermöglichen es vor allem jüngeren Lesern, rational und emotional nachzuvollziehen, was sich seit Ende der 60er Jahre zwischen Moskau, Kiew, Bratislava, Prag und Berlin bis zum Fall des Eisernen Vorhangs ereignet hat. Und in welche Konflikte Menschen gestürzt wurden, die unter den Bedingungen von kommunistischen Diktaturen leben mussten. Wie sie sich beugen und lavieren mussten und trotzdem versuchten, ihre Selbstachtung zu wahren.

Hauptfiguren in diesem Polit-Thriller sind die Ukrainerin Alexandra Josifowna, genannt Sascha, ein Westdeutscher mit Vornamen Thomas und der mit ihm befreundete Slowake Jozef Balaz, der unverkennbar die Züge des Autors trägt. Ihre an persönlichen Schicksalsschlägen reichen Lebensgeschichten spiegeln die Erfahrungen wider, die viele Menschen ihrer Generation diesseits und jenseits des Eisernen Vorhangs gemacht haben: Verstrickungen in den politischen Extremismus im Westen, Machtkämpfe, Opportunismus und Treuebruch im Osten. Aber auch Beispiele von selbstlosem Handeln und grenzüberschreitender lebenslanger Freundschaft.

Ich habe Jozef Banáš in den 80er Jahren in Ost-Berlin kennengelernt. Ich war damals DDR-Korrespondent des Hamburger Magazins »Stern«. Zugleich war ich in Prag und anderen Hauptstädten des Ostblocks akkreditiert. In der Botschaft der damaligen CSSR bekam ich das Visum für meine Reisen an die Moldau. Bei dieser Gelegenheit habe ich mich regelmäßig mit dem Presse-Attaché unterhalten. Jozef Banáš war anders als die Funktionäre aus dem DDR-Außenministerium: Locker und offen. Einer, der seine kritische Meinung nicht hinter Phrasen versteckte. Später sind aus den beruflichen auch private Kontakte geworden.

Der lebenskluge Diplomat, der Apparatschiks herzlich verabscheute, hat in seinem Gastland genau hingeschaut, wie ein guter Journalist, der er auch war. Die Schilderung des alljährlichen Volksaufmarsches am 1. Mai, die dem Buch den Titel gab, ist durchzogen von bissiger Ironie. Dem Leser wird die Verlogenheit des inszenierten Spektakels vor Augen geführt, bei dem die Mächtigen auf der Tribüne den Untertanen huldvoll winkten, während diese ihre Führer mit vorgegebenen Parolen hochleben ließen. Aber kaum waren die Jubler aus dem Blickfeld der Fernsehkameras verschwunden, war es mit der Begeisterung für den realen Sozialismus vorbei. Am Ende warfen sie ihre Transparente in bereit gestellte Container, die gleich nach dem Ende des Umzugs zur Müllkippe gebracht wurden.

Köstlich auch zu lesen, wie Balaz alias Banáš mit seinem Hang zu kleinen Provokationen Volkspolizisten in Verlegenheit brachte. Als wohl einziger Botschaftsangehöriger in Ost-Berlin fuhr er einen Trabant, einen Zweitakter aus Zwickau mit rotem Diplomaten-Kennzeichen. Es bereitete ihm großes Vergnügen, wenn er bei Verkehrsverstößen gestoppt und vom Uniformierten als vermeintlicher DDR-Bürger barsch angeschnauzt wurde. Kaum hatte er dem verdutzten Ordnungshüter seinen roten Ausweis gezeigt, murmelte der Entschuldigungen und schlich davon.

Viele Abschnitte der »Jubelzone« lesen sich wie ein Geschichtsbuch. In knappen Szenen lässt der Autor Politiker, Militärs und Geheimdienstler zu Wort kommen, wie sie Entscheidungen von historischer Tragweite vorbereiten und treffen. Das beginnt im Moskauer Kreml beim Abwägen des Für und Wider beim Einmarsch der Warschauer-Pakt-Truppen 1968 in die Tschechoslowakei und endet bei der Entmachtung von Michail Gorbatschow und dem Zerfall der Sowjetunion. Einige Dialoge, die zur Zeit des »Prager Frühlings« spielen, sind gut recherchiert und wirken authentisch. Andere sind fiktiv, kommen aber der historischen Realität ziemlich nahe. Überdies fesselt das Buch mit der Wiedergabe von Begebenheiten aus dem diplomatischen Alltag, wie sie nur jemand beschreiben kann, der dabei gewesen ist.

Die Protagonisten des Buches sind verwoben mit Ereignissen, die einst Menschen aufrüttelten, in Atem hielten oder Widerspruch provozierten. Die Studentenunruhen in West-Berlin, der RAF-Terror in Westdeutschland, Willy Brandts Kniefall in Warschau kommen ebenso vor wie der Rückzug der Roten Armee aus Afghanistan, Gorbatschows Reformpolitik, die friedliche Revolution in der DDR, die »samtene« in der Tschechoslowakei und der Fall der Berliner Mauer.

Jozef und Sascha sind keine Heldengestalten. Sie erleben die Ohnmacht des Individuums in totalitären Gesellschaften. Sie leiden unter Korruption, Misswirtschaft und der Unfähigkeit von Funktionären. Sie begehen Irrtümer und brauchen lange, um Lügen und Propagandabilder zu durchschauen. Sie sind der Versuchung ausgesetzt, Geheimdiensten ins Netz zu gehen und Verrat an Mitmenschen zu üben. Und sie fühlen sich gedemütigt, wenn sie um einiger Vorteile willen Kompromisse eingehen. Aber sie haben nie den Willen aufgegeben, anständig zu bleiben und nicht dem Beispiel der vielen »Wendehälse« nachzueifern, die nach der Umwälzung in post-sozialistischen Staaten skrupellos an ihren Karrieren arbeiteten.

Die Schlussszene, bei der Jozef und Sascha, einst ein Liebespaar und seit langem an andere Partner gebunden, in einem ukrainischen Dorf zusammentreffen, ist mit einer einfühlsamen Zartheit geschrieben, die anrührt.

„Jetzt reden wir schon seit zwei Tagen", lässt der Autor seine Romanfigur Jozef zu seinem Freund Thomas sagen. Sie hatten sich, bedingt durch die Wirren der europäischen Teilung, Jahrzehnte nicht gesehen. „Aber wie soll man in zwei Tagen die ganze Geschichte Mitteleuropas durcharbeiten." Was sein anderes Ich im Buch für unmöglich hält, ist dem Autor auf lesenswerten 488 Seiten durchaus gelungen.

Peter Pragal: *Journalist, 1939 in Breslau geboren, Studium der Zeitungswissenschaft, Politikwissenschaft, Geschichte und später Journalistik. 1965-1979 war er für die Süddeutsche Zeitung Redakteur/Reporter im Ressort Innenpolitik und als einer der ersten Korrespondenten in Ost-Berlin und Prag. 1979 ging er zum Stern, für den er zunächst in Bonn, dann wiederum in Ost-Berlin tätig war. Von 1991-2004 war er dann bei der Berliner Zeitung.*

PROLOG

Niemand ist aus Prinzip feige. Die Menschen versagen unter dem Druck des Lebens, das nicht nur die paar Tapferen leben. Wenn jemand ohne einen Beweis seinen Nächsten der Feigheit beschuldigt, dann deswegen, weil er selbst in ähnlicher Situation feige wäre. Er hat nur Glück, dass ihn das Leben nicht in eine solche Situation gebracht hat. Dem Unsauberen ist jeder schmutzig. Der ehemalige deutsche Bundeskanzler Willy Brandt hat mir im Jahre 1990 in Wien gesagt: „Die Vergangenheit von jedem erkennen Sie daran, wie er sich heute verhält."

Wer während der totalitären Zeit anständig war, der ist auch in der Demokratie anständig, wer schon damals unanständig war, bei dem ist es auch heute nicht anders. Trotzdem erleben die Tattoomacher Kains eine Konjunktur. Sie haben sich schöne Taten angeeignet, an denen sie keinen Verdienst haben, und drängen sich frech an die Spitze des Umzugs. Sogar der Mann an seinem Ende, mit der Dornenkrone auf dem Kopf, geht denen auf die Nerven. Sie wollen bei sich nur solche haben, vor denen sie sich nicht schämen müssen.

Unsere Gewissen sind faul geworden, aber für einen Aufenthalt in der Jubelzone hat es ausgereicht. Wir erinnern uns an sie. Vor dem Blick der Mächtigen das Einverständnis, vor den Machtlosen die Ablehnung. Als die Zone zu Ende war, waren wir wieder wir selbst. Heute gibt es keine Tribunen mehr, doch die Zone geht weiter. In uns.

Als Politiker und auch als Schriftsteller habe ich viel mit der jungen Generation diskutiert. Meistens war ich enttäuscht. Von unserer jüngsten Vergangenheit wissen die jungen Menschen kläglich wenig. Falls sie etwas wissen, dann vom Erzählen solcher Wahrheitsbesitzer, die erst nach dem Jahr 1989 begonnen haben, ihre Lebensläufe zu schreiben. Ich dachte darüber nach. Und es half mir jemand, mit dem ich nicht gerechnet hatte. Das Leben. Es schrieb mir eine Geschichte.

Am 17. August 1968 lernte ich in der Hohen Tatra Thomas kennen. Am 21. August 2007 lernte ich in Mukatschewo Iwan kennen.

Im August 1969 verbrachte ich einen Monat bei Thomas in Westdeutschland. „Nächstes Jahr kommst du zu uns nach Bratislava“, lud ich ihn ein. „Ich komme“, rief er dem vom Bahnsteig in Köln am Rhein abfahrenden Zug hinterher. Im Frühjahr 1970 schlossen sich für die nächsten zwanzig Jahre die Grenzen. Es blieb mir nur ein schwarz-weißes Foto und die Erinnerung an tolle Gespräche mit ihm und seinen Freunden über das Leben, Politik, Freiheit, Freundschaft und Liebe.

Manchmal hatte ich das Foto des zwanzigjährigen deutschen Studenten, auf dem er Banjo spielt, meiner Frau und den Töchtern gezeigt. Die Solidarität und Unterstützung, mit der uns in der damaligen Zeit Thomas, seine Freunde und Familie beschenkt haben, kann man nicht vergessen.

Zu Weihnachten 2005 lag unter dem Weihnachtsbaum ein Umschlag von der älteren Tochter Maria, die in München beim Europäischen Patentamt arbeitete. Ich machte ihn auf. Vom Foto schaute mich ein unbekannter, leicht grau gewordener Mann an.

„Weißt du, Papi, die Mami und Adela haben mich gebeten zu versuchen, deinen alten Freund zu finden. Ich wusste nur, dass ihr beide gleich alt seid, dass er aus Neuwied kommt, Banjo und Volleyball gespielt hat und dass ihr euch im August 1968 kennengelernt habt. Als ich im Internet den Namen Thomas Angermann eingegeben hatte, erschienen auf dem Bildschirm Hunderte davon. Ratlos zuckte ich mit der Schulter. Dann habe ich mir gesagt, ich rufe wenigstens einen an. Ich rief den ersten an. Und er war das“, erzählte mir meine Tochter Maria darüber, wie sie ihn gefunden hatte.

Im August 2007 schilderte mir in Mukatschewo der ehemalige Funker der sowjetischen Okkupationsarmee Iwan seine Lebensgeschichte. Seine Einheit betrat unser Land in der Nacht vom 20. auf den 21. August 1968. Während dieser Nacht kehrte Thomas über die Westgrenze in die Bundesrepublik zurück.

Thomas besuchte mich mit einer siebenunddreißigjährigen Verspätung. Die Osterwoche verging wie im Flug. Wir erzählten uns unsere Lebensgeschichten, aber auch die Geschichten und Ereignisse von Deutschland, Tschechien, der Slowakei, der Ukraine und Russland. Wir neckten uns, lachten, weinten, schüttelten ungläubig die Köpfe. Wir lebten wirklich nur ein paar Meter voneinander entfernt und hatten keine Ahnung davon. Als wir uns dann in Bratislava verabschiedeten, sagte Thomas: „Diese Geschichte ist fast romanverdächtig."

Also ist jetzt der Roman da. Ich hoffe, dass er den jungen Leuten die Türen in die Zeit ihrer Eltern öffnet. So wie sie mal ihren Kindern die Türen zu der Zeit, in der sie gelebt haben, öffnen werden.

TEIL I

Kapitel 1

KIEW 2005

Am 20. Oktober 2005 war es in Kiew nasskalt. Auf die Fensterbretter des Empfangssalons des Präsidenten fiel feiner Regen. Am langen weißen Tisch saß auf der einen Seite Präsident Viktor Juschtschenko zusammen mit dem Außenminister Boris Tarasjuk, dem Delegationschef des Ukrainischen Obersten Rates bei der Parlamentsversammlung der NATO Oleg Zarubinski, dem Dolmetscher und der Protokollantin. Gegenüber hatte die Delegation der Parlamentsversammlung der NATO, Präsident Pierre Lellouche, zwei Vizepräsidenten – der Türke Vahit Erdem und der Slowake Jozef Balaz –, der Generalsekretär Simon Lunn, sein Vertreter David Hobbs und Svetlana, die Ukrainerin, die in der Parlamentsversammlung für die Beziehungen mit der Ukraine zuständig war, Platz genommen. Viktor Juschtschenko unterschrieb ein paar Dokumente, die ihm noch schnell sein persönlicher Sekretär vorlegte, und dann schaute er seine Gäste freundlich an.

„Entschuldigt bitte meine Verspätung, aber mein Gespräch mit der Vorsitzenden des grusinischen Parlaments Nino Burjadze hat ein wenig länger gedauert. Jetzt habe ich aber genug Zeit für euch." Er lächelte. In dem Moment, als es so aussah, dass sich in seinem Gesicht ein breites Lächeln ansiedelt, stoppte ihn etwas. Vielleicht war es der Schmerz. Sein aschfahles Gesicht, gezeichnet durch die Folgen einer angeblich versuchten Vergiftung, erweckte den Eindruck der Steifheit. Trotz der Narben war Viktor Andrejewitsch ein eleganter Mann. Im schwarzen Anzug mit einem bordeauxfarbenen Schlips und Taschentuch in seiner Brusttasche sah er aus wie ein Fotomodell. Leicht gräuliche Haare über den Schläfen bedeckten sein deformiertes Ohr.

„Frau Burjadze ist eine charmante Dame und wir haben vollstes Verständnis dafür", erwiderte Pierre Lellouche mit einem Lächeln, das diesem Franzosen auch die Türen öffnete, die für die anderen geschlossen bleiben. Pierre informierte den Präsidenten über den Besuch der Marinebasis in Sewastopol und dankte den Ukrainern für die ausgezeichnete Gastfreundschaft. Der Präsident war offensichtlich in guter Form. Er sprach fesselnd, glänzte mit klaren Argumenten, machte sogar bei ernsten Themen Witze. Lellouche, Erdem, Lunn und Hobbs hörten aufmerksam zu. Sie stellten sich diesen Mann auf der Tribüne des ukrainischen Unabhängigkeitsplatzes im Winter 2004 vor, als Juschtschenko die »Orange Revolution« führte.

Balaz saß da wie angewurzelt. Er konnte sich nicht konzentrieren und die Worte des Präsidenten gingen an ihm vorbei. In seinen Gedanken liefen die Bilder vom Platz des Slowakischen Nationalen Widerstands, der Sturova Straße, Banskobystricka, Firschnal und weiterer Straßen und Plätze von Bratislava vom August 1968 voller sowjetischer Panzer ab. Sie vermischten sich mit unangenehmen Angstgefühlen, die er immer verspürte, wenn er an die Betonversperrungen am Checkpoint Charlie - an dem Grenzübergang zwischen Ost- und Westberlin - dachte. Die Bilder kamen allmählich und verblassten wieder, aber sie blieben. Sie saß ihm gegenüber und Balaz konnte seine Augen nicht von ihr lassen...

„Die Ukraine hat großes Interesse, so früh wie möglich die Einladung zu den NATO-Eintrittsgesprächen zu bekommen. Wir erwarten, dass es bei dem Summit der NATO in Vilnius passiert.“ Der Präsident trank einen Schluck Tee. Lellouche antwortete ihm umständlich. Balaz sah wie hypnotisiert die Protokollantin an, die ihm über Kreuz gegenübersaß. Reife Fünfzigerin mit Kastanientönung. Für ihr Alter eine wunderschöne Frau. Er beobachtete, wie sie mit gesenktem Blick den Inhalt des Gesprächs notierte. Er hatte das Gefühl, als ob sie auch Unwichtiges schreiben würde, nur damit sie ihren Blick nicht vom Papier heben musste. Wenn sie es ab und zu tat, schien sie ihn zu mustern. Ein paar Mal schaute sie ihn mit ihren grünen Augen an, die sie dann augenblicklich senkte. Das Gespräch näherte sich seinem Ende. Der Präsident widmete der Delegation zwanzig Minuten mehr als geplant. Lellouche dankte für den Empfang. In den Raum kam ein Fotograf und machte ein paar Aufnahmen von den Gästen mit dem Präsidenten. Bis auf den Dolmetscher gingen Juschtschenkos Mitarbeiter schon zur Tür, als der Präsident die Protokollantin rief.

„Alexandra Josifowna.“ Balaz presste die Zähne zusammen. Das tat er unbewusst immer, wenn er nervös war. Der Präsident flüsterte ihr etwas zu, sie nickte und verließ den Raum. Der Fotograf machte seine Aufnahmen, die Gäste wünschten Viktor Andrejewitsch alles Gute und verabschiedeten sich.

Der Protokollchef führte die Gesprächsteilnehmer aus dem Präsidentenpalast heraus. Im Umkleideraum bekamen sie ihre Mäntel. Beim Vorbeigehen an den Soldaten der Präsidentenwache drehte sich Balaz unwillkürlich um. Hinter einer Marmorsäule in der Galerie in der ersten Etage der riesigen Vorhalle des Präsidentenpalastes stand die Protokollantin Alexandra – Sascha – und sah ihn mit ihren durchdringenden türkisen Augen an, die unvergesslich für ihn geblieben waren. Als sich ihre Blicke trafen, schien sie zu lächeln. Dann drehte sie sich um und verschwand in dem mächtigen Säulengang.

Die Fahrt ins Hotel dauerte ewig lange. Kaum hielt der Dienst-BMW an, schoss Balaz die Treppen hoch. Nervös fasste er ins Seitenfach seiner Diplomatentasche. Dort verwahrte er ein paar Fotos und Sachen, die er besonders liebte: Fotos der Ehefrau in einem leichten Sommerkleid, seiner Eltern und Kinder, Anicka mit Martuschka unter dem Weihnachtsbaum. Und noch ein Foto, das er nach dem Umzug von Martuschka in ihren Sachen auf dem Dachboden fand. Es zeigte einen jungen sowjetischen Soldaten mit seiner Mutter. Balaz betrachtete sie lange und dachte nach. Das Foto war schwarz-weiß, trotzdem schauten ihn die durchdringenden türkisfarbenen Augen an. Er holte aus dem Papierberg auf dem Tisch einen Umschlag heraus, den sie von der ukrainischen Seite bekommen hatten. Im Umschlag befand sich das Programm des Besuches inklusive eines Verzeichnisses aller ukrainischen Vertreter, mit denen ein Treffen im Laufe der Tage vorgesehen war. Er suchte nach der Seite mit den Angaben zur Audienz beim Präsidenten. Auf der Rückseite war die Zusammensetzung der ukrainischen Delegation zu lesen. Auf dem letzten Platz wurde als Protokollantin des Präsidenten Alexandra Josifowna Gusewa gelistet. Also, sie war es wirklich...

Kapitel 2
BERLIN (West) 1968

Das Auditorium der Technischen Universität in der Straße des 17. Juni in Berlin-Charlottenburg war so brechend voll, dass es kaum möglich war zu atmen. Über 3.000 Studenten aus der Bundesrepublik und Westberlin versammelten sich hier, um die amerikanische Aggression gegen Vietnam zu verurteilen. Obwohl erst Mitte Februar, war es im Saal ungewöhnlich warm und die Luft war verbraucht. Über dem Podium dominierte eine riesige Flagge des Vietkong mit der Aufschrift »Die vietnamesische Revolution wird siegen«. Darunter stand mit kleineren Buchstaben geschrieben: »Die Pflicht von jedem Revolutionär ist es, die Revolution zu verwirklichen«.

Thomas Ankermann reiste kurz vor Beginn der Veranstaltung mit dem Nachtzug aus Bonn an. Er wurde von der Verbindung des Sozialistischen Deutschen Studentenbundes (SDS) an der Friedrich-Wilhelm-Universität in Bonn geschickt. Er konnte seine Aufregung nicht verbergen. Heute wird er das erste Mal Rudi Dutschke live in Aktion sehen. Das Idol vieler jungen Menschen saß auf der linken Seite der Tribüne. Mit weichen, gutmütigen Augen schaute er in den Saal. Er war ein charismatischer Mensch mit eckigem Gesicht, gutmütigem Lächeln und langen dunklen Haaren, die an manchen Stellen lockig wurden. Ein talentierter Redner. Seine Gegner versuchten, ihn zu missachten, indem sie ständig an seine ostdeutsche Herkunft erinnerten und inoffiziell Informationen verbreiteten, dass er ein Jude sei.

Thomas verschlang ihn mit den Augen. Ihm war aufgefallen, dass der Führer der linken deutschen Studentenbewegung überraschend weich und scheu wirkte. Die Aufregung im Saal wuchs und als Rudi das Mikrophon in die Hand nahm, fing der Saal an, seinen Namen im Chor zu wiederholen. Rudi lächelte und begann zu reden. Anfangs sprach er sehr ruhig, aber sein Ausdruck wurde immer kämpferischer und überzeugender. Er rief zum organisierten antiimperialistischen Kampf auf. Die Studentenmenge pfiff begeistert, trampelte und klatschte. Neben Rudi saß der chilenische Student Gaston Salvatore, der eine Zigarette nach der anderen rauchte. Thomas hatte es gestört, dass im Saal geraucht wurde, aber die Begeisterung riss ihn mit. Voller Eindrücke von dieser Atmosphäre und vor allem von diesem Mann, der in den nächsten Jahren sein Schicksal bestimmen würde, kehrte Thomas nach Bonn zurück. Er war von diesem Rudi Dutschke fasziniert, denn er drückte genau seine eigenen inneren Gefühle aus und suchte die Antworten auf die Fragen auf die gleiche Art und Weise wie er selbst.

Rudi Dutschke wurde zum anerkannten Führer der deutschen Jugend. Sein Motto »In der völligen Ergebung der Wahrheit liegt der Sinn unseres Lebens« entzückte die neue Nachkriegsgeneration. Die Studentenunruhen, die sich in der Mitte der siebziger Jahre im Land vermehrten, erreichten im Jahre 1968 ihren Höhepunkt. Die Studenten protestierten am Anfang gegen die Verhältnisse an den deutschen Universitäten, doch später verlagerte sich der Hauptzug der Unzufriedenheit in den ideologischen Bereich. Außer der Kritik am deutschen Wertesystem wurden immer öfter die Parolen gegen die amerikanische Aggression in Vietnam und das geplante Gesetz der Notlage hochgehalten. Es bildete sich eine starke außerparlamentarische Opposition APO, deren Kern der Sozialistische Deutsche Studentenbund war.

Trotz des fast wundersamen Wirtschaftswachstums stieg auch die Unzufriedenheit, vor allem bei den Intellektuellen. Der Grund dafür war einfach: Die Unfähigkeit oder eher der mangelnde Wille, sich mit der eigenen nazistischen Vergangenheit auseinanderzusetzen. Das offizielle westdeutsche Geständnis des Bösen wurde nie durch ungefälschte individuelle Anerkennung der Verantwortung begleitet. Ohne direktes Zugeben dessen, was in der Vergangenheit geschehen war, sahen junge Intellektuelle die Probleme Deutschlands durch das Prisma der Versagen gar nicht so im Nazismus, sondern eher in der Bonner Republik. Und somit stellte die westdeutsche

Nachkriegsdemokratie für Rudi Dutschke, Peter Schneider oder die jüngeren Andreas Baader oder Rainer Werner Fassbinder keine Lösung dar. Sie war eher ein Problem. Die durch die Amerikaner unterstützte Regierung setzte auf Konsum in der Hoffnung, dass die neue Generation im wachsenden Wohlstand schneller das Versagen der Eltern vergisst. Im Land wurden die ersten Supermärkte gebaut, die Haushalte wurden mit Kühlschränken, Waschmaschinen, Fernsehern und allmählich auch mit Autos ausgestattet. Sehr beliebt war vor allem der »Käfer«, wie man das Auto von Volkswagen nannte.

Materielle Erfolge der Eltern, überwiegend aber der deutschen Frauen, die das neue Deutschland aufgebaut hatten, waren aber befleckt mit dem moralischen Erbe. Falls es irgendwann eine Generation gab, deren Widerstand auf Ablehnung von allem basierte, was die Eltern darstellten – nationaler Stolz, Nazismus, Geld, Wohlstand, Frieden, Stabilität, Recht, Demokratie – waren es »Hitlers Kinder«, die westdeutschen Radikalen der sechziger Jahre. Die überfüllten Wohnheime und Klassen, reservierte und unnahbare Professoren, von denen fast jeder etwas mit dem nazistischen Regime zu tun hatte, fader Lehrvorgang ohne Kreativitätsentfaltung: Wenn wir das alles dazurechnen, war es nur eine Frage der Zeit, bis der Druck an einer Stelle durchbrach.

Den fruchtbarsten Boden bot die Freie Universität Berlin, die im Jahre 1948 gegründet wurde, als Ausgleich dafür, dass die traditionelle Humboldt-Universität sich in der kommunistischen sowjetischen Zone befand. Die Freie Universität besuchten viele radikal gesinnte Studenten. Nicht nur wegen der offenen Atmosphäre, die hier herrschte, sondern auch aus einem ganz einfachen Grund: So konnten sie sich vor der Wehrpflicht drücken. Westberlin, eine isolierte Insel im Herzen des internationalen Geschehens, war trotz des Umstands, dass es durch eine fast 200 Kilometer lange Mauer umgeben wurde, frei. Sie wurde Stück für Stück zum Zentrum der antiamerikanischen Studentenrevolte, obwohl Westberlin paradoxerweise nur dank amerikanischer Hilfe und der Anwesenheit der amerikanischen Soldaten existieren konnte. Der Krieg der USA in Vietnam wurde zum Ersatzthema der fehlenden Diskussion über eigene Kriegsverbrechen Deutschlands. Die überwiegend links ori-

entierte deutsche Jugend sah keinen Sinn in der scheinheiligen, durch Amerikaner vorgegebenen Demokratie. Mit großem Interesse verfolgten sie die Entwicklung in der benachbarten Tschechoslowakei, in der der charismatische kommunistische Führer, der Slowake Alexander Dubcek, sich um Reformen des stalinistischen Kommunismus bemühte. Die Begeisterung imponierte ihnen, mit der die Tschechen und Slowaken Dubcek unterstützten. Politiker des »demokratischen« Deutschlands konnten von solch einer Unterstützung nur träumen.

Thomas überraschten Dutschkes Worte, mit denen er seinen neuerlichen Besuch von Prag bewertete. Er hatte den verwunderten tschechischen Studenten die Unsinnigkeit und Ausweglosigkeit des realen Kapitalismus erklärt. Und sie hatten ihm wiederum die Unsinnigkeit und Ausweglosigkeit des realen Sozialismus erläutert. Dutschke war aber selbst im gewissen Sinne ein Zögling des realen Sozialismus, denn er wurde geboren und wuchs auf in Luckenwalde, das sich in der sowjetischen Besatzungszone befand – seit 1949 die DDR genannt. Er selbst bezeichnete sich als Sozialisten, erzogen in einer christlich-evangelischen Familie. Trotz seiner ursprünglichen Bemühungen, den Aufbau des Sozialismus in der DDR zu unterstützen, kam er ständig mit den Grundthesen des Marxismus-Leninismus in Konflikt. Schließlich schloss er sich am 6. August 1961, eine Woche vor dem Baubeginn der Berliner Mauer, den anderen fast drei Millionen DDR-Bürgern an, die seit dem Kriegsende ihren Staat verlassen hatten. Er kam in die BRD als Antikommunist und Antifaschist, damit er schrittweise zum Antikapitalisten wurde. Die einen liebten, die anderen hassten ihn. So ist aber das Los der Führer.

An diesem schicksalhaften 11. April 1968 kurz nach dem Mittag ging Rudi in die Apotheke, die sich 20 Meter von der SDS-Zentrale in der Hauptstraße Kurfürstendamm befand. Er brauchte ein Medikament für sein drei Monate altes Söhnchen Hosea Che. Bis zum Ende der Mittagspause in der Apotheke waren es noch knappe 15 Minuten. Rudi spazierte an den Bestattungen Breusig und an einem Tabakladen vorbei, dann kehrte er wieder zur Apotheke zurück. Er setzte sich auf sein Fahrrad, mit einem Fuß auf dem Fußgängerweg, mit dem anderen auf der Straße. Nach einer Weile bemerkte er, wie direkt ihm gegenüber im mittleren Fahrstreifen vom Ku'damm ein Auto parkte. Ein junger Mann stieg aus, wartete das Ende der Autokolonne ab und näherte sich dem nichts ahnenden Rudi. Er hielt zwei Meter vor ihm. Rudi war es gewohnt, dass die Menschen auf den Straßen ihn anhielten und oft ein Gespräch mit ihm suchten. „Sind Sie Rudi Dutschke?", fragte der junge Mann. Rudi nickte lächelnd. Der fanatische Antikommunist Josef Erwin Bachmann, ein Wohnungsmaler, der am Tag vorher aus München angereist war, zog aus seiner Tasche einen Revolver und schoss Dutschke kaltblütig zwei Kugeln in den Kopf. Rudi fiel zu Boden und spürte nichts mehr – auch den nächsten Schuss nicht, den Bachmann sicherheitshalber abfeuerte.

Kapitel 3

KIEW 1968

Die Burevestnik-Sporthalle in Kiew war bis zum letzten Platz gefüllt. Die Volleyballspieler der Wirtschaftshochschule aus Bratislava traten zum Rückspiel gegen die heimische Mannschaft der Wirtschaftsuniversität an. Es war ein heißer Julitag und die Trikots waren schon vor dem Anpfiff durchgeschwitzt. Jozef Balaz und die meisten seiner Mannschaftskamaraden spielten das erste Mal im Leben vor zweitausend Zuschauern. Schon nach dem Aufwärmen war klar, dass es ein schwieriges Spiel sein wird. Die Ukrainer setzten einen Schmetterschlag nach dem anderen und das hatte sich während des Spiels nicht geändert. Winter jammerte, dass sie eine Packung bekommen werden.

„Wenn das schon am Anfang deine Einstellung ist, dann setze dich gefälligst irgendwo in die Umkleidekabine und mache bitte unsere Spielmoral nicht kaputt. Es ist nicht wichtig, ob wir gewinnen oder verlieren. Wichtig ist, dass jeder von uns sich selbst besiegen muss. Man muss kämpfen zum Auseinanderreißen und dann ist es völlig egal, ob wir sie besiegen. Wir müssen unsere Scheißangst besiegen! Verstehst du?!", schrie ihn Kapitän Baca an. Winter fügte nur schwach hinzu, dass diese Mannschaft den Kern der Mannschaft Burevestnik Kiew bildet, die wiederum den sowjetischen Meistertitel besitzt. Und die Sowjetunion ist Weltmeister. „Umso besser." Drsi traf Winter heftig mit dem Ball, „wir haben nichts zu verlieren".

An der Wand gegenüber der slowakischen Hälfte des Spielplatzes wurden nebeneinander die große sowjetische und tschechoslowakische Fahne angebracht. Die Ukrainer waren erfahrener, aber die Slowaken übertrafen sich in Opferbereitschaft. Balaz gelangen unverhofft viele Schmetterschläge. Einer rutschte ihm aber aus und ein scharfer Ball traf die sowjetische Fahne, die runterfiel. Es zeigte sich, dass mit der Fahne darunter ein großes Loch versteckt worden war. Das Spiel wurde unterbrochen und die Zuschauer amüsierten sich ungehalten über den Angestellten, der unbeholfen versuchte, die Fahne wieder festzumachen. Schließlich verloren die Slowaken dreimal 13:15, aber die Zuschauer belohnten sie mit einem stürmischen Beifall. Sogar die Zuschauerin in der ersten Reihe, der Balaz ungewollt mit einem abgeprallten Ball ihre Brille zerschlug. Er kam zu ihr und entschuldigte sich. Sie war leicht kurzsichtig und lächelte ihn mit ihren wunderschönen türkisfarbenen Augen an. „Alles in Ordnung", erwiderte sie, als er galant ihre Hand küsste. Sie blieb verlegen, offensichtlich war ihr so etwas noch nicht passiert. Balaz versprach, später in die Stadt zu gehen und ihr eine neue Brille zu kaufen. „Das wird nicht so einfach sein. Bei uns wartet man auf eine Brille auch einen Monat", zuckte sie mit der Schulter.

„Dann schicke ich Ihnen gleich nach der Ankunft eine neue. Ich hoffe, dass sie es mit einem Ersatz bis dahin aushalten..."

„Machen Sie sich keine Sorgen, ich habe noch eine andere Brille..."

„Nein, nein... ich dusche und Sie warten, bitte. Ich schreibe mir Ihre Adresse auf und vor allem die Dioptriennummer..."

„Es ist wirklich nicht notwendig."

„Aber sicher doch!", bestand er darauf.

„Die Adresse ist das Studentenwohnheim, in dem Sie jetzt übernachten."

„Sie leben in unserem Wohnheim?", freute sich Balaz.

„Sie in unserem."

„Entschuldigen Sie, nach wem soll ich fragen?"

Einen Moment zögerte sie. „Alexandra. Alexandra Josifowna Grytsenko. Man nennt mich Sascha."

„Menja zowut Jozef, ich heiße Jozef."

„Jozef...", lächelte sie. „Bei uns sagt man Josif... Mein Vater heißt auch Josif. Und unter Freunden nennen wir Josif auch Osja... Ich nenne Sie Osja... ja?"

„Ja."

Je mehr er sie anschaute, desto mehr gefiel sie ihm. Er merkte fast gar nicht, dass die Mannschaften schon in die Duschen gegangen waren und die Zuschauer die Halle verließen. Er spürte, wie sein Schweiß an seinem Körper runterfloss. Er war sich nicht sicher, ob es nur aufgrund des anstrengenden Spiels war. „Entschuldigen Sie, ich muss duschen. Wir haben heute ein kleines Beisammensein mit Ihren Spielern. Wahrscheinlich in dem Wohnheim..."

„Ich weiß. Sie sind ein Optimist, wenn Sie denken, es wird nur ein Beisammensein sein. Es wird ein richtiges Fest."

„Kommen Sie?"

„Es ist nur für die Eingeladenen."

„Sie sind somit gerade eingeladen."

Sascha lächelte unheimlich. „Ich muss jetzt gehen."

Die Bratislavaer duschten schon. Die Jungs machten sich über Balaz lustig. Sie waren kaum in Kiew angekommen und schon angelte er sich ein Mädchen. Jozef hörte ihnen kaum richtig zu. Er hatte Saschas Augen im Kopf und er konnte den Abend kaum erwarten.

Das anfängliche freundschaftliche Zusammensitzen artete allmählich in eine Sauforgie aus. Am riesig langen Tisch im Tagungsraum des Wohnheims der Wirtschaftsuniversität saßen ungefähr vierzig junge Leute. Ukrainer und Slowaken amüsierten sich, tranken und sangen. Balaz schob sich unauffällig stückchenweise näher an Sascha heran. Er hatte das Gefühl, sie schon lange zu kennen. Sie interessierte sich genauso wie er für Literatur. Sie liebte Jewgeni

Jewtuschenko und kannte auch Miroslav Valek. Jozef spürte ihren konzentrierten Blick, als er in sein Rotweinglas schaute und Jewtuschenko vortrug. Der Vorsitzende der Komsomol-Organisation an der Uni, Mischa, erhob sich plötzlich. Es war deutlich zu hören, dass er schon reichlich angetrunken war. Er befahl, Sekt zu holen. „Das wird nicht besonders gut sein", bemerkte Cuki. „Machen wir lieber weiter mit dem Wodka."

„Alles wird gut. Ich möchte mit euch anstoßen und dafür brauchen wir Sekt." Die Jungs wussten, dass nach den vorherigen Fluten von Wodka, ukrainischem Kwas und slowakischem Rotwein der Sekt bei ihnen nicht die Besonnenheit verstärken wird. Mischa konnte man nicht umstimmen. Er ließ die Gläser nachfüllen, stand auf, hob das Glas und sagte: „Freunde, wir alle beobachten aufmerksam das Treiben der amerikanischen Imperialisten in Vietnam. Die ganze Welt rebelliert gegen diese schmutzige imperialistische Okkupation des freien Vietnam. Trinken wir auf die Gesundheit der vietnamesischen Brüder." Mischa wandte sich an die Musikanten, die in der Ecke standen. Bis dahin spielten sie sowjetische Lieder und alte Hits von Elvis oder den Beatles, nun fingen sie an, den internationalen Protestsong von Pete Seeger »We shall overcome« zu spielen. Einige Ukrainer gesellten sich dazu. Von den Slowaken sangen Balaz und Chochol. Das Lied kannten sie, manchmal spielten sie es auf der Gitarre.

„We shall overcome, we shall overcome some day, deep in my heart I do believe, we shall overcome some day." Das Lied riss mit seiner Einfachheit alle mit. Balaz und Chochol holten ihre Gitarren und das gemeinschaftliche Zusammensitzen verwandelte sich in so eine Art Soulhappening der Studenten, die gegen den Krieg in Vietnam protestierten. Als sie zu Ende gesungen hatten, ertönte gigantischer Beifall. Die Studenten stießen wieder an. In diesem Moment stand der Vorsitzende Mischa zum zweiten Mal auf. Mit den Armen schlenkernd versuchte er, die Anwesenden zu beruhigen. „Freunde, ich danke euch für den Ausdruck der Solidarität mit den vietnamesischen Mensch... Menschen... hiks. Ich möchte euch, unseren slowakischen Gefährten, im Namen aller Anwesenden sagen, dass wir aufmerksam beobachten, was in unserer brüderlichen Tschechoslowakei geschieht. Wir versichern euch... hiks... dass egal, was sein wird, auf uns, die sowjetischen Freunde, könnt ihr euch immer verlassen... hiks... So wie wir immer in der Geschichte an eurer Seite waren, so werden wir es auch jetzt sein. Erlaubt mir auf Druschba, Freundschaft und auf unsere höchsten Vertreter – die Genossen Leonid Iljitsch Breschnew und Alexander Stepanowitsch Dubcek – anzustoßen." Er hob seinen Becher. Alle schauten sich an, zögerten, dann stießen sie ohne jegliche sichtbare Begeisterung an. Die Slowaken hatten keine große Lust, auf die Gesundheit von Breschnew anzustoßen, und die Ukrainer nannten Dubceks Namen sichtbar ohne Überschwang. Das Anstoßen brachte in die Unterhaltung die Politik hinein. Möglicherweise war es gut, denn in der Luft waren auch unausgesprochene Fragen zu spüren. Die, die dazu noch imstande waren, diskutierten stürmisch. Balaz zog im letzten Moment Sascha an sich und rettete sie damit vor einer »Kotzdusche«, die jemand in die Richtung, wo sie saß, geworfen hatte. Derjenige war das erste Opfer der Kombination von Wodka, Rotwein und Sekt.

Die Musikband in der Ecke fing wieder an, Beatles-Lieder zu spielen. »She loves you«, »All my loving«, die jungen Ukrainer und Slowaken wurden dadurch fast bis zur Unzurechnungsfähigkeit aufgedreht. Als der Sänger das wunderschöne Lied »And I love her« sang, nahm Balaz Sascha zum Tanzen mit. Sie zitterte leicht, die Handflächen wurden feucht. Zusammen sangen sie: „I give her all my love, that's all I do..." Sie schmiegte sich so spontan und natürlich an ihn heran, dass sie es fast nicht bemerkten. Sanft streichelte er ihre Haare. Sie sah ihn mit ihren türkisgrünen Augen an. Noch nie im Leben hatte er solche Augen gesehen... Die Musik hörte auf zu spielen. Die Ukrainer riefen im Takt Chochol und Balaz zu, dass sie Gitarre spielen sollen. Die Slowaken schlossen sich auch an. Balaz nahm die Gitarre. Einen Moment lang überlegte er. „Etwas Slowakisches!", rief Mischa. „Ich spiele etwas Russisches", antwortete Balaz. Er begann Villon von Bulat Okudzhava zu spielen. Er drehte sich singend zu Sascha um: „Poka zemlja ješco vertitsja, poka ješco jarok svet, gospodi, daj že ty každomu, cevo u nevo net...", ertönte es auf russisch. Der verdammte und geliebte Okudzhava, der urteilende Okudzhava, der rebellierende Okudzhava. Die Vorsichtigeren im Saal taten so, als ob sie den Text nicht kennen würden, die Mutigeren sangen mit. Unter dem Einfluss von Alkohol waren fast alle mutig. Winters Finger trommelten auf dem Tisch den Rhythmus dieses Liedes und seine Augen beobachteten genau die angetrunkenen Studenten.

Allmählich gab es im Raum keinen, der nicht mitsingen würde. Ukrainer auf russisch, Slowaken auf slowakisch, diejenigen, die den Text nicht kannten, summten vor sich hin. Balaz spürte, dass Sascha ihn mit ihrem Blick aufsog. Er wechselte zu den ostslowakischen Czardasch-Liedern. Als er ein bekanntes slowakisches Lied sang, stimmte auch Sascha überraschenderweise mit ein. Im Saal war es kurz still, dann brach ein riesiger Applaus aus.

„Sie kennen unsere Lieder?“ Er drehte sich verwundert zu ihr.

„Ja, ich kenne sie. Auch euere Gedichte... ja sladké tušby, tušby po kráse spevam peknotou nadšený... Sladkovic“, lächelte sie. „Ich habe slowakische Wurzeln. Meine Eltern wurden in Uschgorod geboren während der Zeit der Tschechoslowakischen Republik. Der Geburtsname meiner Mutter war Sidorova. Also bin ich fast eine Slowakin...“

„Und jetzt ein schönes Countrylied“, rief jemand. Country war die Spezialität von Duro Chochol. Ein Junge aus Mähren, der in Bratislava studierte. Als er begann »Goldene Schühchen« zu spielen und zu singen, brach im Saal fast eine Massenhysterie aus. Lied für Lied schallte durch das Wohnheim. Im Saal konnte man kaum noch atmen. Er wurde gefüllt von den Eingeladenen und auch den nicht Eingeladenen, alle passten rein.

Balaz spürte, wie Sascha seine Hand nahm und ihm andeutete, aus dem Saal herauszugehen. Dort war so ein Lärm, dass es niemand bemerkt hatte, denn langsam merkte eh kaum jemand noch etwas. Sie flüsterte ihm ihre Zimmernummer zu. Das Zimmer lag nur um die Ecke, ein paar Türen weiter rechts von dem Aufenthaltsraum. Eine Sekunde lang zögerte er, aber die Neugier und das Verlangen hatten sein Schamgefühl bezwungen. In ihrem Blick war klar zu lesen, dass sie an das Gleiche dachte wie er. Kaum kamen sie hinein, drehte sie heftig den Schlüssel um. Sie warf sich auf ihn und küsste ihn leidenschaftlich. Er wehrte sich nicht. Im Gegenteil.

Noch nie fühlte er in sich ein solches Verlangen nach einer Frau wie in Saschas Zimmer. Beide waren sie ein wenig ungeschickt. Sie hatten im Lieben kaum Erfahrungen, dies gehörte nicht vorrangig zur Ausstattung einer jungen Komsomolzin und eines jungen Mitglieds des Tschechoslowakischen Jugendverbandes.

„I give her all my love, that's all I do..." Sascha war unglaublich leidenschaftlich. Jozef erinnerte sich an den alten Mitkämpfer Brblosch, der die Jungs im Zug vor den Ukrainerinnen warnte. Sie seien heftig, leidenschaftlich und das Lieben sei für sie Teil der tieferen Beziehung. Sascha war seine erste Geliebte und er war ihr erster Mann. Bis dato hatte sie sich nur sporadisch mit den Jungs geküsst, die sie umschwärmten und versuchten, sie zu erobern. Sie wollte schon jemanden lieben – sehr sogar -, aber sie traf noch keinen, bei dem sie gefühlt hätte, dass er sie auch verehrt. Von der Liebe träumte sie nicht, aber sie erwartete von einem Mann wenigstens Anerkennung und Zärtlichkeit. Während des ganzen Abends hatte sie Jozef beobachtet und immer mehr fühlte sie sich zu ihm hingezogen. In ihrem Körper stieg eine ungewöhnliche, bisher ungekannte Wärme auf, sie konnte sich kaum beherrschen. Ähnliche Gefühle hatte auch Jozef. Als er mit ihr tanzte und er sie bei dem langsamen Lied an sich drückte, musste sie seine Erregung gespürt haben. Sie schaute ihm in die Augen, beide schwitzten sie leicht und sie drückte sich noch näher an ihn heran.

Als sie dann ins Zimmer kamen, brach der Damm der angestauten Leidenschaft und nichts und niemand hätten sie aufhalten können. Obwohl Jozef ein ungestümes Temperament besaß, war er zärtlich zu ihr. Er streichelte sanft ihre Brüste, mit Fingernagelspitzen kratzte er leicht ihren Rücken und er reizte sie mit kreiselnden Bewegungen zwischen den Schenkeln, dass sie es kaum aushalten konnte. Sascha erwischte sich bei dem Gedanken, dass sie nackt vor einem fremden Mann war und sich gar nicht schämte. Ihr Lieben war so natürlich, spontan und so wirklich, als ob sie schon seit Jahren Geliebte wären.

Beide hatten das Gefühl, dass zwischen ihnen mehr passierte als nur diese körperliche Liebe. Weder Sascha noch Jozef waren bis zu dieser Zeit wirklich verliebt gewesen und die Flut der Gefühle hatte sie beide überrascht. Falls so die echte Liebe kommt, ist es wunderschön.

Als sie nach einer Stunde zurückkamen, herrschte im Saal viel Lärm und Gesang, alle tranken auf die Freundschaft. Niemand hatte ihre Abwesenheit bemerkt. Fast eine Stunde tanzten sie miteinander. Sie konnten und sie wollten sich nicht gegen die Gefühle wehren. Langsam dämmerte es draußen, als Balaz Sascha etwas zuflüsterte. Sie verschwanden unauffällig und gingen zum zweiten Mal in Saschas Zimmer. Sie liebten sich bis zum Morgen. Sie sagte, dass die Mitbewohnerinnen abgereist seien. Er fragte, was sie studiere. Sie lächelte.

„Ich bin keine Studentin. Ich arbeite als Sekretärin in der regionalen Militärverwaltung. Ich komme aus dem Dorf Kolodne in der Region Irsawa. In Kiew konnte ich keine Unterkunft finden, also wohne ich schwarz bei Freundinnen. Aber das geht. Von solchen Mädchen gibt es hier eine ganze Reihe. Den Pförtnern gebe ich ab und zu eine Flasche Moskowskaya Wodka und sie drücken ein Auge zu.“ Dann küsste er sie.

„Liebst du mich?“, fragte sie. „Ich denke, dass... ja, dass ich dich liebe, nein, ich denke es nicht... ich weiß es... ja, ich liebe Dich.“

Kapitel 4
NEUWIED 1968

Obwohl Thomas Ferien hatte, nahm er sich vor, mit dem Bus aus Neuwied nach Bonn zu fahren. Er studierte im ersten Semester Politikwissenschaften an der Friedrich-Wilhelm-Universität.

„Heute wird’s wieder heiß“, bemerkte Thomas` Vater, der am dampfenden Kaffee nippte. „Gestern hat dich Karl angerufen. Er hat gefragt, ob du zum Treffen vom Ausschuss gegen den Vietnamkrieg kommst.“ Thomas schwieg. „Pfeife auf solchen Unsinn... sollen doch die Amis ihre Probleme selbst lösen.“

„Wenn die Amerikaner uns nach der Kristallnacht und nach München 1938 so richtig angebrüllt hätten, wäre alles ganz anders gekommen. Also brüllen wir jetzt die Amerikaner an", platzte es aus Thomas heraus.

„Oh, mein Gott, immer das Gleiche. Denkst du, dass es angenehm ist, sich die Vorwürfe des eigenen Sohnes anhören zu müssen?!" Er trank verbittert seinen Kaffee aus.

„Verdient ihr etwas anderes?"

„Ich bitte dich, fang jetzt nicht damit an..."

„Wenn ihr das wenigstens ehrlich zugegeben hättet. Alle heucheln hier etwas vor und tun so, als ob keiner ein Nazi gewesen wäre. In der DDR versuchen sie wenigstens, mit den ehemaligen Nazis abzurechnen."

„Erwähne die Ostzone bloß nicht! Wenn es dort so fantastisch wäre, wie du sagst, hätte ich nicht die Kurve gekratzt. Schließlich bist du doch auch ein DDR-Bürger. Wenn du sie so toll findest, dann geh doch ruhig hin. Ulbricht wird dich auf Händen tragen!", regte sich der Vater auf.

„Ich sage nicht, dass sie vollkommen sind, aber sie versuchen es wenigstens! Und was passiert hier? Sie verweisen zwei Studenten nur deswegen von der Uni, weil sie sich charakterfest verhalten."

„In das Rektorat einzubrechen und zum Namen des Bundespräsidenten »der Bauführer des Konzentrationslagers« hinzuzuschreiben, das ist eine große Charakterstärke! Sie haben sie ganz gerechtfertigt rausgeschmissen! Wer verdient die Ehre, wenn nicht der Bundespräsident? Ihr Jungen ruft ständig nach Ehre und Respekt. Wie willst du in der Jugend die Ehre zu einem Wert erwecken, wenn sie den zwei Schurken Beifall klatscht, die den Präsidenten beleidigen?"

„Auch die zwanzig Professoren von unserer Universität, die die Petition unterschrieben, in der Herr Lübke aufgefordert wird, eine ehrenhafte Haltung zu der Affäre einzunehmen, sind Schurken?", erhöhte Thomas die Stimme.

„Es gibt keine Affäre. Die haben sie sich nur beim »Stern« aufgrund der Informationen der ostdeutschen Kommunisten ausgedacht, von denen übrigens ein ganzer Arsch voll in der NSDAP waren und die jetzt ihre Vergangenheit damit kaschieren, dass sie heiliger sind als der Papst selbst." Der Vater zündete sich vor Wut eine Zigarette an. Thomas versuchte demonstrativ, den Rauch wegzutreiben.

„Mich interessieren die Nazis aus dem Ostsektor nicht, sondern die aus der Bundesrepublik. Und der »Stern« ist eine solide Wochenzeitung, die keine unüberprüften Sachen schreibt. Wenn erst einmal die anerkannten Graphologen bestätigen, dass die Unterschriften vom Präsidenten auf den Bauplänen der Konzentrationslager echt sind, dann sollte er das wie ein Mann zugeben und abtreten."

„Er tat nur das, was er musste. Hitler hatte ihn für zwanzig Monate ins Gefängnis gesteckt und dann konnte er keine Arbeit finden. Er war froh, als ihm das Büro von Schlepp eine Arbeit angeboten hatte. Er konnte nicht ahnen, dass das Büro direkt Speer untersteht und sie die Bauten entwerfen werden, die später in... Unterkünfte für Zwangsarbeiter verwandelt werden..."

„Hitler hatte ihn wegen Korruption eingelocht!"

„Hör auf, du Dummkopf!!!", sprang der Vater wütend auf.

„Ihr seid so voreingenommen, dass ihr euch fast auf Hitler selbst beruft. Denkst du, dass die Leute, die verurteilt oder sogar hingerichtet wurden, für echte Straftaten bestraft wurden?! Alles wurde für sie ausgedacht. Und du schämst dich nicht, dich auf diese Gauner zu berufen?!" Der Vater fasste sich ans Herz.

„Es waren keine Unterkünfte für Arbeiter, sondern Konzentrationslager. Niemand macht ihm Vorwürfe, dass er das getan hatte, wahrscheinlich hatte er keine andere Chance. Wir werfen ihm vor, dass er sich nicht wie ein Mann verhält und nicht zurücktritt!!"

„Einen Furz versteht ihr vom Leben. Du studierst Politik und weißt eine große Scheiße über sie!"

„Der Prozess der Entnazifizierung wurde nur bei uns gestoppt. In der DDR sind sie kompromisslos."

„Kompromisslos... ha-ha... alle Nazis sind bereits in der Kommunistischen Partei!"

„Die Kommunisten machen ein Experiment. Sie versuchen wenigstens etwas."

„Um Gottes Willen, du verteidigst sogar den Scheißkerl mit dem

Ziegenbart, der die Berliner Mauer baute?! Du bist vollkommen verrückt geworden!"

„Ich weiß nicht, ob es in der DDR so tragisch ist, wenn sogar Wolfgang Kieling dorthin gezogen ist. Der berühmteste Schauspieler der BRD würde nicht einfach so von hier ausziehen. Oder Bertolt Brecht? Ein Weltdramatiker würde den Kommunisten eine Fassade machen?", zog Thomas das nächste Argument.

„Dein komischer Kamerad von Paul Newman ist ein Fatzke. Wenn nicht etwas Schlimmeres. Falls er nicht zufällig ein Stasiagent ist und die ihn zum Umzug gezwungen haben."

„Wenn du keine Argumente mehr hast, ist jeder, der ein gutes Wort für die DDR einlegt, ein Stasiagent. Kieling wanderte in die DDR aus, nachdem er in den USA mit eigenen Augen gesehen hatte, wie die Amerikaner mit den Schwarzen und Vietnamesen umgehen. Und unsere Regierung unterstützt sie noch darin!"

„Zwanzig Jahre nach dem verlorenen Krieg, während wir noch Reparationen zahlen, kann keine Regierung ihren Bezwinger kritisieren. Und obendrein sind wir gar nicht berechtigt, die Amerikaner zu kritisieren."

„Wir tolerieren einen nazistischen Präsidenten, das Gericht hat das von Göring gestohlene Gemälde von Lucas Cranach sogar seiner Ehefrau zugesprochen!! Dreiundzwanzig Jahre nach dem Krieg! Scheiße! Die Witwe von Heydrich hat 3500 Mark Rente als eine Kriegsopferwitwe und zwölftausend Aufseher aus den Konzentrationslagern hat man statt des Gefängnisses mit Spezialrenten belohnt. Mir ist davon zum Kotzen!", schüttelte Thomas seinen Kopf.

„Ich krepierte fast an der Ostfront", sagte der Vater leise. Thomas wurde leicht beschämt still.

„Was weißt du von Dubcek?", wechselte der Vater mit Erleichterung das Thema.

„Er ist ein toller Kerl. Die ganze Nation trägt ihn auf Händen. Ihr alle wollt uns mit dem Sozialismus Angst machen, ihr behauptet, es sei ein großes Konzentrationslager, wo die Menschen ihre Meinung nicht sagen dürfen und nicht reisen dürfen..."

„Und dürfen sie etwa?"

„Klar dürfen sie. Wenn sie nicht dürften, würden sie schon lange aus der Tschechoslowakei abhauen. Aber sie sind gar nicht abgehauen, sie stehen sogar hinter den Kommunisten!“

„Hab keine Angst, Dubcek endet nicht gut. Mir musst du nichts erzählen. Falls du es zufällig vergessen haben solltest, dann erinnere ich dich jetzt daran. Dein Vater war einer der ersten dreihundert Maurer, die auf dem Bau des 40. Blocks in der Stalinallee im Juni 1953 mit dem Streik begonnen hatten. Wir marschierten zum Bauministerium und Tausende Menschen schlossen sich uns an. Als Minister Selbmann anfing, seine Rede zu halten, traf ihn jemand mit einem Stein. Weißt du, wer das war? Ich, mein Sohn, ich war das. Ich warf den Stein nicht auf den kommunistischen Funktionär, sondern auf den Fritz, der mein ehemaliger Kumpel aus der Baurotte war. Wir waren zusammen bis 1945 in der NSDAP. Und 1953 war er schon überzeugter Kommunist. Am Abend hatten sich uns dann die Stahlarbeiter aus Hennigsdorf angeschlossen, zwanzigtausend Eisenbahnarbeiter, Zehntausende vom AEG-Werk, von den Kabelwerken von der Oberspree, den Elektrowerken aus Klingenberg und was weiß ich, wer noch. Auf dem Strausberger Platz waren wir mindestens Hunderttausende. Als dann jemand begann laut zu schreien: »Weg mit den Kommunisten«, »Wir wollen ein einheitliches Deutschland« und »Freie Wahlen«, da wusste ich, dass es schlimm wird. Und das war's auch.“

Thomas` Vater zündete sich die zweite Zigarette an.

„Weißt du, wer in dieser Zeit für mich die größte Enttäuschung war? Dein Brecht. Wir warteten wie auf eine Erlösung, auf unterstützende Worte von irgendeiner Autorität. Brecht war so eine. Den Schock vergesse ich nie, als er noch am gleichen Tag, an dem uns die russischen Panzer jagten, an Ulbricht schrieb. Er begrüßte das Eingreifen der sowjetischen und deutschen Kommunisten gegen uns und forderte von den anderen Künstlern die Unterstützung der SED-Politik. Ein Jahr später bekam er dafür als Belohnung sein eigenes Theater von der SED-Führung. Das Gebäude des berühmten Theaters am Schiffbauerdamm schenkten sie dem räudigen Hund.“

Dann setzte er leise fort: „Jeder ist ein Held. Bis sich gegen ihn die Panzer richten. Gegen mich richteten sich die Panzer zweimal. Einmal am Kursker Bogen. Mit dem Krieg haben wir es vergeigt, aber uns so zu strafen, das war zu viel... Und dann standen gegen mich gerichtete russische Panzer auch am 16. Juni auf dem Strausberger Platz. Ein paar von uns sind dort geblieben. Am Abend war es schon ruhig. Am nächsten Tag packte ich meine Sachen und ging mit dir und deiner Mutter hierher nach Neuwied. Zusammen mit mir gingen 230.000 Menschen. Und jedes Jahr wurden es mehr..." Thomas Ankermann senior atmete auf. „Werde du nur nicht verrückt von deinen Russenfreunden. Dubcek endet nicht gut."

„Wenn ich mich richtig erinnere, haben die Teppichanflüge auf die deutschen Städte nicht die Russen, sondern die Amis mit den Engländern gemacht. Und um Dubcek musst du keine Angst haben", widersprach Thomas wenig überzeugend.

Der Vater drückte die Zigarette aus und tätschelte herzlich Thomas` Wange. „Wo geht's eigentlich hin?"

„Ich kann es gar nicht richtig aussprechen. Es schreibt sich Vyschne Hagy."

„Wo ist das?"

„In der Slowakei. Die Osttschechoslowakei."

„Wann geht's los?"

„Morgen. Wir spielen das erste Spiel in der Gruppe und die Unterkunft ist schon ab Freitag reserviert."

„Das ist der wievielte?"

„Der 16. August."

Kapitel 5
MOSKAU 1968

Der KGB-Oberst Michail Stepanowitsch Golubkin stand still im Büro des KGB-Chefs. Er kannte Andropow gut. Diese war erst seit einem Jahr der Chef des Ausschusses für Staatssicherheit, aber er genoss die Achtung der Allgemeinheit. Er war kompromisslos zu Drückebergern und Schwindlern, er hasste die Verleumdung und den Betrug. Hart kämpfte er gegen die Korruption. Nur selten regte er sich auf. Aber heute war so eine Situation. Nervös rieb er sich die Augen, die Brille sprang ihm auf der Stirn hin und her. Golubkin biss in seine Oberlippe. Andropow warf wütend die Dokumente auf den Tisch, die ihm der Oberst hinreichte.

„Es ist Unsinn. Niemand schickt aus der Tschechoslowakei so dramatische Nachrichten wie Tscherwonenko."

„Botschafter Tscherwonenko ist ein alter und erfahrener Diplomat", versuchte Golubkin zu widersprechen.

„Gerade deshalb. Alte, erfahrene Diplomaten sind geübt in der Übertreibung. Jeder möchte Karriere machen und schickt solche aufgeblasenen Nachrichten nach Hause in der Hoffnung, dass er dafür Lob erntet. Ich kannte solche, als ich Botschafter in der Zeit des ungarischen Widerstandes in Budapest war. Einer hatte sogar behauptet, in der Diplomatie wird nur der Nachricht Beachtung geschenkt, die übertrieben wurde. Als er mir das sagte, habe ich ihn am nächsten Tag abberufen lassen. Das war aber im Jahre 1956. Heute haben wir das Jahr 1968. Die Sache ist sehr ernst." Andropow trommelte nervös mit den Fingern auf dem Tisch. „Michail Stepanowitsch, Prag ist nicht Budapest von 1956. Damals wollten die Ungarn den Sozialismus beseitigen. Ich sah das mit eigenen Augen. In der Parteiführung waren lauter Konterrevolutionäre... Aber dieser Dubcek ist etwas ganz anderes. Er ist der Sohn eines alten Bolschewiken und Kommunisten. Er kommt aus einer armen Arbeiterfamilie, seinen Vater hatten sie in Amerika eingesperrt, weil er den Kriegseinsatz verweigert hatte. Als Fünfjähriger übersiedelte er mit der ganzen Familie in die Sowjetunion. Im März 1925 kamen sie nach Kirgisien um zu helfen, den Sozialismus im Rahmen der Interhelpo-Genossenschaft aufzubauen. Dann halfen sie beim Aufbau der Automobilwerke in Gorkij. Alexander Dubcek verbrachte dreizehn Jahre bei uns. Er kämpfte im Slowakischen Nationalaufstand, er ist ein alter, dem Kommunismus ergebener Funktionär. Ich glaube nicht, dass so ein Mensch den Kommunismus stürzen möchte, ich glaube nicht, dass so ein Mensch seine sowjetischen Freunde belügen würde", schüttelte Andropow mit dem Kopf.

„Alle Nachrichten unserer Leute sagen es klar – dort gibt es eine Konterrevolution", zuckte er mit der Schulter.

„Was will dieser Dubcek? Die Wirtschaft ankurbeln, die Korruption und Diebstähle stoppen, die Hektar-Erträge erhöhen... das ist eine Konterrevolution?", atmete Andropow durch.

„Die Genossen aus dem Politbüro sagen, dass es dort klare Anzeichen der Konterevolution gibt."

„Das müssten wir doch wohl früher wissen als die Genossen aus dem Politbüro. Schauen Sie her. Die letzten Umfragen zur öffentlichen Meinung in der Tschechoslowakei vom 10. Juli: 89 Prozent der Bürger behaupten, sie wollen im Sozialismus leben, nur 5 Prozent wünschen sich die Rückkehr zum Kapitalismus, 87 Prozent unterstützen grenzenlos Dubcek und seine Führung, nur 7 Prozent sind unzufrieden. Was faselt uns dieser Tscherwonenko von der Destruktion des Sozialismus?!"

„Die Nachrichten des Genossen Botschafter stützen sich auf die Informationen vom Genossen Woronin. Der ist im engen Kontakt mit den Genossen Bilak, Indra, Kolder und dem Chefredakteur der Zeitung »Rude Pravo«, Schwestka."

„Ja, ich weiß", antwortete Andropow heftig. Er nahm die Fotokopie des Briefes in die Hand, wo in der Ecke Breschnews Bemerkung „Nur für Kosygin, Podgorny und Andropow" stand, und schweigend las er ihn. „Sehr geehrter Leonid Iljitsch... politische Mittel und die Mittel der Staatsmacht sind in unserem Staat gegenwärtig in starkem Maße gelähmt. Die Rechtskräfte bildeten günstige Bedingungen für eine konterrevolutionäre Wende. In dieser Situation wenden wir uns an Sie, die sowjetischen Kommunisten... mit einer dringenden Bitte um wirkungsvolle Unterstützung und Hilfe mit allen Mitteln, die Ihnen zur Verfügung stehen. Nur mit Ihrer Hilfe kann man die Tschechoslowakei von der drohenden Gefahr der Konterrevolution befreien... Betrachten Sie diesen Brief als eine dringliche Bitte und einen Antrag um Eingriff und allseitige Hilfe... Gleichzeitig bitten wir Sie um maximale Geheimhaltung unseres Briefes und aus diesem Grund schreiben wir Ihnen persönlich auf russisch. Unterschrieben Indra, Kolder, Kapek, Schwestka, Bilak." Andropow atmete tief ein. „Wer ist dieser Woronin?"

„Der Botschaftsrat. Unser erster Resident."

„Wissen Sie etwas von ihm?"

„Klassischer auf Karriere bedachter Aufklärer", reichte Golubkin Andropow Woronins Personalakte.

„Für sein junges Alter hat er keine schlechte Karriere gemacht. Es muss ein Fleißiger sein... Die gefährlichsten Aufklärer sind die fleißigen Aufklärer", lächelte Andropow bitter.

„Genosse Vorsitzender, die Nachrichten aus der Tschechoslowakei bestätigen aber auch unsere Quellen in der CIA...", widersprach Golubkin.

„Michail Stepanowitsch... wissen Sie, was in den USA los ist? Johnson wuchs Vietnam über den Kopf, die USA und ganz Europa protestieren gegen den amerikanischen Einsatz. Nichts würde ihnen besser passen als unser möglicher Eingriff. In den Weltmedien würden die Berichte von der amerikanischen Aggression in Vietnam durch Informationen über unsere Aktion in der Tschechoslowakei ersetzt werden. Genau das brauchen sie. Deswegen schieben sie uns dramatische Berichte über die Entwicklung in der Tschechoslowakei unter."

„Die Genossen in Prag fordern Hilfe.."

„Welche Genossen? Die, die ihre eigenen Ambitionen befriedigen und die Führung in der Kommunistischen Partei selbst übernehmen wollen? Sie sind selbst nicht fähig dazu, und so brauchen sie uns?!" lächelte Andropow unter seinem Schnurrbart.

„Auch der französische Aufklärungsdienst bestätigt die ernste Situation in Prag...", überzeugte ihn der Oberst weiter.

„Franzosen... sie kriegen die rebellierenden Studenten nicht in den Griff und de Gaulle plant, in der zweiten Augusthälfte einen Atomtest im Stillen Ozean durchzuführen. Womit könnte er besser die Weltproteste betäuben als mit einem sowjetischen Eingriff in Prag?... Nein, nein, Michail Stepanowitsch... wir müssen sehr vorsichtig sein. Sehr vorsichtig."

Das Telefon klingelte. Andropow konnte im ersten Moment nicht realisieren, welches von den vielen Telefonen auf seinem Tisch es war. Ihm wurde bewusst, dass das rote klingelte. „Michail Stepanowitsch, entschuldigen Sie mich einen Augenblick, es ruft der Genosse Generalsekretär an." Oberst Golubkin salutierte und verließ eilig den Raum. Der Vorsitzende des KGB ging ans Telefon. Am anderen Ende der Leitung war Breschnew.

„Ich grüße Sie, Leonid Iljitsch..." Andropows jovialer Ton änderte sich schleunigst. Breschnew schrie irgendetwas, krächzend, offensichtlich war er mit den Analysen seiner Geheimdienste unzufrieden. „Leonid Iljitsch, unsere Quellen in Washington melden, dass die CIA keinerlei Beteiligung an den Ereignissen in der Tschechoslowakei hat. Ich befürchte, dass unsere Quellen in Prag viel zu sehr eigenen Wünschen unterliegen. Das sollte nicht die Grundlage der Geheimdienste sein."

Breschnew verlor in dem Moment die Nerven. „Jurij Wladimirowitsch... es wundert mich, dass gerade Sie es mir sagen, der an den Ereignissen in Ungarn teilgenommen hat. Auch dort hatte Nagy vorgegeben, dass es ihm um den Sozialismus geht, und wie ist es ausgegangen?! Ich verstehe Ihre Haltung nicht. Hoffentlich hegen Sie keine Sympathie für die tschechoslowakische Konterrevolution? Oder möchten Sie die Verantwortung für die Rückkehr des Kapitalismus in der Tschechoslowakei übernehmen? Schauen Sie sich die schwache Position des Sozialismus in Rumänien und in der DDR an. Von Jugoslawien ganz abgesehen. In der Tschechoslowakei müssen wir sein! Verstehen Sie, Jurij Wladimirowitsch?! Wir müssen! Aus geopolitischen Gründen, klar!? Und wir gehen da nicht deswegen hin, um den Fernsehdirektor auszutauschen!!..." Breschnews Stimme wurde leiser, als ob ihm bewusst geworden wäre, dass er etwas verraten hatte. Andropow schwieg taktvoll zu seinem Versprecher. Ihm wurde es klar, dass die ranghöchsten Leute im Politbüro bereits über die Invasion in die Tschechoslowakei entschieden hatten und Breschnew von ihm solche Informationen brauchte, die als guter Vorwand dienen würden. Trotzdem versuchte er zu widersprechen.

„Genosse Generalsekretär", wurde der Ton von Andropow offizieller, „nach allen Informationen aus der Tschechoslowakei ist die überwältigende Mehrheit der Menschen für den Sozialismus. Die überwältigende Mehrheit."

„Wir wissen, was die überwältigende Mehrheit ist. Wir wissen, was sich die Menschen in der Tschechoslowakei wünschen. Die Genossen im Politbüro sind eindeutig überzeugt, dass in der Tschechoslowakei die Grundsätze des Sozialismus bedroht sind. Hunderttausende sowjetische Soldaten haben ihr Leben bei der Befreiung der

Tschechoslowakei nicht dafür geopfert, dass sie jetzt in die Hände von Imperialisten fällt!", schrie Breschnew. „Soll ich Ihnen, dem Chef des Geheimdienstes, erklären, was sie auf dem XIV. Parteitag der Kommunistischen Partei der Tschechoslowakei vorhaben? Sie haben vor, alle uns geneigten Genossen - Kolder, Indra, Schwestka, Piller, Rigo, Kapek - zu beseitigen! Genosse Andropow, ich bitte Sie, ich fordere Sie auf, legen Sie uns Informationen in solchem Sinne vor, wie ich Ihnen erklärt habe. Morgen fahren wir zu Verhandlungen mit den tschechoslowakischen Genossen. Ich brauche Beweise! Haben wir uns verstanden?..." Nach einer Weile der Stille fügte Breschnew energisch hinzu: „Wenn wir die Tschechoslowakei verlieren, verlasse ich den Posten des Generalsekretärs der Partei. Ich weiß nicht, wer nach mir kommt, aber der Posten des Vorsitzenden des Staatsgeheimdienstes wird der erste sein, den er mit seinem Mann besetzt!"

„Ich habe verstanden, Genosse Generalsekretär... verstanden... Alles Gute... Guten Tag!" Andropow legte auf. Es war ihm klar, dass der Einsatz in der Tschechoslowakei besiegelt ist. Obwohl er als Chef des Geheimdienstes gut informiert war, hatte er keine Ahnung, dass der Verteidigungsminister Andrej Grecko schon seit April 1968 nach der Vereinbarung mit Breschnew und Suslow in aller Stille den Plan für den bevorstehenden Militäreingriff in der Tschechoslowakei vorbereitete.

Er setzte sich in seinen geliebten Ohrenbackensessel. Er war tief davon überzeugt, dass die Invasion nicht nur überflüssig war, sondern auch schädlich für den guten Namen der Sowjetunion, den sie sich in der Welt nach Stalins Tod Stück für Stück erarbeitet hatte. Einen Moment lang spielte er mit dem Gedanken, dass er zurücktreten könnte. Vielleicht wäre das ein Hoffnungsschimmer und den Generälen mit den höchsten Vertretern des Militär-Industrie-Komplexes würde doch dank des Rücktritts des Geheimdienstchefs einiges bewusst werden. Am Ende verwarf er den Gedanken. Er wollte nicht riskieren, dass ihn Breschnew von seinem Schlüsselposten abberufen könnte. Obwohl er nur selten trank, schenkte er sich ein Glas Wodka ein und spülte seine persönliche Resignation den Hals runter.

Kapitel 6

PRAG 1968

Für Samstag, den 17. August, wurde im Hrzansky Palast in Prag die Sitzung der Führung der Kommunistischen Partei der Tschechoslowakei mit den Journalisten einberufen, bei der die gemeinsame Strategie vor dem anstehenden XIV. Parteitag auf dem Programm stand. Es war eine entscheidende Sitzung, da die höchste tschechoslowakische Führung wusste, wie empfindlich Moskau die Medien in Prag und Bratislava beobachtete. Anwesend waren der Regierungschef Oldrich Cernik, der Parlamentsvorsitzende Jozef Smrkovsky, der Vorsitzende der Nationalfront Frantischek Kriegel, Cestmir Cisar, Vaclav Slavik u.a. Es fehlte nur einer. Alexander Dubcek. Auf neugierige Fragen der Journalisten antworteten die anwesenden Politiker ausweichend. Jemand sagte, dass er auf dem Flughafen sei, wo er den rumänischen Präsidenten Nicolae Ceausescu verabschiedete. Dessen Besuch war übrigens die zweite »Provokation« von Dubcek, wie es von Breschnew bezeichnet wurde. Die erste war die offizielle Einladung des jugoslawischem Präsidenten Josip Broz Tito zwei Wochen vorher. Wie Tito, so bekam auch Ceausescu in Prag einen großartigen Empfang. Von allen kommunistischen Führern unterstützten nur diese beiden offen Dubceks Reformen und lehnten strikt jede Einmischung von außen in die tschechoslowakischen Angelegenheiten ab.

Trotz der versuchten Heimlichtuerei der Politiker meldete ein Journalist voller Triumph:
„Dubcek ist in Komarno, wohin er auf die Schnelle vom Chef der ungarischen Kommunisten Kadar eingeladen wurde.“ Die Journalisten schauten nach dieser Information die anwesenden Politiker fragend an, die schwiegen. Jedem war klar, dass dieser Besuch nicht

ohne Wissen von Moskau stattfinden konnte. Erste düstere Überlegungen bestätigte Frantischek Kriegel: „Das Damoklesschwert schwebt über uns, das kann sich keiner vorstellen." Es folgte eine lange Stille. „Also stellen Sie uns ein Ultimatum...", sagte einer der Journalisten. Das Schweigen wurde von niemandem gebrochen.

In diesem Moment ahnte weder hier einer noch Dubcek in Komarno, dass das Politbüro des Zentralkomitees der Kommunistischen Partei der Sowjetunion, das zur gleichen Zeit in Moskau tagte, einstimmig den Vorschlag von Leonid Iljitsch Breschnew zur Invasion in die Tschechoslowakei verabschiedete.

Kapitel 7
KIEW 1968

Sascha Grytsenko stand in ihrer Uniform vor dem Major Kozuchin.

„Alexandra Josifowna, geben Sie dem Diensthabenden Offizier das Siegel, Wachs, die Schlüssel vom Schreibtisch, vom Tresor und von ihrem Büro ab. Um 14.00 Uhr finden Sie sich bei der regionalen Militärverwaltung ein. Bringen Sie nur die notwendigsten hygienischen Sachen mit. Sind sie eine Gefreite?", fragte Major Kozuchin von der achten Abteilung des Kiewer Militärkreises.

„Nein, ich bin eine Zivilangestellte."

„Warum setzen Sie sich nicht?", bot Kozuchin ihr einen Stuhl. Sascha setzte sich und sah ihn forschend an. „Sie sind ledig...", versuchte Kozuchin zu lächeln.

„Ja, das bin ich."

Kozuchin las etwas in den Dokumenten und setzte fort. „Ihr Vater war in der Armee des amtierenden Präsidenten Ludvik Svoboda..."

„Ja. Er half bei der Befreiung der Tschechoslowakei."

„Als Soldat der sowjetischen Armee?"

„Als Soldat der tschechoslowakischen Armee. Meine Eltern wohnten in Kolodne in der Irsawaregion der Karpato-Ukraine. Als Kolodne im Jahre 1939 Ungarn angeschlossen wurde, floh mein Vater in die Sowjetunion. Dort trat er als tschechoslowakischer Bürger im März 1942 in Buzuluk ins Bataillon von Svoboda ein."

„Sie beherrschen es ziemlich gründlich...", lächelte Kozuchin.

„Ich bin eigentlich Slowakin..."

„Aha... Also gehen Sie in die Slowakei sozusagen um zu testen, wie sich Ihr Vater fühlte, als er die Tschechoslowakei befreite..."

„So... irgendwie..."

Lange sah er sie fragend an. „Sie wurden als Administrationskraft zur Operationsgruppe der Luftwaffe des Prikarpaten Militärkreises eingeteilt, die zum sowjetischen Kontingent gehört, das in der Tschechoslowakei mit den Armeen der vier Mitgliedsstaaten des Warschauer Vertrages den tschechischen und slowakischen Brüdern im Kampf gegen die Konterrevolution helfen wird. Ich muss Ihnen nicht verdeutlichen, dass diese Informationen streng geheim sind..." Kozuchin zündete sich eine selbstgedrehte Machorka an und zog lange an ihr. „Es ist nur ein befristeter Einsatz und es werden wenige Frauen da sein. Sie verstehen sicherlich, dass wir nur unverheiratete Genossinnen dorthin schicken können...", sagte Kozuchin mit einem entschuldigenden Unterton.

„Aber ich bin doch vorbereitet, Genosse Major."

Kozuchin war ein wenig überrascht. Von vielen hatte er grenzenlosen Gehorsam erwartet, aber bei Alexandra Grytsenko hatte er leichte Zweifel. Sie war eine Freundin seiner Tochter, er wusste aber nicht viel von ihr. Ein dickköpfiges Mädchen, das ständig laut und klar seine Aussagen formulierte. Manchmal hatte sie auch in der Bezirksleitung Probleme. Sie geriet damals in Konflikt mit dem Leutnant Wasiljew, der ihr verboten hatte, auf den Komsomol-Versammlungen die Gedichte von Wysockij zu lesen. Offen stand sie zu Majakowski, Ajtmatow, Dumbadze, Achmatowa, Jesenin, Jewtuschenko. Im Büro hatte sie von Solschenizyn »Ein Tag im Leben des Iwan Denissowitsch«. Es war zwar nicht verboten, aber die Vorgesetzten sahen dieses Buch sehr ungern. Da sie aber kein Mitglied der kommunistischen Partei war, winkten sie ab. Kozuchin war sie sympathisch, aber er hatte Angst, dass sie mit ihren Ansichten auch seine Tochter Tatiana ansteckt. Er wusste, dass die Menschen in Uschgorod trotz der an der Grenze angebrachten Störsender den tschechoslowakischen Rundfunk hörten. Das Stören der brüderlichen Rundfunksender rief bei den sowjetischen Bürgern Zweifel hervor. Sascha zweifelte manchmal auch, ob das mit der Konterrevolution in der Tschechoslowakei wirklich so war, wie es die sowjetischen Zeitungen schrieben. Deshalb war Kozuchin erleichtert, dass Alexandra überraschend ohne Probleme die Anweisung akzeptierte, in die Tschechoslowakei zu gehen.

„Wo wird der Stab der Luftwaffe stationiert sein?"

„In der Bezirksleitung sagen Sie es Ihnen genau. Die Stadt heißt Sliac. Dort befindet sich ein Flughafen. Das ist alles, was ich weiß."

„Gerne helfe ich den tschechoslowakischen Brüdern im Kampf gegen die Konterrevolution."

„Ich bin froh, Genossin Grytsenko, dass Sie unsere internationale Pflicht verstehen."

Sascha kehrte ins Wohnheim zurück. An der Pforte winkte ihr die »deschurna« begeistert mit einem Päckchen aus Bratislava zu. Sie schaute auf den Stempel. Seine Reise nach Kiew hatte zwei Wochen gedauert. Im Zimmer drückte sie das Päckchen an die Brust und mit zitternder Hand öffnete sie es. Der Brief war ziemlich zerknittert. Sascha lächelte. Es war klar, dass außer ihr noch jemand anderer den Brief gelesen hatte. Sie war eine Mitarbeiterin der Bezirksverwaltung des Kiewer Militärkreises. Sie verstand, dass es in dieser schwierigen Zeit notwendig ist, die Briefe aus der Tschechoslowakei zu kontrollieren.

„Liebe Saschenka, ich schicke Dir die versprochene Brille, ich hoffe, dass sie in Ordnung ist. Die Dioptrien hatte ich genau nach Deinen Angaben ausgesucht. Ich hoffe, dass sie Dir passt und dass Deine unglaublichen türkisfarbenen Augen dahinter noch mehr zur Geltung kommen. Nur nicht so sehr, dass sie auch von den anderen wahrgenommen werden. Ich weiß nicht, was mit mir passierte, aber seit der Rückkehr aus Kiew bin ich wie ein anderer Mensch. Du hast mich mit Deinen Kenntnissen der Slowakei, unserer Geschichte und Literatur sehr überrascht. Ich erlaubte mir, dir die neueste Ausgabe der Marina von Sladkovic zu schicken. Die erste Strophe sollte allerdings so heißen:

»Ich süße Sehnsucht, Sehnsucht nach der Schönheit,
singe durch Schönheit beeindruckt... doch Zentrum,
Element, Himmel, Einheit der Schönheit meiner ist
meine Saschenka.«

Entschuldige meine Ehrlichkeit, aber ich habe mich wirklich in dich verliebt. Ich hoffe, dass wir uns bald wiedersehen."

Sascha drückte sich den Brief an die Lippen. Sie lächelte. „Vielleicht sehen wir uns schneller, als du annimmst..."

Kapitel 8

WASHINGTON 1968

Es war ein warmer Tag der 20. August, am Nachmittag um 17.00 Uhr Washingtoner Zeit. Der US-Präsident Lyndon B. Johnson trank seinen Lieblingwhisky Cutty Sark, schaute sich ein Basketballspiel zwischen seinem Lieblingsteam, dem Neuling San Diego Rockets, und dem Favoriten Los Angeles Lakers an. Das Spiel war außerordentlich dramatisch, aber die Jungs aus San Diego hatten nach der ersten Halbzeit knapp geführt und somit war der Präsident gut gelaunt. Er war leicht verärgert, dass der sowjetische Botschafter gerade für diese Zeit seinen Besuch anmeldete, aber er musste den Staatspflichten den Vortritt vor den Interessen eines Basketballfans aus Texas lassen.

Der Sekretär führte Dobrynin in das Oval-Office, das ihm schon vertraut war. Er war seit sechs Jahren als Botschafter der Sowjetunion in den USA im Amt. Der Präsident trat mit einem breiten Lächeln an ihn heran. Dann begrüßten den Botschafter auch die Mitarbeiter des Präsidenten. In San Diego begann gerade die zweite Halbzeit des Spiels und Dobrynin merkte die Nervosität des Präsidenten, wenn er sich gelegentlich nicht beherrschte und trotz

Protokollvorschriften zum Bildschirm schaute. Dobrynin wusste von Johnsons Schwäche für Basketball und für Zigaretten. Trotzdem hatte er das Gefühl, dass der Präsident viel zu viel raucht.

„Entschuldigen Sie, ich bin ein wenig nervös, unser Team hat gute Chancen, die Lakers zu besiegen. Es sieht so aus, dass die Lakers das Match gewinnen werden, aber wir werden es ihnen ein wenig erschweren. Doch die Arbeit ruft." Der Präsident stand auf und schaltete den Fernseher mit einem Seufzer aus. „Meine Mitarbeiter – den Chef des Nationalrates für Sicherheit Walt Rostow und meinen persönlichen Assistenten Jack Valetti – muss ich Ihnen nicht vorstellen."

Dobrynin wusste nicht, dass man vor einigen Stunden beim Arbeitsmittagessen des Präsidenten mit den Beratern für Sicherheits- und Außenpolitik über den möglichen Einmarsch in die Tschechoslowakei gar nicht gesprochen hatte. Die Amerikaner maßen dieser Möglichkeit oder dem eventuellen Einmarsch nur minimale Bedeutung bei. Die wichtigsten Sicherheitsprobleme für sie waren im Moment der Vietnamkrieg und die angespannte Situation im Nahen Osten, wo erst ein Jahr nach dem Sechstagekrieg vergangen war. Gründlich diskutierten sie über die Vorbereitungen zum Verlauf der Verhandlungen mit der Sowjetunion mit dem Ziel, beidseitige Benutzungseinschränkung der strategischen Waffen SALT zu erreichen.

Der sowjetische Botschafter betrat das Arbeitszimmer des Präsidenten um 22.00 Uhr Mitteleuropäischer Zeit, am 20. August 1968. Er führte genau die Anweisung aus Moskau aus, die lautete, genau um diese Zeit den US-Präsidenten über die »Aktion« in der Tschechoslowakei zu informieren. Nach strategischen Plänen hatten sie angenommen, dass die sowjetischen Panzer schon in Prag angekommen sein werden. Sie erwarteten eine begeisterte Begrüßung von der Seite der tschechoslowakischen Bürger und vielleicht einen schnellen Wechsel zu einer Arbeiter-und-Bauern-Regierung mit Alois Indra an der Spitze.

Nach den einführenden Höflichkeitsphrasen und dem Ausrichten der herzlichen Grüße von den höchsten sowjetischen Repräsentanten legte Dobrynin dem Präsidenten die diplomatische Note vor.

„Ich danke Ihnen für die Information, Exzellenz", bedankte sich

bereitwillig der Präsident, nachdem er die Note zu Ende gelesen hatte, in der der Vorsitzende des Präsidiums des Obersten Sowjets der UdSSR Nikolai Podgorny den US-Präsidenten informierte, dass die Armeen des Warschauer Vertrages in den Nachtstunden vom 20. zum 21. August 1968 eine Militäraktion zur Unterstützung des Sozialismus in der Tschechoslowakei unternahmen.

Der Präsident bot dem Botschafter eine Zigarette an. Der Botschafter bedankte sich höflich. „Jack, ich hoffe, dass sie alles, was der Herr Botschafter uns mitgeteilt hat, genau notiert haben..." Der Präsident drehte sich zu Valetti. Jacks Hände zitterten leicht. Er nickte. Der Präsident dachte kurz nach, schaute erst zu Rostow und dann lange starr vor sich hin. Dobrynin runzelte die Stirn in Erwartung seiner heftigen Reaktion. Für eventuelle massive Kritik von der Seite des höchsten amerikanischen Vertreters hatte ihm die Zentrale in Moskau das Einverständnis erteilt, eine nicht offizielle Stellungnahme der Sowjetunion zu verwenden. Zu deren Inhalt gehörte auch ein auf die Invasion der USA in Vietnam hinweisendes Gegenargument. Selbstverständlich sollte diese Stellungnahme nur bei einer wirklich unangemessen heftigen Reaktion des Präsidenten verwendet werden. Sonst empfahl Moskau Zurückhaltung, sie wollten nicht zusätzlich reizen.

Johnson aß irgendwelchen Zwieback. Dobrynin beobachtete seine ungewöhnlich großen fleischigen Ohren, wie sie sich hin und her bewegten.

„Droht auch ein Eingriff gegen Rumänien?", fragte Johnson.

„Nein."

„Die Geschehnisse in der Tschechoslowakei dürfen die Verhandlungen zur Einschränkung der atomaren Waffen nicht blockieren. Das ist die Priorität unserer Außenpolitik und ich denke, die Welt wird es verstehen...", schüttelte er mit dem Kopf und nickte zustimmend. „Morgen früh diskutieren wir mit Dean Rusk und meinen Beratern über Ihre Information. Wir werden Ihnen eine Antwort übermitteln." Er trank seinen Whisky aus und Jack schenkte ihm wieder ein. Er nahm wahr, dass auch Dobrynin ausgetrunken hatte. Der sowjetische Botschafter stimmte dem nächsten Glas mit einem Blick zu.

Der Präsident zündete sich die nächste Zigarette an, pustete und lächelte. „Morgen früh gebe ich das Vorhaben bekannt, der Sowjetunion einen Besuch abzustatten. Ich lud zum Frühstück einige Freunde ein, damit ich Ihnen diese freudige Nachricht überbringen kann. Es würde mich sehr freuen, Exzellenz, wenn ich ein Statement Ihrer Regierung zu diesem Besuch noch vor meinem Auftritt vor der Öffentlichkeit bekommen könnte. Ich denke, dass dieser Besuch für unsere Länder außerordentlich wichtig ist. Trinken wir auf den Aufschwung der Beziehungen zwischen unseren großen und mächtigen Ländern." Dobrynin fielen fast die Augen aus. Er verstand die Welt nicht mehr. Die ganzen Stäbe der besten Spezialisten für die sowjetisch-amerikanischen Beziehungen hatten in Moskau an den Argumentationen gearbeitet, die er in seiner Hosentasche vorbereitet hielt. Sie waren nicht erforderlich. Der Präsident trank mit ihm zum zweiten Mal. Dobrynin glaubte auch in den Gesichtern von Rostow und Valetti eine Überraschung zu erkennen. Er hatte das Gefühl, von der Einstellung des Präsidenten enttäuscht zu sein. Er freute sich im Voraus auf das Lobeslied vom »Höchsten« für die rasante Verteidigung der Aktion. Und jetzt... nichts.

„Sicher, Sir, ich tue alles dafür, dass sie das Statement morgen früh bis 9.00 Uhr auf dem Tisch haben. Ich kann Ihnen schon jetzt fast mit Sicherheit sagen, dass es positiv sein wird", antwortete er dem Präsidenten auf sein Interesse am Statement zum geplanten Besuch hin. Dann begann der Präsident eine lustige Geschichte aus Texas zu erzählen. Dobrynin trank sein Glas Whisky auf ex aus. Das nächste schenkte ihm der Präsident persönlich ein. Johnson konnte offensichtlich seine gute Laune nicht verbergen. Obwohl ihm bewusst war, dass die sowjetische Invasion den Vertragsabschluss zur Waffenkontrolle bedrohen konnte, hätte er Dobrynin am liebsten vor Freude umarmt. Dobrynin als erfahrener Diplomat dachte auch nicht anders darüber. Er war eine der festen Größen der sowjetischen Diplomatie, ein disziplinierter Soldat des sowjetischen Außendienstes, der nie seine eigene Meinung aussprach, auch wenn er sie besaß. Er sah den zufriedenen Präsidenten an und wusste, dass er das Gleiche dachte wie er selbst. Die Dummköpfe im Kreml konnten seinem erklärten Feind keinen besseren Dienst erweisen.

In Gedanken lächelte er bei der Erinnerung daran, wie er seinen Rücktritt bekanntgeben wollte, als er von der Entscheidung für die Invasion erfuhr und sein gesunder Menschenverstand in ihm wach wurde. Jetzt freute er sich bei der Vorstellung, wie er aus Moskau gelobt würde. Er wird über seinen Empfang einen dramatischen Bericht schreiben und ausmalen, wie tapfer er »die Aktion« in der Tschechoslowakei verteidigte.

„Sehr gerne erinnere ich mich an das Treffen mit dem geehrten Herrn Kosygin in Glassboro. Grüßen Sie ihn herzlichst von mir...", setzte Johnson fort. Rostow schaute immer niedergeschlagener und beherrschte sich, den Präsidenten nicht zu unterbrechen. Beim Abschied des sowjetischen Botschafters bat der Präsident wiederholt um eine schnelle Antwort aus Moskau und betonte, wie sehr er sich auf den Besuch in Moskau freue. Als der Botschafter das Oval-Office verließ, schaltete Johnson schnell den Fernseher an. Das Match war kurz vor dem Aus und der klare Sieg der Lakers war entschieden. Trotzdem lächelte er. Er schenkte den beiden Mitarbeitern ebenfalls Whisky ein. „Ab morgen wird auf den Titelseiten der Medien in der ganzen Welt unser Krieg in Vietnam durch die sowjetische Invasion in die Tschechoslowakei ersetzt. Zum Wohl, meine Herren!"

Dobrynin schrieb nach seiner Ankunft in der sowjetischen Botschaft sofort eine Chiffre, in der er Moskau von seinem Empfang beim Präsidenten informierte und ein positives Statement zum geplanten Besuch empfahl. Das positive Statement hatte er wirklich in einigen Stunden bekommen. Er rief seinen Sekretär und ordnete an, er solle ihn mit dem Außenminister Dean Rusk verbinden. Er wartete am Telefon und vor Freude schenkte er sich einen klaren Moskauer Wodka ein. In Moskau hätten sie nicht einmal im Traum mit so einer angenehmen Reaktion des Präsidenten gerechnet. Der Botschafter wurde leicht angespannt, als der Sekretär ihn nicht mit dem Foreign Office verband. Der Sekretär kam persönlich in den Raum. „Was ist?", fragte Dobrynin nervös. „Genosse Botschafter, sie sollen sofort persönlich im Außenministerium erscheinen. Gerade brachten sie uns die von Herrn Minister Rusk unterschriebene Note." Dobrynin ahnte, dass die Profis beim Außenministerium eine andere Haltung einnehmen werden als der Präsident. Johnson war früher einmal ein unerfahrener Farmer aus Texas und die Außenpolitik der USA bestimmte traditionell der Kongress. Er hoffte, dass er den Außenminister Dean Rusk beeinflussen konnte, ein nicht besonders schroffes Statement abzugeben. Zur Sicherheit nahm er seine inoffizielle Argumentation mit, die er beim Präsidenten nicht benutzte.

Dean Rusk empfing den Botschafter in den späten Abendstunden in seinem Büro. Er teilte Dobrynin mit, dass er gerade aus dem Weißen Haus mit dem Auftrag zurückgekehrt war, ihm das Statement der Regierung der USA mitzuteilen. Rusk las ihm mit ruhiger Stimme das Statement vor, in dem stand, dass die USA keinerlei Informationen einer Einladung von den offiziellen Vertretern der Tschechoslowakei an die Armee des Warschauer Paktes besitzen. Am Ende empfahl er dem Botschafter, dass beide Seiten die voreilige Veröffentlichung des geplanten Besuches des Präsidenten in der UdSSR noch einmal gründlich überdenken sollten. Dobrynin war klar, dass der Besuch des Präsidenten vertagt wird.

Lyndon Baines Johnson traf sich einige Tage später mit den Stabschefs der amerikanischen Armee. Sie verständigten sich darauf, dass sie gegen die UdSSR in keinem Fall ihre Kräfte einsetzen werden. Johnson ordnete sogar an, dass es zu keiner öffentlichen Verurteilung der Invasion kommen soll. Halb aus Spaß fügte er hinzu: „Hoffen wir's, dass Moskau schätzen kann, dass wir hier in den USA keine Gewalttäter sind."

Kapitel 9
BRATISLAVA 1968

Im Studentenzimmer machte es sich eine Mücke gemütlich, die zusammen mit der Hitze garantiert dafür sorgte, dass Balaz in der Nacht nicht schlafen konnte. In den Morgenstunden schien es so, dass es doch gelingen könnte, aber der Wecker machte seine Hoffnung zunichte. Angeödet zog er seine vom Zement hart gewordene Arbeitshose an. Das Thermometer zeigte zwanzig Grad, obwohl es erst früh um 4.00 Uhr war. Er jobbte auf dem Bau der Straßenbahnstrecke in die neue Wohnsiedlung Strkovec in Bratislava. Sie fuhren Zement aus Rohoznik in die riesigen Betonmischer, die neben den ausgebaggerten Stellen zwischen den Gärten standen. Neben der Strecke baute man auch noch eine zweispurige Straße nach Vrakuna.

Balaz wohnte an der Ecke der Belopotockeho und Lehotskeho Straße, nicht weit vom Hauptbahnhof entfernt. Mit der morgendlichen Regionalbahn fuhr er nach Trnava, wo der Fahrer Feri auf ihn vor dem Bahnhof wartete und sie von dort nach Rohoznik losfuhren. Heute hatte er eine hervorragende Laune. Mit Feri hatten sie vereinbart, dass sie heute ein bisschen früher Schluss machen und am Nachmittag zum Fußballspiel des Mitteleuropa-Cups zwischen Spartak Trnava und Roter Stern Belgrad gehen. Er war es nicht gewohnt zu frühstücken, er nahm nur immer durch seine fürsorgliche Mutter vorbereitete zwei Schmalzbrote mit Zwiebeln und Paprika mit und um halb fünf saß er schon in der uralten Regionalbahn mit Holzsitzen. Er schaltete seinen Transistor an. Er war stolz auf ihn. Damals hatte kaum jemand einen Transistor. Zum Hauptbahnhof nahm er immer die Abkürzung über die Malinovskeho Straße um das Gartenrestaurant, vor dem Tunnel an der Eisenbahnstrecke die Treppe hoch und er war auf dem Hauptbahnhof.

Auch jetzt beeilte er sich. Kaum aus dem Haus gekommen, überraschte ihn ungewöhnlicher Lärm. Er studierte im ersten Studienjahr an der Wirtschaftsuniversität. Die Wirtschaftsstudenten absolvierten während des Studiums den obligatorischen Militärdienst bei den Panzerkompanien. Deswegen könnte er das Geräusch der auf dem Beton bremsenden Panzer auch um Mitternacht im Tiefschlaf erkennen. Je näher er der Malinovska Straße kam, desto stärker war das Geräusch, bis es zum Getöse wurde.

Die Straße hoch rollten Panzer. Der T 52, aber auch ein paar alte T 34. Manche bogen in die Zilinska Straße ein, manche fuhren weiter nach oben zum Hauptbahnhof. Er kam auf den Gedanken, dass sie sich vielleicht zum Firsnal bewegen, wo ab und zu zum Siegestag eine Militärschau stattfand. Bei der Gelegenheit rollten durch die Straßen drei Panzerkompanien, unterstützt auch durch gepanzerte Transporter. Es schien ihm allerdings, dass es für eine Schau doch zu viele Panzer sind. Was für eine Schau? Es ist nicht der 9. Mai, sondern der 21. August. Vielleicht wollen sie einen Kriegsfilm drehen. Zur Zeit wurden viele Filme gedreht. Der Zug sollte in sieben Minuten abfahren, also hatte er es eilig. Vor dem Hauptbahnhofsgebäude standen auch Panzer. Erst hier hatte er bemerkt, dass sie kein tschechoslowakisches Nationalitätenkennzeichen haben, sondern so komische weiße Streifen, die sich von vorn durch die Mitte des Korpus über den Turm nach hinten und auch ins Kreuz zogen. Es war fünf vor halb sechs, vor dem Bahnhof waren nicht viele Menschen. Er lief die Treppe hoch zur Bahnhofshalle, aber die Soldaten mit ihren Maschinenpistolen standen am Eingang und erlaubten ihm nicht hineinzugehen. Jetzt wurde ihm klar, dass die Soldaten russisch sprachen. Er kannte Feri und wusste, wenn er nicht pünktlich kommt, fährt er allein nach Rohoznik und er bekommt dann keinen Tageslohn.

„Lassen Sie mich, ich muss zum Zug nach Trnava.“ Die Soldaten standen mit den Zigaretten im Mund und starrten vor sich hin. „Hört mal“, probierte er lauter auf russisch, „ich muss mit diesem Zug fahren. Ich arbeite in Trnava.“

„Niemand fährt irgendwohin. Nichts gibt’s. Geh nach Hause!“

„Aber... auf mich wartet Feri.“

„Geh nach Hause!!!“, brüllte ihn der Soldat nervös an. Balaz drehte sich um und schritt wieder Richtung Treppe. Er schaltete sein Radio an. „Die Militärtruppen des Warschauer Vertrages besetzten in der Nacht vom 20. zum 21. August die Tschechoslowakische Republik. Wir bitten die Bürger, Ruhe zu bewahren. Über die Einstellung der höchsten Partei- und Staatsführung werden wir Sie informieren...“ Das Radio spielte Trauermusik. Balaz lief die Treppe herunter und hatte das Gefühl zu träumen. Er konnte nicht glauben, dass die Sowjetunion so etwas getan hat. Er redete sich ein, dass es ein Missverständnis ist, das sich im Laufe des Tages klärt. Da wusste er noch nicht, dass in der Nacht des 20. August um 23.00 Uhr die Invasion mit dem Decknamen »Operation Donau« begann.

„Wir lesen Ihnen eine Meldung des Vorsitzes vom Zentralkomitee der Kommunistischen Partei der Tschechoslowakei vor." Der Sender »Tschechoslowakischer Rundfunk in der Slowakei« unterbrach die Trauermusik und es erklang die aufgeregte Stimme der Moderatorin: „Gestern, am 20. August 1968 ungefähr um 23.00 Uhr, überschritten die Armeen der Sowjetunion, der Polnischen Volksrepublik, der Ungarischen Volksrepublik und der Bulgarischen Volksrepublik die Staatsgrenze der Tschechoslowakischen Sozialistischen Republik..."

Er setzte sich auf die Treppe. Neben ihm saßen zwei Frauen und weinten. „Weine nicht. Im Radio sagten sie, dass die Amerikaner uns zu Hilfe kommen...", beruhigte eine die andere. Balaz zündete sich eine Detva-Zigarette an und hörte die Nachricht zu Ende. Die Armeen des Warschauer Paktes starteten die größte bewaffnete Militäraktion in Europa seit dem Ende des Zweiten Weltkrieges, 27 Divisionen, 300.000 Soldaten, 6000 Panzer, 1000 Flugzeuge, 2000 Kanonen und eine nicht genau bestimmte Zahl der speziellen Raketeneinheiten gegen einen Feind, den es gar nicht gab...

Er rauchte zu Ende und lief nach Hause. An der Ecke der Zilinska und Malinovskeho Straße fuhr ein Panzer gerade einen Strommast um. Um den Panzer herum standen einige Leute und drohten den russischen Soldaten mit geballten Fäusten. Er schaltete wieder sein Radio an. Die Moderatorin las die Aufforderung an alle Bürger der Tschechoslowakischen Sozialistischen Republik, in der Dubcek, Svoboda, Smrkovsky, Cernik, Kriegel u.a. vorrangige Vertreter des Staates die Menschen zur Einhaltung der Ruhe und Würde aufforderten. „Wir appellieren an alle Bürger unserer Republik, damit sie Ruhe bewahren und keinen Widerstand gegen die bewaffneten Kräfte, die hier ankommen, ausüben."

In dem Moment wurde seine Stirn feucht vom Schwitzen. Ein russischer Soldat versperrte ihm den Weg, brüllte irgendetwas und zielte mit einem Maschinengewehr auf ihn.

Kapitel 10

PRAG 1968

„Es passierte ohne Wissen des Präsidenten der Republik, des Vorsitzenden der Nationalversammlung, des Regierungsvorsitzenden als auch des Ersten Sekretärs des Zentralkomitees der Kommunistischen Partei der Tschechoslowakei und dieser Organe. Der Vorsitz des Zentralkomitees tagte zu dieser Stunde und diskutierte über die Vorbereitung des XIV. Parteitages. Der Vorsitz appellierte an alle Bürger unserer Republik, damit sie Ruhe bewahren und keinen Widerstand gegen die bewaffneten Kräfte, die hier ankommen, ausüben. Deshalb bekamen auch unsere Armee, die Sicherheitskräfte und die Volksmilizen keinen Befehl, das Vaterland zu verteidigen.

Der Vorsitz ist überzeugt, dass dieser Akt nicht nur gegen alle Grundsätze der Beziehungen zwischen sozialistischen Staaten, sondern auch gegen die Grundsätze des internationalen Rechts verstößt. Alle führenden Vertreter des Staates, der Kommunistischen Partei und der Nationalfront bleiben in ihren Funktionen, für die sie als Vertreter des Volkes und Mitglieder ihrer Organisationen nach gültigen Gesetzen und anderen in der Tschechoslowakischen Sozialistischen Republik gültigen Bestimmungen gewählt wurden.

Die Verfassungsvertreter berufen eine sofortige Sitzung der Nationalversammlung und der Regierung der Republik ein. Der Vorsitz des Zentralkomitees der Kommunistischen Partei der Tschechoslowakei (ZK der KPTsch) ruft die Vollversammlung des Zentralkomitees der KSC auf, um die Situation zu diskutieren.

Unterschrift: Der Vorsitz des ZK der KPTsch."

Der Sekretär des ZK der KPTsch Cestmir Cisar las mit schwerer Stimme den Vorschlag der Stellungnahme vor. Er legte das Papier auf den Tisch und setzte sich. Im Raum herrschte Stille. Die Anwesenden aßen in der Zeit, als Cisar und Mlynar die Stellungnahme vorbereiteten, nur ein paar belegte Brötchen. Es war halb zwei in der Nacht. Vor anderthalb Stunden betrat das Büro des Ersten Sekretärs des ZK der KPTsch Alexander Dubcek der Leiter seines Sekretariats Sojak und informierte Dubcek, dass der Regierungschef Cernik ein dringendes Telefongespräch des Verteidigungsministers in der Leitung hat. Dubcek erfasste eine schlimme Vorahnung.

„Was hat der Minister so Wichtiges, dass er nach Mitternacht anruft?"

„Es sei sehr dringend."

„Dann geh, aber beeile Dich", deutete Dubcek zu Cernik. In der Zwischenzeit setzten sie die Debatte zu den Unterlagen für den XIV. Parteitag der Kommunistischen Partei fort, der in drei Wochen stattfinden sollte. Heute tagte der letzte Vorsitz der Partei vor dem Parteitag. Cernik kam nach einer Weile zurück. Fragend schauten sie ihn an. Er war weiß wie eine Wand. Schwer setzte er sich hin. Sie ahnten, was er sagt.

„Sie sind hier... Minister Dzur hat angerufen. Die Sowjets und die anderen vier haben die Grenze überschritten. Das Verteidigungsministerium wurde besetzt."

Es trat eine lange Grabesstille ein.

„Dann haben sie es also doch gemacht...", seufzte Dubcek. Er fühlte sich, als ob er gestorben wäre. Durch seinen Kopf liefen Bilder von seinem Vater, seiner Mutter, von Kirgisien der dreißiger Jahre, als die Familie Dubcek freiwillig der jungen Sowjetunion helfen wollte. Er dachte an die russischen Partisanen, mit denen er im Slowakischen Nationalaufstand gekämpft hatte, an den Bruder Stefan, der im Aufstand ums Leben gekommen war. Sein ganzes Leben war mit dem Kommunismus verbunden, mit dem Glauben an die Sowjetunion.

Die Vorstandsmitglieder erwachten aus dem ersten Schock und debattierten aufgeregt. Dubcek nahm sie gar nicht wahr. Er grübelte, wo er einen Fehler begangen hatte. Bis zu diesem Moment hatte er gedacht, dass der Widerstand der Sowjets gegen die tschechoslowakischen Reformen von den unterschiedlichen kulturellen Hintergründen und den historischen Erfahrungen herrührte. Er schloss absolut aus, dass die Sowjets die Invasion, über die die Medien in der ganzen Welt mehr und mehr berichteten, durchführen würden. Die Sowjetunion hat der UNO vorgeschlagen, das Jahr 1968 zum Jahr der Völkerverständigung zu erklären, sie stand an der Spitze des Widerstands der Weltöffentlichkeit gegen die amerikanische Aggression in Vietnam. Dies muss ein grausamer Witz sein. Das darf doch nicht wahr sein.

„Sascha, wir müssen reagieren. Die Presseagentur TASS verbreitet Lügen in der ganzen Welt, dass wir sie eingeladen hätten. Wir haben nicht mehr viel Zeit", sagte jemand und schüttelte ihn. Also war das doch wahr.

„Cesto und Zdenek, bereitet eine Stellungnahme vor", bat er die Sekretäre Cisar und Mlynar und ging hinaus. Er war angenehm überrascht. Die Mitarbeiter des Zentralkomitees waren auf ihren Arbeitsplätzen, obwohl es fast 2.00 Uhr war. Viele Türen standen halb offen. Er kam ans Ende des langen Ganges und bog in die dunkle Ecke ab. Er schaute aus dem Fenster. Die Moldau floss so langsam wie Hunderte und Tausende Jahre zuvor. Er erhob seinen Blick zur Silhouette des Hradschin. Ihm fiel ein, dass er damals Ende 67 die Warnung seiner Frau und der Jungs hätte ernst nehmen und den Posten des Ersten Sekretärs nicht übernehmen sollen. Er unterdrückte den in diesem Moment überflüssigen Gedanken und öffnete das Fenster, um frische Luft einzuatmen. Von draußen hörte er aufgeregte Stimmen. Zwischen der Hlavek-Brücke und dem Gebäude des Zentralkomitees hatten sich Bürger versammelt. Ihm wurde klar, dass es nötig ist, die Stellungnahme des Vorstands des Zentralkomitees so schnell wie möglich zu veröffentlichen. Er atmete tief ein. Die alte, durch Generationen kodierte Dubcek-Trotzigkeit machte sich in seinem Körper breit. Die Dubcek-Männer waren friedlich, aber wenn sie in die Enge getrieben wurden, waren sie hartnäckig. Er betrat forsch den Raum.

„Verbinden Sie mich mit Tscherwonenko", sagte er zum Sekretär und war selbst von seiner energischen Stimme überrascht.

„Wir haben es schon probiert. Der sowjetische Botschafter nimmt nicht ab."

„Und Woronin?"

„Der auch nicht. Genosse Sekretär, der Präsident der Republik

möchte Sie sprechen." Dubcek nahm den Telefonhörer. Alle schauten ihn gespannt an. Nach einer Weile legte er auf: „Beim Präsidenten der Republik Ludvik Svoboda war gerade der sowjetische Botschafter Tscherwonenko zu Besuch. Er teilte ihm mit, dass die Armeen der Länder des Warschauer Vertrages um 22.00 Uhr die Grenze unserer Republik überschritten haben."

„Gut, dass sie es uns mitgeteilt haben, sonst würden wir es nicht merken...", bemerkte Smrkovsky typisch sarkastisch.

„Es sind Gauner," schoss es Dubcek durch den Kopf. „Nach Chruschtschow wurde der Kreml von einer Lumpenbande besetzt."

„Sascha, hör mal zu", trat Smrkovsky an ihn heran, „es ist schlimm. Du trägst die Verantwortung. Falls der Verteidigungsminister schon verhaftet wurde, bleiben uns nur wenige Minuten."

„Ich verstehe dich, aber gerade deshalb, weil ich die Verantwortung habe, muss ich hier bleiben." Er beobachtete das Telefon auf dem Tisch und erwartete, dass es läutet und jemand ihm erklärt, dass alles ein großes Missverständnis war.

„Wenn sie dich verhaften, ist das das Ende. Du bist nicht nur der Erste Sekretär. Du bist das Symbol, verstehst du?! Die Verbrecher vernichten als Erstes immer die Symbole!..."

„Pepik, ich verstehe dich, aber ich werde auf sie hier warten." In dem Moment öffnete jemand das Fenster. Sie traten näher heran und betrachteten die Leute an der Moldau. Über dem trüben Moldauwasser erklangen die Worte: „Wo meine Heimat ist" und „Über der Tatra blitzt es." Nach den Hymnen fing jemand an, die „Internationale" zu singen. Einige schlossen sich an, aber es wurde nicht zu Ende gesungen. Die Töne der Proletariatshymne wurden von Panzermotoren übertönt.

Sie waren angekommen. Es war halb vier. Ein schwarzer Wolga eskortierte die Panzer und Panzertransporter über die Hlavek-Brücke zum Gebäude des Zentralkomitees. Die Menschenmenge trat auseinander, aber einem der sowjetischen Soldaten ging das zu langsam. Er schoss mit seinem Maschinengewehr. Vor den Augen Dubceks und Smrkovskys starb ein junger Student. Smrkovsky wählte eine Telefonnummer und schrie jemanden am anderen Ende der Leitung wütend an, damit das Morden gestoppt wird. Dubcek dachte zuerst, dass er mit dem sowjetischen Botschafter spricht, aber Smrkovsky schrie auf Tschechisch. Tscherwonenko sprach kein Tschechisch. Die Panzer blieben stehen und aus den Panzertransportern sprangen Fallschirmjäger heraus. Sie hatten entsicherte Maschinengewehre in den Händen. Der Gesang der Demonstranten war längst verstummt. Die Mitglieder des Vorstands entfernten sich vom Fenster. Sie hörten in der Straße und in Kürze auch in den Gängen des Gebäudes das Stiefelgetrampel der sowjetischen Fallschirmjäger. Es dämmerte. Smrkovsky zündete sich eine Zigarette an. Sie schwiegen. Die Tür flog auf. Acht Fallschirmjäger, die von einem niederen Offizier angeführt wurden, platzten in Dubceks Büro hinein. Er griff unbewusst nach dem Telefon. Einer der Soldaten zielte auf ihn und riss die Telefonschnur heraus. Nach einer Weile flog die Haupttür wieder auf. Höhere KGB-Offiziere kamen herein. Sie wurden von einem Oberst niederen Ranges mit hohen sowjetischen Auszeichnungen angeführt. Er wurde von einem sowjetischen Dolmetscher begleitet. Dubcek kannte ihn. Vor einigen Wochen, während des Besuchs des Hauptkommandanten der Streitkräfte des Warschauer Paktes, Marschall Jakubowski, hatte er gedolmetscht. Der Oberst strich in aller Eile die Namen auf der Liste der anwesenden hohen Vertreter der Kommunistischen Partei durch. „Ich nehme Sie unter meinen Schutz."

Sie wurden wirklich gut geschützt. Jeder von ihnen hatte ein entsichertes Maschinengewehr im Nacken.

Kapitel 11

KOKTEBEL (Krim) 1968

Im großen Leseraum des Hauses der sowjetischen Schriftsteller in Koktebel auf der Krim herrschte eine fröhliche Stimmung. Durch die Nacht hallte Gesang und heftiges Gerede. Die »Deschurna« Natalia Wassiljewna musste schon zum wiederholten Male ihre Füße in eine Waschschüssel mit kaltem Wasser stecken. Ihre Krampfadern entzündeten sich und die Treppen hoch und runter zu laufen tat ihren Füßen nicht besonders gut. Trotzdem trug sie Speck, sauer eingelegte Fische, Kwas, Sauergurken, Kaviar, Lachs, gefüllte Kartoffeltaschen, Borschtsch und andere Leckereien nach oben.

„Natalia Wassiljewna, Natalia Wassiljewna", rief Axjonow energisch von der Etage. „Bringen Sie bitte von den sibirischen Pelmeni . Meine Frau kann davon nicht genug essen."

„Ja, Wassilij Pawlowitsch... ich komme." Die Deschurna seufzte, aber gleichzeitig lächelte sie zufrieden. Sibirische Pelmeni waren ihre Spezialität und bei Zenja Jewtuschenko, der aus Sibirien stammte, waren sie sehr beliebt. Sie nahm das Tablett mit der großen Steinschüssel und machte sich langsam auf den Weg nach oben. Im Salon gab es Gerede, Qualm, durch die Luft ging der Geruch von Wodka und Kwas. „Meine Güte, das soll die Elite der sowjetischen Schriftsteller sein", dachte sich Natalia und stellte die Schüssel auf den Tisch. In tiefen Sesseln amüsierten sich Jewgeni Jewtuschenko, Anatolij Gladilin und Balter. Sie verbrachten hier ihren Urlaub, den sie pathetisch schöpferisch nannten. Der vierte im Bund war das Geburtstagskind Wassilij Pawlowitsch Axjonow. Es war der 20. August und er feierte heute seinen sechsunddreißigsten Geburtstag. Jewtuschenkos Ehefrau schaute vorsichtig in den Saal und machte die an dem Schmaus Teilnehmenden darauf aufmerksam, dass sie leiser sein sollen, weil die Menschen nicht schlafen können. Niemand hatte sie gehört. Sie konnten sie nicht hören, denn nicht nur die Alkoholstärke, sondern auch die Gesprächsthemen bestimmten die Intensität der Debatte. Eigentlich unterhielten sie sich den ganzen Abend über die Tschechoslowakei. In der Luft war zu spüren, dass dort etwas vorbereitet wird.

„Hier sage ich euch, dass in den nächsten Tagen dort die Panzer einmarschieren", pustete Gladilin den Zigarettenqualm aus. „Ich bin davon überzeugt. Alle Zeitungen schreiben über die Konterrevolution, sie sollen dort die Kommunisten erschießen und weiß Gott was noch."

„Du glaubst das?", schaute ihn fast ermahnend Axjonow an.

„Es ist totaler Unsinn. Ich bin mit Freunden in Prag in Kontakt und davon geschieht dort nichts!“, beantwortete Jewtuschenko die Frage und legte sich mit Genuss einen Happen Pelmeni in den Mund. „Was tun sie da rein, Natalia Wassiljewna? Sie sind teuflisch lecker!“

„Apfelessig, ein wenig Gewürze und Dill“, lächelte Natalia, die den Saal gerade verließ.

„Dill...“, wiederholte Jewtuschenko, aber so richtig hörte er ihr nicht zu. „Ich weiß, dass der harte Flügel im Kreml zu allem fähig ist, aber ich glaube nicht, dass sie dorthin gehen würden... Das glaube ich nicht!...“, betonte er wie für sich selbst. „Das glaube ich nicht!“, fügte er nochmal dazu, diesmal weniger überzeugt. Er wusste, dass seit Juli die Angehörigen der Reservearmee aus den westlichen Gebieten der Sowjetunion in ungewöhnlichen Mengen einberufen wurden.

Am Morgen nach der Feier hatten die Jungs einen Kater. Jewtuschenko und Axjonow entschieden sich, Bier trinken zu gehen. „Ein Keil treibt den andern“, lächelte Zenja und ging mit Wassilij die Straße hinunter Richtung Hafenkai. Sie hofften, dass es trotz der frühen Morgenstunde manche Kneipen geben wird, die schon geöffnet haben oder wenigstens die wandernden Kwasverkäufer den ruhenden Gewerkschaftlern zur Verfügung stehen.

„Wohin, Burschen?“, hielt sie plötzlich der Kollege Scheremet, ein ukrainischer Schriftsteller mit einem Transistor am Ohr an. „Habt ihr das schon gehört?... Unsere sind in Prag!“

„Wo in Prag? Welche unsere?“, runzelte Jewtuschenko die Augenbrauen.

„Unsere Panzer sind in der Tschechoslowakei. So viele Jahre haben wir sie ernährt und sie... wir hätten das schon längst tun sollen!“ Jewtuschenko und Axjonow hörten mit Entsetzen zu.

„Verdammte Scheiße!“, schimpfte Axjonow. Jewtuschenko verlor für lange Zeit seine Sprachfähigkeit. Scheremet schaute sie nur unverständlich an. Wassilij und Zenja gingen in die öffentliche Mensa, wo sie sich Wodka kauften. Sie stellten sich an die Bar und gossen sich ein. Draußen herrschte richtige Hitze. Sie tranken aus Halblitergläsern. Sie waren stumm wie die Fische. Dann kullerten langsam die Tränen die Wangen herunter. Zwei feste Größen in der sowjetischen Literatur, erwachsene Männer, weinten wie kleine Kinder. Sie fluchten nicht, sie tranken nur Wodka und weinten. Die Welt ist für sie zusammengebrochen. Dubceks Sozialismus mit dem menschlichen Antlitz war zu Ende gegangen, die letzte Hoffnung, dass sich an dem verknöcherten, betrügerischen und korrumpierten sowjetischen Regime etwas ändert. Die Menschen im Geschäft schauten sie mit Erstaunen an.

„Was glotzt ihr denn?“, schrie sie Axjonow an. „Wisst ihr, was passiert ist?“ Stillschweigen. „Unsere Panzer sind in Prag einmarschiert!!“ Stillschweigen. Die Menschen wichen den Blicken aus und verließen das Geschäft. „Ihr seid erbärmliche Sklaven!“, rief Axjonow. „Morgen fangen sie an, euch in die Gefängnisse zu stecken!“. Seine Knie gaben nach. Jewtuschenko fasste ihn unter den Armen an und führte ihn die Straße hoch zum Haus der Schriftsteller. Wassilij hatte unterwegs ein riesiges Spektakel veranstaltet, er warf sich auf die Leute und beschimpfte jeden, der ihm entgegenkam. Jewtuschenko führte ihn in sein Zimmer. Bevor er auf sein Bett fiel und fast sofort einschlief, hatte er sich Zenja an sich gezogen und ihn lange gedrückt. Beide hatten sie geweint und geschwiegen. Zenja ging in sein Zimmer. Es gelang ihm, auf Langwelle einen Prager Sender einzustellen.

Plötzlich erklang Zikmunds Stimme: „Zenja Jewtuschenko, Zenja,... hör doch zu... Zenja, hilf uns und sage deine Meinung... Sage deine Meinung!“ Die Stimme verstummte. Jewtuschenko drehte sich zu seiner Frau.

„Ich schicke der Regierung ein Telegramm!“, sagte er entschlossen.

„Zenja, du hast getrunken... weißt du, was daraus werden könnte...“, widersprach seine Ehefrau Galina.

„Ich weiß.“

„Dann geh doch, wenn sie dich einlochen, gehe ich auch ins Gefängnis.“ Zenja drückte sie an sich und mit energischen Schritten ging er zur Leninallee, wo an der Ecke das moderne Postgebäude stand. Vorher setzte er sich in den Schatten der Linden, die das Haus der Schriftsteller umsäumten. Auf die Schnelle machte er sich Notizen auf ein Stückchen Papier. Seine Hand zitterte. Er wusste, was für ein Risiko er eingeht. Obwohl er ein gefeierter Dichter war und fast

zum Idol der jungen Generation wurde, gab es trotzdem schon viele, denen der Ungehorsam zum Verhängnis wurde. Er konnte aber nicht anders. Er kam auf die Post, stellte sich am Schalter an und mit seiner klangvollen Stimme sagte er: „Leonid Iljitsch Breschnew, Generalsekretär, Moskau-Kreml. Alexej Nikolajewitsch Kosygin, Regierungsvorsitzender, Moskau-Kreml!“
„Meinen Sie das im Ernst?“, fragte erschrocken die junge Frau am Schalter.
„Todernst...“, holte Jewtuschenko Luft. „Schreiben Sie: Sehr geehrter Genosse Generalsekretär, seit gestern Abend, seit ich erfahren habe, dass unsere Panzer in die Tschechoslowakei einmarschiert sind, kann ich nicht schlafen und weiß nicht, wie ich weiterleben soll. Das Einzige, was ich weiß, ist, dass es meine moralische Verpflichtung bleibt, Ihnen meine Gefühle, die mich bewegen, zu offenbaren. Ich bin zutiefst überzeugt, dass unser Einmarsch in die Tschechoslowakei ein tragischer Irrtum und ein schwerer Schlag gegen die sowjetisch-tschechoslowakische Freundschaft als auch die internationale kommunistische Bewegung ist. Es mindert unser Prestige vor der Welt und vor uns selbst. Für alle fortschrittlichen Kräfte, für den Weltfrieden und für die humanen Träume von zukünftiger Bruderschaft ist es ein Schritt zurück. Gleichzeitig bedeutet das meine persönliche Tragödie, weil ich in der Tschechoslowakei viele Freunde habe und nicht weiß, wie ich ihnen in die Augen schauen soll, falls ich sie überhaupt noch einmal treffen werde...“
„Den Text kann ich nicht übernehmen.“
„Sie nehmen alles, wofür ich bezahle. Ich bezahle für jedes Wort, das ich sage!“ Ihm wurde bewusst, was er eigentlich gerade geäußert hatte. Ja, er bezahlt für jedes Wort. Er wusste, dass es ihm nicht so einfach durchgeht.
„Jewgeni Alexandrowitsch...“, schaute ihn die Postangestellte bittend an. „Ich habe eine Tochter, ich lebe allein, wenn ich diese Arbeit verliere...“

„Haben Sie keine Angst. Ich helfe Ihnen... Schreiben Sie!“, setzte er energisch fort. Die Angestellte schüttelte die Arme und schrieb resigniert weiter. „Mir scheint es“, sprach der Dichter weiter, „dass es ein gewaltiges Geschenk an alle reaktionären Kräfte in der Welt ist und wir die Folgen dieser Tat noch gar nicht abschätzen können. Ich liebe mein Vaterland und mein Volk und ich empfinde mich als bescheidenen Erben der russischen literarischen Tradition, die Puschkin, Tolstoi, Dostojewski und Solschenizyn geschaffen hat. Diese Tradition hat mich gelehrt, dass Schweigen manchmal eine große Schande ist. Ich bitte Sie darum, meine Meinung über diese Tat als die Meinung eines ehrlichen Sohnes seines Vaterlandes und eines Dichters, der damals das Lied »Wollen Russen Krieg« geschrieben hatte, zu verstehen. Hochachtungsvoll Jewtuschenko."

„Soll ich das wirklich abschicken?", versuchte die junge Frau das letzte Mal zu widersprechen. Dann diktierte er noch einen, ein wenig kürzeren Text an den tschechoslowakischen Botschafter in Moskau, in dem er sich für die russische Tat entschuldigte und den tschechoslowakischen Bürgern Solidarität aussprach.

„Was kostet das?", zog er sein Portemonnaie.

„Ich fürchte, es wird sehr teuer..."

„Das weiß ich." Er lächelte sie aufmunternd an, bezahlte und verließ die Post. Die junge Frau zögerte einen Moment, aber dann nahm sie ihren ganzen Mut zusammen und schickte die Telegramme ab. Eine Stunde später wurde sie zum Postdirektor vorgeladen und ihr Arbeitsverhältnis wurde mit sofortiger Wirkung wegen eines groben Verstoßes gegen die Arbeitsdisziplin beendet.

Kapitel 12
NEUWIED 1968

„Ich habe dir eine Spezialität aus der Slowakei mitgebracht", reichte Thomas dem Vater eine Flasche. „Es ist eigentlich Gin. Die Slowaken nennen es, weiß Gott warum, Borowitschka."

„Die Slowaken?...", schaute der Vater Thomas ungläubig an.

„Dubcek ist auch ein Slowake."

„Er ist doch ein Tscheche aus Prag", widersprach der Vater.

„Dubcek ist ein Slowake aus Bratislava. Bratislava ist die Hauptstadt der Slowakei, des östlichen Teils der Tschechoslowakei. In Prag wohnen Tschechen, in Bratislava und in der Tatra die Slowaken."

„Wie klug du plötzlich geworden bist", reagierte der Vater angekratzt.

„Stell dir vor, dass sie in der Slowakei die Deutschen mögen. Die älteren Slowaken erinnern sich gern an uns."

„An uns?..."

„An uns, an die Deutschen", erklärte Thomas.

„Ich bin froh, dass du dich als Deutscher fühlst... Ältere Slowaken erinnern sich an uns... im Guten?", verstand der Vater nicht.

„An die Wehrmacht und die Offiziere in feschen Uniformen. Es war wohl während der Hitlerzeit in der Slowakei ganz gut."

„Warum bist du wieder ironisch?"

„Bin ich gar nicht. Im Gegenteil. Es ist das erste Land, wo ich Menschen getroffen habe, die über die Deutschen nicht geschimpft haben."

Der Vater verstand seine Bemerkung trotzdem als ironisch.

„In Deutschland schimpfen auch nicht alle über die Deutschen", sah sich Ankermann senior mit Interesse die Borowitschka-Flasche an.

„Du kannst dir die Atmosphäre gar nicht vorstellen. Diese Leute lieben Dubcek. Und du wirst es nicht glauben, niemand von denen will den Kapitalismus. Ich sprach mit knapp hundert von ihnen. Alle wollen den Sozialismus, solchen, wie Dubcek ihn nennt, mit menschlichem Antlitz. Menschen sammeln freiwillig Gelder für die Bahn in der Hohen Tatra", begeisterte sich Thomas. „Kannst du dir das vorstellen, eigenes Geld... Ich habe dort so viele großartige Menschen kennengelernt... Jozef hat mir sogar ein Lied beigebracht..." Thomas fing an, den Refrain des Liedes zu singen: „Tantsui, tansui, vykrutsai..."

„Lege nicht die verschwitzten Sachen auf den Tisch, du weißt, die Mama mag es nicht", machte der Vater Thomas darauf aufmerksam, der nach seiner Rückkehr vom Volleyballturnier in der Tatra eine feuchte und muffige Mischung aus T-Shirts, kurzen Hosen und Turnschuhen auf dem Tisch auspackte.

„Wie geht es Mama?“, fragte Thomas nachdenklich.

„Gott sei Dank besser. In zwei, drei Tagen wird sie aus dem Krankenhaus entlassen. Ich habe schon gedacht, dass du wegen deiner Begeisterung für die tschechischen Kommunisten gar nicht mehr nach ihr fragst.“

„Entschuldige, aber ich bin wirklich davon, was ich gesehen habe, ganz entzückt. Ich hätte nie gedacht, dass Menschen so hinter ihren Führern stehen können. Und es sind nicht nur Tschechen, sondern Tschechen und Slowaken.“

„Mama wird jemanden brauchen, der sie pflegt... ich weiß nicht, wie wir es schaffen... Es ist eine teure Angelegenheit...“, seufzte der Vater vor sich hin.

„Stell dir vor, dass die Menschen im Restaurant spontan Lübke oder Kiesinger hochleben lassen würden. Dort habe ich das mit eigenen Augen gesehen.“

„Wenn wir das Geld für Mamas künstliche Hüftgelenke hätten, könnte sie vielleicht wieder laufen. So wird sich ihr Zustand nur verschlechtern...“ Der Vater trank einen Schluck Kaffee.

„Dieser ekelhafte Maler Bachmann hat Dutschke am helllichten Tag schwer verletzt und die Polizei hat sich bei ihm fast entschuldigt. Am helllichten Tag! Zu Hause hat er die Wohnung mit den Bildern von Hitler beklebt und Springers Bildzeitung macht fast einen Nationalhelden aus ihm!“

„Fange nicht wieder damit an! Hör auf! Ich habe keinen Nerv mehr dafür! Dutschke ist ein von der Stasi eingesetzter Agent aus Ostberlin“, reagierte der Vater verärgert.

„Ihr seid alle verrückt geworden. Aus Angst um eine Scheibe Brot verneigt ihr euch und erniedrigt bedankt ihr euch für Almosen, die euch die Neureichen geben. Ich fahre nach Berlin, es wird dort eine Demonstration gegen den amerikanischen Krieg in Vietnam geplant. An der Universität gründen wir eine Zelle der neuen kommunistischen Partei. Der Gründungskongress findet in Essen statt. Wir kandidieren bei den Wahlen und dann bewegt sich hier endlich etwas. Übrigens... du könntest für uns kandidieren!“, strahlte Thomas begeistert, von seiner Idee.

„Ich habe lange genug unter Ulbrichts Kommunismus gelebt.

Mir reicht es!“

„Wir wollen keinen Ulbricht-Kommunismus, sondern Dubcek-Kommunismus. Ohne Zensur, ohne Ausbeutung, ohne Neid... so einen!“ Thomas legte einige Zeitschriften aus der Tschechoslowakei auf den Tisch. Auf der Titelseite springt Dubcek vom Sprungbrett in einen Swimmingpool und die Leute lächeln ihn an, auf einem anderen Bild steht Dubcek mitten in einer begeisterten Menschenmasse. „Das ist Propaganda!“, konnte sich der Vater nicht mehr beherrschen und schmiss die Zeitschriften zu Thomas zurück.

„Du verstehst nichts…“

„Ach so, ich verstehe also nichts?! Scheiße, du bist ja ganz verrückt geworden. Du setzt mir die kommunistischen Führer als Vorbilder vor die Nase …“ Er zündete sich eine weitere Zigarette an und schaltete das Radio ein. „Also hör jetzt mal gut zu. Aber sehr gut!!“ Er stellte das Radio so laut, dass es fast schrie.

„Laut Information der Tschechoslowakischen Presseagentur haben heute Nacht Armeeeinheiten der Sowjetunion, Polens, Ungarns und Bulgariens die Tschechoslowakei besetzt.
Die höchsten Organe der Kommunistischen Partei, der Präsident der Tschechoslowakischen Republik und die Regierung der Tschechoslowakischen Republik erklärten, dass niemand die Armeen ins Land eingeladen hatte und die Okkupation gegen alle Normen des internationalen Rechts verstößt…“, erzählte der Moderator mit ernster Stimme.

„Hier hast du deinen Sozialismus mit menschlichem Antlitz. Hier hast du den ziegenbärtigen Ulbricht! Das hier solltest du dir gut merken!“

„Das darf doch nicht wahr sein, das ist ein Witz…“ Thomas hielt sich seinen Kopf. Er suchte andere Sender, aber überall wurde dasselbe erzählt. „Ich war doch noch gestern dort! Scheiße! Gestern war ich dort! Verdammt, das darf doch nicht wahr sein!!“

„Es ist wahr, Thomas, es ist wahr. Während du mit dem Zug nach Hause gefahren bist, haben sie die Grenze überschritten...“

Thomas stürzte zum Telefon und wählte fieberhaft eine lange

Telefonnummer. „Hallo, hallo, guten Tag, sprechen sie Deutsch?... Hier ist Thomas Ankermann aus Deutschland. Ich bin gerade von Ihnen zurückgekommen… Ich war mit Jozef in der Tatra…kann ich mit ihm sprechen?... Sind Sie Frau Balazova, Jozefs Mutter?... Könnte ich mit ihm sprechen?... Nein, er ist nicht zu Hause, wissen sie, wo er ist?... Warum weinen sie? Stimmt es, dass…Frau Balazova…bitte weinen Sie nicht…ja…unter den Fenstern stehen Panzer…ja, entschuldigen Sie, bitte entschuldigen Sie...“

Thomas legte auf. Er setzte sich kraftlos auf den Stuhl und legte seinen Kopf in die Hände. Über seine Wangen rollten Tränen. Der Vater schaute ihn eine Weile lang verlegen an.

„Scheiße!“, schimpfte er und streichelte zärtlich Thomas` Haar.

Kapitel 13

BRATISLAVA 1968

„Gib her! Gib es her!“, rief der sowjetische Soldat, mit dem Maschinengewehr hin und her fuchtelnd.

„Was?“, fragte ängstlich Balaz.

„ Radio!“, sagte konsequent der Soldat.

„Radio?“

„Jawohl. Dein Radio. Los, gib her!” Balaz gab gehorsam sein Transistorradio ab. Der Soldat steckte es zufrieden in die Tasche ein. „Zigaretten hast du nicht?“ Balaz holte mit den vor Angst zitternden Händen eine Schachtel Zigaretten heraus und bot sie dem Soldaten an. Der holte sich aus der Schachtel eine Zigarette und fragte: „Darf ich mehr?“

„Mehr?“, verstand Balaz nicht.

„Ja, mehr. Mehrere Zigaretten.“ Balaz nickte und der Soldat nahm sich drei Zigaretten. In der Zwischenzeit kamen noch zwei andere Soldaten hinzu, die sich in der Nähe befanden und Balaz und andere Passanten unfreundlich anglotzten. Am Fußgängerweg standen Panzer und überwiegend junge Leute versuchten, die sowjetischen Soldaten von der Unsinnigkeit ihres Eingriffs zu überzeugen.

„Spasibo", bedankte sich der Soldat und reichte die Zigaretten auch seinen Freunden. Balaz schaute sie wie hypnotisiert an.

„Warum seid ihr zu uns gekommen?"

„Warum... warum... euch, unseren Brüdern zu helfen... im Kampf gegen die Konterrevolution", antwortete der Soldat, der ihm sein Radio weggenommen hatte, nicht sehr überzeugend.

„Bei uns gibt es keine Konterrevolution... net... net...", beteiligte sich eine ältere Dame am Gespräch. „Seht ihr hier irgendwelche Konterrevolutionäre? Wenn, dann nur Breschnew und Kosigyn!"

„Ich weiß es nicht, es ist mir auch egal. Ich bin ein Soldat, ich habe nichts entschieden", bemerkte lakonisch der Soldat und zuckte mit den Achseln.

„Ihr habt alles kaputtgemacht. Alles, was eure Väter für uns im Jahre 1945 getan haben, alles... zerstört!...", debattierten sie empört in gebrochenem Russisch mit den Okkupanten.

„Wir haben es nicht entschieden. Entschieden haben sie dort... im Kreml... Entschuldigen Sie bitte, wir haben uns das nicht ausgedacht...", zuckten jetzt alle anwesenden Soldaten mit den Achseln. In dem Moment steckte der sowjetische Leutnant seinen Kopf aus der Einstiegsluke heraus. Als er sah, wie sich seine Soldaten bei den Einheimischen für die Besetzung entschuldigen, brüllte er sie mit einer harten Stimme an. Die Soldaten sprangen ganz schnell in ihre Panzer.

Balaz machte sich auf den Weg nach Hause. An der Ecke der Zilinska und Belopotockeho Straße drehte er sich um. An der Kreuzung stand ein Soldat und wies mit roten Fähnchen die Panzer in die Richtung zum Gottwald-Platz an. Deren Ketten zermalmten die Erde, auf der er aufwachsen war, Fußball gespielt und geträumt hatte. Sie zermalmten seine Seele, Hoffnung, seinen Glauben, seine Hochachtung vor der Tolstoi-Nation, sie erniedrigten und töteten ihn. Es töteten ihn Soldaten mit staubigen und rätselhaften Gesichtern, unausgeschlafen, lethargisch und vielleicht erniedrigt... mehr als er selbst. Sie nahmen ihm die Freiheit. Selber nicht frei... Im Kopf erschien ihm das Bild des Katers, der ihm vor die Haustür die gefangenen Mäuse gelegt hatte. Einmal hatte der Kater gute Laune und nur so aus Jux spielte er mit der Maus, die schon halbtot vor Angst war. Balaz beobachtete beide Wesen und fühlte sich wie ein Gott. Mit einer einzigen Geste hätte er den Kater wegjagen können, aber der unbekannte tierische Trieb hat ihn besiegt. Als der Kater merkte, dass die Maus sich nicht mehr bewegte, ließ er gelangweilt von ihr ab. Balaz piekste sie mit einem Holzstückchen. Sie kam langsam zu sich und schlich sich in ihr Mauseloch. Sie lebte weiter, aber sie war nie wieder ein freies und fröhliches Mäuschen. Ihr Leben lang wird sie in Angst leben und die Katzen hassen.

Der Gott aus dem Kreml schickte Balaz und seinen fünfzehn Millionen Mäusefreunden auch seinen Kater. Aber Balaz wollte ihn nicht hassen...

Der Vater saß am Tisch und rauchte. Die Mutter bereitete Rührei zu, sie hatte verweinte Augen. Die Schwester Gita war während der Ferien in Kysuce.

„Heule nicht herum!“, schoss es aus dem Vater. „Gita geht es gut. In Podzavoz sind die Russen nur durchmarschiert. Sie sollen von der Oma nur Wodka verlangt haben und sind weiter in Richtung Cadca gezogen.“ Er rauchte die Zigarette zu Ende und machte sich daran, sich die nächste anzuzünden. Die Schachtel war aber leer. „Hast du nicht eine Zigarette?“, wandte er sich an Jozef.

„Ein russischer Soldat hat sie mir weggenommen.“

„Wir müssen in den Kiosk zum Kisch gehen, solange sie ihn nicht entdecken... Das wird nicht gut...“, strich der Vater über seinen unrasierten Bart. „Ja, genau, dies wird nicht gut...“, wiederholte er.

„Dein Freund aus Deutschland hat angerufen. Ungefähr vor einer Stunde. Er wollte wissen, was hier los ist...“, würgte die Mutter die Tränen runter. „Er hat gebeten, dass du ihn zurückrufst.“

Jozef sprang zum Telefon und versuchte, die Nummer der Post zu wählen. Er kam nicht durch, denn das Gemeinschaftstelefon, an das noch zwei andere Nachbarn angeschlossen waren, war permanent besetzt.

„Sei so lieb und geh in den Lebensmittelladen an der Ecke und zum Markt. Kauf, egal was sie haben.“ Die Mutter reichte Jozef den Geldbeutel und zwei Einkaufstüten. „Statt herumzuhocken und zu rauchen, könntest auch du mitgehen!!“, ermahnte sie ihren Mann. „Als 45 die Russen kamen, blieben in den Geschäften nicht mal die faulen Eier.“

„Ich gehe zur Arbeit.“

„Ruf erst mal an, ob jemand da ist.“

„Ich gehe. Anrufen kann man sowieso nicht“, erhob sich der Vater. Auf die Schnelle schob er das Rührei, das ihm die Frau zwischen zwei Scheiben Brot eingepackt hatte, in die abgewetzte Aktentasche. „Ich bitte dich“, schaute er den Sohn streng an, „nicht dass du auf die Idee kommst, in die Stadt zu gehen und dich unter den russischen Soldaten aufzuhalten!!“ Jozef schwieg. „Jozko, ich bitte dich darum, versprich mir das. Sie haben schon gemeldet, dass in der Stadt ein Student erschossen wurde.“

„Es ist völlig egal, ob ich in die Stadt gehe oder nicht. Sie sind überall. Die ganze Zilinska und Malinovska Straße ist voll von Panzern. Ich versuche in Vaneks Lebensmittelladen zu gelangen.“ Jozef nahm die Einkaufstüten und ging zur Tür.

Plötzlich kam der Vater unerwartet zu ihm und drückte ihn an sich. „Ich kenne dich. Bitte, mach keine Dummheiten. Du hast keine Ahnung, was die Russen können, wenn sie besoffen sind.“ Jozef nickte, klopfte dem Vater auf die Schulter und ging hinaus.

Der Kiosk zu Kisch war geschlossen und das Gitter zugezogen. Vanek hatte glücklicherweise auf, aber vor dem Laden standen schon Menschenschlangen. Es war klar, dass es hoffnungslos war, hier Lebensmittel zu beschaffen. Er rannte zum Markt in der Zilinska Straße los. Die russischen Soldaten räumten mit einer Winde den elektrischen Betonmast von der Straße, den einer der Panzer umgefahren hatte und der jetzt der Kolonne den Weg versperrte. Sie fuhr Richtung Firsnal und von dort weiter in die Stadt. Die Straße war leer, die Menschen beobachteten die Russen hinter den Gardinen. Auf dem Markt standen nur ein paar Omis aus Zahorie, die immer mit alten Skodas nach Bratislava fuhren, manche kamen sogar mit einem Pferdegespann. Sie waren verunsichert, wussten nicht, ob sie verkaufen oder schnell nach Zahorska Bystrica, Stupava oder Lozorno zurückfahren sollen. Die Menschen kauften buchstäblich alles.

Es gelang Jozef, fünf Kilo Kartoffeln, ein Huhn, drei Eier und zwei Brotlaibe zu ergattern. Er reichte durch die Tür der Mutter die Beute und eilte in den Lebensmittelladen in der Björnson Straße. Der war geschlossen. An der Tür klebte ein Zettel: „
„Geschlossen aus Urlaubsgründen. Sie werden im nächsten Lebensmittelgeschäft Zdroj in der Mytna Straße bedient." Er lief in die Mytna Straße in der Hoffnung, dass im größeren Laden auch mehr Ware bereitstehen wird. Beim Anblick der Menschenmasse, die versuchte, sich hineinzukämpfen, resignierte er. Er kehrte zurück. Bevor er zu Hause ankam, lief er die Treppe hoch in die fünfte Etage zum Kioskbetreiber Kisch. Der alte Herr hatte immer reichlich Reserven an Zigaretten zu Hause – für gute Kunden. Der Vater war immer ein treuer Kunde. Kisch gab ihm für 10 Kronen ein Pack der Detva-Zigaretten, in dem sich 10 Zigarettenschachteln befanden.

„Bystrice-Zigaretten hätten Sie nicht?", versuchte es Jozef.

„Für dich oder für deinen Vater?"

„Für den Vater."

„Für den Vater habe ich noch welche. Für Studenten sind sie viel zu fein", lächelte er. „Das ist aber auch alles. Ich habe nur eine eiserne Reserve für den Fall, dass der Krieg ausbricht", versuchte Kisch zu scherzen. Jozef mochte ihn. Trotz seiner Blindheit war er ein fröhlicher und optimistischer Mensch.

„Der ist doch gerade ausgebrochen."

„Aus dieser Wolke wird es nicht regnen. Sie versuchen, alle einzuschüchtern, dann merken sie, dass alles ein Irrtum war und ziehen wieder nach Hause."

Jozef rannte schon nach unten, drehte sich im Treppenhaus noch mal um und rief: „Hoffen wir's." Er steckte zwei Schachteln ein, aß hastig etwas und eilte in die Stadt. Die Mutter kannte ihren Sohn viel zu gut, um zu wissen, dass jeder Versuch, ihn zum Bleiben in der Sicherheit der Wohnung zu überreden, überflüssig wäre. Er wollte über Firsnal, offiziell der Gottwaldplatz genannt, durch die Banskobystricka Straße und vorbei an dem »Buchladen der sowjetischen Bücher« zum Platz des Slowakischen Nationalen Aufstandes. Er musste aber auf die Mytna Straße ausweichen, denn auf dem Gottwaldplatz formierten sich die sowjetischen Panzer und gepanzerten Transporter, die sowjetischen Soldaten ließen von den einheimischen Leuten niemanden hin. Auf dem Kopfsteinpflaster des alten Firsnal, auf dem ganze Generationen hervorragender Fußballer aufgewachsen waren, richteten die Sowjets so eine Art provisorisches Feldlager her. Die sowjetischen Kommandanten hatten wohl genaue Instruktionen, denn sie bewegten sich zum Platz mit gewisser Sicherheit.

Jozef ging am unteren Teil des Platzes am Kino Hviezda und Tatrakabarett vorbei, als er merkte, wie in die Banskobystricka Straße eine Menge von ungefähr zweihundert jungen Menschen, überwiegend Studenten lief. Sie riefen Slogans in Russisch: „Geht nach Hause", „Lenin, wach auf, der Breschnew ist verrückt geworden", „Kosigyn - der Schlampensohn", „Iwan, die Natascha wartet auf dich." Die Menschen schlossen sich den Manifestierenden an und kamen zusammen dem Firsnal und den Panzern näher und näher. Manche Hausmeister schlossen in Vorahnung die Eingangstore. Als die Menge sich der Jozefska Straße näherte, stellten sich an der Ecke vom Firsnal und der Spojna Straße gegen die Demonstranten in Meterabständen die sowjetischen Soldaten auf. Jozef sah, dass es meistens junge Männer waren. In den Gesichtern las man Nervosität und Ratlosigkeit. In ihrer Mitte stand der Leutnant. Als die Menge sich auf ungefähr zwanzig Meter näherte, hob er die Hand und rief: „Bleibt stehen! Geht nach Hause!" Jemand aus der Menge rief zurück: „Geht ihr nach Hause! Wir sind hier zuhause!"
„Bleibt stehen!", wiederholte furchterregend der Leutnant. Das war leider nicht mehr möglich. Die Banskobystricka Straße war eine enge Straße, die auf einer Seite Häuser und auf der anderen eine drei Meter hohe Betonmauer zum Pionierpalast hatte. Von hinten schlossen sich die nächsten und nächsten an, die die Menschen vorn direkt in die Reihen der russischen Soldaten schoben. Der Lärm nahm zu, jeder schrie wie ums Leben seinen Slogan. Der Leutnant rief etwas, die Soldaten entsicherten ihre Maschinengewehre. „Zum letzten Mal, bleibt stehen!", rief der Leutnant eher verzweifelt als furchterregend. Er hob sein Maschinengewehr und schoss in die Luft. Es entstand Panik. Die Menschen vorn versuchten zurückzulaufen, aber die Menschenmasse war schon gewaltig. Die ersten

wollten über die Spojna Straße entkommen, dafür mussten sie aber zuerst wenige Schritte auf die sowjetischen Soldaten zugehen. Die dachten, die Masse greift sie an. Die anderen versuchten, in die Jozefska Straße zu gelangen.

Jozef war zum Glück auf der rechten Seite und die Menschenmasse drückte ihn in die Jozefska. Im zweiten Haus links war die Eisdiele, die sie oft besuchten. In der Luft hörte man den nächsten Schuss und bald wieder einen. Eine Frau kreischte hysterisch. Als die Schüsse fielen, liefen die hinteren Reihen zum Pionierpalast zurück, wodurch die Straße freier wurde. Die Menschen rannten panisch durcheinander und einige russische Soldaten liefen hinterher. Eine Hand von irgend jemandem packte Jozef und zog ihn in den Eingang der Eisdiele. Drinnen standen die Menschen zusammengepresst. Der Besitzer der Eisdiele schloss mit einem großen Schlüssel das schwere Holztor. Neben Jozef stand ein junges Mädchen und weinte. Sie zitterte vor Angst. Vor den Fenstern liefen die sowjetischen Soldaten und trieben mit den Kolben die auseinander, die es nicht geschafft hatten zu entkommen. An der Ecke der beiden Straßen Jozefska und Banskobystricka lagen mitten auf der Straße in einer Blutlache zwei Körper. Die sowjetischen Sanitäter luden sie eilig auf die Tragen und schafften sie weg.

Kapitel 14

ZVOLEN (Slowakei) 1968

Die Tupolew mit dem administrativen Teil der Luftwaffe des Militärkreises der Karpato-Ukraine landete am 23. August um 20.00 Uhr auf dem Militärflughafen in Uschgorod. Zur Gruppe gehörten ranghohe Offiziere und drei Schreibkräfte. Eine von ihnen war Sascha. Sie trug eine Uniform, die ihr sehr gut stand. Die Offiziere machten sich während des Fluges aus Kiew ein wenig über die Mädchen lustig, aber die meiste Zeit schwiegen alle. Sascha war den

Tränen nah. Ihr Vater half damals, die Tschechoslowakei zu befreien, und sie wollte den Tschechen und Slowaken auch helfen. Als sie zu Hause war, um sich zu verabschieden, kam auch ihre Schwester Ola zu Besuch. Sie gab ihr ein Gedicht, das sie nicht verstand, das ihr geliebter Dichter, der Mensch, der ihr die Kraft zum Leben gab, geschrieben hatte, Jewgeni Jewtuschenko: »Die Panzer fahren durch Prag«.

„Schaut, die Panzer fahren über die »Wahrheit«, nicht über die Wahrheit aus den Zeitungen, sondern über die richtige... Wurzeln der Rüpelei in Angst... Gewissen, Ehre habt ihr mit den Füßen getreten wie ein unersättliches Monster... die Angst in Panzerhüllen rollt und die Hülle der Rüpelei beschützt es... wie soll ich leben, wenn sie mir den Glauben rauben... hier liegt der russische Dichter, in Prag haben ihn die Panzer plattgefahren..." Sascha verstand nicht, warum so eine Persönlichkeit wie Jewtuschenko ein Gedicht schrieb, in dem er die Hilfe der Sowjetunion gegenüber der brüderlichen Tschechoslowakei verurteilte. Seit ihrer Abkommandierung in die Einheit der Luftwaffe haben die Politoffiziere ausreichende Beweise von der Einmischung des Westens in die tschechoslowakischen Angelegenheiten vorgelegt. Vor der Abfahrt aus Kiew kam der Luftwaffenkommandant, Generalleutnant Stepanenko, ein zweimaliger Held der Sowjetunion, ein alter erfahrener Veteran. Es war von ihm allgemein bekannt, dass er ein ehrlicher Freund der Tschechen und Slowaken war. Mit eigenen Ohren hatte sie gehört, wie er den aufgereihten Soldaten erzählte, dass unsere Brüder jetzt Hilfe brauchen. Aber warum dann dieses Gedicht von Jewtuschenko?

Ola arbeitete das fünfte Jahr bei der Post in Koktebel. Seitdem sie geschieden war, besuchte ihre Schwester Sascha sie oft. Zuerst arbeitete Ola auf der Post in Feodosia, aber später zog sie ins ruhigere Koktebel um. Dank der Schwester lernte Sascha alle Größen der sowjetischen Literatur kennen. Am liebsten hatte sie Jewtuschenko. Ähnlich wie viele junge Russen und Ukrainer vergötterte sie ihn. Jewtuschenko kannte Olas Familie und Sascha las alles, was er schrieb. Er war gut zu Ola und aus Moskau brachte er ihr sogar Parfüms mit. Doch nun passierte das Unvorstellbare: Ola wurde wegen eines Telegramms gekündigt, das Jewtuschenko an Breschnew geschickt hatte. Er verurteilte darin die sowjetische Hilfe für die Tschechoslowakei. Ist es möglich, dass dieser Mensch der imperialistischen Propaganda verfiel? Sicher, eine Person kann sich irren, auch mehrere können sich irren, aber Tausende? Sowjetische Diplomatie, Geheimdienst, tschechoslowakische Freunde, Informationen aus der Tschechoslowakei: Alles sprach dafür, dass sie eine richtige Sache machen. Und Jewtuschenko protestiert! Sascha spürte, dass ihre innige Beziehung zu diesem Dichter anfing zu bröckeln. Der von ihr verehrte Jewtuschenko wollte ihr nicht erlauben, dass sie ihrem geliebten Jozef hilft. Gott sei Dank hat sich Jewtuschenko wie ein richtiger Mann verhalten und die Kündigung wurde mit Hilfe von Oberstleutnant Rubinskij, dem Bezirksleiter des KGB in Fedosia, zurückgenommen. Ola durfte wieder ihre Stelle haben. Jewtuschenko hatte wahrscheinlich begriffen, dass er zu betrunken und deswegen auch zu voreilig war. Schriftsteller haben oft die Gewohnheit, manchmal zu viel zu trinken. Sascha dachte nach und am schlimmsten fand sie, dass sie niemanden zum Reden hatte. Bald werden sie auf dem Flughafen in Sliac landen und nach den Informationen, die sie haben, warten dort Kampfoperationen auf sie. Major Kulikin sagte ihr, sie müsse keine Angst haben, sie werden direkt zum Stab gebracht. Die Armee erhielt den Befehl, nicht als Erste zu schießen.

„Schau, die Panzer fahren über die in den Panzern sitzenden Soldaten drüber... Schau, die Panzer fahren über die in den Panzern sitzenden Soldaten drüber..." Jewtuschenkos Gedichte wirbelten durch ihre Gedanken.

Sie lächelte bei der Vorstellung, dass sie Jozef treffen könnte. Sie wusste, dass er in Bratislava lebt, nur zweihundert Kilometer von Zvolen entfernt, wo sie Unterkünfte haben werden. „Im Leben passieren manchmal Wunder..."

Im Sessel lagen sowjetische Zeitungen, die voll von Nachrichten über die Konterrevolutionäre waren, die die Tschechoslowakei in den Schoß der Kapitalisten bringen wollen. Nach dem Bericht eines Mitarbeiters der TASS-Agentur hatte eine Menschenmasse in der Westtschechoslowakei einen kommunistischen Funktionär gelyncht, weil er betrunkenen Jungen nicht erlaubte, die amerikanische Fahne herauszuhängen. Obwohl die Nachrichten sehr dramatisch klangen, etwas an ihnen war komisch. Auch ihre Kollegen merkten, dass in der Zeitung keine Informationen darüber standen, dass sich die Tschechen oder Slowaken gegen die Konterrevolutionäre gestellt hätten. Die Zeitungen schrieben immer nur von einer Handvoll von unverantwortlichen Menschen, die von der CIA bezahlt wurden. Es kam ihr komisch vor, dass die Tschechoslowaken sich gegen diese wenigen Menschen nicht selbst wehren konnten. Die Zeitungen brachten Fotos von begeistertem Willkommenheißen der sowjetischen Soldaten, die vor zwei Tagen die Grenze überschritten. Gegen ein paar Konterrevolutionäre muss doch nicht eine Elitegardedivision und müssen weiß Gott wie viele andere Divisionen, Panzer, Flugzeuge und eine Menge an Technik und Soldaten eingreifen. Auch die Tatsache, dass schon drei Tage nach dem Beginn der Aktion auch Administrationskräfte in die Tschechoslowakei geschickt werden, ließ darauf schließen, dass der Einsatz für längere Dauer geplant wurde.

Um 11.00 Uhr am 24. August landeten sie in Sliac. Auf dem Flughafen standen nur sowjetische MIG's, ein paar Verkehrsmaschinen des Typs Antonow und eine Tupolew. Sie stiegen in die vorbereiteten gepanzerten Transporter und nach ungefähr zwölf Minuten hielten sie im Hof der Militärkaserne in Zvolen an. Sascha konnte Lateinbuchstaben sehen und an der Wand des Gebäudes las sie: »Jegorows Kaserne«. Ganz dunkel erinnerte sie sich, dass Jegorow irgendein Anführer der Partisanen war. Die drei Mädchen nahmen sich zusammen ein Zimmer. Der Flugkommandant Major Kuznecow sagte ihnen, dass sie nicht weggehen dürfen, bis sie gerufen werden. Die Zeit verging, es war später Nachmittag und niemand interessierte sich für sie. Sie hatten keine Ahnung, wo sie sind. Draußen war es ruhig, keine Schüsse, nur ein seltenes Geräusch eines Flugzeuges, das startete oder landete. Zum Glück brachten sie Konserven mit und so haben sie relativ gut essen können. Das Wasser aus der Wasserleitung war genießbar. Major Kuznecow kam und lud Sascha zu sich ein. Er saß in einem improvisierten Büro, in dem an den Wänden noch die Reste der abgerissenen Fotos von tschechoslowakischen Politikern hingen.

„Alexandra Josifowna, sie verstehen wohl Slowakisch", sagte er.

„Ein bisschen, aber sprechen kann ich es weniger gut."

„In Ordnung. Das hier ist der Kapitän Jurzinow", stellte er ihr einen eleganten Offizier vor. „Sie fahren mit ihm in die Stadt. Wir müssen Vorräte besorgen."

„Zu Befehl, Genosse Major." Sascha stand auf, gab Jurzinow die Hand und folgte ihm.

Sie war leicht aufgeregt. In einem gepanzerten Wagen, in dem als Begleitung sechs motorisierte Schützen saßen, nahm sie Platz.

„Ist es so gefährlich, dass wir in einem gepanzerten Wagen fahren müssen?", fragte sie.

„Nicht so sehr, aber der Mensch weiß nie. Die ersten drei Tage waren unangenehm, sie bewarfen uns mit Steinen und Zündflaschen, aber das war auch alles", antwortete der Kapitän rauchend. Der Qualm im Transporter tat ihr nicht gut. Es wurde ihr übel. Der Kapitän merkte es und drückte die Zigarette aus.

„Danke. Habt ihr die Konterrevolutionäre schon zum Schweigen gebracht?", fragte sie.

„Bis jetzt haben sich keine gezeigt. Aber wir sind auf alles vorbereitet."

Sie freute sich schon auf die ersten Slowaken, die sie treffen wird. Sie legte sich in Gedanken schon die slowakischen Wörter zurecht, die sie ihnen sagen wird.

„Kapitän, wir sind hier", tat der Fahrer kund. Der Transporter hielt an, die Infanteristen mit den entsicherten Maschinengewehren sprangen zuerst heraus.

„Wir gehen in einen Großhandel mit Lebensmitteln. Die slowakischen Genossen geben uns die Grundnahrungsmittel, bis unsere eigenen Lieferungen eintreffen. Er schaute sich um und als er sah, dass die Lage ruhig ist, gab er Sascha ein Zeichen. Sie stieg mit einem Lächeln im Gesicht aus, sie waren im Zentrum einer schönen Stadt und linker Hand sah sie eine katholische Kirche. Aber nach einem Moment wurde sie ernst, denn von den Fußgängerwegen auf der rechten Seite wurden sie mit unfreundlichen Blicken der Menschen betrachtet. Die Wände waren mit Plakaten beklebt, viele von ihnen waren auf Russisch. »Iwan, geh nach Hause«, »Geht nach

Hause zu euren Frauen«, »Warum habt ihr alles kaputtgemacht?«, »Breschnew ist verrückt geworden«. Sascha ging wie hypnotisiert. Sie begriff gar nichts. Statt der herzlichen Umarmungen und des Willkommenheißens mit Salz und Brot, wie sie es in der Moskauer Pravda gesehen hatte, wurde sie von betrübten Menschen in Empfang genommen. Als sie sich dem Hintereingang des Großhandels am Markt näherten, mussten sie durch die aufgeregte Menschenmasse hindurch. „Lauft nach Hause, nehmt uns nicht unsere Lebensmittel. Diebe!"

„Wir sind eure Brüder...", versuchte sie zu widersprechen, als sie ein stumpfer Gegenstand, wahrscheinlich ein Regenschirm, ins Gesicht traf. „Lauf nach Hause, du russische Sau. Ihr seid nicht unsere Brüder!" Der Regenschirm traf ihre Brille, die runterfiel und zu Bruch ging. Sie hob sie mit Unverständnis vom Boden auf. „Das ist eure, eine slowakische...", hielt sie sie verlegen in der Hand. Auf der Brille war ein Tropfen Blut zu sehen. Einer der Soldaten, der sie begleitete, schlug den empörten Mann mit dem Kolben in die Schulter. Heulend vor Schmerz ging dieser weg und drohte dabei mit der geballten Faust.

„Kommen Sie, Alexandra Josifowna, schnell." Sie rannten in den Lagerraum, wo es ruhig war. Draußen wurden die Rufe lauter. Die Menschen riefen, sie sollen nach Hause gehen. Sascha setzte sich hin. Sie zitterte am ganzen Körper. Ihr wurde schlecht. Vor Aufregung übergab sie sich. Der Kapitän führte sie in einen Büroraum. Er wandte sich an eine ältere Dame, die dort putzte. „Geben Sie ihr, bitte, Wasser." Die Frau holte ein Glas Wasser. Sascha trank einen Schluck. Die Frau nahm ihr die Militärkappe ab und strich ihr über ihre verschwitzten Haare. Dankbar sah sie die Frau an.

„Wo kommst du denn her, mein Mädchen?", fragte diese.

„Aus der Karpato-Ukraine."

„Und was wollt ihr denn von uns holen?"

„Wir wollen euch helfen." Die Frau war überrascht.

„Du kannst slowakisch?"

„Ja, meine Eltern sind Slowaken."

„Und wie heißt du?"

„Alexandra."

„Schöner Name. Und ich heiße Zofia. Zofia. Von Sofia. Wie die Loren, weißt du?“ Sascha schwieg. Von draußen vernahm man Rufe und Hämmern ans Blechtor. Plötzlich hörten sie einen Schuss. Alles wurde still. Sascha sprang ans Fenster. Ein russischer Soldat feuerte in die Luft und die Menschen liefen in alle Richtungen. Sie setzte sich wieder hin.

„Warum mögen uns diese Leute nicht?“ Die Frau setzte sich neben sie und nahm sanft ihre Hände. Sascha streichelte auch ihre Hände unwillkürlich. Sie waren faltig und abgearbeitet wie die Hände ihrer Mutter. Die Frau fing an zu erzählen. Sie sprach davon, wie ein russischer Partisan aus Jegorows Truppe im 1945 ihrem Mann das Leben rettete. Deswegen vor allem mochte sie die Russen. Seit der Invasion in die Tschechoslowakei aber war ihr Herz verwundet worden.

„Ja, ja, mein Mädchen, mein Herz wurde verwundet. Das hättet ihr uns nicht antun dürfen! Wirklich nicht.“ Sascha hörte zu. Die Frau erzählte und erzählte und Sascha fing an zu weinen. Als sie in die Kaserne zurückkehrte, warf sie sich auf ihre Militärtasche. Die Mädchen schauten sie an, als wäre sie verrückt geworden. Mit zitternder Hand zog sie die Moskauer »Pravda« mit den Fotos des begeisterten Willkommenheißens der sowjetischen Soldaten in der Tschechoslowakei heraus. Aufmerksam und lange schaute sie sich die Bilder an. Die Menschen auf der Straße waren anders gekleidet, die Frauen hatten andere Frisuren. Sie begriff jetzt. Es waren Fotos vom Mai 1945. Sie legte sich aufs Bett und las Jewtuschenkos Gedicht. Sie merkte, dass die Mädchen sie anschauten, und sie wollte das Gedicht verstecken, aber schließlich legte sie es auf den Tisch. Wieder wurde ihr übel. Sie ging auf die Toilette. Als sie zurückkam, lag das Blatt mit dem Gedicht an einer anderen Stelle.

Sie setzte sich auf die Bettkante. In einem Moment war sie schon fest entschlossen, zu Major Kuznecow zu gehen und zu sagen, dass sie sich an diesem Betrug nicht beteiligen kann. Sie wird die Entlassung aus dem Militärdienst beantragen. Dann aber dachte sie über die möglichen Folgen dieser Entscheidung nach. Mein Gott, wenn ich das damals gewusst hätte, als wir im Kasernenhof in Uschgorod der Sowjetunion die Treue geschworen hatten. Der

Generalleutnant Stepanenko stand vor ihnen mit dem Politoffizier und gab allen angetretenen Soldaten zwei Minuten Zeit, damit jeder, der einen Grund hat, sich an dieser internationalen Hilfsaktion nicht zu beteiligen, vortreten soll. Es trat niemand vor. Und wenn jemand vorgetreten wäre, konnte das als Verstoß gegen den Schwur ausgelegt werden und jeder wusste, dass dies mit einer Gefängnisstrafe geahndet worden wäre. Aber sie wollte eh nicht vortreten, sie war ja davon überzeugt, das Richtige zu tun. Wenn ich es nur gewusst hätte, seufzte sie. Und wäre ich vorgetreten, wenn ich es gewusst hätte? Die Frage brannte in ihr und Tränen der Ohnmacht liefen ihr die Wangen herunter: Gott, tu etwas, dass ich mich verletze oder etwas anderes passiert, damit sie mich nach Hause schicken. Ich will mich nicht daran beteiligen.

Kapitel 15
BRATISLAVA 1968

Am sechsten Tag des Einmarsches verschwanden in Bratislava die Panzer von den Straßen. Auf dem Platz des Slowakischen Nationalaufstandes, wo vorher die meisten waren, blieben abgebrannte Holzbretter, herausgerissenes Kopfsteinpflaster, mit Aufrufen beschriebene Wände. Vor der Universität standen drei improvisierte Grabmäler. An manchen Stellen war angetrocknetes Blut zu sehen. Die Fassaden am Krankenhaus der Barmherzigen, am Kreisamt und an der technischen Bibliothek waren zerschossen. Die Lebensmittellieferungen wurden erneuert. Jozef fuhr nicht mehr nach Trnava.

Beim Vorbeigehen am Briefkasten steckte er automatisch die Finger hinein. Er war leer. Die Brille und den Brief hatte er vor mehr als einem Monat an Sascha geschickt, aber eine Antwort kam nicht. Er hoffte fest, dass ihr nichts zugestoßen ist. Er dachte öfter an sie, als er vor sich selbst zuließ. Die erste Frau, die ein Mann liebt, bleibt im Gedächtnis...

Auf dem Küchentisch lag ein an ihn adressierter Brief. Er schaute auf den Stempel. Der war aus Zvolen. Absender war eine Zofia Hola, Radvanska Straße 11. Er kannte keine Person mit diesem Namen. Eilig öffnete er den Brief.

„Liebster, entschuldige, dass ich Dir erst mit so einer Verspätung schreibe, aber es passierten Dinge, die es mir nicht ermöglichten, mich früher zu melden. Dein Päckchen mit dem Buch und der Brille kam ordentlich an, leider mit einer zweiwöchigen Verspätung. Ich denke, es wurde kontrolliert. Dies wundert mich auch nicht. Unsere Lügner wissen, wovor sie Angst haben müssen. In der Zeit, bevor Dein Päckchen kam, meldete ich mich als Administrationskraft zur operativen Einheit der Luftwaffenarmee, die in Zvolen stationiert war. Ich habe mich so gefreut, dass ich Dein Land sehen werde, Deine Mitmenschen, die ich ehrlich mag. Weshalb auch nicht, ich fühle mich selbst als Slowakin. Ich empfand es als Ehre, in einer Armee zu dienen, die der Tschechoslowakei im Kampf gegen die Konterrevolutionäre helfen möchte. Glaub mir, ich war bereit für Dein Land mein Leben zu opfern. In unseren Zeitungen und im Fernsehen zeigten sie täglich die Konterrevolutionäre und auch eure Leute, wie sie begeistert die sowjetischen Soldaten willkommen hießen. In Zvolen konnte ich mich davon überzeugen, wie sehr wir belogen wurden. Die Fotos in den Zeitungen waren vom Mai 1945. Ich begriff, dass alles, was geschah, eine ganz dreckige Angelegenheit war. Frau Zofia aus Zvolen hatte mir alles gesagt. Ich schäme mich für mich selbst, für mein Volk und für mein Heimatland.

Mein Liebster, ich habe mich entschieden, die Entlassung aus der Armee zu beantragen. Ich kann nicht weiter in einer Armee dienen, die den Menschen ihre Freiheit und ihr Glück raubt. Ich weiß nicht, wo ich danach sein werde. Ich würde Dich gerne umarmen, aber ich weiß, ich könnte Dir nicht in die Augen schauen. Ich hörte auch Schüsse von Maschinengewehren und hoffte, dass unsere Soldaten niemanden getötet haben. Ich kann Dir einfach nicht mehr in die Augen schauen. Ich ertrage die schwere Last nicht. Ich bitte Dich, schreib mir nicht nach Kiew, ich werde nicht da sein. Die Post aus der Tschechoslowakei wird bei uns sowieso kontrolliert. Ich wünsche Dir viel Glück. Ich will, dass Du weißt, dass ich in meinem Leben niemanden so geliebt habe und nicht lieben werde wie Dich. Im Moment bin ich noch in Zvolen und warte auf die Zustimmung für meine Rückkehr nach Hause. Ich sehne mich so sehr danach, Dich zu sehen. Deine Sascha."

Jozef schaute auf die Uhr. Es war halb zwölf. Er schaute im Fahrplan nach: Der Schnellzug nach Zvolen sollte in siebzehn Minuten abfahren. Schnell kritzelte er für seine Eltern eine Nachricht hin, dass er für einen Tag wegfahren muss, sie sollen keine Angst um ihn haben, alles sei bestens und morgen wird er zu Hause sein. Das Blatt legte er auf den Tisch. Er freute sich darüber, dass niemand zu Hause war und er keinem etwas hätte erklären müssen. In den Rucksack warf er ein paar persönliche Sachen, ein Stück Brot, Salami, gespartes Geld und ging los.

Der Zug kam pünktlich in Zvolen an. Die Stadt kannte er ein wenig, sie spielten hier manchmal gegen die Hochschule für Wald- und Forstwirtschaft. Er hielt den ersten Menschen, den er sah, an und fragte nach der Adresse vom Brief. Der Mann erklärte ihm den Weg. Es war nicht weit. Nummer 11 fand er ohne Probleme. Ein dreistöckiges Haus aus den dreißiger Jahren. Zweiter Stock, Wohnung Nummer 5, Ing. Holy. Er klingelte. Hinter der Tür meldete sich eine ältere männliche Stimme. Jozef sagte, dass er dringend mit der Frau Hola sprechen müsste. Der Mann antwortete, sie sei nicht zu Hause und komme erst kurz vor sechs.

„Entschuldigen Sie, aber es ist sehr dringend. Wo könnte ich sie finden?" Der Mann öffnete die Tür, die mit einer Sicherheitskette verschlossen war.

„Im Lebensmittelgroßhandel. Falls sie nicht mehr dort ist, wird sie um sechs hier sein." Er flog die Treppe herunter und bedankte sich im Laufen. Er rannte durch den Markt und im Kopf hatte er nur den Gedanken, dass Alexandra in dieser Stadt ist, sie atmet die gleiche Luft wie er. Er schaute in die menschlichen Gesichter und verstand nicht, wie sie in einem solchen Augenblick so gleichgültig schauen konnten. Die Lagerhalle mit den großen Blechtoren und einer Laderampe fand er ohne Probleme. Sie sagten ihm, dass Frau Hola vor Kurzem weggegangen war.

Er ging hinaus zum Markt und setzte sich auf eine Bank. Es war halb sechs. Er schaute sich um und dachte darüber nach, welcher Fußgängerweg das Glück hatte, dass sie auf ihm gelaufen war. Was hatte sie denn an, trug sie eine Uniform oder Zivilkleidung? Immer und immer wieder las er ihren Brief und versuchte darin etwas zu finden, was ihn weiterbringen würde. Plötzlich merkte er, dass ein sowjetischer Jeep zum Eingang des Großhandels angefahren kam. Zwei Offiziere, gefolgt von zwei Soldaten, stiegen aus.

„Entschuldigung, seid ihr... seid ihr sowjetische Soldaten?"

„Sehen wir aus wie amerikanische... ha-ha-ha?..."

„Entschuldigung, das ist mir klar, aber... vielleicht können Sie mir helfen... ich suche nach Alexandra Josifowna Grytsenko..." Einer der Offiziere war der Kapitän Jurzinow.

„Wie sieht sie aus?"

„Zwanzig Jahre, blond, wunderschön."

„Und fantastische Türkisaugen", fügte der Kapitän hinzu. „Sie kennen sie?" Jozef nickte. „Woher?", wollte der Kapitän wissen. Jozef erschrak. Einen Moment zögerte er, aber er spürte, dass der Kapitän ein anständiger Mann ist.

„Aus Kiew. Ich war dort vor einem Monat zu Besuch." Der Kapitän musterte ihn, dachte nach und nach einer Weile sagte er: „Wir dürfen mit niemandem von den Einheimischen sprechen. Entschuldigen Sie, wir müssen gehen."

„Aber ich liebe sie, ich werde sie heiraten", platzte es aus ihm nicht wirklich überzeugend heraus.

„Informationen über sowjetische Soldaten können Ihnen nur in der Hauptkommandantur in Bratislava mitgeteilt werden", flüsterte ihm unauffällig der Kapitän zu.

Die Soldaten luden die Kartons mit der Ware auf und der Jeep fuhr weg. Es war jetzt sechs Uhr. Jozef ging wieder zu den Holys. Frau Zofia war schon zu Hause. Sie sagte ihm alles, was sie über Sascha wusste. Sie wiederholte eigentlich das, was schon im Brief stand. Er war überrascht, wie sehr sie einer unbekannten Frau vertraut hatte. Zofia sagte, dass sie sich ein paar Mal im Lager getroffen hatten, in das sie mit den sowjetischen Soldaten aus der Jegorow-Kaserne gekommen war. Sascha führte sorgfältig lange Listen, in denen sie mit ihrer schönen Schrift notierte, was sie kauften. Sie war wunderschön, mit unglaublich funkelnden Augen. Manchmal wurde es ihr übel und sie übergab sich. Wahrscheinlich vom Stress.

Jozef trank seinen Tee aus, bedankte sich und ging zum Bahnhof. Der Zug nach Bratislava fuhr erst um elf ab. Er hatte reichlich Zeit. Also ging er zur Kaserne in der Hoffnung, sie dort zu treffen. Sascha war aber schon seit drei Tagen wieder in der Ukraine.

Ich muss sie um jeden Preis finden! Ich muss sie finden!

Kapitel 16
MOSKAU 1968

In der Nacht des 21. August führten die sowjetischen Soldaten Dubcek und seine Mitarbeiter in das Büro von Cisar. Ungefähr nach zwei Stunden trat ein KGB-Leutnant in den Raum und ordnete an, dass Dubcek ihm folgen soll. Sie gingen in den Hof des Zentralkomitees der Kommunistischen Partei, in dem nebeneinander Panzer und gepanzerte Transporter standen. Der Leutnant befahl Dubcek, durch die obere runde Öffnung einzusteigen. Nach einer Weile erhielt auch Kriegel den gleichen Befehl. Das Fahrzeug fuhr los. Nach knapp zwanzig Minuten hielten sie an. Sie befanden sich auf dem Flughafen Ruzyne. Beide Politiker wurden ins Büro im Erdgeschoss geführt. Dubcek wusste nicht, dass in den Nebenräumen sich auch der Parlamentspräsident Smrkovsky, Simon, Spacek und Regierungschef Cernik befanden, die auch in seinem Büro gefangen genommen wurden. Als es dunkel wurde, führten sie Dubcek zuerst in ein Flugzeug, dann musste er in ein anderes umsteigen und sie starteten. Nach einem kurzen Zwischenstopp in Südpolen auf dem Flughafen Legnica landeten sie in Uschgorod. Cernik und Simon waren schon da. Eine Gruppe von Offizieren des KGB führte sie in einen Berghüttenkomplex. Am Freitag, dem 23. August, kurz vor dem Mittag setzten sie ihm eine undurchsichtige Brille auf und führten ihn in ein Büro des örtlichen Funktionärs der KPdSU. Er durfte sich setzen. Dann klingelte das Telefon. Der KGB-Offizier gab ihm den Hörer, am anderen Ende war der Vorsitzende des Präsidiums des Obersten Sowjets der UdSSR Nikolai Podgorny, einer der vier höchsten Funktionäre der Kommunistischen Partei. Lakonisch verkündete er Dubcek, dass er in Moskau erwartet wird. Dann legte er ohne ein weiteres Wort auf. Dubcek wurde wieder zum Flughafen gebracht. Das Flugzeug hob kurz danach ab. Sie landeten in Moskau um 11.00 Uhr dortiger Zeit. Vom Flughafen wurde er staubig und ungewaschen direkt in den Kreml gebracht.

Sie führten ihn in einen riesigen Raum mit langem Tisch. Breschnew, die Vorsitzenden Kosygin, Podgorny und der Sekretär des Zentralkomitees Woronow warteten schon. Es war ganz still. Podgorny wies Dubcek zum Stuhl gegenüber. Niemand gab jemandem die Hand. Dubcek setzte sich. Breschnew schaute zur Seite, scheute den direkten Augenkontakt. Kosygins Bart hing noch tiefer als sonst. Dubcek wusste nicht, dass der Staatspräsident Svoboda zusammen mit dem stellvertretenden Regierungschef Husak, Bilak, dem Verteidigungsminister Dzur, dem Innenminister Kucera, Piller, Indra und den anderen auch in Moskau waren und sich vor ihm mit der sowjetischen Führung getroffen hatten. Breschnew organisierte für Svoboda eine triumphale Willkommensfeier auf dem Flughafen, auf dem Weg zum Kreml hießen ihn Spaliere von Moskauern willkommen. Das sowjetische Fernsehen strahlte die Feier in der ganzen Welt aus als Beweis der heißen und brüderlichen Liebe zur Tschechoslowakei.

Das lange Schweigen wurde durch Breschnew unterbrochen.

„Sascha, was ist los", sagte er jovial und fing an, Dubcek zu duzen. „Der Genosse Cernik soll sich nicht wohl fühlen."

„Es ist schwer für ihn", antwortete Dubcek vor sich schauend. „Sehr schwer", wiederholte er.

„Für uns ist es auch nicht leicht, wahrlich nicht...", setzte Breschnew fort. Dubcek schwieg, aber dann nahm er sich den Mut zum Erheben der Stimme.

„Es wäre nicht richtig von mir, wenn ich euch nicht sagen würde, dass es ein großer Fehler war, die Armee einmarschieren zu lassen, es wird tragische Folgen haben!"

„Sascha... Ruhe... beruhige dich, bitte", zündete sich Breschnew

nervös eine Zigarette an. „Ich gebe dir für nichts die Schuld. Du hast getan, was du konntest. Wir denken, dass die Konterrevolutionäre alles hinter deinem Rücken gemacht haben...“ Dubcek wurde bewusst, in was ihn die Sowjets hineinziehen wollten. Sie brauchten ihn, denn er war das Symbol des Prager Frühlings und des Widerstandes gegen die Invasion. Deren Plan mit der Arbeiter-und-Bauern-Regierung mit Indra an der Spitze scheiterte. Den Bilak-Anhängern ist es weder gelungen, den Rundfunk, noch das Fernsehen oder die Presseagentur zu besetzen. Die ganze Welt erfuhr, dass es um eine reine Invasion ging. Eine direkte Militärregierung einzusetzen würde bedeuten, den Widerstand der Tschechen und Slowaken heraufzubeschwören. Sie brauchten Dubcek. Bilak hat hingegen zusammen mit den Sowjets versucht, hinter dem Rücken von Dubcek die Formulierung einer Konterrevolution durchzusetzen.

„Leonid Iljitsch, ich verlange, mit den anderen Kollegen zu sprechen“, ignorierte Dubcek Breschnews Worte. Die Sowjets versuchten einer nach dem anderen, Dubcek eine Konterrevolution in der Tschechoslowakei einzureden. Dubcek wollte aber auf diese Ansammlung von Absurditäten und Lügen nicht reagieren. Als sie fertig waren, wiederholte er seine Forderung. Sie führten den Regierungsvorsitzenden Cernik in den Raum. Die Sowjets verlangten, dass sie das Einverständnis zum Annullieren des XIV. Parteitages der Kommunistischen Partei der Tschechoslowakei, der in der Betriebshalle in Vysocany stattgefunden hat, geben. Dubcek und Cernik forderten weiterhin, mit den anderen sprechen zu können. Nach zwei Stunden dieses ergebnislosen Treffens blieben die Sowjets sitzen und Dubcek und Cernik wurden in einen Raum gebracht, wo schon Präsident Svoboda und die anderen höchsten Vertreter der Tschechoslowakischen Republik auf sie warteten. Sie begrüßten sich herzlich und führten dann eine Debatte, die bis um 3.00 Uhr morgens ging.
Dubcek war müde und fühlte sich nicht wohl. Bilak war überzeugt davon, dass Dubcek das Unwohlsein nur vortäuschte. Alle begriffen eines: dass die Sowjets von ihnen eine zusätzliche Legalisierung der Invasion verlangten.

Den Samstag, den 24. August schlief Dubcek fast durch. Am Nachmittag wurde er geweckt. Bevor sie ihn in den Kreml gefahren hatten, traf er sich mit der tschechoslowakischen Gruppe und wurde von Smrkovsky besucht. Der informierte ihn über die Situation im Lande. „Gestern gab es in der ganzen Republik einen Generalstreik aus Protest gegen die Invasion. In Vysocany tagt durchgehend der XIV. Parteitag. Alle stehen hinter uns. Die ganze Welt ist auf unserer Seite."

Im Kreml wartete die tschechoslowakische Delegation, verstärkt durch Mlynar, Lenart, Barbirek, Jakesch, Rigo, Schwestka. Die Sowjets riefen hastig zur nächsten Runde der Gespräche. Dubcek dachte die ganze Zeit darüber nach, wie er diese hinausziehen könnte. Er wusste, je länger die Gespräche dauerten, umso nervöser werden die Sowjets sein. Präsident Svoboda bat ihn, klipp und klar zu sprechen. Er warf ihm sogar vor, die meiste Zeit nur zu schwatzen. Am späten Nachmittag setzten sich beide Delegationen, geführt von Breschnew und Dubcek, wieder an den Verhandlungstisch. Das Schweigen unterbrach Dubcek. Das, was er sagte, fröstelte jeden im Raum. Starr vor sich hin schauend sagte er:

„Genosse Bilak, fragen Sie sie, was sie eigentlich wollen..." Bilak schaute ihn verständnislos an. Er wusste, dass Dubceks Russisch viel besser war als seines und verstand gar nicht, was er damit sagen wollte. Langsam, in klarem Russisch, wiederholte Dubcek seine Frage. Breschnew presste die Zähne zusammen, aber er beherrschte sich. Bilak antwortete, dass es notwendig sei, ein gemeinsames Dokument vorzubereiten, das so schnell wie möglich feierlich unterschrieben werden sollte. Wieder Stille. Bilak verlor die Beherrschung und fragte Dubcek mit ernster Stimme: „Hast du es verstanden oder soll ich es dir übersetzen?!"

„Gut. Am Abend um acht können wir anfangen zu verhandeln", sagte Dubcek leise. „Entschuldigt mich." Er stand auf und ging aus dem Raum. Die Sowjets verließen ihn durch die zweite Tür und nach und nach leerte sich der Raum. An weiteren Verhandlungen nahm Dubcek nicht mehr teil. Sie waren ihm zu chaotisch und führten zu keinem Ziel. Den ganzen Sonntag über sprachen die Sowjets und die tschechoslowakische Führung in kleineren Gruppen miteinander. Eine offizielle Verhandlung der Delegationen fand nicht statt. Dubcek lag den ganzen Sonntag im Bett. Ein Teil der Delegation nahm

an, dass er wirklich erschöpft war, die anderen verdächtigten ihn, dass er die Verantwortung von sich abwälzen wollte. Damit er die weiteren Verhandlungen erleichterte, schlug er seinen Rücktritt von der Position des Ersten Sekretärs des ZK der KPTsch vor. Alle tschechoslowakischen Politiker lehnten dies ab. Es war klar, dass die Sowjets vor allem die Unterschrift von Dubcek brauchten. Überdies wollten sie nicht aus Dubcek einen Nationalhelden und Märtyrer machen. Smrkovsky, Cernik, Spacek, Mlynar und Simon informierten Dubcek laufend über die Gespräche. Er lag im Bett, die untere Körperhälfte ab der Taille zugedeckt. Auf der linken Brustseite lag ein quadratisch zusammengelegtes Taschentuch, auf die Stirn war ein Pflaster geklebt und er atmete ganz schwer...

Die Verhandlungen führten Cernik, Smrkovsky und Svoboda. Smrkovsky informierte am Abend Dubcek darüber, dass die Sowjets arrogant den Versuch der tschechoslowakischen Seite abgelehnt hatten, eigene Vorschläge in den Text hinzufügen. Sie wiesen darauf hin, dass die Tschechoslowaken sich nicht in einer Situation befanden, in der sie Forderungen stellen könnten. Husak und Dubcek setzten gegen den Willen von Breschnew im Protokoll durch, dass der Aufenthalt der sowjetischen Armee in der Tschechoslowakei »befristet« ist. Breschnew lächelte und winkte mit der Hand ab. Allen war klar, dass die Länge dieser »Frist« wohl der Stärkere festlegen wird. Sie stellten der tschechoslowakischen Seite schlicht und ergreifend ein Ultimatum.

Am Sonntag in den späten Abendstunden kam die tschechoslowakische Delegation zusammen, um Stellung zum sowjetischen Vorschlag zu nehmen. Husak schlug vor, dass jeder seine Meinung laut äußern soll. Er verlangte, die unfruchtbare Diskussion zu beenden, und fügte hinzu: „Ich unterschreibe das." Nach Husak, der seine Bereitschaft zu unterschreiben als Erster verkündete, war auch einer nach dem anderen mit dem Unterschreiben einverstanden. Mlynar meditierte laut: „Es ist grausam, ich unterschreibe es nicht." Smrkovsky fügte hinzu: „Wenn ich keine Frau und Kinder hätte, würde ich auch nicht unterschreiben. Aber unter diesen Bedingungen unterschreibe ich." Als Letzter äußerte sich Cernik laut: „Ich unterschreibe auch." Dann meldete sich Husak zu Wort. Er atta-

ckierte Mlynar hart. Der schwieg. Es waren nur noch Kriegel und Dubcek übrig. Dubcek zu überzeugen, übernahm Cernik.

Am Montag beim Frühstück verkündete Mlynar, dass er unterschreibt. Im Laufe des Vormittags kam Dubcek weiß wie eine Wand herein. Das Pflaster an der Stirn hatte er nicht mehr. Er forderte die anderen auf, in irgendeinen Tagungsraum zu kommen. Sie gingen das ganze Dokument durch und vereinbarten, dass sie es unterschreiben. Nur Kriegel konnten sie nicht überzeugen. Am Montag des 26. August fand das Plenartreffen der beiden Delegationen statt.

Das sowjetische Politbüro saß schon am langen Tisch. Die tschechoslowakische Führung setzte sich. Dubcek in der Mitte, Smrkovsky zu seiner Rechten, Cernik zu seiner Linken. Svoboda sagte kurz: „Wir sind bereit, das Dokument zu unterschreiben." Dann sprach eine Weile Breschnew und war fast von sich selbst gerührt. Dubcek sah ihn an und konnte nicht glauben, dass Breschnew so ein hervorragender Schauspieler war. Als er aber daran dachte, wie dieser Mensch sich als Kriegsheld feiern ließ, obwohl er kaum richtig am Zweiten Weltkrieg teilgenommen hatte, wurde ihm klar, dass ihm gegenüber eine Gangsterbande saß. Nach Breschnew sprach dann Cernik und zur Überraschung aller sagte er, er würde auch im Namen von Dubcek sprechen, der sich nicht wohlfühle, obwohl dieser neben ihm saß. Dann meldete sich Dubcek zu Wort. Er sprach langsam und schwer, in fließendem Russisch, was den Überzeugungswert seines Auftritts erhöhte. Obwohl er vorher schon versprochen hatte zu unterschreiben, begann er sein Versprechen anzuzweifeln. Breschnew verlor seine Beherrschung. Er stand auf und begann Dubcek anzuschreien. Seine dichten Augenbrauen zogen sich zusammen, er wurde rot im Gesicht. Er erklärte alle bisherigen Verhandlungen für nichtig und verließ den Raum. Ihm folgte gehorsam das gesamte Politbüro. Dubcek stand auf, bereit, den Raum auch zu verlassen. „Es ist völlig egal, ob wir unterschreiben oder nicht. Die machen sowieso, was sie wollen. Ich unterschreibe doch nicht."

Nach einer Weile des Schweigens sprach dann Präsident Svoboda und er meinte, dafür sei es jetzt zu spät. Auch Cernik sprach sich überraschend dafür aus, dass sie unterschreiben sollten. Wenn sie es jetzt nicht tun würden, bestünde das Risiko, dass sie gezwun-

gen würden, etwas noch Schlimmeres zu unterschreiben. Außerdem glaubte er fest daran, was ihm Breschnew unter vier Augen versprochen hatte. Er sollte weiterhin der Regierungschef bleiben. Smrkovsky bemerkte traurig, dass sie eigentlich keine Wahl haben. Nach einer kurzen Pause zog er Parallelen zur Situation des Präsidenten Hacha in Berlin 1939. „Es gelang damals auch, die Vorgänge zu verlangsamen und viele Menschenleben zu retten." Allen war klar, dass der Vergleich der sowjetischen Kommunisten mit den deutschen Faschisten eine totale Resignation von Smrkovsky bezüglich des Kommunismus bedeutete. Er war ein geschlagener Mann. Dubcek blieb allein. Svoboda schickte Biľak zu Breschnew mit der Mitteilung, dass Dubceks Meinung nicht mit der Meinung der tschechoslowakischen Delegation übereinstimme.

Dubcek lag auf der Couch. Er war allein im Raum. Die Führer sind gewöhnlich in den schwierigsten Momenten immer allein. Er wusste, dass die Unterschriften der anderen nicht interessant sind. Es konnte jeder zehnmal unterschreiben, aber wenn der Erste Sekretär nicht unterschrieb, wird es der ganzen Welt klar sein, dass hier etwas nicht stimmte. Er dachte darüber nach, wie die Bürger und vor allem die Armee reagieren würden, wenn sie erfahren, dass er nicht unterschrieben hat. Unwillkürlich kam ihm der geheimnisvolle Tod des ehemaligen Parteichefs Gottwald in den Sinn, der im Jahre 1953, nur drei Tage nach der Rückkehr aus Moskau von der Beerdigung von Stalin, starb. Er hatte noch gut in Erinnerung, dass im engsten Kreis der Parteiführung die ganze Zeit über seinen geheimnisvollen Tod gemunkelt wurde. Ihm war auch klar, dass die Kommunistische Partei die führende Kraft in der Gesellschaft war und er ihr ranghöchster Vertreter, trotzdem war der höchste Vertreter des Militärs Präsident Svoboda. Und der hatte klar gesagt, dass er unterschreibt. Und schließlich wünschte er sich selbst nichts sehnlicher als kein Blutvergießen. Nein, er darf nicht zulassen, dass auch nur ein einziges Leben eines tschecho-slowakischen Bürgers geopfert werden würde. Wenn die anderen signalisierten, dass sie unterschreiben, wäre das seine klare Isolation. Er dachte nach, suchte Argumente, damit er vor sich selbst die Achtung nicht verliere. Wenn er unterschriebe, gäbe er wenigstens dem Versprechen

eines sowjetischen Abzugs aus der Tschechoslowakei eine Chance. Und im Endeffekt... im Endeffekt ist es eh egal, ob er unterschreibt oder nicht, sie tun sowieso, was sie wollen. So wie er sie einschätzte, würden sie gelassen auch seine Unterschrift fälschen.
Eine Stunde vor Mitternacht trafen sich die Delegationen wieder. In den Tagungsraum wurden Journalisten hereingelassen. Als Erste unterschrieben Breschnew und Svoboda. Danach Dubcek und dann die anderen außer Kriegel, der dazu nicht einmal aufgefordert wurde.
Alexander Dubceks Versuch eines »Sozialismus mit menschlichem Antlitz« war definitiv gescheitert.

Kapitel 17
BRATISLAVA 1968

Die Hauptkommandantur der sowjetischen Militärkräfte hatte ihren Sitz auf dem Jegorow-Platz in Bratislava. Jozef sah darin eine gewisse Symbolik. Sascha war in der Jegorow-Kaserne, die sowjetische Führung auf dem Jegorow-Platz. Vielleicht bringt ihm dieser Jegorow ja Glück. Am Tor meldete er sich beim diensthabenden Soldaten. Er bat um ein Treffen mit jemandem aus der Personalabteilung. Der Soldat zeigte keine Anzeichen von Entgegenkommen. Er rief irgendwo an, aber am anderen Ende meldete sich niemand. Der Soldat zuckte mit der Schulter. Jozef konnte sich nicht vorstellen, dass die Suche nach seiner Liebe an einem ungefälligen Soldaten scheitern sollte. Er zog zwei Schachteln mit harten Sparta-Zigaretten hervor. Diese Zigaretten in der festen Verpackung waren damals auch in der Tschechoslowakei eine Seltenheit, von der Sowjetunion gar nicht zu reden. Der Soldat lächelte, machte das Fenster zu, damit ihn Jozef nicht hören konnte, und wählte wieder eine Nummer. Dann öffnete er das Fenster wieder. „Sie werden abgeholt.“ Nach einem Moment kam ein junges Mädchen in Soldatenuniform.

„Wen suchen Sie?“

„Alexandra Josifowna Grytsenko“

„Die arbeitet hier nicht.“

„Ich weiß. Aber sie ist eine Angehörige Ihrer Armee, die in die Tschechoslowakei kam. Sie sollte in Zvolen sein oder ist vielleicht schon nach Kiew zurück...“

„Ich kann keine Informationen über sowjetische Armeeangehörige weitergeben.“

„Sie ist meinte Verlobte“, schoss es aus Balaz heraus.

„Wie meinen Sie das... Ihre Verlobte?“, fragte sie.

„Na ja, wir wollen heiraten. Hochzeit, verstehen Sie? Es war schon alles vorbereitet, die Trauung in Kiew, aber dann wurde sie für Ihre... Aktion in der Tschechoslowakei berufen.“

„Das ist keine Aktion, sondern internationale Hilfe“, ermahnte ihn die Soldatin. Jozef steckte ihr unauffällig ein Nina-Ricci-Parfüm in die Tasche, das er im Tuzex, im slowakischen Intershop, besorgt hatte. Die Soldatin schaute ihn an, nickte anerkennend mit dem Kopf und forderte ihn auf, ihr zu folgen. Sie gingen in den ersten Stock. An den Wänden hingen Porträts von Breschnew, Kosygin und weiteren sowjetischen Größen. Sein Magen verkrampfte sich. Die Soldatin merkte es. „Bitte schön, setzen Sie sich. Ich hole den Major, der sich darum kümmern wird.“ Jozef setzte sich. Aus dem Raum daneben war ein ohrenbetäubendes Lachen zu hören wie auch laute männliche Stimmen. Offensichtlich waren sie schon ganz schön angetrunken. Nach einer Weile erschien der Major, der sich um Jozefs Anliegen kümmern sollte. Jozef stellte sich vor und erklärte kurz, worum es ging. Der Major war schon sehr betrunken. Er zündete sich eine Zigarette an. Ohne Brimborium duzte er ihn arrogant.

„Denkst du, Genosse, dass die sowjetische Führung ein Zirkus ist? Dass wir hier jedem Taugenichts Informationen von unseren Leuten geben?“

„Genosse Major, ich weiß, dass so eine Aktion wie Ihre... (er schluckte es sofort runter, nachdem es aus seinem Mund herauskam), Ihre internationale Hilfe verlangt die Unterstützung Tausender Menschen. Ich weiß, dass Alexandra Josifowna dabei nur ein Sandkorn im Getriebe ist...“

„Quatsch nicht“, fiel ihm der Major ins Wort. „Hast du Zigaretten?“ Jozef zog einen Karton der harten Sparta, der wortwörtlich als Schatz bezeichnet werden konnte. Der Major langte danach. „Molodetz, guter Junge, wirklich, ein guter Junge.“ Gierig zerriss er die Verpackung, nahm eine Schachtel heraus und mit Genuss zündete er sich eine Zigarette an. „Was wolltest du eigentlich?“

„Alexandra Josifowna... meine ukrainische Verlobte...“

„Ach ja, ich weiß, ich schicke dir jemanden. Warte.“ Der Major erhob sich und verließ den Raum. Jozef wartete. Er schaute sich im Zimmer um. Die Wände waren kahl. Es waren dort nur die Schatten von den Bilderrahmen zu sehen, die jemand abgehängt hatte. Es verging eine halbe Stunde. Die Rufe, das Jauchzen und das versuchte Singen der Betrunkenen wurde immer lauter. Jozef wartete seit einer Stunde, aber es kam niemand. Er stand auf und öffnete leicht die Tür zum Flur. Auf dem Flur war niemand. Jozef dachte darüber nach, wenn er eine Bombe oder eine Granate hätte, könnte er das ganze Gebäude der sowjetischen Kommandantur in die Luft sprengen. Er schaute in den Raum, aus dem die Stimmen kamen. Der Flur war nur leicht beleuchtet. Die Männer im Raum waren gut zu erkennen. Es waren Russen in Uniform und in Zivilkleidung wie auch ein paar angetrunkene Slowaken. Er saß auf der Bank auf dem Flur und wartete. Nach einer Stunde lief der Major, der die Zigaretten bekommen hatte, eilig aus dem Raum und rannte durch die Tür gegenüber. Man hörte, wie er sich übergab. Ohne zu spülen lief der Major mit roten Augen an ihm vorbei, er bemerkte ihn nicht mal, er ging in den Raum zurück und schlug die Tür hinter sich zu.

„Du weißt nicht, wozu besoffene Russen fähig sind...“ schossen ihm Vaters Worte durch den Kopf. Die Betrunkenen hinter der Tür fingen an, das »Kalinka-Lied« zu brüllen. Das letzte Mal hatte Jozef es in Kiew gesungen. Er lächelte bitter, stand auf und ging auf die Straße. Niemand hielt ihn an, niemand interessierte sich für ihn.

Nach langer Zeit fing es in Bratislava an zu regnen.

Kapitel 18
BRATISLAVA 1968

Im Stadtzentrum herrschte nach dem Rückzug der sowjetischen Panzer unvorstellbare Unordnung. An den Hausfassaden hingen die Reste der improvisierten Plakate. Manche wurden durch irgendwelche Leute, manche durch den Wind zerrissen, manche fielen von allein ab. Auf die Funktionäre der Kommunistischen Partei musste neben den antisowjetischen Slogans besonders ermutigend das Plakat mit der Aufschrift »Wir verlangen, den Kirchendiener Farkas auszutauschen. Die unzufriedenen Gläubigen« wirken.

Das Land wartete gierig auf die Nachrichten aus Moskau, wo sich die ganze slowakische Führung befand. Die Meldungen von dort waren aber widersprüchlich. In einem Bericht wurde Dubcek hingerichtet, dann wieder bestrahlt, danach kamen todsichere Informationen, dass er in Sibirien ist.

Jozef saß im Gartenrestaurant »Hron« und beobachtete die Menschen, die in Gruppen diskutierten. Jeder versuchte, sich Informationen zu beschaffen. Die Bratislavaer hatten den Vorteil, dass jede Antenne auf einem Hochhaus das österreichische Fernsehen empfing. Aber auch die Österreicher brachten aus Moskau nur Vermutungen. Nur eines war sicher: dass die tschechoslowakische Delegation in kompletter Besetzung aus Moskau zurückkehrte. Die Menschen waren erleichtert, sie bangten um ihre Leute, vor allem um Dubcek. Die Aufnahmen von der Ankunft auf dem Flughafen waren vielversprechend. Jozef erinnerte sich an den lächelnden Bilak, an Husak und Präsident Svoboda, an die verfinsterte Miene von Dubcek und an Smrkovsky. Abends um halb sechs erwartete man Dubceks Auftritt im Rundfunk und im Fernsehen. Die anfängliche Erwartung der Menschen wandelte sich allmählich in Bitterkeit und Enttäuschung.

Obwohl sich Jozef dagegen gewehrt hatte, das Gefühl der Enttäuschung und des Hasses übertrug sich auch auf seine Beziehung zu Sascha. Er wusste, dass sie nichts dafür konnte, aber sie war die einzige Bürgerin der Sowjetunion, die er kannte und der er wenigstens in seiner verletzten Seele seine Gefühle der riesigen Enttäuschung und Erniedrigung zukommen lassen konnte. Sie, die Schönheit mit türkisfarbenen Augen, war ein Teil der Monstermaschinerie, die seine Pläne und Hoffnungen zerstörte. In Gedanken warf er ihr vor, dass sie zu keinerlei Widerstand fähig war. Wenn es in der Sowjetunion mehrere gäbe, die protestieren würden, hätte es nicht passieren müssen. Dann verjagte er die Gedanken wieder, er dachte darüber nach, was die sowjetischen Bürger von der Situation bei uns wussten, und fragte sich selbst, wie er sich in so einer Situation verhalten würde. Er war sich nicht sicher, ob er es schaffen würde zu trotzen.

Seine dunklen Gedanken versuchte er durch hoffnungsvolle zu bekämpfen. Er redete sich ein, dass es nicht so schlimm sein wird, dass die Sowjets vielleicht doch weggehen werden. Er hoffte, dass die Lage in Moskau geklärt wurde und Dubcek am Abend der Nation gute Nachrichten überbringt.

Der 27. August war ein komischer Tag. Er wartete auf Winter, von dem er sich noch wenigstens theoretisch Hilfe erhoffte. Die roten krauseligen Haare, das dauerhaft rote, verschwitzte Gesicht, die breite Nase mit Nasenlöchern wie bei einem Rennpferd waren ihm von der Seele her ekelhaft. Ein permanent gestelltes Lächeln, eine Verkörperung der Heuchelei. Er stammte aus Kezmarok. Das erste Mal hatte er ihn getroffen, als sie noch als Nachwuchsspieler von Slovan Bratislava gegen Jednota Kezmarok gespielt hatten. Beide waren damals Kapitäne ihrer Mannschaften. Slovan hatte gewonnen. Jozef erinnerte sich genau, wie sein Schlag von Winter geblockt wurde. Alle sahen, wie Winter den Ball mit der Hand berührt hatte. Der Schiedsrichter bevorteilte die Heimmannschaft und übersah die Berührung. Balaz kam auf den Schiedsrichter zu und als Kapitän der Mannschaft verlangte er die Anerkennung des Schlags. Dem Schiedsrichter war es peinlich und er machte das, was in solchen Situationen üblich war – er forderte den Spieler, der den Fehler begangen hatte, auf, ihn zuzugeben. Winter ging wütend auf Balaz los und lehnte seine Berührung kategorisch ab. Diese war wohl so offensichtlich, dass sogar das einheimische Publikum Winter ausgepfiffen hatte. Der Augenblick der frechen Lüge blieb Balaz tief im Gedächtnis. Er ahnte damals noch nicht, dass dieser Mensch sein lebenslänglicher Mitstreiter sein wird.

Als er später mitbekam, dass Winter sein Mitschüler an der Handelsfakultät der Wirtschaftsuniversität ist, war er vor ihm auf der Hut. Bald wurde Winter Mitglied des gesamtschulischen Komitees des Studentenverbundes der Slowakei. Dazu gehörte auch Jan Husak, der Sohn von Gustav Husak. Die Studenten legten ihre Hoffnungen in den jungen Husak, sie hielten ihn für einen klugen Kopf. Schließlich war er der Sohn eines Politikers, der von den Kommunisten ins Gefängnis geschickt wurde. Winter schmeichelte sich schnell bei Jan ein. Er wurde fast zu seinem Lakaien. Jozef überraschte es, dass Husak die Anwesenheit eines solchen Lakaien gefiel. Demonstrativ gingen sie oft zusammen einen trinken. Dazu gesellten sich meistens Jungs, die zu den schwächeren Studenten zählten. Von Winter erzählte man, dass er auch zum Gehilfen der Polizei wurde. Er benahm sich souverän, was diese Annahme auch unterstützen würde. Jozef war aber überzeugt, dass Winter nur deswegen so auftrat, weil er zum Freundeskreis des jungen Husak gehörte. In diesem Moment war er seine einzige, winzige Hoffnung, wie er zu einer Information über Sascha kommen könnte.

„Ich grüße dich, Alter“, klopfte ihm Winter auf die Schulter. Er kam von hinten. „Entschuldige, dass ich zu spät komme, aber hierher vom Soltes-Wohnheim zu kommen... die Straßenbahnen haben einfach keine Disziplin“, witzelte er.

„Das ist in Ordnung. Ich bin froh, dass du gekommen bist“, sagte erfreut Balaz.

In dem Moment fragte er weiß Gott warum Winter: „Hör zu, Kügelchen, du bist doch aus Kezmarok, was machst du in den Ferien in Bratislava?“

„Ich habe einen Nebenjob im Verbund der Hochschulstudenten. Wir bereiten eine große Aisec-Konferenz in Bratislava vor... Und wenn ich bitten darf, nenne mich nicht Kügelchen.“

„Verzeihung."

„Und sonst, wie geht's?"

„Wie... wie allen", zuckte er mit den Schultern, „Scheiße... wir können nur hoffen, dass sie hier nicht ewig bleiben. Ich bin schon gespannt, was Dubcek heute Abend im Fernsehen sagt", antwortete ausweichend Jozef.

„Magst du?" Winter bot ihm eine harte Sparta an.

„Sparta? Du hast gute Kontakte." Balaz nahm sich eine Zigarette.

„Ja, das habe ich." Einen Augenblick dachte er nach. „Warum hast du mich so plötzlich angerufen? Wir zwei mögen uns doch nicht besonders..."

„Jan... du bist befreundet mit Jan..."

„Mit welchem Jan?"

„Husak."

„Ach so, ja, das bin ich... Es sieht so aus, dass um den alten Husak etwas Bedeutsames geschieht. Jan hat es mir gestern gesagt. Er traf seinen Vater nach der Rückkehr aus Moskau", tat er wichtig.

„Also weißt du, wie es dort ausgegangen ist?"

„Nein. Nur was den alten Husak betrifft, hat mir Jan etwas angedeutet... dass er die Partei in der Slowakei übernehmen soll."

„Das wäre nicht schlecht... er ist ein alter, erfahrener Kämpfer. Also haben sie Bilak abgeschossen?" Winter nickte wichtig mit dem Kopf wie ein gut informierter Mensch.

„Und Dubcek?", sondierte vorsichtig Balaz. Winter dachte kurz nach, danach zuckte er die Achseln.

„Was wolltest du eigentlich?"

„Erinnerst du dich... damals in Kiew... ich hatte ein wenig Spaß mit einer Blondine..."

„Sascha... ich erinnere mich. Mit grünen Augen. Sie war nicht schlecht..."

„Ja, Sascha. Ich habe mich in sie ein wenig... wahrscheinlich... ich habe so ein Gefühl..."

„Sage das doch ruhig. Verliebt sein in ein sowjetisches Mädchen... das kann dir in dieser Situation nützlich sein", lächelte Winter und zog bedeutsam an der Zigarette.

„Das ist jetzt unwichtig. Ich weiß, dass sie in der Slowakei ist, sie gehört zur Okkupationsarmee." Winter schaute ihn hart an. „Pass gut auf. Mich stört es nicht, aber benutze in der Öffentlichkeit nicht das Wort Okkupationsarmee."

„Und was zum Teufel soll ich denn sagen? Befreiungsarmee?"

„Sprich neutral – sag sowjetische. Es klärt sich bestimmt bald."

„Sie kam mit der sowjetischen Armee in die Slowakei. Ich konnte erfahren, dass sie in die Operationseinheit der Luftarmee des Karpato-Ukrainischen Militärkreises eingeteilt wurde, die in Zvolen ist... ich dachte... na ja... ob du vielleicht nicht etwas wüsstest..." Balaz stockte unter dem strengen Blick von Winter die Stimme. Der schüttelte mit dem Kopf, um zu verdeutlichen, dass das nicht sein Gebiet ist. „Könntest du nicht über Jan erfahren, wo sie jetzt ist, was mit ihr ist und überhaupt, ob sie in Ordnung ist..."

„Du weißt aber entscheidend zu viel! Woher hast du das? Woher weißt du von der Einheit in Zvolen...?!" brüllte ihn Winter an.

„Na ja, ich war dort... und sie sagten mir, dass man die Informationen nur in der Hauptkommandantur in Bratislava bekommt", stotterte Balaz. Winter schaute ihn forschend an. Plötzlich wechselte sein Ton.

„Sag mal, Jozef", begann er familiär. „Bist du denn einverstanden damit, dass sie kamen oder nicht?"

„Na... ich denke... dass... hmm... sie hätten es nicht so radikal lösen müssen... ich denke, wir hätten die Situation auch mit eigenen Kräften schaffen können..."

„Bist du mit dem Kommen der sowjetischen Armee einverstanden oder nicht?!", stellte Winter kategorisch die Frage. Balaz schwieg. „Also bist du nicht einverstanden!" Balaz biss die Zähne zusammen. Winter verlor die Beherrschung. „Also scheißt du auf die sowjetischen Freunde, du bist gegen sie und besitzt die Dreistigkeit, mich nach einer Russin auszufragen, die du flachgelegt hast?! Und ich soll Husaks Sohn um Hilfe bitten?! Du bist vollkommen irre geworden!! Also, mein Freund, das kannst du vergessen. In dieser Sache kann ich dir nicht helfen. Wenn du sie flachgelegt hast, dann suche sie selber!"

„Sie ist Ukrainerin... und ich habe sie nicht flachgelegt... Und äußere dich bitte mit Achtung über die Angehörige der brüderlichen sowjetischen Armee!!“, schoss es aus Balaz heraus, ohne zu wissen, wie es dazu kam.

„Ach, es sind plötzlich Brüder. Zuerst hast du kein gutes Wort für sie und jetzt sind es Brüder.“

„Jan, mische jetzt bitte die Politik nicht dazu. Ja, wenn du es wissen willst, sie ist mir nicht gleichgültig und... ich bin einfach nur nervös, ob mit ihr alles in Ordnung ist. Ich hatte das Gefühl, dass du mir helfen könntest.“

„Entschuldige mich, ich muss gehen. Überschätze mich nicht!“ Winter stand auf und ging ohne Händeschütteln weg. Balaz fühlte sich beschämt und erniedrigt. Es tat ihm leid, Winter um etwas gebeten zu haben.

Die Sonne ging hinter den Gebäudedächern unter. Es wurde kühler. Ihm war es kaum bewusst, dass es kurz vor sechs war. Er ging hinein. Das Restaurant »Hron« war eines der wenigen, die in dieser Zeit einen Fernseher besaßen. Die Moderatorin meldete den Auftritt von Alexander Dubcek an. Im Saal raunte es. Als er auf dem Bildschirm erschien, wurden alle still. Sie hingen an jedem Wort von ihm. Obwohl das Fernsehbild nur schwarzweiß war, konnte man die Blässe seines Gesichtes sehen. Er las vom Papier ab. Trotzdem stotterte er. Er sprach langsam, die Stimme zitterte ab und zu. Infolge seines Gesichtsausdrucks war klar, dass er keine guten Nachrichten brachte. „Gestern kamen wir von den Verhandlungen aus Moskau zurück... die sowjetischen Genossen bleiben bei ihren Zweifeln an der Entwicklung in der Tschechoslowakei... Wir haben ihnen versichert, dass... hm... ich will und kann nicht in Ihnen Illusionen erwecken... Die Freiheit unseres Tuns und Entscheidens wurde gemindert...“

„Präsident Svoboda erzählte heute früh etwas anderes. Wem soll man jetzt glauben?“, rief jemand. „Ruhe!“ Dubcek fuhr fort. „Wir versprachen den sowjetischen Genossen, dass wir alles dafür tun werden, damit der Aufenthalt der sowjetischen Armee sich so kurz wie möglich gestalten kann.“

„Was habt ihr denn versprochen, sie hätten versprechen sollen!“, rief wieder ein anonymer Mutiger.

„Scheiße, wenn eine halbe Million von denen hierher kam, dann sind sie nicht nur für eine Übergangszeit gekommen!!“, fügte ein anderer eine klare Analyse hinzu. „Alle unsere Aktivitäten werden sich in einer Situation entwickeln, die nicht von unserem Willen abhängen wird...“, stammelte Dubcek weiter.

„Also ist es im Arsch!“, stellte jemand fest.

„Ruhe!!“

Dubcek erzählte weiter mit einer zitternden Stimme: „Völliger und baldiger Abzug der sowjetischen Armee wird das wichtigste Ziel unserer Bemühungen sein. Im Protokoll steht wortwörtlich, dass der Aufenthalt der sowjetischen Armee nur befristet ist...“

„Also für die Ewigkeit!!“, rief der Nächste.

„Ruhe!!“

„Nur die Einheit unseres Vorgehens kann den Erfolg unserer weiteren Politik garantieren.“ Dubcek atmete auf. Es schien, als ob er weinte. Die Stimme bebte. Die Menschen fühlten, dass er viel mehr sagen wollte, viel viel mehr, aber er konnte nicht. Allen war klar, dass das das Ende bedeutete.

„Schenk uns Wodka ein“, bestellte jemand für den ganzen Tisch, an dem auch Balaz saß.

„Hier wird kein Wodka getrunken. Bring bitte Borowitschka-Schnaps!!“, widersprach ein Mann im T-Shirt mit Aufdruck »USA«. Seine Entscheidung wurde im Saal mit tobendem Beifall begrüßt. Balaz beobachtete die Slowaken, die sich Stück für Stück betranken. Je mehr sie getrunken hatten, desto lauter wurde geredet. Er hatte das Gefühl, dass in so einem Moment die Slowaken fähig wären, eine Weltrevolution zu veranstalten. Heldentum unter dem Einfluss vom Alkohol war in der Slowakei sehr verbreitet.

„Dass sie hier nur befristet sein werden. So ein Mist. Wir werden uns vor denen verbeugen, wie wir das schon seit Generationen immer vor jemandem machen... Und wir werden uns trösten, wie wir sie überlistet haben, weil sie uns nicht in die Zähne treten, sondern nur in den Hintern...“, hörte Balaz ein Fragment der Überlegung des Mannes mit dem USA-T-Shirt.

Er verließ die Kneipe. Es wurde dunkel. Trotz aller Unannehmlichkeiten, die auf Sascha zukommen könnten, entschied er sich, ihr einen Brief zu schreiben.

Kapitel 19
USCHGOROD (Ukraine) 1968

Der KGB-Offizier in Uschgorod beobachtete mit nicht verstecktem Genuss ihre wunderschöne Figur. Sie saß vor ihm zusammengekauert auf dem Stuhl. Sie fühlte sich nicht besonders wohl. Schon fünf Wochen verspätete sich ihre Regel. Der Schwangerschaftstest bestätigte fast mit Sicherheit, dass sie schwanger war. Der einzige Mann, mit dem sie sich bis jetzt geliebt hatte, war Jozef. Es war genau am 28. Juli gewesen. Sie wusste nicht, ob sie sich freuen soll oder trauern. Sie wusste, dass die Beziehung mit Jozef vorbei war. Auch wenn die sowjetische Invasion in der Tschechoslowakei irgendwie legitim geworden ist, wird sie ihm nie in die Augen schauen können. Als sie ihm in Zvolen den Brief geschrieben hat, in dem sie die Beziehung als beendet ansah, hatte sie angenommen, dass die einzige Erinnerung an ihn das Gedicht »Marina« vom slowakischen Dichter Sladkovic und die Brille sein werden. Und jetzt erwartet sie ein Kind von ihm. Sie hatte das Gefühl, dass sie sich freut. Morgen hat sie einen Termin beim Kommandanten der Personalverwaltung des Armeebezirkes. Den schriftlichen Antrag auf Entlassung aus der Armee wird sie persönlich vorlegen. Der Offizier schaute sie sehnsüchtig an. In ihrer Trauer und dem schlechten psychischen Zustand wirkte sie hilflos und irgendwie tat sie ihm leid.

„Wir haben Sie aus einem einfachen Grund gerufen. Wir haben einen Brief abgefangen, der an Sie adressiert ist. Er kommt aus der Tschechoslowakei. Aus Bratislava. Sie verstehen sicherlich, dass in der Situation, wenn in der Tschechoslowakei die Konterrevolution wütet und Sie noch ein Mitglied der sowjetischen Armee sind, wir sehr vorsichtig sein müssen. Der Brief ist für sie nicht besonders angenehm. Im Gegenteil. Er wirft kein gutes Licht auf Sie und auf diesen Genossen... wie heißt er denn gleich... Balaz, der an Sie schreibt." Sascha schaute ihn streng und direkt mit ihren durchdringenden Augen an. Der Offizier senkte seinen Blick.

„Ich bin keine Angehörige der sowjetischen Armee. Ich bin nur eine Angestellte", sagte sie mit halb geschlossenen Lippen. Wenn du mit eigenen Augen gesehen hättest, was in der Tschechoslowakei passiert, würdest du dir nie erlauben, diesen Schwachsinn über Konterrevolution zu faseln, dachte sie. Sie atmete schwer. Sie war noch nie beim Verhör durch den KGB. Die sowjetische Staatssicherheit war keine Institution, die die Menschen gern besuchen kommen. Sascha hatte Angst. Sie glaubte fest daran, dass Jozef in diesem Brief nicht auf ihre offenen Kommentare der politischen Situation in der Tschechoslowakei eingegangen war. Sie wusste, wenn so etwas im Brief stünde, könnte das für sie nicht nur den ersehnten Abschied aus der Armee bedeuten, sondern auch ein Gerichtsverfahren und Frauengefängnis. Sie war zwanzig Jahre alt und hatte das Leben vor sich. Gott, bitte, lass es nicht zu, dass in dem Brief etwas Kompromittierendes steht. Warum habe ich ihm bloß geschrieben... da habe ich bekommen, was ich wollte. Sie legte ihr Schicksal in die Hände Gottes und die des KGB-Offiziers.

„Können Sie mir diese Chiffre erklären... ich, süße Sehnsucht, Sehnsucht nach der Schönheit, ich singe durch Schönheit beeindruckt?", las der Offizier eine grobe und wortwörtliche Übersetzung des Gedichts von Sladkovic vor. Sascha konnte sich nicht beherrschen und lächelte. „Na, ich weiß nicht, ob Sie noch einen Grund haben werden zum Lachen."

„Ich weiß nicht, was soll das denn sein? Ich verstehe es nicht..."

„Sie verstehen nicht? Wie sie wollen. Und was bedeuten diese Zahlen? 1, 3, 6, 8, 9? Was, Genossin Grytsenko?"

Sascha begriff, dass Jozef ihr die Zahlen der ausgewählten Strophen aus »Marina« von Sladkovic angegeben hatte. Sie ahnte nicht, dass diese Zahlen so sehr den Geheimdienst interessiert haben, dass der ukrainische Obmann Generalleutnant Tichonow deshalb eine Spezialsitzung der operativen Gruppe einberufen hatte. Sie wussten, dass die Administrationskraft Grytsenko dem Stab der Luftarmee in Zvolen in der Mittelslowakei zugeteilt wurde. Die besten ukrainischen Fachleute analysierten die Chiffren aus Balazs Brief. Die

Kombinationen ergaben mehrere Möglichkeiten. Manche Streber im KGB kamen zu der Erkenntnis, dass die Lösung dieses Zahlencodes der Schlüssel zur Entdeckung des antisowjetischen Aufstandes in der Tschechoslowakei sei. Es könnte der Beweis sein, den die sowjetische Führung so dringend braucht. Der Vorsitzende des KGB Andropow gab allen wichtigen Leuten im KGB den Befehl, um jeden Preis die Beweise einer antisowjetischen und antisozialistischen Tätigkeit in der Tschechoslowakei zu beschaffen. Der Hauptkommandant des KGB in Uschgorod Oberstleutnant Mosul war ein sehr ambitionierter Typ. Als er den Brief von Balaz in die Hände bekam, witterte er eine Chance. Sofort ließ er sich mit seinem Vorgesetzten, dem General Tichonow verbinden, der wahrscheinlich genauso ambitioniert war wie der Oberstleutnant. Sie entschieden sich, in Moskau den verlangten Beweis vorzulegen. Mosul sah sich schon als Oberst und Tichonow als Generalmajor.

„Sie haben slowakische Wurzeln?“, fragte der Offizier des KGB neugierig.

„Ich bin Ukrainerin von der Herkunft. Ich bin in der Sowjetunion geboren.“

„Aber Ihre Eltern sind Tschechen...“, prüfte es der Offizier weiter.

„Slowaken. Sie sind in der Tschechoslowakei geboren.“

„Aha..“, wurde der Offizier leicht verlegen. „Und wie sind sie in die Sowjetunion gekommen?“

„Dafür hat der Genosse Stalin gesorgt!“

„Welcher Genosse Stalin?“, zweifelte der Offizier.

„Der ehemalige Generalsekretär Josif Vissarionovic Stalin, der damals nach dem Krieg die Karpato-Ukraine zusammen mit meinen Eltern an die Sowjetunion angeschlossen hatte.“ Es war offensichtlich, dass Geschichte nicht zu den starken Seiten des KGB-Offiziers gehörte.

„Genossin Grytsenko, wir sind hier nicht im Geschichtsunterricht. Die Karpato-Ukraine war immer ein Teil der Sowjetunion!“ Der Offizier legte an Härte zu. „Wer ist Jozef Balaz?!“

„Ein Student der Wirtschaftsuniversität in Bratislava.“

„Woher kennen Sie ihn?“

„Aus Kiew."

„Aus Kiew?"

„Er war vor zwei Monaten in Kiew."

Der Offizier wurde aufmerksam. Er witterte eine Chance. „Vor zwei Monaten? Ach was?... Und wie ist er denn hergekommen? War er hier im Zusammenhang mit der Vorbereitung der Konterrevolution?"

„Ist die Konterrevolution auch schon bei uns?", tat Sascha überrascht.

„Nein, ist sie nicht, aber man kann nicht vorsichtig genug sein!"

„Wird denn etwas vorbereitet?"

„Provozieren Sie nicht, Genossin Grytsenko. Sie sind beim KGB. Wer hat ihn eingeladen?"

„Das Zentralkomitee des Komsomol an der Wirtschaftsuniversität."

Der Offizier kratzte sich am Hinterkopf. Dann bat er Sascha, ihm mehr zu sagen. Sie erzählte ihm, wie sie ihn bei der Feier kennengelernt hatte, wie sie über Jesenin und Majakovskij diskutiert und dann ihre Adressen getauscht hatten. Sie erzählte alles wahrheitsgemäß und ehrlich, wie es abgelaufen war. Außer der Liebesnacht. Als sie fertig war, musterte sie der Offizier. Ihr Erzählen war logisch und konnte leicht nachgeprüft werden. Das Mädel hätte sich nicht getraut zu lügen. Sie wusste sicher, was sie erwarten würde. Das Problem war nur, dass der Oberstleutnant Mosul von ihm eine große Enthüllung der Beweise zur Konterrevolution erwartete.

„Und dieses Märchen soll ich glauben?", schoss es heftig aus ihm heraus. „Sind sie sicher, dass Sie mir die ganze Wahrheit gesagt haben?!" Sascha schwieg. Sie überlegte, ob sie ihm von der fantastischen Nacht, die sie mit Jozef verbracht hatte, erzählen soll. Ihr fiel aber ein, dass auch dies nichts an den Tatsachen ändern würde.

„Haben Sie mir alles gesagt?", wiederholte der Offizier.

„Alles", antwortete Sascha nach einer Denkpause.

„Wie Sie meinen." Der Offizier drückte einen Knopf und in den Raum kamen zwei Unteroffiziere in Uniform, die sie nicht kannte. „Führen Sie sie ab!"

Kapitel 20
BERLIN (West) 1968

Es war noch früh am Morgen, als sich Ende August 1968 vor den Ruinen der Gedächtniskirche auf dem Kurfürstendamm in Westberlin die ersten Studenten versammelten. Thomas gehörte auch dazu. Er reiste am Tag vorher mit einer Gruppe von zehn weiteren Studenten aus Bonn an. Die Zugfahrt durch die DDR war überraschend angenehm. Er hatte das Gefühl, dass die Soldaten und Zollbeamten der DDR sehr freundlich zu ihnen waren. Vielleicht deshalb, weil sie wussten, was in Westberlin geplant wurde. Studenten unterhielten sich über die Situation in Deutschland, die Entwicklung in Vietnam und selbstverständlich über die neuesten Nachrichten aus der Tschechoslowakei.

„Haben Sie gestern den amerikanischen Präsidenten gesehen, den sie beim Empfang des russischen Botschafters gezeigt haben? Johnson hat ihn fast in die Arme genommen“, regte sich Hans auf. „Die Mächtigen verstehen sich, auch wenn sie sich spinnefeind sind.“

„Der Russe informierte ihn, dass sie die Tschechoslowakei besetzt hatten und Johnson war nur zu einem formalen Protest fähig. Die USA werden wohl gegen diese Aggression bei der UNO Protest einlegen“, grinste Hans. „Das klingt so, als ob er direkt gesagt hätte, Jungs, macht mit diesen Tschechoslowaken, was ihr wollt.“

„Warum sollten die Amerikaner sie daran hindern? Die freuen sich nur, weil die Russen eine ähnliche Gaunerei veranstalten wie sie selbst in Vietnam. Die Welt wird ab jetzt nicht mehr nur auf sie mit dem Finger zeigen“, analysierte Peter.

„Es ist ähnlich wie damals, als Chamberlain mit Daladier in München das Abkommen unterschrieben hat, in dem sie die Tschechoslowaken zum Abtreten des Sudetenlandes gezwungen haben.

Ich weiß nicht, ob gerade wir Deutsche das Recht besitzen, über die Russen zu urteilen", widersprach Karl.

„Das ist ein guter Einwand. Und ich sage, gerade deshalb. Gerade deshalb haben wir das Recht dazu. Wir sind eine neue Generation und werden doch nicht schweigen, weil wir uns für unsere Väter schämen sollen. Wie lange sollen wir uns schämen?! Ich lege Protest ein, nicht weil ich ein Deutscher bin, sondern weil ich ein freier Mensch bin!", sagte Thomas energisch.

„Stellt euch vor, dass der amerikanische Außenminister in der Zeit, in der die sowjetischen Panzer die tschechoslowakische Grenze überschritten haben, im Auslandsausschuss der Demokratischen Partei eine Vorlesung über die guten Beziehungen zwischen den USA und der Sowjetunion hielt... Mir ist richtig zum Kotzen davon", schüttelte Hans mit dem Kopf.

„Es ist klar, dass die zwei sich nicht gegenseitig verletzen. Die armen Tschechen und Slowaken denken, dass die Amerikaner ihnen zu Hilfe kommen. Das dachte auch mein Vater, als er im Jahre 1953 die russische Flagge vor dem Brandenburger Tor verbrannte. Als die russischen Panzer sie plattfuhren, standen die Amis hundert Meter von ihnen entfernt, glotzten sie an und rauchten Marlboro. Deshalb protestieren wir gegen die Invasion, egal, ob es eine russische in der Tschechoslowakei oder eine amerikanische in Vietnam ist. Wenn wir schweigen, werden wir in ein paar Jahren nicht mehr ernst genommen werden. Die Amis können uns gerne als Faschisten beschimpfen. Wir kämpfen aber für eine gerechte Sache und das ist das Wichtigste!", kam Thomas in Rage.

„Genau!", stellte Karl fest und holte seine Gitarre. Durch den Waggon erklang der Protestsong von Pete Seeger: „We shall overcome, we shall overcome some day, deep in my heart I do believe, we shall overcome some day". Das Lied hat allmählich alle mitgerissen. Nicht einmal die ostdeutschen Schaffner, von denen es eindeutig zu viele gab im Zug, protestierten.

Rudi Dutschke erholte sich langsam von den schweren Verletzungen, die er beim versuchten Attentat im April erlitten hatte. Er zeigte seine Größe, indem er dem dreiundzwanzigjährigen Maler und Attentäter Bachmann einen Brief schrieb, in dem er ihm verzieh und ihn aufforderte, sich den deutschen für Sozialismus und gegen amerikanischen Imperialismus kämpfenden Studenten anzuschließen.

Bachmann hatte sich aber in der Untersuchungshaft erhängt. Ein offizielles Kommuniqué behauptete, er habe Selbstmord begangen. Die Studenten waren davon überzeugt, dass er auf Dutschke angesetzt wurde und die Drahtzieher ihn erledigt haben, damit er nicht reden konnte. Allen tat es leid, dass Rudi auf der größten antiamerikanischen Demonstration, die von der Fritz-Teufel-Kommune der Freien Universität in Berlin organisiert wurde, keinen Auftritt hatte. Am 10. Juni verließ er unauffällig mit seiner Frau Gretchen und dem Sohn Westberlin und ging ins Exil. Thomas drückte aber in der Jackentasche Rudis Brief an sich, den er bei der Versammlung vorlesen wollte. Seit dem Meeting der jungen Sozialisten im April, bei dem sie sich mit Rudi angefreundet hatten, waren sie im ständigen Kontakt. „Es sind dreckige Hunde, Barbaren und Verräter“, schrieb er im Brief an Thomas, als er die Intervention der Armeen des Warschauer Paktes in die Tschechoslowakei kommentierte.

Es war fast um acht und Thomas sah von den versammelten Studenten kein Ende mehr. Über den Köpfen hielten sie Plakate mit Slogans, die die amerikanische Aggression in Vietnam verurteilten. Sein Nachbar trug ein großes Foto einer vietnamesischen Frau, an deren Kopf ein amerikanischer Gewehrlauf gehalten wird, und unter ihr die Aufschrift: »Take down your gun, buddy and go home!« Die anderen trugen Porträts von Che Guevara, Ho Chi Min, Rosa Luxemburg. Die amerikanische New York Times schätzte später die Teilnehmerzahl auf mehr als zehntausend. Es war die größte antiamerikanische Demonstration, die je in einer deutschen Stadt stattgefunden hatte. Die Menschenmenge bewegte sich Richtung Oper, an der Benno Ohnesorg erschossen wurde, und ging weiter Richtung Kreuzberg, zum Hochgebäude des Axel Springer Verlages. Das neunzehnetagige Gebäude aus Glas und Stahl im Bohémeviertel Kreuzberg dicht an der Berliner Mauer trug an der obersten Stelle die Neonaufschrift »Berlin bleibt frei«. Die Aufschrift leuchtete Tag und Nacht.

Das Gebäude war von allen Seiten mit Stacheldrahtzaun geschützt und bewacht wurde es durch bis auf die Zähne bewaffnete Polizeieinsatzeinheiten. Thomas ahnte, dass es zur Explosion kommt. Der Maler Bachmann, der Dutschke versucht hatte zu töten, war ein leidenschaftlicher Leser der verhassten rechtsorientierten »BILD-Zeitung«, die von Axel Springer, dem mächtigsten Pressemagnaten in Deutschland, herausgegeben wurde. Seine Zeitung unterstützte fast sklavisch die amerikanische Politik und griff alles, was linksorientiert war, wütend an. Die »BILD« rief die deutschen Bürger auf, sich an den Ausschreitungen gegen die Studenten zu beteiligen. Thomas hielt die aktuelle Ausgabe der »BILD« in der Tasche, die auf der ersten Seite eine große Titelüberschrift brachte: »Überlasst nicht die ganze schmutzige Arbeit der Polizei«. Mit der Auflage von vier Millionen Stück war die »BILD« die größte Tageszeitung in Europa. Nicht nur Studenten, sondern auch Intellektuelle waren auf Springers Medien nicht gut zu sprechen. Zweihundert bekannte deutsche Schriftsteller forderten offiziell den Boykott der Springer-Presse.

Die Menschen schauten an den Fenstern auf die Menge von mehreren tausend Menschen. Die ängstlicheren verkrochen sich hinter den Gardinen. Die Studenten wurden von Polizisten auf Pferden begleitet. Die Menschenmenge begann laut zu brüllen: »Springer ist ein Mörder«, »Springer ist ein Nazi«. Die Polizisten schauten schweigend zu.

Thomas und seine Freunde ahnten nicht, dass unter den zehntausend protestierenden Studenten ein paar hundert gut trainierte und organisierte Stasiagenten waren. Die waren ziemlich verunsichert, als die Gruppe um Thomas herum die Fotos von Alexander Dubcek, von sowjetischen Panzern in Prag herausholte und zu rufen begann: »Hände weg von Prag«. Sie verteilten Dubceks Foto. Die ostdeutschen Agenten sahen sich verlegen an und dann verschwanden sie aus der Nähe von Thomas` Gruppe. Damit sie nicht auffielen, riefen sie vorsichtig mit den Studenten die Anti-Ulbricht-Slogans. Es war sicherlich das erste und letzte Mal, dass ostdeutsche Agenten laut gerufen hatten, was sie von ihrem Parteichef Walter Ulbricht wirklich dachten. Er war der eifrigste Unterstützer von Breschnews

Entscheidung, die Tschechoslowakei zu überfallen. Antisowjetische Rufe verbreiteten sich schnell. In der Menge gilt, dass es reicht, wenn ein Slogan von mindestens drei Personen gerufen wird, und bald rufen ihn alle. Vor dem Springerhaus hörte man: „Ulbricht und Breschnew sind Schweine."

Peter Greiner bekam vor Lachen keine Luft mehr. Aus seinem Büro im Springergebäude beobachtete er die Studenten, die Anti-Breschnew- und Anti-Ulbricht-Slogans riefen. Er kannte die Stasimethoden und wusste, dass an jeder Demonstration in Westberlin viele verdächtige Teilnehmer aus Ostberlin teilnahmen. So eine journalistische Granate hatte er aber nicht erwartet. Wenn er gewusst hätte, welcher von diesen jungen Männern in der Menge mit der Idee kam, die sowjetische Okkupation der Tschechoslowakei zu verurteilen und damit ungewollt die DDR-Agenten entlarvte, dem hätte er einen Orden verliehen. Hastig schnappte er sich seine Kamera und seinen Kassettenrekorder und rannte die Treppen herunter, um diese geniale Story festzuhalten. Wenn sie morgen in der Zeitung seine Reportage von der Demonstration sehen, bei der die Stasiagenten Slogans gegen ihren Führer Ulbricht rufen, wird ihm vielleicht der Chefredakteur endlich die definitiv langfristige Arbeitsstelle in Berlin zusprechen. Seine Ehefrau war von hier und bis jetzt wurde seine Stelle des Korrespondenten in Berlin und der DDR nur für zwei Jahre bewilligt. Greiner hat sich an Berlin gewöhnt, seine Frau kümmerte sich um ihre kranke Mutter. Mit Elan und voller Erwartung kam er in die Eingangshalle des Axel-Springer-Verlags. Sie war voll von Polizisten. Einer von denen ermahnte ihn, lieber nicht nach draußen zu gehen, weil es dort schon ziemlich brodelte. Greiner versicherte ihm, es sei auf eigenes Risiko, und stürzte sich in die brüllende Menge. Er ging direkt zur Gruppe, die Dubcek feierte. Auf Thomas war er schon vom Fenster aus aufmerksam geworden.

„Guten Tag, ich bin Journalist bei der BILD-Zeitung" und würde Ihnen gerne ein paar Fragen stellen", sprach er ihn an.

„Für die BILD-Zeitung arbeiten keine richtigen Journalisten und die was schreiben, schreiben nur Mist!", schoss ihn Thomas ab. Greiner stand kurz verdutzt da, aber er ließ sich nicht abschütteln.

„Das Thema können wir ein anderes Mal diskutieren. Ich gebe Ihnen mein Wort, dass morgen Ihre Meinung zur russischen Okkupation auf der ersten Seite gedruckt wird."

„Kein Interesse."

„Stört Sie nicht, dass sie an einer Demonstration teilnehmen, in der es von Stasiagenten nur so wimmelt?!"

„Was für Agenten?", wurde Thomas aufmerksam.

„Die ostdeutschen. Schauen Sie mal, geben Sie Dubceks Porträt diesem Mann hier in die Hand und ich mache ein Foto von ihm. Na... kommen Sie!", provozierte Greiner Thomas. Der steckte tatsächlich das Bild von Dubcek dem nächsten Jungschen mit schneeweißen Adidas-Turnschuhen in die Hände. Als der mitkriegte, dass ihn Greiner fotografieren wollte, schmiss er schnell das Bild auf den Boden und verschwand in der Menge. „Also, was sagen Sie dazu?", lachte Greiner. Dann versuchte er das Porträt von Ulbricht, bemalt mit Hakenkreuz, in die Hände des Nächsten und dann des Übernächsten zu geben. In der Menge kam es zum Durcheinander, denn den ostdeutschen Agenten wurde bewusst, falls sie in der morgigen Zeitung auf den Bildern oder Kameraaufnahmen unter den Anti-Ulbricht-Demonstranten erscheinen, werden sie es zu Hause nur sehr schwer erklären können. Deren Aufgabe war nämlich, die mächtigsten Widerstandsäußerungen gegen die amerikanische Aggression in Vietnam zu provozieren. Hunderte junge Männer in fast neuen Adidas-Turnschuhen begannen aus der Menge zu verschwinden.

„Ja", sprach nach einer Weile Thomas in Greiners Mikro. „Wir protestieren nicht nur gegen die amerikanische Aggression in Vietnam, sondern auch gegen die Aggression in der Tschechoslowakei. Eine Aggression ist und bleibt eine Aggression, egal, ob sie von unseren Gegnern oder Verbündeten kommt!" Der Moderator des Meetings winkte Thomas von der Tribüne zu, damit er nach vorn kommt und auftritt. Die Lage verschärfte sich. Die Stunde des staatlichen, durch die Polizei eingesetzten Provokateurs und Agenten Urbach hatte geschlagen. Zusammen mit seinem Komplizen Baumann holte er aus dem Kofferraum eines in der Nähe abgestellten PKWs ein paar Molotowcocktails und warf sie auf die Lieferwagen des Springer-Konzerns. Die Studenten merkten in der Hektik gar nicht, dass alle Autos, die vor dem Gebäude standen, älter und abgefahren waren.

Die Schreie wurden lauter, das Feuer breitete sich aus. Durch die Luft wurden die Sirenen der Feuerwehr, Krankenwagen und Polizei getragen. Wasserkanonen und grüne Minnas, die in der Nähe in Bereitschaft standen, fuhren los. Die Polizei bekam den Befehl, die antiamerikanischen Äußerungen um jeden Preis zu verhindern.

Am Tag vorher hatte der amerikanische Botschafter den deutschen Kanzler Kurt Kiesinger besucht und höflich um eine angemessene Reaktion der kompetenten Organe gegen die Demonstranten in dem Falle, dass sie antiamerikanische Parolen gebrauchen werden, gebeten.

Jemand auf der Tribüne rief: „Richtet den Amerikanern aus, wenn sie ihren Imperialismus nicht selbst stürzen, wird der Tag und die Stunde kommen, da wir es für sie tun!" Den zweiten Satz schaffte er nicht mehr. Der deutsche Polizist hat klare Anweisungen am liebsten. Der Befehl hieß: »Im Falle antiamerikanischer Parolen«. Auch ein weniger intelligenter Polizist begreift, dass dieser Satz nicht zum Ansehen der USA beiträgt. Die Polizisten zogen ihre Knüppel. Die Pferde wieherten wild, die Steine flogen, die Stimme aus dem Megaphon forderte die Studenten auf, auseinander zu gehen. »Schweine, faschistische Schweine«, »Amerikaner nach Hause«, »Hände weg von Vietnam«, »Hände weg von Prag«, »Es lebe Dutschke«, erklang es in der Menge. Glas zersprang. Thomas sah, wie die Menge versuchte, in den Springer-Verlag zu gelangen. Das Gebäude erzitterte beim Zersplittern von Glas. Die Polizisten legten los. Thomas bekam einen festen Schlag mit dem Knüppel auf den Kopf. Das Blut überströmte sein Gesicht. Er sah noch, wie der Polizist dem Journalisten Greiner mit der Kante des Plastikschutzschildes das Gesicht zerschnitt und seinen Kassettenrekorder aus den Händen schlug. Dann bekam er den nächsten Hieb. Die blutüberströmte Straße war das Letzte, woran sich Thomas erinnerte.

Kapitel 21

BERLIN (West) 1968

Langsam öffnete er die Augen. Er schaute zur weißen Decke, von der der Putz in Stückchen bröckelte. Er wollte den Kopf drehen, aber im Hals spürte er einen heftigen stechenden Schmerz. Er lag auf einem Krankenhausbett, mit einer schneeweißen Decke zugedeckt. Neben dem Bett stand eine Halterung mit einer Flasche, die mit dem Hals nach unten gedreht war und eine durchsichtige Flüssigkeit enthielt. Er war das erste Mal im Krankenhaus. Wenn er nicht die paar Tage mit einrechnet, die er als Junge nach der Mandelentfernung im Krankenhaus verbracht hatte. Er ahnte nicht mal, welchen Tag man schrieb. Er versuchte sich zu erinnern, was passiert war.

„Das war ein schöner Schlag", hörte er wie aus der Ferne. Auf die Kante seines Bettes setzte sich ein Mann mit verbundenem Kopf. Es schien ihm, dass er ihn kannte. „Er schlug Sie mit dem Knüppel direkt in den Hals."

„Wer schlug mich?"

„Der Polizist. Bei der Demonstration. Vorgestern vor dem Springer-Verlag...", erklärte ihm der Mann. Thomas erinnerte sich langsam. „Sie hatten Glück. Sein Pferd wurde scheu und war fast auf Sie gesprungen. Sie sind auf das Pflaster gefallen und als ich versucht hatte, Sie auf die Beine zu stellen, bekam ich einen Schlag an die Stirn. Der Arzt meinte, ich habe eine Gehirnerschütterung und sechs Stiche...", lächelte der Mann verkrampft.

Thomas schaute ihn an und hatte das Gefühl, dass er ihn schon mal gesehen hatte.

„Ich bin Peter Greiner. Der Journalist, der mit Ihnen das Interview gemacht hat. Ich habe es nicht bearbeitet. Tue es auch nicht mehr. Ich fühle, dass das Ganze keinen Sinn macht. Ich wollte eine

Reportage von einer antikommunistischen Demonstration schreiben, aber es wurde nicht ermöglicht... ha-ha... das ist Ironie... kapitalistische Polizisten... Der Eingriff war eine dreckige Schweinerei. Es war nichts Außergewöhnliches geschehen. Die Menschen wären nach Hause gegangen und das wäre es gewesen. Die Regierung musste sich aber vor den Amerikanern zeigen. Es war absolut unangemessen. Das habe ich geschrieben und der Sekretärin diktiert. Heute früh rief sie mich an und sagte mir, dass der Chef es abgelehnt hatte. Angeblich darf eine Tageszeitung wie die »BILD« den berechtigten Eingriff der Berliner Polizei gegen die Störer der öffentlichen Ordnung nicht an den Pranger stellen... Wie heißen Sie eigentlich?"

„Thomas Ankermann."

„Sind Sie aus Berlin?"

„Nein, aus Bonn. Aus Neuwied, um genauer zu sein."

„Ein Student?"

„Ja. Politologie an der Friedrich-Wilhelm-Universität."

„Die Bonner Studenten waren immer die radikalsten... aber erst nach den Berlinern. Die hiesige Freie Uni ist ein Epizentrum der Studentenunruhen. Tut es weh?", bemerkte Greiner den Ausdruck in Thomas' Augen.

„Kann man hier von irgendjemandem ein Glas Wasser bekommen?", bat Thomas. Greiner schenkte ihm ein und Thomas trank es gierig aus.

„Bei Infusionen ist man immer durstig. Heute früh waren die Ärzte zur Visite da. Sie haben bei Ihnen eine Röntgenaufnahme vom Kopf gemacht. Sie sollen dafür beten, dass keiner Ihrer Halswirbel verletzt wurde. Außerdem war heute Vormittag mit dem behandelnden Arzt ein Mann in Zivil hier. Ich tat so, als ob ich schliefe. Er stellte dem Arzt ein paar Fragen. Er bat ihn, sofort angerufen zu werden, wenn es Ihnen besser geht. Der Mann war garantiert vom BND."

„Woher?"

„Vom Bundesnachrichtendienst. An Ihrer Stelle würde ich mit einem Verhör rechnen. Alle sind jetzt gierig auf der Suche nach antiamerikanischen Elementen. Und ich kann Ihnen sagen, sie nehmen es ernst. Ich empfehle Ihnen, wenn sie Sie vorladen, behaupten Sie, dass Sie gegen die sowjetische Invasion in der Tschechoslowakei protestiert hatten. Der Arzt meinte, dass ich morgen früh entlassen werde. Ich gebe Ihnen ein paar Bilder, die ich gemacht habe. Auf denen tragen Sie die Porträts von Breschnew und Ulbricht, die mit den Buchstaben SS durchgestrichen sind. Auf dem nächsten habe ich Sie mit dem Porträt von Dubcek. Ich bin davon überzeugt, dass sie Sie in Ruhe lassen, wenn Sie ihnen die Fotos zeigen. Wenn es nicht ausreichen wird, können Sie meiner Meinung nach auch mit dem Rausschmiss aus der Uni rechnen."

„Und Sie?"

„Was ich?"

„Wird Ihnen nicht von der Redaktion gekündigt?", wollte Thomas wissen.

„Ich tat nur meine Pflicht. Ich bin Journalist und wir tragen immer ein gewisses Risiko."

„Ich meine, ob Sie wegen des Artikels nicht gefeuert werden, den Sie über die Bullen geschrieben hatten."

„Vorsicht," ermahnte ihn Greiner. „Sie wissen nie, wer mithört. Sie feuern mich nicht, aber... ich gebe zu, dass ich in diesen Tagen viel nachgedacht habe... vielleicht werde ich die Redaktion selbst verlassen..."

„Ihnen gefällt es nicht in der Redaktion, die die besten sozialen Bedingungen in Deutschland bietet?"

„Das ist wahr, der alte Axel kann für seine Leute sorgen. Aber dafür gelten sie dann als die bestbezahlten journalistischen Prostituierten in Deutschland. Außerdem bin ich nicht bereit, den primitiven Antikommunismus zu predigen und auf der anderen Seite die amerikanische Aggressivität und den Rassismus blind zu verteidigen. Neulich hatte ich einen Artikel über den Umgang mit den Schwarzen in Chicago geschrieben und der Chef hat mich damit rausgeschmissen."

„Springer behauptet, dass seine Zeitung das sagt, was die meisten Deutschen nicht wagen, laut auszusprechen...", konstatierte Thomas.

„Springer weckt mit seiner Duldung des Rassismus und Nazismus eine Bestie, die in den Deutschen schon gedämpft wurde, hoffe ich wenigstens. Demonstrativ unterstützt er Israel, damit er harte Schläge gegen die Linken austeilen kann. Ich bin kein Sozialist, im Gegenteil, aber mir geht seine proamerikanische Unterwürfigkeit und die Brutalität gegen Studenten mächtig auf den Keks."

„Wir sind für ihn Terroristen, gegen die er auch schießen kann", nickte Thomas.

Die Zimmertür wurde geöffnet und herein trat der Arzt, gefolgt von einem Mann.

„Wie ich sehe, fühlen Sie sich schon besser..., schaute ihn der Arzt liebevoll an.

„Was ist mit mir passiert, Herr Doktor?"

„Wahrscheinlich etwas während der Demonstration. Sie hatten eine Wunde am Hinterkopf, der Kopf war überempfindlich..." Der Arzt versuchte, Thomas` Kopf zu drehen, er bewegte den Hals und Thomas knurrte leise vor Schmerz. „Es ist gut. Sie reagieren. Die Röntgenaufnahme hat zum Glück keine Verletzung im Halswirbelbereich gezeigt. Ich schätze, noch zwei, drei Tage und dann können Sie nach Hause gehen... also aus dem Krankenhaus raus", korrigierte sich der Arzt und schaute zu dem Mann, der neben ihm stand. Der Mann, mit fleischigen Lippen, starken Falten um die Augen, im Alter zwischen vierzig und fünfzig, fragte ihn im schnellen Tempo:

„Sind Sie Thomas Ankermann, wohnhaft in Neuwied... geboren in...?"

„Ja."

„Haben Sie das geschrieben!?", Er zeigte ihm ein kopiertes Blatt im A5-Format. Thomas las kurz und dann schüttelte er mit dem Kopf.

„Ich weiß nicht, was es ist."

„Interessant. Wir haben es in Ihrer Hosentasche gefunden. Nach Ihrer Entlassung aus dem Krankenhaus melden Sie sich sofort bei der Polizeiwache in Kreuzberg. Das hier ist eine Vorladung. Sie kommen unverzüglich. Verstehen Sie? Nicht dass Sie versuchen zu verschwinden. Aus Westberlin dürfen Sie erst dann nach Hause fahren, wenn Sie uns ein paar Dinge erklären...", grinste der Mann sarkastisch. „Ich hoffe sehr, dass es Ihnen gelingt...". Der Mann und der Arzt verließen das Zimmer. Greiner nahm die Fotokopie in die

Hand und las laut vor. „Vaterunser. Kapital unser, das im Westen ist, es soll deinen Investitionen gut gehen, damit der Gewinn kommen kann, damit der Zinssatz auf der Wall Street so wächst wie in Europa. Gib uns heute den Tagesumsatz und erhöhe unser Darlehen so, wie wir es unseren Schuldnern auch erhöhen. Führe uns nicht zum Bankrott, aber schaffe uns die Gewerkschaften vom Hals, weil Dir schon seit zwei Jahrhunderten die Hälfte der Welt gehört, die Macht und der Reichtum. Mammon." Greiner las zu Ende und begann zu lachen. „Also habe ich endlich das berühmte studentische Vaterunser gelesen. Es ist nicht schlecht, aber auch nichts Besonderes... Haben Sie es geschrieben?"

„Ich weiß wirklich nicht, wie das in meine Tasche kam. Ich schwöre, ich sehe es das erste Mal in meinem Leben."

„Es ist nicht wichtig, was Sie sagen, sondern was der Herr Polizeiermittler behauptet. Wenn er behauptet, dass Sie es in der Hose hatten, dann hatten Sie es in der Hose, auch wenn Sie im Leben noch nie eine Hose getragen hätten." Er musterte den Studenten fast mit einem väterlichen Blick. „Thomas, ich bin ein wenig älter als Sie und ich weiß, dass das hier böse ausgehen könnte. Die politische Führungsspitze muss unbedingt ein paar Organisatoren der studentischen Demonstration vorzeigen. Dutschke haben sie schon liquidiert und brauchen jemanden, den sie der Öffentlichkeit präsentieren könnten. Es ist schon viel zu viel passiert. Die Amerikaner sind nervös. Ich glaube, Sie werden da viel schwieriger herauskommen, als ich dachte. Ich warne Sie! Gehen Sie nirgendwo hin, bis ich Ihnen die Fotos von der Demo gebracht habe. Wenn sie Sie dann verhören, berufen Sie sich ruhig auf mich. Ich wollte zwar nach der Entlassung aus dem Krankenhaus meine Kündigung einreichen, aber wie ich sehe, werde ich noch ein paar Tage bleiben müssen. Die Zeugenaussage eines vorbildlichen Journalisten aus der »BILD-Zeitung« kann Ihnen bestimmt helfen... Aber ich sage Ihnen, die restlichen Tage, die ich dort arbeite, werde ich mit knirschenden Zähnen hinter mich bringen."

Thomas lächelte ihn dankbar an. Greiner kam an sein Bett und drückte dem jungen Idealisten aus Neuwied fest die Hand.

Kapitel 22
KIEW 1968

Sascha saß auf einem wackeligen Stuhl im Untersuchungsraum der KGB-Zentrale in Kiew. Schon den dritten Monat wurde sie fast täglich zum Verhör vorgeladen. Ihr Gesicht war aschfahl und es wurde ihr regelmäßig übel. Der Offizier, dessen Namen sie nicht kannte, stand vor ihr und schrie ihr ins Gesicht. „Dann lese ich es Ihnen zum fünfzigsten Mal vor“ und seine Stimme sprang vor Wut: „Ich kann nicht schlafen und weiß nicht, wie ich weiterleben soll. Das Einzige, was ich weiß, ist meine moralische Pflicht, Ihnen gegenüber meine Gefühle, die mich beherrschen, auszudrücken. Ich bin zutiefst überzeugt, dass unsere militärische Operation in der Tschechoslowakei ein tragischer Irrtum ist und ein schwerer Schlag gegen die sowjetisch-tschechoslowakische Freundschaft und die kommunistische Weltbewegung. Sie mindert unser Prestige vor der ganzen Welt und vor uns selber. Für alle fortschrittlichen Kräfte, für den Weltfrieden und für die humanistischen Träume von der zukünftigen Brüderschaft bedeutet das einen Schritt zurück. Gleichzeitig ist es meine persönliche Tragödie, denn ich habe in der Tschechoslowakei viele Freunde und weiß nicht, wie ich ihnen in die Augen schauen soll, falls ich sie überhaupt noch irgendwann treffe.“

Sascha weinte leise. Sie trug unter ihrem Herzen seit vier Monaten ein Kind. Der Offizier trank einen Schluck Wasser, wischte sich über den Mund und ein wenig verlegen setzte er fort: „Mir scheint es, dass es ein gewaltiges Geschenk an alle reaktionären Kräfte in der Welt ist und wir die Folgen dieser Entscheidung noch gar nicht abschätzen können. Ich liebe mein Vaterland und mein Volk und ich empfinde mich als bescheidenen Erben der russischen literarischen Tradition, die Puschkin, Tolstoi, Dostojewski und Solschenizyn geschaffen hat. Diese Traditionen haben mich gelehrt, dass Schweigen manchmal eine große Schande ist. Ich bitte Sie darum, meine Meinung über diese Aktion als die Meinung eines ehrlichen Sohnes seines Vaterlandes und eines Dichters, der damals das Lied »Wollen Russen Krieg« geschrieben hatte, zu verstehen." Der Offizier schlug mit dem Blatt auf den Tisch. „Solche Worte konnte nur ein Dreckskerl schreiben, der unser sozialistisches Land hasst!" In Sascha kam der Widerstand hoch. Obwohl sie klein und zierlich war, sagte sie klangvoll und trotzig: „Es schrieb kein Dreckskerl, sondern Jewgeni Jewtuschenko!"

„Mich interessiert nicht, wie der Bastard heißt. Mich interessiert nur, wie es in Ihre Handtasche kam!"

„Wenn ich es in der Handtasche gehabt hätte, dann würde ich es ehrlich zugeben. Aber ich hatte es nie dort!", sagte Sascha gedämpft. In ihrer Stimme hörte man Resignation und Apathie.

„Wasser?" Der Offizier zeigte Mitleid. Er sah, dass sie mit Übelkeit kämpfte. Sascha nickte. Sie konnte aber kaum trinken, Ihre Hand zitterte viel zu stark. „Gut, lassen wir diesen... Jewtuschenko... Aber zu dem Code müssen Sie uns eine Erklärung geben. Was bedeutet die Zahlenreihe 1, 3, 6, 8, 9?!"

„Ich hatte es Ihnen schon gesagt, es sind die Verszahlen aus dem Epos des slowakischen Dichters Andrej Sladkovic."

„Also aus dem Epos des Dichters. Aber Ihre Summe ergibt 27. Und wissen Sie, was die Ziffer 27 bedeutet? Die Zahl der sowjetischen Divisionen in der Tschechoslowakei. Sie wollen behaupten, dass das ein Zufall ist?!"

Kaum sprach er den Satz zu Ende, rannte ein Offizier in den Raum, den Sascha noch nie gesehen hatte. Er brüllte den Offizier an, dass er ein Vollidiot sei, und falls er noch einmal ein Staatsgeheimnis verriete, wandere er ins Gefängnis. Sascha begriff, dass bei dem Verhör außer dem Ermittler auch noch andere zuhörten. Die Zahl der sowjetischen Divisionen in der Tschechoslowakei war das Letzte, was sie im Moment interessierte. Der verärgerte Leutnant schickte den Offizier weg. Er kam zu Sascha und reichte ihr ein Glas Wasser. Er sah, dass das Mädchen weiß wie eine Wand war.

„Entschuldigen Sie, Alexandra Josifowna... es sind Dummköpfe... ich versuche diesem Unsinn ein Ende zu machen. Solche Idioten... zum Teufel, wo sind wir hier eigentlich?!“, verlor der Offizier vor der überraschten Sascha die Beherrschung. Soviel Menschlichkeit seitens eines KGB-Offiziers hätte sie nicht erwartet.

„Ich bitte Sie, lassen Sie mich endlich in Ruhe. Ich kann nicht mehr. Sie haben das Buch, nehmen Sie und lesen Sie es. Es ist nichts anderes als Liebespoesie... Verstehen Sie... es ist von der... von der Liebe...“ Sascha war ohnmächtig geworden. Hätte sie der Offizier nicht aufgefangen, wäre sie direkt auf den Betonboden gefallen. Schnell rief er nach dem diensthabenden Arzt, der ihren Puls maß. Er war kaum fühlbar. Der Offizier befahl den sofortigen Transport ins Militärkrankenhaus.

Kapitel 23

NEUWIED 1968

Thomas` Mutter saß im Bett fast mehr, als dass sie lag. Ihre Beine waren stark geschwollen und sie taten immer mehr weh. Sie hatte schon einiges nach dem Krieg hinter sich gebracht. Sie, Annemarie Ankermann, war eine der Millionen deutschen »Trümmerfrauen«, die das zerstörte Land wieder aufbauten. Niemand kann die Tausende, die Zehntausende, vielleicht sogar Hunderttausende von Ziegeln zählen, die durch ihre Hände gegangen sind. Geduldig hatte sie sie mit einem kleinen zerschlissenen Hammer abgeschlagen. Ziegel für Ziegel legten die Maurer sie nebeneinander, meistens alte Männer, die wegen des hohen Alters nicht in den Krieg mussten und die Unterkünfte für die Menschen bauten, deren Häuser die Verbreiter der westlichen Demokratie in unsinnigen Anflügen zerbombt hatten. Die kriegstauglichen Männer sind entweder an der Front ums Leben gekommen oder die, die überlebt haben, waren verstreut in den sowjetischen und amerikanischen Gefangenenlagern. Annemaries Mann hatte Glück. Das Ende des Krieges hatte ihn bei Hamburg erwischt. Er kam in englische Gefangenschaft, woher er Gott sei Dank zurückkam.

Annemarie hörte durch die offene Tür aus dem Wohnzimmer eine Fernsehdebatte, in der es darum ging, welches deutsche Land mit der nazistischen Vergangenheit besser zurechtkommt. Ost- oder Westdeutschland. Sie dachte über das ewige Thema »Schuldgefühle« nach. Eine Männerstimme las vor: „Beate Karlsfeld, eine Nichtjüdin deutscher Herkunft, die Ehefrau des französischen Juden Sergei Karlsfeld, der das Konzentrationslager überlebt hatte und als Nazijäger berühmt wurde, kam am 7. November nach Berlin zum Parteitag der Sozialdemokraten. Sie trat an Kanzler Kiesinger heran, nannte ihn einen Nazi und gab ihm eine Ohrfeige."

„Sie hätte ihm gleich zwei verpassen, dann in den Hintern treten und vom Podium runterstürzen sollen!!", kommentierte Thomas die Nachricht, der sich im Wohnzimmer auf die Nachmittagsschicht vorbereitete. Er jobbte als Student in der Fabrik für Betonfertigbauteile, in der auch sein Vater als Meister arbeitete. Die Mutter schwieg. Die Stimme setzte fort: „Bis Ende des Jahres 1968 hatte die BRD 6221 Deutsche für die Verbrechen während des Naziregimes verurteilt. Im Jahre 1968 wurden nur 30 Nazis verurteilt, lauter unbedeutende Figuren. Es wurde nicht ein einziger Richter aus der Hitlerzeit zur Rechenschaft gezogen."

„Schließ die Tür!", rief die Mutter zu Thomas. „Ich kann es nicht mehr hören. Ich war nie in der Partei, habe niemanden getötet, ich habe mich beim Wiederaufbau von Deutschland aufgeopfert, aber ich habe nie mit dem Finger auf jemanden gezeigt. Alle haben wir geschwiegen und hatten Angst. Heute ist jeder ein Held. Ich hasse verspätete Helden..."

„Du verstehst es nicht, Mama. Es geht nicht darum sich für... er wollte schon euer Versagen sagen, aber dann hielt er an... das Versagen im Krieg zu entschuldigen. Es geht darum, dass es sich nicht wiederholen darf. Wenn wir mit der Vergangenheit nicht abschließen, wird sie sich wiederholen."

„Du hast Glück, dass ich in fünzig Jahren nicht mehr hier sein werde und dich nicht nach deinen heutigen Versagen fragen werde."

„Ich tue alles dafür, damit ich so lebe, dass ich meinen Kindern reinen Gewissens in die Augen schauen kann."

„Denkst du, dass ich und dein Vater dir nicht in die Augen schauen könnten?"

„Verzeihung, ich meinte nicht dich konkret."

„Sondern wen?"

Es klingelte. Die Postfrau Hilde kam persönlich, weil sie zwei Briefe mitgebracht hatte. Einen von Peter Greiner aus Westberlin, der andere war ein Einschreiben vom Rektorat der Friedrich-Wilhelm-Universität. Thomas öffnete ungeduldig den Umschlag mit Peters Brief.

„Hallo Thomas! Ich habe mich eine Weile nicht gemeldet, aber nur deswegen, weil wir aus Tiergarten nach Wilmersdorf umgezogen sind. Wir wohnen hier ruhig und Ingrid ist ihrer Mutter näher. Endlich bekam ich einen Vertrag vom neuen Arbeitgeber, der Redaktion »Das Leben«. Seit dem 1. November bin ich offiziell ihr Korrespondent für Westberlin und die DDR. Ich hatte schon genug von dem Prostituieren in der »BILD«. Auf dem neuen Arbeitsplatz bin ich unabhängiger in dem, was, wie und wann ich schreibe. Paradoxerweise, auch wenn Westberlin durch diese abscheuliche Mauer von der Außenwelt getrennt ist, scheint mir die Atmosphäre hier freier als in der BRD. Die Studenten sind hier viel couragierter. Vielleicht ist es deshalb, weil die Freie Universität erst im Jahre 1948 entstand und nicht durch eine Vergangenheit vorbelastet ist. Überlege Dir, ob es nicht wert wäre, an der hiesigen Uni Politologie zu studieren. Ich versuche mehr darüber zu erfahren und melde mich dann bei Dir.

Ich freue mich, dass meine Fotos Dir beim Verhör bei der Polizei geholfen haben. Ich muss gestehen, dass ich wirklich befürchtete, dass sie Dich für ein paar Monate ins Gefängnis stecken. Dir war wohl nicht bewusst, dass seit Mai bei uns das Notstandsgesetz galt. Hast Du Nachrichten von Deinem Freund Jozef aus der Tschechoslowakei? Ich grüße Dich und melde Dich bitte bald. Peter."

Thomas schaute auf die Uhr. Der Bus aus Ischl in die Fabrik fuhr in sechs Minuten los. Er steckte deshalb den zweiten Brief in die Hemdtasche, gab der Mutter schnell einen Kuss auf die Stirn und rannte zur Bushaltestelle. Es war Freitag und er freute sich, dass er am Samstag mit seiner Freundin Helga ins neue Hallenbad gehen wird. Es war ein wunderschöner sonniger Tag Anfang Dezember

1968. Das bewegte Jahr ging langsam zu Ende, Thomas dachte an Weihnachten. Danach hatte er noch drei Prüfungen vor sich und er hoffte, das Semester rechtzeitig abzuschließen.

Er erinnerte sich an den Brief in der Tasche. Er machte ihn auf. Der Rektor teilte ihm mit, dass er von der Westberliner Polizei über seine Teilnahme an der nicht genehmigten Demonstration informiert wurde. Gemäß dem Notstandsgesetz ist es nicht möglich, dass Studenten, die an nicht erlaubten Demonstrationen teilnehmen, weiter an deutschen Hochschulen und Universitäten studieren. Mit Bedauern teilen sie ihm mit, dass er mit sofortiger Wirkung vom weiteren Studium ausgeschlossen wird.

Kapitel 24

BRATISLAVA 1969

Jozefs zehn Jahre jüngere Schwester Katarina hatte sich richtig chic gemacht. Die Mutter kaufte ihr auf dem Markt einen schönen Blumenstrauß aus gelben Chrysanthemen. Es war nichts Besonderes, aber in Anbetracht des bescheidenen Angebots war der Blumenstrauß richtig gelungen. Ihre Klassenlehrerin Frau Baranyiova wird sich bestimmt sehr freuen. Heute war der Internationale Lehrertag und die Eltern wollten sich wenigstens auf diese Art und Weise bei der Lehrerin bedanken, die in diesem Jahr 40 Jahre ihrer pädagogischen Tätigkeit feiert. Die Schüler, Kollegen und Eltern hatten sie sehr gern. Sie war eine nette, gebildete Dame, die ihr Lehrerdiplom noch während der Ersten Tschechoslowakischen Republik an der Pariser Sorbonne gemacht hatte. Manchen »schnellgereiften« Absolventinnen der pädagogischen Fakultäten war sie ein Dorn im Auge, aber ihre Qualitäten hatten das immer in den Hintergrund geschoben. Die Kinder aus ihren Klassen gewannen mathematische, physikalische und auch sprachliche Olympiaden. Der Direktor war froh, sie an der Schule zu haben.

Katarina kam mit dem Blumenstrauß aus der Schule zurück. Sie konnte ihn nicht überreichen. Die Lehrerin arbeitete nicht mehr an der Schule. Der Direktor Hornacek verkündete es resigniert den Kindern: Gestern ist sie in Rente gegangen. Manche Kinder entschieden sich, ihr die Blumen nach Hause zu bringen. Sie wohnte in der Nähe der Schule. Obwohl das Licht bei ihr brannte, machte sie niemandem auf.

Die Kinder konnten nicht wissen, dass die Lehrerin Baranyiova eines der ersten Opfer der Säuberungswellen geworden ist, die in der Tschechoslowakei begannen. Niemand hat sie gezwungen, aber der Direktor hat ihr angedeutet, dass ihr Name auf der vorbereiteten Liste steht. Der Grund dafür war sehr einfach – sie hatte es abgelehnt zu unterschreiben, dass die sowjetische Okkupation eine internationale Hilfsaktion war. Baranyiova wollte dem Direktor Hornacek die Situation nicht komplizieren und beantragte selbst ihre Rente. Sie hatte sowieso schon über ihre Pflichtzeit hinaus gearbeitet.
An der Uni wurden sie informiert, dass ab dem dritten Semester ein neues Fach »Theorie des Marxismus-Leninismus« eingeführt wird. Die Vorlesungen wird Dozentin Liseckovowa aus Moskau halten. Es wurde erzählt, dass mehrere Professoren durch Lehrer aus der Sowjetunion ausgetauscht werden sollten.

Die Tschechoslowakische Sozialistische Republik war seit fünf Monaten eine Föderation. Sie wurde von Präsidenten Ludvik Svoboda am 30. Oktober 1968 in Bratislava ausgerufen. Er konnte dies sogar ohne Lispeln tun, da der Zahntechniker Samuel Babulic ihm seine zerbrochene Zahnprothese geklebt hatte.

Von der Straße der Widerstandskämpfer, in der sich der Sitz der Handelsfakultät befand, war es nicht weit in die Belopotockeho Straße und so ging Jozef meistens zu Fuß. Auf dem Weg lief er am Soltes-Wohnheim vorbei, damit er mit den Jungs vereinbaren konnte, wie sie es mit dem Eishockey am Abend machen wollen. Es war März 1969. Jozef freute sich auf das Nachmittagsspiel. Bei den Eishockeyweltmeisterschaften in Stockholm hatten die Tschechoslowaken überraschend die Mannschaft von der Sowjetunion mit 2:0 besiegt. Heute wurde das Rückspiel erwartet, diesmal aber schon im Semifinale.

Kurz davor, als er ins Gebäude hineinging, hörte er Geräusche eines Hubschraubers. Es war sehr laut, weil der Hubschrauber sehr tief flog. Jemand warf Flugblätter heraus, die über den Straßen, Dächern und Plätzen flatterten. Ein paar von ihnen fielen auch zum Eingang ins Wohnheim. Jozef hob eines auf. Das Zentralkomitee der Kommunistischen Partei der Tschechoslowakei verkündete den Bürgern, dass den Konterrevolutionären in der Tschechoslowakei definitiv die Glocke geschlagen hat. Das Flugblatt verurteilte Smrkovsky und lobte die gesunden Kräfte von Bilak, Husak, Svoboda, Indra usw. Dubcek wurde nicht erwähnt. Nach den ersten Zeilen merkte Jozef, dass es auf Russisch geschrieben war. Er begriff, dass sie wohl niemanden fanden, der diesen Unsinn schnell ins Slowakische übersetzt hätte. Das Flugblatt warf er weg.

Im Wohnheimzimmer bei Brblos war es wie immer sehr lustig. Der Kassettenrekorder Sony Duo spielte in voller Lautstärke den neuesten Hit der Beatles »Revolution«. An der Wand war das Porträt von Jan Palach aufgehangen. Als der sich am 16. Januar in Flammen gesetzt hatte, organisierte Brblos am nächsten Tag eine Truppe von Studenten, die zum Platz des Slowakischen Nationalaufstandes gingen. Sie zündeten Kerzen an und sangen das Lied »Lauf nach Hause, Iwan«. Kaum hatten sie damit begonnen, kamen von irgendwoher Polizisten und forderten sie auf, nach Hause zu gehen. Brblos hatte Pech, weil seine klangvolle Stimme wie durch ein Megaphon klang, auch wenn er flüsterte. Der Polizist dachte, dass er provoziert, und probierte sicherheitshalber auf seinem Rücken den neuen Knüppel aus. Der war sicherlich von hoher Qualität, denn Brblos verdiente noch einen Monat danach sein Zigarettengeld damit, dass er unter der Dusche den Jungs für einen geringen Aufpreis die »Würste« auf seinem Rücken zeigte.

Die Jungs versammelten sich zum Eishockeyspiel in Bacas Zimmer. Er war der älteste und hatte ein Privileg – einen Fernseher. Obwohl sie im Zimmer nur zu viert wohnten, drängten sich hier jetzt mindestens dreißig. Ein solches Gedränge gab's im Moment in der ganzen Tschechoslowakei in Zimmern, Bahnhöfen und Kneipen. Die Menschen waren verärgert, weil die Weltmeisterschaft in der Tschechoslowakei hätte stattfinden sollen, aber die »Ordnungshüter« sie nachträglich aus Befürchtungen, dass es zu unvorhersehbaren Reaktionen der Zuschauer kommen könnte, abgelehnt hatten. Alle wussten, dass Eishockey für Tschechen und Slowaken eine mächtige moralische Waffe ist. So war es auch. Die Tschechoslowakei gewann auch zum zweiten Mal in einer heroischen Leistung gegen die Sowjetunion 4:3. Als der Kapitän der Mannschaft Jozo Golonka nach dem Spiel seinen Helm ablegte, feierten ihn fünfzehn Millionen begeisterte Stimmen. Der Fernsehkommentator Vladimir Vacha verabschiedete sich von den Zuschauern mit den Worten: „Dann feiern sie noch schön zu Hause“. Für diese Worte wurde er kurz danach vom Fernsehsender gefeuert.

Die Leute gingen spontan auf die Straßen. In siebzig Städten und Städtchen der Tschechoslowakei versammelten sich an diesem Märzabend mehr als eine halbe Million Bürger. Der Sieg im Eishockey war wenigstens ein kleiner Trost für die Erniedrigung, die fünfzehn Millionen Menschen durchmachten. Je weniger die Menschen es wagten, gegen die Okkupanten selbst etwas zu unternehmen, umso mehr wurden die Ohnmacht und die Wut in die Eishockeyspieler projiziert, die sozusagen in ihrer Vertretung es den Russen zeigen sollten. Die Slowaken haben es schon immer gerne den anderen »in Vertretung« gezeigt. Tausende Jahre lebten sie als Untertanen, ...im besseren Falle als Diener und Lakaien. Tausende Jahre lernten sie das Hinknien und Verbeugen. Allen Generationen der Slowaken wurden die Rücken krumm gemacht von kleineren oder größeren Herren, die ihnen das Wichtigste beigebracht hatten – sich zu verbeugen. Und so machten sie Verbeugungen vor Vorstehern, Vogten, Pfarrern, Gendarmen, Gastwirten, vor mehr oder weniger Mächtigen. Gott, wie oft sie sich verbeugen mussten! Sie gewöhnten sich so daran, dass es ihnen egal war, wer über sie herrschte, Hauptsache, sie hatten jemanden, vor dem sie sich verneigten. Die Feldherren, Kirchenherren, Kommunisten wie auch die Demokraten wussten genau, dass es ausreicht, geschickt die Herrscher auszuwechseln und die Nation wird sich weiter verbeugen. Im schlimmsten Falle schimpften die Menschen zu Hause unter der Decke oder nach drei Schnäpsen in der Kneipe, warfen hier und da aus dem Hinterhalt einen Stein und das war alles. Für mehr hatten sie keinen Mumm, sie wollten ja überleben. Auch nach der sowjetischen Okkupation musste man leben und überleben. Und das kann man auch mit einem krummen Rücken. Und schließlich, wie man zu sagen pflegt: Es ist nie so schlimm, dass es nicht noch schlimmer kommen könnte.

Jetzt könnten sich die Menschen über den Sieg der Eishockeyspieler freuen. Die Spannung in der Republik konnte man fast überall deutlich spüren. Der Oberkommandierende der Okkupationsarmee ließ der tschechoslowakischen Führung ausrichten, falls sie die Situation nicht unter Kontrolle bekommen, sind die sowjetischen Soldaten bereit, selbst für die Ordnung auf den Straßen zu sorgen. Als ein paar hundert angetrunkener und begeisterter Bratislavaer Studenten sich dem Haus näherten, wo die Kommandantur der sowjetischen Einheit saß, wussten sie von diesem Statement nichts. Sie liefen zum Platz des Slowakischen Nationalaufstandes und in der Kneipe »Zu Tvarozek« wollten sie nur vorbeischauen. Vorher hatten sie sich schon in der Gaststätte »Zur Feuerwehr« gestärkt und waren somit schon in gewaltiger Stimmung. Jozef war zufällig auch am Tag vorher in der Gegend, aber da war die Straße noch unberührt und nicht aufgegraben. Als sie sich jetzt der Stelle näherten, war zu seiner Überraschung der Teil an der Kneipe aufgegraben. Auf dem Fußgängerweg waren ein paar Fuhren Steine ausgekippt worden. Die Studenten versammelten sich unter den Fenstern und feierten Golonka, Dzurilla, Nedomansky, Suchy und weitere Eishockeyspieler, die zu dem sensationellen Sieg beigetragen hatten. Dann fingen sie an, Ragulin, Firsow und weitere sowjetische Spieler zu beschimpfen. Allmählich weiteten sie den Kreis um Breschnew, Kosygin und Podgorny aus. Dann rief jemand plötzlich: „Russen nach Hause! Russen nach Hause!" Der Slogan hatte Erfolg. Jemand holte begeistert die tschechoslowakische Fahne, dann die nächste und die nächste. Ein Anderer zog ein Porträt von Dubcek hoch. Plötzlich zerbrach ein Fenster. Das Fenster der Kommandantur wurde von einem Stein getroffen. Die Polizisten standen auf dem Fußgängerweg in einer dichten Aufstellung. „Russische Schweine", hörte Jozef plötzlich eine bekannte Stimme neben sich. Der Mann, der das gerufen hatte, bückte sich und holte einen Stein, den er mit seiner ganzen Kraft zum Gebäude warf. Es war Winter. Seine mutige Tat zog die nächsten nach sich. Der Steinsturm zerschlug im Augenblick die Schaufenster und Gebäudefenster. Die Polizisten setzten sich in Bewegung. Jozef drehte sich um. Von Winter war keine Spur mehr zu sehen. Man hörte Schreie. Über ein Megaphon wurden die Studenten aufgefordert auseinanderzugehen. Die Steine flogen weiter. Die Polizisten zogen ihre Knüppel und begannen zu arbeiten. Die Studenten verteilten sich ziemlich schnell wieder. Ihre Proteste setzten sie in ihren Zimmern fort, indem sie alle Alkoholflaschen leerten.

Als Jozef um Mitternacht nach Hause kam, war er verstaubt, verschwitzt und roch nach Alkohol. Er duschte und setzte sich schweigend an den Tisch. Der Vater schaute die Nachrichten des österreichischen Fernsehens. Deutsch konnte die ganze Familie. Er machte sich ein Schmalzbrot und schnitt Zwiebeln dazu. Die Österreicher brachten eine Sondersendung. Auf dem Bildschirm erschienen die Bilder aus Prag, wo die Demonstranten vor dem Aeroflotbüro den Sieg ihrer Eishockeymannschaft gegen die Sowjetunion feierten. Die Menschenmenge begann dann, Steine in die Schaufenster der sowjetischen Fluggesellschaft zu werfen. Die Polizisten griffen erst ein, als alle Schaufenster kaputtgeschlagen waren. Der Moderator behauptete, dass das Vorgehen der Polizei sehr ungewöhnlich war und damit den Verdacht bestätigt, dass das Schaufensterzerschlagen provoziert wurde. Am nächsten Tag brachte das österreichische Fernsehen die Nachricht, dass die ganze Aktion vom damaligen Innenminister der Tschechischen Sozialistischen Republik Grösser persönlich geleitet wurde. Die Provokateure der Polizei provozierten die Studenten zu Gewalttätigkeiten. Er erinnerte sich an den eifrigen Winter und an die ungewöhnlichen Steinhaufen, die am Vortag noch nicht da waren.

Nach ein paar Tagen legte Alexander Dubcek seinen Posten als Erster Sekretär des Zentralkomitees der Kommunistischen Partei der Tschechoslowakei nieder und wurde durch den pro-Moskau-orientierten Gustav Husak ersetzt.

Kapitel 25

KOLODNE (Ukraine) 1969

Im Dorf Kolodne in der Karpato-Ukraine sahen alle das Eishockeyspiel der Sowjetunion gegen die Tschechoslowakei. Die meisten drückten heimlich die Daumen den Tschechen und Slowaken. Die älteren Bewohner von Kolodne erinnerten sich gut an die Zeiten, als sie noch der Tschechoslowakei angehörten. Es waren die »goldenen« Zeiten der Gemeinde. Bis heute nennen die Leute die Asphaltstraße, die während der Ersten Tschechoslowakischen Republik gebaut worden ist, Masarykova Straße nach dem ersten tschechoslowakischen Staatspräsidenten. Nach dem Jahr 1945 hat Stalin, ohne jemanden zu fragen, die Karpato-Ukraine an die Sowjetunion angegliedert. Die starke Gefühlsbindung zu ihren Landsleuten ist aber geblieben. Die Menschen fühlten sich immer mehr als Slowaken, weniger als Sowjets. Niemand konnte hier so richtig erklären, was der Begriff Sowjet eigentlich bedeutet.

Nach dem Schlusspfiff des Schiedsrichters öffneten sie fröhlich die Flaschen des selbstgebrannten Samohonka und stießen alle auf den Erfolg an. Sie konnten feiern, ohne sich fürchten zu müssen, dass jemand unerwartet kommt, denn es wurden schließlich die »unseren« gefeiert. Wer die »unseren« sind, das wussten nur sie selbst. Das einzige Risiko stellten die ungewöhnlich großen Mengen an selbstgebranntem Schnaps dar. Aber auch das wäre nur bei Fremden riskant. Die Einheimischen wussten, dass sogar Milizionär Wasja und der Vorsitzende des Dorfsowjets schwarz brennen. Die Schnapssolidarität verband das Proletariat mehr als Marx und Engels zusammen.

Es feierten alle außer Alexandra Grytsenko. Vor vier Monaten kehrte sie zurück nach Hause. Der KGB hat endlich begriffen, dass der Code, von dem sie dachten, er würde sie zu einer geheimen

Organisation in der Ukraine führen, tatsächlich nur unschuldige Bezeichnungen der Strophen aus der Liebespoesie eines slowakischen Dichters darstellte. Als sie das Alibi eines gewissen Andrej Sladkovic überprüften, stellten sie fest, dass er keine führende Persönlichkeit der antisowjetischen Verschwörung sein kann, da er seit fast hundert Jahren nicht mehr lebte. Sascha wurde nach Hause geschickt. Aus der Armee musste sie nicht entlassen werden, sie bat ja selbst darum. Da sie sowieso nur als Administrationskraft gearbeitet hatte, musste sie nur für ihre Schweigepflicht unterschreiben.

Alexandra trank also nichts auf den Sieg. Genau zur Mittagszeit des berühmten Siegestages der Tschechoslowakei gebar sie in dem Irsawaer Krankenhaus einen Sohn. Obwohl er einen Monat zu früh kam, war er gesund und meldete sich munter ins Leben. Sie gab ihm den Namen ihres Vaters – Josif. Später werden ihn alle Osja nennen, die Kurzform von Josif. Da der Vater als unbekannt galt, wurde er als Josif Josifowitsch Grytsenko in die Urkunde eingetragen. Manche behaupteten, dass er den Namen nach dem Kapitän der tschechoslowakischen Mannschaft Jozef Golonka bekam.

Sascha wusste aber am besten, nach welchem Jozef der Junge benannt wurde.

Kapitel 26

NEUWIED 1969

Balaz bestand am vorletzten Junitag die Prüfung in marxistischer Philosophie. Zum erfolgreichen Abschluss des zweiten Studienjahres der Wirtschaftsuniversität fehlte ihm nur noch die Statistik-Prüfung. Der strenge Assistent Benko gab ihm klar zu verstehen, dass er bestimmte Begriffe während der Sommerferien noch mal wiederholen und im September zur Nachprüfung kommen sollte. Jozef war deswegen nicht besonders verärgert, da er nur noch die Reise mit der Volleyballmannschaft der Wirtschaftsuniversität in die

BRD im Kopf hatte. Trotz immer stärker werdender Aussagen, dass die Grenzen bald geschlossen werden, waren sie immer noch offen und Tschechen und Slowaken reisten problemlos in die Welt. Jozef war aufgeregt und neugierig. In zwei Wochen besucht er das erste Mal in seinem Leben ein sogenanntes kapitalistisches Land. Es war eine seiner ersten Reisen hinter die Grenzen der Tschechoslowakei überhaupt. Das erste Mal besuchte er als Achtzehnjähriger seinen Onkel in Budapest. Die Eltern versuchten mehrmals ohne Erfolg, eine Umtauscherlaubnis zu bekommen, die unbedingt notwendig war, um eine Ausreisegenehmigung für das kapitalistische Ausland oder Jugoslawien erhalten zu können. Das Auswahlverfahren für eine solche Erlaubnis hatte keine Regeln und hing im Prinzip von den Kontakten ab, die der Bürger in der Tschechoslowakischen Staatsbank hatte. Die Beziehungen wurden überwiegend durch Bestechungsgelder gewonnen. In diesem Falle erledigte alles das Hochschulkomitee des Studentenverbandes, das für alle Reiseteilnehmer bürgte.

Als der Schnellzug Prag – Köln im westdeutschen Grenzbahnhof Schirnding ankam, ergriff ihn ein ungewöhnliches Gefühl. An der großen Tafel las er die Aufschrift: »Willkommen in Bayern!«. Das ist also Westdeutschland. Im Kopf rotierten Gedanken, die in seinem Gehirn vor allem noch während der »Gehirnwäsche« in der Grundschulzeit festgehalten wurden. Bayern ist ein Land, an dessen Spitze der Regierungschef und Revanchist Franz Jozef Strauß stand, der Westdeutschland mit Atomwaffen ausrüsten will.

Dies ist das Land, aus dem angeblich in den Fünfzigern die Luftballons voll von Kartoffelschädlingen auf das tschechoslowakische Gebiet geschickt wurden. Mit diesem Kampfmittel versuchten wohl die westdeutschen Imperialisten die tschechoslowakische Landwirtschaft zu zerstören. Dies ist der Westen, von dem er glaubte, ihn nie in seinem Leben zu sehen. Deutsch beherrschte er relativ gut, und als die Stimme aus dem Lautsprecher meldete, dass der Zug ungefähr fünfzehn Minuten im Bahnhof halten wird, konnte er nicht widerstehen und stieg aus. Das erste Mal stand er auf dem Boden eines »Westlandes«. Unwillkürlich kam ihm in den Sinn, wie er von der Bratislavaer Burg auf die andere Donauseite in Österreich schaute.

Er wuchs mit dem Gefühl auf, dass Österreich für ihn genauso weit entfernt wie der Mond ist. Er würde da niemals hinkommen. Er erinnerte sich an einen Ausflug mit seinem Onkel Emil aus Cadca zu der Burg Devin, die direkt an der Grenze mit Österreich lag. Sie machten eine Fahrradtour, Jozef mit seinem Vater und Onkel Emil mit seinem siebenjährigen Sohn Paul. Die Straße nach Devin war an einer Seite vom Stacheldrahtzaun gesäumt und mit Tafeln versehen: »Grenzbereich, Zutritt verboten. Lebensgefahr!« Hinter dem Stacheldrahtzaun standen in regelmäßigen Abständen die Wachtürme. Paul musste pullern, also mussten die Radfahrer eine Pause einlegen. Aus dem nächsten Wachturm wurden sie von einem Soldat beobachtet. Paul schaute ihn an und fragte dann den Vater, was das denn für Türme seien. Der Vater, von Beruf Lehrer, antwortete ernst: „Das sind die Wachtürme. Da drinnen sind unsere Grenzsoldaten, die uns vor dem Feind beschützen." Paul schaute noch einmal lange zum Soldat und fragte dann: „Und warum steht der Soldat zu uns gedreht?" Vater Emil setzte sich auf sein Rad und ohne eine Antwort fuhren wir Richtung Devin weiter. Jozef war damals zwei Jahre älter als Paul.

Jetzt stand er auf deutschem Boden in Schirnding und lächelte. Heute ist er das erste Mal auf der anderen Seite des Stacheldrahtzauns. Er atmete tief ein. Die Luft war die gleiche wie auf der anderen Seite. Am Kiosk kauften er und Dezho Zigaretten – John Player Spezial. Sie waren in einer schwarzen Kunststoffverpackung. Sie nahmen sie in die Hände wie eine Reliquie. Hätten sie zu Hause solche Zigaretten, wären sie richtige Helden.

Die slowakischen Jungs entdeckten den sogenannten Westen auf ihre eigene Art. Die größten Probleme mit dem Kapitalismus hatten sie in den Hotelbadezimmern. Laco war nicht in der Lage, Wasser in die Badewanne einzulassen, die Armatur erinnerte ihn an das Bedienfeld eines kleinen Atomkraftwerkes, Schano fand neben der Toilette einen Behälter mit einem kleinen Wasserhahn. Gewissenhaft spülte er dort seine Füße, bis ihm jemand erklärte, wozu ein Bidet dient. Zum Glück entdeckte er, wie das Wasser aus der Wanne wieder herausgelassen wird, sonst hätte er es bis zur Abfahrt in der Wanne lassen müssen. Zum Mittagessen im Restaurant in Duisburg wurde ihnen säuerliches Wasser in Schüsseln serviert.

Die Jungs wunderten sich zwar, warum das Wasser nicht in Gläsern gereicht wurde, dann waren sie aber der Meinung, dass es in diesem Restaurant wohl so eine Gepflogenheit ist. Erst als manche anfingen, das Wasser zu trinken, wurden sie vom Kellner aufgeklärt, dass das Wasser zum Händewaschen nach dem Essen dient. In den Geschäften wurden sie nicht angeschrieen, die Verkäuferinnen waren zuvorkommend und Balaz fiel fast von den Beinen, als ihn der Apotheker nach dem Kauf eines Medikaments bis zur Tür brachte und ihm sogar höflich die Tür aufhielt.

Der Reiseleiter war Winter. Im letzten Jahr hatte er sehr zugenommen und hörte mit dem Sport auf. Er arbeitete gerne als Funktionär und leitete die Abteilung für internationale Verbindungen im Verbund der Unistudenten. Es war ein Vollzeitjob, aber er durfte ihn überraschend auch als Student ausführen. Sicherlich war dies das Verdienst von Jano Husak und so hat niemand danach gefragt. Winter verhielt sich während der Reise locker, fast jovial, machte Witze über Politiker, er äußerte sogar während des Empfangs beim Direktor der Deutschen Bank in Duisburg, dass der Einmarsch der Armeen des Warschauer Vertrages in die Tschechoslowakei ein Fehltritt war. Die Studenten unterstützten bei der Debatte eindeutig diese Meinung. Jozef nahm in Anwesenheit von Winter nicht an politischen Debatten teil. Seit dem Meinungsaustausch im Restaurant »Hron« und der Erfahrung bei »Tvarozek« nahm er sich in Acht vor ihm. Er ermahnte auch die Jungs, nicht viel vor Winter zu erzählen. Am Ende des Empfangs bei der Deutschen Bank in Duisburg stand Winter auf und hielt eine Dankesrede. Er sprach ohne abzulesen, in einem sehr guten Deutsch. Die Anwesenden klatschten spontan Beifall.

„Wo hast du das gelernt?“, fragte Jozef ihn, als sie den Raum des Direktors verließen. Winter zuckte überrascht mit den Schultern und ein wenig verlegen antwortete er: „Ich habe in Kezmarok ein deutsches Gymnasium besucht... und ein wenig habe ich auch zu Hause gelernt...“, fügte er hinzu.

„Du sprichst, als wäre Deutsch deine Muttersprache. Ich gratuliere dir“, machte ihm Jozef ein ehrliches Kompliment. Winter lächelte.

Nach der gemeinsamen einwöchigen Reise durch Deutschland verschwanden die slowakischen Jungs in alle Richtungen. Manche kehrten nach Hause zurück, andere entschieden sich, Europa zu bereisen. Jozef stieg in Duisburg, wo die Mannschaft die letzte Nacht geschlafen hatte, in den Zug und fuhr nach Köln. Auf dem Bahnhof wartete Thomas mit einigen Freunden auf ihn. Das Willkommenheißen war sehr emotional. Von dort fuhren sie direkt nach Illrich, wo Thomas mit seinen Eltern wohnte.

Thomas hatte Jozef schon im vorigen Jahr, als sie sich beim Volleyballturnier in Vyschne Hagy kennenlernten, zu sich nach Hause eingeladen. Die Volleyballmannschaft aus Neuwied, ein Dreißigtausend-Einwohner-Städtchen zwischen Koblenz und Bonn am Rhein, war damals das erste Mal zu Besuch in einem sozialistischen Land. Beide Mannschaften wohnten in der gleichen Unterkunft. Thomas spielte Banjo, Jozef Gitarre und so sorgten sie für ein wenig Unterhaltung für alle anderen.

Wie bei Studenten üblich, wollte auch Jozef ein bisschen Geld verdienen. Thomas` Vater beschaffte ihm einen Job im Betrieb für Betonfertigteile, die für den Bau von Fertighäusern hergestellt werden. Er gewöhnte sich an die morgendlichen Fahrten von Illrich nach Neuwied. Illrich war praktisch nicht mehr existent, weil der Gemeinderat zu Anfang Juni 1969 aufgelöst und die Gemeinde mit fünftausend Einwohnern dem größeren Neuwied angeschlossen wurde. Trotzdem bezeichneten sich die örtlichen Bewohner stolz als Illricher. An den Bushaltestellen hatten sie mit Ausdauer den ersten Teil der Verbundbezeichnung Neuwied-Illrich übermalt.

Neben dem Job spielte Jozef in der örtlichen Volleyballmannschaft, die ein Jahr davor in die höchste deutsche Liga aufgestiegen war. Der Clubbesitzer Herr Wellner war gleichzeitig der Besitzer des Betriebes. In dieser Zeit gehörte der tschechoslowakische Volleyball zur Weltspitze. Drei Jahre vorher waren die Tschechen und Slowaken Weltmeister geworden. Alle schauten ihn mit Verehrung an, als er sagte, dass er gegen die Mannschaft von Slavia Bratislava, für die auch der Kapitän der tschechoslowakischen Mannschaft Bohus Golian spielte, angetreten war.

Jozef kam sich vor wie in einer anderen Welt. Im Club »Zum Roland«, wohin sie immer nach dem Training gegangen waren, sah er das erste Mal in seinem Leben einen Farbfernseher. Er hörte die neuesten Hits der Beatles, Archies oder von Barry Ryan. Er sah den amerikanischen Hit »Bonnie und Clyde« mit Faye Dunaway und Warren Beatty in den Hauptrollen. Es war der erste Film, den er auf einer breiten Kinoleinwand sah. Als er die typische birnenförmige Flasche von Coca-Cola in der Hand hielt, zitterte seine Hand. Thomas merkte das. Jozef sagte ihm leise: „Ich trinke das zum ersten Mal...“.

„Sepp“, wie ihn in der Zwischenzeit seine deutschen Freunde nannten, gewöhnte sich in den Geschäften und Kneipen leicht an den »Kapitalismus«, umso schwerer aber bei der Arbeit. Im Betrieb arbeiteten außer den Deutschen auch Serben, Türken und Portugiesen. Die Mittagspausen waren genau von 12.00 bis 13.00 Uhr. Der August war heiß und so aßen die Arbeiter ihr Mittagessen gewöhnlich im Keller, wo es angenehm kühl war. In einem Raum wurden Isolationsstoffe gelagert, auf denen man bequem liegen konnte. Der Schichtleiter ging zum Mittagessen in das benachbarte Restaurant und kam manchmal später zurück. Balaz verstand nicht, warum die Männer um eins aufgestanden und zurück zu ihren Arbeitsplätzen gegangen sind. Er lag gemütlich auf den Rollen und freute sich, dass er sein Mittagsschläfchen halten kann.

„Was ist denn mit dir, Junge? Geht’s dir nicht gut?“, schaute ihn beunruhigt Karl an.

„Ich strecke mich nur ein bisschen.“

„Wie – du streckst dich ein wenig?“, verstand Karl nicht. „Die Pause ist doch gerade zu Ende gegangen.“

„Aber der Chef ist doch noch gar nicht da.“

„Also, jetzt wird mir langsam klar, warum ihr für den Aufbau eures Sozialismus so lange braucht“, lachte Karl laut. „Was hat es damit zu tun, dass der Chef nicht da ist? Im Vertrag steht, dass du achteinhalb Stunden täglich arbeiten sollst und dafür bekommst du den vereinbarten Lohn. Ich gehe davon aus, dass du dein Geld bekommen möchtest.“

„Selbstverständlich.“

„Genauso erwartet der alte Wellner, der dir die Arbeit gegeben hat, dass du die Stunden abarbeitest."

„Gut, aber... aber...", widersprach immer mehr verunsichert Balaz, „der sieht uns doch nicht." Karl, der mit anderen Männern die die Debatte beobachtete, musste laut lachen. „Marx nennt es Ausbeutung", versuchte Balaz zu scherzen.

„Ist das euer Lehrer?", fragte Karl.

„Das ist euer Lehrer, ein Deutscher, ein Theoretiker der Ausbeutung der Arbeiterklasse durch Kapitalisten."

„Ich habe von deinem beliebten Deutschen noch nie gehört, aber wenn du willst, bleib ruhig liegen. Aber sag mir noch bitte, wie hoch der Stundenlohn von einem slowakischen Arbeiter ist?", sah ihn fragend Karl an.

„Ungefähr 10, 15 Kronen... das sind 50 Pfennig."

Alle lachten sich jetzt halbtot.

„In Ordnung, dann bekommst du auch hier 50 Pfennig, was ungefähr zehnmal weniger ist, und dann kannst du ruhig weiter liegen bleiben. In Ordnung?"

Jozef stand auf und beschämt kehrte er zurück zu seinem Arbeitsplatz. Er versuchte nie wieder, seine Mittagspause zu verlängern. Auf dem Weg zur Arbeit sah er eine Gruppe von Arbeitslosen, die Slogans mit Arbeitsforderungen trugen. „Wenn unsere Arbeiter so angezogen und sattgegessen wären, würden sie vor Freude springen und nicht auf die Straße gehen", dachte er sich.

Er arbeitete mit Begeisterung. Er dachte daran, wie er für seine Liebe Sascha ein Kostüm kaufen wird. Er wusste noch nicht, wie er es ihr gibt, aber es war ihm egal. Er hörte seit einem Jahr nichts von ihr, er wusste nicht, wie es ihr geht, ob sie noch in der Tschechoslowakei war oder schon zu Hause. Er schickte ihr Briefe und Postkarten an die Adresse des Wohnheims in Kiew. Obwohl er keine Antworten bekam, schrieb er ihr mit Ausdauer wunderschöne Briefe. Als er im Kaufhaus Karstadt ein Kostüm kaufte, kannte er ihre Größe nicht, also sprach er eine Verkäuferin mit ähnlicher Figur an. Die Dame half ihm gerne beim Einkauf. Er dachte darüber nach, welches Kostüm Sascha am besten gefallen würde. Am Ende ließ er sich beraten. Er sagte, dass die Dame, für die er es kauft, türkisblaue Augen hat . Die Verkäuferin brachte ihm ein wunderschönes Kostüm in der Farbkombination Elfenbein und Türkis. Es war nicht besonders preiswert. Die Verkäuferin mit einer ähnlichen Figur probierte es sogar bereitwillig an.

Er wollte die wachsenden Zweifel nicht zulassen, ob er Sascha je wiedersehen und die Gelegenheit haben wird, es ihr zu schenken. Obwohl seit ihrem Treffen mehr als ein Jahr vergangen war, konnte er sie nicht vergessen.

Kapitel 27

KOLODNE (Ukraine) 1969

Das Haus von Josif Josifowitsch Grytsenko stand an der Hauptstraße in der Dorfmitte. Er hatte es vor zehn Jahren zusammen mit den Söhnen Josif, Iwan und Michail gebaut. Ähnlich wie alle Häuser hier in der Gegend war es aus nicht gebranntem Ton.

Als Josif Josifowitsch erfahren hatte, dass Sascha von einem Unbekannten in anderen Umständen ist, war er entschlossen, sie zu enterben. Sascha erfuhr es erst im Nachhinein von der Mutter, die den erbosten Ehemann überzeugte, dass Sascha trotz allem ihre Tochter ist, die nirgendwohin gehen kann. Für Josif Josifowitsch, dem ehemaligen Offizier der sowjetischen Armee und der tschechoslowakischen Armee von Svoboda, war die Soldatenehre das Höchste, das sich niemand erlauben durfte anzuzweifeln. Nicht einmal die eigene Tochter. Ein uneheliches Kind war in der Sowjetunion nichts Ungewöhnliches, aber nicht in der Familie von Josif Grytsenko. Auf das Drängen der Mutter hin war er dann einverstanden, dass die Tochter ins Elternhaus zurückkehren konnte. Sie wurde aus der Armee aus gesundheitlichen Gründen entlassen. Die Bedingung für ihre Rückkehr war, dass sie das Kind abtreiben lässt. Das hat sie aber energisch abgelehnt, auch um den Preis, dass sie von zu Hause weggeht und die Eltern sie nie wieder sehen.

Die Situation klärte schließlich Major Obicki, der um Saschas Hand anhielt. Sie kannten sich noch aus der Zeit, als sie zusammen in der Bezirksverwaltung der Armee in Kiew gearbeitet hatten. Schon damals hatte er ernstes Interesse an ihr. Er war kein schlechter Mann, sie war aber damals sehr jung und wollte nicht in einer Ehe enden wie viele ihrer achtzehnjährigen Altersgenossinnen, die dann im Alter von 25 Jahren drei Kinder hatten und ihre Hauptbeschäftigung neben der Schufterei am Arbeitsplatz darin bestand, die betrunkenen Ehemänner aus der Kneipe nach Hause zu schleppen. In der Sowjetunion bedeutete aber der Alltag ohne Ehemann auch den Hohn der verheirateten und armen Frauen, die, oft von ihren Männern geschlagen und erniedrigt, wenigstens einen Trost fanden – sie waren nicht allein. „Je mehr du deine Frau schlägst, desto besser wird die Suppe“, sagten die Männer angeberisch und die Frauen kicherten dabei verlegen. Als Michail um Saschas Hand anhielt, überlegte sie nicht lange. Der kleine Josif brauchte einen Vater, Mischa war ihr nicht unsympathisch und deshalb willigte sie ein. Er war zehn Jahre älter als sie, aber in der Uniform war er wirklich ein fescher Kerl, nach dem sich schon die Frauen umdrehten.

Das Haus hatte drei Zimmer, die ausreichend wären, wenn hier nicht schon Josif Grytsenko mit der Ehefrau Olga, Grytsenkos achtzigjährige Mutter, der Sohn Iwan mit Ehefrau Larissa und deren Sohn wohnen würden. Bei der Vorstellung, dass ins Haus auch Sascha mit ihrem Sohn einzieht, gab Larissa offen zu verstehen, dass sie lieber zu ihrer Mutter nach Irsawa ziehen würde. Dort ist das Haus zwar auch nicht größer, aber die Mutter wurde in eine Anstalt für Geisteskranke gebracht und es bestand nach Aussagen der Ärzte kaum die Hoffnung, dass sie die Anstalt je wieder verlassen wird. So hätten sie also zwei Zimmer zur Verfügung. Am Ende musste man aber nichts überstürzen, weil Major Obicki beim ersten Besuch bei den Grytsenkos, als sie die Einzelheiten zur Hochzeit besprachen, verkündete, dass sie nach der Hochzeit nach Komsomolsk am Amur im weiten Osten umziehen werden, wo auf ihn und Sascha eine neue Zweizimmerwohnung wartete. Der Major wurde zur fernöstlichen Armeeeinheit wegen der feindlichen Übergriffe der Chinesischen Volksrepublik an der sowjetisch-chinesischen Grenze abkommandiert.

„Also gehst du in den Krieg“, stellte Grytsenko nachdenklicher fest. Plötzlich taten ihm Michail und seine Tochter leid. „Nicht in den Krieg, sondern nur in die örtlichen Kämpfe. An den Ussuri.“

„Ich weiß, was Lokalkämpfe sind“, dachte Grytsenko kurz nach. Dann tranken sie »Horilka«, bis sie bodenlos betrunken waren. Damit hatte der Major Obicki seinen Schwiegervater für sich gewonnen. Saschas Mutter weinte die ganze Nacht und den ganzen nächsten Tag. Es wurde ihr klar, dass Sascha ans andere Ende der Sowjetunion umzieht, das 12.000 Kilometer von ihnen entfernt ist. Es ist noch weiter als Westsibirien, wohin der Serjoscha von den Nachbarn für den Mord an seiner Ehefrau verbannt wurde.

Kapitel 28

NEUWIED / BRATISLAVA 1969

Obwohl die Parlamentswahlen in Deutschland erst am 27. September stattfinden sollten (das Datum der deutschen Wahlen hatte Jozef im Kopf behalten, da sie fast immer zu seinem Geburtstag stattfanden), waren die Straßen, aber auch die Verkehrsmittel mit Gesichtern der Kandidaten verschiedener politischer Parteien beklebt. Mit Vergnügen beobachtete er die Debatten seiner deutschen Freunde, die die Programme einzelner Parteien erhitzt kommentierten. Es kam ihm lustig vor, dass sie sich manchmal nach dem Training in der Bar »Rolando« wegen ihrer politischen Favoriten stritten.

„Wozu braucht ihr so viele Parteien, hättet ihr nur eine wie wir bei uns, würdet ihr nicht streiten“, stichelte er gegen seine deutschen Freunde. Im »Rolando« lief ununterbrochen der Fernseher. Gerade kamen die Nachrichten. Der amerikanische Astronaut Neil Armstrong, der vor kurzem als erster Mensch auf dem Mond gestanden hatte, war zu Besuch in Deutschland. Nach den Aufnahmen von Armstrong, wie er den begeisterten Bewohnern zuwinkte, wurden die Bilder aus Prag gezeigt, wo am 21. August bei dem einjährigen

Jubiläum der sowjetischen Okkupation eine Protestdemonstration stattfand.

„Gegen die Bürger wurden Armee- und Polizeieinheiten eingesetzt. Im Zentrum von Prag und Brno sogar die Panzereinheiten. Der Einsatz von Panzern war der größte Einsatz der tschechoslowakischen Armee seit dem Zweiten Weltkrieg. In Prag, Brno und Bratislava gelang es erst in den späten Abendstunden, die Ordnung wiederherzustellen. Der Eingriff gegen die Bürger gilt als besonders hart. Diese Kraftdemonstration wurde durch das neue Gesetz Nr. 99/1969 von Übergangsmaßnahmen zur Festigung und zum Schutz der öffentlichen Ordnung ermöglicht, das in der Volkssprache der Tschechen und Slowaken auch »Knüppelgesetz« genannt wurde. Dieses Gesetz macht es möglich, dem Bürger eine Strafe bis 5000 Kronen zu erteilen, eine Freiheitsstrafe bis zu drei Monaten, die Beendigung des Arbeitsverhältnisses oder den Verweis vom Studium. Es war eine große Überraschung, dass das Gesetz sogar von Alexander Dubcek unterschrieben wurde.“

Am 20. August erschossen Milizionäre in Prag zwei Menschen und am nächsten Tag in Brno weitere zwei. Dem Ersten Sekretär des ZK der KPTsch Husak, der am 17. April 1969 Dubcek ersetzt hatte, war es als Rechtsanwalt klar, dass diese Gewaltaktionen nicht durch die aktuelle Gesetzeslage gedeckt waren. Am Nachmittag des 22. August berief er auf die Schnelle den Vorsitz der föderativen Versammlung, die dem Plenum empfahl, das Gesetz zu verabschieden. Der Einzige, der nicht für das Gesetz stimmte, war Dubcek. Schließlich hatte er es aber doch noch unterschrieben.

Es herrschte Stille. Alle schauten Jozef an. „Also unterschrieb Dubcek ein Gesetz gegen die Menschen...“, sagte Thomas enttäuscht. Für Jozef war es ein Schock. Svoboda, Cernik und Dubcek, drei Männer des Prager Frühlings, unterschrieben schließlich ihre Traueranzeige.

„Das ist genau wie bei uns. Wenn die Menschen etwas sagen, wird auf sie Polizei gehetzt. Hör zu, bei euch sieht es aber nicht gut aus“, wandte sich Hans an Jozef. „Tausende von euren Leuten bleiben hier. Wellner hat dir angeboten, in unserer Mannschaft weiterzuspielen, studieren kannst du an der Universität in Bonn, Deutsch sprichst du ja hervorragend, du bekommst eine Einzimmerwohnung, ein Sportstipendium und die Möglichkeit, in seinem Betrieb zu jobben. Er wäre froh, wenn du sein Angebot annehmen würdest...", bestand Hans darauf.

„Das ist eine tolle Idee, Sepp, bleib hier. Wir sind in die Oberliga aufgestiegen, wir können dich sehr gut gebrauchen." Die Jungs versuchten Jozef zu überzeugen, in Deutschland zu bleiben. Er schwieg. Wenn Alexander Dubcek das Gesetz unterschrieb, das ermöglicht, die Menschen zu prügeln und Studenten von den Schulen zu werfen, dann ist alles am Arsch, dachte er.

Jemand schaltete den Fernseher aus. Aus dem Radio klang das Lied des jungen holländischen Sängers Heintje. Er sang von seiner Mutter, die ihm ermöglichte, seine Jungsträume zu erfüllen. Er versprach seiner Mutter, ihr seine Liebe wiederzugeben, wenn sie sie brauchen wird.

Jozef schaute vor sich. Die Jungs wurden still, als ob sie begriffen hätten, was in ihm vorgeht. Er dachte an seine Mutter, seinen Vater, die Schwestern, Freunde an der Uni, an Bratislava, seine Geburtsstadt, die er trotz ihres abgefallenen Putzes und grauer Farbe liebte. Er wurde dort geboren...

Er erinnerte sich an Vaters Worte: „Du bist ein Slowake und egal was passieren wird, dein Land verlässt du nicht. Wenn es dir schlecht geht, gehe zur Stefanik's Gedenkstätte auf dem Bradlo, schaue in alle Himmelsrichtungen und du wirst überall das fantastische Land mit wunderschönen Menschen sehen, die dich brauchen. Genauso wie du sie brauchst." Bradlo, Vater, Mutter, geliebte Tatra und Kysuce, alles lockte ihn nach Hause. Schließlich waren die Grenzen offen und die tschechoslowakische Führung verhandelte mit der sowjetischen Seite über den Abzug der Armee aus dem Land. Er lehnte das großzügige Angebot höflich ab und bestätigte, dass er in zwei Tagen die Rückreise antreten wird.

Zum Bahnhof in Köln am Rhein kamen zum Verabschieden die gesamte Mannschaft wie auch Thomas` Eltern. Seine Mutter saß im

Rollstuhl, aber sie kam trotzdem. Herr Wellner schenkte Jozef eine Lamborghini-Uhr. Bis heute gehört sie zu seinen größten Schätzen. Der Schaffner deutete klar an, dass Jozef einsteigen sollte. Thomas legte verlegen seine Brille zur Seite und auf seine typische Art wischte er in seinen Augen. Sie umarmten sich und versuchten gar nicht, die Tränen zu verstecken. Obwohl Jozef Thomas nach Bratislava eingeladen hatte, sagte ihm etwas, dass es nicht mehr so einfach sein wird. Der Slowake und der Deutsche wollten sich gar nicht trennen. „Auf Wiedersehen“, verabschiedete sich Jozef auf Deutsch. Thomas steckte Jozef noch ein Buch zu, von dem er so geschwärmt hatte. Es war von Johannes Mario Simmel: „Alle Menschen werden Brüder“.
„Wenigstens zwingt dich das, Deutsch zu üben. Dowidenja“, sagte Thomas, was auf slowakisch „Auf Wiedersehen“ heißt, und lachte durch die Tränen. Als der Zug das letzte Mal pfiff, ahnten die Jungs nicht, dass sie sich erst in langen, riesenlangen 37 Jahren wiedersehen werden.

Im Frühjahr 1970 verkündete Gustav Husak, dass die Grenze kein Korso sei. Also schloss die Regierung der Tschechoslowakei die Grenzen. Die Zensur wurde genauso wieder eingeführt wie die Kontrollen der Post aus dem kapitalistischen Ausland. Jozef schrieb nach seiner Rückkehr noch eine kurze Zeit an Thomas Briefe, aber es war offensichtlich, dass diese aus dem kapitalistischen Deutschland von jemandem geöffnet werden. Er wurde vom Prodekan der Handelsfakultät vorgeladen, der ihm freundschaftlich erklärte, es sei unpassend mit einem Bürger aus dem kapitalistischen Westen in Kontakt zu sein. Er empfahl ihm, sich einen Briefkontakt in der Sowjetunion zu suchen. In diesem Moment kam Jozef auf eine tolle Idee. Er bat den Prodekan, ob die Parteiorgane der Universität ihm nicht helfen könnten, Alexandra Josifowna Grytsenko zu finden. Die Kontakte zu suchen wäre sicherlich für offizielle Institutionen viel einfacher als für ihn selber. Dem Prodekan gefiel die Idee, es wäre toll, in den Zeiten, in denen die Studenten die »Besuche« der Sowjetunion ablehnten, einen zu haben, der mit einem Bürger der Sowjetunion befreundet wäre. Er versprach Jozef die Hilfe der Universität. Und er hielt sein Wort. Kurz vor Weihnachten 1969 las der Prodekan in Anwesenheit des Sekretärs für ausländische Kontakte der Wirtschaftsuniversität und des Konsuls der Sowjetunion Jozef einen Brief aus Kiew vor. Der Absender war die Personalabteilung der Militärbezirksverwaltung in Uschgorod. In der Antwort auf die Anfrage der Wirtschaftsuniversität und des Konsulats der Sowjetunion in Bratislava teilten sie mit, dass Alexandra Josifowna Grytsenko, wohnhaft in Kolodne, in der karpato-ukrainischen Region, Irsawaer Bezirk, den Offizier der sowjetischen Armee, den Major Michail Borisowitsch Obicki, geheiratet hatte, der zum 1. September 1969 zur Einheit des fernöstlichen Militärbezirkes mit dem Sitz in Komsomolsk am Amur eingeteilt wurde.

Jozef packte das elfenbein-türkisfarbene Kostüm in eine Plastiktüte mit dem Karstadt-Logo und legte sie in die tiefste Ecke eines Faches in seinem alten Eichenschrank.

TEIL II

Kapitel 1
BRATISLAVA 1970

Bei den Festlichkeiten im Studentenwohnheim »Bernolak« spielte oft die Musikgruppe Istropolis mit dem Sänger Karol Solensky. Jozef ging mit seinen Freunden gerne hin. Karol hatte Welthits in seinem Repertoire, die Jozef liebte. Manche lernte er sogar auf der Gitarre zu spielen, die er sich im letzten Schuljahr an der Fachmittelschule gekauft hatte. Einen Monat lang ging er in der Mensa nicht zum Essen und sparte so 140 Kronen. Genauso viel kostete damals die billigste »Spanische Gitarre«. Unter den Liedern, die er zuerst gelernt hatte zu spielen, waren »Memphis Tennessee« von Johny Rivers, »Shake Hands« und »Marmor, Stein und Eisen bricht« von Drafi Deutscher, »Yesterday Man« von Chris Andrews, »Sloop John B« von den Beach Boys und sein Lieblingsstück »Massachusetts« von den Bee Gees.

Cuki, Dezho, Baca, Selo und Jozef unterhielten sich gerade mit anderen Freunden über die momentan laufenden Weltmeisterschaften im Skifahren in der Hohen Tatra. Sie konnten sich aber kaum hören, denn das Tanzparkett war voll von Tanzenden. Die Musikgruppe Istropolis hatte offensichtlich einen sehr guten Verstärker. Das Thema Weltmeisterschaft ergriff die ganze damalige Tschechoslowakei. Nicht so sehr wegen des Skifahrens, sondern wegen des feierlichen Beginns des Farbfernsehens. Die Tschechen und Slowaken hatten den gleichen überwältigenden Ausdruck im Gesicht wie Jozef damals vor einem Jahr in Deutschland, als er im Klub »Zu Rolando« das erste Mal einen Farbfernseher gesehen hatte.

Die Jungs gratulierten sich ironisch zur Einführung des Farbfernsehens. Es war eine gute Nachricht, auch wenn der überwiegende Teil der Bevölkerung noch einen Schwarz-Weiß-Fernseher besaß. Diese Tatsache verband die Bürger der Tschechoslowakei, denn die interessanten Sendungen wurden von den Nachbarn bei dem Glücklichen angeschaut, die einen Farbfernseher hatten und manchmal kamen alle Nachbarn aus dem Haus zusammen. Auf der anderen Seite beunruhigte diese Tatsache die Regierung und Partei, denn sie ahnten, worüber die Bürger bei den Tagesnachrichten und politischen Kommentaren im heimischen Wohnzimmer sprechen. Das gemeinsame Fernsehschauen wurde inoffiziell zum tschechoslowakischen Hyde Park.

Karol sang zu Ende, die Tanzenden gingen an ihre Tische. Die Jungs diskutierten gerade den unfreiwilligen Abgang von Professor Fidrkus von der Universität. Wie einer der Wenigen lehnte er es ab zu unterschreiben, dass die Invasion des Warschauer Vertrages eine internationale Hilfe für das Land war. Er war der beliebteste Professor, ein Tscheche, aber er sprach ein wohlklingenderes Slowakisch als viele Slowaken selbst. Die Jungs überlegten, was sie unternehmen könnten, damit Fidrkus bleiben könnte. An den Tisch gesellte sich Jano Winter, ein sympathisches Mädchen umarmend. Sie kamen vom Parkett. Dem Mädchen gelang es, seine verschwitzte Hand abzustreifen. Zusammen mit ihm setzte sich auch Jano Husak an den Tisch. Die Jungs waren meistens aus dem dritten Studienjahr, Jano Husak war aus dem vierten. Obwohl er auf keine Art und Weise zu verstehen gab, dass er der Sohn von Gustav Husak, dem mächtigsten Mann im Lande, ist, zeigten sich ihm gegenüber alle diensteifrig. Winter hatte schon reichlich getrunken und versuchte krampfhaft, dass das Mädchen sich an seinen Tisch setzte. Es hatte blaue Augen, wunderschöne schlanke Beine, einen edelmütigen Gesichtsausdruck. Winter wollte offensichtlich angeben, was ihm aber nicht gelang, denn das Mädel entschuldigte sich scheu, aber energisch genug und entfernte sich. Jozef beobachtete, zu welchem Tisch es ging.

„Hör zu, Jano“, begann Dezho direkt. „Könnt ihr mit dem Fidrkus nicht etwas machen? Wenn dein Daddy es wollte, könnte er bestimmt an der Uni bleiben.“

Husak atmete ein und nickte. „Natürlich, es wäre kein Problem. Ich habe schon mit ihm gesprochen. Der gesamte Ausschuss ist in seinem Falle sogar bereit von der Bedingung abzusehen, dass er die

Aussage von der internationalen Hilfe unterschreiben muss. Wir wollen doch nur, dass er nicht gegen die Sowjets agitieren soll. Aber er... er lässt sich nichts sagen."

„Und warum habt ihr Zeman gefeuert? Es war der beste Mann an der Fakultät. Keine Politikinteressen, er war nur Volleyballtrainer und Sportlehrer."

„Zemans Pech ist genau, dass er ein Sportlehrer ist. Jungs, begreift doch, dass alles, was hier passiert, sich nicht mein Vater ausdenkt, sondern dass Moskau ihn dazu drängt", ereiferte sich der junge Husak. „Als er Breschnew die Zahl der aus der Partei zu Entlassenden vorlegte, waren es nicht einmal zwei Prozent der gesamten Mitgliedsbasis der Kommunistischen Partei. Moskau bestand auf minimal zwanzig Prozent. Breschnew kündigte das meinem Vater als Ultimatum an. Ansonsten drohte er mit den Maßnahmen der fünfziger Jahre. Ich muss euch nicht erzählen, wie Vaters Erinnerungen an die verbrachten Jahre in den Gefängnissen von Ilava und Leopoldov sind. Und wie ihr euch vorstellen könnt, warten Bilak, Indra, Jakesch, Schalgovic und andere nur auf Vaters Resignation. Ich war auch bei einem Treffen von Vater mit Kadar. Der erzählte ihm, wie viel Grauen, Hinrichtungen und Gefängnisstrafen Ungarn nach 1956 erlebt hatte. Das will der Vater auf gar keinen Fall erlauben. Er will nicht, dass unschuldige Menschen hinter Gitter kommen. Er will auch nicht, dass die gesamte Intelligenz aus der Partei ausgeschlossen wird. Er musste aber die Zahlen der Hochschulprofessoren vorlegen. Und so haben sie statt Benko, Ondrusch Mojzhisch und anderer Fachleute die Sportlehrer gefeuert. Ansonsten haben wir aber vereinbart, dass Zeman extern weiter unterrichten wird, nicht mal sein Gehalt wird gekürzt", sprach der junge Husak und trank sein Glas Wein aus. „Versucht mal Fidrkus auszurichten, dass er aufhören soll zu politisieren und sich seinen Fachgebieten widmen soll. Ich weiß, dass wir ihn hier brauchen, und habt keine Angst, Vater weiß es auch", fügte Jano hinzu.

Karol Solensky kam zum Podium zurück und legte mit »Let us twist again« von Chubby Checker los. Jozef hatte vorher mitbekommen, dass Winters Partnerin hervorragend getanzt hatte, Winter mit seinen unkoordinierten Bewegungen ihr aber nicht das Wasser reichen konnte. In dem Moment, als sie anfingen, Musik zu spielen, sprintete er zu ihrem Tisch und bat sie um einen Tanz. Sie schaute ihn schuldbewusst an und zeigte keine besondere Begeisterung.

„Ich wollte nicht um Ihre Hand anhalten, das kommt erst später“, entwaffnete er sie. „Ich bin Jozef“, stellte er sich vor, als er ihr seinen Arm anbot und sie zum Parkett führte.

„Marta“, lächelte sie.

Sie tanzte wie eine junge Göttin. Ihr flinker Körper wellte sich im Rock and Roll-Rhythmus, sie trat von ihm weg, um wieder in vollkommenen Bewegungen zurück zu ihm zu kommen. Anfangs war er so fasziniert von ihr, dass er sich dabei erwischte, statt zu tanzen sie einfach anzustarren. Er versuchte alles zu zeigen, was er mal in der Tanzschule gelernt hatte. Sie tanzten so, als ob sie viele gemeinsame Tanzstunden hinter sich hätten. Die temperamentvollen Figuren blieben auch Karol Solensky nicht verborgen und sie wurden durch seine Gestik unterstützt. Als das Lied zu Ende war, klatschte ihnen der ganze Saal spontan Beifall. Nur Winter klatschte nicht. Mit saurem Lächeln verließ er den Raum. Solensky zeigte Jozef den gehobenen Daumen und begann ein langsames »Strangers in the Night« zu spielen. Jozef zog das Mädchen an sich. Sie wehrte sich nicht. Beide waren sie verschwitzt und atmeten schwer. Jemand dämpfte die Lichter. Zu diesem Lied passte die Dämmerung wirklich besser als das grelle Scheinwerferlicht. Die Paare auf dem Parkett wurden ruhig und kuschelten sich an sich heran. Jozef spürte, wie Martas Herz stark schlug. Sie spürte das Gleiche.

„Können wir uns duzen? Sie sind die Dame, aber ich bin wohl älter!...“, schlug er vor.

„Klar“, antwortete sie. „Ich bin Marta, aber werde Matja genannt.“

„Jozho.“ Es schien ihm, dass sie seinen Kuss erwartete, so wie es sich beim Duzen gehört, aber er lächelte sie nur an.

„Du kommst aus Bratislava, stimmt’s?“

„Woher weißt du das?“

„Dein Akzent lässt sich nicht überhören. Einen Bratislavaer erkennt man in Sekunden.“ Sie lachten beide.

„Und wo kommst du her?“

„Rate mal."

„Deinem wunderschönen Slowakisch nach zu urteilen, würde ich sagen, aus der Liptover oder Zvolener Region."

„Falsch. Aus dem Scharischgebiet. Aus Presov. Aber geboren wurde ich in Podolinec in der Zips."

„Und ich muss mich bei dir wohl dafür entschuldigen, dass ich ein gebürtiger Bratislavaer bin."

„Was studierst du?", ließ er nicht locker.

„Keramik. An der Kunstfachschule auf den Palisaden. Ich bin in der dritten Klasse."

„Also bist du noch nicht achtzehn?", konnte er seine Überraschung nicht verheimlichen.

„In einem halben Jahr", lachte Matja. „Und du?"

„Ich studiere Außenhandel an der Wirtschaftsuniversität. Drittes Studienjahr", antwortete er leicht verlegen. Er konnte nicht glauben, dass dieses schöne und reife Mädel noch nicht achtzehn Jahre alt war. „Du bist wirklich noch nicht achtzehn?" Marta schüttelte mit dem Kopf. „Also darf ich dir wohl noch keinen Kuss geben", lachte er.

„Den könntest du mir auch dann nicht geben, wenn ich schon achtzehn wäre", lachte jetzt zur Abwechslung sie.

„Hast du jemanden?", fragte er vorsichtig nach. Sie schüttelte mit dem Kopf. Die Musik war zu Ende. Er begleitete sie zum Tisch. „Kann ich dich wieder zum Tanzen holen?" Sie nickte.

Und dann tanzte er nur noch mit ihr, an diesem und auch an den nächsten Abenden. Dann kamen zwei lange Monate Sommerferien und Marta reiste nach Hause nach Presov. Es waren die längsten zwei Monate in Jozefs Leben. Im September begann ihr viertes Schuljahr – das Abiturjahr. Sie machte sich ein wenig Sorgen, was mit ihr nach dem Abitur passieren würde. Sie konnte sich nicht vorstellen, zurück nach Presov zu ihrer hysterischen Mutter und dem niedergeschlagenen Vater zu gehen. Sie vertrieb sich die dunklen Gedanken in den Momenten aus dem Kopf, wenn sie daran dachte, sich mit Jozef zu treffen. Er wartete auf sie vor dem Ursuliner-Wohnheim, in dem sie wohnte. Von dort gingen sie meistens um fünf zum Tanzen. Sie waren die Ersten auf dem Parkett, damit sie genügend Platz zum Tanzen hatten. Die Freunde nannten sie schon etwas neidisch »Meistertänzer«. Um 21.30 Uhr, wenn solche Abende erst richtig in Schwung kamen, musste Marta mit Jozef schon weggehen. Martas Wohnheim war nur bis 22.00 Uhr geöffnet. Wer später kam, hatte Pech. Er wurde zwar hereingelassen, musste aber zur Unterredung zu der Direktorin kommen. Hat sich der Vorfall wiederholt, wurden die Eltern informiert. Wenn auch das Zureden der Eltern nichts half, musste die betroffene Schülerin das Wohnheim verlassen.

An einem Abend Mitte Oktober passierte das Zuspätkommen auch ihnen. Der Herbst war angenehm warm und der wunderschöne Altweibersommer lockte die Liebenden in seine Arme. In der Konditorei auf dem Korso aßen sie den obligatorischen Schokospitz und tranken ihr geliebtes Getränk Kofola. Er bezahlte an der Theke sieben Kronen und zwanzig Heller. Vorher musste er den aufgeregten, in der Schlange Wartenden erklären, dass er sich nicht vordrängelte, sondern lediglich bezahlen wollte. Dann gingen sie in den Abend hinaus. An der Ecke der Leningradska und Sedlarska Straße wurde vor kurzem im Schaufenster ein öffentliches Fernsehgerät installiert. Die Menschenmenge schaute sich die Abendnachrichten an. Sie interessierten sich für nichts in der Welt. Sie schlenderten durch die Abendstraßen von Bratislava. Die Vögel, die offenbar keine Lust hatten, in die warmen Länder wegzufliegen, sangen für sie. Sie knutschten sich durch die Straßen und hatten es kaum wahrgenommen, dass sie schon am Ondrej-Friedhof waren. Es war schon dreiviertel zehn. Die Straßenlaternen ersetzten das Tageslicht. Die Verliebten bemerkten den Übergang vom Tag zur Nacht kaum. Jozef beherrschte sich nicht und küsste Marta bei jedem zweiten Schritt. Sie wehrte sich auch nicht dagegen. Die Vorbeigehenden schauten sich hinter ihnen um, aber das war ihnen so wunderschön egal. Wenn ein Mensch verliebt ist, verpasst er nicht nur den Zeitpunkt des Abschieds, sondern auch die Zeit, zu der man rechtzeitig im Wohnheim sein sollte. Es war schon um zehn und Marta war es klar, dass die Rückkehr ins Wohnheim unmöglich sei. Unter den Mädchen herrschte eine ungeschriebene Solidarität, dass, falls eine übereifrige Erzieherin nach einem der nicht anwesenden Mädchen fragt, sie davon überzeugt wird, dass das Mädchen bei einer Tante,

Oma oder beim Onkel schläft. Die Erzieherinnen erinnerten sich in solchen Situationen an ihre eigene Jugend und akzeptierten die nicht sehr überzeugenden Ausreden mit einem gewissen Verständnis.

Die Erzieherin Slusna nahm auch im Falle von Marta Balecka die Ausrede zur Kenntnis. Sie wunderte sich zwar, denn bei Balecka war es noch nie vorgekommen. Es war ein Mädchen mit außergewöhnlich gutem Ruf. Aber was soll's, dachte sich die Erzieherin, jeder muss mal damit anfangen.

Die Zeit ging sehr schnell auf halb elf zu und draußen wurde es kühler. Zu Jozef konnten sie nicht gehen, denn zu Hause waren seine zwei Schwestern und die Mutter ahnte nicht, dass Jozef mit Marta eine Beziehung hat. Und auch wenn sie es geahnt hätte, würde ihre strenge katholische Erziehung es ihr verbieten, ein Mädchen bei sich übernachten zu lassen, mit dem der Sohn noch nicht verheiratet wäre.

„Warte einen Moment!“, sagte Jozef in der Straße des 29. August und wechselte die Straßenseite. Er warf zwei Steinchen an das Fenster, wo noch Licht brannte. Bald schaute ein Jungenkopf nach draußen, um zu überprüfen, was los sei. Jozef erklärte ihm etwas. Nach einer Weile flogen aus dem Fenster zwei Schlafsäcke. Jozef bedankte sich und kam zu Marta zurück. „Zum Glück wohnen die Jungs, mit denen ich mal Volleyball gespielt hatte, im Erdgeschoss.“ Marta merkte erst jetzt, dass das Gebäude ein Wohnheim von der Schule ist, an der Jozef vor drei Jahren sein Abitur gemacht hatte. „Die Jungs haben uns Schlafsäcke ausgeliehen. Komm!“ Sie gingen in Richtung Friedhof.

„Auf den Friedhof?“, wich Marta mit Furcht in den Augen zurück.

„Dort haben wir die größte Ruhe. Wenn nicht noch andere wie wir dort Zuflucht suchen“, lachte er. „Hab keine Angst. Es wird nicht das erste Mal sein, dass ich auf dem Friedhof schlafe... man sollte sich daran gewöhnen“, fügte er sarkastisch hinzu.

„Aber...“, versuchte sie zu widersprechen. Als sie aber seinen ruhigen und ausgeglichenen Gesichtsausdruck sah, folgte sie ihm vertrauensvoll.

Sie fanden einen Platz zwischen zwei Gräbern. Langsam gewöhnten sie sich an die Dunkelheit. Von der Straße kamen scheu

Lichtstrahlen durch. „Hier ruhet in Gott der Stadtrat Franz von Züller“, las Jozef die Aufschrift auf dem Grabstein. „Der Mensch ist mit 22 Jahren gestorben. So alt wie ich jetzt...“ Ins Gras neben dem Grab legten sie einen Schlafsack und mit dem anderen deckten sie sich zu. „Ich kann mir nicht vorstellen, dass ich dich nicht hätte...“ Er zog sie an sich. „Die Mücken stechen.“

„Du musst nicht begründen, warum du mich in den Arm genommen hast...“, sprach sie und kuschelte sich noch dichter ran.

„Warum haben Menschen solche Angst vor Toten? Sie sollten sich lieber vor Lebendigen fürchten.“

„Sie haben Angst vor dem Unbekannten. Der Tod ist etwas Unbekanntes“, antwortete sie. „Wenn die Menschen sich sicher wären, dass nach dem Tod etwas Angenehmes kommen würde, hätten sie keine Angst davor. Alle Pfarrer drohen mit höllischem Feuer, deshalb haben die Katholiken Angst. Ich denke, dass der Tod auch das Leben bedeutet, nur von der anderen Seite. Genauso wie es keine dunklere Hälfte der Erde gibt, sondern nur einen Schatten, wenn wir gerade auf der von der Sonne abgewandten Hälfte sind. Der Tod ist nur die abgewandte Seite des Lebens und genauso, wie die Sonne immer zurückkehrt, kommt auch das Leben wieder. Und es ist gut, dass wir nicht wissen, wie es dort im Schatten ist. Kannst du dir vorstellen, wie sich die Menschen verhalten würden, wenn sie wüssten, dass alles, was nach dem Tod kommt, sehr angenehm ist? Das Leben auf der Erde würde seine Bedeutung verlieren.“

„Weißt du, dass du genau das sagst, was ich auch denke? Es ist interessant, dass derjenige, der das hier alles geschaffen hat, uns keine Beweise dafür liefert, ob es dort gut oder schlecht ist“, philosophierte Jozef weiter. Er war sehr angenehm überrascht, wie vorausschauend Marta für ihr Alter ist.

„Oder ob da überhaupt etwas ist.“

„Also logisch muss dort etwas sein. Kein Nichts kann doch existieren. Deshalb kann auch der Tod logisch nicht das Ende bedeuten, sondern nur den Übergang in eine andere Form. Ich denke, dass der Tod nichts anderes bedeutet als das genaue Gegenteil der Geburt. Bei der Geburt kommen wir aus einer anderen Dimension, durch den Tod kehren wir zu ihr zurück.“

„Oder wir bewegen uns in die nächsten Dimensionen..."

„Denkst du, dass auch der Stadtrat von Züller in eine andere Dimension geraten ist?", fragte Jozef.

„Wer ist der Stadtrat von Züller?", fragte Marta.

„Der Herr, der hier seine Zeit mit uns verbringt. Wir liegen an seinem kostbaren Grab", lachte Jozef.

„Male den Teufel nicht an die Wand."

„Entschuldigen Sie bitte, Herr Stadtrat, es tut uns leid, hoffentlich stören wir Sie nicht zu sehr...", sagte Jozef auf deutsch und verbeugte sich in Richtung Grab.

„Was sagst du da?"

„Ich entschuldigte mich bei dem Herrn Stadtrat. Ich denke, dass er sich über unsere Gesellschaft freut..." Marta drückte ihm fest die Hand.

In dem Moment hörten sie vom Turm der Friedhofskapelle das Glockenläuten. Es war eher wie eine Klingel. Klein wie die Kapelle, in der sie versteckt war.

„Mitternacht."

„Du willst im Ernst auf dem Friedhof schlafen?", fragte sie ängstlich.

„Hast du eine bessere Lösung? Es gäbe noch die Möglichkeit, dass wir uns betrinken und fürchterliche Randale machen würden in der Hoffnung, dass sie uns in die Ausnüchterungszelle bringen. Das kostet aber Geld. Ins Wohnheim lassen sie dich nicht mehr rein. Nur wenn du riskieren wolltest, dass deine Mutter in Presov erfahren würde, wie ihre Tochter die Nächte in Bratislava verbringt." Marta schwieg.

„Hast du Angst?", fragte er.

„Vor wem?"

„Vor mir."

„Mir ist kalt", antwortete sie und schmiegte sich enger an ihn heran.

„Mir ist es auch kalt." Sie zuckte mit der Schulter. Beide fingen sie an zu zittern. Es war aber nicht vor Kälte. Sie schauten sich den Himmel an, der von einer Seite durch einen Engel und von der anderen Seite durch ein Kreuz auf riesigen Marmorblöcken begrenzt wurde. Im alten grauen Haus gleich hinter der Friedhofsmauer begann jemand Beethovens Mondschein-Sonate zu spielen. Sie sahen sich an und merkten, dass der Mond vom Himmel wirklich liebevoll zu ihnen schaute.

„Ich fühle mich so wohl bei dir. Ich denke, dass ich dich mag..." Es war nach den vier Monaten, die sie zusammen waren, die erste Liebeserklärung, die sie ihm machte.

„Ich liebe dich auch."

Der Mond schien ebenfalls stehen geblieben zu sein und sie neugierig zu beobachten. Sie küssten sich leidenschaftlich. Der Mond versuchte zu erraten, ob die jungen Leute sich lieben werden. Beide sehnten sich wahnsinnig danach. Sie spürten gegenseitig ihre zitternden Körper. Der Mond und die Mücken waren die einzigen Zeugen der noch scheuen, ersten Leidenschaft. Und vielleicht noch Stadtrat von Züller. Falls er nicht geschlafen hatte, waren es bestimmt nach zweihundert Jahren seine angenehmsten Augenblicke auf diesem Friedhof. Marta kullerte sich zusammen und schlief bald ein. Jozef schaute lange in den Himmel. Er dachte auch darüber nach, dass Sascha diese Sternformationen über dem weiten Amur nie sehen wird.

Kapitel 2

BERLIN (West) 1970

In Westberlin saß Andreas Baader, der zusammen mit Gudrun Ensslin im April 1968 das Kaufhaus in Frankfurt angezündet hatte, seine dreijährige Gefängnisstrafe ab. Sie zündeten es aus Protest gegen die Gleichgültigkeit der deutschen Konsumgesellschaft und gegen den amerikanischen Krieg in Vietnam an. Deutschland war über das Attentat empört. Das Gerichtsverfahren mit Baader und Ensslin beobachtete auch Ulrike Meinhoff, die als Journalistin für die Hamburger Zeitung »Konkret« schrieb. Später schloss sie sich den beiden an und sie gründeten zusammen die terroristische Orga-

nisation RAF - Rote-Armee-Fraktion. Baader und Ensslin erhoben aus politischen Gründen gegen das Urteil Einspruch. Beide blieben vorläufig auf freiem Fuß und versteckten sich schnell in den konspirativen Wohnungen der Sympathisanten. Erst im Jahre 1970 gelang es zufällig der Polizei, Baader zu fangen. Er wurde nach Berlin transportiert, wo er die Gefängnisstrafe im Gefängnis Tegel antrat. Er benahm sich gut, deshalb bekam er von der Gefängnisleitung die Erlaubnis, das Deutsche Zentralinstitut für soziale Fragen zu besuchen, wo er sich die literarischen Einträge über die Jugendkriminalität anschauen wollte. Zusammen mit Ulrike Meinhoff arbeitete er angeblich an einem Buch über die Straftaten von Jugendlichen. Am 14. Mai 1970 während seines Besuchs wurde das Institut durch eine Gruppe maskierter Menschen überfallen, die mit gezielten Schüssen die zwei Polizisten ausschalteten, die Baader begleiteten. Beim Schusswechsel wurde ein Angestellter des Instituts schwer verletzt. Im allgemeinen Durcheinander konnte Baader mit den von Ulrike geführten Komplizen durchs Fenster fliehen und in der Berliner Unterwelt verschwinden.

Kurz nachdem Jozef weggegangen war, rief Thomas in Berlin Greiner an. Peter besorgte ihm im Hinterhof der Kochstraße eine Untermiete in einer Einzimmerwohnung in der Nähe der Mauer. Es war Ende August und das neue Studienjahr begann erst in einem Monat. Er bewarb sich an der Freien Universität in Berlin. Peter hatte gute Kontakte zur Studienabteilung, so kam die Antwort aus Berlin nach Neuwied sehr schnell. Sie haben ihn darüber informiert, dass die Immatrikulation für das erste Semester im Studiengang Politologie und Soziologie am 1. Oktober stattfindet. Er entschied, so schnell wie möglich nach Berlin zu fahren. Im September wollte er schon in Berlin sein und die Studentenbewegung, die nach dem Weggang von Rudi Dutschke ins Ausland deutlich geschwächt wurde, wiederbeleben. Nach seiner Ankunft in Berlin nahm er sofort Verbindung zu den radikalen Studenten auf, die er noch von gemeinsamen Zusammenkünften während seines Studiums in Bonn gekannt hatte. Seit der Auflösung der SDS wurden die Studentenaktivitäten reduziert. Studenten widmeten sich mehr ihren Mitstudentinnen. Ihre bis dato nicht wahrgenommenen Miniröcke erweckten das Interesse einiger Revolutionäre mehr als die hellen Gedanken des Marxismus. Die Revolutionsenergie verwandelte sich allmählich in die sexuelle oder Rock'n'Roll-Energie. Thomas fühlte sich immer verlassener und nicht anerkannt. Er ertappte sich bei dem Gedanken, dass er sich auch die Haare wachsen lässt wie ein Anhänger der Beatles, um den Mädchen zu gefallen.

Im Fernseher lief gerade die »Dalli-Dalli-Show« mit dem bekannten Moderator Hans Rosenthal. Thomas trank Bier, das er mit billigem Wodka »einbrannte«, als jemand eilig an die Wohnungstür pochte.

„Was ist, brennt es?", rief er und schlenderte langsam zur Tür. Das Pochen nahm an Stärke zu. Kaum wurde die Tür aufgemacht, stürzte ein unbekannter junger Mann mit dicken Augenbrauen und langen Koteletten hinein.

„Ich bin Andreas Baader. Ich bekam deine Adresse von Rudi. Ich bin aus dem Knast geflohen. Morgen versuche ich, aus der Stadt zu verschwinden. Jetzt muss ich aber übernachten. Du bist neu hier, von dir ahnt keiner etwas. Kann ich bleiben?"

„Kein Thema. Geht klar", winkte der überraschte Thomas Andreas zu, damit er hereinkommt. Er zog die Rollläden an beiden Fenstern herunter und stellte den Fernseher lauter. Andreas setzte sich auf den Küchenstuhl und zündete sich nervös eine Camel an.

„Hast du Bier?" Thomas reichte ihm eine Dose, aus der er gierig trank.

„Nimmst du einen Korn?" Andreas nickte. Thomas goss ihm ein. Andreas kippte ihn in sich hinein. Thomas deutete noch ein Gläschen an. Andreas lehnte ab.

„Ich muss nüchtern bleiben. Für alle Fälle. Vor dem Sonnenaufgang verschwinde ich von hier, du musst keine Angst haben. Wo ist dein Telefon?" Thomas zeigte auf den Kühlschrank, auf dem das Telefon stand. Andreas wählte eine Nummer. „Hallo, bist du das?... bist du okey?... bin bei einem Freund, bin auch in Ordnung. Morgen an vereinbarter Stelle. Tschüss." Andreas legte auf. Er zündete sich die nächste Zigarette an. Er war schon viel ruhiger. „Kann ich mich ein bisschen waschen?" Thomas führte ihn zur Duschkabine.

Er gab ihm ein Handtuch und Seife. Während Andreas duschte, zog Thomas die Couch auseinander und machte das Bett. Für sich legte er Bettzeug auf das Sofa in der Küche. Im Fernseher begannen die Nachrichten. Nach den Informationen über Abschlussarbeiten am Gebäude des Reichstages wurden die Nachrichten unterbrochen. Auf dem Bildschirm erschien ein Polizeibeamter, der bekannt gab, dass es Andreas Baader, dem gefährlichen Verbrecher und Mitglied der Terrororganisation RAF gelungen war, in den Abendstunden aus dem Gefängnis in Berlin-Tegel zu entkommen. Die Polizei schrieb nach dem Verbrecher eine Fahndung aus. Auf dem Bildschirm erschien ein Foto von Baader. Der Polizeibeamte kündigte eine Belohnung von 10.000 Mark an für jeden, der der Polizei Informationen über den Gesuchten mitteilen könne. Die Nachrichten wurden mit Informationen über den Verlauf der Verhandlungen der vier Botschafter aus den USA, der Sowjetunion, Großbritannien und Frankreich fortgesetzt.

Andreas kam aus dem Badezimmer sichtbar erfrischt heraus.

„Sie meldeten gerade, dass ich 10.000 Mark bekomme, wenn ich dich verpfeife“, lachte Thomas.

„Ganz schön viel Geld. Wenn die Lage nicht so ernst wäre, würde ich hier auf dich warten, bis du von der Polizei mit dem Geld zurückkehrst, wir könnten es uns teilen“, lachte schallend auch Andreas. „Na komm, schenk noch einmal ein.“ Die Jungs tranken Wodka, rauchten und leicht betrunken schliefen sie ein.

Die Sonne ging auf, als Thomas durch das Hämmern an die Tür wach wurde.

„Polizei, machen Sie auf! Hören Sie? Machen Sie sofort auf, sonst müssen wir Gewalt anwenden!“, rief die Stimme an der Tür, begleitet durch das Hundebellen. Er sprang von seiner Couch und wollte Andreas warnen. Sein Bett war aber leer. Er lief schnell ins Bad und in die Speisekammer hinter der Küche. Andreas war weg. Er bemerkte das offene Fenster, vor dem ein riesiger Kastanienbaum stand. Durch die Äste kamen langsam die ersten Sonnenstrahlen rein. Er ging zur Tür. In die Wohnung stürzte eine Spezialeinheit in kugelsicheren Westen und mit Helmen auf dem Kopf.

„Wo ist er?“, brüllte einer von ihnen Thomas an.

„Wer?“, stellte er sich dumm.

„Machen Sie keine Idioten„aus uns. Auch ein Blinder sieht, dass Sie hier zwei Betten zum Schlafen gemacht haben. Wo ist der Mann?“

„Ich weiß es nicht. Am Abend haben wir uns hingelegt und jetzt ist er weg...“ Der Hundeführer mit seinem Hund fing an zu arbeiten. Der Hund reagierte ganz nervös auf die Geruchsspuren. Die Polizisten durchsuchten die ganze Wohnung, fanden aber niemanden. Der Führungsoffizier machte das Fenster auf und es war ihm klar, dass Baader mit Hilfe der Kastanienäste flüchten konnte.

„Ziehen Sie sich an!“, befahl er Thomas. „Sie kommen mit!“

„Ich habe nichts getan, wohin soll ich gehen?“

„Schnauze und zieh dich an!!“, warf ihm der Polizist Hose und Hemd zu. Bald fuhren sie ihn in der grünen Minna zur Polizeistation in Kreuzberg. Die Räume waren überfüllt mit Türken und Schwarzen, die in Massen nach Berlin zogen und sich vor allem in Kreuzberg ansiedelten. Das Viertel war gefährlich und es versteckten sich hier viele Kriminelle, die auf der Flucht vor der Polizei waren. Der Kommissar, der Thomas verhörte, war ein durchtrainierter Fünfzigjähriger mit gefälligem Gesichtsausdruck.

„Also Sie behaupten, dass Sie diesen Menschen noch nie zuvor gesehen haben...“, lächelte er sarkastisch.

„Nein, habe ich nicht. Ich habe keine Ahnung, wer das war. Er hatte mich ungefähr eine halbe Stunde vorher angerufen, bevor er kam. Er sagte nur, dass er meine Adresse von Rudi Dutschke hatte für den Fall, dass er in Berlin eine Übernachtungsmöglichkeit suchen würde. Dutschke war mein Freund, aber seitdem er ins Ausland gegangen war, hatte ich ihn nicht mehr gesehen. Ich sah keinen Grund, warum ich dem Menschen nicht helfen sollte. Ich bin erst seit einem halben Jahr in Berlin und ich kenne hier auch niemanden...“

„War das dieser Mann?“, fragte der Kommissar und zeigte ihm eine Fotografie von Baader. Thomas nickte. „Wissen Sie, wer das ist?“ Thomas schüttelte mit dem Kopf. „Sie sind wahrscheinlich der einzige Idiot in Deutschland, der diesen Mann nicht kennt... ha-haha...“, lachte der Polizist.

„Ich kenne ihn nicht. Ich lebte vorher in Neuwied. Das ist eine kleine Stadt in der Nähe von Koblenz und dort interessieren wir uns nicht für große Politik...“

„Erzählen Sie mir nichts! Und was sagen Sie mir zu Ihrer Teilnahme an den Protestdemonstrationen gegen den Springer-Verlag?!“, wedelte ihm der Kommissar mit irgendwelchen Papieren vor der Nase. „Das hier sind Ihre Polizeieinträge, lieber Herr Ankermann. Machen Sie sich keine Hoffnung, dass die Berliner Polizei dümmer als die Staatspolizei ist. Also noch einmal. Wohin ging Baader aus Ihrer Wohnung?!“

„Ich weiß es wirklich nicht. Er sagte mir nur, dass er vor Sonnenaufgang weggehen würde, ich solle keine Angst haben. Als Sie kamen, war er nicht mehr da. Wahrscheinlich flüchtete er durchs Fenster...“

„Das hört sich schon ganz anders an. OK. Nehmen Sie einen Kaffee?“, fragte der Kommissar.

„Nein, danke.“

„Sie müssen mir nicht sagen, dass Sie keine Kontakte zur RAF pflegen, das wissen wir. Und das ist Ihr einziges Glück. Wir werden Sie noch herrufen. Versuchen Sie nicht, Westberlin zu verlassen. Alle Kontrollpunkte bekamen Ihre Fotografie. Wenn Sie versuchen würden zu fliehen, ist Ihnen der Knast sicher. So kommen Sie vielleicht noch glimpflich davon. Sie können gehen.“

Thomas verabschiedete sich und aus der ersten Telefonzelle rief er Peter Greiner an. Sie trafen sich im Café an der Ecke der Nollstraße. Er erzählte ihm, was geschehen war. Peter hatte im Kommissariat in Kreuzberg gute Kontakte aus der Zeit, als er für die »Berliner Zeitung« Reportagen schrieb. Er versprach, alles zu erfahren, was möglich sei.

Es vergingen einige Wochen. Nichts geschah und fast hätte Thomas den Vorfall vergessen. Es war zwei Tage nach dem Nikolaustag. Auf die Straßen fielen die ersten Schneeflocken. Er kam gerade vom Seminar zurück und schaltete den Fernseher an, in dem die Abendnachrichten kamen. Sie informierten über den gerade verlaufenden Besuch des Staatskanzlers Willy Brandt in Polen. Nach der Unterzeichnung des Abkommens der Anerkennung der Grenzen an der Oder und Neiße machte sich der Kanzler auf den Weg zur Gedächtnisstätte der Helden des antifaschistischen Aufstandes im Warschauer Ghetto. Geplant war, dass der Bundeskanzler den Kranz ablegt, nach dem vorgeschriebenen Protokoll die Schleife zurechtrückt und mit Blick auf die Gedächtnisstätte die Treppen langsam herabschreitet. Der Bundeskanzler legte den Kranz ab, rückte die Schleife zurecht, trat nach hinten und statt zurückzugehen, kniete er sich hin. Thomas schaute zusammen mit ganz Deutschland dieser unerwarteten Geste des Kanzlers zu. Der senkte den Kopf, kniete und sah in den Boden. In den feuchten, von Schnee durchnässten Boden. In den Boden, auf dem vor fünfundzwanzig Jahren die deutschen Soldaten die polnischen und jüdischen Verteidiger von Warschau ermordeten. Die ganze Welt verstummte vor dieser genialen Geste der Aussöhnung.

In Thomas brach etwas zusammen. Nervös zündete er sich eine Zigarette an. Er erinnerte sich an den Vater, der ihn immer zur Toleranz und Versöhnung ermahnte. Niemand ist vollkommen, niemand hat das Recht zu urteilen. Sein Kanzler kniete sich vor Polen und Juden hin. Die Kraft von Willy Brandt warf ihn völlig aus der Bahn. Er wusste, dass die Geste vielen nicht gefallen wird, aber er war mit seinem ganzen Herzen damit einverstanden. Er war stolz auf seinen Kanzler. Er schaltete den Fernseher aus und dachte nach. Über sich, über den Sinn der Politik, darüber, was er in seinem Leben noch erreichen wollte. Willy Brandt, ein Junge aus einer armen Familie, zeigte der ganzen Welt, dass auch die Deutschen eine Seele haben. Dass auch Deutschland, diese von der Welt verwünschte Nation, ihre helfende Hand denen reichen kann, mit denen sie seit ewigen Zeiten verfeindet war. Thomas hatte bei dem Kanzler eher das Gefühl, dass er um Hilfe und Vergebung bittet. Er dachte über Wahrheit und Gerechtigkeit nach. Es schien ihm so, dass man mit Liebe, Verzeihung und Verständnis mehr erreichen könne als mit Steine- und Molotow-Cocktails-Werfen oder mit dem Anzünden der Kaufhäuser und Polizeistationen.

Ihm kam in den Sinn, dass er heute noch keine Post geholt hatte. Eilig öffnete er den Briefkasten. Drinnen lag ein Brief von der Freien Universität in Berlin. Sie teilten ihm mit, dass gemäß dem neuen Gesetz über die Berliner Universität, das durch den Berliner Abgeordnetenrat verabschiedet wurde, der Student im ersten Studienjahr der Politologie Thomas Ankermann aufgrund des Verdachts auf Zusammenarbeit mit Gegnern des Staates vorläufig bis zur Beendigung der Untersuchung vom Studienjahr 1970/71 ausgeschlossen wird.

„Und es ist im A...“, stellte er lakonisch fest und begann seine leicht angebrannten Bohnen zu essen.

Kapitel 3
PREŠOV (Slowakei) 1970 - 1971

Marta hatte regelmäßig sehr starke Regelschmerzen. Die Krämpfe zogen ihr die Finger zusammen. Ihre Mutter erkannte schon immer an der anfänglichen Blässe in ihrem Gesicht, dass die Zeit gekommen ist und sie einen Majoran-Aufguss kochen musste. Auch für diese Weihnachtsferien sorgte sie für reichlich Majoran. Sie hatte in ihrem Geheimkalender notiert, wann Marta ihre Tage hatte.

„Ich sage dir, dass sie schwanger ist!!“, schrie Frau Balecka ihren Mann an, der ruhig in der Wohnung Staub saugte. Balecky arbeitete bis 1968 als Stellvertreter des Direktors im Geschäft mit Haushaltswaren. Obwohl er kein Parteimitglied war, wurde er aus der Funktion entlassen, als er ablehnte, die sowjetische Invasion als internationale Hilfe anzuerkennen. Dank der Sprachkenntnisse von Deutsch, Ungarisch und Russisch wurde er an der Rezeption des neuen Hotels »Saris« eingestellt.

„Stell dir mal vor, dass heute ein Deutscher per Fax ein Zimmer reservierte im Hotel „Es lebe die Kommunistische Partei der Tschechoslowakei“. Verstehst du das?“

„Du bist an allem schuld!“, ärgerte sich Balecka.

„Wie kann ich denn schuld sein, wenn auf dem Hoteldach ein riesiges Neonschild mit der Aufschrift „Es lebe die Kommunistische

Partei der Tschechoslowakei" angebracht wurde?! Und darunter steht mit kleinen Buchstaben geschrieben »Hotel«? Der Mensch dachte wahrscheinlich, dass die große Aufschrift der Hotelname ist..."

„Sie sollte gar nicht in eine Schule in Bratislava gehen!"

„Was sollen nur die Ausländer von uns denken?"

„Was erzählst du denn da", rief Balecka durch den Lärm des Staubsaugers. Es war ein alter, zehnjähriger ETA-Staubsauger und er machte solchen Lärm, dass diesmal sogar die Schnapsgläschen im Schrank klapperten. Das letzte Mal erzitterten sie so, als 1968 die russischen Panzer unter den Fenstern vorbei gefahren kamen.

„Der Deutsche denkt sich bestimmt seinen Teil..."

„Welcher Deutsche?"

„Der das Zimmer reservierte!"

„Du tickst nicht mehr richtig! Deine Tochter ist von einem unbekannten Mann in anderen Umständen und du zerbrichst dir deinen Kopf wegen eines Deutschen! Aber das ist deine Erziehung! Du hast ihr immer alles erlaubt, Sport, Klavier und anderen Unsinn. Wenn sie zu Hause gesessen hätte, wäre das nie passiert!"

Balecky wurde es klar, dass seine »Alte« auf Betriebstemperatur kam. Es war der Zustand, in dem die einzige Möglichkeit der Kommunikation mit der Ehefrau war, sie zu ignorieren. Er begann seine geliebte Arie »Honzik und Marenka« aus der »Verkauften Braut« zu singen. Er war Amateur-Opernsänger und wenn es nicht seine misstrauische Ehefrau gäbe, könnte er schon professionell in der Presover Operette singen. Die Ehefrau verbot ihm die Proben mit der Begründung, dass es dort zu viele junge Sängerinnen und Balletttänzerinnen gab. Um so enthusiastischer sang er bei den Hausarbeiten. Er wusste, dass sein göttlicher Gesang seine Frau in Wut versetzte. Die Opernarien waren seine winzig kleine Rache. Und er kannte ja davon ausreichend.

„Wenn es dich nicht gäbe, könnte das nie passieren. Ich war dagegen, dass sie nach Bratislava gehen sollte. Wenn sie bei uns ans Gymnasium gegangen wäre, hätte ich es geschafft, sie zu bewachen."

„Wir bleeeeiben treu, wir bleeeiben treu, uns treuuuuu...", sang Balecky die Arie so hoch, dass dagegen das Geräusch des Staubsaugers wie ein Rascheln des leichten Sommerwindes klang.

„Hör mit dem Kreischen auf! Sie ist schwanger!“

„Ich versteeehe nicht...“, zog er die Frage in Smetanas Melodie. Er wusste, dass die Frau nur auf seine Reaktion wartet, damit sie mit einer der tausend Streitigkeiten beginnen kann, die die Hauptbeschäftigung ihres ehelichen Zusammenlebens bildeten. Der Gesang des Ehemanns und das Trampeln der Nachbarskinder über ihnen gehörten zu den geprüften Mitteln, wie man sie in Rage bringen könnte.

„Genau das ist dir ähnlich, wenn es schlimm wird, dann singst du!“, sprang sie zum Staubsauger und schaltete ihn aus.

„Was ist denn?“

„Deine Tochter ist schwanger und du weißt nicht mal, von wem!“

„Woher weißt du, dass sie schwanger ist?“

„Ihre Regel verspätet sich!... Mein Gott, habe ich so etwas nötig? Und das alles nur wegen dir, du hast sie unbedingt in Bratislava haben wollen!!“

„Sie hat ein großes Talent zum Malen und außerdem, wenn sie geblieben wäre, würde sie früher oder später von dir verrückt werden.“

Balecka knallte wütend mit der Tür und ging weg. Balecky lächelte. Die Momente, wenn seine Alte mit der Tür knallte und das Haus mindestens für eine Stunde verließ, gehörten zu den wenigen Freuden in seinem Leben.

„Die Augeeeen straaaahlen, die Lippeeeeeen saaaaagen... ich habe dich geeern...“, sang er mit Freude etwas von Lehar. Die Vorstellung, er könnte Opa werden, gefiel ihm ganz gut. Marta, die auch mit der Schwester Eva aus Olomouc, wo sie studierte, zu Weihnachten angereist war, kam aus dem Geschäft zurück. Er fragte sie direkt danach.

„Ja, meine Regel verspätet sich...“

„Also bist du nicht mehr... wie man das heutzutage sagt... Jungfrau?“

„Papa, wo lebst du denn?“, mischte sich die ältere Eva ins Gespräch ein, die aus der Küche kam, wo sie das Weihnachtsgebäck backte. „Heute findest du kaum eine Jungfrau unter Fünfzehnjährigen... Und Marta ist doch schon achtzehn.“

„Und wer ist der Junge?", fragte der Vater neugierig. Marta zeigte ihm ein paar Briefe von Jozef. Der Vater beruhigte sich bei der Ansicht der Liebesbeweise des unbekannten Mannes zu seiner Tochter.

„Und heiratet er dich, wenn er erfährt, dass du schwanger bist?"

„Er hat es schon erfahren."

„Und?"

„Er wollte mich sowieso heiraten, auch ohne die Schwangerschaft. In einem halben Jahr ist er mit der Universität fertig, ich mache mein Abitur, wir werden das schon irgendwie schaffen."

„Wenn es geboren wird, könnt ihr auch bei uns wohnen." Marta reagierte nicht. „Ich weiß, ich weiß wegen der Mutter willst du nicht..."

„Ich muss zuerst die Schule beenden und anderes..."

„Was anderes?", schaute sie der Vater fragend an.

„Jojo", so nannte Marta Jozef, „würde gerne zu uns kommen und mit euch sprechen. Papi, kannst du die Mutter überreden, vernünftig zu sein? Wir haben ja schon besprochen, dass wir heiraten. Ich habe Angst, dass sie wieder einen Riesen Zirkus veranstalten wird..." Der Vater zog sie sanft an sich heran. „Zirkus wird sie eh machen, aber daran sind wir doch schon längst gewöhnt, oder?" Verschwörerisch lächelten sie sich an. „Höchste Zeit, dass ich diesen Smetana richtig einstudiere... Vielleicht erlaubst du mir dann, ihn bei deiner Hochzeit zu singen..."

Zwei Tage später reiste in Presov Jozef an. Er brachte seiner zukünftigen Schwiegermutter einen riesigen Blumenstrauß, was sie ein wenig milder stimmte.

„Der war sicherlich ganz schön teuer...", tat sie so, als wäre sie deshalb verärgert. Sie wusste nicht, womit sie die Atmosphäre vergiften sollte, also drehte sie sich mit einem Vorwurf zu ihrem Mann. „Wann brachtest du mir das letzte Mal Blumen?" Balecky war von der Vorstellung, seiner Frau Blumen mitbringen zu sollen, so geschockt, dass er kein Wort herausbrachte. Balecka war eingeschnappt, weil Marta den Vater über die Situation zuerst informiert hatte. Umso mehr übernahm sie jetzt die Initiative. Als Jozef sie um die Hand ihrer Tochter gebeten hatte, legte sie mit obligatorischem Seufzen los, sie jammerte, dass die Tochter noch nicht Abitur gemacht habe und noch soooo jung sei, das Leben habe sie noch nicht genossen. Jozef wurde im Voraus darauf gut vorbereitet und versprach wiederholt, das er sich gut um sie kümmern werde. Schließlich, obwohl noch Student, war er finanziell gar nicht so schlecht gestellt. Sein Notendurchschnitt war eine glatte Zwei, wofür er monatlich zweihundert Kronen Stipendium bekam. Dann repräsentierte er die Universität im Volleyball, wofür er weitere zweihundert bekam, und dann hatte er noch als Redakteur in der Sport-Wochenzeitung »TIP« eine halbe Stelle, wofür er noch fünfhundert bekam. Als er das der zukünftigen Schwiegermutter erklärte, hatte sie ihn gleich ernster genommen, denn sie mit ihrer dreißigjährigen Berufserfahrung als Leiterin der Lohnbuchhaltung bekam nur vierhundert Kronen mehr.

„Und wo wollt ihr wohnen?“, fragte sie.

„Darüber haben wir noch nicht gesprochen, aber wir schaffen das schon irgendwie.“

Baleckis schwiegen, nur die zukünftige Schwiegermutter seufzte ab und zu und wischte sich die gespielte Träne weg. Die Vorstellung, dass die ältere Tochter eine ernste Beziehung in Olomouc hat, die jüngere heiraten wolle und sie, wie es scheint, allein mit ihrem Mann in Presov bleiben würde, machte sie traurig.

„Marta ist vor anderthalb Monaten achtzehn geworden... ich möchte nicht, dass sie mit einem Bäuchlein heiratet. Es müssen nicht alle mitkriegen... Sie wissen, wie das hier im Osten läuft...“, dachte Balecka nach.

„Ha-ha-ha...“, lachte Balecký. „Was werden wohl die Menschen denken, wenn ein achtzehnjähriges Mädel vor dem Abitur heiratet?“

Balecka dachte über etwas nach und dann kam es aus ihr heraus. „Ich habe einen Bekannten, den Pfarrer in Stary Smokovec. Dort gibt es eine wunderschöne historische Kirche. Dort habe ich deinen Vater auch geheiratet...“

„Dazu sollten wir vielleicht auch Marta befragen“, fügte Balecky hinzu.

„Wir hätten es sehr... sehr gern, wenn die Hochzeit in der Kirche stattfinden würde. Also auch in der Kirche...“, betonte Martas Mutter stärker.

„Für meinen Vater könnte es vielleicht ein Problem sein, aber hoffentlich kann ich ihn überzeugen...“, dachte Jozef nach.

„Eine Hochzeit beim Amt ist nur eine Pflichtzeremonie, aber die Kirchentrauung bleibt fürs ganze Leben. Es bedeutet uns sehr viel“, wiederholte Balecka.

Die Kirche der Heiligen Jungfrau Maria in Smokovec war eher eine größere Kapelle. Einen Termin für die Hochzeit in dem historischen Gebäude zu bekommen, war nicht einfach. Der Hauptgrund, warum hier im Vergleich zu anderen Kirchen so viele Hochzeiten stattfanden, war einfach. Es war die Lage der Kirche. Sie befand sich versteckt hinter dem riesigen Amphitheater, geschützt vor neugierigen Augen. Und der Pfarrer war diskret und verständig. Eine Hochzeit in der Kirche in den Zeiten der massenhaften Überprüfungen der Mitglieder der Kommunistischen Partei zu haben, das erforderte auch gewaltigen Mut.

Für Jozefs Vater war die Mitgliedschaft in der Partei eine existenzielle Frage. Er war Beamter. Er wusste, was mit seinen Kollegen passierte, die es auch nachträglich abgelehnt hatten, die »internationale Hilfe der Sowjetunion und der Staaten des Warschauer Vertrages« zu unterschreiben. Alle wurden in andere Bereiche verwiesen: in die Produktion, in die Lagerwirtschaft oder in die Landwirtschaft. Nicht dass er Angst hätte vor körperlicher Arbeit, er kam aus Kysuce, einer Region, wo das Leben nicht einfach war. Er hatte deswegen Angst, weil bei seinen drei Kindern, wenn er aus der Partei ausgeschlossen würde, das Gehalt sich um die Hälfte verkleinern würde. Sie müssten aufs Land ziehen und sich um einen Garten bemühen, damit sie überleben könnten. Der Sohn müsste kurz vor dem Ende sein Studium unterbrechen. Als Jozef ihm mitgeteilt hatte, dass Balecki eine Hochzeit in der Kirche wünschen, runzelte er die Stirn und schwieg.

„Verdammte Arschlöcher!“, schmiss Balazs Vater die Tageszeitung »Pravda« auf den Tisch, die auf vier Seiten mit einer fingergroßen Überschrift einen Artikel mit dem Titel „Lehren aus der Krise nach dem XIII. Parteitag der Kommunistischen Partei der Tschechoslowakei“ brachte. Das neostalinistische Dokument, inspiriert von Bilak, Indra, Jakesch und anderen ultrakonservativen Kommunisten, brachte eine Welle von Debatten in der ganzen Tschechoslowakei. Bei Sitzungen der Kommunistischen Partei, der Gewerkschaften, der Jugendverbände, der Anglervereine, der Schriftstellerverbände und bei jedem, der irgendwo organisiert war (das waren ja im Prinzip alle), mussten die Bürger für diesen „Fetzen Papier, mit dem man sich nicht mal den Hintern wischen würde“, wie der Vater von Balaz zu sagen pflegte, ihre Hand heben. „Die Lehren aus der Krise“ wurde durch Moskau inspiriert und die Ultrakonservativen in der Führung der Kommunistischen Partei formulierten ein Dokument, das nicht nur das Leben der Mitglieder der Partei, sondern das Leben aller tschechoslowakischen Bürger diktierte. Ein neostalinistisches Dokument, das die Gedanken der Freiheit aus Dubceks Zeiten für die nächsten Jahrzehnte nicht mehr zu Taten werden ließ.

„Sie haben mich jetzt genug erniedrigt und erpresst. Mein ganzes Leben halte ich den Mund und füge mich, krümme meinen Rücken und gebe nach. Nur deshalb, weil ich wollte, dass du, Gita und Katarina gut leben, studieren, heiraten und glücklich sein könnt. Zum Teufel mit einem solchen Leben...“ Der Vater vergrub sein Gesicht in den Händen. Jozef schien es, dass in seinen Augen Tränen flossen. „Gestern habe ich ein Formular ausgefüllt und angegeben, dass ich mit der Religionsfrage ausgeglichen bin. Sie denken, wenn sie die Menschen dazu zwingen, in die Partei einzutreten, und ihnen verbieten, in die Kirche zu gehen, hört der Mensch auf zu glauben. Mein ganzes Leben lang hoffte ich, dass sich dies einmal ändert. Dass diese debilen Bilak-Anhänger, die dumm wie Stroh sind, endlich verschwinden und wir anfangen können, wie Menschen zu leben. Kannst du dir vorstellen, dass ich fünfzig bin und noch nie in meinem Leben hinter den Grenzen war, außer einmal in Budapest und Krakau? Meine ganze Jugend lang träumte ich davon, dass ich reisen werde...“ Jozef hörte zu. Noch nie zuvor sprach der Vater so offen mit ihm. Erst jetzt wurde ihm bewusst, wie er seelisch litt. „Sie haben Mraz, Schnajder, Pohanka entlassen..., die besten Leute. Zum Direktor ernannten sie den Mann, der bei uns Nachtwächter war. Nur weil er in der Partei, aus der Ostslowakei und mit Bilak bekannt ist. Wieder werden wir erniedrigt und gedemütigt.“ Er holte tief Luft. Plötzlich stand er energisch auf. „Nein, ich möchte nicht mehr ausweichen. Wenigstens nicht in Sachen, die meinen Kindern wichtig sind. Sag Martas Eltern, dass die Hochzeit in der Kirche stattfindet, auch wenn sie das als Beweis meiner nichtsozialistischen Denkweise benutzen sollten..." Dann umarmte er seinen Sohn. „Wann ist es soweit?"

„Martas Mutter hat den Termin für den letzten Januarsamstag festgemacht."

„Ich frage nach dem Geburtstermin meines Enkels...", lachte der Vater. „Du bist der letzte Balaz, du musst einen Sohn bekommen... Letzter Januarsamstag? Das ist doch schon in einem Monat." Jozef lächelte. „Was sagt die Mama?"

„Die weiß es schon, aber sie traute sich nicht, dich zu der Hochzeit in der Kirche zu überreden. Vater, ich wollte dir sagen, dass ich dich sehr achte und dass... dass ich dich lieb habe..."

Die Hochzeitsfeier fand im »Haus der Slowakischen Schriftsteller« statt, das zwar von der Kirche zwei Kilometer entfernt war, aber weniger kostete als das Hotel »Bellevue«, das die Schwiegermutter vorgeschlagen hatte. Jozefs Vater kannte den Direktor des Literarischen Vereins. Als klar war, dass man auch zwanzig Betten für die Gäste aus Bratislava reservieren konnte, war die Entscheidung gefallen.

Die Musikgruppe Marina, die Martas Vater gegründet und geführt hatte, gab ihr Bestes. Im kleinen Aufenthaltsraum gab's fast keinen Sauerstoff mehr und draußen herrschte kalte Tatraluft mit minus zehn Grad. Die Nichtraucher zeigten Mitleid und schickten die Raucher nicht mehr auf die kleine Terrasse. Im Saal war so viel Qualm, dass Jozef kaum Winter gesehen hatte, der hinter der Glastür erschienen war und gewunken hatte. Schon wieder dieser Winter... Er gestikulierte ganz dringlich, dass Marta und Jozef, die zusammen am Tisch saßen, zu ihm rauskommen sollten. Die frisch Vermählten schauten sich überrascht an.

„Entschuldigt, ich wollte nicht stören, aber ich habe von eurer Hochzeit erfahren. Ich wollte euch nur gratulieren... Ich bin gerade zu Hause, in Kezmarok, und so war es nur ein Katzensprung..." Jozef dachte daran, dass Winter Cuki, Dezo und Brblosch gesehen haben musste, wie sie sich im Saal amüsieren. Ihn selbst hatten sie nicht eingeladen. Es herrschte peinliche Stille. „Ich wünsche euch viel Glück und alles, was ihr euch wünscht...“, drückte er ganz unnatürlich aus sich raus und wie gewöhnlich schwitzte er ganz stark. „Ich habe mir erlaubt... als Geschenk...“ Er holte aus einer großen Folie ein noch in Papier verpacktes Gemälde. Er zerriss das Papier. Zum Vorschein kam ein altes Ölgemälde von einer Kirche mit einem Glockenturm. Das Bild drückte er Marta in die Hand und beobachtete ihre Reaktion.

„Das ist Podolinec...“, sagte sie überrascht.

„Ja, Podolinec. Ich erinnerte mich, dass du mir damals bei unserem ersten Tanz...“, die Stimme versagte ihm leicht, „entschuldigen Sie, damals haben Sie mir gesagt, dass sie aus Podolinec stammen. Ich hoffe, es wird Ihnen gefallen...“

Marta konnte ihre Überraschung nicht verstecken. „Danke, danke schön... Sie haben mir wirklich eine große Freude gemacht.“ Sie küsste Winter spontan auf die Wange. Jozef beobachtete sie und verspürte ein ungutes Gefühl. Das verstärkte sich noch, als Winter Marta eine Frage stellte, deren Bedeutung er erst viele Jahre später begriffen hatte. „Entschuldigt bitte, ich muss jetzt gehen. Was ich Sie noch fragen wollte... war Ihr Vater früher mal der Postmeister von Podolinec?“

„Ja. Im Slowakischen Staat und dann noch kurz nach dem Krieg...“

„Ja, ja... danke schön. Also viel Glück zusammen...“ Freundlich klopfte er Jozef auf die Schulter. „Bis jetzt warst du mir immer einen Schritt voraus.“ Marta ging ganz erfreut zu ihrem Vater, um ihm das Gemälde zu zeigen. Jozef schaute lange die Tür an, hinter der Winter verschwand. In seinen Ohren klangen die Worte „bis jetzt“ lange nach.

Kapitel 4
KOMSOMOLSK AM AMUR 1971

Die Wirtschaftskrise in der Sowjetunion verschlechterte sich stetig. Nach den offiziellen Statistikwerten ging es den Russen und anderen Bürgern der Sowjetunion gut. Niemand aber glaubte den Statistiken, jeder wusste, dass auch auf dem letzten Arbeitsplatz betrogen und gelogen wurde. Da die Leute sahen, dass die »oben« sich ohne Bedenken bedienten, betrogen sie selbst auch. Obwohl Chruschtschow schon längst auf der historischen Müllhalde gelandet war, galt immer noch sein Motto: »Den Kapitalismus überholen ohne einzuholen«. Während in Amerika fünf Prozent der Bürger aktiv in der Landwirtschaft arbeiteten und es schafften, die ganze Nation zu ernähren und noch eine Menge an Getreide, Gemüse und Obst für den Export zur Verfügung zu stellen, war in der Sowjetunion ein Viertel der Bevölkerung in der Landwirtschaft tätig und konnte nicht einmal sich selbst richtig ernähren. Bei den staatlich subventionierten Preisen war es unmöglich, jegliche Effektivität zu erreichen. Die Philosophie der Zugänglichkeit von Grundnahrungsmitteln für alle führte dazu, dass das Brot billiger war als das Getreide, aus dem es hergestellt wurde. Die Bauern kauften natürlich viel mehr Brot, als sie für sich selbst brauchten. Sie fütterten damit ihre Schweine. Die Folge davon war, dass das Brot in den Städten nur in den frühen Morgenstunden in die Geschäfte kam und zu Mangelware wurde. Vorteilhaft für Sowjetbürger waren die privaten Unternehmen, die vom Staat geduldet wurden, weil die Arbeitsproduktivität in diesen um Einiges höher war als bei den staatlichen Betrieben oder bei den Kolchosen.

Die Landwirtschaftsmaschinen waren oft kaputt, nicht selten wurden die Maschinen schon ab Werk funktionsuntüchtig ausgeliefert. Betrug, Diebstahl und Verschleierung waren ein geläufiger Teil des Lebens von vielen Bürgern des ersten Landes des Sozialismus. Die Zeitung »Ekonomitscheskaja Gaseta« informierte darüber, dass von zehntausend im Werk Chirovskaja hergestellten Musikinstrumenten neuntausend kaputt waren, obwohl sie durch die Endkontrolle gekommen waren. Für 133.000 Fernseher, die im Jahr in Moskau verkauft wurden, fielen 315.000 Reparaturen an. In der Mitte der siebziger Jahre kamen auf tausend Bewohner der Sowjetunion 25 Autos, bei tausend Amerikanern waren es 600. Die Unterschiede in der Qualität der Fahrzeuge erwähnten die streng geheimen Statistiken, die nur die höchsten Vertreter der Partei und des Staates lesen durften, gar nicht. In der Mangelwarengesellschaft blühte natürlich die Korruption. Die einzigen Bereiche, in die investiert wurde, waren die Armee und der sogenannte militärisch-industrielle Komplex, der in Chruschtschows Zeiten von ihm als »Metallfresser« bezeichnet wurde. Für diesen Komplex arbeiteten 10 Ministerien und ungefähr 50 Millionen Menschen.

Dank der billigen, staatlich subventionierten Flugtickets wurde die sowjetische Gesellschaft Aeroflot zur größten Fluggesellschaft der Welt. Natürlich nicht im Umsatz, sondern in der Zahl der Passagiere. Das Flugticket von Komsomolsk am Amur über Wladiwostok nach Kiew und Moskau kostete 18 Rubel. Ein Flugticket zu besorgen war aber für einen einfachen sowjetischen Bürger äußerst schwierig.

Sascha lebte seit zwei Jahren mit Ehemann Michail und Sohn Josif in Komsomolsk am Amur. Außer Kiew hatte sie bis zu dem Zeitpunkt keine größere Stadt gesehen. Sie kannte nur Mukatschewo, Uschgorod und Irschava, welches sie für das größte »Kaff« hielt, das sie je gesehen hatte. Komsomolsk am Amur übertraf auch die schlimmsten Befürchtungen. Sie hatte noch Glück, dass ihr Mann Berufsoffizier der sowjetischen Armee war. Dank dessen und dank der billigen Flugtickets konnte sie zweimal im Jahr nach Hause in die Ukraine fliegen.

Obwohl sie nach ihren Erfahrungen aus Kiew und der Tschechoslowakei die Armee in ihrem Inneren hasste, tröstete sie sich mit dem Gedanken, dass es doch Vorteile hatte, die Ehefrau eines Majors der sowjetischen Armee zu sein. Nach der Ankunft in Komsomolsk bekamen sie eine Zweizimmerwohnung, was für diese Zeiten ein Traum war. Es störte sie auch nicht, dass sie sich die zwei Zimmer, das Bad, die Toilette und Küche mit der Familie von Major Kusma, die auch zur gleichen Zeit wie die Obickis in den fernen Osten kam, teilen mussten. Ein Zimmer gehörte den Eheleuten Kusma, die zum Glück kein Kind hatten, das zweite bewohnten die Obickis. Die Männer waren während der Woche bei ihren Einheiten und nach Hause kamen sie nur am Wochenende. Sie verließen sich aus unbekannten Gründen darauf, dass auch die chinesische Armee am Wochenende frei hatte. Sascha schloss mit Natalija, der Frau von Major Kusma, Freundschaft. Natalija arbeitete in der Bezirksbibliothek als Bürofrau für 90 Rubel im Monat. Sascha war mit dem kleinen Josif zu Hause und verdiente ein wenig dazu, indem sie in Deutsch Nachhilfestunden gab. In diesem vergessenen Kaff besuchten sich vor allem die Ehefrauen der Offiziere, von denen viele darauf hofften, dass einmal vielleicht ihre Ehemänner zur GSVG (Gruppe der sowjetischen Streitkräfte in Deutschland) abkommandiert werden. Diese war eine mehr als eine halbe Million starke Besatzungsarmee in der Deutschen Demokratischen Republik. Seit dem Jahr 1968 wurde die Tschechoslowakei zum zweiten Traum von sowjetischen Offiziersfrauen. Sie hofften fest darauf, dass die sowjetischen Armeen in diesen zwei Ländern so lange wie nur möglich bleiben.

Kaum eine Woche nach dem Einzug in das Objekt des Armee-Wohnhauses kam ein Milizangehöriger, der für dieses Haus verantwortlich war, um sich vorzustellen. Mit allen Problemen sollten sie sich an ihn wenden. Das bedeutete u.a., die Nachbarn anzuzeigen, bei denen die Gefahr der antisowjetischen Tätigkeit bestand. Sascha konnte sich zwar gar nicht vorstellen, welche antisowjetische Tätigkeit sich im Fernen Osten hinter dem Rücken der sowjetischen Staatsführung entwickeln könnte, aber sie war sicherheitshalber vorsichtig. Außer mit Natalija hatte sie zu den anderen Nachbarn kaum Kontakt. Die Menschen vertrauten sich nicht. Mit den anderen sprach sie nur bei gelegentlichen Zufallstreffen oder bei verschiedenen Arbeitseinsätzen.

Die Ehefrauen der Offiziere nahmen mit den Angehörigen der Intelligenz oft an verschiedenen solchen Einsätzen teil. Nach der offiziellen Propaganda lebte die Intelligenz von der Arbeit der Arbeiter und Bauern, deshalb war es ihre moralische Pflicht, ihnen zu helfen. Der größten Beliebtheit erfreuten sich die Kartoffelernten. Nicht nur deshalb, dass die Intelligenz ein wenig an der frischen Luft verweilen konnte, sondern auch deswegen, weil man bei minimalem Geschick zu schönen Kartoffeln kommen konnte. Als Sascha das erste Mal daran teilnahm, merkte sie, dass die Blecheimer, in die sie die Kartoffeln sammeln sollten, löchrig waren.

„Warum haben die Eimer Löcher?“, fragte sie den Brigadeleiter.

„Sie sind das erste Mal im Kolchos, nicht wahr?“ Sascha nickte. „So kann sie keiner klauen“, sagte der Leiter lakonisch und verteilte unter ihnen die Plastiktüten. Als die sogenannte »Intelligenz« begann, die Kartoffeln zu ernten, merkte jemand, dass unweit von ihnen die spazieren gehenden Genossenschaftlerinnen sie überwachten.

„Das hatten wir in den vorherigen Jahren nicht“, bemerkte Professor Lebedew, der Vorlesungen am Institut für Geophysik hielt. „Es ist eine schlechte Ernte, so haben sie Angst um jede Kartoffel.“

Die Tatsache, dass sie überwacht werden, verstanden die Helfer als eine Herausforderung dazu, die Wächterinnen zu überlisten. Die Menschen mussten zum Feld mit den eigenen Autos kommen und niemanden schien es zu interessieren, dass die meisten keine besaßen. So vermuteten viele auch nicht, dass sie kontrolliert würden.

„Passt auf. Die Säcke, die ihr aus dem sozialistischen ins private Eigentum überführen wollt, also nach Hause mitnehmen wollt“, belehrte Professor Lebedew lächelnd die weniger erfahrenen Kollegen, „müsst ihr vorher auf die Waage stellen, damit sie nicht mehr als 20 Kilo wiegen. Bis zwanzig Kilo ist es nämlich nur eine leichte Straftat mit einer Strafe von 10 Rubel, was dann den Preis von 50 Kopeken pro Kilo ausmacht und sich immer noch lohnt. In keinem Fall sollten die Parteimitglieder die Säcke mitnehmen. Wir hatten schon Fälle, dass sie danach auch aus der Partei ausgeschlossen wurden.“ Nach der Information des Professors gab es kaum jemanden, der nicht einen vollen Sack in sein Auto gelegt hatte. Den Genossenschaftlerinnen, die die Ernteübernahme machten, kam die Menge der abgegebenen Kartoffeln verdächtig vor und sie scheuten sich nicht, die Miliz zu rufen. Obwohl keiner der Säcke mehr als zwanzig Kilo wog, wurden von den Milizionären zwei Säcke für sich selbst konfisziert und für die anderen setzten sie Geldstrafen fest. Ein paar Kilo bekamen dann auch die Genossenschaftlerinnen. Für die Endverbraucher blieb praktisch nichts übrig.

Die vor dem Hauseingang sitzenden »Babuschkas«, die bis zu den Ohren in die warmen Wintermäntel eingepackt waren, riefen wegen der Brigadeteilnehmer völlig umsonst die Miliz. Nach dem Vorweisen der Quittung der Geldstrafe war die Sache für alle erledigt.

Das Zusammenleben mit den Kusmas ging allmählich von der anfänglichen Toleranz zu täglichen Auseinandersetzungen über. Nachdem sich die Lage an der sowjetisch-chinesischen Grenze aber entspannt hatte, stieg die Spannung in der gemeinsamen Wohnung. Beide Majore waren öfter zu Hause und tranken natürlich oft zusammen. Ein betrunkener Mensch neigt öfter zu Streit und Vorwürfen als zu einer ruhigen Debatte. Um so eher, wenn er von der eigenen Ehefrau noch mehr dazu angestiftet wird. Sascha merkte, dass Natalija allmählich anfing, eigenes Essen im Kühlschrank in Folie zu packen, auf der Toilette lagen plötzlich statt Toilettenpapierrollen nur geschnittene Zeitungsstücke, die gewaschene Wäsche, die bis dahin über dem Herd in der Küche trocknete, wurde immer öfter noch feucht runtergehangen. Major Kusma machte Major Obicki gegenüber Andeutungen, dass Natalija das Gefühl hatte, als ob manche Sachen inklusive des Essens aus dem Kühlschrank verschwinden würden. Es war völlig ausgeschlossen, dass der dreijährige Josif sich aus den Töpfen der Nachbarin bedienen würde.

Natalija suchte immer öfter nach Streitgründen. Sascha unterrichtete auch die Ehefrau des Leiters der Fleischerei von der Nachbarstraße in Deutsch. Deshalb bekam sie schönes Fleisch, während den anderen Käufern automatisch in die Zeitungen, in die damals das Fleisch eingepackt wurde, auch Knochen mitgegeben wurden. Eines Tages fand Sascha in der Ecke des kleinen Bades einen kleinen Kühlschrank. Natalija teilte ihr lakonisch mit, dass sie ihre Sachen im eigenen Kühlschrank aufbewahren würde. Sascha nahm es still zur Kenntnis, genauso wie sie die Vorhaltung nicht kommentierte, dass immer mehr von ihren Einkochdeckeln verschwinden würden. Flaschen gab es genügend, aber die Einkochdeckel im Fernen Osten zu besorgen war schwieriger, als die Chinesen vom Ussuri-Fluss wegzutreiben.

Das Fass war am Überlaufen, als Natalija – angeblich ohne Absicht – den neuen Teppich der Obickis mit Tinte begoss. Der Bürger, der in Komsomolsk am Amur einen neuen Teppich besorgen konnte, erlebte Gefühle, die vergleichbar waren mit dem Stolz nach dem Flug von Jurij Gagarin ins Weltall oder nach dem erfolgreichen Besorgen von Orangen. Sowjetbürger hatten selten Gefühle von Stolz. Sascha flossen die Tränen auf den unbrauchbar gewordenen Teppich. Sie erinnerte sich daran, wie sie zu dem schönen Stück gekommen waren. Sie hatte Glück, dass ihr Ehemann ein Soldat war, aber schließlich waren fast alle Bewohner von Komsomolsk Armeeangehörige. Sie hatte vor allem Glück, dass ihr Vater zu den Kriegsveteranen gehörte. Die hatten in der Sowjetunion viele Vorteile. Sie mussten nicht in den Schlangen vor den Restaurants warten, was aber kaum jemand nutzte, da die Kriegsveteranen kaum Geld dafür hatten. Sie mussten aber auch für die Grundnahrungsmittel nicht anstehen. Ironischerweise sagten sie dann unter sich: dafür hat es sich gelohnt im Zweiten Weltkrieg gekämpft und gesiegt zu haben. Für extrem schlecht zugängliche Mangelwaren bildeten die Veteranen eigene Schlangen. Sie mussten nur den Veteranenausweis des Großen Vaterländischen Krieges vorlegen. Einer der Vorteile war auch die Möglichkeit, einen Antrag auf bestimmte Mangelware stellen zu dürfen.

Als die Obickis 800 Rubel gespart hatten – so viel kostete der Teppich, den sich Sascha im Zentrallager für Haushaltswaren ausgesucht hatte – füllte sie den Antrag im Namen ihres Vaters, des Kriegsveteranen, aus. In einen speziellen Rahmen schrieb sie seine Ausweisnummer. Nach drei Monaten kam die Benachrichtigung, dass der Teppich im Lager ist und abgeholt werden kann. Ihr Mann nahm extra für diesen Anlass einen Urlaubstag, weil er den Moment nicht verpassen wollte, wenn im Zimmer der neue Teppich ausgerollt werden würde. Bei der Ankunft im Lager legte Sascha mit zitternder Hand die Benachrichtigung der Verkäuferin vor. Sie gingen in den hinteren Teil des Lagers, wo sie den ersehnten Teppich aussuchten. Als Sascha bezahlen wollte, wurde sie von der Verkäuferin aufgefordert, den Veteranenausweis vorzuzeigen.

„Der Veteran ist mein Vater, ich habe die Nummer seines Ausweises angegeben“, widersprach Sascha.

„Eine Nummer, meine Liebe, kann jeder angeben. Ich brauche seinen Ausweis, sonst gibt es keinen Teppich.“

„Aber mein Vater lebt in der Karpato-Ukraine, fünfzehntausend Kilometer von hier entfernt...“

„Dann sollten Sie ihm schreiben, dass er Ihnen den Ausweis zuschickt.“

„Den braucht er aber täglich bei sich. Ohne ihn würde er nicht einmal Brot bekommen. Sie können es doch über die Armeeverwaltung nachprüfen.“

„Dafür haben wir hier keine Zeit. Stellen Sie den Teppich dorthin, wo Sie ihn hergeholt haben!“, sagte die Verkäuferin in einem Ton, den Menschen haben, die Entscheidungen über etwas treffen können. Sascha stand hilflos da. In dem Augenblick überkam Major Obicki eine für ihn ungewöhnliche Wut.

„Zum Teufel, du verdammte blöde Kuh, du lehnst es ab, einen beschissenen Teppich der Tochter eines Helden des Großen Vaterländischen Krieges, der Berlin befreit hatte, zu verkaufen?! Rufen Sie sofort den Geschäftsführer!!“ Sascha sah ihren Mann an und kam nicht aus dem Staunen heraus. Der Verkäuferin knickten fast die Knie weg. Aus Angst machte sie ihnen sogar die Tür auf, was die erste höfliche Geste gegenüber einem Kunden war, die Sascha bis dato erlebt hatte. Die Verkäuferin entschuldigte sich und flüsterte ihr ganz leise zu: „Wenn Sie ihn wieder verkaufen wollen, gebe ich Ihnen gleich um die zweihundert Rubel mehr...“ Major Obicki schlug ihr fast die Tür an den Kopf.

Sascha saß im Wohnzimmer über dem Teppich, aus dem sie erfolglos versuchte, den schwarzen Tintenfleck rauszukriegen. Sie machte sich Vorwürfe, dass sie Natalija den Schlüssel vom Wohnzimmer gab, damit sie fernsehen können, wenn Obickis nicht da sind. Tränen der Hilflosigkeit flossen ihr die Wangen runter. Auch die Kriegsveteranen hatten den Anspruch auf einen Teppich nur einmal in zehn Jahren. Was ist denn das für ein Leben? Ihr Blick fiel auf den kleinen Josif, der mit einem Holzzug auf dem beschädigten Teppich spielte. Er war ihre einzige Freude an diesem vergessenen Ende der Welt. In welcher Gesellschaft wächst ihr Junge denn auf? Was für ein Leben erwartet ihn in einem Land, wo es Probleme macht, Brot, Teppich, Toilettenpapier oder Butter zu besorgen? Sie streichelte dem Jungen übers Köpfchen. Er bekam langsam die Gesichtszüge seines Vaters, an den sie sich immer weniger erinnerte.

Mit ihrem Mann Michail bemühte sie sich um ein gemeinsames Kind, aber es gelang ihnen irgendwie nicht. Sie schenkte sich ein Glas Wodka ein und trank es mit einem Zug aus. Es war Mittwoch und bis Freitagabend, wenn der Ehemann kommt, war noch viel, viel Zeit. Sie dachte darüber nach, wie sie in dieser Stadt, in diesem Haus weiterleben, wie sie mit Natalija umgehen soll, als sie in der Tür den Schlüssel hörte. Natalija. Sie entschied sich, ihr direkt zu sagen, dass sie einen neuen Teppich besorgen solle. Die Schritte aus dem Flur gingen aber nicht in das Zimmer der Kusmas, sondern zu ihr. Die Tür ging auf und in der Tür stand Michail voller Heiterkeit. Sascha sprang auf und drückte ihn fest.

„Mischa, Mischenka, wo kommst du denn her?!“

„Du hast geweint?“, schaute er sie fragend an. Sie nickte.

„Warum? Ist etwas passiert??“

„Ach, Mischa, Mischenka, wenn du nur ahnen würdest... es passierte... ich will nicht, ich kann nicht mehr hier sein... ich ersticke hier... wir gehen ein in diesem gottverlassenen Ort... Mit Natalija geht es nicht mehr. Es war vielleicht ein Zufall, aber ich denke eher, es war Absicht... schau mal...“, zeigte sie ihm den fleckigen Teppich. „Sie goss Tinte drüber...“

„Tinte?!“..., lächelte Michail, ohne etwas zu begreifen. Man konnte seine Alkoholfahne riechen.

„Du lächelst?“

„Gieß mir auch ein! Wir müssen es feiern!“

Sascha schaute ihn verständnislos an und goss dabei Wodka in zwei Gläser.

„Den kaputten Teppich feiern?“

„Feiern... das... schau mal...!“ Michail stand auf und streckte sich armeetechnisch vor ihr. „Na, siehst du etwas?“ Sascha schaute sich ihren Mann an und sah nichts. Mischa lehnte sich mit der Schulterklappe zu ihr. „Ich bin nicht mehr Major, sondern Oberstleutnant!“ Stolz streckte er sich vor ihr, aber Sascha zeigte keine große Begeisterung. „Sie haben mein Gehalt um dreißig Rubel erhöht.“

„Das ist gut“, meinte sie nachdenklich.

„Na, bleib noch einen Moment sitzen. Stehe nicht auf, du könntest dich verletzen...“ Der frischgebackene Oberstleutnant zog geheimnisvoll einen großen Umschlag aus der Tasche und holte aus dem Umschlag ein Dekret mit dem Staatsabzeichen der Sowjetunion. Der Leiter des Fernöstlichen Militärkreises Generalmajor Dolgorukow informiert ihn darüber, dass der Generalstab der bewaffneten Kräfte der Sowjetunion die Abkommandierung des Oberstleutnants Michail Obicki in den Stab der zehnten Motorschützendivision entschieden hat... direkt nach... Moskau!!!“ Sascha sah ihn verdutzt an. „Verstehst du, Sascha, wir gehen... nach... nach Moskau!!! Verstehst du jetzt?“

Sascha nahm ungläubig das Papier in die Hand und als sie die Nachricht mit eigenen Augen sah, drehte es sich vor Aufregung in ihrem Kopf. Michail schenkte wieder ein, er holte die Gitarre, zündete eine Kerze an und fing einfach so an, für die müden Seelen Bulat Okudzhava zu spielen. Osja setzte sich dazu und mit einem Lächeln im Gesicht sah er seinen Vater an. Es ging ihm gut. Immer, wenn der Vater die Gitarre holte und zu spielen begann, wusste Osja, dass der Vater einen Grund hatte, sich zu freuen. Das gab es nicht oft. Er hatte eine raue, nachdenkliche, aber sehr angenehme Stimme.

„Es lebte in der Welt ein Soldat, mutig, schön und neu, aber niemand verehrte ihn, er war nämlich aus Papier,
die ganze Welt wollte er umbauen und in ihr glücklich mit uns leben,
er musste aber im Kinderzimmer bleiben, er war doch aus Papier.“
Der Vater küsste Osja auf die kohlschwarzen Haare, streichelte die Hand seiner Frau und sang weiter.

„Er wollte für uns ins Feuer schreiten, auf den Tod hatte er sich vorbereitet. Wer würde ihn ins Feuer jagen? Er war doch aus Papier. Du willst ins Feuer? Nun, so soll es sein: Er ging mit Marschschritt...

Er verbrannte – und hatte seinen Tod für einen Fünfer – er war doch aus Papier."

Sascha schaute den Mann an, dessen Augen gerötet waren. Plötzlich hatte sie das Gefühl, in ihrem Herzen regte sich etwas, was sie in ihrer Beziehung zu Michail vorher nicht kannte. Es schien ihr, dass sie ihren Mann wirklich liebt. Sie kuschelte sich an ihn heran. Michail drückte sie beide an sich. Osja erinnerte sich nicht mehr daran, wann er die Eltern so glücklich sah. In seinen Ohren klang noch immer Okudzhavas Lied: »Die Welt wollte er umbauen und in ihr glücklich leben...«

Kapitel 5
BRATISLAVA 1971 - 1974

„Ist es jetzt soweit?", schaute der alte Balaz den Sohn an, als er mit dem Anruf bei der Krankenschwester in der Entbindungsstation fertig war. Jozef nickte. „Ein Junge?", sprang in Erwartung des ersten Enkelsohnes der dreimalige Opa auf.

„Tochter", lachte Jozef.

Der Opa musste die Nachricht erst verdauen. „Ist sie gesund?"

„Zwei Kilo fünfzig. Ein wenig klein, aber beide sind gesund."

„Gott sei Dank. Das zweite wird vielleicht ein Junge...", lachte Jozefs Vater. „Ich gratuliere, Sohnemann." „Danke, Opa... ha-ha-ha", lachten beide Männer. Die Nachricht von der Geburt der kleinen Marta raste nach Presov, Cadca, Parnica, Sternberg und Prag. Überallhin, wo die Familien Balaz und Balecky wohnten. Jozef rannte in die Klinik in der Zochova Straße, mit einem riesigen Strauß roter Rosen, die ihm eine Bekannte auf dem Markt zum günstigen Preis verkaufte. Er kam in der Klinik zu Fuß schneller an als der Trolleybus. Er drückte die Blumen der Krankenschwester in die Hand und fragte sie, ob sie seine Frau ans Fenster schicken könnte. Nach einer knappen Stunde erschien Marta am Fenster in der zweiten Etage. Sie war offensichtlich müde, aber glücklich. Die kleine Marta würde der Vater erst einen Tag nach der Geburt sehen können – wegen der Infektionsgefahr durch Besucher. Jozef wusste nicht, welche Geste des Dankes und der Anerkennung er der Ehefrau machen sollte, so kniete er sich auf den Fußgängerweg und schlug mit dem Kopf in den warmen Junirasen. Marta amüsierte sich mit den Vorbeigehenden über den verrückten »frischen« Vater.

Nach drei Tagen kam Marta in die Wohnung von Jozefs Eltern, wo sie vorübergehend bleiben sollten. Die ältere Tochter war schon verheiratet und obwohl in der Wohnung noch Jozefs jüngere Schwester lebte, konnte das junge Ehepaar in das kleine Zimmer neben der Küche einziehen. Früher war dieses Kämmerchen für die Dienstmagd vorgesehen. „Wie gut, dass das Haus noch während des Kapitalismus erbaut wurde, sonst hätte die Wohnung kein Dienstzimmer und wir hätten keinen Platz für alle“, dachte sich Jozef. Er war leicht gereizt, dass die Schwester allein ein viermal so großes Zimmer hatte, aber die Mutter meinte: „Du wolltest ein Fahrrad, jetzt musst du treten.“ Sie quetschten sich auf fünf Quadratmetern zusammen.

Beide waren mit der Schule fertig. Der Direktor der Kunstschule war sehr großzügig zu Marta. Obwohl manche Mitglieder der Abiturkommission wegen ihres Bauchumfanges mit den Köpfen schüttelten, unterstützte der Direktor sie. An einer anderen Schule hätte sie vielleicht diese verlassen müssen, aber Direktor Bagar war ein korrekter Mensch. Und Marta gehörte während der ganzen Schulzeit zu den besten Schülerinnen. Auch das Abitur bestand sie in allen Fächern mit einer Eins. Zwei Wochen nach der Übergabe der Abiturzeugnisse brachte sie eine Tochter zur Welt. Der Direktor gehörte zu den ersten Gratulierenden. Die Geburt der Tochter brachte noch einen Vorteil mit sich. Das Wehrpflichtgesetz ermöglichte in manchen gerechtfertigten Fällen, dass der Soldat seine Wehrpflicht in seinem Wohnort ableisten konnte. Dank der Tochter begann er seinen Dienst als Unteroffiziers-Absolvent der Klement-Gottwald-Militär- und Politikakademie in Bratislava. Zusammen mit ihm traten den Dienst weitere vierzig Absolventen an. Verheiratet war ungefähr die Hälfte von ihnen und Kinder hatten drei.

Durch den Umzug von Jozef war in der Kammer kein Platz für die Wiege, die die Eheleute im Keller deponiert hatten. Die kleine Marta schlief zusammen mit den Eltern auf der Matratze. Am Tag legten sie die Matratzen übereinander und sie dienten als Couch. Marta gelang es sogar, in dem engen Raum eine Kochplatte aufzustellen. Das störte die Schwiegermutter etwas, da sie sich schon gefreut hatte, in der Küche der Schwiegertochter ihre Kochkünste beizubringen. Die erfahreneren Freundinnen rieten Marta aber, gerade beim Kochen Abstand zu der Schwiegermutter zu halten. Der gemeinsame Herd wurde oft zum wichtigsten Streitpunkt. Weil Marta bis zum Ende der Wehrpflicht von Jozef bei den Schwiegereltern wohnen sollte, passte sie gut auf, dass sie zur Schwiegermutter eine gute Beziehung hatte. Jozefs Mutter versuchte eine Weile ihr Ratschläge beim Kochen zu geben, aber dann fand sie sich damit ab, dass die Schwiegertochter am besten aus ihren eigenen Fehlern lernen wird.

In der Militärakademie war die Wehrpflicht relativ erträglich. Es war jetzt drei Jahre nach der sowjetischen Invasion. Wenn vor der Invasion die meisten Tschechen und Slowaken für den Sozialismus waren, so glaubte nach der Invasion an den realen Sozialismus nicht mal mehr der letzte Hund. Vielleicht außer Bilak und ein paar ähnlich Entschlossenen, die die Menschen in das sozialistische Paradies treiben wollten, notfalls auch mit Knüppeln. Aber die meisten Tschechen und Slowaken taten so, als ob sie daran glauben würden. Sie passten sich an, nickten zu allem und verstellten sich. Die Verstellung wurde zur täglichen Norm von fünfzehn Millionen. Oder sie machten sich über die ganze Situation lustig. Wie der Kapitän Jezek, der in der Akademie die politische Schulung der Mannschaft übernahm. Zu seinem Aufgabengebiet gehörte, die Absolventen zu überzeugen, dass es für ihre Zukunft nichts Besseres gab als die Freundschaft mit der Sowjetunion und den anderen sozialistischen Staaten. „Wenn möglich, auf ewige Zeiten", pflegte er mit rätselhaftem Lächeln zu sagen. Kapitän Jezek hatte keine große Lust, die Soldaten von etwas zu überzeugen, woran er selbst nicht glaubte. Während der Seminarstunden gab er ihnen frei mit der einzigen Bedingung, dass sie den Seminarraum nicht verlassen. Kapitän Jezek ging in der Zwischenzeit zu seiner Anicka zu Besuch. Anicka war die Betriebsökonomin der pädagogischen Fakultät. Sie hatte ihre »Kammer« im hinteren Trakt des Munitionslagers. Ins Munitionslager der Klement-Gottwald-Akademie ging nie jemand, denn die Munition wurde an niemanden herausgegeben. In der Akademie studierte man, es wurde nicht gekämpft.

Bei der politischen Schulung verkürzten sich die Soldaten-Absolventen die Zeit damit, dass sie österreichisches Fernsehen schauten. Die Akademie lag wohl sehr günstig, denn man konnte den ÖRF schon mit Hilfe eines dickeren Drahtes empfangen. Dank des sexuellen Appetits von Kapitän Jezek und des österreichischen Fernsehens sahen sie die Aufnahmen des betrunkenen Breschnews, wie er beim Parteitag der polnischen Kommunisten in Warschau versuchte, das Orchester des polnischen Innenministeriums während der polnischen Nationalhymne zu dirigieren. Von der BBC, der Stimme Amerikas, dem Freien Europa erfuhren die Soldaten, Studenten und andere Bürger, was in der Tschechoslowakei wirklich los war. Die Zeit verging gewöhnlich sehr schnell, aber es gab Momente, wo man das Gefühl hatte, die Zeit bleibe stehen. Der Militärdienst war eine von solchen Situationen. Die Absolventen, die Holzbaracken bewohnten, verkürzten sich die Zeit auf verschiedene Art und Weise. Der Jurist Miki trank, der Soziologe Jan studierte verbotene Literatur, der Romantiker Elo schrieb Gedichte, Duro und Svito spielten Schach, der Karateanhänger Fero zerschlug die Bretter mit den Händen, mehrere spielten Monopoly, das Mici in die Kaserne reinschmuggelte.

Eines Abends trat der Vorsitzende des sozialistischen Jugendvereins in der Akademie, der Unteroffizier Guca, in den verräucherten Raum und warf feierlich auf das nächstgelegene Bett einen Haufen Formulare. „Jungs, eine einmalige Chance“, rief er mit seinem typischen Bratislava-Akzent. Guca war nicht verheiratet und allen war klar, dass er dank Protektion in Bratislava seine Wehrpflicht absolviert. „Bewerbungen für die Partei. Nach den Säuberungen müssen die Quoten wieder erreicht werden und Soldaten haben es einfacher. Wenn sie dann erst im Zivilleben eintreten wollen, müssen sie für euch drei Arbeiter finden, die auch eintreten. So sind die Vorschriften. Jetzt als Soldaten zählt ihr noch als Arbeiter!“ Guca sprach zu Ende und schaute die Jungs begeistert an.

„Geh damit zum Teufel“, antwortete der Karatekämpfer Fero. Die Jungs kehrten zu ihren Angelegenheiten zurück – zu Zigaretten, Büchern, Schnaps oder Kartenspielen.

„Seid nicht blöd. So eine Chance werdet ihr nicht mehr bekommen. Zum Teufel, ich tue nichts anderes, als an euer Wohl zu denken, ich kümmere mich beim Obmann der Akademie um so eine Möglichkeit und ihr...“

„Tue es bitte weg von meinem Bett!“, erhöhte Miki seine Stimme. Guca, ganz rot im Gesicht, sammelte schnell die Bewerbungen ein und verließ den Raum. Von den vierzig Absolventen trat keiner in die Kommunistische Partei ein. Im Moment noch nicht.

In der zweiten Hälfte der Wehrpflicht beschäftigte sich Jozef immer mehr damit, wie sie das Wohnproblem lösen werden. Die Mutter gab ihm klar zu verstehen, dass sie nach der Beendigung der Wehrpflicht seinen Auszug von zu Hause erwartet. Die endete im August 1973. Davor im Mai besuchte ihn ein Kommilitone von der Uni, Maros Fajnor, der als Verkaufsreferent bei Chirana Export Piestany arbeitete. Er verließ den Betrieb wegen einer anderen Stelle im Außenhandelsbetrieb in Brno. In Chirana waren sie vorläufig mit seinem Weggang einverstanden, aber nur unter der Bedingung, dass er einen Ersatz für sich findet. Was sich nicht als sehr schwierig herausstellte, denn Maros stand bei denen auf der Liste, die im Sommer 1974 eine Betriebswohnung von Chirana bekommen sollten. Jozef hielt sein Angebot fast für die Vorsehung Gottes. Er überlegte keine Sekunde. Er nahm sich einen Tag Urlaub und besuchte die Chefin der Personalabteilung in Chirana. Sie waren sich einig. Er bekam eine schriftliche Zusicherung, dass nach der Fertigstellung des Wohnhauses in der Siedlung Piestany-Sihot ihm der Betrieb die Wohnung Nummer 11 in der sechsten Etage des Wohnblocks 6a zuteilen würde.

Balaz kam nach der Wehrpflicht am Freitag, dem 31. August, nach Hause. Am Wochenende packte er seinen Koffer, in einem großen Bettlaken verstauten sie die Hochzeitsgeschenke, von denen das meiste die Kissen und Decken bildeten. Sie stopften alles, was reinpasste, in den alten Renault, mit dem der Schwiegervater aus Presov kam. Zum Glück hatte er auch einen Dachgepäckträger, also konnten sie auch Kisten mit Küchengeräten, Geschirr und Kleinigkeiten, die nicht mehr ins Auto passten, mitnehmen. Balaz hatte komische Gefühle. Er verließ für immer sein Zuhause, die Wohnung, in der geboren wurde, aufwuchs und zwanzig Jahre lebte. Die Mutter gab ihm dreihundert Kronen. Zum Glück hatte er noch Gespartes aus der Zeit, als er in der Redaktion TIP gearbeitet hatte.

Sie fuhren los nach Stara Tura, zum Sitz des Volkseigenen Betriebs (VEB) Chirana. „Mal schauen, was mir dieser Staatsbetrieb bringen wird“, dachte er, als er vor dem Haupteingang des Hochgebäudes anhielt und die Aufschrift las.

Unterkunft bekamen sie in dem Arbeiterwohnheim mit dem prunkvollen Namen »Haus der Spezialisten«. Zwei Eisenbetten und ein Kinderholzbett drängten sich auf einer Fläche von vier mal drei Metern. Es war nichts Besonderes, aber im Vergleich zur Bratislavaer Kammer war es fast luxuriös. Und vor allem waren sie hier allein. Chirana Export Piestany hatte kein eigenes Wohnheim, und so boten sie den eigenen Angestellten die Unterkunft nach der Vereinbarung mit dem VEB in Stara Tura an. Balaz begriff erst hier, was der Ausdruck »Arsch der Welt« bedeutet, mit dem sein Kommilitone Miro diesen von Gott verlassenen Ort nannte. Der hielt es in Stara Tura drei Monate aus. Er war nicht verheiratet und zog hier sehr schnell wieder weg.

Chirana Export gehörte zu dem Herstellungsbetrieb in Piestany. Die Verkaufsreferenten wie auch die Produktionsabteilung begannen den Arbeitstag um 6.00 Uhr und arbeiteten bis halb drei nachmittags. Die Referenten in den Exportabteilungen lungerten ungefähr bis 9.00 Uhr herum oder machten verschiedene administrative Arbeiten. Trotz des ständigen Aufmerksammachens auf die Tatsache, dass die Geschäftspartner in Paris, Essen oder Bern erst um neun mit der Arbeit anfangen, wurde die Arbeitsrichtlinie nicht geändert. Im Gegenteil, wenn Referenten um halb drei die Büros verließen, riefen die Geschäftspartner oft umsonst an. Wenn Balaz auf die Unsinnigkeit dieser Arbeitszeit hinwies, ließ ihm der Vorsitzende der Gewerkschaften ausrichten, dass „wir uns den Kapitalisten nicht anpassen werden!“.

Toiletten und Duschen hatten die Bewohner des »Hauses der Spezialisten« gemeinsam. Die Arbeiter von Stara Tura und ebenso die Führungskräfte in anderen Teilen der sozialistischen Gesellschaft der damaligen Tschechoslowakei zeichneten sich dadurch aus, dass sie tranken. Wenn der Mensch trinkt, »pisst« er für gewöhnlich viel und in manchen gerechtfertigten Fällen kotzt er auch. Die Toiletten und oft auch die Duschkabinen waren vollgekotzt und stanken nach Urin. Das Toilettenpapier verschwand regelmäßig und so benutzten die Balazs geschnittene Zeitungen wie die »Smena«, »Pravda« oder »Praca«. Andere Tageszeitungen gab es nicht.

An einem kalten Novembernachmittag nach der Rückkehr aus Piestany lief Marta auf die Toilette. Offensichtlich verlor sie dort die Nerven.

„Ich bitte dich, lauf mal in den Papierladen und bring bitte sofort normales Toilettenpapier. Es macht mir keinen Spaß, meinen Hintern mit dem »Zeitungsschmirgelpapier« abzureiben!“

„Aber das wird wenigstens von den Arbeitern nicht geklaut!“

„Wir werden es nicht auf der Toilette lassen, sondern auf das Zimmer mitnehmen!“

Balaz zog seine gesteppte Jacke an, seine Kapuze stülpte er auf den Kopf und nach Aufforderung seiner Frau ging er in den ersten Schneeregen raus. „Nimm einen Regenschirm mit!“

„Brauche ich nicht, ich komme ja gleich wieder.“

„Komm ohne Toilettenpapier nicht wieder!“

„Keine Angst, ich gönne deinem bourgeoisen Po die Freude...“, lachte er gezwungen.

Er wäre auch gleich wiedergekommen, wenn der einzige Papierladen in Stara Tura nicht Inventur gehabt hätte. „Es bedient Sie der nächste Laden in Nove Mesto nad Vahom“, informierte die Aufschrift auf dem per Hand geschriebenen Zettel an der Tür. Nach Nove Mesto waren es zwanzig Kilometer. Er hatte aber Glück. Der Laden war in der Nähe vom kleinen Busbahnhof. In drei Minuten fuhr der Bus nach Nove Mesto. Dort kannte er sich nicht aus, aber er erfuhr, dass es dort zwei Läden gab. Er freute sich darüber, denn seine Chance, Toilettenpapier zu bekommen, stieg um fünfzig Prozent. In den ersten Laden musste er gar nicht hineingehen, der Zettel an der Tür informierte ihn: „Toilettenpapier haben wir nicht, Lieferung wird am Montag erwartet.“ In den zweiten Laden kam er drei Minuten nach vier. Die Verkäuferin war gerade beim Schließen.

„Entschuldigen Sie, bitte, ich brauche dringend Toilettenpapier.“

„Es sind drei Minuten nach vier. Sehen Sie es nicht? Die Öffnungszeiten sind nur bis vier.“

„Ich bezahle, wie viel Sie wollen, ich brauche das Papier. Bitte.“

„Es tut mir leid, Toilettenpapier haben wir sowieso nicht, am Montag gibt es Lieferung.“

„Wo könnte ich es noch versuchen?...“

„In Piestany gibt es ein neues Kaufhaus. Sie haben bis 18.00 Uhr geöffnet.“

„Dann danke ich Ihnen“, zog er seine Kapuze fester zu. Es wurde kalt und fing an, dicht zu schneien. Der Zugbahnhof war zehn Minuten entfernt. Wenn er Glück hätte, könnte er das Kaufhaus noch schaffen. Er hatte mit dem Zug Glück. Der fuhr in zwanzig Minuten ab. Um halb sechs war er in Piestany. Er fragte nach dem Weg zum Kaufhaus. Er lief in wütender Verbissenheit hin. Das Kaufhaus war noch auf. Mit Toilettenpapier hatte er Pech. Sie hatten kein’s mehr.

„Am Montag gibt es Lieferung. Vor dem Mittag wird sie hier sein.“ Die Verkäuferin lächelte ihn nett an.

„Und Servietten habt ihr nicht? Die könnte man vielleicht auch dafür benutzen...“

„Haben wir nicht. Die sind gleichzeitig mit dem Toilettenpapier weg.“

„Was könnte man sonst statt des Toilettenpapiers benutzen? Aber es muss weich sein“, schaute er bittend die Verkäuferin an. Wahrscheinlich war er ihr sympathisch. Vertraulich blickte sie zu ihm. „Ich kaufe im Zeitungskiosk »Die Stimme des Nationalausschusses«. Die Zeitung kostet nur zwanzig Heller, ist aus fast so dünnem Papier wie Toilettenpapier und wenn sie sie schneiden, haben sie mehr davon als von einem Pack Toilettenpapier für eine Krone. Der Kiosk ist gleich um die Ecke. Aber beeilen Sie sich, sie machen auch um 18.00 Uhr zu.“

Zum Kiosk kam er kurz vor sechs, aber leider war schon geschlossen. Er kehrte zurück zum Bahnhof. Aus Piestany fuhr kein Zug mehr nach Stara Tura. Er fuhr mit dem Bus nach Nove Mesto und von dort wieder mit einem Bus nach Stara Tura. Zehn Minuten vor Mitternacht kam er halb durchgefroren in sein Wohnheim. Die Pförtnerin bereitete ihn auf das Schlimmste vor. „Ihre Ehefrau hat schon die Polizei alarmiert. Sie sind vor einem Moment gegangen. Ich rufe dort an, dass Sie gerade zurückgekommen sind. Waren Sie mit Freunden?...“, schaute sie ihn vorwurfsvoll an.

Er rannte ins Zimmer. Marta saß am Tisch. Als sie ihn sah, weinte sie vor Erleichterung. Er erzählte ihr die Geschichte mit dem Toilettenpapier. Und sie lachten überhaupt nicht. Sie schliefen sofort ein, denn sie mussten um halb fünf wieder aufstehen.

Anfang März rief ihn ein Kunde, ein Dentist aus Marseille, an, weil seine Spuckschüssel zerbrochen sei. Jozef füllte das vorgeschriebene Formular aus und bat die Abteilung für materialtechnische Lieferungen um sofortiges Liefern nach Frankreich.

„Wo lebst denn du?“, fragte ironisch Vilo Drzik, der Lieferungsleiter. „Ersatzspuckschüsseln sind erst für das dritte Quartal für die Herstellung geplant.“

„Aber der Mensch braucht die Schüssel sofort, ansonsten geht er pleite. Jeden Tag verliert er Patienten. Ihn interessieren unsere Quartalsplanungen nicht“, drängte Balaz.

„Was soll ich dir darauf antworten? Das sind die Vorteile der sozialistischen Planwirtschaft... ich verstehe dich... Weißt du was? Geh zum alten Schmalik, er hilft dir bestimmt. Aber ich habe dir nichts gesagt...“

„Wer ist Schmalik?“

„Der Leiter der Lager mit fertigen Produkten. Er hat ungefähr hundert fertige Dentalgeräte, die auf den Export nach Angola vorbereitet sind. Dort spucken sie eh auf den Boden...“

Schmalik kam schon einigen entgegen. Für eine Flasche Borowitschka-Schnaps montierte er die gefragte Spuckschüssel von einer fertigen Dentalanlage für Balaz ab. Der reiste mit ihr nach Bratislava, wo er sie für eigenes Geld verzollen ließ und nach Marseille schickte. Piestany hatte nur eine Post und er wollte nicht, dass sie im Betrieb erfuhren, dass er ein geklautes Ersatzteil an den Kunden schickte.

Wenn Balaz mit einem Kunden im kapitalistischen Ausland telefonieren wollte, musste er zuerst einen Antrag stellen, in dem genau anzugeben war, wann, mit wem und warum er telefonieren möchte. Nach dem Unterschreiben des Antrags durch den Direktor der Exportabteilung konnte er telefonieren. Die Telefonistin akzeptierte höchstens die Unterschrift seines Stellvertreters. Wenn die beiden eine Dienstreise machten, wurde einfach nicht telefoniert. Genauso funktionierte es auch mit Faxen.

Wenn er einen Text kopieren wollte, musste er zum Leiter der Spezialabteilung gehen, die eigentlich eine Betriebsfiliale der Staatssicherheit war. Die Kopiergeräte waren im Büro des Leiters eingeschlossen. Wenn der Chef der Verkaufsabteilung den Antrag unterschrieben hatte, zog der Leiter der Spezialabteilung seine Gummihandschuhe an, goss in das Gerät frische Tinte ein und lichtete die geforderte Anzahl der Kopien ab. Meistens waren die Kopien verschmiert und jeder, der sie in die Hände nahm, ging mit blauen Händen weg. Auch deshalb ließ der Leiter der Spezialabteilung die Übernahmebestätigung der Kopien vorher unterschreiben, bevor man diese in die Hände nahm.

Balaz kritisierte zusammen mit Kollegen eine Reihe von Unsinnigkeiten und bürokratischen Hindernissen, die die Arbeit kompliziert machten und verzögerten. Er beantragte einen Termin beim Direktor JUDr. Cernak, einem älteren, erfahrenen Geschäftsmann, der schon während der ersten Tschechoslowakischen Republik im Außenhandel arbeitete. Der Direktor hörte ihn an und stellte traurig fest: „Das, was Sie mir hier erzählen, ist mir völlig klar. Ich persönlich hatte schon wiederholt den Generaldirektor in Stara Tura darauf aufmerksam gemacht. Es ist ein alter Parteianhänger, der an die Stelle des erfahrenen Fachmanns Dr. Turan gesetzt wurde. Sie haben sicher von ihm gehört. Turan hätte bis heute Generaldirektor sein können, aber er verweigerte seine Unterschrift... Sie wissen schon, die Erklärung betreffs der internationalen Hilfe. Es tut mir sehr leid, Herr Ingenieur", sprach er Balaz fast väterlich an. Diesen überraschte es, dass er ihn mit »Herr« ansprach statt des gewöhnlichen „Genosse“. „Passen Sie darauf auf, was Sie sagen. Der Vorsitzende der Parteiorganisation Okruzny beobachtet jedes kritische Wort mit Unbehagen. Und... passen Sie auf, vor wem Sie Witze erzählen.“

„Kennen Sie diesen?“ Balazs Augen leuchteten und ohne auf die Antwort zu warten, holte er einen seiner Witze heraus. „Fragt der Husak den amerikanischen Präsidenten, wie viel ein amerikanischer Arbeiter verdient. Hundertfünfzig Dollar pro Woche. Und wie viel braucht er zum Leben? Fünfzig bis siebzig, antwortet der Präsident. Und was macht er mit der Differenz, fragt Husak. Das interessiert uns nicht. Amerika ist ein freies Land, antwortete der Präsident und fragte dann ebenfalls. Und in der Tschechoslowakei? Bei uns verdient ein Arbeiter ungefähr zweieinhalbtausend Kronen im Monat. Und wie viel braucht er im Monat? Wenn er zwei Kinder hat, dann mindestens dreitausend. Und woher nimmt er die Differenz? Das interessiert uns nicht. Wir sind ein demokratisches Land...“

Cernak lachte. „Danke für Ihr Vertrauen. Soweit ich weiß, sollten Sie in einem Monat die Wohnung bekommen. Es wäre schade, wenn Ihnen Okruzny Probleme machen würde...“

Jozef ging vom Termin mit dem Direktor enttäuscht weg. Er begriff, dass die Partei über dem fachgerechten Leiten des Betriebs steht. Er kam immer verärgerter und angegifteter nach Hause. Das tagtägliche Aufstehen um 4.00 Uhr verbesserte seine Laune auch nicht. Marta arbeitete in Chirana in der Werbeabteilung. Ihre tausend Kronen monatlich waren eine kräftige Unterstützung zu den tausendsiebenhundert, die die Hochschulabsolventen als Einstiegsgehalt bekamen.

Die manchmal heftigen Debatten mit Okruzny regten ihn besonders auf. Wenn sie die Wohnung bekommen, schließen sie einfach die Tür hinter sich und alle Kommunisten mit Okruzny an der Spitze können ihnen gestohlen bleiben. In der Siedlung Sihot wurde eine neue Kinderkrippe aufgemacht. Sie war direkt gegenüber dem Eingang 6a, der bald übergeben wird. Marta bekam vom Betrieb ein Empfehlungsschreiben und die kleine Marta wurde in der Krippe aufgenommen. Es schien, dass endlich ein freundlicheres Leben für sie beginnen würde. Die Gehälter wurden bei ihnen beiden erhöht.

Sie werden nicht mehr die Äpfel in Stücken kaufen, sondern sie können sich erlauben, ein Kilo auf einmal zu erwerben. Marta kaufte sich ein neues Kleid, das ihre wunderschöne Figur betonte. Nach der Geburt kehrte sie zu ihrer alten Schönheit und ihrem alten Gewicht zurück. Nach langer Zeit gingen sie wieder einmal ins Kino. Sie begannen, sich am Leben zu erfreuen.

Am 1. April rief ihn die Genossin Placha an, die Sekretärin des Betriebsvorsitzenden der Kommunistischen Partei. Der Genosse Vorsitzende lud ihn herzlich zu einem Freundschaftsgespräch ein. Wenn möglich, sofort.

„Das klingt nicht besonders", philosophierte Kollege Aranyi.

„Der Genosse Vorsitzende ruft die Referenten nicht einfach so zu sich. Da ist die Scheiße am Dampfen. Hast du nicht wieder irgendwo etwas erzählt?", sondierte Kollegin Filkova.

„Oder sie befördern ihn", scherzte Grajtak, der sich durch seine Kurzatmigkeit und sein Übergewicht auszeichnete. Seitdem er den Betriebsmilizen beitrat, stieg sein Selbstbewusstsein. Nicht dass er sich mit Begeisterung zur Miliz gemeldet hätte, aber er war aus diesem Büro der einzige geeignete Kandidat. An dem Tag, als der Chef der Betriebsmiliz Remenar zu ihnen kam, versuchten sich alle hinter ihren Schreibtischen zu verstecken.

„Leute, macht keinen Blödsinn, jemand muss sich anmelden. Haviar und Cerny sind in Rente, ich brauche zwei Neue", ließ er nicht locker.

„Du willst doch nicht, dass die Frauen zur eisernen Faust der Arbeiterklasse werden, oder?", protestierte Filkova. Es war das erste Mal, dass sie sich zu ihrer Weiblichkeit bekannte. Bis zu dem Moment hatte sie alle Männer verflucht, die ihrer Meinung nach die Frauen nur benutzten und ausbeuteten.

„Dich habe ich auch nicht angesprochen!" Remenar schaute sich die drei restlichen Männer an.

„Aranyi, was ist mit dir?"

„Ich? Ich bin doch der Schatzmeister vom Sportverbund."

„Ah ja, wirklich", stellte Remenar fest, als er in die Angestelltenliste schaute.

„Und ich bin der Vorsitzende der Kulturkommission der Gewerkschaft“, schoss es aus Balaz heraus. Remenar kontrollierte das in der Liste. »Julo«, wandte er sich an Grajtak, der ihn mit dem Blick eines geschnappten Vogels ansah. „Du hast noch nichts. Partei, Gewerkschaften, Verein der Sowjetisch-Tschechoslowakischen Freundschaft, Sportverbund, Gärtner... du bist nirgends zu finden. Wir tun dich zu den Milizen!“

„Aber ich bin ein friedfertiger Mensch. In meinem ganzen Leben hielt ich keine Waffe in der Hand. Ich musste keine Wehrpflicht absolvieren...“, versuchte Julo zu widersprechen.

„Und was denkst du, was die Milizionäre machen?“, mischte sich Aranyi in das Gespräch, der befürchtete, Julo könnte noch hinausgleiten. „Sie schießen mit dem Luftgewehr.“

„So ist es. Und einmal im Monat machen sie Bratwürste. Das beherrschst du doch. Du hast doch angegeben, dass du einen neuen Grill hast. Also abgemacht. So hast du wenigstens mit anderen Aktivitäten Ruhe. Hier bitte unterschreiben.“ Grajtak zuckte mit der Schulter, unterschrieb und wurde so zum Mitglied der bewaffneten Kräfte der Arbeitenden.

Balaz zog sein Sakko an, richtete seine Krawatte und bald klopfte er an die Tür des Vorsitzenden Okruzny. Er war jetzt seit einem halben Jahr im Betrieb, aber noch nie in seinem Büro. Über Okruzny wurde erzählt, dass er in der Zeit der Invasion der Kommandant des Flughafens in Piestany war. Trotz der Anweisung von Dubcek und Svoboda, keinen Widerstand gegen die sowjetische Armee zu leisten, ließ er wohl in allen Eingängen des Flughafens schwere Maschinengewehre in Schussbereitschaft aufstellen. Angeblich erklärte er damals, dass die Russen nur über seine Leiche den Flughafen übernehmen. Nach dem Umwandeln der Invasion in internationale Hilfe wurden seine Maschinengewehre nicht vergessen. Als er diesen Befehl dann auch selbst zugegeben hatte, wurde er aus der Armee entlassen und zum einfachen Soldat degradiert. Eine Weile war er ohne Arbeit in Piestany. Sein Heldentum reichte, solange seine Ersparnisse reichten. Als sie verbraucht waren, begann er zu trinken. Zum Glück traf er Oberst Kyschka in Zivil. Als einer der führenden Köpfe in der Staatssicherheit von Piestany hatte er große Macht. Mit Okruzny war er langjährig befreundet. Als ihm Kyschka die Stelle des bezahlten Vorsitzenden der Partei in Chirana Export anbot, zögerte Okruzny nicht. Um die Wahrheit zu sagen, niemand verstand, wie es möglich war, dass er aus der Armee entlassen wurde, aber nicht aus der Kommunistischen Partei. Wahrscheinlich im ganzen Durcheinander, das in der Zeit herrschte, entging dies den Mitgliedern der Überprüfungskommission. Okruzny praktizierte die Selbstkritik, wofür er das Vertrauen der Genossen wiedererlangen konnte. Er wurde nach Kyschka, der Leiter der Spezialabteilung war, zum zweitmächtigsten Mann in Chirana Export.

„Herein", reagierte die Sekretärin jovial auf Balazs Klopfen. „Der Genosse Vorsitzende erwartet Sie schon. Trinken Sie Tee oder Kaffee?" Balaz reagierte nicht. Er schaute sich im Raum um, wo an den Wänden die Porträts von Marx, Engels und Husak hingen. „Also Kaffee oder Tee?", wiederholte die Sekretärin ihr Angebot. „Danke. Vielleicht ein Glas Wasser."

„Genosse Balaz ist hier", meldete ihn die Sekretärin an und deutete Balaz an, er könne eintreten. Okruzny begrüßte ihn mit breitem Lächeln im Gesicht, gab ihm die Hand und bot ihm einen Platz im breiten, bequemen Sessel an.

„Wie geht es dir, Genosse?", fragte er gutmütig.

„Danke, gut. Wir freuen uns auf die Wohnung...", sagte Balaz vorsichtig.

„Das ist schön, dass ihr die Wohnung bekommt. Die Partei kümmert sich um junge Genossen und Genossinnen. Besonders um qualifizierte Genossen. Und du, Genosse Balaz, bist so einer. Und deine Frau auch. Wir beobachten dich schon längere Zeit. Deine konstruktive Kritik gefällt uns sehr gut. Solche Genossen braucht unsere Partei sehr."

„Ich bin aber nicht in der Partei", widersprach Balaz.

„Genau darüber möchte ich mit dir sprechen. Nimmst du ein Gläschen Wodka? Oder lieber Borowitschka?"

„Danke, einen Borowitschka lehne ich nicht ab."

Okruzny schenkte ein. „Ich komme direkt zur Sache. Wie ich schon sagte, deine aktive Einstellung zur Arbeit gefällt uns in der Parteiführung sehr. Du erreichst hervorragende Ergebnisse. Genauso toll arbeitete sich in der kurzen Zeit auch deine Ehefrau ein. Ihr Abteilungsleiter Gabor gab uns die besten Referenzen über sie. Wir diskutierten über euch beide bei der Sitzung der Parteiführung und waren der Meinung, dass... dass ihr vollwertige Mitglieder der Kommunistischen Partei werden könntet..."

„Ich, in die Kommunistische Partei?", schoss es spontan aus Balaz heraus.

„Warum nicht?", reagierte der Vorsitzende überrascht. „Dein Vater ist doch in der Partei", erinnerte ihn Okruzny daran.

„Ja, das ist er."

„Na, und du?" Balaz schwieg. Okruzny beobachtete ihn.

„Sie haben mich ein wenig überrascht. Ich bin noch jung, habe kaum Berufserfahrung, ich war noch nie irgendwo Mitglied außer im Verein der Briefmarkensammler und Volleyballspieler..."

„Einmal musst du beginnen. Trinkst du noch einen?" Ohne auf Balazs Antwort zu warten, schenkte Okruzny noch einmal ein. Balaz wusste gar nicht, wie er das zweite Gläschen in sich goss. „Schau mal, Jozef", redete er ihn familiär an, „entschuldige, dass ich dich duze, aber wir sind doch Genossen. Ich bin Laco." Er streckte ihm die Hand entgegen.

„Jozef, es freut mich."

„Ich will ja nicht drängen. Ich will dir nur sagen, dass wir das Einverständnis von der Bezirksverwaltung in Trnava bekommen haben. Drei Arbeiter sind schon eingetreten. Deshalb dürfen wir einen Vertreter der arbeitenden Intelligenz aufnehmen. Denke nicht, dass es einfach ist, einen Platz für ein neues Mitglied der Partei aus den Reihen der arbeitenden Intelligenz zu bekommen. Die anderen würden vor Freude springen, wenn sie so ein Angebot bekämen. Also... denke mit deiner Frau darüber nach und melde dich morgen bei mir. Guten Tag, Genosse." Okruzny stand auf und mit seiner laschen Hand drückte er ihm seine verschwitzte Rechte.

Am Abend diskutierte er alles mit seiner Frau. Sie begriffen, dass es sich um eine Falle handelte. Als ihm Okruzny sagte, dass in die Partei drei Arbeiter und nicht sechs aufgenommen wurden, war ihm klar, dass es nur um ihn geht.

„Die Mutter würde sterben, wenn ich in die Partei eintrete. Und ich auch", sagte Marta energisch.

„Und ich? Ich weiß, was es bedeutet. Ein paar Mal habe ich mich mit dem Vater über die Kommunistische Partei unterhalten. Nie hat er mit einem Wort erwähnt, dass ich auch eintreten sollte. Ihn zwangen sie dazu. Sie erpressten ihn. Er sollte eine Wohnung bekommen... Oh mein Gott, jetzt habe ich das verstanden. Wir warten doch auf diese Wohnung wie auf die Erlösung. Wenn wir beide ablehnen würden, wäre das eine offene Demonstration und wir könnten uns von der Wohnung verabschieden. Deshalb lud mich Okruzny erst jetzt ein, zwei Wochen vor der Übergabe der Mietverträge... zum Teufel...“, knirschte Jozef mit den Zähnen. Marta schwieg. Im Magen hatte er ähnliche Gefühle wie damals im Restaurant Hron, als ihn Winter nach seiner Meinung zur internationalen Hilfe fragte. Nicht mal im Traum konnte er sich vorstellen, wo sie wohnen würden, wenn sie die Wohnung nicht bekämen. Er sah seiner Frau an, dass sie ähnlich dachte.

Am nächsten Tag meldete sich Balaz bei Okruzny. Er erklärte ihm, dass sie eine kleine Tochter haben, die oft krank ist und dass die Ehefrau mit ihr oft zu Hause bleiben muss, was es ihr nicht möglich machen würde, vollwertig am Parteileben teilzunehmen. Er selbst sei aber mit dem Vorschlag des Vorsitzenden Okruzny einverstanden. Er würde gerne Kandidat für die Mitgliedschaft in der Kommunistischen Partei der Slowakei werden.

„Ich wusste, dass du uns nicht enttäuschst“, stand Okruzny auf und gab ihm die Hand.

Kapitel 6

BERLIN (West) 1971 - 1972

Thomas saß mit Michael, Rainer, Bodo, Walter, Dieter und ein paar anderen Jungs von der radikalen sozialdemokratischen Fraktion Stamokap in der Küche von Thomas` Berliner Einzimmerwohnung. Sie rauchten Camel, tranken Dosenbier und den beliebten

Wodka Korn. Eine Flasche hatten sie schon geleert und manche waren schon gut betrunken. Außer Thomas und Michael diskutierten die anderen eher sporadisch.

„Für morgen ist alles vorbereitet“, freute sich Michael, der als der Anführer galt. Er war sehr geschickt in der Herstellung von Molotowcocktails. Er studierte Chemie und Sprengstoffe waren sein Hobby. Michael hatte immer Geld. Unter den Studenten wurde gemunkelt, dass er sich mit der Herstellung der Bombensprengsätze etwas dazuverdiente. Immer, wenn in Deutschland etwas in die Luft flog, lächelte Michael geheimnisvoll. Er war anerkannt, aber einige hatten Angst vor ihm. Niemand fragte ihn, woher er die Komponenten für die Bomben- und Sprengstoffherstellung nahm. Sie im Geschäft zu kaufen war ausgeschlossen, alle Sprengstoffeinsatzgruppen hielten ihr Material unter strenger Kontrolle. Ähnlich war es auch in den Bergwerken und an Arbeitsplätzen, wo Sprengstoff verwendet wurde. Im Hintergrund von Stamokap flüsterte man auch, dass Michael für die ostdeutsche Stasi arbeitet, die ihn mit Sprengsätzen belieferten. Schließlich stammte er aus dem ostdeutschen Luckenwalde, wo er mit Rudi Dutschke aufwuchs. Thomas erinnerte sich daran, dass ihn Rudi vor Michaels aggressiven und jähzornigen Charakterzügen warnte. Er hatte den Eindruck, dass Rudi mehr über Michael wusste, aber nicht wagte, es laut auszusprechen. Seit sich Thomas öfter mit dem Journalisten Peter Greiner traf, orientierte er sich besser in diesen Sachen. Greiner arbeitete als Berichterstatter für Westberlin und die Ostzone für die Wochenzeitung »Das Leben«. Er hatte hervorragende Kontakte und Informationen. Thomas erinnerte sich gut daran, wie er ihm einmal gesagt hatte, dass die radikalen westdeutschen Jugendorganisationen mit Agenten der Stasi gespickt sind. Unter den Jungs wurde auch erzählt, dass die Stasi ihre Mitarbeiter reichlich belohnte.

„Ich freue mich schon, wie wir das morgen den Polizisten in Kreuzberg zeigen werden. Ich bin froh, dass nach dem Auflösen der APO wenigstens wir uns zusammengetan haben. Wenn es nicht unsere Stamokap-Fraktion gäbe, gäbe es bei der deutschen Jugend kaum noch einen Kampfgeist!“, machte sich Michael mit seiner Aussage eine kleine Freude.

„Ich überlege, ob ich unsere sozialistische Jugendfraktion Stamokap verlasse“, dachte Thomas laut nach. Überrascht sahen sie ihn an.

„Bist du verrückt geworden? Du willst uns jetzt im Stich lassen, wenn die Öffentlichkeit anfängt, richtig nervös zu werden? Genau darum ging es uns doch?!“, mischte sich Walter das erste Mal in die Debatte ein.

„Die Öffentlichkeit fängt an, mit Recht sauer zu werden!“, widersprach Thomas.

„Das ist gut! Oder nicht?!“, wurde Michael leidenschaftlicher.

„Scheiße ist das“, kühlte ihn Thomas ab. „Je aktiver wir werden, desto mehr hat uns die Öffentlichkeit in den Zähnen!“ Die Jungs verstummten. Michael goss die Gläschen fast voll. „Ho, hooo... ein wenig sparsamer damit! Denkst du, dass ich klaue?!“, goss Thomas verärgert aus den Gläschen in die Flasche zurück.

„Du tust so, als ob du vor Hunger sterben würdest“, trank Michael mürrisch sein Gläschen.

„Ich habe nicht so viel Geld wie du!“

„Wie meintest du das?“

„Im Moment sterbe ich noch nicht, aber vielleicht werde ich es. Seit ich von der Uni geschmissen wurde, kann ich keine Stelle finden. Diese beschissene Regierungsanweisung, die es verbietet, Menschen einzustellen, die in Kontakt mit den radikalen Gruppen sind oder nur damit verdächtigt werden, das ist ein Hammer! Ich habe mich schon ungefähr zwanzig Mal beworben und wurde immer abgelehnt“, erzählte Thomas. Michael schaute schweigend vor sich hin und presste in regelmäßigen Abständen seinen Kiefer zusammen. Nervös zündete er sich seine Zigarette an.

„Warum hilft dir Karl nicht in seiner Werkstatt?“, bohrte Reiner nach.

„Karl beutet mich mehr aus als jeder andere durchschnittliche Kapitalist. Und er tut dabei noch so, als sei er ein Freund.“

„Hör zu... ich habe bei dir so ein komisches Gefühl, als ob du irgendwie... resignieren würdest, oder?“, schaute ihn Walter fragend an. Thomas schwieg.

„Ich weiß nicht, ob das alles einen Sinn macht. Wir wollten die Öffentlichkeit wachrütteln, aber wir haben genau das Gegenteil erreicht. Unsere ganze Aktion, alle radikalen Gruppierungen von Stamokap bis Spontis, Marxisten, Kommunisten bis zur RAF verfehlen ihre Wirkung. Wir sind total einsam und isoliert. Alle wissen das, aber niemand traut sich, das laut auszusprechen. Auch die SPD distanziert sich schon von uns. Tut nicht so, als ob ihr nicht wusstet, dass sie aus der SPD zehntausend junge Leute entlassen haben, die ihre radikale Einstellung nicht ändern wollten."

„Ich erkenne dich nicht wieder, Thomas Ankermann, einer der nahesten Freunde von Rudi Dutschke hat die Hosen voll", schüttelte Bodo mit dem Kopf.

„Wenn Rudi hier wäre, würde er dich in den Hintern treten!", mischte sich Michael nach einer kurzen Pause wieder in die Debatte ein. Thomas dachte kurz nach und dann begann er leise zu sprechen.

„Rudi war hier und er würde euch am liebsten in den Hintern treten!"

„Was? Soweit ich weiß ist Rudi in Norwegen", bemerkte Michael.

„Ich war mit Rudi vor ein paar Tagen zusammen. Wir trafen uns bei Gollwitzer. Wir waren zu fünft da. Rudi, Gollwitzer, ich und Präsident Heinemann mit seiner Ehefrau."

„Welcher Präsident?", verstand Walter nicht.

„Gustav Heinemann, der Präsident der Bundesrepublik Deutschland", antwortete Thomas lakonisch.

„Du bist vollkommen verrückt geworden", sprang Michael auf. „Du willst mir erzählen, dass der Anführer der deutschen Radikalen sich mit dem Präsidenten von diesem Staat getroffen hat? Hältst du uns für Idioten?!!"

„Wir trafen uns auf ausdrücklichen Wunsch des Präsidenten. Das Treffen war geheim und ich erzähle es euch, weil ich euch vollkommen vertraue", betonte Thomas seine Worte. „Wir unterhielten uns über alles. Über deutsche Nachkriegsgeschichte, die Rolle Deutschlands in Europa und in der Welt, die Aufgabe und Zukunft der SPD, die Ostzone, unsere revolutionären Aktivitäten und über das Leben allgemein". In der Küche herrschte frostige Stille, die Jungs begriffen, dass Thomas sie nicht anlog. „Ich hatte von den beiden das Gefühl, als ob der Präsident der enttäuschte Mächtige und Rudi der begeisterte Ohnmächtige..."

„Aber warum rief Rudi mich nicht an? Ich bin doch sein bester Freund“, fügte Michael beleidigt hinzu. Thomas schaute ihn mit langem stillem Blick an. Michael wurde nervös. Die Jungs nahmen wahr, dass sein Gesicht sich verfinsterte.

„Was sagte Rudi über die Radikalbewegung?!?“, lehnte sich Walter schmachtend an Thomas an. „Wollt ihr das wirklich wissen?“ Thomas sah die Jungs herausfordernd an. Sie nickten. „Dass die ganze Aktion eine gut gemeinte Dummheit sei!“ Stille herrschte im Raum.

„Das kann er nicht gesagt haben. Das hast du dir ausgedacht!“, sprang Michael wieder auf. „Du hast es dir ausgedacht, um Zweifel zwischen uns zu säen!“ Die anderen nickten ihm heftig gestikulierend zu. „Es ist interessant, dass du es uns einfach so vor der morgigen großen Aktion sagst! Findest du es nicht komisch!?... Was!?“, schrie Michael. „Deine Sprüche in der letzten Zeit gefallen uns nicht...“. Michael sah die anderen herausfordernd an, mit seinem Blick nach Unterstützung suchend.

„Wirklich, Thomas, du solltest uns dazu etwas sagen. In der letzten Zeit verwendest du so komische, negative Sprüche“, sprach Bodo die Meinung von allen aus. Thomas schwieg.

„Es macht mir keinen Spaß mehr“, platzte es plötzlich aus ihm raus.

„Aha, es macht dir also keinen Spaß. Plötzlich. Jetzt, wo es ernst wird! Dann sage ich dir jetzt, warum du keine Lust mehr hast, warum du alle hier demoralisierst und von der Aktion abbringen möchtest!“, entgegnete Michael energisch. Daraufhin wurde er sofort still, er dachte nach. Es schien, dass er zu weit gegangen ist und nicht mehr sprechen wollte, aber die Blicke der Jungs verrieten, dass er weitersprechen sollte. „Ich sage dir also, was schon lange über dich geredet wird. Und dass du jetzt so ein Treffen von Rudi mit dem Präsidenten dir ausgedacht hast, beweist es nun. Schon längst wird unter den Mitgliedern erzählt, dass du mit dem Bundesnachrichtendienst zusammenarbeitest.

Thomas fiel fast sein Glas mit dem Korn aus der Hand. Als er mitbekam, dass die Jungs ihn wirklich fragend anschauten, wurde ihm klar, dass es tatsächlich über ihn erzählt wird. „Also sagt ihr auch etwas! Warum muss immer ich für euch sprechen?!", fragte Michael.

„Es ist so, Thomas, es wird wirklich geredet", pflichtete Walter leise bei. Thomas rauchte still. In der Luft war eine Explosion zu spüren.

„Also, dann gehe ich jetzt langsam", und Bodo stand auf und allmählich taten das auch die anderen.

„Mit Rudi und dem Präsidenten war ich wirklich zusammen. Ihr könnt ihn danach fragen. Er wohnt momentan in Grünewald, Am Hohenzollerndamm 91", verriet Thomas das streng bewachte Geheimnis und schaute dabei Michael direkt in die Augen. „Wenn du es nicht wissen solltest, es ist genau neben der Villa von Axel Springer. Merke es dir gut, damit du eure darüber genau informieren kannst!"

„Was für eure?!"

„Die Stasi. Den ostdeutschen Staatssicherheitsdienst. Das sind die, die dir Geld und Sprengsätze geben, die du dann weiß der Kuckuck wem mit Gewinn verkaufst." Michael hielt es nicht aus und stürzte sich auf Thomas. Eine Prügelei kam zustande. Die Jungs warfen den Tisch um, die Bierdosen wälzten sich auf dem Boden. Sie beschimpften sich als Schweine und Verräter. Schließlich konnten sie sich voneinander trennen.

„Das solltest du nicht tun, das hast du jetzt übertrieben. Ich verklage dich. Das wirst du beweisen müssen!!!", brüllte Michael und zitterte vor Wut.

„Nichts wird er beweisen müssen!", sagte plötzlich ein Mann, der hereinkam und im Flur stehenblieb. Während der Prügelei hatten die Jungs das gar nicht bemerkt.

„Ich bin Peter Greiner, Journalist", lächelte er. „Entschuldigt, dass ich ohne zu klopfen hereinkam, ich habe mich gemeldet, aber ihr habt mich nicht gehört... Wie geht es dir, Hans?", drehte er sich zu Michael um.

Die Jungs sahen den Mann überrascht an.

„Ich bin Michael... Michael Neumann...", korrigierte Michael stotternd Greiner.

„Ich weiß, dass Sie Michael sind, Hans ist nur Ihr Deckname..."

Michaels Beine gaben nach, das Blut schoss in seinen Kopf, er musste sich hinsetzen. Den Jungs war klar, dass er in diesem Moment den Lügendetektor bestimmt abgelehnt hätte.

„Entschuldigt, es ist viel zu verqualmt hier, die Zigaretten tun mir nicht gut...“, sagte er leise. „Was haben Sie da gesagt? Ich soll ein Stasi-Agent sein? Das ist... absurd!“, versuchte er die Jungs zu überzeugen.

„Major Kuhlkampf lässt Sie herzlich grüßen.“

„Welcher Kuhlkampf?“, fragte er mit bebender Stimme.

„Ihr Führungsoffizier von der Abteilung II/9 der Hauptführung der Spionageeinheit. Sie treffen ihn doch immer in seinem Haus in Karlshorst in Ostberlin... In der Nähe der Hauptkommandantur der sowjetischen Armee in Deutschland...“

Die Jungs schauten sich an. Michael wollte noch widersprechen, aber dann kam er schwerfällig hoch und ging mit schweren Schritten zur Tür hinaus. Die anderen gingen auch kurz danach. Thomas sah sich mit Peter an.

„Ich kann das Ganze mal... Ich habe von dieser Revolution schon lange die Nase voll!“, fuhr es aus ihm heraus.

Kapitel 7

PIESTANY (Slowakei) 1975

Von dem Moment an, als er der Kommunistischen Partei beigetreten war, konnte er auch in die kapitalistischen Länder reisen. Die Zulagen in Mark oder Franken waren nicht berühmt, deshalb mussten die in den Westen reisenden Geschäftsleute kräftig sparen. Die Hotelpagen wunderten sich, warum die Koffer immer so schwer waren. Deren Inhalt bildeten oft Fischkonserven und Pasteten, Brot, haltbare Salamis und die ganz Sparsamen hatten eine Kochplatte und Kartoffeln dabei. Genauso wie die Geschäftsleute sparten auch die Betriebe, die sie ins Ausland schickten. Meistens wurden die

Leute zu zweit in einem Zimmer untergebracht. Balaz musste sich in Mailand auch mit dem verhassten Chef der Verkaufsgruppe Bolejuch ein Zimmer teilen. Der heiße italienische September zwang sie, das Schamgefühl zu verdrängen und nur in den Unterhosen herumzulaufen. Sie saßen auf dem Ehebett mit den Rücken zu sich gedreht in Unterhemden und roten Unterhosen und beschämt aßen sie ihre eisernen Reserven auf.

„Genosse Balaz, haben Sie Sardinen?!", fragte ihn Bolejuch hinter dem Rücken. Sardinen, auch wenn sie schon tot sind, lassen sich schwer verheimlichen, also gab es Balaz zu. „Ich habe Schinken. Wollen Sie nicht tauschen??!", setzte Bolejuch fort. Balaz mochte Sardinen nicht besonders, aber da sie billiger waren als Schinken, hatte ihm seine Ehefrau reichlich davon mitgegeben. Es überraschte ihn ein wenig, dass der ansonsten sehr geizige Direktor ihm ein für sich ungünstiges Geschäft vorschlug. Vielleicht hat er schon genug davon, sich jeden Tag mit Schinken vollzustopfen, dachte er sich. Mit Freude erklärte er sich damit einverstanden. So tauschten sie die Grundnahrungsmittel auf gute alte sozialistische Art. Als er dann in den Schinken reinbiss, begriff er, dass er in die Falle getappt war. Der Schinken war verdorben. Dank der Sardinen war der leichte Gestank nicht zu riechen. Er traute sich aber nicht, den Genossen Direktor zu beleidigen und aß den Schinken mit Widerwillen auf. Wenn es mir schlecht wird, spare ich zwei Tage das Essensgeld, dachte er sich. Im Zimmer stank es unglaublich nach Sardinen und Zwiebeln, die Bolejuch so mochte. Balaz ging auf den Balkon. Er lehnte sich an das Geländer an und beobachtete von der dritten Etage das Straßenleben. Es kam ihm komisch vor, dass vor dem Hotel so viele leichtbekleidete Frauen standen, die sich freundlich mit den Männern unterhielten und dann ins Hotel gingen. Bald gesellte sich Bolejuch zu ihm. Nach dem gutem Essen musste er kräftig aufstoßen. Sie standen auf dem Balkon in ihren roten Unterhosen und weißen Unterhemden wie die Vorboten der tschechoslowakischen Spartakiade. Zum Glück waren sie hoch genug, sonst hätten sie sicher bei den vorbeigehenden Italienern ein Gelächter verursacht.

„Waren Sie schon im Westen?", fragte er ihn bedeutungsvoll.

„Einmal. Als Student."

„Genosse Balaz, Sie sind noch ein junger Genosse...“, dachte er ernst nach. „Die auf dem Fußgängerweg sind Schlampen.“ Lange schaute er sich die Prostituierten an. Dann kam ihm etwas in den Sinn und er fügte hinzu: „Diese tschechischen Arschlöcher haben uns wieder in einem Stundenhotel untergebracht!“ Balaz erinnerte sich an den tschechischen Handelsdelegierten Svoboda, der ihn in Mailand mit diesen Worten willkommen hieß: „Könntet ihr diesen Wichser nicht zu Hause lassen?...“ Balaz begriff, dass Bolejuch in Geschäftskreisen einen genauso guten Ruf genoss wie zu Hause in Piestany.

Am Abend kühlte es sich angenehm ab und sie gingen ins alte Stadtzentrum spazieren. Auf einem kleinen Marktplatz mit Antiquitätengeschäften blieb Bolejuch plötzlich vor einem stehen. Im Schaufenster standen Büsten von berühmten Komponisten. Beethoven, Mozart, Wagner, Verdi, Mendelssohn und andere schauten sie an, als ob sie das erste Mal Slowaken gesehen hätten.

„Genosse Balaz, schauen Sie, wie geschickt wir Slowaken sind“, rief er begeistert und zeigte zum Schaufenster. „Dieser Mendelssohn war sogar bei uns in Kicina und sehen Sie, jetzt verkauft man ihn auch schon in Italien!“ Balaz bekam langsam, aber sicher Bauchkrämpfe. Und sicherlich war der verdorbene Schinken nicht der einzige Grund dafür.

Als er in der sechsten Etage aus dem Fahrstuhl ausstieg und den angenehmen Duft von Kamille roch, war ihm klar, dass die Kleine wieder Probleme mit den Bronchen hatte. In dem neu eröffneten Kindergarten wurde sie regelmäßig krank. Und viele andere Kinder mit ihr auch. Die Menschen sagten, dass der Kindergarten auf die Schnelle gebaut wurde und verschiedene Materialien, u.a. auch Asbest verwendet wurden. Niemand sagte es aber laut und den Eltern war es egal. Sie waren glücklich, dass ihre Kinder überhaupt einen Kindergartenplatz bekommen hatten, denn die Nachfrage war viel größer als die mögliche Kapazität des Kindergartens. Die glücklicheren Muttis, die einen Platz bekamen, konnten selbst arbeiten gehen und so den Familienetat unterstützen.

Mit Geld hatten die Menschen zwei Probleme. Es gab wenig davon und für das wenige konnte man kaum etwas kaufen. In Obst-

und Gemüseläden gab's weder ausreichend Obst noch Gemüse. Brot konnte man in den kleinen Siedlungsgeschäften nur vormittags kaufen, nach der Arbeit konnten die berufstätigen Mütter nur leere Regale bewundern. Deshalb spielten gute Kontakte zu Verkäuferinnen eine Schlüsselrolle. Jozefs Mutter war Verkäuferin in einem Geschäft mit Textilwaren in Bratislava, also war die Familie relativ gut versorgt. Wenn die Mutter zu Weihnachten Mandarinen oder Bananen, die man in der Tschechoslowakei während des Jahres nicht kannte, wollte, ging sie zu Frau Julia in die Fleischerei, weil die sie gebeten hatte, die bulgarischen Gardinen für sie wegzulegen. Frau Balazova wusste von der Kassiererin Eva, dass Frau Jolana im Gemüseladen noch nach einem frischen Rückenstück sucht, das die Arbeiter ohne Kontakte zur Fleischerei nur vom Erzählen kannten. Frau Balazova besuchte Frau Jolana mit der Information, dass bei Frau Julia für sie ein Rückenstück weggelegt wurde, das sie deshalb bekommt, weil Frau Julia bulgarische Gardinen brauchte. Die sollte sie selbstverständlich auch bekommen, aber Frau Balazova brauchte noch Mandarinen.

Freude über die Erfolge des realen Sozialismus äußerten die Arbeiter mehrmals im Jahr. Sie feierten den Tag der Oktoberrevolution, Tag der Verbraucher, Tag der Bergarbeiter, Tag der Lehrer, Tag der Bauern, Tag der Eisenbahner, Tag der Polizei, Tag der Armee, Tag der Befreiung, Tag des Nationalaufstandes und den internationalen Arbeitertag. Auf den internationalen Tag der Arbeiter freuten sich alle, wenn der erste Mai nicht auf Samstag oder Sonntag fiel. Es gab arbeitsfrei und wenn das Wetter schön war, konnten sie auch noch im Garten arbeiten. Vor Beginn der staatlich verordneten Kundgebung bekamen die jüngeren Arbeiter die Porträts der Parteiführenden oder verschiedene Parolen. Balaz war das erste Jahr in der Partei und für die Parteimitglieder war die Teilnahme Pflicht. Aus dem interessanten Angebot der Slogans suchte er sich »In der Einheit ist die Kraft« aus. Den mutigeren Freunden, die sich über seine Teilnahme lustig machten, erklärte er, er sei Träger der Einheitstraditionen von König Svätopluk.

Die Geschäfte waren geschlossen, nur das Kaufhaus Jednota, dessen Name auf Deutsch die »Einheit« bedeutete, hatte ausnahmsweise bis zum Abend auf. Nach der Kundgebung lief er schnell zum Kaufhaus, um Bananen zu kaufen, die aus diesem festlichen Anlass angeboten wurden. Die Schlange war lang, die Nervosität noch größer. Die Chancen stand 50:50, dass man noch etwas von den tropischen Früchten bekäme. Unter der Aufschrift »Der Kunde – unser Herr« bewegten sie sich Richtung Verkaufstisch. Balaz hatte Glück. Er bekam Bananen. Vor Freude hob er sie mit seinem Transparent »In der Einheit ist die Kraft«, das er morgen wieder zurückgeben musste, über den Kopf. In dem Moment, wo alles über seinem Kopf hing, wurde er von einem Polizisten darauf hingewiesen, er solle nicht provozieren, und sein Personalausweis wurde auf's genaueste unter die Lupe genommen.

„Die Kleine hat wieder Bronchitis", rief mit trauriger Stimme Marta von der Toilette, als sie seinen Schlüssel im Schloss hörte. Sie saß auf der zugedeckten Toilettenschüssel mit der Tochter im Arm. Durch die Wohnung zog ein Kamillenduft. Marta hatte unter den Füßen eine Kochplatte, wo auf der niedrigsten Stufe das Kamillenwasser dampfte. Die Toilette und das Badezimmer bildeten einen Wohnungskern, der statt der Paneelwände dickere Pappkartonwände hatte, die eigentlich nur eine Funktion erfüllten: sie waren ein Sichtschutz für die, die gerade drinnen waren. Die Geräusche und Gerüche drangen in die eigene wie auch in die anderen Wohnungen. Balaz erinnerte sich an die letzte Namenstagsfeier, bei der er mehr getrunken hatte als normal und danach sich übergeben musste. Damit das ganze Haus nicht mithörte, spielte sein Freund Juraj solidarisch vor der Toilette Akkordeon, bis es dem Hausherrn besser ging.

Die Kleine hatte in regelmäßigen Zeitabständen Hustenanfälle. Die Kinderärztin, bei der sie in Behandlung waren, wurde schon sichtlich nervös. Routinemäßig verschrieb sie ihr Penicillin und schickte sie nach Hause. Marta saß auf der Toilette und hätte heulen können. Nicht nur wegen des Gesundheitszustandes der Tochter, sondern auch wegen der Kakerlaken, die in allen Wohnungskernen zu finden waren und vor denen sie panische Angst hatte. Zum Glück verschwanden sie immer, wenn sie das Licht anschaltete. Auf der Toilette machte sie das Licht gar nicht aus, schon die Vorstellung, dass hinter der Kloschüssel die Ungeziefer sind, weckte in ihr Ekelgefühle.

„Ich bitte dich, das Wasser wird langsam abgedampft sein, lasse frisches rein und setze es mit frischer Kamille zum Kochen auf. Und dann könntest du mich mal ablösen“, rief sie dem Ehemann zu, der brav den Topf nahm und Wasser reinlassen wollte.

„Mist, es geht wieder nicht!“

„Nimm es aus der Badewanne. Als ob du nicht wüsstest, dass wir in der sechsten Etage wohnen und von Mai bis September es Wasser nur von 2.00 bis 5.00 Uhr morgens gibt. Nimm nur ein wenig Wasser, wir wollen heute noch die Pflaumen einkochen, dazu brauche ich auch welches!“

Während sich das Wasser erwärmte, las Jozef in der »Pravda«. Die Titelseite zog seine Aufmerksamkeit an, weil sie große Auszüge des tschechoslowakischen Regierungsvorsitzenden Lubomir Strougal aus der Rede vor dem Plenum des XV. Parteitages der Kommunistischen Partei der Tschechoslowakei abdruckte. Er las und konnte seinen Augen nicht trauen. Strougal kritisierte ungewohnt scharf den Zustand im Ressort des Maschinenbaus, wo auch die »Produktionswirtschaftliche Einheit« Chirana hingehörte. Der Regierungsvorsitzende nannte genau die Probleme, die ständig auch Balaz und seine Kollegen monierten. Für seine permanente Kritik verdiente er sich im Betrieb das Attribut des ewig Unzufriedenen. Er las den Artikel, bis Marta rief, ob der Aufguss schon fertig sei. Auf die Schnelle überflog er den Rest und legte den Artikel in seine Aktentasche. Bei der morgigen Sitzung der Betriebsorganisation der kommunistischen Partei würde er ihm sehr passen.

Bald ging die Tür zur Toilette auf. Marta gab ihm die Tochter und ging schnell raus. Sie saß nur im Slip und BH auf der Schüssel, war ganz verschwitzt und das Kind noch mehr. Die Hauptsache war, dass es aufhörte zu husten. Jozef setzte sich auch nur in der Unterhose hin. Sanft nahm er die Tochter auf seinen Schoß und löste so seine Ehefrau ab.

„Zum Teufel“, hörte er durch die Pappkartonwand die verärgerte Stimme aus dem Bad.

„Was ist los?“, fragte er vorsichtig und wohl wissend, dass seine Frau nur sehr selten ihre Stimme erhöht. „Ach, ich wollte schnell duschen, aber wir brauchen das Wasser zum Einkochen. Ich muss es so erhitzt in die Töpfe umgießen..." Marta trocknete sich ab und goss in Unterwäsche schweigend und reumütig das Wasser in die Töpfe um. Als die Wanne leer war, drehte sie erneut den Wasserhahn auf, um endlich ihren Schweiß abzuspülen. In dem Moment wurde ihr bewusst, dass es halb drei am Nachmittag war und das Wasser erst in zwölf Stunden fließen würde. „Mich trifft der Schlag..."

„Als ob du nicht wüsstest, dass wir in der sechsten Etage wohnen...", versuchte Jozef einen Witz zu machen.

„Ich habe keine Lust auf Witze." Und gleich regte sie sich zum zweiten Mal auf, als Jozef mit der Tochter herauskam. „Du hättest noch drinnen bleiben sollen. Sie war dort erst seit zwanzig Minuten..."

„Ich halte es nicht mehr aus. Wir hatten Bohnen zum Mittagessen, ich platze gleich." Er gab ihr die Kleine in die Arme und lief zurück auf die Toilette. Als er schon erleichtert da saß, merkte er, dass die Schachtel für Toilettenpapier leer war. Nach der Auskunft des Papierladens werde es erst im nächsten Monat wieder Toilettenpapier geben. Er rief seine Frau, damit sie ihm eine Zeitung reiche.

„Wo ist denn eine?"

Jozef erinnerte sich daran, dass er die Zeitung in seine Aktentasche legte, statt sie zu zerschneiden.

„Ich habe sie noch nicht geschnitten."

„Dann wisch dir deinen Po mit den Fingern..." Beide lachten, aber es war ihnen eher zum Weinen zumute.

„Wo hast du sie hingelegt?"

„In die Tasche, gib mir bitte eine andere, diese brauche ich noch."

„Was steht denn so Interessantes drin?"

„Der Regierungsvorsitzende hatte einen guten Auftritt."

„Die Sprüche sind bei allen gut, aber damit endet es auch. Wenn sie weniger faseln und endlich etwas tun würden. Schon seit zwei Wochen gibt es im Laden keine Zwiebeln. Du wirst zum alten Rolko gehen müssen, dass er uns etwas aus der LPG überlässt." Die Ehefrau machte die Tür an der Toilette auf, steckte ihm ein paar Stückchen geschnittenes Papier zu und betonte: „Spar damit!"

„Ich habe mit Rolko schon gesprochen. Nachts gehe ich mit Julo zu ihm. Er wird ein paar Stück für uns vorbereitet haben."

„Er soll wenigstens eine Kiste rausrücken. Was sind ein paar Stück für zwei Familien?"

„Er ist nur der Nachtwächter in der LPG und kann sich nicht mehr erlauben. Und wir sind auch nicht allein..."

Auch wenn Zwiebeln auf dem Markt reichlich zu haben wären, würde das Monatseinkommen von 1800 Kronen Balaz es nicht ermöglichen, Interesse an dieser interessanten Frucht zu zeigen. Jede Krone extra im Familienetat war sehr gut. Auch die, die vom Tschechoslowakischen Fernsehen in einem Wettbewerb für ein Drehbuch über die Jugend angeboten wurde. Obwohl Balaz bis zu dem Zeitpunkt noch kein Drehbuch verfasst hatte, schrieb er die Geschichte aus seinen Erfahrungen in Chirana. Der erste Preis waren zwölftausend, der zweite zehn- und der dritte achttausend Kronen.

„Der erste vielleicht nicht, aber der zweite Preis muss unser werden!", sagte er mit Nachdruck seiner Frau und schickte sein Drehbuch in den Wettbewerb. Er gewann – für ihn schon überraschend – den ersten Preis und begann nun regelmäßig Drehbücher zu schreiben.

Am nächsten Tag gleich nach der Arbeitsschicht begann die Sitzung der Grundorganisation der Kommunistischen Partei. Die Sitzung hatte nur zwei Themenpunkte, den Vorschlag zur Aufnahme des Genossen Kandidaten Remenar in die Partei und die Richtlinien zum XV. Parteitag der Kommunistischen Partei. Balaz dachte schon einige Tage darüber nach, wie er sich verhalten sollte. Er war verwundert, dass sie Remenar aufnehmen wollten. Im Betrieb wusste man, dass er ein charakterloser Karrierist war, der wenig von seiner Arbeit verstand. Er berief sich ständig darauf, dass sein Vater der Abteilungsleiter vom Landessausschuss der Kommunistischen Partei in Bratislava war. Jeder hatte Angst vor ihm und mied ihn lieber.

Wenn Balaz nicht durch diesen Zeitungsartikel, den er in seiner Aktentasche hatte, wie gedopt wäre, vielleicht wenn in dem sechsten Stock Wasser fließen würde, wenn die kleine Marta nicht die ganze Nacht gehustet hätte und er richtig ausgeschlafen wäre, wäre er auch ruhig und hätte die ganze Sitzung geschwiegen. So war er aber gereizt und als der Vorschlag zur Aufnahme vom Genossen Remenar vorgelesen wurde, begann Balaz seine Zähne zusammenzupressen. Remenar stellte sich in seiner Rede als der Einzige vor, der etwas vom Außenhandel verstehe, und teilte gegenüber den alten erfahrenen Geschäftsleuten Bognar und Horsky Ratschläge aus, wie sie die Exportpläne in ihren Territorien erfüllen sollten. Als der Vorsitzende zur Diskussion aufrief, schwiegen Bognar und Horsky. Balaz konnte sich nicht beherrschen. Er sagte nicht nur seine Meinung, sondern praktisch die Meinung vom ganzen Betrieb. Als er darüber sprach, dass Remenar den Betrieb um Zehntausende Kronen brachte, als er wegen seiner Unkenntnis der Fremdsprachen irrtümlich das Schiff mit der Dentaltechnik nach Ägypten statt nach Marokko geschickt und damit einen enormen Schaden angerichtet habe, hatte er das Gefühl, als ob jemand anderer spräche. Wenn er schon so gut in Fahrt kam, erwähnte er auch Remenars Autounfall unter Alkoholeinfluss, bei dem er einen Menschen verletzt hatte. Aus dem Schlamassel hatte ihm nur sein Vater geholfen. Am Ende seiner Rede empfahl Balaz keine Aufnahme von Remenar in die Partei. Im Raum herrschte Grabesstille. Die Miene des Vorsitzenden verfinsterte sich. Remenar knirschte mit den Zähnen. Der Vorsitzende forderte die Anwesenden auf, sich zu den Worten von Balaz zu äußern. Er schaute in den Raum, aber jeder senkte seinen Blick zu Boden. Schließlich meldete sich Bognar und sagte, er „werde sich bemühen alle Ratschläge zu befolgen, um den Exportplan zu erfüllen."

„Danke, Genosse Bognar. Wollte noch jemand etwas sagen?", fragte er fordernd. Es meldete sich niemand mehr. Der Vorsitzende ließ abstimmen und stimmte selbst auch für die Aufnahme. Nach ihm hoben sich alle anderen Hände. Der Einzige, der gegen die Aufnahme von Remenar stimmte, war Balaz.

Der zweite Punkt der Sitzung war die Anwendung der Richtlinien des XV. Parteitages der Kommunistischen Partei in den Bereichen des Außenhandels von Chirana Export. Der Vorsitzende Okruzny stellte mit Zufriedenheit fest, dass der Betrieb alle Vorgaben im Export und Import erfüllte. Er konnte sich eine Bemerkung zum Export in die kapitalistischen Länder nicht verkneifen: Außer der hervorragenden Zusammenarbeit mit der westdeutschen Firma Dentaltechnik hinkt der Export in die frankophonen Länder hinterher.

„Das kann man nicht nur den subjektiven Gründen zuschreiben, wie uns Genosse Balaz, der verantwortliche Referent für diese Gebiete, dauernd versucht einzureden. Man sollte auch sich selbst kritisch betrachten, Genosse Balaz..." Alle Mitglieder der Partei freuten sich, dass das neueste Opfer von Okruzny Ingenieur Balaz war. Bei seinem jähzornigen Charakter erwarteten sie die Wortgefechte eines naiven idealistischen Absolventen der Universität mit dem ehemaligen Offizier. Die Reaktion von Balaz war heftiger, als sie erwarteten. Sie wussten, dass in den letzten Wochen Okruzny schon beim Aussprechen von Balazs Namen tobte. Balaz bereitete sich auf die Sitzung so vor, dass er vorher mit seinem Freund Juraj Leschko in der Kneipe »Zum Drlicka« gesessen hatte und die Zahl der getrunkenen Schnäpse direkt proportional der Schärfe seiner Bemerkungen war. Kaum sprach der Vorsitzende zu Ende, schoss Balazs Hand nach oben und alle Mitglieder schrumpften in ihren Sitzen in Erwartung des Schlimmsten.

„Vorsitzender, du benutzt viel zu viele Phrasen!", schockierte er mit einem rasanten Anfang. „Den Außenhandel hast du nicht studiert und du hast auch nie in diesem Bereich gearbeitet. Wenn mich hier der Herr Direktor kritisieren würde, wäre es in Ordnung, aber du hast keinerlei Ansprüche darauf!"

„Genosse Direktor!!", korrigierte ihn Okruzny.

„Wir verstellen uns und spielen uns vor, als wäre alles in Ordnung. Für eigenes Geld, heimlich, damit es die Betriebsleitung nicht erfährt, müssen wir auf die Post in Trnava oder in Bratislava, um von dort Ersatzteile an die Kunden zu verschicken. Denn diese geniale Planwirtschaft stellt die Teile mit Absicht zu dem Zeitpunkt her, wenn unsere Kunden sie nicht brauchen. Und wenn sie gebraucht werden, dann werden sie nicht hergestellt. Glauben Sie wirklich, dass unsere Kunden verstehen können, wenn die einfachen Spuckschüsseln erst im dritten Quartal hergestellt werden, obwohl sie sie im März brauchen? Wie soll man den Exportplan erfüllen, wenn man nicht mal nach Frankreich telefonieren kann?!" Balaz kam richtig in Rage. Ihm war klar, dass er übertreibt, es war ihm aber egal. Die Schwerfälligkeit, Ungerechtigkeit, Dämlichkeit und Unfähigkeit dieser Anhänger der Staatsordnung hatte er schon längst anprangern wollen und jetzt kam der Augenblick, wo er alles los werden konnte. Und der Schnaps machte ihn zusätzlich mutig.

„Genosse Balaz, ich sage nicht, dass du in manchen Sachen nicht Recht hast, aber ich würde einen angemesseneren Wortschatz wählen", versuchte ihn der Direktor, der ihm gestern noch in allem Recht gegeben hatte, zu beruhigen. Ängstlich sah er Okruzny an, der zynisch lächelte. „Lassen Sie den Genossen, er soll ruhig weitersprechen."

„Also lese ich euch jetzt etwas vor." Er holte einen großen Umschlag und fing an vorzutragen. Alle waren überrascht. Es war das erste Mal, dass Balaz seinen Beitrag vorlas. Sonst sprach er immer ohne Papier. Mit rasanter Stimme brachte er seine Kritik in den gesamtgesellschaftlichen Kontext. „Es war unsinnig, die tschechoslowakische Industrie von der leichten auf die schwere umzugestalten. Unsere Industrie war vor allem auf dem Gebiet der Leichtindustrie an der Weltspitze. Ja, Genossen, wir bauten viele neue Betriebe, vor allem in der Slowakei. Die Aluminiumfabrik in Ziar am Hron, das Eisenhüttenwerk in Istebne, die ostslowakischen Eisenhüttenwerke, das Duslo Sala Werk, das Nickelhüttenwerk in Sered, das alles sind Betriebe der Schwermaschinenbauindustrie. Das Konzept der Umgestaltung der Tschechoslowakei zu einer führenden Schwerindustrienation erwies sich als falsch. Sie machen in der Wirtschaft fälschliche Umsatzangaben. Hohe Summen, die in diese Gebiete eingebracht wurden, bringen keinen angemessenen Umsatz. Ohne staatliche Zuwendungen würde es nur Verluste geben. Und da spreche ich noch gar nicht von der Umweltverschmutzung. Wir können nicht den technologischen Herausforderungen der modernen Welt hinterherhinken. Die slowakischen Betriebe stellen praktisch nur halb fertige Waren her, die in tschechischen Betrieben weiter be-, oder noch schlimmer, im Ausland noch verarbeitet werden müssen. Allgemeiner Maschinenbau mit einem breiten Produktionsprofil und auf einem niedrigen technologischen Niveau ist auf den Weltmärkten nicht konkurrenzfähig. Außerdem zeigt sich die Unfähigkeit der Planer im Rat für gegenseitige Wirtschaftshilfe, indem sie die sozialistischen Wirtschaften zur Konkurrenz zwingen, statt sich zu ergänzen. Die einzige konkurrenzfähige slowakische Produktion ist die Waffenindustrie. Ehrlich gesagt, wenn in der Slowakei nicht die Panzer, Kanonen und Abschusssysteme hergestellt werden würden, fänden wir in der slowakischen Wirtschaft praktisch nichts, was gewisse Qualität bietet."

Er setzte sich. Im Raum war totale Stille. Die ängstlichen Parteigenossen schauten Okruzny an.

„Genossinnen und Genossen... ich finde keine Worte. Ich habe schon verschiedene Kritiken gehört, aber die Kommunistische Partei und die höchsten Organe des Rates für gegenseitige Wirtschaftshilfe in diesem Maße so blöd anzugreifen, das ist unerhört."

Der Vorsitzende trank aus seinem Glas und schüttelte dabei mit dem Kopf, nicht wissend, was er dazu sagen sollte. Balaz meldete sich wieder. Okruzny gab ihm das Wort in der Hoffnung, dass er zurücknehmen will, was er gesagt hat. Er zog wieder ein Heftchen heraus und las: „Die Parteimitglieder müssen Selbstkritik üben und auch Kritik an höheren Organen. Kritik ist die Pflicht eines jeden Mitglieds der Kommunistischen Partei. Es ist nicht zulässig, dass die Mängel vertuscht oder verschwiegen werden. Das Unterdrücken der Kritik ist verboten. Jedes Mitglied hat das Recht, jeden Funktionär der Kommunistischen Partei, auch den höchsten, zu kritisieren. Im Falle, dass seine Kritik nicht angenommen wird, kann er sich an die Kontroll- und Revisionskommission der Kommunistischen Partei der Tschechoslowakei wenden. Das Recht zur Kritik ist die Grundbedingung der innerparteilichen Demokratie. Derjenige, der die Kritik unterdrückt, hat kein Recht, Mitglied der Kommunistischen Partei zu sein!"

„Genossen, also das hier ist viel zu starker Tobak. Ich weiß nicht, Genosse Balaz, wer dir solchen Unsinn in den Kopf setzt. Genossen, wir verstehen ja, dass Genosse Balaz ein junger Genosse ist, und die Jugend das Recht auf stärkere Worte und härtere Kritik hat. Aber das, was er uns hier vorgeführt hat, ist keine konstruktive Kritik, nach der wir alle rufen, sondern eine totale Verurteilung der sozialistischen Errungenschaften. Genosse Balaz, ich denke, du solltest dich bei allen hier Anwesenden entschuldigen!"

Balazs Miene verfinsterte sich und er stand langsam auf. „Genosse Vorsitzender, es tut mir sehr leid, aber ich dachte, dass du ein gewissenhaftes Mitglied der Kommunistischen Partei bist. Als solcher solltest du auch Parteiunterlagen lesen. Niemand hat mir etwas in den Kopf gesetzt, ich habe nur den Artikel aus den internen Regeln der Kommunistischen Partei gelesen und die Kritik war auch nicht von mir. Das, was ich vorgelesen habe, sind die Worte des Mitgliedes des Vorstandes des Zentralkomitees der Kommunistischen Partei und des Regierungsvorsitzenden, Genossen Lubomir Strougal."

Im Saal wurde es unruhig. Balaz holte aus der Hülle die Tageszeitung »Pravda«, die er dorthin getan hatte. Sozialismus hat auch seine Vorteile, dachte er. Dank des Mangels an Toilettenpapier fielen mir ganz passable Argumente in die Hände. „Es scheint so, Genosse Vorsitzender, dass du die Parteizeitung nicht liest." Die Stille wurde deutlich und versprach nichts Gutes.

Am nächsten Tag kam Balaz kaum auf Arbeit, da rief ihn die Sekretärin des Vorsitzenden an, damit er sofort zu ihm käme. Balaz lächelte. Ein anderes Mal würden seine Knie vor Angst vielleicht zittern. Jetzt hatte er sich schon innerlich entschieden. Bei der ersten Gelegenheit würde er von hier weggehen. Er wusste, dass es Idioten im ganzen Land gab, er hoffte nur, dass nicht überall solche Vollidioten sitzen wie in der Parteiführung in Chirana Export.

Okruzny ging im Raum nervös hin und her. „Du bist ein wirkliches Arschloch", begann er direkt und schaute dabei auf den Boden. „Dafür habe ich dich nicht in die Partei geholt. Ich dachte, dass wir uns verstehen, dass es sich zeigt, dass du ein wirklicher Kommunist bist. Aber du bist kein Kommunist, du bist ein mit Ideen deiner westlichen Partner vollgepfropfter Provokateur. Ich habe dem Direktor gesagt, er soll dir die sozialistischen Länder anvertrauen und nicht die Westländer, leider umsonst. Und jetzt haben wir den Schlamassel. Und dann noch deine Frau. Statt ihre Arbeitspflichten zu erfüllen, ist sie dauernd krankgeschrieben. Sie ist die Meistfehlende hier im Betrieb." Okruzny trank einen Schluck Wasser. Das erste Mal bot er Balaz keinen Wodka oder Borowitschka an. „Also hör zu, du Kämpfer für Wahrheit und Gerechtigkeit. Damit du nicht sagst, dass Laco Okruzny ein Dreckskerl ist. Ich mache dir einen fairen Vorschlag. Wenn du von hier weggehst, bekommst du ein gutes Arbeitszeugnis. Aber wenn du bleibst..., werde ich dich fertig

machen. Hast du mich verstanden?!"
„Verstanden. Ist das alles?"
„Alles."

Jozef kam nach Hause und musste seiner Frau kein Wort sagen. Sie ahnte alles. Und schwieg.

„Kommt etwas Gutes im Fernsehen?!", überraschte er sie mit seiner Frage. „Ich muss auf andere Gedanken kommen. Wenn ich jetzt über Arbeit sprechen würde, könnte ich jemanden umbringen. Entschuldige. Haben wir Cognac?" Marta goss ihm ein. Und auch sich selbst. Die Tochter schlief schon. Sie schalteten den Fernseher ein. Es begann gerade die Sendung »Jugendklub«, die vom Moderator Jan Vala moderiert wurde. Neben den ganzen unsinnigen Propagandasendungen war das wohl die einzige Sendung, die man sich anschauen konnte. Jozef gingen die Worte von der Sitzung noch durch den Kopf, deshalb verfolgte er nicht richtig, was im Fernsehen geschah.

„Das wäre etwas für dich", unterbrach seine Frau seine Gedanken. Jan Vala führte eine Debatte über Diplomatie. Von den drei Gästen waren zwei Tschechen und einer ein sympathischer, jovialer Slowake. Er hieß Doktor Kramar und war der Direktor der Presseabteilung des Föderalen Außenministeriums. Er sprach sehr fesselnd über Diplomatie und darüber, dass sie gebildete junge Leute vor allem aus der Slowakei brauchen. Jozef kam es in den Sinn, dass er morgen eine Dienstreise nach Prag antreten würde. Wenn er seine Sachen schnell erledigte, könnte er noch schnell beim Außenministerium vorbeischauen.

Im Czernin Palast, dem Sitz des Außenministeriums, war er zum ersten Mal. Er bat an der Pforte um die Nummer von JUDr. Kramar. „Einen schönen guten Tag. Mein Name ist Jozef Balaz. Entschuldigen Sie die Störung, aber ich sah im Fernsehen, wie Sie sagten, dass Sie junge Leute brauchen. Ich wollte Sie fragen, ob ich bei Ihnen im Außenministerium arbeiten könnte..."

„Am anderen Ende der Leitung war eine Weile nur Stille. „Aber das... das... woher sind Sie denn?", fragte Kramar.

„Aus Bratislava."

„Ich schicke Ihnen meine Sekretärin, sie holt Sie ab“.
Jozef legte dem Pförtner seinen Personalausweis vor. Dann kam ein charmantes Mädchen und nahm ihn ins Büro des Pressedirektors mit.

„Was haben Sie für eine Ausbildung?“, fragte ihn Kramar und bedeutete ihm, dass er sich setzen solle.
„Handelsuniversität in Bratislava. Außenhandel.“
Sind Sie Parteimitglied?“
„Ja“.
„Haben Sie in der Familie jemanden, der in den Westen emigriert ist?“
„Nein“.
„Wie sieht es mit Sprachen aus?“
„Ich arbeite bei Chirana Export mit französischen und deutschen Firmen zusammen. Und relativ gut spreche ich auch Englisch und Ungarisch, Russisch selbstverständlich.“

Kramar schaute ihn lange an und lächelte geheimnisvoll. Dann ging er ans Telefon. „Verbinden Sie mich mit der Sprachabteilung.“ Bis ihn die Sekretärin verband, fragte er: „Wissen Sie, wo der Toskana Palast ist?“ Balaz schüttelte mit dem Kopf. „Von hier nach unten, Richtung Hradcin. Dort sitzt unsere Sprachabteilung.“ In dem Moment klingelte das Telefon. „Hier ist Kramar. Hör zu, ich habe hier jemanden, der behauptet, fünf Sprachen zu beherrschen. Könntest du ihn testen lassen? Mündlich. Sprecht mit ihm und schreib das dann für mich auf. Danke dir. Wiedersehen“. Dann musterte er Balaz einen Moment. „Gehen Sie hin und wenn sie Sie getestet haben, kommen Sie wieder zurück. Ich sollte zwar zum Empfang der bulgarischen Botschaft gehen, aber das ist es mir wert. Ich warte hier auf Sie.“

Nach einer guten Stunde kam Balaz zurück. In der Zeit startete die JAK 34 vom Flughafen Ruzyne nach Piestany. Innerlich lächelte er. Dieser Witz ist es ihm wert, dass er seine Fahrt mit dem Nachtzug nach Piestany selbst bezahlt.
Kramar schüttelte lange mit dem Kopf und schaute in die Unterlagen. Dann wechselte er selbst in die deutsche Sprache. Balaz unterhielt sich locker mit ihm. Er merkte nicht mal, wann sie zu Englisch wech-

selten. Kramar unterbrach ihn. Er zog aus seiner Schublade Personalformulare und reichte sie ihm. „Füllen Sie sie aus, und der Arbeitgeber Chirana soll Ihnen ein gutes Arbeitszeugnis ausstellen. Ich hoffe, es wird gut sein. Und dann schicken Sie mir alles zu.“ Er schaute Balaz mit gutmütigem Lächeln an. „Das hatten wir hier noch nicht. Wenn es gelingt, werden Sie der erste Diplomat sein, der hier wortwörtlich von der Straße hereinspazierte. Ich tue alles dafür, dass Sie es werden.“

Balaz ging zur Straßenbahn 22, die zum Hauptbahnhof fuhr. Während der Zugfahrt wurde er neugierig und ungeduldig. Er zog das Formular aus der Tasche. Es gab genau dreißig Felder, die nummeriert waren. Am Anfang waren die üblichen Angaben über Name, Vorname, Geburtsdatum, Wohnort. Er sagte sich, wenn er schon Kramar einmal schockiert hat, macht er das auch zum zweiten Mal und schickte ihm das ausgefüllte Formular sofort wieder zurück. In das Feld Nummer acht »Klassenherkunft« schrieb er sozialistische Intelligenz hin, das Feld zehn »Eigentumsverhältnisse« war auch schnell fertig, er hatte es durchgestrichen. Genauso im Feld »Staats-, Partei-, Ressortauszeichnungen oder andere«, im Feld siebzehn »Parteifunktionen«, im Feld neunzehn »Öffentliche Funktionen«, im Feld »Politische Angehörigkeit bis 1945 und nach 1948«. Im Feld achtzehn »Mitgliedschaften in sozialistischen Organisationen« schrieb er die Gewerkschaft rein (es waren eh fast alle dort), den sozialistischen Jugendverbund (da waren fast alle jungen Leute) und die Gesellschaft für Tschechoslowakisch-Sowjetische Freundschaft. Da war er zwar kein Mitglied, aber kontrollieren wird es bestimmt keiner und es könnte ihm helfen. Er hatte nie eine Funktion, überall war er nur Mitglied. In das Feld achtundzwanzig »Aufenthalte im Ausland, Staat, Zweck der Reise und die Dauer, das Jahr« schrieb er mit Genugtuung an der ersten Stelle die Sowjetunion, Sport 1968, hin. Ein positives Verhältnis zur Sowjetunion war neben der Mitgliedschaft in der Kommunistischen Partei und den Sprachkenntnissen ein entscheidendes Kriterium beim Karriereeinstieg in die Diplomatie.

Kapitel 8
BERLIN (West) 1972 - 1979

Thomas war mit der schwarzäugigen und dunkelhaarigen Angelika jetzt schon seit drei Monaten zusammen. Sie war Verkäuferin in einem kleinen Lebensmittelladen auf dem Kürfürstendamm. Das exklusive Geschäft hatte eine solide Klientel und Angelika verdiente sehr gut. In der verzweifelten Situation, in der sich Thomas schon seit einigen Monaten erfolglos auf Arbeitssuche befand, war sie eine willkommene Hilfe. Es war ihm ein bisschen peinlich, dass ihn seine neue Freundin unterstützte, aber Angelika war in ihn offensichtlich sehr verliebt und vom Geld hatte sie genug. Thomas wusste, dass ihr Vater der stellvertretende Direktor des Büros des Berliner sozialdemokratischen Bürgermeisters Klaus Schütz ist.

Es war ein nasskalter Dezembersonntag und sie fühlten sich im warmen Bett wohl. Auf dem Tisch brannte eine Kerze, sie tranken einen roten Merlot. Im Fernsehen lief die Live-Übertragung aus Oslo, bei der Kanzler Willy Brandt, kurz nachdem ihm der Friedensnobelpreis für das Jahr 1972 überreicht wurde, ein Interview gab. „Es ist nicht nur für mich eine Ehre, sondern für die ganze deutsche Nation. Ich bin glücklich, dass nach dem Kriegselend, das wir in der Vergangenheit erlebten und für das das deutsche Volk die Verantwortung trägt und immer tragen wird, wir heute mit Befriedigung feststellen können, dass der Friedensnobelpreis für einen deutschen Kanzler unsere Rehabilitation in den Augen Europas und der Welt ist." Willy Brandt schaute am Ende des Gesprächs mit festem Blick in die Kamera und verurteilte die jungen Deutschen, die sich an der unsinnigen Gewalt, den Entführungen und Morden an Unschuldigen beteiligen. Er forderte sie auf, mit Hand anzulegen und sich an der Friedenspolitik gegenüber den Ostnachbarn, die die Bonner Regierung umsetzen möchte, zu beteiligen. „Jeder, der eine klare Meinung und ehrliche Absichten hat, ist willkommen. Es ist unwichtig, ob die Leute der CDU oder der SPD angehören. Entscheidend ist, dass sie sich für ihr Land, für Frieden und für Freundschaft unter den Nationen engagieren."

„Na, was denkst du?", stieß ihn Angelika an.

„Entschuldige..."

„Bin ich so unattraktiv?...", kuschelte sie sich mit einem Lächeln an ihn heran.

„Im Gegenteil, du bist fantastisch. Du bist so bewundernswert, dass ich dich sofort heiraten möchte", kam es aus ihm heraus. Angelika drückte sich noch enger heran. „Ich möchte normal leben, normal arbeiten und diesem Land ein wenig zur Normalität verhelfen."

„Der Vater lässt dir ausrichten, dass dein Bemühen um die Stelle im Büro des Senats aussichtsreich ist. Er sprach sogar schon mit dem Bürgermeister..." Angelika holte tief Luft und deutete vorsichtig an: „Es wäre aber besser, wenn du der SPD beitreten würdest..."

Thomas machte sich ein wenig Vorwürfe, dass sich der Vater seiner Freundin für ihn engagiert, aber er beruhigte sich wieder bei der Vorstellung, dass er ein fairer Mann sei und er selbst auch in diese Richtung gegangen wäre, in der ihm der zukünftige Schwiegervater hilft.

„Weißt du, dass ich mir das schon länger überlege? Ich denke, der Partei anzugehören, in der auch Willy Brandt ist, wäre eine große Ehre für mich."

Nach zwei Wochen begann er als Referent im Büro des Senats für Jugend, Sport und Bildung. Er hielt sich aber nur kurz dort auf. Den ambitionierten, fähigen jungen Mann mit gutem Organisationssinn, der Politologie an der Freien Universität studiert hatte, bemerkte bald Senator Dietrich Stobbe. Er fragte Thomas, ob er nicht sein Assistent werden wollte. Jeder junge Mann in der SPD träumte davon, der Assistent des Bundessenators der SPD zu werden. Stobbe war ein junger und dynamischer Abgeordneter, der den Respekt der Kollegen und der Bürger Berlins für sich erlangte. Bei den Senatswahlen 1977 wurde er Senator, daraufhin wählten ihn die Berliner Abgeordneten zum Berliner Bürgermeister. Stobbe suchte sich Thomas für die Stelle des Sekretärs des Senats aus.

Nach seinem Antritt im Senat zog er in den Wedding um, in ein angenehmes Viertel in der Nähe des Stadtzentrums, wobei Angelikas Vater half, dort für sie eine Wohnung zu besorgen. Im vierstöckigen Haus an der Ecke Triftstraße und Sparstraße bekamen sie eine Dreizimmer-Dachwohnung. Die Aussicht hatten sie auf den Leopoldplatz und die Wirchowkolonie.

Angelika gab die Stelle als Verkäuferin im Lebensmittelgeschäft auf und bekam eine in dem neu eröffneten Kaufhaus KaDeWe im Tiergarten. Sie hatte es von zu Hause nur fünfzehn Minuten zu Fuß, was für die Großstadt Berlin fantastisch war. Die Lebensmittelabteilung, deren Leiterin sie wurde, gehörte zu den größten in der Welt. Thomas hatte das Gefühl, dass das Leben endlich die richtige Wende nahm. Er war selbst verwundert, wie gleichgültig er die Nachricht vom Selbstmord seiner ehemaligen Bekannten Andreas Baader und Gudrun Ensslin, der am 18. Oktober 1977 im Stuttgarter Gefängnis passierte, zur Kenntnis nahm. Er merkte, dass er eher daran dachte, dass sein geliebtes Fußballidol Franz Beckenbauer von Bayern München zu Cosmos New York wechselte.

Nicht nur Westberlin, sondern ganz Deutschland erschütterte die Beichte der sechzehnjährigen Christiane, die unter dem Namen »Wir Kinder vom Bahnhof ZOO« im »Stern« veröffentlicht wurde. Christiane begann als Dreizehnjährige in einem Kinderheim leichte Drogen zu nehmen, dann wechselte sie zu Heroin und damit sie genug Geld hatte, sich dieses zu beschaffen, ging sie mit ihren Freunden auf dem bekannten Berliner Bahnhof ZOO auf den Strich. Im Jahre 1977 starben in Berlin 84 junge Leute an einer Überdosis.

Als der amtierende Bürgermeister Stobbe Thomas aufforderte, ein Projekt zur Aktivierung der Westberliner Jugend in allen Bereichen Sport, Bildung, Kultur auszuarbeiten, begann Thomas mit Begeisterung das umzusetzen. Er ging zu seinen Freunden nach Kreuzberg und sie entwarfen einen Plan, wie sie für die Jugend das Fabrikgebäude der Firma Berthold AG in Mehring erwerben konnten. Sie gewannen mit ihrem Elan viele Sponsoren. Der amtierende Bürgermeister war der Erste, der eine große Summe spendete. Die Fabrik wurde zu einem riesigen Zentrum für verschiedene Jugendaktivitäten umgebaut. Wichtig war, dass die Jugendlichen das Zentrum selbst verwalteten. Allmählich entstanden in Berlin und danach auch in der Bundesrepublik ähnliche Projekte.

Thomas war bei der Jugend sehr beliebt. Auf Drängen des Bürgermeisters meldete er seine Kandidatur für den städtischen Senat an. Am 18. März 1979 wurde er zum Senator für die SPD gewählt. Mit seinen 32 Jahren war er einer der jüngsten Abgeordneten in Deutschland. Seiner brillanten politischen Karriere stand nichts mehr im Wege.

Kapitel 9

MOSKAU 1977

Sascha und ihr Ehemann liefen durch die Straßen von Moskau, als wären sie in New York oder in Paris. Für den einfachen Bürger der Sowjetunion war Moskau das Zentrum der Welt. Eine Arbeit und Wohnung in der Hauptstadt zu finden war nicht einfach. Die Hauptstadt war für die Auserwählten. Sascha konnte sich an den wunderschön glänzenden Metrostationen nicht satt sehen. Sie wurden noch in der Stalinzeit gebaut, als die sowjetische Führung die Ambitionen hatte, aus dieser Stadt das Zentrum des Weltproletariats zu machen. Gigantische Säulengänge und Kristallkronleuchter erinnerten eher an die königlichen Paläste als an die Stationen des unterirdischen Verkehrs fürs Proletariat. So viele Autos wie auf den Moskauer Boulevards sah Sascha in ihrem Leben noch nicht. Sie war aber bis jetzt nur in Kiew und Komsomolsk. Das war vielleicht auch der Grund dafür, dass sie bei den Ampeln an den Straßenübergängen solche Probleme hatte. Sie merkte, dass, auch wenn die Fußgänger Grün hatten, diese oft nicht ruhig über die Straße liefen, sondern regelrecht auf die andere Seite rannten. Viele Moskauer PKW-Besitzer fuhren ohne Rücksicht auch bei Rot. Im Kaufhaus GUM in der Nähe des Roten Platzes bewunderte sie das Angebot an Wollpullovern aus der Tschechoslowakei, an Dederonhemden und

Mixern aus der DDR, Toilettenpapier, Waschmitteln, polnischer Zahnpasta oder ungarischen Süßwaren. Diese Ware war ausgestellt, aber etwas davon zu bekommen, erforderte stundenlanges Anstehen in der Schlange.

In den Zeiten, als der Architekt des Zaren Pomerantsew eines der größten Kaufhäuser entwarf, ahnte er nicht, dass seine zweieinhalb Kilometer von Verkaufsregalen und 47.000 Quadratmeter der Verkaufsfläche eine tolle Idee waren. Ein paar Jahrzehnte später konnten die Moskauer Arbeiter gemütlich in den endlosen Schlangen unter dem Dach und in einigermaßen geheizten Räumlichkeiten anstehen. Vielleicht ist es auch der Mangelwarengesellschaft zu verdanken, dass die Russen zu den belesensten Völkern der Welt gehörten. In der Sowjetunion war es problemlos, sich sowohl mit der Intelligenz als auch mit den Bauarbeitern, Stahlarbeitern oder Baggerfahrern über Dostojewskij, Puschkin oder Scholochow zu unterhalten. Weniger kannten sich da die Kolchosbauern aus. Die verbrachten endlose Stunden mit Lesen in den Schlangen, denn in den Dörfern gab es keine Geschäfte. Unendliche, überall sich bildende Schlangen prägten das Bild der sowjetischen Städte. Die Menschen waren solidarisch und einen Platz beim Anstehen konnte man sich auch reservieren. Die Geschickteren standen kurz in der Schlange, dann baten sie den Menschen, der hinter ihnen stand, ob er kurz auf diesen Platz aufpassen könnte, solange sie den Scheck auf der Post bezahlten oder das Kind im Kindergarten abholten.

Die Schlangen, in denen weniger gelesen wurde, waren die vor den Alkoholgeschäften. Diese öffneten um halb elf, aber die Leute standen schon um zehn da und warteten. Um halb elf verschwanden langsam die trinkenden Arbeiter von ihren Arbeitsplätzen, um sich in die Schlange einzureihen. Das Anstehen war auch deshalb so wichtig, damit man genug Zeit hatte, jemanden auszusuchen, mit dem man sich die Wodkaflasche teilen konnte, falls man nicht eine ganze kaufen wollte. Die Männer, die drei Finger zeigten, waren diejenigen, die noch jemanden Dritten suchten.

Die »sozialistischen Wartegemeinschaften« hatten auch Vorteile. Die Menschen lernten sich kennen und manchmal entstanden auch Kontakte fürs ganze Leben. Auch wenn die Schlange kurz war, bedeutete das nicht, dass man weniger lange anstehen musste als in einer längeren. Dann gab es auch Menschengruppen, die Vortritt hatten: die Kriegsveteranen, schwangere Frauen und Mütter mit kleinen Kindern. Es war üblich, dass, wenn eine kinderlose Frau einkaufen ging, sie sich ein Kind von der Nachbarin lieh, um nicht in der Schlange warten zu müssen. Die Schlangen waren besonders bei den sowjetischen Rentnern beliebt. Sie standen und warteten, bis ein ungeduldiger Käufer kam, dem sie mit den Fingern andeuteten, für wie viel sie bereit sind, für ihn in der Schlange zu stehen, bis er an der Reihe war.

Die Schlangen hatten ihre magische Anziehungskraft, so dass man bereit war, sich anzustellen, ohne zu wissen, was überhaupt verkauft wurde. Wenn sich eine Schlange gebildet hatte, war es klar, dass dort Mangelware zu bekommen war. Wenn manche nach einstündigem Warten eine Pfanne eroberten, wovon sie aber schon drei zu Hause hatten, freuten sie sich trotzdem. Die Pfanne konnte man ja verkaufen oder für einen Kassettenrekorder, ein Flanellhemd oder ein gutes Buch austauschen. Diejenigen, die die ersehnte Verkaufstheke erreichten, konnten in fast jedem sowjetischen Geschäft die optimistische Aufschrift lesen: »Sozialismus bedeutet zufriedene Kunden«.

Obickis bekamen eine Zweizimmerwohnung im wunderschönen Viertel Jasenowo mit vielen Wäldern und Wiesen. Die Tatsache, dass sie mit ihrem Sohn allein in der Wohnung sind, war am Anfang ganz ungewöhnlich. In der eigenen Wohnung konnten sie sich in der Hauskleidung bewegen, sogar in der Unterwäsche, ohne das dumme Gefühl zu haben, gleich ihren Mitbewohnern zu begegnen. In den ersten Wochen waren sie einsam, aber wenn es notwendig war, gewöhnte man sich auch in der Sowjetunion an seine Privatsphäre.

Jasenowo sollte zu einem Moskauer Vorzeigeviertel werden, wo ausgesuchte Bedienstete aus den Armeereihen, aus der Polizei, aus den Wissenschaftsinstituten, Universitäten und Regierungsebenen wohnten. Symbolisch wurden hier auch ein paar Vertreter der einfachen Arbeiterschaft untergebracht, um sie zu motivieren. Die Paneelhäuser waren ein wenig monoton, aber im Vergleich zu den auseinanderfallenden Häusern in Komsomolsk waren sie fast vollkommen. Die Fertigstellung der Geschäfte, des Kinos oder der U-Bahn-Station versprachen sie für den nächsten Fünfjahresplan. Das Gedränge in den vollen Bussen ertrug Sascha ganz ruhig. Sie arbeitete im Übersetzungsinstitut, das ungefähr eine Stunde entfernt war. Manchmal passierte es, dass sie in den überfüllten Bus nicht mehr einsteigen durfte, aber sie nutzte die Zeit, indem sie zusammen mit anderen Wartenden die Busfahrer an der Endstation beobachtete, wie sie mit Schläuchen das Benzin aus dem Tank rausholten und in ihre Kanister umfüllten. Die Wächter des Geländes waren so entgegenkommend, dass sie persönlich den Dieben halfen, die Kanister in die Autos im Inneren des Areals zu tragen. Sascha und die anderen regte es nicht auf. Es herrschte die Solidarität des Schweigens und des Verstellens, denn jeder half sich, wie er konnte. Der ehemalige Führer des Landes Nikita Chruschtschow sagte in einem Gespräch für »Die Stimme Amerikas«, falls die sowjetischen Bürger wenigstens einen Tag aufhören würden zu stehlen, der Sozialismus in der Sowjetunion dann schon hätte aufgebaut sein können.

Mit der Arbeit im Übersetzungs- und Dolmetschinstitut war Sascha sehr zufrieden. Sie verdiente um die hundertfünfzig Rubel, was mit den dreihundert von ihrem Mann viel Geld war. Trotzdem war sie genügsam und sparte, wo sie konnte. Obickis wollten sich nämlich ein Auto kaufen. Eine durchschnittliche sowjetische Familie, in der beide arbeiteten, konnte ungefähr in fünfundzwanzig Jahren das Geld für ein Auto gespart haben.

Sascha erinnerte sich mit Dank an ihre Mutter, die ihr das Nähen und Stricken beigebracht hatte. Sie nähte für den kleinen Josif Vaters Hemden um, machte die Hosen enger oder triefelte die alten Pullover auf und aus der gewonnenen Wolle strickte sie die neuen Sachen. Mehrere Kolleginnen verdienten sich etwas dazu, indem sie diese Sachen an ihren Arbeitsplätzen verkauften. Die Nachbarin Vorschilowa, die Witwe eines Piloten, der irgendwo hinter dem Ural verunglückt war, machte aus dem Stricken eine gute Verdiensttätigkeit. Sie ging so weit, dass sie auf die Säulen der Abendbeleuchtung die Zettel mit der Adresse klebte, wo man die Pullover bekommen konnte. Es war nicht verboten, die zu Hause hergestellte Ware zu verkaufen, aber es war verboten, die Zettel anzubringen. In der Hausordnung stand, man dürfte es nur an den dafür bestimmten Stellen tun. Für diese Stellen musste sie aber eine Summe zahlen, die sie nicht hatte. Wenn sie öfter von dem Hausmilizionär mit zehn Rubel bestraft wurde, schlug sie ihm vor, ihm regelmäßig fünf Rubel zu zahlen, wenn er ihre Zettel tolerierte. Der Milizionär lehnte es mit der Begründung ab, er dürfe kein Geld nehmen, aber wenn sie für seine Kinder ab und zu etwas stricken würde, könnte er ein Auge zudrücken. Vorschilowa arbeitete sieben Tage in der Woche, vierzehn Stunden täglich. Sie hatte zwei Töchter, sechzehn und siebzehn Jahre alt, und sie wollte, dass sie sich ähnlich wie ihre Freundinnen die Winterstiefel aus Rumänien, ungarische Jeans oder estnische Kassettenrekorder kaufen konnten.

Eines Tages kam Sascha strahlend nach Hause. „Ich fahre nach Deutschland."

„Macht ihr eine Reise in die DDR?"

„In die Bundesrepublik. In den Westen. Der Direktor schlug mich offiziell als Dolmetscherin für die Delegation des Instituts zum internationalen Kongress der Übersetzer der deutschen Literatur in Frankfurt vor. Mischa, Mischenka, verstehst du? Ich fahre nach Deutschland. Ich war in meinem Leben noch nicht mal in Budapest, und jetzt direkt nach Deutschland, ins kapitalistische Ausland." Sascha schaute irgendwohin in die Weite, als ob sie sich auf eine Himmelfahrt vorbereiten würde. Eine Reise in den kapitalistischen Westen war ein Traum für jeden Sowjetbürger. Nur ein paar Wenigen gelang es aber.

Mit Eifer begann sie, die für die Ausreise notwendigen Formalitäten zu erledigen. Sie füllte einen endlosen Fragebogen aus mit Angaben zu Religionszugehörigkeit, zu Familienmitgliedern im Ausland, Staatsauszeichnungen, Mitgliedschaft in gesellschaftlichen Organisationen. Bei der Frage der Mitgliedschaft in der Kommunistischen Partei tat es ihr ein bisschen leid, dass sie kein Parteimitglied war, denn dann wäre die Reise viel schneller genehmigt worden. Auf der anderen Seite war Michail in der Partei und in der Zwischenzeit schon zum Oberst der sowjetischen Armee aufgestiegen. Den Formularen legte sie ein Empfehlungsschreiben des Abteilungsleiters bei. Der Leiter mochte sie, war aber gern etwas vorsichtiger. Er sprach lange mit ihr, schrieb alles schön zusammen und berief eine Sitzung des gesamten Kollektivs ein, in der er alles vorlas, was er über Sascha geschrieben hatte. Erst als alle es einstimmig verabschiedeten, unterschrieb er es. Sascha ging dann mit dem Brief zum Gewerkschaftsleiter, der ihn auch las und unterschrieb, nachdem er gesehen hatte, dass das ganze Kollektiv schon unterzeichnet hatte. Sascha musste dann noch zum Parteivorsitzenden des Instituts. Der gab sein schriftliches Einverständnis auch nicht gleich. Wenn sich Genossin Obicka im Ausland zufällig daneben benähme oder dort bliebe, würde er bestraft werden. Aber der Ehemann von ihr war ein hoher Offizier in der Armee und sie hatte einen Sohn zu Hause. Nach einem kurzen Gespräch unterschrieb er dann auch. Sascha brachte persönlich die Unterlagen in die Bezirksverwaltung der Kommunistischen Partei und wartete auf die Vorladung. Eine Kollegin, die vor kurzem Italien besuchte, empfahl ihr, sich mit den landeskundlichen Informationen vertraut zu machen und vor allem mit wirtschaftlichen und gesellschaftlichen Problemen in Deutschland. Vor allem musste sie alles über die Sowjetunion wissen: deren Friedenspolitik, die Namen aller ranghöchsten Vertreter, den Stand von Wissenschaft und Kultur und vieles mehr...

Sascha wurde zur regelmäßigen Leserin der Zeitung »Pravda«, sie schaute Nachrichten im Fernsehen und studierte Probleme in der Bundesrepublik. An dem Tag, als sie vor der Kommission der Bezirksverwaltung der Partei zum Gespräch erscheinen musste, war sie ein bisschen nervös. Die Kommission bestand aus zwölf Mitgliedern, die sie neidisch anschauten. Ihr wurden zwei Fragen gestellt. Eine betraf die Hauptrichtlinien des XXV. Parteitages der Kommunistischen Partei der Sowjetunion und die zweite die gegenwärtigen Probleme der Arbeiter in der Bundesrepublik Deutschland. Beide beantwortete sie offensichtlich zur Zufriedenheit aller. Sie bedankten sich bei ihr und baten sie, so früh wie möglich die Resultate der komplexen Gesundheitsuntersuchung vorzulegen. Zwei Tage später brachte sie persönlich die Ergebnisse vorbei. Und dann wartete sie. Da sie im Zentralen Literaturwissenschaftlichen Institut arbeitete, fällte die Entscheidung über ihre Ausreise die Kulturabteilung des Zentralkomitees der sowjetischen Kommunistischen Partei. Nach sechs Monaten wurde sie vorgeladen. Sie war erleichtert, denn der Frankfurter Kongress begann schon in zwei Monaten. Zwei Genossen sprachen leutselig mit ihr, fragten, wie zufrieden sie in Moskau sei, wie es in der Tschechoslowakei war, sie deuteten auch an, dass sie von ihren Problemen mit dem KGB Bescheid wussten, und dann gaben sie ihr die Erlaubnis zur Ausreise. Vorher überreichten sie ihr noch ein Büchlein mit Anweisungen, wie sich ein sowjetischer Bürger im kapitalistischen Ausland benehmen sollte. Dann musste sie mit ihrer Unterschrift bestätigen, dass sie mit niemandem über das Büchlein spräche, und dann wünschten sie ihr gute Reise. Sascha strahlte vor Glück und sogar das kühle, riesige Gebäude des ZK der KPdSU kam ihr plötzlich schön vor.

Der Tag der Abreise nahte, als sie zum Direktor des Instituts gerufen wurde. „Es tut mir sehr leid, aber die Reise wurde aus politischen Gründen gestrichen..." Eine Weile schwieg der Direktor. „Die NATO entschied wohl einseitig, auf dem Gebiet der Bundesrepublik amerikanische Raketen mit Atomsprengköpfen zu stationieren. Die Sowjetunion hat zum Protest in allen Bereichen die Kontakte mit den NATO-Ländern eingefroren."

Kapitel 10
PRAG 1977

Okruzny hielt sein Wort. Als die Anforderung des Außenministeriums wegen der personellen Beurteilung kam, erhielt Ingenieur Jozef Balaz ein gutes Arbeitszeugnis. Dann passierte lange nichts. Okruzny, als ob er Angst hätte, dass Balaz nicht weggehen würde, machte ihm das Leben schwer, wo es nur ging. Balazova beendete unter dem Einfluss des allmächtigen Okruzny, aber auch deshalb, weil die kleine Marta oft krank war, das Arbeitsverhältnis, womit sich die wirtschaftliche Situation der jungen Eheleute ziemlich verschlechterte. Zum Glück halfen die Schwiegereltern aus. Sie kauften den jungen Leuten eine Wohnzimmermöbelgarnitur, eine Waschmaschine und einen Kühlschrank. Die Schwiegermutter war angestellt bei der Forstverwaltung, der Schwiegervater arbeitete als Empfangschef im Hotel. Balaz verstand nicht, wie sie von ihrem relativ niedrigen Einkommen noch die zwei Töchter unterstützen konnten. Als er aber die fast durchsichtigen Scheiben Salami und die kaum sichtbare Schicht Butter sah, die sie ihm auf sein Brot tat, begriff er. Außerdem hatte die Regierung ein nicht rückzuzahlendes Darlehen für junge Eheleute in der Höhe von dreißigtausend Kronen verabschiedet, das ihnen sehr half.

Martuschka hatte einige Male eine Lungenentzündung. Das Geld fehlte an allen Ecken, die Nerven der jungen Leute arbeiteten auf Hochtouren. Die Situation war für Balaz sehr unangenehm. Als ihn die Leiterin der Personalabteilung nach einem halben Jahr mit einem bedeutsamen Lächeln zu sich rief, betete er, dass sie ihm die Nachricht, auf die er wartete, mitteilen würde. Mit der Feststellung, dass es ihr leid tue, dass er den Betrieb verlassen werde, teilte sie ihm mit, dass er zum 1. Januar 1977 beim Föderalen Außenministerium eingestellt sei. Er ging »Zum Drlicka« und betrank sich mit seinen Freunden. Obwohl er keine Ahnung hatte, wo sie wohnen sollten, unterschrieb er die Erklärung, dass sie innerhalb der nächsten sechs Monate die Betriebswohnung zurückgeben werden.

Am zweiten Januar fuhr er mit dem Zug nach Bratislava, schlief bei seinen Eltern und früh um vier setzte er sich an der Bushaltestelle »Na Patronke« in den »FEK-Bus«. Das war der Föderale Expressbus Knizek, der regelmäßig die Gruppe von slowakischen Diplomaten aus Bratislava und Umgebung nach Prag fuhr. Freitags nach dem Feierabend fuhr er sie wieder nach Bratislava zurück. Diplomaten aus der Ostslowakei hatten die Erlaubnis, Flugzeuge zu nutzen. Der Bus wurde nach dem Stellvertreter des Ministers benannt, dessen Aufgabe die materiellen Angelegenheiten des Ministeriums waren. In Prag ging Balaz direkt zur Presseabteilung, wo ihn Milan Kramar herzlich willkommen hieß. Er berief eine kurze Sitzung ein. Er wünschte allen ein schönes Neues Jahr und stellte den neuen Kollegen vor. Er wurde der Abteilung der ausländischen Journalisten zugeteilt.

Alle duzten sich hier automatisch. Balaz begann den vorgeschriebenen Rundgang durchs Ministerium. Er besuchte die wichtigsten Abteilungen, damit er sich mit dem Ablauf im Ministerium vertraut machen konnte. Er meldete sich für die offiziellen Sprachprüfungen an, die er mit der Note »Ausgezeichnet« und »Sehr gut« bestand. Zum Einstiegsgehalt von zweitausendachthundert Kronen bekam er noch sechshundert Kronen Zulagen für die Sprachkenntnisse. Zusammen waren es tausend Kronen mehr, als er in Chirana bekommen hatte. Er fühlte sich wie ein König. Er lernte Prag kennen und freute sich auf seine diplomatische Karriere.

Am ersten Februarmontag berief der stellvertretende Direktor Ing. Kaderabek eine Sitzung ein, bei der er ankündigte, dass am Nachmittag um 14.00 Uhr die Gesamtversammlung der Angestellten des Ministeriums stattfinden würde, bei der sie zur Charta '77 Stellung nehmen würden. Jozef beendete gerade den Durchlauf durchs Ministerium und verbrachte die Zeit mit dem Studium verschiedener Dokumente. Er meinte, dass auch die Charta '77 ein offizielles Schreiben gewesen wäre. Deshalb fragte er Kaderabek, ob er vor der Versammlung die Charta mal lesen könnte. Kaderabek schaute ihn unverständlich an und zischte in seine Richtung: „Genosse Balaz, du hast wohl zu wenig Arbeit!" Als er gegangen war, erklärten ihm die Kollegen, dass die Charta ein von Havel, Patocka und Hajek ausgearbeitetes Antistaatsdokument sei, also von Dissidenten, die Staatsfeinde sind. Der Balaz tat ihnen leid. Sie wussten, dass Kaderabek seine Frage für eine Provokation hielt.

Kaderabek hielt aber schon den Gruß »Guten Tag« für eine Provokation. Er selbst grüßte grundsätzlich mit »Sei geehrt«, was eine Abkürzung vom Gruß der Funktionäre »Die Arbeit sei verehrt« ist. Kaderabek war ein eifriger Verfechter der harten Parteilinie. Er war ein ehemaliger Journalist, der während der sowjetischen Invasion im Freien Tschechoslowakischen Rundfunk in Vinohrady die Nation zum Kampf gegen die Sowjets aufforderte. Als die Invasion dann in internationale Hilfe umbenannt wurde, wollte Kaderabek in den Westen gehen. Er hatte aber eine schwerkranke Ehefrau, die nicht zu einer Reise fähig war. Schließlich blieb er da, beugte seinen Rücken und passte sich an. Nicht aber sein Bruder, der mit der ganzen

Familie in den Westen ging. Nach den »Säuberungen« im Föderalen Außenministerium wurden neue, zuverlässige Leute gebraucht. Kaderabek unterschrieb das Dokument über die internationale Hilfe, schüttete sich sozusagen Asche aufs Haupt, distanzierte sich von seinem Bruder, wurde verlässlich und somit auch beim Ministerium eingestellt. Die, die ihm die Stelle gaben, wussten, dass solche Menschen am dankbarsten und am eifrigsten waren.

Als Balaz ins Büro kam, schob ihm sein Kollege Marik schweigend irgendeine französische Zeitung zu. „Auf der Seite vier." Balaz öffnete die Zeitung. Auf der vierten Seite war das ganze Dokument der Charta '77 abgedruckt. Sein Französisch war gut, er nahm die Zeitung und ging in den Leseraum des Ministeriums. Kaum jemand kam dorthin und so konnte er das ganze Dokument ungestört lesen. Je mehr er las, desto mehr runzelte er die Stirn. Das, was die Charta '77 beinhaltete, entsprach fast in allem seinen Gedanken. Manche Formulierungen, die wirtschaftliche und soziale Situation betreffend, waren fast identisch mit denen, die er bei seinen Auftritten in den Sitzungen in Chirana benutzt hatte. Er ist eigentlich aus Piestany weggegangen, weil er von der Unzulänglichkeit, der Unfähigkeit angewidert war und er keinerlei Bereitschaft zur Verbesserung dieser Situation sah. In der Charta stand nicht, den Sozialismus zu beseitigen, man forderte nur seine Verbesserung. Im Prinzip sagten die Verfasser nur das laut, was alle sich zuflüsterten, denn laut erzählte man sich nur Unsinn, stahl und betrog. Schweigend saß er da und dachte nach, was er tun sollte. In zwei Stunden begann die Sitzung, bei der jeder den die Charta verurteilenden Text unterschreiben sollte, obwohl die meisten mit der Charta völlig einverstanden waren. Er fühlte sich wie ein geschlagener Hund. Deshalb war er doch aus Chirana weggegangen und jetzt sollte er in die neue, noch größere »Kacke« treten.

Er ging in den Toskana Palast, der ganz in der Nähe war. Außer den Sprachfakultäten war dort auch die Praxis des Allgemeinarztes und des Zahnarztes. Er klopfte an die Tür von Frau Doktor Juroschova, die auch Slowakin war. Er erklärte ihr, dass er sich nicht wohlfühle, sein Hals kratze und er leichtes Fieber hätte, er erzählte und erzählte... „Machen Sie sich keine Mühe. Sie wollen nicht hingehen, nicht wahr?"

„Wohin?“

„Zu der Versammlung gegen die Charta ‘77.“ Balaz schwieg. „Sie sind schon der Zweite heute. Ich gebe Ihnen eine Krankschreibung für die ganze Woche, damit es ein wenig glaubwürdiger aussieht. Aber Ihnen ist klar, dass Sie damit in Verdacht geraten. Früh sind Sie aus Bratislava gekommen und waren gesund wie ein Fisch im Wasser und zwei Stunden später sind Sie krank...“

„Geben Sie mir die Krankschreibung.“ Die Ärztin reichte sie ihm rüber. Balaz nutzte die Mittagspause, als alle beim Mittagessen waren. Er legte die Krankschreibung der Sekretärin des Abteilungsleiters auf den Tisch und erklärte ihr, dass er den Zug nicht verpassen will, nahm seine Aktentasche und ging.

Als am Ende der Versammlung der Vorsitzende die anwesenden Diplomaten aufforderte, über die die Charta ‘77 verurteilende Erklärung abzustimmen, fuhr der Schnellzug Prag – Bratislava gerade in den Bahnhof in Kolin ein. In der Republik begannen Aktionen gegen die Charta ‘77. Die größte Aktion war die Erklärung der Kunstverbände, auch unter dem Namen Anticharta bekannt. Ende Januar fand im Prager Nationaltheater ein Treffen der Künstler statt, wo sie unter dem Versprechen der Möglichkeit, weiter publizieren, spielen, schaffen, die eigene Arbeit ausüben zu können, die Erklärung der tschechoslowakischen Kulturverbände „Für neue Taten im Namen des Sozialismus und Friedens“ unterschrieben. Allmählich gesellten sich zu den ersten aus dem Nationaltheater Hunderte Künstler aus verschiedenen Regionen der Tschechoslowakei. Jeder, der in der damaligen Tschechoslowakei in der Kunst, Wissenschaft und Kultur etwas bedeutete, unterschrieb. Die Spitzenvertreter der Kunst ließen sich »vergewaltigen« und zeigten ihre Zugehörigkeit zur Politik der Kommunistischen Partei der Tschechoslowakei, zu ihrer Führungsrolle in der Gesellschaft, zur Großen Sozialistischen Oktoberrevolution, zur unzertrennlichen und ewigen Freundschaft mit der Sowjetunion. Sie unterschrieben mit ernsten Gesichtern, beschämt und erniedrigt. Sie unterschrieben, denn niemandem von ihnen, genauso wie niemandem von den 15 Millionen tschechoslowakischen Bürgern kam es auch nur in den Sinn, dass das totalitäre System eines Tages zu Fall gebracht werden und ihnen dieses Versagen jemand zum Vorwurf machen würde. Sie trösteten sich damit, dass alle 15 Millionen, alle die Rücken beugten und sich immer mehr auf materielle Werte orientierten, die ihnen die Partei- und Staatsführung des damaligen real existierenden Sozialismus zu bieten begann.

Nach einer Woche des »Krankseins« spürte Balaz, dass er von den Kollegen schief angeguckt wurde. Er ahnte, dass es wegen seiner Abwesenheit bei der Versammlung war. Als ihn der Abteilungsdirektor kurz nach seiner Rückkehr aus Bratislava zu sich rief, wurde er nervös. Er erwartete die Konsequenzen. Der Direktor erwähnte jedoch die Angelegenheit gar nicht und erzählte ihm ganz ruhig: „Ich möchte dir streng vertraulich sagen, dass ich für den Posten des Botschafters in Österreich vorgeschlagen werde. Es gibt dort zweiundzwanzig Diplomaten, davon sind einundzwanzig Tschechen. Ich hätte dort gerne auch einen Slowaken." Er dachte kurz nach und fügte dann hinzu: „Und vor allem einen Menschen, dem ich vertrauen könnte..." Er lächelte schelmisch und Balaz hatte das Gefühl, er wusste genau, warum. „In der Zeit meines Amtsantritts kommt es dort auch zum Wechsel des Presseattachés. Hast du Lust, mich dorthin zu begleiten?" Balaz holte tief Luft. In die Hauptstadt des benachbarten Österreichs zu gehen, war der Traum von jedem tschechoslowakischen Diplomaten. Es wäre der Aufenthalt im kapitalistischen Ausland in einer Stadt, wo man ohne Probleme tschechoslowakisches Fernsehen verfolgen konnte, den Rundfunk hören konnte und nach Bratislava es nur einen Steinwurf weg war. „Also... das... selbstverständlich... davon habe ich nicht einmal zu träumen gewagt... Ganz sicher, Genosse Direktor...", fand Balaz kaum Worte.

„Lass den Genossen. Ich bin Milan." Kramar reichte ihm die Hand.

„Ich... ich bin Jozef", stotterte Balaz. Sich nach einem Monat mit einem Mitglied des Kollegiums des Ministers zu duzen, das einer der einflussreichsten Leute in der tschechoslowakischen Außenpolitik war, schien für die meisten im Ministerium unvorstellbar.

„Warum setzt du dich nicht?", bot ihm der Direktor einen Platz an. „Ich wollte dir sagen, dass die Art und Weise, wie du zum Ministerium gekommen bist, mir sehr sympathisch ist. Sie gefällt übrigens auch dem Minister..."

„Sie... Du hast mit dem Minister über mich gesprochen?"

„Der Minister ist ein normaler Mann. Einer der normalsten, die in dieser Regierung sitzen. Er ist auch ein Publizist. Wie du. Und ich schreibe ebenso ein wenig. Er hat es aber nicht leicht. Wir brauchen in der Diplomatie die Slowaken. Damit ich mich genau ausdrücke, wir brauchen fähige Slowaken." Er trat ans Radio heran, schaltete es ein und ließ irgendwelche Opernarien laut laufen. „Leider haben wir von solchen nicht viele", setzte er fort. „Chnoupek ist zwar der Minister, aber der eigentliche Chef der Außenpolitik ist faktisch Bilak. Und das ist eine Katastrophe." Er sah Balaz lange an. „Immer, wenn du in diesem Gebäude etwas erzählen wirst, wovon du nicht möchtest, dass es die anderen auch wissen, dann schalte ein Radio ein, und falls du keines hast, lass das Wasser aus dem Wasserhahn laufen." Balaz hörte zu. Es wurde ihm langsam bewusst, wohin er geraten ist. „Husak steht hinter Chnoupek, aber hinter Bilak steht Moskau. Du weißt sicher, dass Chnoupek auch aus Bratislava ist, wie auch Husak. Soweit ich weiß, bist du ebenfalls aus Bratislava", schaute er ihn bedeutungsvoll an. „Bilak nervte Husak bis aufs Blut. Leider kann der Generalsekretär wie auch der Präsident nichts mit den Menschen machen, hinter denen Moskau steht. Die meisten Slowaken im Ministerium und in der internationalen Abteilung des Zentralkomitees der Kommunistischen Partei sind Ostslowaken. Unter ihnen sind auch faire Kerle, aber passe bitte auf Stefan, Jarenko, Zacko, Bigos und Turcan auf. Das sind Bilaks Schnüffler im Ministerium."

Kramar las kurz etwas durch und dann erzählte er weiter. „Ich habe mit dem Minister über deine Nominierung für Wien gesprochen. Er kennt deine Geschichte und ist damit einverstanden. Meine Nominierung ist zu siebzig Prozent sicher. Entscheidend ist Bilaks Unterschrift, die ich noch nicht habe. Ich stelle aber eine Bedingung. Jetzt haben wir April. Du hast Deutschkenntnisse der Stufe drei. Bis Ende des Jahres musst du die vierte Stufe machen. Das ist praktisch das Niveau der Staatsprüfung, aber ich weiß, dass du es schaffst... Das ist erst mal alles..." Er lächelte und gab Balaz die Hand.

„Danke, vor allem für das Vertrauen."

„Selbstverständlich bleibt alles, was wir uns gerade hier gesagt haben, unter uns", erinnerte ihn Kramar noch ordnungshalber.

Als er am Wochenende nach Hause kam, erwartete ihn dort die Vorladung zum Bezirksgericht in Trnava. Der Außenhandelsbetrieb Chirana Export verklagte ihn, weil er sechs Monate nach seinem Weggang die Betriebswohnung räumen sollte. Balazs hatten es noch nicht gemacht, da sie nicht konnten. Sie wussten nicht, wohin sie gehen sollten. „Was werden wir machen?“, fragte Marta.

„Was sollten wir machen? Das Gerichtsverfahren hat noch nicht stattgefunden. Wir werden wahrscheinlich zum Auszug gezwungen werden, aber ich weiß, dass das Gesetz in solchen Fällen dem Betrieb vorschreibt, eine Ersatzwohnung zur Verfügung zu stellen.“

„Eine Ersatzwohnung. Die Lukacs haben es gemacht. Weißt du, was die als Ersatzwohnung bekamen? Ein Zimmer im Betriebswohnheim in Stara Tura.“ Balazova fing an zu weinen. „Ich habe schon mit meiner Mutter darüber gesprochen. Sie haben in Presov eine Zweizimmerwohnung und würden uns ein Zimmer geben. Im schlimmsten Falle gehen wir dorthin.“

„Willst du mir damit zu verstehen geben, dass meine Eltern in Bratislava eine Dreizimmerwohnung haben und uns noch nichts angeboten haben?“ Balazova schwieg.

„Hab keine Angst, zu meinen Eltern gehen wir nicht, dann wohnen wir lieber in Stara Tura!“ Sie weinte und Jozef dachte darüber nach, ob er ihr etwas erzählen sollte. Als er sah, wie sie sich wegen der Zukunft quälte und sich zum Weinen auch die kleine Marta gesellte, fing er an zu sprechen.

„Weine nicht. Komm, bitte, hör auf zu weinen... Ich habe eine Neuigkeit für dich... aber um Gottes Willen der Mutter kein Wort davon. Ich sprach gestern mit dem Abteilungsdirektor. Stell dir vor, er hat mir das Du angeboten...“

„Hmm, erstaunlich. Das hilft uns weiter!“

„Er sagte, er hat mit dem Minister gesprochen. Wenn alles gut geht, sollte ich am Ende des Jahres, spätestens aber am Anfang nächsten Jahres nach Wien gehen. Als Presseattaché... Aber Marta, ich bitte dich, keinem ein Wort davon, nicht mal Kramars Posten ist schon sicher.“

Das Gesicht der Frau wurde strahlender. „Ich kenne dich. Du

denkst dir etwas Bombastisches aus, um mich zu trösten, und dann wird nichts daraus."

„Also das hier wird sicher etwas. Die einzige Bedingung ist die vierte Stufe in Deutsch... Also wird diese Wohnung ab heute auf Deutsch umgestellt. Wir kaufen uns einen Kassettenrekorder und beim Putzen, Bügeln, Abwaschen, Waschen... hmm, auch beim Lieben, wird hier ständig Deutsch klingen. Zum Glück können wir ganz gut das österreichische Fernsehen und den Rundfunk empfangen."

„Jojo... Jozefchen, wenn es klappen würde, dann...", umarmte sie ihn begeistert. „Dann können wir die ganze Chirana-Geschichte vergessen und die Wohnung können sie behalten."

Balaz ging zum Direktor Cernak. Er bat ihn, die Wohnung noch bis Ende des Jahres behalten zu dürfen, dann würden sie nach Prag ziehen.

„In Ordnung, es kommt die Sommerzeit, viele sind im Urlaub, niemand wird sich damit beschäftigen. Bis zum Winter schaffe ich es irgendwie", spendete ihm Cernak Mut. „Aber nach dem Neuen Jahr kann ich für nichts garantieren."

„Herr Direktor, Sie haben mein Ehrenwort, dass wir nach dem Neuen Jahr die Wohnung zurückgeben. Und danke schön."

„Schade, dass Sie weggegangen sind. Sie fehlen mir hier. Und den wenigen Normalen, die hier blieben, auch. Nach Ihnen gingen noch andere, Maly, Pastier und sogar Onderka, der von euch die besten Nerven hatte. Der hielt es mit Okruzny auch nicht mehr aus. Na und ich... ich muss es noch irgendwie durchstehen. Bis zum Ende des Jahres. Danach gehe ich in Rente... Also machen Sie etwas mit der Wohnung... Und stehen Sie zu den Slowaken in Prag..." Cernak gab ihm die Hand. Sie zitterte leicht. Balaz kam es so vor, als ob in den Augen leicht die Tränen glänzten. Plötzlich hatte er das Gefühl, dass er ihn zum letzten Mal sah.

Langsam kannte er sich im Ministerium aus. Er wusste, wer in welcher Gruppe war, wer gegen wen intrigierte, bei wem er auf der Hut sein musste, wer alles sofort herausposaunt und wer das erst danach tut, wenn sie gegen ihn Druck ausüben. Kramar spielte geschickt seine Rolle, er hatte bei Bilak gute Karten und Anfang Oktober wurde tatsächlich schon gemunkelt, dass Bilak seine Ernennung bereits unterschrieben hätte. Zum Nikolaustag erteilte Österreich dem neuen tschechoslowakischen Botschafter Milan Kramar das Agrément. Vor Weihnachten bei der Abschiedsparty mit den Kollegen aus der Presseabteilung nahm er sich Balaz kurz zur Seite.

„Der Minister gab schon sein vorläufiges Einverständnis für deine Ausreise. Wann machst du die Prüfung?"

„Morgen".

Kramar dachte ernst nach. „Also ich drücke dir die Daumen. Wenn du das Ergebnis hast, komm sofort zu mir."

Am nächsten Tag um zwei kam Balaz aus dem in diesem Moment für ihn schönsten Gebäude der Welt heraus, aus dem Toskana Palast auf dem Hradciansky Platz. Nicht nur der Palast, auch Hradcin, Prag, Piestany und die ganze Welt kamen ihm wundervoll vor. In der Tasche hatte er das Diplom der bestandenen Prüfung in Deutsch mit dem höchsten Grad. Er ging direkt zu Kramar. Der gratulierte ihm herzlich und hob dann den Telefonhörer ab. Als er fertig war, sagte er nachdenklich: „Geh in den hinteren Trakt. Dort ist die Abteilung für die besonderen Aufgaben. Sie müssen mit dir noch ein paar Formalitäten klären. Du bist angemeldet, sie warten auf dich."

Balaz wurde nervös. Er wusste gar nicht, dass es im Czerninpalast einen hinteren Trakt gab. Er wusste nur, dass in Chirana Export die Abteilung für besondere Aufgaben die Arbeitsstätte der Staatssicherheit bedeutete. Er holte tief Luft und ging los. Er hatte das Gefühl, er würde zu seinem eigenen Richtplatz gehen. Er kam nach hinten und klingelte. Es öffnete ihm eine Sekretärin und sah ihn lange an. Sie gingen durch eine Tür, dann durch die zweite Gittertür. Sie traten in das Büro der Sekretärin.

„Der Genosse Leiter erwartet Sie. Bitte."

Sie öffnete die Tür. Am Tisch saß ein stämmiger Mann, der mit dem Rücken zur Tür etwas auf ein Blatt schrieb. „Setz dich, Genosse..." Balaz setzte sich. Der Raum war dunkel, es leuchteten Neonlampen. Der Mann kam ihm bekannt vor, auch die Stimme klang bekannt. Der Mann schrieb zu Ende und drehte sich dann um.

„Willkommen!" Mit breitem Lächeln gab ihm Jan Winter die Hand.

Kapitel 11

BERLIN (West) 1981

Am zweiten Septembersamstag heiratete Thomas. Die Hochzeit fand im Luxushotel Kempinski statt. Thomas` Mutter, die kaum noch laufen konnte, strahlte vor Glück. Ihr einziger Sohn heiratete die Tochter des Direktors vom Büro des amtierenden Bürgermeisters und Thomas war einer der jüngsten Abgeordneten in Deutschland. Auch wenn nur im Berliner Senat, aber ihm wurde eine große Karriere prophezeit.

Beim Vater war eine ziemliche Nervosität zu spüren. Er war den Luxus des Kempinski Hotels nicht gewöhnt. Zur Hochzeit kamen viele Kollegen vom Senat, sogar manche Abgeordnete vom Bundesparlament. Von Thomas` Freunden kam nur der Journalist Peter Greiner. Vom Stamokap und anderen Gruppierungen und Organisationen, in denen er lange Jahre gewirkt hatte, kam niemand. Um die Wahrheit zu sagen, hatte er das auch nicht erwartet. So passte ihm das schließlich auch sehr gut. Er befürchtete, wenn die Jungs in dieses Snobhotel kämen, könnte es zu Unannehmlichkeiten kommen.

Er traf sie aber schneller, als er dachte. Zwei Tage nach der Hochzeit brachen im Viertel Schöneberg in der Bühlowstraße Unruhen aus. Einige Hundert junger Leute lehnten es ab, die mit Gewalt besetzten Häuser, über die der Senat entschieden hatte, dass sie abgerissen werden sollten, zu verlassen. Die anfänglich ruhige Demonstration kippte nach dem Unfall des achtzehnjährigen Studenten Klaus Jürgen Rattay, der vom Bus erfasst und tödlich verletzt wurde, fast zum Krieg zwischen den Jugendlichen und den Polizisten um. Als die Nachricht von seinem Tod die Runde machte, verwandelte sich ganz Schöneberg in einen Kriegsschauplatz. Die jungen Leute verbarrikadierten sich in ungefähr hundertfünfzig Häusern und bewarfen die Polizisten mit altem Eisen, Toilettenschüsseln, alten Möbeln und anderem Schrott.

Mehr als hundert Polizisten wurden verletzt, vierhundertfünfzig Jugendliche wurden verhaftet, aber die Straßenkämpfe brachen an verschiedenen Stellen aus. Thomas entschied sich, persönlich hinzugehen und als junger Senator, der unter den Demonstrierenden Freunde hatte, versuchen zu verhandeln. Er wurde von einer starken Gruppe der Spezialkräfte begleitet. Er ging unbewaffnet, nur in Sweat-Shirt und Jeans. Angelika bat ihn vergeblich, nicht dorthin zu gehen. Die Demonstranten bewarfen ihn und die Polizisten zuerst mit Schrott, aber dann ließen sie ihn in ein Haus mit der großen Aufschrift: „Seit 22 Jahren kassierte die Kirche die Miete, investierte nichts und jetzt wollen sie uns das Dach überm Kopf abreißen!!“ herein.

Der Leiter der Demonstrationsgruppe im Haus war Reiner, Thomas` ehemaliger Freund vom Stamokap. Er wusste, dass Thomas im Senat gegen den Abriss gestimmt hatte. Als sie ihn reinließen, hoffte er, dass er wenigstens eine Vereinbarung über den Stillstand der Straßenkämpfe aushandeln könnte. Die Polizisten blieben draußen, Thomas ging allein ins Haus. Vor dem Eingang standen viele Fotografen und einige Kameras. Ganz Berlin verfolgte in der Live-Übertragung die mutige Tat des Senators. Thomas war es bewusst, dass seine Abstimmung in der Öffentlichkeit bekannt war. Sie ließen ihn in die Küche in einer der Wohnungen. Er wollte Reiner die Hand geben, der erwiderte seine Geste aber nicht. Thomas wollte etwas sagen, aber Reiner stoppte ihn auf die harte Art: „Mit Faschisten verhandeln wir nicht!“

„Reiner, bitte, lass die starken Worte. Auch diejenigen, die für den Abriss stimmten, müssen keine Faschisten sein.“

„Sie wollen es abreißen, weil die Grundstückspreise steigen und ihr im Senat wollt sie für schweres Geld verkaufen und eure eigenen Taschen voll stopfen!!“, griff Thomas ein offensichtlich unter Drogen stehender Junge an. Wenn es Reiner nicht gäbe, hätte er Thomas wohl geschlagen.

„Halt die Klappe!“, zischte ihm Reiner zu. „Und haut alle ab hier. Haut ab! Lasst uns allein. Hört ihr?!“ Mit eigenen Händen schob er die Anwesenden aus dem Raum. Als die draußen waren, schlug er die Tür zu. Er setzte sich Thomas gegenüber und sah ihn lange an. „Also wagst du es, zu uns zu kommen und eine Moralpredigt zu halten? Du, der du nicht nur unsere Gedanken verraten hast, sondern auch noch die Seite gewechselt hast?!“

„Nichts habe ich verraten. Es tut mir leid, aber ich konnte nicht in einer Organisation bleiben, die durchsetzt war mit Agenten der Stasi!“

„Michael wurde rausgeschmissen und ist jetzt nicht mehr in Berlin. Aber darum geht es nicht. Es geht darum...“, zog er aus der Tasche ein schmutziges Schwarzweißfoto. Auf dem Bild war ein ungefähr dreißig Jahre alter Offizier der SS. Zusammen mit anderen Soldaten in ähnlichen Uniformen vor den Baracken, auf denen die Aufschrift »Konzentrationslager Majdanek« stand. Reiner gab ihm das Foto und beobachtete Thomas, der verständnislos mit der Schulter zuckte.

„Ich verstehe nicht, warum du mir das zeigst?“

„Schau dir die Gesichter gut an. Und vor allem lies die Namen auf der anderen Seite des Fotos.“

Thomas schaute sich gründlich die Gesichter an und seine Miene verfinsterte sich. Er drehte das Foto um und las laut die Namen der Leute vor. Er las, bis er zum Namen Karl Joachim Lammer kam. Seine Hand fing an zu zittern. Er drehte das Foto um und schaute auf die Gesichter. Er erkannte ihn. Lange schaute er sich den jungen lächelnden Offizier der SS an. Es war der Vater seiner Frau Angelika Lammer.

„Hast du davon eine Kopie?“

„Nein. Das ist das einzige Exemplar, das ich besitze. Behalte es und mach damit, was du willst. Und jetzt... jetzt hau auch endlich ab!“ Thomas saß erschüttert auf dem Stuhl, Reiner fasste ihn kraftvoll an und schmiss ihn hinaus. „Hau ab von hier!“

Langsam ging er die Treppe hinunter. Als er aus dem Tor herauskam, stürzten sich die Journalisten auf ihn.

„Man kann mit ihnen keine Vereinbarung erzielen. Es sind gewalttätige und kriminelle Elemente, denen es nicht um die Lösung der Wohnungskrise geht, sondern um die Destabilisierung unseres demokratischen Systems.“ Reiner und seine Kumpel verfolgten Thomas` Worte im Fernsehen.

„Dafür wirst du büßen!“, schrie Reiner wütend.

Kapitel 12
MOSKAU 1979 / FEYZABAD 1982

Mitte Dezember 1979 blies durch Moskau ein kalter Wind. Josif besuchte die dritte Klasse an einer Grundschule mit erweitertem Deutschunterricht. Sascha legte Wert auf Fremdsprachenkenntnisse. Sie konnte zwar dem Sohn nicht überzeugend erklären, warum er Deutsch lernen sollte, denn für die Sowjetbürger war auch die DDR völlig unerreichbar, aber in den Momenten, wo er aufgeben wollte, konnte sie ihn mit dem Argument überzeugen, dass es bestimmt mal sehr sinnvoll sein wird für ihn. Michail wurde zum Verteidigungsministerium abkommandiert, wo er einen hohen Posten bekleidete, über den er sich mit Sascha nicht unterhielt. Er hatte jetzt weniger Zeit für die Familie, aber wenn er frei hatte, war er auch zwei, drei Tage zu Hause.

Familie Obicki erlebte die Sorgen, Qualen und Freuden der einfachen sowjetischen Bürger ein wenig leichter dank der Tatsache, dass der Familienvater ein hoher Offizier des Generalsstabs der Armee war. Nach drei Jahren wurde die U-Bahn immer noch nicht bis zur Siedlung gebaut, die Zahl der Bürger stieg an, die Busse waren immer überfüllter. Sascha schleppte die Einkaufstüten aus dem Zentrum von Moskau. Es gab auch in der Siedlung mittlerweile Geschäfte, aber nach 16.00 Uhr lagen in den Regalen nur noch Fischkonserven. Ohne ein Auto war ein normales Leben nicht vorstellbar. Die meisten Bürger lebten ein bescheidenes Leben. Die Armeeoffiziere wurden auf speziellen Wartelisten des Ministeriums notiert, die natürlich viel kürzer waren als die Listen der einfachen Bürger. Obickis bekamen im März die Benachrichtigung, dass sie Ende des Jahres einen PKW der Marke Schiguli geliefert bekommen. Über den genauen Termin der Übergabe sollten sie dann rechtzeitig informiert werden.

In der Sowjetunion gehörte zu einer der Bedingungen des Autokaufs auch das Vorlegen des Führerscheins. Da Michail einen Dienstwagen mit Fahrer hatte, setzten sie voraus, dass der neue Wagen von Sascha gefahren wird. Auf den Autokauf mussten sie sich systematisch vorbereiten. Sascha meldete sich mit freudiger Erwartung in ihrem Bezirk bei der Fahrschule an. Die Beamtin am Telefon teilte ihr nach zehn Minuten sinnlosen Schwatzens mit, dass alle Plätze für die nächsten zwei Jahre im Kurs schon vergeben seien. Zum Glück war der Chef der Militärverwaltung des 14. Moskauer Bezirks ein Freund von Michail und so bekam Sascha einen zusätzlichen Platz im Kurs. Die ihren Unmut nicht versteckende Beamtin legte Sascha die auszufüllenden Unterlagen vor und fügte lakonisch hinzu, dass es notwendig sei, ein Foto und eine ärztliche Bestätigung von der Fahrtauglichkeit beizulegen. Wegen der ärztlichen Untersuchung nahm sich Sascha einen Tag Urlaub, denn sie musste mit einer mehrstündigen Wartezeit rechnen. Glücklicherweise wurde sie von der Ärztin und nicht von einer schlecht gelaunten Schwester untersucht. Sie bekam auch schnell die ersehnte Bestätigung. Darin stand, dass sie bis auf ihre Sehschwäche fahrtauglich sei. Deswegen bräuchte sie eine Brille. Sascha machte sich auf den Weg in die Moskauer Optikläden, in denen sie leider überall die gleiche Antwort bekam: „Die Gläser mit ihren Dioptrien werden erst in zwei bis drei Monaten hergestellt, also steht die Brille frühestens im Juli zur Disposition.“ Es war Anfang April und die Fahrschule begann in drei Tagen. In die Ferne konnte sie sehr gut sehen, also riskierte sie es. Sie wäre damit auch fast durchgekommen, aber die zuständige Beamtin bemerkte, dass in der ärztlichen Bescheinigung stand, sie sollte eine Brille tragen, und auf dem Foto trug Sascha keine. Also musste sie zum Fotografen gehen, ein Foto mit Brille machen lassen und dann setzte die zufriedene Beamtin den letzten Stempel darunter. Der Kurs konnte nun eigentlich beginnen, aber wegen Lieferschwierigkeiten der Autos – was in der Sowjetunion keine Seltenheit war – hatte man kurzerhand den Beginn des Fahrschulkurses auf August verlegt. Also vier Monate später. Sascha wusste nicht, ob sie lachen oder weinen sollte. „Wenigstens habe ich bis dahin die richtige Brille und gefährde nicht den Straßenverkehr“, dachte sie sich.

Am ersten August wartete der Fahrlehrer auf die nach der Fahrschule lechzenden Schüler. Er teilte ihnen mit, dass die Teilnehmerzahl um einiges die zeitlichen Möglichkeiten der Fahrschule übersteigt und deshalb die Stundenzahl um ein Drittel gemindert wurde. Er empfahl, dass sie sich um einen Bekannten bemühen sollten, der bereit wäre, mit ihnen zu üben, denn die vorgeschriebene Stundenzahl müssen sie bringen. Als jemand scheu fragte, ob sie wenigstens für die nicht wahrgenommenen Stunden Geld zurückbekämen, sagte der Lehrer, dass das die Sache der Fahrschulleitung wäre und sie sollten es mit ihr ausdiskutieren. Die Fahrschüler begriffen es und mussten akzeptieren, weil sie ja froh waren, überhaupt am Kurs teilnehmen zu dürfen.

Nach zwei Monaten bekam Sascha den ersehnten Führerschein, mit dem sie sich obligatorisch im Verein der Amateurfahrer anmelden musste. Im Klub sagten sie ihr, dass die Mitgliedschaft viele Vorteile habe, einer von ihnen wäre das leichtere Beschaffen von Ersatzteilen. Sie verstand nicht, warum die Mitglieder leichter an die Ersatzteile kommen sollten, wenn alle sowjetischen Fahrer obligatorisch Mitglieder waren im Klub.

Der Dezember kam immer näher und Sascha und Michail verbrachten die Restzeit mit dem Kauf von Scheibenwischern, Ersatzglühbirnen, Bremsscheiben, Auspuffen und allen möglichen Ersatzteilen. Ein sowjetischer Fahrer bereitete sich auf die Übernahme des neuen Autos wie auf die Geburt eines Kindes vor, für das die Ausstattung gekauft wurde. Im Allgemeinen wusste man, dass die Qualität der Ersatzteile miserabel war, somit versuchte jeder, zu Hause ein Lager mit Ersatzteilen anzulegen, die dann im Notfall von der Werkstatt montiert wurden. Die Werkstätten waren natürlich auch eine gute Quelle für Ersatzteile und bei einer solchen eingestellt zu sein, bedeutete sehr viele Vorteile im alltäglichen Leben zu genießen.

Schließlich, am 14. Dezember, brachte der Postmann die ersehnte Benachrichtigung, dass sie am nächsten Tag um 10.00 Uhr im Schiguli-Autohaus auf der Kiewer Allee erscheinen sollten. Es war später Nachmittag und Sascha wurde klar, dass sie noch Geld auf der Bank holen musste, die bald schließen würde. Sie allein traute sich nicht, eine so große Summe abzuheben, also rief sie schnell Michail an und sie gingen zusammen auf die Bank. Michail war ein ehrlicher und korrekter Mann, der ungern seine Position in der Armee zu seinen Gunsten benutzte. Deshalb ging er auch überall hin, wenn möglich, in Zivilkleidung.

Sie nahmen Michails und Saschas Sparbuch mit. Um 18.00 Uhr waren sie auf der Bank. Als sie der Bankangestellten erklärten, dass sie Geld von den beiden Sparbüchern abheben und einen Scheck über 7.419,00 Rubel ausstellen lassen wollen, so wie es in der Benachrichtigung stand, schenkte sie ihnen einen bösen Blick mit der Bemerkung, sie hätten auch früher kommen können, denn einen Scheck auszustellen sei keine einfache Angelegenheit. Als sie ihr erklärten, dass sie nicht früher von der Arbeitsstelle weggehen konnten, begann die Angestellte sehr missgestimmt zu arbeiten. Michail bat sie, den Scheck auf den Namen seiner Ehefrau auszustellen.

„Ehefrauuuu!?“, fragte die überraschte Angestellte. „Das Auto wird auf Ihren Namen angemeldet?“, schaute sie Sascha geschockt an.

„Ist es verboten?“

„Nein, nein...“, begriff die Angestellte immer noch nicht, wie einer der luxuriösesten und gefragtesten Artikel in der Sowjetunion auf eine Frau angemeldet werden kann. Als sie sich vom Schock wieder erholt hatte, informierte sie die beiden Kunden, dass gemäß der Richtlinie auf einem Scheck nur eine Summe mit einer Null am Ende stehen könne.

„Dann schreiben Sie 7.420,00 Rubel auf“, erhöhte Michail seine Stimme.

„Was schreien Sie mich an, ich erfülle nur meine Pflicht! Und mit der Aufrundung der Summe verlieren Sie einen Rubel“, verwahrte sich die Angestellte gegen seinen Ton.

„Entschuldigen Sie, ich schreie nicht und ich würde gerne den Rubel der sowjetischen Regierung schenken, die es verdient hat!“, sah er direkt in das Gesicht der Angestellten.

Manche hinter ihnen in der Reihe wartenden Bürger lachten.

„Ich würde mich nicht lustig machen über die sowjetische Regierung!“

„Unsere Regierung verdient es, sie ist hervorragend, nur leider werden ihre ausgezeichneten Richtlinien von manchem Bürger falsch verstanden und manche Institutionen können oder wollen sie nicht verstehen! Die Regierung ist gut, nur einige Staatsbeamte sind einen feuchten Dreck wert!!", sprach erzürnt Obicki. Die Angestellte wurde rot.

„Entschuldigen Sie, aber ich bin nicht verpflichtet, mich mit arroganten Bürgern zu unterhalten."

„Ich bin auch nicht mehr bereit, mich mit unfähigen Angestellten zu unterhalten", und er donnerte seinen Ausweis des Generalstabsoffiziers des Verteidigungsministeriums der Sowjetunion auf den Tisch. „Rufen Sie bitte Ihren Vorgesetzten. Sofort!" Die Angestellte, die das Staatsabzeichen mit der Sichel und dem Hammer sah, bekam fast einen Herzinfarkt. Sie entschuldigte sich stotternd und innerhalb von zehn Minuten war der Scheck fertig. Es war ein riesiges Stück Papier. Als sie die Bank verließen, hatte sie kein richtiges Siegesgefühl, weil er wieder nur über seine Position zum »endgültigen« Sieg kam und das wollte er ja gerade nicht...

Am nächsten Tag nahmen Sascha und Michail die U-Bahn und fuhren in den Autosalon.

Während sie die schönsten Augenblicke ihres Lebens genossen, fand ein paar Kilometer weiter im Kreml eine Debatte statt, die bald nicht nur das Leben von den beiden, sondern von Millionen Menschen veränderte.

Aus dem Büro des Generalsekretärs des ZK der KPdSU hörte man aufgeregte Stimmen. In den letzten Wochen traf sich bei Breschnew das Politbüro in einer Teilzusammensetzung. Am häufigsten kamen der Außenminister Gromyko, der Verteidigungsminister Ustinow, der Chef der Staatssicherheit Andropow, den Chef des Generalstabs der Sowjetischen Armee Marschall Ogarkow, sein Stellvertreter Marschall Achromejew, ein Spezialist für Afghanistan, Generaloberst Nikolai Tserwow und einige Berater für Außen- und Sicherheitspolitik.

„Wozu sollten wir dahin gehen? In Afghanistan haben wir nichts zu suchen. In so einem riesigen Land den realen Sozialismus mit der

Kraft der Panzer einzuführen ist nicht möglich", schüttelte Breschnew mit dem Kopf.

„Leonid Iljitsch, ich weiß, dass dies nicht einfach ist, aber hier geht es auch nicht darum... Hier geht es, entschuldigen Sie, Genosse Generalsekretär, hier geht es um die Gefährdung des Sozialismus in unserem Land. Mudzahedins werden ständig mit den modernen Waffen aus den USA, Saudi-Arabien und Iran beliefert. Aus dem Osten greifen Pakistan und China in den Konflikt ein", widersprach Ustinow.

„Ist es möglich, dass nach dem Verlust des Iran Afghanistan zur neuen amerikanischen Basis wird...?", versuchte Gromyko Breschnew zu überzeugen. Breschnew rauchte mit finsterem Gesicht und goss allen Anwesenden Moskowskaya Wodka ein.

„Danke, Leonid Iljitsch, ich mag keinen mehr", widersprach Andropow.

„Wie, du magst keinen?! Der Generalsekretär kann und du kannst nicht?!", brachte ihn Breschnew rasant dazu, noch ein Glas zu trinken. „Es ist Unsinn, was ihr mir hier erzählt. Du selbst hast mir die Analyse gegeben, nach der sogar die afghanische Regierung das Ausmaß und die Bedeutung der amerikanischen und auch ausländischen Einmischung überbewertet. Sie wollen nur den Eindruck erwecken, dass die Situation dort dramatisch ist, damit wir unsere Jungs hinschicken, um für sie zu kämpfen", gestikulierte Breschnew.

„Ich erlaube mir hinzufügen", bemerkte der Berater Andrej Agentow, „dass die afghanische Führung politische Fehler begeht. Sie zerteilten die Großgrundstücke, die sie dann an die Bauern verteilten. Damit haben sie die Großbauern gegen sich aufgehetzt und die kleinen Bauern haben sie damit aber auch nicht für sich gewinnen können, denn ohne ausreichende Technik ist es ihnen nicht möglich, die Felder zu bearbeiten. Das Ergebnis davon ist, dass Getreide und Mais zur Mangelware wurde und in vielen Landesgebieten der Hunger ausgebrochen ist."

„So ist es, wenn der sozialistische Staat von Idioten geführt wird", verfinsterte sich auch sein Gesicht. Agentow vergaß sich fast und lächelte leicht. Im nächsten Moment kam er schnell wieder zu sich.

„Ich wollte noch hinzufügen, dass es nicht realistisch ist, in kurzer Zeit in einem der fundamentalistischsten von allen moslemischen Ländern die Gedanken des Marxismus-Leninismus durchzusetzen. Die Frage ist auch, ob es überhaupt möglich ist, eine Ideologie mit Kraft durchzusetzen...“ Breschnew schaute ihn fragend an. Agentow hatte den Eindruck, dass sich Dank in den Augen des Generalsekretärs für diese Meinung widerspiegelte.

„Es ist möglich, Genosse Agentow, aber die Situation ändert sich schnell. Nach dem Machtantritt dieses halbverrückten Amin, der unseren Mann Taraki beseitigt hatte, sind alle sowjetischen Investitionen, die wir langfristig in Kabul getätigt haben, bedroht“, widersprach Andropow.

Jurij Wladimirowitsch, Taraki ist ein Patriot und Kommunist“, fügte Ustinow tadelnd hinzu.

„Taraki ist ein Fanatiker, der unsere Gedanken so durchsetzt, dass er Tausende Bauern, die Intelligenz, Priester und Handwerker ermorden lässt, wenn sie nicht den Verzicht auf den Islam deklarieren. Entschuldigt, Genossen“, sagte Agentow leise.

„Na, siehst du, Andrej Alexandrowitsch, ein Grund mehr, dass wir dorthin gehen und den Verrückten beseitigen“, lachte Ustinow.

„Entschuldigen Sie, Genosse Minister, aber praktisch alle Mitglieder des Generalstabs und der höchsten Führung der sowjetischen Armee sind gegen die Versendung unserer Militärkräfte nach Afghanistan. Aus Militärsicht ist ein langfristiger Aufenthalt in diesem Land praktisch unmöglich. Nehmt die Engländer als Beispiel, die in der Geschichte schon zweimal versuchten in diesem Land Fuß zu fassen und zweimal mit langer Nase und riesigen Verlusten abgezogen sind“, widersprach Marshall Ogarkow.

Ustinow sah ihn mit bösem, verständnislosem Blick an. „Genosse Marshall, was die Militärangelegenheiten betrifft, kann ich mich mit dem Generalstab einverstanden erklären, aber wir müssen uns auch die politischen Aspekte unserer möglichen Aktion klarmachen“, sagte Ustinow und schaute den Minister Gromyko an, der bedeutungsvoll nickte.

„Jurij Wladimirowitsch“, wandte sich Breschnew an Andropow, „ist es nicht so, dass viele dieser Alarmnachrichten die sowjetischen

Agenten produzieren, die annehmen, dass wir sie im Politbüro so gerne hätten?" Breschnew schaute lange den Chef der Staatssicherheit an. „Wie du es mir gegenüber damals behauptet hast, wäre es im Falle der Tschechoslowakei so gewesen...", gab Breschnew schockierend zu.

„Leonid Iljitsch, Genosse Generalsekretär... die Situation in Afghanistan ist diametral unterschiedlich. Nicht nur unser, sondern auch der indische Nachrichtendienst hat Informationen über den Aufenthalt der Amerikaner an den Grenzen von Pakistan. Schließlich sprechen die Fotos einiger Berater, denen von den Mudzahedins bei lebendigem Leib die Haut abgezogen wurde, eine klare Sprache..."

Breschnew presste die Zähne zusammen. Andropow wusste, dass das Schicksal eines einzelnen Soldaten mehr auf Breschnew wirkt als die Statistiken. Ustinow zwinkerte ihm unterstützend zu.

„Auch die Zivildiplomatie bestätigt die Nachrichten des Geheimdienstes", schloss sich Gromyko ebenfalls der Meinung an.

„Was ist denn das für ein Unterschied zwischen der Zivildiplomatie und dem Geheimdienst? Ha-Ha-Ha?", lachte Breschnew. „In Afghanistan werden wir nicht gegen die Mudzahedins kämpfen, Genosse Generalsekretär, sondern gegen die USA. Es ist viel besser, den Krieg gegen die USA in Afghanistan zu führen als in Moskau oder Leningrad", neckte Gromyko, der sich des krankhaften Hasses von Breschnew gegen Washington bewusst war. Chef des Generalstabs Ogarkow versuchte zu widersprechen, dass die Konzentration der Amerikaner nach den Angaben des Geheimdienstes vernachlässigbar ist, aber Ustinow brachte ihn zum Schweigen.

Ogarkow und auch kein anderer vom Generalstab wollte seine Karriere riskieren. Die Diskussionen zu einer möglichen Aktion in Afghanistan gingen noch ein paar Tage weiter, aber bereits ohne die Anwesenheit von Ogarkow und der Leute vom Generalstab. Am Ende hatten Ustinow, Gromyko und Andropow Breschnew überzeugt. Das Politbüro des ZK der KPdSU entschied, dass die Sowjetunion dem afghanischen Volk ihr Militär zur brüderlichen Hilfe schickt. Am 27. Dezember 1979 marschierten 50 000 sowjetische Soldaten in Afghanistan ein.

Sascha und Michail richteten sich nach den Angaben auf der Benachrichtigung. Sie erschienen am Schalter 4 und stellten sich in die Warteschlange, aber als sie länger als eine Stunde standen und sich gar nichts bewegte, trat Michail an einen in der Nähe stehenden Beamten heran und fragte ihn, warum der Schalter noch geschlossen ist, wenn es schon eine Stunde nach Beginn der Arbeitszeit sei.

„Schalter Nr. 4 ist heute geschlossen", sagte lakonisch der Beamte.

„Und das konnten Sie uns nicht sagen? Sie sehen doch, dass die Menschen völlig umsonst in der Schlange warten!!", ärgerte sich Michail.

„Niemand hat gefragt", machte der Beamte eine Grimasse. „Sie können sich am Schalter 1, 2 oder 3 anstellen." Die Menschen meckerten leise und verärgert stellten sie sich an die anderen Schalter. Sie waren beschämt, dass keiner von ihnen es wagte zu fragen. Aber so war der Charakter eines deprimierten, geschlagenen und erniedrigten sowjetischen Menschen. Sie gewöhnten sich an die permanente Erniedrigung und trösteten sich mit dem Gedanken, dass der Beamte bestimmt kein Auto zu Hause hatte und schlicht neidisch war.

Die Schlange, in der Sascha und Michail standen, bewegte sich zum Glück am schnellsten nach vorn. Endlich standen sie nur einen Platz vom Schalter entfernt.

„Unterschreiben Sie hier!", befahl die Stimme am Schalter dem Mann mit einer aschenbecherförmigen Brille, der vor ihnen stand.

„Könnten Sie mir einen Stift leihen?", fragte der Mann mutlos den Beamten.

„Ich soll Ihnen einen Stift leihen? Wollen Sie nun ein Auto oder nicht?!", fuhr ihn der Beamte an und wartete, bis der Mann unterschreibt. Der Mann schaute sich hilfesuchend um. „Denken Sie, dass Sie im Westen sind, wo sie Ihnen in den Hintern kriechen!", fügte er verärgert hinzu.

„Bitte", reichte Sascha dem Mann einen Stift. Der Mann dankte. Er unterschrieb und der Beamte brüllte: „Den Scheck!"

Der Mann zog aus der Innentasche den Scheck und beim Hinreichen fragte er den Beamten: „Entschuldigen Sie, aber warum fragen

Sie schon jetzt nach dem Geld? Soll ich etwas bezahlen, was ich noch gar nicht gesehen habe? Was ist, wenn mir die Farbe nicht gefallen wird?“, widersprach der Mann und erwartete die Unterstützung der Wartenden.

„Stehl’ uns nicht die Zeit, wir müssen zurück auf Arbeit“, meckerten diese.

„Entschuldigen Sie, aber ich habe mein ganzes Leben lang mit meiner Frau für das Auto gespart... dreißig Jahre... ich bin Professor der russischen Literatur an der Universität... wissen Sie“, versuchte der Mann mit der Brille zu erklären.

Dem Beamten tat er wohl leid. „Die Autofarbe kann ich Ihnen leider nicht garantieren. Es kann passieren, dass Rot die einzige Farbe sein wird, die in diesem Quartal hergestellt wurde“, erklärte der Beamte.

„Na ja, die Farbe ist auch nicht so wichtig, aber was ist, wenn das Auto nicht funktionieren wird?“, ließ der Professor nicht locker.

„Kein Auto ist vollkommen. Sie müssen sich das beste aussuchen. Auch wenn Sie sich neue Schuhe kaufen, passen sie nicht sofort hundertprozentig. Es dauert eine Weile, bis der Fuß sich an sie gewöhnt...“, tröstete ihn der Beamte. Dann fügte er noch gutmütig zu: „Geben Sie dem Mechaniker eine Flasche und er wird Sie schon gut beraten“.

„Herr Professor“, sagte zwar lieb, aber ungeduldig Michail. „Wir können Sie verstehen, Sie haben völlig recht, nur... seien Sie froh, dass Sie überhaupt ein Auto haben werden... also. Wir müssen auch wieder auf Arbeit zurück.“

„Ja, ja, doch, Sie haben recht, entschuldigen Sie bitte“, schämte sich der Professor und ging vom Schalter weg. Irgendein in der Schlange wartender Mensch rief ihm hinterher: „Sie sollten sich daran gewöhnen, dass Sie in der Sowjetunion leben. Hier leben wir sowieso besser als im Westen!!“ Niemand reagierte darauf.

Sascha und Michail bezahlten am Schalter und bekamen die notwendige Bestätigung, die sie dazu berechtigte, hinten im Lagerraum das Auto abzuholen. Sie gingen in die Telefonzelle und riefen einen Bekannten an, der Ingenieur war und ihnen versprach, um 10.00 Uhr im Autohaus zu sein. Er war ein Autofachmann und sollte bei der Auswahl des konkreten Autos helfen. Leider musste er aber unerwartet auf Dienstreise, wie sie am Telefon herausbekamen, so waren Sascha und Michail auf sich allein gestellt. Sie kannten alle gültigen Allgemeinregeln bei einem Autokauf in der Sowjetunion. Man musste genau nach dem Herstellungsdatum schauen. Falls es am Ende des Quartals gefertigt wurde, war das Risiko, dass es von schlechter Qualität sein würde, viel zu groß. Die Arbeiter standen dann meist unter Zeitdruck, um den Plan doch noch zu erfüllen, und achteten kaum auf gute Arbeit. Die Fachleute empfahlen auch nicht Autos, die am Tag nach der Gehaltszahlung hergestellt wurden. Viele Arbeiter waren betrunken und erledigten die Arbeit eher schlampig.

Als sie die Halle betraten, freuten sie sich. Zur Auswahl standen Autos in fünf Farben. Sie erinnerten sich an den Rat, den der Beamte dem Professor gab. Sie sprachen den nächsten Mechaniker an und baten ihn um Hilfe. Dieser zeigte erst keine große Begeisterung, aber als er eine Wodkaflasche bekam, war er hilfsbereit.

„Die Autos stehen Ihnen zur Verfügung, Sie müssen nur sagen, welche Farbe Sie sich wünschen." Sascha einigte sich mit Michail auf Orange. Trotz der Warnung des Mechanikers, dass diese Farbe jeder betrunkene Polizist sieht, blieben sie dabei. Sie gingen an den orangefarbenen Autos vorbei. An einem war der Reifen geplatzt, auf dem anderen fehlte der Spiegel, bei dem dritten der Scheibenwischer, das vierte hatte einen Kratzer auf der rechten Tür. Als sie endlich eines fanden, das gut aussah, setzte sich der Mechaniker ans Steuer und drehte mit dem Schlüssel. Der Motor reagierte nicht. Er versuchte es noch ein paar Mal. Dann machte er die Motorhaube auf und stellte fest, dass jemand die neue Batterie durch eine alte ersetzt hatte. Er entschuldigte sich und machte sich weiter auf die Suche nach einem funktionsfähigen Auto. Von den restlichen orangefarbenen Autos sprang keines an, nur ein blaues. Es war schon 21.00 Uhr und Sascha und Michail waren hungrig und müde. Blau war zwar nicht ihre Wunschfarbe, aber der Mechaniker tröstete sie etwas ironisch, dass sie dann wenigstens nicht von betrunkenen Polizisten sofort gesehen werden. Nach fast zwölf Stunden setzten sie sich schließlich in ihr neues, blaues Auto und fuhren nach Hause.

Die Fahrt dauerte länger, als sie annahmen. Bis dato fuhren sie immer die Strecke mit den öffentlichen Verkehrsmitteln als Passagiere, jetzt waren sie das erste Mal selbst unterwegs. Ihr Zuhause erreichten sie erst nach Mitternacht. Josif schlief bei der Nachbarin. Zufrieden setzten sie sich hin. Sie entspannten sich und Michail holte aus dem Sekretär eine Flasche Wodka. Er machte sie auf und das erste Glas tranken sie sofort aus. Während Michail die Bedienungsanleitung studierte, holte Sascha aus dem Kühlschrank gesalzene Fische, Knoblauchpelmeni, Gurken, eingelegte Pilze, saure Fische, Käse, Wurst und verschiedene Toasts. Sie veranstalteten eine Feier, die einer kleinen Hochzeit ähnelte.
Es war Donnerstag und für Samstag planten sie wegen der Gelegenheit des Autokaufs eine Feier für die Freunde. Sascha hatte das Gefühl, dass es nach der Geburt von Josif der zweitschönste Tag in ihrem Leben ist. Sie schaute auf ihren Mann, der sich wie ein kleines Kind freute, und es wurde ihr bewusst, dass sie ihn liebte. Als ob Michail ihren Blick gespürt hätte, schaute er sie an, legte die Bedienungsanleitung weg, kam zu ihr und umarmte sie. Sie tranken noch ein paar Gläschen. Nach langer Zeit waren sie allein zu Hause. Sie spürten die Erregung. Michail kniete sich plötzlich hin und drückte sein Gesicht in Saschas Ausschnitt. Sie knöpfte die Bluse auf und Michail fuhr fort. Es war 2.00 Uhr am Morgen, aber sie nahmen die Zeit nicht wahr. Sie liebten sich wie schon lange nicht. Sie tranken noch ein paar Wodkas und schauten sich glücklich an.

„Ich liebe dich ganz sehr“, kam plötzlich aus Sascha heraus.

„Ich dich auch“, zog er sie an sich und küsste sie auf den Mund, den Hals, den Nacken, die Brüste. Wieder liebten sie sich. Sie unterhielten sich dann bis in die Morgenstunden.

„Ich habe das Gefühl, ich fange an, richtig glücklich zu werden.“

„Ich bin auch glücklich, meine Liebe. Und wenn es uns noch gelingen würde, ein Kind zu haben... aber auch so... Josif ist ein richtig toller Junge... du weißt, wie gern ich ihn habe.“

„Ich weiß“, sagte Sascha und umarmte ihn.

Das Neue Jahr näherte sich. Im Rahmen der Möglichkeiten, die Moskauer Geschäfte bieten, kauften die Menschen Geschenke ein.

Michail gelang es, von einem Bekannten aus dem Generalstab ein großes Plakat vom »Inspektor Colombo« zu besorgen. Die Krimiserie »Inspektor Colombo« zeigte das sowjetische Fernsehen und Colombo war zum Helden vieler russischer Jungs geworden. Josif wollte nichts anderes werden als ein Inspektor. Dem Jungen imponierte der Vater, der für ihn ein Abbild des Mutes und der Tapferkeit eines sowjetischen Soldaten war. Die Kombination von Colombo und dem Vater war das Vollkommenste, das den zehnjährigen Jungen vor der Welt der Vortäuschung und Heuchelei schützte.

Michail brachte die Geschenke nach Hause. Sascha war im Bad, also versteckte er sie auf die Schnelle in der alten Holzkiste im Vorratsraum. Josif machte seine Hausaufgaben im Zimmer. Michail freute sich über die Geschenke, die bestimmt auch seiner Frau und seinem Sohn gefallen würden. Sascha kam aus dem Bad. Michail bemerkte ihr finsteres Gesicht.

„Was ist? Ist etwas passiert? Ist das Auto kaputt?"

Sascha warf sich unerwartet in seine Arme. Sie spürte, es wird etwas Ungutes passieren, etwas, was nicht kommen sollte. Sie ahnte nicht, was das ist, aber Frauen haben eine Vorahnung, die sie nicht täuscht.

„Sascha, Saschenka, was ist mit dir? Was ist passiert?", verstand Michail nicht.

„Du hast ein Schreiben vom deinem Ministerium bekommen", zeigte sie zum Tisch in der Küche.

„Von welchem Ministerium?"

„Vom Verteidigungsministerium. Arbeitest du auch anderswo?!"

Michail ging zum Tisch. Er nahm den Umschlag mit dem Abzeichen des Verteidigungsministeriums der UdSSR in die Hand. Er hatte ein ungutes Gefühl. Er wusste, worüber man in den letzten Tagen und Wochen nicht nur im Ministerium, sondern in der ganzen sowjetischen Gesellschaft munkelte. Seine Hand wollte den Umschlag nicht öffnen. Sascha stand neben ihm und schwieg mit einer finsteren Miene. Michail begann zu lesen: „Im Sinne des Befehls des Verteidigungsministers der UdSSR Marshall Dmitrij Fjodorowistch Ustinow habe ich entschieden, dass Sie zum 1. 1. 1980 zum sowjetischen Hauptstab der bewaffneten Militärkräfte in die Hauptstadt

Kabul nach Afghanistan abkommandiert werden. Unterschrieben Marshall Nikolai Wasiliewitsch Ogarkow, Chef des Generalstabs."

Sascha musste ihren Tränen freien Lauf lassen. „Nicht mal bis zum Neuen Jahr haben sie gewartet", seufzte Michail, drückte Sascha an sich und schaute irgendwo vor sich hin. Der kleine Josif, der seine Mutter weinend sah, zog an ihrem Rock und schaute die Eltern unverständlich an. So standen sie da, winzige, kleine Menschen, über deren Schicksal, wie es schon tausend Jahre zuvor und wie es noch tausend Jahre danach auch sein würde, immer jemand anderer entschied.

Im Hauptstab in Kabul war Obicki nicht lange. Er wurde nach Feyzabad abkommandiert, in die Hauptstadt der nordöstlichen Provinz Badachsan. In der Sowjetunion sah er viel Armut, aber das, womit er in Afghanistan konfrontiert wurde, hatte er noch nicht erlebt. Eines der ärmsten Länder auf der Welt und die Provinz Badachsan war die ärmste Provinz in diesem Land. Die Menschen wohnten in Lehmhütten ohne Fenster und Türen in einem Raum. Zum Glück wohnten auch die Esel und Ziegen mit drinnen, auf denen sie bei Temperaturen von minus fünfzehn Grad schliefen. Sie wärmten sich gegenseitig. Wer eine Tür oder ein Fenster hatte, galt als vermögend.

Feyzabad als eine Stadt zu bezeichnen war ein wenig übertrieben. Das zehntausend Einwohner umfassende Dorf verband mit der Hauptstadt der benachbarten Provinz Kunduz eine strategische Straße. Der breitere Feldweg mit unzähligen Löchern, über die geradeso die Panzer und gepanzerte Wagen fuhren, wurde aus Spaß als Autobahn bezeichnet. Langsame und schwere Fahrzeuge waren für die auf den Bergen und steilen Hängen operierenden Mudzahedins ein leichtes Ziel. Für die Sowjets gab es nicht genügend Hubschrauber und deshalb gehörte es zur Schlüsselaufgabe, die Landebahn für Kampf- und Belieferungsflugzeuge zu erbauen. Der Hauptkommandant der Okkupationsarmee General Gromow betraute mit dieser Aufgabe Oberst Michail Obicki. Der warf sich in die Arbeit mit dem ihm eigenen Ehrgeiz. Er freute sich, dass die Flugzeuge, die auf dem neuen Militärflughafen landen werden, diesen jämmerlich lebenden

Menschen Grundnahrungsmittel und Medikamente bringen werden. In der Beugung des Flusses Kokca, der in den Nordwesten in den Amudarja floss, bauten sie etwa zehn Kilometer nordwestlich von Feyzabad auf einem Bergplateau eine Landebahn. Sie begann direkt hinter dem Dorf Kui und führte fast parallel zur Straße nach Kunduz. Schwere Walzen drückten Tonnen an Kies in den felsigen Boden, in den sie Stahlmatten einsetzten, mit denen die Landebahn ausgelegt wurde. Sie war zwar nur provisorisch, aber ausreichend dafür, dass hier die schweren Antonows landen konnten. Als Obicki das erste Mal landete, musste er richtig die Zähne zusammenpressen. Die auf der »Stahlleiter« rollenden Räder klapperten im gleichen Rhythmus wie die Zähne der Passagiere. Mit der Zeit gewöhnten sie sich daran. Die Flugzeuge wie auch die Menschen.

Als der Hubschrauber Mi8 mit Michail Obicki an Deck zum Standardflug nach Kabul abhob, ahnte die sowjetische Besatzung nicht, dass die Mudzahedin in der Festung Rabbani auf der Kote 1140 vorhaben, eine der ersten amerikanischen Stingerraketen zu testen, die ihnen die CIA geliefert hatte. Sie wussten, dass über ihrem perfekt getarnten Felsensitz regelmäßig die sowjetischen Hubschrauber nach Kabul fliegen. Bei dem sich nähernden Geräusch des Mi8 bereitete ein Mudzahedin die Rakete zum Abschuss vor...

Kapitel 13
PRAG 1978

Er drehte sich vom Schreibtisch weg und schaute sich lange, mit dem Kopf nickend, Balaz an. Er lächelte mit einem Lächeln der Sieger, die die Macht besitzen, über die Schicksale der Besiegten zu entscheiden.

„Wie geht's?“, fragte er jovial.

„Gut“.

„Ich freue mich, dass du zu uns ins Ministerium gekommen bist.

Wir brauchen hier fähige und standfeste Genossen aus der Slowakei. Wir Slowaken müssen es diesen Tschechen zeigen. Wenn noch mehrere von deiner Sorte hierher kommen, werden sie sich nicht mehr über uns lustig machen können!“ Winter holte eine Flasche Borowitschka und goss zwei Gläschen ein. „Dann willkommen bei uns!“ Balaz trank aus Pflichtgefühl mit. „Ich hörte, dass du nur noch einen Schritt von deinem »Wien-Einsatz« entfernt bist. Ja, ja, Wien. Alle beneiden dich hier. Wer würde da nicht hingehen wollen. Ich hoffe, du freust dich...“ Balaz nickte. „Na, das ist aber kein besonderer Freudenausbruch...“, klatschte Winter ihm aufmunternd auf die Schulter.

„Wenn wir Slowaken es diesen Tschechen hier zeigen wollen, dann sollten wir vielleicht slowakisch sprechen...“, meinte Balaz tadelnd zu Winter, der die ganze Zeit auf Tschechisch redete.

„Klar“.

„Warum sprichst du dann tschechisch? Ich denke, die Tschechen sind intelligent genug, um Slowakisch zu verstehen.“

„Um Gottes Willen, entschuldige... entschuldige...“, wurde er leicht rot im Gesicht. „Du weißt ja, wenn der Mensch den ganzen Tag im tschechischen Umfeld sitzt... mir war es gar nicht bewusst...“

„Ich sitze auch den ganzen Tag im tschechischen Umfeld.“

„Ich spreche tschechisch nur mit den Tschechen...“

„Sie verstehen Slowakisch ohne Probleme“.

„Ich hatte vorher eine Sitzung... also entschuldige...“, reagierte Winter gereizt. Im nächsten Augenblick kam in seinem runden, rötlichen Gesicht ein breites Lächeln zum Vorschein.

„Bei Kramar hast du dich richtig beliebt gemacht. Seitdem er im Oktober in Wien angefangen hatte, fragte er schon ein paar Mal danach, wie es bei dir aussieht.“ Winter holte Luft und schaute Balaz wichtig an.

„Gibt es Probleme?“

„Nein, nein... gar nicht, genau im Gegenteil... Wir wissen, dass du besonders fähig bist, fünf Sprachen sprichst... auch die Zeitzeugen berichten, dass es hier seit Langem so einen Fachmann nicht gab... Sogar ich, aber das nur unter uns gesagt... war bei der Sitzung der internationalen Abteilung des ZK und nach deren Ende kam Genosse Bilak, um sich nach dir zu erkundigen... Wir sind sehr froh, dass genau du als Presseattaché nach Wien gehst, wir haben in Österreich eine größere tschechische Mehrheit und kleinere slowakische Minderheit, man sollte mit denen zusammenarbeiten. Es gibt dort eine starke Österreichisch-Slowakische Gesellschaft, auf die legt Genosse Bilak besonderen Wert... wir geben dorthin auch ganz passable Ressourcen." Winter dachte kurz nach und fügte hinzu: „Das sind aber Informationen von anderem Charakter", sah er Balaz lange an. Der verstand offensichtlich nicht, wovon Winter sprach.

„Ich verstehe nicht, warum du mit mir über Österreich sprichst... ich war bei der Schulung bei der zweiten territorialen Sektion, bei der österreichischen Abteilung verbrachte ich einen Monat..."

„Warum wir uns hier mit dir unterhalten... hier bei uns... na ja, weil wir dir vertrauen", kam Winter aus dem Stammeln nicht heraus.

„Das freut mich."

Das folgende Schweigen unterbrach Winter. „Jozef, wir legen großen Wert darauf, dass genau du nach Wien gehst..."

„Gibt es damit irgendwelche Probleme?...", verstand Balaz immer noch nicht.

„Ich rede jetzt nicht mehr um den heißen Brei herum. Du bist hier in der Spezialstelle der Personalabteilung. Wir sind ein Teil von ihr, aber wir werden vom Innenministerium geleitet. Genau genommen sind wir seine Geheimabteilung... wir gehören zur Staatssicherheit." Winter schaute zum schweigenden Balaz und konnte nicht abschätzen, ob er wirklich nicht ahnte, worum es ging oder er nur geschockt war. Von älteren Kollegen wusste er, dass bei jungen Diplomaten, die den ersten Kontakt mit der Staatssicherheit hatten, es oft zu einem gewissen Schock kam. „Weißt du, was die Staatssicherheit ist?!?", konnte Winter seine Nerven nicht im Zaum halten.

„Was habe ich um Gottes Willen gemacht, dass ich herbestellt wurde?"

„Oh Gott, selbstverständlich hast du nichts gemacht... genau andersrum, du hast alle Voraussetzungen, um ein hervorragender Diplomat zu werden und eine tolle Karriere zu starten. Ich sagte dir bereits, dass Wien für die Tschechoslowakei, aber auch für unsere Verbündeten eine Schlüsselposition einnimmt. Die österreichische

Hauptstadt ist zum Zentrum der Geheimdienste und Abwehrdienste aus allen Ländern geworden. Bestimmt begreifst du, dass wir auf Österreich einen besonderen Wert legen..."

„Das verstehe ich, aber ich verstehe nicht, was ich mit diesen ganzen Geheimdiensten und dem Abwehrkram zu tun habe..."

„Mit Abwehrdiensten! An so eine exponierte Stelle wie Wien schicken wir nur die Besten. Deshalb wird es für dich eine Belohnung sein, dass wir dich hinschicken. Bestimmt wird auch deine Frau zufrieden sein, die sich mehr der Tochter widmen könnte. Ich hoffe, dass sie die ständigen Gesundheitsprobleme los wird..."

„Also, sag mir jetzt, worum es geht!", verlor Balaz die Nerven in Erwartung dessen, was er schon ahnte, dass es kam. Vor sich sah er das finstere Gesicht von Kramar, als der ihn in den hinteren Flügel des Gebäudes schickte.

„Wir haben entschieden, dass wir deinen Einsatz um vier Monate verschieben. In dieser Zeit würdest du eine spezielle Vorbereitung bei den besten sowjetischen und unseren Fachleuten absolvieren..." Winter redete und redete und Balaz hörte ihm nicht zu. Vor Augen hatte er Direktor Cernak, dem er versprach, die Wohnung bis Ende des Jahres 1977 zurückzugeben. Es war Ende Januar 1978 und bis jetzt geschah nichts.

„...du lernst es, interessante Technik zu bedienen und... mit...". Winter merkte, dass Balaz mit seinen Gedanken ganz woanders war. „Hörst du mir überhaupt zu?!"

„Ich höre zu", antwortete fast unhörbar Balaz.

„Wenn du die Vorbereitung beendet hast, unterschreibst du die Zusammenarbeit mit uns und am nächsten Tag reist du aus. Dort meldest du dich dann beim Genossen, dessen Namen wir dir sagen werden."

„Könntest du, bitte, das Fenster aufmachen? Es ist warm hier."

„Hier gibt es keine Fenster", entgegnete Winter. Die antike Tischuhr auf seinem Schreibtisch schob das Pendel hin und her. Balaz schaute sich die ewige Bewegung lange an.

„Und wenn ich die Schulung nicht mitmache und die Zusammenarbeit nicht unterschreibe...?"

„Wir zwingen dich natürlich nicht... Wir zwingen niemanden

zu etwas... Jeder, der unterschrieben hatte, hatte es freiwillig gemacht... Jozef, mach keinen Blödsinn. Alle beneiden dich um Wien. Bei Kramar wirst du ein Leben wie ein König haben. Wir erwarten nichts Besonderes von dir. Es sind sowieso unsere Leute im gesamten Amt... Wie ich weiß, hast du auch ein Gerichtsurteil am Hals und musst die Wohnung räumen... weißt du, wie toll die Wohnungen in dem Wiener Viertel Penzing sind? Es ist eines der besten Wiener Viertel... und wenn du nach vier Jahren zurückkommst, klären wir bis dahin für dich die ganze Situation. Wir haben sie bis jetzt für alle geklärt, für alle, die unterschrieben haben..."

„Muss ich mich dazu sofort äußern?"

„Nun, du musst nicht... aber ich verstehe dich nicht. Wenn du dich mit jemandem darüber beraten möchtest, das würde ich dir nicht empfehlen... Damit ich mich genau ausdrücke, du darfst es gar nicht. Wenn wir es erfahren würden, wäre das für dich sehr unangenehm..." Winter dachte kurz nach. „Jozef", versuchte Winter seine Drohungen menschlicher erscheinen zu lassen, „praktisch alle, die im Westen sind, haben unterschrieben. Es ist im Prinzip egal, ob du unterschreibst oder nicht..."

„Jano, ich... ich bin ein gewissenhafter und disziplinierter Mitarbeiter der sozialistischen Diplomatie... ich weiß, was meine Pflicht ist", stotterte Balaz.

„Daran zweifelt auch keiner. Aber wenn du nicht zu uns gehören würdest, könnten wir dir nicht bestimmte Aufgaben übertragen und dich richtig auslasten..."

„Ich muss es überdenken. Ich brauche frische Luft dazu. Es kommt das Wochenende, am Montag sage ich dir Bescheid..."

„In Ordnung."

Balaz stand auf und knöpfte sein Jackett zu. Erst jetzt merkte er, dass sein Rücken ganz verschwitzt war. Winter drückte ihm die Hand. „Aber Vorsicht, mit niemandem ein Wort über unser Gespräch. Nicht hier und auch nicht zu Hause!" Balaz nickte.

Er kam aus dem Gebäude, ging zum Hradschin Platz und die Nerudova Straße runter. Ohne es zu merken, kam er zum Kleinstädter Platz. Die Kirche des heiligen Nikolaus war offen. Er trat hinein, setzte sich in die erste Reihe, hob den Kopf und schaute sehr sehr lange in die riesige bogenförmige Kuppel des Doms. Dann kehrte er zum Ministerium zurück. Es war Freitag und der Express »Knizka« fuhr in einer halben Stunde.

In der Wohnung in Piestany ertrug er den inneren Druck nicht und erzählte alles seiner Frau. Er hatte keine Gewissensbisse, denn er wusste, er würde ihr sowieso erklären müssen, warum sie nicht nach Österreich fahren. Er wusste, wenn er die Zusammenarbeit nicht unterschrieb, konnte er Österreich vergessen. Er hatte große Lust, Kramar in Wien anzurufen und zu fragen, ob er nicht Lust hätte, kurz nach Bratislava zu kommen. Er wollte aber nicht riskieren, dass Winter es erfahren würde.

Am Montag früh gab es einen Schneesturm und die Fahrt nach Prag dauerte länger als sonst. Vor Augen hatte er, wie seine Frau auf den Kartons mit Anziehsachen saß, die schon für Wien gepackt waren. Die kleine Marta prahlte damit, dass sie schon bis zehn auf Deutsch zählen konnte. Plötzlich fing er an zu lächeln. Ihm wurde klar, wenn der Mensch eine bewusste innere Entscheidung traf, wenn er sich selbst besiegen konnte, er plötzlich ruhig, ausgeglichen und frei war. Er lächelte über die Worte seiner Frau, die gesagt hatte, sie wäre lieber die Ehefrau eines Arbeiters im »Dimitrow-Betrieb«, als dass er etwas unterschreiben würde. Er sollte um Gottes Willen nichts unterschreiben. Er selbst hatte auch nicht im Geringsten vor, mit der Staatssicherheit zusammenzuarbeiten, nur seine Frau und seine Tochter taten ihm leid, weil er nicht in der Lage dazu war, für sie ein Dach über dem Kopf zu beschaffen.

Nach der Ankunft in Prag ging er direkt zur Presseabteilung. Winter sagte ihm, dass er um halb zwölf kommen konnte. Danach rief er den Botschafter in Wien an, um zu fragen, wann er in Prag oder Bratislava sein werde. Die Sekretärin des Botschafters sagte ihm, dass der Botschafter wie durch Zufall gerade in Prag sei. In der österreichischen Abteilung teilten sie ihm mit, dass der Genosse Botschafter um zwölf zu erreichen sein werde.

Winter bot ihm jovial einen Sessel an. „Danke. Ich bleibe nicht lange. Ich bin nur gekommen, um dir zu sagen, dass ich dein Angebot... und euer Vertrauen sehr schätze, aber ich unterschreibe nicht...“

Winter schaute ihn einen Moment an. „Trinkst du einen Kaffee?" Er bot ihm zum wiederholten Male den Sessel an. Balaz setzte sich. Den Kaffee lehnte er ab. „Es ist deine freie Entscheidung... aber du musst dir der Tragweite deiner Entscheidung auch bewusst sein... Du weißt, wie die Wohnsituation heute ist, niemand kann dir garantieren, dass sie euch nicht aus der Wohnung herausschmeißen... die Tochter wird studieren wollen... deine Frau ist eine talentierte Künstlerin, ich habe ihren Katalog gesehen... Sie wird bestimmt eine eigene Ausstellung haben wollen..."

Balaz war klar, dass sie von ihm und seiner Familie alles wussten. „Du hast Familie, Schwestern, ich persönlich garantiere dir, dass alles in Ordnung sein wird, aber ich weiß nicht, wie es bei uns die Genossen in den »höheren Etagen« und im ZK sehen..." Winter zündete sich eine Zigarette an. „Möchtest Du auch eine?". Balaz bejahte und merkte, wie seine Hand beim Anzünden zitterte. Das entging auch Winter nicht. „Weißt du, wir sind informiert darüber, dass deine Abwesenheit bei dem Meeting gegen die Charta '77 nicht krankheitsbedingt war..."

„Ich war ordentlich krankgeschrieben."

„Nun ja, ja,... aber du warst nicht krank... du hast einfach keine Lust gehabt... gut, aber du hast eine Krankschreibung... Wir erinnern uns auch an deine Ansichten nach dem Einmarsch der Armeen des Warschauer Vertrages... es dauerte bei dir eine Weile, bis du anerkannt hattest, dass es sich um eine internationale Hilfe gehandelt hatte, auch wenn du es dann begriffen hast... Vor kurzem hast du im Kaufhaus Jednota in Piestany provoziert", grinste Winter bösartig. „Und jetzt begreifst du auch nichts... du begreifst einfach gar nichts..." Er drehte sich auf einmal schlagartig um und fragte: „Ist das dein letztes Wort?"

„Weißt du, dort muss man sich wohl verstellen und lügen... und ich... ich... wenn ich lüge, werde ich gleich rot... der Feind würde mich sofort enttarnen...", sagte mit überraschender Leichtigkeit und mit einem Lächeln Balaz.

„Also lachst du mich jetzt auch noch aus... Wie du meinst, wie du meinst." Winter stand auf und ging ohne ein Wort zu seinem Schreibtisch. „Wie du meinst...", fügte er noch einmal hinzu.

Aber Balaz hörte ihn nicht mehr.

Er verließ den Czerninpalast und trank in der Kneipe »Zum schwarzen Stier«, die in der Nähe war, zwei Borowitschka. Es war eine der wenigen Kneipen in Prag, in der man slowakischen Schnaps bekommen konnte. In den ausländischen Diensten im Czerninpalast arbeiteten viele Slowaken, die gerne hierher gingen. Dann nahm er noch ein Bier und kehrte wieder zurück. Er erinnerte sich daran, dass er noch Kramar anrufen sollte.

„Ja, ich weiß...", erwiderte Kramar, als er ihm mitteilte, dass er mit ihm sprechen möchte. „Komme genau um 14.00 Uhr auf die Toilette in eurem Trakt in der dritten Etage", sagte der Botschafter mit seiner energischen Stimme.

„Auf die Toilette?", verstand Balaz nicht.

„Auf die Toilette. Aufs Klo, verstehst du jetzt?"

Die Herrentoilette im dritten Stock, wo die Presseabteilung war, wurde relativ wenig besucht. Als Balaz kam, stand Kramar mit offenem Hosenschlitz am klassischen breiten Pissoir. Er deutete Balaz an, er solle sich danebenstellen. Balaz schaute wie Alice im Wunderland. Die Gesten des Botschafters waren aber klar und eindeutig. Also machte er seinen Hosenschlitz auf und holte das Notwendige heraus. Die Spülung war noch aus den Zeiten der ersten Republik - zum Herunterziehen. Der Botschafter spülte in regelmäßigen Intervallen. Als das Wasser wieder eingefüllt war, zeigte er Balaz, er solle jetzt seine Spülung betätigen.

„Keine Angst, ich bin nicht schwul... Ich weiß alles. Winter hat mich sofort benachrichtigt. Es tut mir sehr leid. Es tut mir sogar nicht nur leid, ich bin richtig wütend. Die ganze Vertretung in Wien ist voll von Staatssicherheitsleuten. Ich habe mich gefreut, dass wenigstens ein Mensch da sein wird, dem ich vertrauen kann. Weißt du, deine ungewöhnliche Art, wie du bei uns begonnen hattest, überzeugte mich, dass du ein normaler Mensch bist und nicht jemand, der durch die Leute vom ZK oder der Polizei eingesetzt wurde. Ich hoffe, dass es dir klar ist, dass du Wien abschreiben kannst... Es ist deine freie Entscheidung und ich respektiere sie. Ich wünsche dir nur, dass du von hier mit den geringsten Schürfwunden..." Kramar spülte im Dauerprogramm und Balaz begriff, dass er so eine Störkulisse schaffte. Mit Entsetzen wurde ihm klar, dass im Außenministerium sogar die Toiletten abgehört wurden. „Winter tobte. Ich hatte das Gefühl, dass zwischen euch schon vorher etwas passiert war. Er war fest entschlossen, dich in seinem Netz zu fangen... Es war ihm ungeheuer wichtig... War zwischen euch irgendetwas?“, fragte der Botschafter. Balaz dachte nach.

„Mir kommt es auch komisch vor. Ich habe das Gefühl, er will mich um jeden Preis in etwas reinziehen, um mich dann erpressen zu können... ich verstehe nur nicht, warum.“

„Ich habe auch das Gefühl. Wenn du es herausfindest, sag mir Bescheid.“

Am Waschbecken wuschen sich beide die Hände. Kramar reichte ihm seine Rechte und sie drückten sich fest die Hände. „Wenn wir uns nicht mehr sehen sollten, ich bin froh, dass ich dich kennengelernt habe. Du bist einer der wenigen Menschen, die mein Interesse wirklich geweckt haben. Lass es dir im Leben gut gehen. Damit du es weißt, der Winter...“

Er sprach es nicht zu Ende. In die Toilette kam Kollege Moravek und versteckte seine Überraschung gar nicht. Kramar winkte ihm sanft zu und ging zum Fahrstuhl. Was ihm Kramar über Winter erzählen wollte, erfuhr er erst zehn Jahre später.

Kapitel 14
MOSKAU 1982

Der Generalsekretär des ZK der KPdSU Leonid Iljitsch Breschnew saß im tiefen Sessel im Salon neben seinem Arbeitszimmer. Es war der einzige Ort im Kreml, wo er seine Ruhe relativ genießen konnte. Zu dem Raum hatten nur sein Sohn Juri, seine Tochter Galina, die Pflegerin Nina Korowikowa, der Chef des KGB Andropow und seine Ehefrau Viktoria Zutritt. Die mögliche Kommunikation mit dem allmächtigen Herrscher der Sowjetunion nutzte jeder auf seine Art. Am meisten die vierzigjährige dunkelhaarige Schönheit, die Pflegerin Nina, am wenigsten die Ehefrau Viktoria. Die Ehefrau hatte in der Beziehung mit ihrem Ehemann und im Prinzip auch mit den Kindern schon praktisch resigniert.

Ein ehemals stolzer, schlanker, charmanter Soldat, Generalmajor, der sich später selbst zum Marshall der Sowjetunion befördert hatte, veränderte sich zu einem Trinker, dessen einziges Existenzziel das Sammeln von Staatsauszeichnungen und Automobilen darstellte. In der Kreml-Garage standen von letzteren mindestens fünfzig. Am liebsten hatte er den luxuriösen Cadillac Eldorado und Lincoln Continental. Beide bekam er als Geschenk vom amerikanischen Präsidenten Nixon. Für seine Auszeichnungen mussten in seinem Arbeitszimmer ständig neue Vitrinen aufgestellt werden, in denen er sie mit Vorliebe betrachtete. Seine Favoriten waren die größten. Einer der mächtigsten Männer der Welt war eigentlich ein dementer alter Mann, ohne Vorlage kaum noch fähig zu sprechen. Die charmante und kokette Pflegerin Nina gewann allmählich immer größere Macht über den Herrn des Kreml. Er hörte außer auf sie auf niemanden. Die Personenschützer schauten zu Boden, wenn Nina manchmal aus dem Salon des Generalsekretärs mit unordentlicher Frisur oder zerknitterter Bluse herauskam, die sie hastig zumachte.

Breschnew nahm immer stärkere Dosen von Barbituraten und auf Rat des Innenministers Szczelokow spülte er sie mit Wodka runter. So solle sie der Organismus leichter aufnehmen. Nina verabreichte ihm trotz der klaren Anweisung von Andropow, die riesigen Medikamentenmengen zu reduzieren, starke Schlafmittel. Sie nahm die Pflege Breschnews komplett in ihre Hände. Sein Vertrauen gewann sie sogar noch vor seiner ehemaligen Beschützerin Dzuna, einer talentierten grusinischen Wunderheilerin. Viele Regierungsangehörige und bevorrechtete Künstler nutzten ihr Talent zum Heilen. Andropow kam Breschnew entgegen und stellte Dzuna als Forscherin im Radiotechnischen und Radioelektronischen Institut der Akademie der Wissenschaft ein, damit sie dem Ersten Mann der Sowjetunion immer zur Hand gehen konnte. Nina war aber schöner, kommunikativer und in ihre Massagen soll sich der Erste Mann im Kreml angeblich sehr verliebt haben. Böse Zungen behaupte-

ten, dass es nicht nur bei den Massagen geblieben sei. Breschnews Senilität nahm immer mehr zu und im KGB hatten sie immer größere Probleme, die weniger dunklen Seiten des höchsten Chefs zu erwischen, damit sie ihn der Öffentlichkeit zeigen konnten. Während des offiziellen Besuchs des deutschen Kanzlers Helmut Schmidt in der Sowjetunion wurde dieser von Breschnew pausenlos als Herr Brandt angesprochen, obwohl die Verhandlungen für die Sowjetunion eigentlich der immer neben ihm sitzende Außenminister Gromyko führte.

Der verdummende und durch den Alkoholkonsum degenerierte Breschnew entschied im Land praktisch nichts mehr. Das Land führten Gromyko, Andropow, Ustinow und Suslow. Die Vier ließen im Jahre 1977 beim höchsten Sowjet der UdSSR die sogenannte Breschnew-Verfassung verabschieden. Der Generalsekretär freute sich wie ein kleines Kind, als er erfuhr, dass sie die Verfassung nach ihm benannt hatten. Womit kann man schließlich einem senilen alten Mann nach mehreren Infarkten eine Freude machen, wenn nicht damit, etwas Wichtiges noch zu Lebzeiten nach ihm zu benennen.

Die Sowjetunion befand sich praktisch in einer Situation ohne Führung. Wenn ein Land keine richtige Führung hat, freuen sich am meisten die Lumpen, Betrüger und Gauner. In der damaligen Führung der Sowjetunion, von der höchsten Ebene bis zu den Republiken, Regionen und Gemeinden, herrschten die größten Gauner und das Land führten sie verlässlich in den Bankrott. Die Menschen spürten es nicht so sehr, denn der Lebensstandard wurde auch zum Preis der unermesslich steigenden Auslandsverschuldung gehalten. Den Machtinhabern im Kreml halfen indirekt Ägypten und Syrien, als sie am 6. Oktober 1973 zum Jom-Kipper-Fest Israel angegriffen hatten. Im Verlauf von 24 Stunden meldeten die größten arabischen Erdölexporteure eine radikale Reduzierung der Erdölgewinnung, ein Erdölembargo gegen die USA, die als Unterstützer von Israel galten und gleichzeitig eine Erhöhung der Weltmarktpreise für Erdöl um 70 Prozent. Später stiegen die Preise noch einmal, und so kostete Erdöl am Ende des Jahres 1973 doppelt so viel wie an seinem Anfang. Die USA machten durch ihre Unterstützung Israels dem Kreml die größte Freude, der natürlich die Preiserhöhungen von Erdöl mit Begeisterung willkommen hieß. So kam die Sowjetunion zu unerwartet hohen Geldquellen, mit denen halbwegs das Lebensniveau der eigenen Bürger gehalten werden konnte und es blieb sogar noch Geld für das Finanzieren der kommunistischen Parteien im Westen übrig. In den Jahren 1971 bis 1990 unterstützten die sowjetischen Agenturen mit 50 Millionen Dollar die französischen Kommunisten, mit 47 Millionen Dollar die italienischen und mit 42 Millionen Dollar die mitgliedermäßig kleine kommunistische Partei der USA.

Die durch niemanden kontrollierten Parteifunktionäre stahlen nach und nach fast planmäßig den Nationalreichtum. Die meisten Ersten Sekretäre der Zentralkomitees der Kommunistischen Partei der Republiken schickten Breschnew persönlich nach Moskau ganze Waggons an Geschenken. Diese Männer waren seit zwanzig Jahren in ihren Funktionen und lernten fast in Perfektion, die Gelder, die aus dem Zentrum geschickt werden sollten, zu veruntreuen. Sie forderten von Moskau Gelder zum Bau der Betriebe, für die Rekonstruktion der Werke oder Bauten, die es in vielen Fällen gar nicht gab. Berüchtigt war der usbekische Khan Scharif Raschidow mit einer Parteilegitimation, der an den Machenschaften mit nicht existierender Baumwolle Millionen Rubel verdiente. Als er im Jahre 1983 geheimnisvoll starb, wurde er in einem Mausoleum mit einer goldenen Kuppel beerdigt.

Im Stehlen stand ihm auch Breschnews nächster Vertrauter, der Innenminister Schczelokow, nicht nach. Als das Ministerium eine Lieferung von neun deutschen Mercedeslimousinen erhielt, teilte er die Autos unter sich, seiner Frau, seinem Sohn, seiner Tochter und anderer nahestehender Personen auf.

Die Ehefrauen der Parteifunktionäre wurden zu Sammlerinnen von Schmuck, Bildern, Luxusartikeln, Häusern und Villen. Sie stahlen schamlos vor den Augen der Öffentlichkeit, die gegen den extremen Zuwachs an Diebstählen, Betrügereien und Korruption immer resistenter wurde und die Bürger resignierten schließlich.

Breschnews Ehefrau Valerie verbrachte die meiste Zeit in der Familiendatscha zehn Kilometer von Moskau entfernt. Der Sohn Juri machte Geschäfte in der Funktion des ersten Stellvertreters des Mi-

nisters für Außenhandel und Tochter Galina genoss die Liebschaftslustbarkeiten in der Moskauer Welt der Boheme. Sie wechselte die Liebhaber, genauso wie ihr Vater in jungen Jahren viele Geliebte hatte. Der Zirkusmitarbeiter Jewgeni Milajew und der Tänzer Maris Lijepa gehörten zu ihren Bekanntschaften. Schließlich heiratete sie Juri Tschurbanow, den Breschnews Nachfolger Andropow später verhaften und wegen Korruption zu 12 Jahren Haft verurteilen ließ. Galina wurde psychisch krank und starb später völlig mittellos in einer Nervenklinik.

Als Ninas Macht über Breschnew gigantisch anstieg, bot ihr Andropow eine sehr solide Rente an, aber nur unter der Bedingung, dass sie den Kreml verlassen würde. Nina lehnte ab. Als dann aber ihr Mann Alexander Stepanowitsch Korovikow, ein unbekannter Kapitän der Grenzwache, der dann aber eine schwindelerregende Karriere machte und zum General befördert wurde, bei einem mysteriösen Autounfall starb, nahm sie das Angebot an.

Nina Korowikowa und Sascha Obicka waren Nachbarinnen. Nach dem Tod von Ninas Mann und der Abkommandierung von Saschas Mann nach Afghanistan kamen sich beide Frauen näher. Bis zum Tod von General Korowikow hatten sie sich nur kühl angeschaut. Während Saschas Mann in den Kampfeinsatz nach Afghanistan gehen musste, stieg General Korowikow die Karriereleiter in der Geborgenheit des Generalstabs hoch. Beide Frauen saßen in Saschas Wohnzimmer, tranken Tee mit Wodka und schauten fern. Es war ein trüber Montag, der 15. November. In der Sowjetunion wurde ein Staatstrauertag anberaumt. Das Land hüllte sich in Schwarz, die Fahnen hingen auf Halbmast. Vor fünf Tagen war der Generalsekretär des Zentralkomitees der Kommunistischen Partei und der Vorsitzende des Präsidiums des Obersten Sowjets der Sowjetunion, Leonid Iljitsch Breschnew, gestorben. Heute wurde er beerdigt.

Sascha und Nina tranken Champagner. Sie hatten gute Laune, ähnlich wie die erdrückende Mehrheit der Bürger der Sowjetunion. Sie zeigten sie nur im Privaten, in der Öffentlichkeit trauerten alle pflichtbewusst. Nina zündete sich eine Zigarette an. Obwohl Sascha Nichtraucherin war, tolerierte sie das Rauchen der Nachbarin an diesem festlichen Tag. Die Frauen unterhielten sich bei der Übertragung der Beerdigung und mit zunehmendem Alkoholkonsum wurden sie immer lauter.

„Könnt ihr nicht leiser sein?!", ermahnte sie Josif. Sie merkten es gar nicht, wann er reingekommen war. „Man hört euch auf dem ganzen Flur. Nina Sergejewna könnte euch hören." Die Frauen wurden stutzig. Nina Sergejewna war die Hausverantwortliche, die sich offiziell um die Hausordnung kümmerte. Alle wussten aber, dass sie die Zuträgerin des KGB war. In der Sowjetunion gab es solche Verantwortliche in jedem Hauseingang. Die Menschen gewöhnten sich an sie. „Im Briefkasten haben wir irgendwelche Post", fügte er hinzu.

„Sie ist bestimmt schon seit Freitag dort. Heute ist Staatstrauertag, der Postmann kommt nicht. Wenn du dich umziehst, hol sie, bitte", erwiderte Sascha und trank einen Schluck.

„Mann, bist du aber ein fescher Kerl geworden, Osja", nickte anerkennend Nina mit dem Kopf und musterte dabei Josif gründlich. „Ich habe gar nicht bemerkt, wie groß du schon geworden bist." Er wurde leicht rot. Er war schon fast vierzehn Jahre alt und wurde zu einem Prachtkerl. Die Mädchen konnten ihre Augen nicht von ihm lassen. Er spielte das vierte Jahr Eishockey im Moskauer Eishockeyclub der »Sowjetflügel«. Es war ein halbmilitärischer Club und hatte im Vergleich zum zivilen Club einige Vorteile. Josif zeigte sich als ein großes Hoffnungstalent. Die Ärzte gaben ihm zuerst keine große Chance. Bei einer Untersuchung stellten sie Geräusche am Herzen und den Eltern wurde geraten, dass er erhöhte körperliche Anstrengung meiden sollte. Wie man einen sportlich begabten, dynamischen jungen Mann zurückhalten sollte, das verrieten die Ärzte Josifs Eltern nicht. Obwohl sie es am Anfang versuchten, ihn in der Bewegung einzuschränken, ihn zu Hause zu halten schaffte niemand. Die Jungs verbrachten die meiste Zeit auf dem Fußball- oder auf dem Eishockeyplatz. Je mehr Josif rannte und sein Herz anstrengte, um so gesünder wurde er. Als sie ihn mit zehn Jahren in die Vorbereitungsmannschaft der »Sowjetflügel« aufnahmen, teilte der Arzt nach der Eingangsuntersuchung der Mutter mit, dass von den Geräuschen am Herzen keine Spur übrig war.

„Warum bist du so schnell zurückgekommen?", wollte Sascha wissen.

„Ich habe vergessen, dass heute Trauertag ist. Das Training fiel aus." Osja holte sich aus dem Kühlschrank seine Lieblingspepsi und setzte sich zu den Frauen vor den Fernseher.

„Und du, warum trinkst du nicht mit uns Champagner? Igristoe??!", fragte ihn die schon gut gelaunte Nina.

„Ich gehe noch laufen. Statt des Trainings."

„Auch diese Pepsi-Cola führte hier Leonid Iljitsch ein", seufzte Nina.

„Das ist auch ungefähr alles, was er Gutes getan hat", widersprach Sascha. Plötzlich fing sie an zu lachen. „Hör zu, du könntest auch zu Sitzungen des Politbüros gehen. Ist das wahr, dass Breschnew bei jeder Sitzung nach den Gründen der Abwesenheit von Suslow fragte, der schon seit einigen Monaten tot war?... ha-ha-ha..."

„Und was, ging es den Menschen etwa schlecht?" Nina wich der Frage aus. Sie sah einmal zu Sascha, dann wieder zu Josif. Alle drei schauten auf den Bildschirm. Die Soldaten trugen den Sarg mit Breschnew. Dahinter schritten mit schwerem Gang die Mitglieder des Politbüros. Nina kannte Gromyko, Ustinow, Grishin, Andropow, Tschernenko persönlich. Hinter dem Sarg schleppte sich auch der schwer kranke Podgorny, der ein paar Monate später starb.

„Eine schrecklich alte Garde", bemerkte Sascha. Nina und Josif schwiegen. „Ich hoffe, dass endlich jemand kommt, der jünger ist und diese Greise wegschickt. Sie können doch kaum noch laufen..." Sascha sah den toten Breschnew auf dem Bildschirm und es schoss plötzlich aus ihr heraus: „Hurensohn, der hat deinen Vater nach Afghanistan geschickt!" Sie beherrschte sich nicht und drehte sich zum Sohn um.

„Schimpf nur nicht über ihn. Du hast eine Wohnung, von der können andere Sowjetbürger nur träumen, du bist in Moskau, hast ein Auto, dein Sohn besucht eine gute Schule, spielt im Spitzenclub... Beschwere dich nicht, meine Liebe, beschwere dich lieber nicht", sagte Nina und trank wieder einen Schluck.

„Ich wundere mich, dass du alles lobst... sie töteten deinen Mann und du lobst sie noch..." Ninas Gesicht verfinsterte sich.

„Mein Mann starb bei einem Autounfall..."
„Ninotschka, ärgere dich nicht. Ich weiß, dass du über den da mit den starken Augenbrauen kein schlechtes Wort sagst. Dir ging es gut bei ihm. Sehr gut."

„Das wird mir jetzt zu viel! Jetzt hast du die Grenze überschritten. Als ob ihr hier vor Hunger sterben würdet!" Nina drückte ihre Zigarette im Aschenbecher aus, stand heftig auf und verließ mit lautem Türknall die Wohnung. „Hure!", bemerkte Sascha noch. Sie schaute wieder auf den Bildschirm. Der Trauerzug kam an der Kremlmauer an. Die Kamera filmte die ganze Beerdigung aus der Vogelperspektive.

„Es sind genau fünfundvierzig Soldaten, die seine ganzen Auszeichnungen auf den Kissen tragen", sagte Josif spitzfindig.

„Schon seit zwei Monaten versuche ich, Kissen für unsere Couch zu finden. Wahrscheinlich gibt es deshalb keine...", lachte Sascha bitter.

„Um Gottes Willen", rief Josif, „sie haben tatsächlich ein zu kurzes Grab gegraben." Sascha beugte sich zum Bildschirm vor und wirklich: Als die Soldaten anfingen, die Truhe mit dem höchsten Vertreter des ersten sozialistischen Landes nach unten zu lassen, stellten sie fest, dass das Grab zu kurz war. Die Soldaten schauten sich verlegen an und wussten nicht, wie es weitergehen sollte. Schließlich ließ der Soldat, der am Fußende des Sarges stand, die Riemen lockerer und die Truhe rutschte mit Lärm in das Grab. Die ganze Welt sah, wie man Leonid Iljitsch schief begrub.

„Das ist ein Skandal! Die Dummköpfe können nicht einmal ein Loch ausgraben."

„Als ob ihn nicht mal die Erde haben wollte. Er hat viele unschuldige Leben auf dem Gewissen. Tausende unserer Leute krepieren in Afghanistan."

„Der Vater hat sich schon lange nicht gemeldet...", sagte Sascha leise. „Lauf mal hinunter und bring mir die Post. Vielleicht schreibt er", wandte sie sich an den Sohn mit einer schlechten Vorahnung.

„Das habe ich vorhin ganz vergessen", nahm Osja freudig die Schlüssel vom Postkasten und lief aus der Wohnung. Bald war er wieder da. Er legte die Zeitung, eine Postkarte und einen Brief auf den Tisch. Er war mit dem Staatszeichen der Sowjetunion versehen und dem Zeichen des Verteidigungsministeriums der Sowjetunion. Sascha freute sich, sie dachte, es wäre bestimmt ein Brief von Mischa. Ungeduldig öffnete sie ihn. Josif schaute beunruhigt seine Mutter an. Sascha las. Ihr wurde es dunkel vor den Augen. Der Brief fiel aus ihrer Hand. Wenn der Sohn sie nicht mit einem Sprung aufgefangen hätte, wäre sie auf den Boden gefallen.

„Mami, Mamilein... was ist, was ist passiert?", lief der unglückliche vierzehnjährige Junge um die Mutter herum. In irgendeinem Film hatte er gesehen, dass man in solchen Fällen den ohnmächtigen Menschen ohrfeigen und mit Wasser begießen sollte. Das tat er auch. Die Mutter kam langsam zu sich.

„Wasser, gib mir bitte Wasser..." Sascha trank. Aus den Augen flossen die Tränen. Josif hob den Brief auf. Der Verteidigungsminister der Sowjetunion Marshall Dmitrij Fjodorowitsch Ustinow teilte ihr mit dem Gefühl der tiefen Trauer mit, dass ihr Mann, der Oberst Michail Borisowitsch Obicki am 1. Oktober 1982 bei der Erfüllung seiner internationalen Pflichten in der Provinz Badachsan in Afghanistan eines Heldentodes gestorben war. Seine körperlichen Überreste werden überführt...

Josif legte den Brief weg, umarmte seine Mutter und weinte mit ihr. Plötzlich überkam ihn ein unbekanntes Gefühl. Es war nicht Wut, eher eine Art Hilflosigkeit oder das Gefühl der absoluten Erniedrigung. Einer Erniedrigung, die ein Mensch verspürt, wenn er nicht mehr tiefer sinken kann und an die Wand gedrückt fähig ist, Sachen, die er sonst nie machen würde, zu tun. Im Fernsehen wurde gerade die Hymne der Sowjetunion gespielt und die Artilleristen schossen Salven zu Ehren des Toten. Die Kamera zeigte detaillierte Aufnahmen der höchsten Vertreter des Landes. Josif griff nach der großen Kupfervase und schmiss sie mit ganzer Kraft in den Fernseher. „Schweine, ihr Schweine! Ihr habt meinen Vater umgebracht! Ihr habt meinen Vater umgebracht!... Umgebracht..." Dann setzte er sich vor den qualmenden Fernseher und in der Verzweiflung suchte er nach den herausgefallenen Schrauben. Als ob sie die Ursache wären für ihr unermessliches Leid. Sascha trank die zweite Champagnerflasche aus und kniete sich zum Sohn hin. Aneinandergelehnt weinten sie und weinten und weinten...

Kapitel 15
BRATISLAVA 1977 - 1980

Vor Weihnachten 1977 wurde das Gerichtsurteil vom Amtsgericht Trnava im Namen der Republik gesprochen. Auf Antrag des Klägers Chirana, Konzern Stara Tura, Abteilung für Außenhandel Piestany, wurde das Nutzungswohnrecht des Gegners Ing. Jozef Balaz für die Betriebs-Dreizimmerwohnung in der Siedlung Sihot aufgehoben. Der Gegner wurde dazu verpflichtet, innerhalb von 15 Tagen vom Zeitpunkt der Zuweisung einer Ersatzunterkunft die Wohnung zu verlassen.

Es waren bis zu diesem Zeitpunkt die traurigsten Weihnachten für die Balazs. Martuschka spielte unter dem beleuchteten Weihnachtsbaum mit der neuen Schultasche, sie freute sich über Malstifte, die ihr der Weihnachtsmann mitgebracht hatte. In einem Jahr wird sie schon in die Schule gehen, also brachte der Weihnachtsmann dem erfreuten Mädchen vorausschauend Sachen, die sie für die Schule gebrauchen könnte. Marta schaute sie nachdenklich an. Jozef versuchte, sie ein wenig fröhlicher zu stimmen, aber es gelang ihm offensichtlich nicht. Die Geschenke unter dem Weihnachtsbaum fielen nicht so üppig aus wie in den Jahren davor. Das war aber in vielen slowakischen und tschechischen Familien der Fall. Das ZK der KPTsch verabschiedete die geplante zehnprozentige Erhöhung des Lebensstandards. Sie hatten es fast getroffen. Nur statt des Lebensstandards erhöhten sie um zehn Prozent die Preise.

Einen Monat nach dem Gespräch mit Winter wurde Balaz nach Bratislava versetzt, wo er in dem eigenständigen und vom Prager Außenministerium geleiteten Presse- und Informationszentrum arbeiten sollte. Abgeschoben werden vom Czerninpalast bedeutete »aus den Augen, aus dem Sinn« und damit auch eine Verkleinerung der Chancen auf einen Posten in der ausländischen Vertretung. So ein Posten war und ist das Ziel jedes Diplomaten. Er bedeutet höhere Einkommen als zu Hause, höhere gesellschaftliche Anerkennung, diplomatische Immunität und andere Vorteile. In den Zeiten des realen Sozialismus erträumte sich jeder tschechoslowakische Diplomat eine Stelle in den Botschaften der kapitalistischen Länder. Vier Jahre im kapitalistischen Ausland auf Staatskosten zu verbringen und dazu noch fantastisch zu verdienen war zum Traum von jedem geworden, der in die Diplomatie einstieg.

Im Pressezentrum gab es außer Balaz noch drei Mitarbeiterinnen. Zu Aufgaben des Zentrums gehörte die Vorbereitung der Programme und Treffen für ausländische Journalisten, die in die Slowakei kamen. Das Zentrum entstand aufgrund der Bemühungen von Außenminister Bohuslav Chnoupek und des Direktors der Presseabteilung Milan Kramar, die mit Hilfe der ausländischen Journalisten so viele Informationen wie möglich über die Slowakei, die im Ausland praktisch unbekannt war, in die Welt bringen wollten. Die Welt bezeichnete die Slowaken fast pauschal als Tschechen. Erst nach einer gewissen Zeit wurde es Balaz klar, dass seine Hauptaufgabe darin bestand, den verängstigten Genossen aus verschiedenen slowakischen Institutionen, die die ausländischen Journalisten besuchen wollten, eine persönliche Stütze zu sein. Es waren die Jahre der »härtesten Normalisierung« und kein Direktor eines Nationalbetriebes, Verbandsvorsitzender, Chefredakteur oder sogar Minister wollte riskieren, dass er einen Journalisten aus dem kapitalistischen Ausland aufgrund eigener Entscheidung treffen und der nach seiner Rückkehr nach Hause etwas schreiben würde, was den Genossen im ZK nicht gefallen könnte. Die, die es gewagt hatten, sich gegen das Regime zu äußern, wurden hart bestraft. Dominik Tatarka und Hana Ponicka wurden aus der Liste der slowakischen Schriftsteller gestrichen, Vaclav Havel wurde zu dreieinhalb Jahren im Gefängnis Plzen-Bory verurteilt, Jiri Dienstbier zu drei Jahren im Pankrac-Gefängnis, Alexander Dubcek zu Waldarbeiten und Tausende anderer gebildeter Menschen wurden in den Tagebau, in den Forst und in Heizungskellern geschickt.

Balaz begann seine Arbeit im Pressezentrum und ihm war klar, dass er in seiner Beziehung zu den ausländischen Journalisten das

Regime verteidigen müsse, das die Freiheit und Menschenrechte unterdrückt. Wenn er eine Stelle als Presseattaché in einer Botschaft hätte, würde er die Nachrichten aus den dortigen Zeitungen nach Hause schicken und Kontakte mit den Vertretern des Gastlandes würde er nur auf der notwendigen Ebene halten. So machten es in den kapitalistischen Ländern alle tschechoslowakischen Diplomaten und lebten so vier Jahre, für die sie entsandt wurden, im Zustand relativer Ruhe. Im Pressezentrum würde er täglichen Konfrontationen und Diskussionen mit Journalisten ausgesetzt werden. Er überlegte, wie er sich in der brenzligen Situation so verhalten sollte, dass auch der Wolf satt werden würde auch wenn das Schaf noch lebt. Es war ihm klar, dass ihn eine Zeit des ständigen Ausweichens und der höchsten Bemühungen erwartet, wobei es auch darum geht, die eigene Würde nicht zu verlieren. Er begriff, warum diesen Posten eigentlich niemand begehrte. Das Zentrum war im Prinzip eine Falle, die ihm gestellt wurde. Er ahnte nicht, dass er in Bratislava fast für sechs Jahre festsitzen würde.

Genauso ahnte er nicht, dass in der Zeit, als ihm die Versetzung nach Bratislava verordnet wurde, die westdeutsche Journalistin Christina Karich aus der Familienzeitschrift »Meine Familie und ich« die tschechoslowakische Aufenthaltserlaubnis beantragte. Sie machte in einzelnen europäischen Ländern Reportagen über das Leben einer Durchschnittsfamilie. Auch die Tschechoslowakei kam an die Reihe. Christina hatte schon Erfahrungen mit dem bürokratischen System aus anderen sozialistischen Ländern, aber das, was in der Tschechoslowakei geschah, hatte sie in ihrer journalistischen Praxis noch nicht erlebt. Vom Föderalen Außenministerium wurde sie zuerst benachrichtigt, sie würde die Möglichkeit haben, mit einer Familie in Prag zu sprechen. Später hieß es dann in Brno, dann in Ostrava, aber es geschah gar nichts. Erst nach der Vermittlung der bundesdeutschen Botschaft in Prag kam Bewegung in die Angelegenheit. Die deutsche Seite berief sich auf den vor kurzem stattgefundenen Staatsbesuch von Präsident Gustav Husak in der Bundesrepublik Deutschland, während dem die beiden höchsten Vertreter der Länder das Abkommen über gute nachbarliche Zusammenarbeit unterschrieben. Zu ihrer Überraschung wurde Frau Karich informiert, dass sie sich nicht in Prag, sondern bei Jozef Balaz im Presse- und Informationszentrum für ausländische Journalisten in Bratislava melden sollte. Als Balaz schließlich Christina am 13. September 1978 in Bratislava willkommen hieß, wusste er noch nicht, dass keine Familie in Tschechien sich getraut hatte, die westdeutsche Journalistin für eine Woche in ihrer Wohnung einzuquartieren. Auch in der Slowakei gab es eine solche Familie nicht. Balaz bekam die Aufgabe, unbedingt so eine Familie aufzutreiben, also überredete er in der Verzweiflung seine ältere Schwester Gitka Buranova, die westdeutschen Journalisten zu empfangen.

In der Zeit wohnte Balaz mit seiner Frau und Tochter zur Untermiete in Bratislava in einem Zimmer bei einer achtzigjährigen Witwe. Das Zimmer hatte kein Fenster und keine Heizung. Martuschka litt vom Herbst bis zum Frühjahr an einer Bronchitis. Als sich die deutsche Journalistin und der Fotograf über das Leben der slowakischen Familie unterhielten, hatte er große Lust, sie anzuschreien und zu erzählen, dass seine Familie nicht einmal ein Dach über dem Kopf hatte. Er schrieb Briefe an das Zentralkomitee der slowakischen Kommunistischen Partei, an die slowakische Regierung, an den Außenminister. Alles ohne Erfolg.

Christina Karich und ihr Fotograf bauten nach einer Woche eine engere Beziehung zu Balaz auf. Die Journalistin spürte seine Ehrlichkeit. Er machte es so schließlich mit fast allen ausländischen Journalisten. Außer mit solchen, bei denen er das Gefühl hatte, dass sie für den tschechoslowakischen Abwehrdienst arbeiteten. Er erkannte sie daran, dass sie viel zu offensichtlich den Sozialismus wie auch die Kommunistische Partei und ihre Vertreter beschimpften. Auf die musste er aufpassen. Die normalen Westjournalisten machten es nicht. Er sagte ihr auch ganz offen, wenn sie alles, was er ihr ehrlich erzählt hatte, publizieren würde, er und seine Familie Probleme bekommen würden.

Als die deutschen Journalisten nach dem einwöchigen Aufenthalt nach Hause fuhren, wollte Jozef Christina darum bitten, ihm zu helfen, etwas von seinem Freund Thomas Ankermann zu erfahren. Dann wurde ihm klar, dass es keinen Sinn hatte, auch wenn sie Thomas finden würde, könnte sie Jozef darüber nicht informieren, ohne dass es die offiziellen Stellen erfahren würden. Die Post aus dem Westen wurde kontrolliert, genauso wie die Telefongespräche abgehört wurden.

Knapp zwei Monate nach ihrer Abfahrt wurde Balaz ganz unerwartet zur Presseabteilung des Föderalen Außenministeriums in Prag vorgeladen. Der stellvertretende Abteilungsleiter Ing. Kaderabek hielt ihm ganz wütend die Dezemberausgabe der Zeitschrift »Meine Familie und ich« vor die Nase. In Kaderabeks Büro saßen noch zwei Leute, die er nicht kannte. Kaderabek hatte sie nicht vorgestellt.

Mit einem „Lies es!“ schmiss er ihm die Zeitschrift hin. Balaz las die Sätze, die rot unterstrichen waren. Zum Abschluss der Reportage aus der Tschechoslowakei schrieb Christina: „Wir verbrachten in der Slowakei eine wunderschöne Woche. In der Familie Buran fühlten wir uns wie zu Hause. Den größten Verdienst an unseren erstaunlichen Erlebnissen hatte Jozef Balaz, der Leiter des Presse- und Informationszentrums in Bratislava. Unser eigener Vater hätte uns nicht herzlicher aufgenommen als dieser junge Mann. Er bereitete uns fünf wunderschöne Tage. Beim Abschied von Margita, Ferko, Peter, Zuzka, Marta, Alenka und anderen netten Menschen hatten wir uns umarmt und uns kamen die Tränen. Jozef Balaz sagte: »Alle Menschen sollten Brüder sein. Die Grenzen sollten uns nicht trennen. Wir sollten öfter an diese Worte denken.« “

„Was sagst du denn dazu?“, erhöhte Kaderabek die Stimme.

„Wozu?“, verstand Balaz nicht.

„Dass du eine imperialistische Journalistin umarmt hattest. Und dass du dort etwas von der Bruderschaft mit den bourgeoisen Journalisten erzählt hattest! Von den Grenzen!“ Balaz wurde es fast schwindlig. Er schwieg. „Und zusätzlich, Genosse Balaz“, fügte einer der zwei Männer hinzu, „die Journalisten waren zu Besuch in der Tschechoslowakei und in diesem Artikel spricht man nur von der Slowakei!“

„Sollte ich ihr etwa diktieren, was sie schreiben soll?“ Er wurde langsam erbost. „Oder hätte ich ihr sagen sollen, dass sie den Artikel erst einmal nach Prag zur Zensur schicken soll?!“

„Beruhige dich, Genosse, beruhige dich“, versuchte ihn Kaderabek mit Gesten und Blicken zu bändigen. „Die Genossen sagen es nur im guten Sinne. Du bist noch ein junger Genosse und es soll nur eine Warnung sein, damit es in der Zukunft nicht zu ähnlichen Fehlern kommt. Nicht wahr, Genossen?“, wandte er sich zu den unbekannten Männern.

„Ja, ja“, schüttelte einer von ihnen mit dem Kopf. Dann standen beide auf. „Also beim nächsten Mal vorsichtig, Genosse!“ Sie gaben Balaz die Hand und gingen weg. Kaum schloss sich die Tür, wurde er von Kaderabek richtig angeschnauzt.

„Du Idiot, was machst du denn für Blödsinn! Du hättest deine Klappe halten sollen. Wenn wegen dir zwei Leute von der Staatssicherheit kamen, dann ist es ganz blöd. Verdammt noch mal, warum passt du nicht besser auf! Warum tust du mir das an? Und das schon zum zweiten Mal. Auch der Finne letztens schrieb, ihr wart besoffen wie die Dänen. Da hatte wiederum die dänische Botschaft protestiert!“

„Dafür kann ich doch nichts!“

„Pass darauf mehr auf! Du weißt, dass alle Gespräche abgehört werden, und in dem Moment, wenn der Journalist unsere Grenzen übertritt, weiß die Staatssicherheit schon davon.“ Kaderabek atmete schwer. Er nahm sich eine Zigarette und bot Balaz auch eine an. Beide rauchten sie und schwiegen. „Scheiße, dass mein Bruder in den Westen emigrierte. Ich hätte göttliche Ruhe haben können. So habe ich, der 1968 aus der Schrotflinte den Russen hinterhergeschossen hat, jetzt die Kontakte mit der Staatssicherheit am Hals. Ich könnte mich über mich selbst ärgern...“ Er überlegte und schaute Balaz väterlich an. „Pepik, ich rate dir als der Erfahrenere, pass gut auf deine Zunge auf. Es ist klar, dass du nichts dafür kannst, was die geschrieben haben, aber du musst denen auch nicht alles auf die Nase binden.“

Ein paar Wochen später kam eine Delegation von zwei Journalisten der Zeitung der Kommunistischen Partei Frankreichs »L'Humanité« ins Pressezentrum. Ungefähr Dreißigjährige so wie Balaz. Sie verbrachten in Bratislava drei Tage. Balaz begleitete sie und sprach ohne Dolmetscher mit ihnen. Er war schon vorsichtiger, auch wenn es Journalisten einer kommunistischen Tageszeitung waren. Vielleicht auch gerade deshalb. Sie besuchten einige Betriebe, sprachen mit Leuten, aber von Bratislava sahen sie fast nichts. Am dritten Tag baten sie Balaz, dass er den riesigen Rosenblumenstrauß mit der französischen Trikolore, den sie am Denkmal des Slowakischen Nationalaufstandes niederlegen sollten, dorthin lege. Sie wollten sich noch ein wenig die Stadt ansehen. Balaz versprach es und legte den Strauß in das Lager. Dann kam ihm in den Sinn, wenn einer seiner Freunde auf dem Platz des Slowakischen Nationalaufstandes sähe, wie er einen Rosenblumenstrauß am Denkmal hinläge, würde er bestimmt denken, dass Balaz verrückt geworden sei.

So bekam Marta an diesem Abend den größten Blumenstrauß ihres Lebens, sogar mit französischer Trikolore.

Nach zwei Tagen informierte ihn die verängstigte Sekretärin, dass ein gewisser Genosse Mandak von der Bezirksdirektion der Volkspolizei aus der Straße des Februarsieges anrief. Er solle dort am nächsten Tag um zehn vorstellig werden.

Balaz betrat zum ersten Mal das Gebäude der Bezirksdirektion der Volkspolizei. Er fragte nach der Durchwahl des Genossen Mandak, der gleich in die Eingangshalle runterkam. Er war ein ungefähr vierzig Jahre alter, gutaussehender Mann. Er stellte sich vor und lud ihn in sein Büro ein. Balaz folgte ihm. Der Fahrstuhl hielt in der dritten Etage in einem geräumigen Flur. Rechts vom Fahrstuhl war der Durchgang durch ein robustes Gitter abgeteilt. Mandak drückte eine Taste und sagte etwas Unverständliches ins Mikrophon. Es brummte kurz und die Gittertür ging auf. Sie gingen den langen Flur fast bis zum Ende. Dort befand sich das nächste Gitter. Mandak holte jetzt einen Schlüsselbund und machte es selbst auf. Als Balaz auch drinnen war, schloss er wieder vorsorglich ab. Sie kamen in ein kleines Büro. Die Sekretärin stand höflich auf. Mandak deutete Balaz, dass er ihm folgen sollte. Auf dem Sofa saß ein etwa fünfzigjähriger Mann in einem unförmigen Sakko. Seine Glatze versteckte er ungeschickt mit den langen Haaren, die ihm vom Scheitel bis auf die andere Kopfseite reichten. Er hatte sie mit einer Art Gel festgeklebt. Er wirkte aalglatt und unangenehm. Er gab Balaz eine weiche, verschwitzte Hand und schaute ihm auch nicht in die Augen.

„Setz dich, Genosse“, sagte ihm der unbekannte Mann. „Setz du dich auch“, meinte er zu Mandak. Balaz war klar, dass es irgendein Chef ist. An der Tür war aber kein Schild mit einem Namen. Er entsann sich, dass auch im hinteren Trakt des Föderalen Außenministeriums die Mitarbeiter keine Schilder mit den Namen hatten. Er begriff, dass sich im Gebäude der Bezirkspolizei nicht nur die Volkspolizei, sondern auch die Staatssicherheit befindet. Das Problem war, dass er das jetzt auch schon wusste. Und sie bemerkten dies. Er hatte das Gefühl, er sei in die Falle getappt. Vorsichtig sah er sich um. Er wollte nicht den Eindruck erwecken, dass er neugierig sei. Er konnte nicht übersehen haben, dass die Fenster vergittert waren, die Wände mit so etwas wie Hartfaserplatten ausgelegt. Der Raum war überraschend schlicht eingerichtet. An der Wand hing nicht einmal das Porträt von Präsident Husak, was in den Staatsämtern Pflicht war. Er hatte die ganze Zeit das Gefühl, dass ihn im Raum noch jemand außer Mandak und der Mensch gegenüber beobachtet. Die Sekretärin kam herein und brachte für alle drei Kaffee. Obwohl Balaz keinen Kaffee bestellt hatte, bedankte er sich höflich.

„Wie geht's?" begann der Mann, der sich bisher nicht vorgestellt hatte. „Hat sich Ihre Frau über den Blumenstrauß gefreut?", lächelte er jovial.

„Über den Blumenstrauß? Was für einen Strauß?"

„Über den, den die französischen Journalisten am Denkmal des Slowakischen Nationalaufstandes niederlegen wollten", lachte der Mann und beobachtete Balaz, dem beim Kaffeetrinken ein wenig die Hände zitterten. Der Mann merkte es mit Genugtuung. „Bekam sie in ihrem Leben jemals so einen wunderschönen Blumenstrauß? Ein toller Spaß. Keine Angst, Genosse, von deinen Chefs in Prag erfährt keiner davon. Nach dem »Fettnäpfchen« mit der deutschen Journalistin kannst du so etwas nicht mehr gebrauchen." Der Mann zündete sich eine Zigarette an und genoss Balazs Verlegenheit. Balaz begriff, dass sie ihn beschatteten. Er wusste jetzt, dass das ganze Pressezentrum beobachtet und seine Tätigkeit von der Staatssicherheit aufgezeichnet wurde. Er verstand jetzt auch, woher die ungewöhnlichen und quietschenden Geräusche im Telefon stammten, wenn er aus dem Ausland angerufen wurde. Und das passierte ja praktisch täglich.

„Mein Name ist Zurek. Ich bekleide in diesem Amt eine ziemlich hohe Position", lachte er eisig und schaute dabei Mandak an.

Der nickte eifrig und lachte auch. „Das Pressezentrum ist zwar die Arbeitsstätte des Föderalen Organs, aber dadurch, dass das Wirkungsgebiet in der Slowakei ist, unterstehst du uns. In deine Arbeit werden wir nicht eingreifen, du wirst weiterhin von Prag geleitet, aber die Sicherheitsfragen gehören in unsere Kompetenz. Deine Arbeitsstelle wird regelmäßig von Journalisten aus dem kapitalistischen Westen aufgesucht, die in unsere Gesellschaft nicht nur antistaatliche Dokumente, sondern auch antistaatliche Gedanken einschleusen. Wir wären sehr froh, wenn du uns über solche Gedanken beziehungsweise über solche Sachen oder Kontakte, die dir als nicht vereinbar mit dem Sozialismus vorkommen, informieren würdest. Und es ist selbstverständlich, dass du außer mit uns mit niemandem darüber sprechen darfst. Der Genosse Mandak trifft sich ab und zu mit dir. Er meldet sich bei dir. Wenn du aber den Bedarf oder das Gefühl hast, dass du uns etwas zu sagen hast, und das nicht nur im Zusammenhang mit ausländischen Journalisten, sondern auch mit deiner Umgebung, ruf ruhig an. Genosse Mandak gibt dir seinen direkten Kontakt". Zurek beobachtete Balaz.

„Aber ich... ich... ich... bin selbstverständlich ein aufgeklärter Diplomat der sozialistischen Tschechoslowakei", stammelte Balaz. Die Hände zitterten ihm so sehr, dass er die Tasse mit Kaffee lieber in Ruhe ließ. Es kam ihm in den Sinn, ob sie ihm in den Kaffee vielleicht etwas hineingetan hatten. So wie er das in den Krimis sah, wenn die Polizisten wollten, dass der Verhörte nachgäbe.

„Das wissen wir natürlich, dass du ein aufgeklärter Diplomat bist und wir schätzen es sehr. Wir wären aber froh, wenn du manche Informationen, die du nicht aufschreiben kannst, eben uns hier sagen würdest... Das, was du bei deinem Ministerium in Prag abgibst, die Protokolle von Gesprächen, das ist die übliche und selbstverständliche Praxis. Schließlich enden sowieso alle Kopien von deinen Aufnahmen bei unseren Genossen in Prag. Wir würden aber eine engere Zusammenarbeit wünschen." Zurek und Mandak beobachteten Balaz.

„Ich verstehe Sie nicht ganz. Ich habe mich doch im Ministerium in Prag dazu verpflichtet. Ich habe in der Personalverwaltung die Schweigepflicht über Gegenstände des Staatsgeheimnisses unterschrieben. Es ist selbstverständlich, dass ich die übergeordneten Organe von den unsere sozialistische Ordnung bedrohenden Tatsachen informieren würde...“, schluckte Balaz.

„Die übergeordneten Organe hast du in Prag und es kann passieren, dass man schnell handeln muss. Und wie ich gesagt habe, für die Sicherheit in der Slowakei sind wir verantwortlich...“ Zurek holte ein Dokument heraus und las: „Ich bestätige, dass ich mir der Pflicht des Bewahrens und Schutzes des Staats-, Wirtschafts- und Dienstgeheimnisses bewusst bin und mir auch bewusst ist, dass im Falle des Verratens von Geheimsachen ich gemäß Strafgesetzbuch Nr. 140/1961 belangt werden kann... In Prag, den 31. Januar 1977.“ Zurek las zu Ende und legte das Blatt auf den Tisch. »Unterschrieben Jozef Balaz«. Balaz schaute ihn an und verstand nicht, worum es ihm geht. Plötzlich hatte er ein Übelkeitsgefühl und sein Kopf drehte sich. Er war Sportler und hatte nie solche Gefühle. Sein Herz begann wild zu schlagen. „Also das hast du unterschrieben...“, grinste ihn Zurek an. „Ja, ich empfand es als die Pflicht eines sozialistischen Diplomaten.“

„Schau mal, Genosse, hör bitte auf mit den Floskeln über den Sozialismus. Du hast die Schweigepflicht unterschrieben und hältst sie nicht ein. Du hast die ausländischen Journalisten über die Sicherheitsprobleme des Atomkraftwerkes in Jaslovske Bohunice, über angebliche Luftverpestung in der Umgebung der Braunkohletagebaue in Novaky und Handlova informiert, du gabst denen sogar irgendwelche unsinnigen Zahlen vom wachsenden Energieverbrauch. Angeblich benötigen die Produktionsbetriebe neunzig Prozent und auf die Einwohner fallen nur zehn Prozent. Wir haben angeblich unmoderne und veraltete Technologien, einen steigenden Alkoholverbrauch und eine verkürzte Lebenszeit. Du hast dich sogar für die Ereignisse um die polnische Solidarnosc interessiert...“

„Das habe ich nur den französischen Journalisten erzählt“, widersprach Balaz spontan.

„Und das reicht nicht?“, erhöhte Zurek die Stimme.

„Sie haben es euch gesagt?... Es waren doch Kommunisten...“, sagte Balaz naiv.

„Das soll nicht deine Sorge sein“, sagte Mandak, dem es sehr unangenehm war, dass Zurek ungewollt verraten hatte, dass einer der Franzosen für sie gearbeitet hatte. Balaz hatte plötzlich das Gefühl, dass die Erde unter ihm nachgab und er sich nirgendwo halten konnte. Er wusste nicht, wie lange sie schwiegen, wie lange der Kaffee auf dem Tisch abkühlte, wie lange der Sonnenstrahl gebraucht hatte, um von einem Gitterstab zum anderen zu kommen.

„Es passiert nichts Ernstes", schlug ihm plötzlich Zurek leicht auf die Schulter. „Du hast weiterhin unser Vertrauen. Nur... wir würden... wir hätten gerne, dass du es uns auch schriftlich bestätigst." Er schob ihm ein leeres A4-Blatt zu. „Sei so lieb und schreib auf, dass du dich verpflichtest, uns über alle Tatsachen aufzuklären, welche die Staats- und Gesellschaftsordnung unserer sozialistischen Heimat bedrohen könnten."

Balaz schwieg und bewegte sich nicht. „Das habe ich doch schon in Prag unterschrieben", widersprach er leise noch mal. Zurek legte ihm einen Stift in die Hand und begann zu diktieren. „Schreib. Ich, der Unterzeichnende Jozef Balaz, verpflichte mich, die mit der Angelegenheit betrauten Mitarbeiter der XII. Verwaltung der Volkspolizei über die Tatsachen zu informieren, die... bedrohen könnten. Diese Verpflichtung unterschrieb ich freiwillig." Balaz hörte zu und schrieb, was ihm Zurek diktierte. Zurek und Mandak schauten sich bedeutungsvoll an.

„Darf ich gehen?", fragte Balaz fast ohne Stimme.

„Selbstverständlich, Genosse Mandak begleitet dich hinaus."

Balaz trat hinaus zur Straße des Siegreichen Februars. Von dort schritt er zu Pionierska Straße und weiter zu den Eisenbahnschienen. Er ging in die Weinberge hinüber und zu Fuß bis auf die Koliba. In der »Heubude« bestellte er sich einen Borowitschka. Dann den zweiten, dritten und vierten. Es wurde langsam dunkel. Er konnte sich erinnern, wie er die Jaskova Straße runterkam zum Bahnhof und von dort zur Straße der Verteidiger des Friedens, wo sich im Gebäude des statistischen Amtes das Presse- und Informationszentrum befand. Er kam in sein Büro und holte eine Flasche Wodka aus dem Kühlschrank. Den Rest, der noch drinnen war, trank er aus. Er holte sich Papierblätter, legte ein Blaupapier dazwischen, zog es in die Schreibmaschine und schrieb: *Das Föderale Außenministerium*

Prag, an den Minister. Sache: Kündigung des Arbeitsverhältnisses mit dem Föderalen Außenministerium. Gemäß des §51 Abs. 1 des AGB beantrage ich die Kündigung des Arbeitsverhältnisses mit dem Föderalen Außenministerium der Tschechoslowakei zum 1. Mai 1980. Grund: Ohne bestimmten Grund. Unterschrift.

Balaz klebte den Umschlag sorgfältig zu und ging zu Fuß zum Hauptbahnhof. Dort befand sich die einzige Post, die in der Stadt ununterbrochen geöffnet hatte. Den Brief schickte er als Einschreiben. Als er vom Bahnhof zurückkehrte, verspürte er Erleichterung. Obwohl er nicht wusste, was als Nächstes passieren würde und vor allem, wo sie wohnen werden, begann er zu lächeln. Er lächelte wie ein Mensch, der eine freie Entscheidung traf.

Seine Ehefrau saß scheu in der Küche am Rand des Tisches mit dem an sich herangezogenen Teller und aß ein Erbsenomelett. Martuschka schlief im Kämmerchen, das ihnen die Vermieterin zur Verfügung stellte. Die Kammer lag zwischen zwei Zimmern und hatte keine Fenster. Das Tageslicht kam nur durch die Glasscheibe in der Eingangstür. Es gab dort zwei Betten an der Wand, einen Schrank und ein Kinderbettchen. Nach der Gerichtsentscheidung hatte ihnen Chirana eine Ersatzunterkunft im Spezialistenwohnheim in Stara Tura zugewiesen. Beiden war klar, wenn sie dorthin ziehen, ist alles zu Ende. Das Pendeln zwischen Stara Tura und Prag war praktisch unmöglich, in Stara Tura gab es für Marta keine Arbeit, die ärztliche Vorsorge war miserabel, das nächste Krankenhaus war in Piestany.

Nach dem Auszug aus der Wohnung in Piestany lagerten sie die Möbel in einem alten muffigen Raum im Lager des statistischen Amtes, den ihnen Jozefs Freund aus der Kindheit, der Hausverwalter Milan Brezina zur Verfügung stellte. Die Vermieterin war außerordentlich sparsam. So stank die ganze Wohnung dauernd nach verbranntem Öl, weil sie sparen wollte. Mit warmem Wasser wuschen sie sich zweimal pro Woche, Gas war für die Rentnerin zu teuer, obwohl Balazs eine für die damalige Zeit relativ große Summe beisteuerten.

Die Ehefrau saß am Rande des Tisches und versuchte so schnell wie möglich aufzuessen, damit sie das böse Gerede der Vermieterin so wenig wie möglich hören musste. Die Ankunft des Mannes gab seiner Frau ein wenig Energie. Sie lächelte und sie küssten sich. Sie machte auch für ihn ein Omelett. Nach dem Abendessen kontrollierte sie, ob die Tochter schläft. Das Kind war jetzt fieberfrei und ruhte sich aus. Sie standen am Bettchen und schauten sich die Tochter an, die zufrieden atmete. Jozef umarmte die Ehefrau. Er suchte seinen Mut und Worte, mit denen er ihr verkünden würde, dass er gekündigt hatte. Wenn er wenigstens eine Lösung hätte. Er hatte aber keine Ersatzarbeit. Die Frau spürte seine Verlegenheit. Sie streichelte seine Wange. Jozef spürte, dass sie ihm etwas sagen wollte, aber sie wusste nicht, wie.

„Hast du irgendein Problem?“, fragte er.

„Haben wir außer Problemen auch noch etwas anderes?...“, antwortete sie. Sie überlegte kurz und nahm seine Hände in ihre. „Im Moment ist es noch kein Problem, aber im Oktober könnte es eines werden...“, schaute sie ihn bedeutungsvoll an.

„Was gibt es im Oktober?“

„Das zweite Kind. Ich bin schwanger.“

Kapitel 16

BERLIN (West) / NEUWIED 1982 - 1983

Thomas spazierte durch den Park Plötzensee in der Nähe des Hauses in der Triftstraße, wo sie gewohnt hatten. Er ging regelmäßig hin, seitdem sie in den Wedding umgezogen waren. Er setzte sich auf die Bank am See und er holte seine Geldbörse aus der Hosentasche. In ihrem geheimnisvollsten Versteck hatte er ein Foto, das in ihm ein brennendes Gefühl verursachte. Karl Joachim Lammer, der junge SS-Leutnant.

Thomas dachte zum wiederholten Male über den Artikel in der »Frankfurter Allgemeinen« nach, in der ein gewisser Franz Emmerich darüber geschrieben hatte, dass Lammers Schwiegersohn der Abgeordnete des Berliner Senats Thomas Ankermann sei. Tatsächlich hatte er Auseinandersetzungen mit dem Schwiegervater. Der lehnte es ab, von seinen Funktionen zurückzutreten, denn wenn er es täte, würde er die Verbrechen zugeben, die er nicht begangen hatte. Seine Ehefrau Angelika hielt sich aus dem Streit heraus, aber Thomas spürte unterbewusst, dass sie auf ihres Vaters Seite stand. Er spazierte im Park umher und überlegte, ob er das Recht hatte, den Schwiegervater zu verurteilen. Er selbst hatte in seiner Zeit nicht gelebt, er konnte das Maß seiner Verschuldung nicht beurteilen. Der Schwiegervater war in der SS, der Schutzstaffel der NSDAP, aber auch sein Vater war Mitglied der NSDAP. Wie groß ist der prinzipielle Unterschied zwischen der NSDAP und deren politischer Kampftruppe?

Er spürte, dass seine Beziehung zu Angelika schwächelte. Vielleicht war es deswegen, weil sie keine Kinder hatten, oder möglicherweise, weil Angelika selbst anfing, sich in der Politik zu engagieren. Immer mehr dachte er über den Sinn seines Wirkens in der Politik nach. Sein politisches Vorbild Willy Brandt trat nach der Affäre mit dem ostdeutschen Spion Guillaume vom Amt des Bundeskanzlers zurück, aber er behielt die Funktion des Parteivorsitzenden. Es war dennoch spürbar, wie sein Einfluss in der Partei schwächer wurde. Wenn er sich nach der Affäre, für die er nichts konnte, nicht wie ein richtiger Mann verhalten hätte, wäre er vielleicht bis heute Bundeskanzler.

Westberlin durchlebte die strengsten Sicherheitsmaßnahmen. Am nächsten Tag wurde der Staatsbesuch von US-Präsident Ronald Reagan als Abschluss seiner zehntägigen Europareise erwartet. Der Hauptprogrammpunkt seiner Europareise war der NATO-Summit, die zum ersten Mal auf deutschem Boden stattfand. In der Hauptstadt Bonn protestierten fast eine halbe Million Menschen gegen dieses Treffen, in London auch fast eine halbe Million und in Paris über vierhunderttausend.

Reagan wurde in Berlin von Außenminister Alexander Haig und von dem erkrankten Bundeskanzler Helmut Schmidt begleitet. Nach einer kurzen Ansprache vor den amerikanischen Soldaten auf dem Flughafen Tempelhof hielt Reagan noch eine Rede vor dreißigtausend Menschen im Garten des Schlosses Charlottenburg.

Von dort aus besuchte er den Grenzübergang Checkpoint Charlie in der Friedrichstraße in Kreuzberg zwischen dem amerikanischen und sowjetischen Sektor. Die Fahrt zurück konnte er nicht mehr mit dem Auto antreten, zum Flughafen Tempelhof musste ihn aus Sicherheitsgründen ein Hubschrauber transportieren, denn Tausende Demonstranten verbarrikadierten die Straße, die er entlangfahren sollte. Die Polizei verhaftete über zweihundertfünfzig Protestierende. Einer von ihnen war auch Reiner. Ein Polizist schlug ihn vor den Augen des Senatsabgeordneten Thomas Ankermann blutig. Als ihn die Polizisten auf dem Boden an den Beinen wegzogen, trafen sich für einige Sekunden ihre Blicke. Es waren die längsten Sekunden in Thomas` Leben.

Angewidert ging er nach Hause. Am Abendempfang mit dem amtierenden Bürgermeister Richard von Weizsäcker nahm er nicht teil. Er verlor irgendwie die Lust dazu. Immer öfter erwischte er sich bei dem Gedanken, ob die Politik die richtige Sache wäre, die er machen sollte.

Anfang Oktober klingelte in Thomas` Wohnung das Telefon. Die Stimme am anderen Ende stellte sich als Journalist Franz Emmerich vor. Thomas erinnerte sich, dass dies der Autor des Artikels über seinen Schwiegervater war. Er bat Thomas sehr höflich um ein Treffen. Dieses sollte im Altberliner Lokal »Zu Wachtmeister Tippel« an der Ecke der Monumentestraße und Czeminskistraße stattfinden. Thomas kam ein bisschen früher und las die »Berliner Zeitung«. Nach einer Weile klopfte jemand auf seine Schulter. Neben ihm stand Reiner. Thomas` Miene verfinsterte sich leicht.

„Hallo."

„Hallo!", antwortete Reiner mit einer Stimme, aus der eher eine Art Traurigkeit als Wut zu spüren war. „Was machst du hier?"

„Ich habe hier ein Treffen."

„Mit dem Journalisten Emmerich?"

Thomas schaute ihn an. „Bist du es?"

„Ich bin kein Journalist, aber der Artikel... darf ich mich setzen?"

„Wir werden doch nicht während des Treffens stehen", lächelte Thomas. „Was trinkst du?"

„Bier. »Berliner Weiße«."

„Und du?“, erwiderte Reiner.

„Auch.“ Sie riefen den Kellner. Einen Moment lang Schweigen.

„Wie geht's?“, fragte Thomas.

„Normal. Am Tag liefere ich Pizza aus und nachts arbeite ich als Rausschmeißer.“ Reiner schüttelte mit dem Kopf. „Stört es dich nicht, Herr Politiker, dass du hier mit einem Arbeiter zusammensitzt?“

„Warum hast du den Artikel geschrieben?“

„Ich habe ihn nicht geschrieben. Ich gab dem Journalisten nur die Unterlagen... Es tut mir leid... Entschuldige!“, sagte Reiner nach kurzem Überlegen.

„Es muss dir nicht leid tun. Ich habe mit meinem Schwiegervater nichts mehr gemein.“

„Und Angelika?“

„Ich lasse mich scheiden. Die Scheidung wird bald durch sein...“, antwortete Thomas und trank von seinem Bier.

„Und Politik? Macht sie dir noch Spaß?“ Reiner trank sein Bier aus und bestellte noch zwei.

„Ich befürchte, sie interessiert mich immer weniger. Seit der Schweinerei, die die Liberalen veranstaltet hatten, als sie Bundeskanzler Schmidt wegen der amerikanischen Raketen im Stich ließen, fange ich an, die Nase voll zu haben.“ Reiner beobachtete ihn eine Weile.

„Am 20. Oktober organisieren wir vor dem Regierungsamt in Bonn eine Protestdemonstration gegen die Bewilligung der Stationierung der Pershing II-Raketen“, forschte Reiner bei Thomas nach.

„Kommst du?... Jeder Prominente kann uns sehr helfen. Sogar der Schriftsteller Heinrich Böll versprach zu kommen, einige Rocker auch und viele andere. Es kommen sogar Bundeswehrsoldaten trotz des Teilnahmeverbotes...“

„Ich komme“, antwortete überraschend schnell und entschieden Thomas.

Mehr als tausend Aufrüstungsgegner blockierten Tag und Nacht die Einfahrtstore zum US-Militärdepot in Mutlangen. In mehr als hundert Städten der Bundesrepublik fanden Protestveranstaltungen

gegen den geplanten Beschluss des Bundestages, die Stationierung der Pershing II-Raketen mit atomaren Sprengköpfen zu bewilligen, statt. Studenten, Frauen, Gläubige, Arbeiter – alle protestierten dagegen. Am 22. Oktober 1983 erreichten die Proteste ihren Höhepunkt, als mehr als 200.000 Bundesbürger zwischen Stuttgart und Neu-Ulm eine 108 Kilometer lange Menschenkette bildeten. Weit mehr als eine Million Deutsche gingen in der dritten Oktoberwoche auf die Straße. Vor 300.000 Menschen hatte der Ex-Bundeskanzler, der Friedens-Nobelpreisträger Willy Brandt, einen fantastischen Auftritt. Er forderte die Deutschen auf, von der Bundesregierung eine klare Ablehnung der Cruise Missiles und Pershingraketen zu verlangen. Nach einer Woche kam die Nachricht, dass der Bundestag die Abstimmung über die Aufstellung der amerikanischen Raketen verschoben hatte. Die Demonstranten umarmten sich gegenseitig und gratulierten sich zum Erfolg. Nachdem sich die Lage beruhigt hatte, stimmte der Bundestag der Stationierung der Pershing-Raketen auf dem Gebiet der Bundesrepublik Deutschland zu.
Am 25. November 1983 informierten die deutschen Medien über die Anlieferung der ersten hundert Raketen in Mutlangen.
Am 26. November 1983 setzte sich Thomas nach dem Morgenkaffee an seinen Schreibtisch und schrieb an den Vorsitzenden der SPD im Berliner Senat eine Mitteilung, in der er seinen Austritt aus der Partei erklärte und alle politischen Aktivitäten beendete.

Nach der Beendigung der Demonstrationen in Bonn kam Thomas zu seinen Eltern nach Hause. Er war seit zwei Jahren nicht mehr in Neuwied. Gelegentlich telefonierte er mit seinem Vater. Die Mutter war in einem sehr schlechten gesundheitlichen Zustand. Sie freute sich sehr über sein Kommen, obwohl sie ihre Freude nicht nach außen zeigen konnte. Sie lag in Koblenz im St.-Elisabeth-Krankenhaus auf der Intensivstation. Sie war erst 63 Jahre alt und schwer herzkrank. Nach Meinung der Ärzte ist das Herz durch drei Herzattacken geschwächt worden, von denen die vor einem Monat die schwerwiegendste war.

Sie lag mit einer anderen älteren Frau in einem schönen, lichtdurchfluteten Zimmer nah am Fenster. Der Raum war in der ersten

Etage und durch die Scheiben sah man die mächtigen Baumkronen der Kastanien, in ihren nackten Ästen verfingen sich die ersten vorsichtigen Schneeflocken.

Thomas saß am Bettrand. Die Zimmernachbarin ging mit ihrem Besuch auf den Flur. Aus dem Radio klang leise Mutters geliebte Ouvertüre aus Wagners Tannhäuser. Bei dieser Musik kamen in Thomas immer die Erinnerungen an seine Kindheit in Fürstenwalde hoch. Die Mutter hörte gerne beim Wäschewaschen Konzerte der klassischen Musik, die aus einem alten Telefunken-Radio kamen. Die Sommernachmittage im Hof des Hauses in Luckenwalde blieben ihm aus seiner Kindheit in der Ostzone am meisten in Erinnerung.

Der Monitor des Überwachungsgerätes, an das die Mutter angeschlossen wurde, fing an, starke Blutdruckschwankungen zu signalisieren. Die Mutter wurde sichtlich blass und atmete schwer. Thomas holte den behandelnden Arzt, der ihr sofort eine Spritze gab. Die Mutter beruhigte sich und ihr Blutdruck stabilisierte sich nach einer Weile.

„Ich werde nicht mehr lange da sein..." Sie drückte ganz leicht Thomas` Hand. Nachdem der Arzt weg war, setzte er sich wieder an den Bettrand und schaute die Mutter an, die ihn auch mit geschlossenen Augen vor sich sah.

„Mami, was erzählst du denn da... die Ärzte sind optimistisch", widersprach er wenig überzeugend.

„Wie geht es Angelika?", lenkte die Mutter ab.

„Ganz gut... auf Arbeit ist sie zufrieden." Er war froh, dass die Mutter die Augen geschlossen hatte.

„Enkelkind ist noch nicht geplant?"

„Im Moment noch nicht", antwortete er zögerlich. Die Mutter spürte, dass ihm dieses Thema nicht besonders angenehm ist.

„Gehst du gelegentlich nach Halbe?" Sie öffnete die Augen. Wahrscheinlich wollte sie die Reaktion ihres Sohnes sehen.

„Ja, ja... ab und zu", schwindelte er. Er erwartete, dass die Mutter ihn an seinen Bruder Nicholas erinnern wird.

„Wir bekamen damals 400 Gramm Fett pro Monat, 100 Gramm Fleisch und ein Pfund Brot pro Tag. Da hatten wir und Nicholas noch Glück, dass ich als Trümmerfrau arbeitete. In der Zeitung schrieben sie über uns wie über Hilfsarbeiterinnen im Bauwesen. Der Vater war damals noch in Gefangenschaft und wir wurden in Berlin für Hilfsarbeiten eingesetzt. Wenn ich die Augen schließe... weißt du, was ich sehe?... Ruinen, Ruinen, Ruinen... das Bild geht mir nicht aus dem Kopf... mein ganzes Leben träume ich nur von den Ruinen..."

Thomas drückte der Mutter stärker die Hand und sie erwiderte den Druck. „In Berlin waren wir mehr als 60.000 Witwen oder Frauen, deren Männer in Gefangenschaft waren. Wir reichten den Dreck und den Staub in den Eimern von einer zur anderen... Hunderte, Tausende, Zehntausende Eimer... Manchmal brachte jemand den Knolli-Brandy, den Zuckerrübenschnaps. Zum Glück rauchte ich nicht und ich brauchte daher auch keine Zigaretten. Dein Opa war ein ganz starker Raucher. Er verkaufte unser altes Auto für fünf Kartons amerikanische Camel. Im Sommer ging es noch irgendwie. Wir machten Salat aus Brennnesseln und Löwenzahn. Weißt du, welchen Salat Nicholas am liebsten hatte?... mit Gänseblümchen... stell dir vor, mein Nicholas liebte Gänseblümchen... im Salat..." Aus ihren geschlossenen Augen flossen ganz langsam Tränen.

„Hast du ihn nicht gefunden?", fragte sie.

„Nein, Mami."

„Den Tag vergesse ich nie. Es war am 17. November. Ein gutes halbes Jahr nach der Kapitulation. Nicholas saß bei mir und half mir, die saubergemachten Ziegel in die Eimer zu tun, die von den stärkeren von uns dann auf die andere Straßenseite vor die Wirchow-Kolonie gebracht wurden.

„Wohin?" Thomas wurde aufmerksam. Ihm wurde bewusst, dass er die Geschichte vom Tode Nicholas' schon sehr oft gehört hatte, aber irgendwie interessierte er sich nie richtig dafür, wo es passiert war. Die Mutter hörte seine überraschte Frage nicht und erzählte weiter: „Nicholas zitterte vor Kälte, als er plötzlich unter den Ruinen ein Stück von einem Mantel bemerkte. Es war genau die Stirnmauer des Hauses in der Triftstraße 64. Ein paar Frauen versuchten, die schweren Felsblöcke, unter denen sie nützliche Sachen vermuteten, zu verrücken. Nicholas fing mit seinen klammen Händen an, die Erde wegzukratzen, um den Stein lockern zu können, unter dem er den Mantel herauslugen sah. Und dann ist es geschehen. Unter den Windböen ist plötzlich der ganze Rest der drei Etagen hohen Fassade abgestürzt. Die meisten Frauen sind da geblieben. Nicholas auch. Als wir hinrannten und mit bloßen Händen anfingen, die Ziegel und Steine auszugraben, fiel plötzlich auch die Seitenmauer zusammen und gleich danach der Rest des Hauses. Jeder, der etwas zum Graben hatte, versuchte alles wegzuschieben und wegzuschaufeln, was ihm nur möglich war. Wir schaufelten die ganze Nacht über, wir hatten keine Spitzhacken, nur ein paar Maurerhämmer. In der Nacht waren dann alle gegangen, aber ich grub und grub... Früh am Morgen wurde es schlagartig kälter und es fing an, ganz dicht zu schneien. Die Absturzstelle wurde mit einem Streifen abgeriegelt und niemand wurde hingelassen... Nicholas hatte keine Chance... er würde sowieso nicht lange leben... mit seiner Tuberkulose," fügte die Mutter hinzu, als wäre es eine Entschuldigung für die damalige Entscheidung des Allmächtigen.

Thomas bemerkte, dass zwei junge Ärzte neben dem Bett standen und zuhörten. „Wir wurden nach Steglitz abkommandiert. Nicholas wurde als vermisst erklärt. In einer Woche wäre er sechs geworden... Ich hörte, dass sie alle Vermissten dann in einem Gemeinschaftsgrab in Halbe-Teupitz in der Nähe von Berlin begraben hatten. Du musst hingehen, vielleicht findest du ihn dort. Du musst dahin gehen und suchen... Versprich mir das...!"

„Ja, Mami, ja... ich verspreche es... ich verspreche es." Er streichelte ihre Hand, ihre Haare. Ihm wurde bewusst, dass es wahrscheinlich das erste Mal war, dass er Mutters Hand streichelte. Die Ärzte entfernten sich diskret.

„Als ich versuchte, Nicholas auszugraben, fand ich dort... reiche mir mal meine Handtasche..." Thomas holte die Handtasche aus dem Nachtschränkchen und reichte sie der Mutter. „Mach das Seitenfach auf und ganz unten... ganz unten ist so ein... Stückchen Blech... Hast du's?"

Thomas holte irgendein Medaillon mit einer Kette heraus. „Dort ist irgendetwas geschrieben, ich kann es nicht lesen... j... o... was ist das?", fragte Thomas.

„L'jubow. Liebe auf Russisch. Möglicherweise verlor es dort ein russischer Soldat... Falls du einmal eine russische Frau triffst... gib es ihr... vielleicht gehörte es ihrem Sohn..."
Die Mutter schloss Thomas in ihre Arme. Er spürte, wie ihnen beiden die Tränen die Wangen runterflossen. Ihn hielt der Gedanke fest, dass sein älterer Bruder drei Jahre vor seiner Geburt starb. Und zwar in der Nähe der Stelle, wo er jetzt lebt... in der Triftstraße.

„Und vergiss nicht Halbe-Teupitz... du darfst es nicht vergessen..."

„Nein, Mami, ich vergesse es nicht... ich vergesse es nicht..."

Die Mutter lächelte, sie schloss die Augen. Sie schien eingeschlafen zu sein. Der behandelnde Arzt trat an Thomas heran. „Sie ist müde. Sie braucht den Schlaf. Ihr Organismus ist sehr erschöpft..."

„Herr Doktor, ist es ernst?" Der Arzt schwieg. „Morgen Mittag fahre ich nach Berlin. Die Besuchszeit ist aber erst ab drei. Darf ich am Vormittag noch kommen?", bat Thomas.

„Selbstverständlich."

Es war der letzte Novembertag, 17.00 Uhr. Um 23.00 Uhr starb Frau Ankermann.

Kapitel 17
BRATISLAVA / PRAG 1982

Balazs kamen erst nach Mitternacht in ihr Zuhause, in dem sie zur Untermiete wohnten. Martuschka schlief bei ihrer Oma und der Maiabend war wunderschön. Sie hatten gute Laune, genauso wie die anderen Anhänger vom beliebten Komikerduo Lasica und Satinsky, die die Möglichkeit hatten, an der Eröffnung des neuen Theaters »Studio S« in der ehemaligen Bratislavaer »Tatra Revue« teilzunehmen. In den Zeiten der Normalisierung, während der ein Gefangener mit der Nummer 9658, Vaclav Havel, schon sein drittes Jahr im Gefängnis Plzen-Bory saß, war das Erscheinen dieses populären Duos eine überraschend gute Nachricht. Die regelmäßigen Auftritte der zwei nach Jahren der Verbote und Reglementierungen wirkten auf die Leute, als ob eine frische, klare Luft von irgendwo käme.

Ein paar Tage nach dem wunderschönen Abend im neuen Theater kam der Hausverwalter des Statistischen Amtes Milan zu Balaz und teilte ihm verlegen mit, dass ab Februar die Rekonstruktionsarbeiten im ganzen Gebäude beginnen werden und er seine Möbel aus dem Lager abholen müsse. Jozef kam ins Schwitzen. Aus der verzweifelten Lage rettete ihn der Direktor der Diplomatendienstverwaltung. Er bot ihm schwarz eine Dreizimmerwohnung im Neubau in Lamac an, aber mit dem Nachsatz, dass sie dort nur so lange wohnen dürfen, bis keine plötzliche Wohnungsanforderung kommen würde. Dann...

In der letzten Maiwoche zogen Balazs mit Hilfe der Freunde in die neue Wohnung um. Obwohl sie ihnen nicht gehörte, kam es ihnen wie ein Wunder vor, dass sie duschen konnten, wann sie wollten, dass ihnen die Vermieterin nicht in die Teller schaute, dass sie nicht mehr diesen Gestank von angebranntem Öl riechen mussten, dass Martuschka ihr eigenes Kinderzimmer bekam, in das die Sonne schien. Das war ihr schönster Frühling in Bratislava. Wunderschön, aber kurz. Im Juli teilte ihnen der Direktor schon mit, dass sie leider ausziehen müssen, denn die Wohnung würde einem neuen Mitarbeiter der ausländischen Vertretung zugeteilt. Zum Glück wurde eine kleinere, ältere Wohnung in der Sokolska Straße frei.

Martuschka klebte gerade die Bilder ihrer Lieblingstiere an ein Paneel, das ihr der Vater im Kinderzimmer konstruiert hatte, als er mit seinen Werkzeugen kam und ohne ein Wort anfing, alles zu zerlegen. Er zerlegte den Tisch, das Bett, Schränke und Regale. Sie verstand es nicht und lief zu ihrer Mutter, fragte, warum alles zerlegt werden würde, wenn es noch nicht einmal richtig festgeschraubt wäre. Die Mutter sagte ihr mit Tränen in den Augen, dass sie wieder umziehen müssten. Sicherheitshalber versprach sie ihr kein eigenes Kinderzimmer mehr.

Die Wohnung in der Sokolska Straße hatte nur zwei Zimmer, aber zum Glück passten alle Möbel rein. Sie wurden erst ruhiger, als der Direktor ihnen versprach, dass sie mindestens bis zum Ende des nächsten Jahres in der Wohnung bleiben konnten. Mehr konnte er ihnen nicht garantieren. Sie hatten anderthalb Jahre zum Lösen des Wohnproblems.

Am letzten Freitag im Juni klingelte in seinem Büro das Telefon. Es war spät am Nachmittag und er wollte zu Fuß nach Hause gehen. Der Dienstwagen Schiguli war nicht funktionsfähig und sein Freund, der Automechaniker Gabo, versprach ihm, dass er sich ihn am Montag anschauen würde. Am anderen Ende war die Sekretärin des Außenministers. Sie fragte, ob Genosse Balaz am Telefon sei, und fügte hinzu: „Ich verbinde sie mit dem Genossen Minister.“ Balaz blieb unbewusst stehen.

„Genosse Balaz?“, fragte am anderen Ende Minister Chnoupek.

„Ja... Genosse Minister...“, stotterte er.

„Hallo, bist du noch dran...?“, hob er die Stimme.

„Ja, ja... entschuldigen Sie... ich musste mich erst mal stramm hinstellen... ich habe noch nie mit einem Minister telefoniert...“

„Dann setz dich wieder hin... ich habe eine Bitte an dich... Morgen früh fahre ich zur Jagd nach Zahorie und bräuchte deinen Dienstwagen... hallo, bist du noch dran?“

„Ja, Genosse Minister...“

„Du hast doch dort den Dienst-Schiguli.“

„Ja, habe ich...“, schluckte Balaz.

„Dann stell mir den, bitte, um acht zum Hotel Bôrik hin.“

„Ja, ehm... stelle ich hin...“

„Dann also tschüss.“ Der Minister legte auf. Es war um 14.00 Uhr und am Freitagnachmittag in der sozialistischen Tschechoslowakei eine geöffnete Autowerkstatt zu finden war genauso unmöglich, wie am Montag einen Maurer aufzutreiben. Jozef konnte Gabo nur betteln, dass er den Wagen sich anschaute.

„Wann brauchst du ihn?“

„So schnell wie möglich. Er soll morgen früh in Bôrik bereitstehen.“

„Es ist fast um fünf. Ausgeschlossen. Um sechs beginne ich meine Schicht.“

„Was für eine Schicht?“

„Im Heizungsraum. Ab dem Ersten arbeite ich nicht nur als Automechaniker, sondern auch als Heizer. Ich habe einen Kurs dafür gemacht. Es ist eine tolle Angelegenheit. Ab und zu drehst du einen Hahn um, du kontrollierst den Druck und schläfst eine Runde oder du bumst irgendein Mädel in der Wärme.“

„Entschuldige, das habe ich nicht geahnt. Reicht dir denn die Autowerkstatt nicht mehr?“

„Es ist nicht so schlimm, aber ein Freund versprach mir einen ordentlichen Mercedes. Er ist zwar gebraucht, aber in einem Superzustand. Ich brauche Geld.“

„Hast du nicht jemanden, der sich das Auto anschauen könnte? Ich stecke tief in der Scheiße. Ich bin bereit, dich dafür zu bezahlen...“

„Darum geht's nicht, ich muss aber wirklich auf Arbeit... Auf dem Weg dorthin kann ich aber vorbeischauen... ich sehe mir es an.“

„Super, dann warte ich auf dich.“

Gabo schaute sich das Auto an, stellte fest, dass man einen Elektroniktest machen müsste, denn eine Sicherung fiel ständig aus. Den Test konnte man aber erst am Montag früh in der Werkstatt machen. Er brachte das Auto wenigstens in einen fahrbaren Zustand. Statt einer stärkeren Sicherung benutzte er eine Kronenmünze.

„Man kann damit fahren, aber du musst beten, damit es hält. Am Montag schaue ich mir das genau an.“

„Und wenn es nicht hält?...“

„Keine Angst, es hält. Es muss.“ Er lächelte und düste in seinem fahrtüchtigen Skoda ab. Balaz schaute ihm hinterher und dachte nach, was er tun sollte.

„Genosse Minister, ich muss Ihnen etwas sagen“, begann er vorsichtig, als er ihm die Schlüssel in die Hand drückte. „Das Auto ist hervorragend, aber es hat im Moment ein Problem. Ich wollte mit ihm am Montag in die Werkstatt, aber... Sie haben in der Zwischenzeit angerufen. Einen Automechaniker am Freitagnachmittag zu finden ist schier unmöglich...“, stammelte er.

„Was willst du mir damit sagen?“

„Dass das Auto wirklich sehr gut ist, es ist ja schließlich ein sowjetisches Auto, aber Sie sind doch der Minister und finden bestimmt auch jetzt einen Automechaniker..."

„Das ist jetzt nicht dein Ernst?", schaute ihn ungläubig der Minister an.

„Es ist mir sehr unangenehm, aber ich sage es Ihnen lieber vorher, nicht dass ich ins Gefängnis kommen würde, weil Ihnen etwas passiert wäre..." Chnoupek hatte von Balaz gehört, dass er ein Scherzkeks sei, jetzt hatte er aber das Gefühl, dass der junge Mann übertrieb.

„Das ist bestimmt ein Scherz, was du jetzt sagst?...", sah er ihn an.

„Genosse Minister, der Schiguli ist ein verlässliches Auto, nur ab und zu... wie jedes Auto... Es hat Probleme mit der Elektronik. Statt der Sicherung ist eine Kronenmünze drin", kam es aus Balaz heraus. Der Minister holte Luft. „Ich zeige Ihnen, wo..."

„Wenn mir Kramar von dir nicht nur in Superlativen gesprochen hätte, hätte ich bestimmt das Gefühl, dass er verrückt geworden ist... Ich hoffe, dass in Bôrik auch am Samstagfrüh eine Autowerkstatt offen ist... Hole morgen Abend dein Auto wieder ab. Ich hoffe, dass es mir gelingt, es dir reparieren zu lassen. Wenn ein Referent es nicht schafft, das Auto für den Minister zu reparieren, dann muss der Minister sich um das Auto des Referenten kümmern... Seit elf Jahren bin ich Minister, aber so etwas ist mir noch nie passiert... Das kann nicht wahr sein... warum feuere ich dich nicht gleich...", seufzte er und lachte plötzlich schallend los. „Das wird mir niemand glauben..."

„Genosse Minister, entschuldigen Sie, ich würde Ihnen gerne etwas erklären... ich würde Sie gerne zehn... fünf Minuten sprechen..." Der Minister schaute ihn fragend an.

„Ich habe keine Zeit... ich muss einen Automechaniker finden... Komme morgen um 4.00 Uhr." Er betrat die Eingangshalle. Balaz zuckte mit der Schulter und ging zu Fuß nach Hause.

Am Sonntag kam er um 16.00 Uhr zum Bôrik. Der Schiguli stand am Ende des Parkplatzes und war so verdreckt, dass er ihn kaum wiedererkannte. Der Empfangschef händigte ihm die Schlüssel aus und bat ihn zu warten. Er telefonierte kurz. „Der Genosse Minister kommt gleich herunter."

Bald danach schritt der Minister mit einem geheimnisvollen Ausdruck im Gesicht durch die Eingangshalle. Er reichte Balaz eine leere Flasche Becherovka. „Du hast damit bestechen wollen, ich verstehe nur nicht, warum du davon schon einen Schluck getrunken hast..." Balaz erinnerte sich mit Entsetzen daran, dass er Gabo aus Dankbarkeit dafür, dass er noch am Freitagabend sich das Auto angeschaut hatte, ihm eine Flasche gegeben hat. Gabo kam mit der Straßenbahn, und so trank er einen Schluck davon. Im späteren Chaos haben sie die Flasche dann auf dem Rücksitz liegengelassen.

„Das ist alles so unglaublich, dass ich mich allmählich amüsiere", schüttelte der Minister mit dem Kopf. Balaz entschuldigte sich bei ihm und erklärte, wie es zu der ganzen Situation kam. Chnoupek schaute ihn musternd an. „Ich habe deine Inszenierung gesehen. Über diese Vögel... Sie war nicht schlecht... Nimmst du einen Kaffee?", bot er überraschend Balaz an, der seine Verlegenheit nicht verstecken konnte. Das erste Mal unterhielt er sich auf diese Art und Weise mit einem hohen Funktionär. Er nickte. Der Minister gab dem Kellner Bescheid. Dann sagte er: „Ich habe den Eindruck, dass du etwas auf dem Herzen hast..." Balaz nickte wieder. Er begann langsam und vorsichtig, aber als er sah, dass der Minister wirklich zuhörte, erhöhte er manchmal auch die Stimme. Schließlich warf er ihm fast vor, dass er auf keinen seiner Briefe geantwortet hatte. Er sagte ihm alles. Auch dass er entschlossen ist, vom Ministerium wegzugehen.

„Ich habe keinen Brief von dir bekommen... Wenn du willst, dass mich der Brief von dir mit Sicherheit erreicht, gib ihn Danka Jurikova. Du kennst sie, sie kommt auch aus Bratislava."

„Ja, ich kenne sie, ich dachte nur..."

„Gut. Übereile die Sache nicht. Ich schaue mir den ganzen Fall an. Die Sekretärin ruft dich so bald wie möglich an."

„So bald wie möglich", wiederholte er skeptisch des Ministers Worte.

„Bis Ende nächster Woche." Der Minister stand auf und gab Balaz lächelnd die Hand.

Am Donnerstag benachrichtigte ihn seine Sekretärin und teilte mit, dass der Genosse Minister ihn am Dienstag um 11.00 Uhr in seinem Büro erwartet.

Als Balaz das Büro betrat, wurden ihm die Knie weich. Das Büro war riesig. Der Minister saß am Tisch und las etwas. Balaz begrüßte ihn höflich. Der Minister hob seinen Blick und zeigte zum bequemen Ledersessel an seinem Tisch. Balaz setzte sich.

„Servus. Ich widme mich dir sofort..."

Balaz sah sich in dem herrlichen Raum um und durch den Kopf ging ihm ein Buch über Jan Masaryk, das er zu Hause in seiner Bibliothek hatte. Also hier hatte er regiert, und nach ihm auch Clementis... Beide Leben endeten tragisch. Der Minister unterbrach seine Gedanken.

„Was hast du getan?" hob er wiederholt seinen Blick von den Unterlagen. „Hier steht geschrieben »Untauglich für das nichtsozialistische Ausland«, zeigte er ihm die per Hand geschriebene Bemerkung in seiner Personalakte. „Das hat jemand vom Zentralkomitee geschrieben."

„Nichts. Ich weiß es nicht... wirklich nicht", zuckte Balaz mit der Schulter.

„Na gut... ich habe keine Zeit für Nachforschungen, ich habe aber auch keine Lust, mich wegen dir mit den Leuten von Bilak auseinanderzusetzen", sagte er schockierend offen. Balaz hatte sogar das Gefühl, dass er diese Information über die Spannung in der Beziehung zwischen ihm und dem Sekretär des Zentralkomitees der Kommunistischen Partei der Tschechoslowakei absichtlich erwähnt hat. „Es tut mir leid, aber wenn die Genossen im Zentralkomitee die Meinung vertreten, dass du für den Westen ungeeignet bist... dann... Ich habe in Erfahrung bringen können, wo man dich im Rahmen der sozialistischen Länder am besten unterbringen könnte. Dein Deutsch ist auf dem höchsten Niveau. In der DDR wird die Stelle des Presseattachés frei... Hast du Interesse?" Der Minister schaute ihn an.

„Ja... also... um ehrlich zu sein, das habe ich nicht erwartet... sicherlich ja, Genosse Minister."

„Also schreibe ich hin – vorbereiten zur Ausreise in die DDR für die Funktion des Presseattachés... Wenn sie mich bis dahin nicht abberufen, fährst du dorthin.“ Der Minister unterschrieb und sah ihn an. „Wann erwartet ihr das zweite Kind?“

„Sie wissen davon?... Im Oktober.“

Der Minister schaute ihn lange an, als ob er überlegen würde, wie er das sagen sollte. „Das wird vielleicht schon in die neue Wohnung kommen...“ Balaz fielen die Augen fast heraus. „Melde dich in der Internationalen Abteilung des Regierungsamtes in Bratislava. Sie sagen dir einiges dazu. Also, servus... und Kopf hoch.“ Balaz stand lange da, unfähig ein Wort herauszubringen. „Entschuldige, aber der nächste Besuch wartet...“

Er ging aus dem Büro und erinnerte sich nicht, ob er sich bei dem Minister überhaupt bedankt hatte.

Ein paar Monate später fuhr er seine Frau mit der Tochter Anicka aus der Klinik nach Hause. Seine Frau legte die Kleine in ein Bettchen in der nagelneuen Dreizimmerwohnung in der Siedlung Ostredky. Die ältere Tochter Martuschka rannte, so schnell wie sie nur konnte, aus der Schule nach Hause, sogar der Vater konnte kaum mit ihr Schritt halten. Sie war total überwältigt von dem winzigen Bündel mit Ärmchen und Beinchen, das etwas Unverständliches vor sich hin murmelte, lächelte und alle Fingerchen in den Mund stopfte. Sie schaute sich das Schwesterchen lange an. Die Eltern sahen zu den beiden Kindern und spürten, dass sich das Leben langsam zum Besseren wendete. Die Stille, während der alle das kleine Bündelchen anhimmelten, unterbrach Martuschka mit den Worten: „Und jetzt sind wir komplett.“

Kapitel 18
MOSKAU 1982 - 1987

Der Hubschrauber Mi8 mit Michail Obicki an Bord war einer der ersten sowjetischen Hubschrauber, der mit einer der fünfhundert Stinger-Raketen abgeschossen wurde. Bis zum Ende der sowjetischen Invasion waren es noch 332 Hubschrauber.

Zwei Tage nach der Beerdigung von Breschnew übernahm Andropow die höchste Funktion im Staat. Er hatte fünfzehn Regierungsmonate vor sich, von denen er sieben Monate im Krankenbett des Staatskrankenhauses in Kuntsewo verbrachte und von dort das größte Land der Welt regierte. Die Sowjetunion geriet in eine gefährliche und komplexe Krise. Nach langen Jahren des relativen Wohlstands wurden Lebensmittel wieder knapp. In Moskau verschwand aus den Regalen der Geschäfte Öl, Käse, Butter und Fleisch. Die Korruption erreichte einen Höhepunkt und die Gesetzesbrüche gehörten zur Normalität des Lebens. Diebstahl, Betrug, Trunkenheit, Anschwärzen: alles war ein Teil des Lebensstils des sowjetischen Bürgers. Die verzweifelten Menschen liefen von einem Geschäft zum anderen in der Hoffnung, etwas Brauchbares zum Essen oder zum Tauschen zu ergattern. In den Geschäften, Frisörsalons und Kneipen wurden Spitzel eingesetzt, die der Staatssicherheit jede kritische Stimme und die dazugehörige Person meldeten.

Während die Bürger Probleme mit dem täglichen Überleben hatten, flossen in die Schweizer Banken Milliarden Dollar aus den schwarzen Quellen der Wirtschaft. Es entstanden Mafiabanden, die eng mit den Mitgliedern der höchsten Staats- und Parteinomenklatur zusammenarbeiteten. Die Geheimpolizei machte im Staat praktisch das, was sie wollte. Deren ehemaliger Chef versuchte anfangs, das öffentliche Leben von Dieben und Banditen zu säubern, aber ihm reichten dazu die Kräfte nicht aus. Er starb am 9. Februar 1984 und am nächsten Tag wurde für den höchsten Posten des Landes der 72-jährige Tschernenko gewählt. In der Sowjetunion herrschte noch größere Apathie und Ratlosigkeit. Die Wahl des nächsten »Opas« verstanden die Bürger als ein Signal zum Verhalten nach dem Motto: »Hilf dir, wie du kannst!«. Von den dreizehn Regierungsmonaten verbrachte er, ähnlich wie sein Vorgänger, sechs im Krankenhaus.

Die Einwohner von Alma-Ata, Tiflis, Baku, Vilnius und anderen Städten gingen auf die Straßen. Sowjetische Medien informierten über Aktionen gegen die Sowjetunion seitens feindlich gesinnter Staaten. Die Sowjetunion fiel in eine Agonie, die Produktion in der Wirtschaft und Landwirtschaft sank, der militärisch-industrielle-Komplex fraß ein Drittel aller Mittel. Während der Zarenherrschaft belieferte Russland halb Europa mit Getreide, während des Kommunismus musste Getreide ins Land importiert werden. Im Jahre 1985 fuhr man eine Rekordmenge von 55 Millionen Tonnen ein. Die Bemühungen von Reagan, die Sowjetunion mit der Aufrüstung zur Strecke zu bringen, fiel auf einen nahrhaften Boden. Die Sowjetunion stürzte in die Tiefe.

Michail Obicki wurde nach seinem letzten Willen auf dem Friedhof in der Karpato-Ukraine in Irsawa beerdigt. Irsawa ist nur durch den Berg von Kolodne getrennt, also kamen auch von Saschas Seite viele Freunde und Bekannte. Sie lehnte die Militärbeerdigung ab, genauso wie auch den klassischen Grabstein mit der Standardaufschrift »Er verlor sein Leben bei der Erfüllung der internationalen Pflichten«, die alle »Afghanistankämpfer« bekamen. Sie bestand darauf, dass er kirchlich beerdigt wurde und sie lehnte die Teilnahme der Militärbürokraten aus Uzgorod ab, die zu Hause ihre Hintern im Trockenen hielten, währenddessen Michail sein Leben in einem Land verlor, von dem die meisten Russen und Ukrainer nicht einmal etwas wussten. Nach Absprache mit Michails Eltern wurde ein wunderschöner Grabstein aus Marmor mit einem großen Zivilfoto von ihm, dem Geburtsdatum, Todesdatum und einem großen orthodoxen Doppelkreuz in Auftrag gegeben. Unter das Foto ließ Sascha eingravieren: »Er starb in Afghanistan«. Die Aufschrift wirkte wie eine Anklage, eine Warnung für jeden, der am Grab innehält. Von den Militäroffizieren nahm nur General Sergei Gusew teil. Es war der Offizier, der damals bei Saschas Vernehmung dafür gesorgt hatte, dass wegen unbegründeten Verdachtes die Verhöre eingestellt worden waren. Erst beim Leichenschmaus verriet er Sascha, dass er ein Kommilitone von Michail an der Militärmittelschule in Mukatschewo gewesen war.

Gusew ging Anfang der Achtziger vom KGB-Dienst zum Militärspähtrupp GRU. Der Chef der GRU (ehemals sowjetischer und aktueller russischer Militär-Nachrichtendienst) der Sowjetunion Generalleutnant Piotr Iwanowitsch Iwasutin erinnerte sich an seinen Kiewer Mitarbeiter Major Gusew, der durch seine überragende Intelligenz, Zuverlässigkeit, sein eigenständiges Denken und vor allem seine riesige Energie herausragte. Obwohl er ein alter Junggeselle war, engagierte sich Gusew auch gesellschaftlich sehr. Er kannte einflussreiche Leute aus den Studienzeiten oder vom Sport. Wegen seiner progressiven und kritischen Äußerungen zu der Situation in der Armee war er seinen Vorgesetzten ein Dorn im Auge. Obwohl er selbst schon fast fünfzig war, vertrat er seine Ansichten offen und ohne Angst. Im Nachrichtendienst wussten sie, dass er kein Anhänger der Invasion in Afghanistan war. Für ihn war es eine Genugtuung, als im Jahre 1984 die Sowjets diskret versucht hatten, mit den Amerikanern über die Beendigung der Invasion zu verhandeln. Die Amerikaner ließen aber den Russen ausrichten, dass sie dort mindestens so lange bleiben sollen wie sie selbst in Vietnam. Minister Ustinow und die anderen »Greise« in der höchsten Führung tobten.

Schon die Tatsache, dass Moskau versuchte, sich aus der Afghanistangeschichte hinauszumanövrieren, stärkte inoffiziell die Position von Gusew. Der junge Generalmajor kritisierte überflüssige Mengen an gepanzerter Technik, er verglich die bewaffneten Kräfte der Sowjetunion mit der Armee der USA. Die Sowjetunion besaß zum Beispiel acht Typen von Jagdflugzeugen, die USA nur drei, zwölf Typen von Antiluftraketen, die USA nur vier, acht Klassen von Angriffs-U-Booten, die USA nur eines. Gusew ging so weit, dass er einen Brief an den neuen Verteidigungsminister Sergei Sokolow schrieb, in dem er ihn darauf aufmerksam machte, dass die Sowjetunion zwar vier riesige, aber heruntergekommene Marine-Flotten besaß. Er wies darauf hin, statt die größte Armee der Welt (4,5 Millionen Mann) zu haben, sei es notwendig, die Streitkräfte professioneller zu gestalten und mit neuesten Technologien auszurüsten. Niemand widmete ihm aber Aufmerksamkeit. Allmählich verbitterte er, aber er resignierte nicht. Da er keine Familie hatte, kümmerte er sich um sich selbst. Er studierte, trieb Sport und seit Obickis Tod traf er sich gelegentlich mit Sascha. Sie hatten beide die gleiche Meinung zur Situation in der Sowjetunion. Eine grundsätzliche Wende war erforderlich, sonst würde das Land in die Katastrophe abstürzen.

Sascha saß im Zimmer mit ihrem Ohr am Radio. Obwohl der Sender »Stimme Amerikas« gestört wurde und das Signal immer mal verschwand, konnte man doch noch etwas verstehen.

Es klingelte an der Tür. Schnell stellte sie den Sender »Radio Moskau« ein. Hinter der Tür stand Nina. Nach Breschnews Tod kamen sich beide Frauen wieder näher. Voller Nostalgie erinnerten sie sich an die guten alten Zeiten, als in den Geschäften noch Butter, Brot und Wodka zu kaufen war. Nina kam, um sich ein Ei auszuleihen. Sascha schaute in den Kühlschrank. Es war noch ein Ei da. Bitter lächelte sie, Nina entschuldigte sich und wollte gehen.

„Wofür brauchst du das Ei, Nina?“

„Ich wollte mir etwas Kleines zum Essen machen.“

„Hör zu, Ninotschka, ich habe solche Lust, uns etwas Gutes zu machen... legen wir unsere Reserven zusammen und wir denken etwas aus.“

„Gut, aber zuerst...“ Nina rannte hinaus, um mit einer Flasche »Stolitschnaya Wodka« zurückzukommen. „Ich habe noch Reserven aus alten Breschnew-Zeiten.“ Beide Frauen lachten und schenkten sich ein. Um nicht auf einem Bein stehen zu müssen, schenkten sie sich nochmals ein und begannen mit der Essensvorbereitung. „Um 18.00 Uhr kommt Osja vom Training, ich wollte sowieso etwas für ihn vorbereiten“, holte Sascha Käse, Brot, Gurken, gesalzenen Fisch, Sprottenkonserve, Knoblauch, Zwiebeln und andere Leckereien aus dem Kühlschrank. Nina brachte geräucherten Speck und eingelegten Paprika mit. Schließlich stand auf dem Tisch ein ganz passables Abendessen. Sascha deckte den Tisch für drei. Kaum legte sie das Besteck hin, kam freudestrahlend Osja herein. Er lief ins Zimmer, warf seinen Sportsack auf das Sofa, breitete die Hände aus und meldete feierlich:

„Bürgerinnen, erlaubt mir, dass ich euch gratuliere!!“ Die Frauen schauten ihn an und verstanden nichts. Osja kam zuerst zur Mutter und umarmte sie, dann küsste er Nina.

„Osja, was ist? Was ist passiert?“

„Ihr werdet lachen, aber die Sowjetunion ist wieder von einer Trauernachricht betroffen. Juhuuu!!“ Als er sah, dass sie ihn verständnislos anschauen, nahm er die Flasche, füllte die Gläser und zur Überraschung der Frauen goss er sich auch ein. Dann hob er sein Glas und sagte: „Tschernenko ist gestorben“ und trank sein Glas in einem Zug aus. Es war das erste Glas, dass Josif in seinem Leben auf einmal austrank. Er trat an den Plattenspieler, ließ volle Pulle den neuesten Hit von Alla Pugatschewa »Eine Million roter Rosen« laufen und bat beide Frauen zum Tanz.

„Warte, warte“, hielt die Mutter die Platte an. „Ist das wahr?“ Sie stürzte zum Radio. Radio Moskau brachte die Sendung »Aus dem Leben der Kolchosmitglieder«. Sie suchte »Die Stimme Amerikas«. „Nach langer Krankheit starb in Moskau am 10. März 1985 im Alter von 74 Jahren der Generalsekretär des Zentralkomitees der Kommunistischen Partei der Sowjetunion Konstantin Ustinowitsch Tschernenko.“ Sascha goss ohne Worte noch einmal drei Gläser voll, schaltete den Plattenspieler wieder ein und sie tanzten weiter. „Millionen, Millionen roter Rosen siehst du aus dem Fenster, wer verliebt ist, dessen Leben verwandelt sich in Blumen...“, sangen sie mit Alla Pugatschewa mit. Sie tanzten, tranken und lachten. Es war ihnen egal, ob sie jemand hörte oder nicht. Der Tod des dritten Greises an der Spitze des Staates im Verlauf von drei Jahren weckte berechtigte Hoffnungen, dass endlich ein jüngerer und dynamischer Kandidat die höchste Position in der Partei und im Staat bekleiden würde.

Knapp zwei Stunden nach Tschernenkos Tod kamen die Mitglieder des Politbüros zusammen. Obwohl während Tschernenkos Krankheit das Politbüro von Gorbatschow geleitet wurde, war seine Ernennung zum Nachfolger Tschernenkos keineswegs sicher. Der orthodoxe Stalinist Kunajew aus Kasachstan schaffte es nicht anzureisen, genauso wie der noch orthodoxere Szerbitski aus Kiew, der in den USA zu Besuch war. Seine Rückreise nach Hause wurde absichtlich verzögert. Den Mut fand schließlich das älteste Mitglied des Politbüros Gromyko, der Gorbatschow für den Posten vorschlug. Er gab den Anwesenden zu verstehen, dass Militär und Geheimdienste hinter Gorbatschow stehen. Und trotzdem war die Abstimmung knapp. Einer enthielt sich, vier waren dafür, vier dagegen. Also entschied die Stimme des Vorsitzenden, es war Gromykos Stimme. Im Plenum des ZK der KPdSU am folgenden Tag war der Vorschlag des Politbüros unantastbar. Am 11. März 1985 wurde Gorbatschow zum Ersten Mann der Sowjetunion gewählt. Gleich nach Tschernenkos Beerdigung hielt Gorbatschow seine Ansprache.

Einer seiner ersten Sätze war: „Unsere Raketen können zum Mond fliegen, aber unsere Kühlschränke funktionieren nicht."

In der Sowjetunion begann die Perestroika. Gorbatschow ahnte nicht, wie die wirkliche Dimension der Probleme war, die sein Land hatte. Während Lenin seinerzeit den Rat der Volkskommissare (die Regierung) mit dreizehn Mitgliedern leitete, hatte die jetzige Regierung 115 Mitglieder, davon waren fünfzehn Vizepremiers, dreiundsechzig Minister, dreiundzwanzig Direktoren verschiedener Regierungsausschüsse und so weiter. Der Amtsantritt von Gorbatschow war phänomenal. Der joviale, lächelnde Typ, der von seiner sympathischen Frau Raisa ständig begleitet wurde, stellte einen Führer dar, den die Bürger der Sowjetunion so noch nicht erlebt hatten. Die Zensur wurde beendet, es begann sich die öffentliche Bewegung »Glasnost« zu bilden, es kam zur totalen Aufhebung der alten Strukturen. Während der Chruschtschow-Zeit vor dreißig Jahren war das Durchschnittsalter der Sowjetbürger 67 Jahre und jetzt nur noch 62 Jahre. Die Ursache dafür war der übermäßige Alkoholkonsum. Gorbatschow begann einen kompromisslosen Kampf, um diesem Alkoholmissbrauch ein Ende zu setzen. Es war eine an Selbstvernichtung grenzende Aufgabe. Aufgrund des Vorschlags von Gorbatschow wurde der Alkoholkonsum durch Jugendliche unter 21 Jahren verboten, ebenso bei Empfängen oder Parteisitzungen. In Filmen, Theaterstücken, Büchern war das Thema »Alkohol« untersagt. Im Land wurden 300.000 Hektar Weinberge zerstört. Das Ergebnis davon war, dass der offizielle Alkoholkonsum sank, aber aus den Geschäften der Zucker verschwand, denn alle brannten Alkohol zu Hause. Die Menschen tranken Alkoholersatz, Kölnischwasser, Reinigungsmittel und wenn nicht einmal das ging, atmeten sie die Autoabgase ein, denn die enthielten Alkohol. Es kamen Tausende Opfer mit Alkoholvergiftung hinzu, die der minderwertige Fusel mit sich brachte. Der Hass der Nation auf den neuen Führer begann schneller, als er mit der Sympathiegewinnung anfangen konnte. Der Generalsekretär verwandelte sich in einen Mineralsekretär. Die Erfolge, die er auf dem internationalen Parkett erreichte, waren zu Hause immer uninteressanter. Doch die größte Katastrophe für Gorbatschow ließ noch auf sich warten.

Am 26. April 1986 um 1.30 Uhr ereignete sich die größte atomare Katastrophe in der Geschichte der Menschheit. Der vierte Block des Atomkraftwerkes Tschernobyl explodierte.

Die Energiegewinnung im vierten Block begann überraschenderweise bereits am ersten Tag der Fertigstellung des Blocks, dem 20. Dezember 1983. Gewöhnlich wurden noch ein paar Monate nach Baubeendigung Tests der einzelnen Teile durchgeführt, erst dann wurde die volle Leistung hochgefahren. Die leitenden Funktionäre wollten aber nicht warten. Nach Plan sollte der Reaktor bis zum Ende des Jahres voll eingesetzt werden. Und so wurde der Direktor Brjuchanow am 31. Dezember 1983 gezwungen, das Dokument vom erfolgreichen Durchführen aller Tests zu unterschreiben, obwohl dies nicht der Wahrheit entsprach.

Während der Explosion entwich aus dem Reaktor 50-mal mehr Strahlung als bei den Explosionen der Atombomben in Hiroshima und Nagasaki zusammen. Als direkte Folge der Explosion starben dreißig- bis sechzigtausend Menschen. Die Folgen des Unfalls wurden von sechshundert- bis achthunderttausend Menschen beseitigt, meistens waren es junge Soldaten. Von ihnen starben fünfundzwanzigtausend bis zum Sommer 1987.

Kapitel 19

BERLIN (Ost) 1983 - 1986

Das neue sechsstöckige Gebäude der Botschaft der Tschechoslowakischen Sozialistischen Republik an der Ecke der Leipziger und Otto-Grotewohl-Straße betrat Balaz das erste Mal am 1. Oktober 1983. Die Fenster aus dunklem Glas, das gerade Dach und der viereckige Grundriss des Gebäudes erinnerten ihn ein wenig an ein Mausoleum. Von hinten begrenzten die Mauerstraße und die Mohrenstraße die Botschaft. An der Ecke dieser Straßen, direkt vor dem Hintereingang der Botschaft, war die Endstation der U-Bahn Otto-

Grotewohl-Straße. Weiter fuhr die U-Bahn nicht. Die Strecke ging zwar auch weiter, aber der Tunnel wurde im Jahre 1961 zubetoniert. Dorthin durfte man nicht. Es war zwar auch noch Berlin, aber Westberlin. Zwischen zwei Teilen der gleichen Stadt stand eine 165 km lange Mauer. Der grauenvollste Bau auf der Welt in einem Land, in dem Balaz als Diplomat zu arbeiten begann, wurde offiziell als »antifaschistischer Schutzwall« bezeichnet. Aus seinem Büro in der ersten Etage der Botschaft würde er jetzt fast sechs Jahre tagtäglich als Presseattaché der Botschaft diese Mauer anschauen.

Balazs bekamen eine Dreizimmerwohnung am Leninplatz in der Nähe des Volksparks Friedrichshain. Der Blick aus dem Fenster fiel auf eine riesige Statue von Lenin, die sich auf einem Marmorsockel mit den Maßen zwanzig mal zwanzig Meter erhob. Der Sockel war für Martuschka eine ideale Piste um Fahrradfahren zu lernen unter der Aufsicht des Führers des Proletariats. Hinter der Statue erstreckte sich ein kleiner Wald auf größeren und kleineren Hügeln, die aus dem Schutt der zerbombten Stadt nach dem Krieg künstlich angelegt wurden. Der Park war weiträumig mit vielen Verzweigungen und Kieselsteinwegen, auf denen die Berliner gerne joggten.

Einer der stärksten Eindrücke aus der Hauptstadt der Deutschen Demokratischen Republik war für die Familie Balaz der Geruch eines Gemisches von Abgasen aus den Zweitaktmotoren der Trabants und Wartburgs. Andere PKW fuhren kaum durch Berlin. Nur sporadisch erschien ein Lada oder Skoda. Wenn in der Stadt eine Westmarke auftauchte, war das bestimmt der Wagen einer diplomatischen Vertretung. Tschechoslowakische Diplomaten fuhren ausschließlich Skodas, schwarze Citroens gehörten den Mitgliedern des Politbüros des ZK der SED, die die Berliner mit neidischen Blicken beobachteten. Balaz fiel mit seinem Wagen dagegen nicht auf, denn er fuhr einen Trabant 601 Universal. Balazs kauften ihn auf Hypothek vor der Abreise in die DDR für 42.000 Kronen. Der kristallblaue Trabant mit dem Kennzeichen CD 02-32 war in der DDR der einzige Trabant mit einem Diplomatenkennzeichen. Gestank machte er aber genauso wie alle anderen Trabis.

Immer wenn ihn die Diplomaten aus den kapitalistischen Ländern danach fragten, warum er einen Trabant fahre, antwortete er mit ernstem Gesicht, dass er den proletarischen Internationalismus in der Praxis ausübe und mit einem solchen Auto unterwegs ist, das auch die Bürger des Gastlandes fahren. Mit diesen Aussagen verdiente er sich das sarkastische Lächeln der Mitarbeiter der Presseabteilung des Außenministeriums der DDR. Sie hatten stark angenommen, dass er das nur aus Spaß erzähle, aber aus ideologischer Sicht konnten sie nichts dagegen einwenden.

Balaz wurde in den Ostberliner Betrieben geliebt, denn sie hielten ihn für ihresgleichen. Sie liebten ihn vor allem dafür, weil er Zugang zur »Versina« hatte, zum Spezialgeschäft für die Diplomaten, in dem man alle Waren kaufen konnte, die die DDR-Bürger nur von den Westprogrammen kannten. Cognac, Whisky, kosmetische Artikel, West-Zigaretten, eben alle Waren, die aus dem »Westen« kamen, wurden zum Hauptargument, mit dem er jeden Mechaniker überzeugte, in seinem hoffnungslos überfüllten Terminkalender einen Extratermin für den tschechoslowakischen Diplomaten zu finden. Es war für die anderen Bürger durchaus nicht unüblich, dass sie sich Monate im Voraus einen Reparaturtermin holten. Viele meldeten sich in der Werkstatt an, obwohl sie keine Panne hatten. Wenn bis zum Termin nichts mit dem Auto passierte, wurde der Termin abgesagt oder jemandem überlassen, der ihn dringend brauchte. Für die Jahresdurchsicht vergab man Termine einmal im Jahr – jeweils am Montag. Am besten war es, sich am Sonntagabend vor der Werkstatt in den Schlafsack zu legen, damit man die Sicherheit hatte, einen Termin zu bekommen. Diese Methode wurde von denen genutzt, die nicht bereit waren, in der Werkstatt Schmiergelder zu zahlen.

Das Beschaffen von Ersatzteilen für die Autos oder andere Geräte gehörte nicht nur in der DDR, sondern in allen sozialistischen Ländern zum Volkssport. Das Suchen der Ersatzteile war so eine Art sozialistisches Golfspielen. Es war aber deutlich effektiver als unfruchtbares kapitalistisches Gehen hinter den Bällen, die eingelocht werden sollten. Der Bürger des realen Sozialismus ging während seines täglichen Golfspielens wesentlich mehr Kilometer als die westlichen Golfspieler. Wenn er dann so weite Strecken hinter sich hatte, kaufte er sogar Ersatzteile auf Verdacht, auch wenn er sie gerade nicht brauchte, aber es konnte ja passieren, dass man sie brauchte. Die Freude, wenn ein Slowake, Tscheche, Bulgare, Russe oder DDR-Bürger dann also den ersehnten Dichtungsring eroberte, ist mit dem Jubel des Golfspielers nach dem Einlochen des Balls nicht vergleichbar. Kein verwöhnter Westdeutscher konnte das Gefühl der Freude nachempfinden, das ein Bürger aus dem sozialistischen Lager empfand, wenn er Scheibenwischer oder auch normale Stöpsel für die Wanne besorgen konnte.

Balaz brachte mit seinem Trabi die Angehörigen der Volkspolizei permanent in Verlegenheit, die ihn wegen Verstößen gegen die Geschwindigkeitsregeln, Fahren bei Gelb oder Fahren ohne Licht anhielten. Die Situationen, wenn er angehalten wurde, kostete Balaz richtig aus. Die Volkspolizisten benahmen sich gegenüber den Menschen oft außerordentlich arrogant und machtbesessen. Wenn ein Volkspolizist ein Auto anhielt, kam es manchmal vor, dass der Fahrer aussteigen und vor dem Volkspolizisten strammstehen musste. Schon allein, wenn er nicht ausstieg, riskierte er heftige Strafen. Balaz stieg grundsätzlich nicht aus und die Volkspolizisten entschuldigten sich immer im Nachhinein bei ihm. Beim Anhalten bemerkte nämlich kaum jemand das Diplomatenkennzeichen. Es käme niemandem in den Sinn, dass irgendein Ausländer und überhaupt ein Diplomat einen Trabant führe. Wenn sie ihn anhand seiner »normalen« Ausweispapiere manchmal anbrüllten, antwortete er immer lächelnd: „Warum schreien Sie mich an?“ Die Volkspolizisten waren offensichtlich solche Gegenfragen nicht gewöhnt, denn sie brüllten Balaz dann noch lauter an. Wenn er ihnen dann den Diplomatenpass in die Hände gab, wiederholte sich immer das gleiche Ritual. Der Volkspolizist schaute ungläubig das Kennzeichen an, gab die Papiere zurück und entschuldigte sich.

Ja, der Trabant, ein gerade noch realer Traum eines Ossis. Selbstverständlich träumten alle vom Volkswagen, Nissan oder Ford, aber diese Träume waren irreal. Realistisch war der Traum vom Wartburg und Trabant. Diesen Traum unterstützte auch das DDR-Fernsehen mit seinen Werbespots für »robuste« Trabant-Fahrzeuge. Es war wohl die einzige Werbung auf der Welt für ein Produkt, das man nicht so einfach kaufen konnte. Auf einen Trabant warteten die DDR-Bürger in dem besseren Fall zwölf Jahre, im schlechteren auch das ganze Leben.

Je mehr er den preußischen Charakter der Ostberliner kennenlernte, desto überzeugter war er, wenn es jemandem gelingen würde, den Sozialismus aufzubauen, dann den Ostdeutschen. In den Zeiten, als Lenin behauptete, dass der Sozialismus Ordnung und Elektrifizierung bedeute, ahnte er nicht, wie er mit dem Wort »Ordnung« den Ostdeutschen etwas Gutes getan hatte. Höchstwahrscheinlich auch dem DDR-Bürger, der an dem Fußgängerüberweg in der Nähe der Frankfurter Allee bei minus fünf Grad an der roten Ampel stand. Balaz näherte sich dem Übergang auf einer maximal vier Meter breiten Straße und ging ruhig an dem wartenden Bürger vorbei. Es war 2.30 Uhr am Morgen und weit und breit war kein Auto in Sicht. Der Bürger rief ihm etwas zu, aber er wartete geduldig, bis es Grün wurde. Dann holte er Balaz ein, lief neben ihm und machte ihm laut Vorwürfe, dass er gegen die Straßenverkehrsvorschriften verstoße, bis zu dem Moment, als sie die nächste Ampelkreuzung erreichten. Gerade wurde die Ampel rot und der schimpfende Mann ging in der Aufregung zusammen mit Balaz bei Rot über die Straße.

„Wenn Sie nicht aufhören, rufe ich die Polizei. Sie haben gerade die Vorschriften missachtet und sind bei Rot über die Straße gegangen!“ Der Mann bekam kalte Füße und lief erschrocken davon. In diesem Moment wurde das Vertrauen in den Mut der »Sozialismus-Aufbauer« leicht gemindert.

Im Tagesblatt des Zentralkomitees der Sozialistischen Einheitspartei Deutschlands »Neues Deutschland« las er, dass das Gesundheitsministerium eine Kampagne für einen gesunden Lebensstil startete. Die DDR-Medien brachten regelmäßig Informationen über Sportmöglichkeiten, gesunde Ernährung oder Erholungsmöglichkeiten. Das »Neue Deutschland« druckte Rezepte für Obst- und Gemüsesalate und Informationen über den Vitamingehalt in den einzelnen Gemüsesorten. Alles war hervorragend, bis auf die Tatsache, dass man im Gemüseladen alles bekommen konnte, von den Schleifen für die Gemüsekörbe über die Körbe selbst, Gartengeräte und viele andere nützliche Sachen. Das Einzige, was man nicht ausreichend sah, waren Obst und Gemüse. Es kam vor, dass es vom frischen Zwiebelgemüse nur das Zwiebellauch gab. Die Leute kauften es dennoch. Als Balaz den Verkäufer fragte, wo denn die Zwiebeln seien, schaute er ihn an, als wäre er vom Mond gefallen und fragte: „Bist du neu hier?..." Balaz nickte. „Drüben... auf der anderen Seite." Das bedeutete in Westberlin.

Anfang Mai 1986 kam ein bekannter Kommentator von der Parteizeitung »Rude Pravo« zum Erfahrungsaustausch in die DDR. Im Rahmen seines Programms hatte er auch eine Besprechung mit dem fünfundsiebzigjährigen Mitglied des Politbüros für Kultur, Sport und Bildung, Kurt Hager. Der schon auf den ersten Blick nicht besonders gesund wirkende Politiker nutzte die gerade laufende Kampagne der ostdeutschen Medien und zeigte stolz dem Journalisten die Artikel über die gesunde Ernährung.

„Unsere Bürger haben pro Kopf so viel Kilogramm Obst und so viel Kilogramm Gemüse." Hager las die statistischen Angaben aus den vorbereiteten Unterlagen. Plötzlich drehte er sich zu Balaz um und Einverständnis erwartend sagte er: „Sie leben ja hier, Genosse Attaché, Sie geben mir sicher Recht." Balaz schwieg überrascht und schaute vor sich hin. „Habe ich etwas ungenau gesagt?", lachte Hager.

„Im Prinzip stimmt das, was Sie gesagt haben, Genosse Sekretär, bis auf die Tatsache, dass ich jeden Tag in die Markthalle am Leninplatz gehe und Obst und Gemüse nur selten dort sehe. Was sie aber immer haben, ist Zwiebellauch..." Hager schaute Balaz verlegen an, auch die Dolmetscherin war peinlich berührt.

„Es kann passieren, dass sie Lieferprobleme haben, aber im Prinzip sind die Lieferungen flüssig", widersprach Hager.

„Letztens erzählten Sie mir, dass Sie die Zwiebeln in den Westen exportieren."

„Wahrscheinlich hast du schlechte Informationen, Genosse Attaché", erhob Hager seine Stimme, „ich gehe auch in die Geschäfte und habe die Erfahrung gemacht, dass man alles kaufen kann." Dann drehte er sich zum Journalisten und bis zum Ende des Gesprächs wurde Balaz ignoriert.

Das Greenhorn Balaz wusste nicht, dass Hager zwar in die Geschäfte geht, aber in der Siedlung Wandlitz. Er wusste nicht, dass

Politbüro- und Regierungsmitglieder der DDR nicht mit den einfachen Menschen, die den Sozialismus aufbauen, zusammenleben, sondern schon im realen Sozialismus in einer Waldsiedlung nördlich von Berlin wohnen, die durch eine hohe Mauer, Stacheldraht und ein elektronisches Alarmsystem geschützt wurde. Dort standen viele Familienhäuser mit einer Wohnfläche von zweihundert Quadratmetern. Die Durchschnittsgröße einer Dreizimmerwohnung in einer Plattenbausiedlung waren sechzig Quadratmeter, natürlich unter der Voraussetzung, dass man sie bekam. Die Einwohner dieser Siedlung waren mit allem versorgt, nur die anderen neunundneunzig Prozent des Volkes mussten sich durch den Alltag kämpfen. Die, die hier wohnten, hatten Spezialschulen, Kindergärten, ein Krankenhaus, Schwimmhallen, Sportplätze und vor allem die mit den besten Waren aus der ganzen DDR gut belieferten Geschäfte. Das Beste in der sozialistischen DDR kam aus der kapitalistischen BRD. Täglich wurden in den Geschäften in Wandlitz frische Waren aus dem benachbarten Westberlin angeliefert. Zu jedem Haushalt gehörten zwei Diener, die Ehefrauen der Parteibonzen gingen mit Freude in die Geschäfte, weil ihnen die kostbaren Einkäufe für subventionierte Preise jemand nach Hause tragen konnte. Selbst wenn sie ihren Urlaub auf Rügen oder auf dem Darß verbrachten, bekamen sie ihre Waren aus Wandlitz geliefert.

Damit die Menschen aus höheren Kreisen die Langeweile vertreiben konnten, dachten sie sich verschiedenen Zeitvertreib aus: Jagdfeste in den staatlichen Wäldern, Aufenthalte in den Luxusunterkünften für die Auserwählten auf der Insel Rügen, Einkäufe in Westberlin oder die Feierlichkeiten zum 1. Mai. Die mochten sie, denn hier konnten sie den restlichen Menschen zeigen, wie gern sie sich haben. Die Genossen »schmissen sich in Schale«, zogen ihre Sonntagsanzüge an und freuten sich auf das gemeinsame Mittagessen in der Regierungsresidenz in Niederschönhausen. Vorher hielten sie sich erst auf der Festtribüne auf, von der sie den Arbeitern begeistert zuwinkten. Die begeisterten Arbeiter winkten wiederum ihnen zu. Die Feierlichkeiten zum 1. Mai wurden in allen sozialistischen Ländern mit Enthusiasmus organisiert. Aber in keinem der Länder wurden sie so vollkommen und mit so einer Begeisterung wie in der DDR umgesetzt. Im Unterschied zu anderen sozialistischen Ländern begriffen die ostdeutschen Genossen, dass man die Begeisterung riesig steigern kann, wenn man sie auf kleineren Flächen in einem kürzeren Zeitabschnitt auf einem genau begrenzten Raum konzentriert. Damit die Teilnahme so groß wie möglich war, wurden die Menschen mit verschiedenen Leckereien angelockt. An Straßenständen konnte man Obst, Süßigkeiten, Kuchen, Würste und sogar Bier von solchen Marken, die man an normalen Tagen nicht auf dem Markt finden konnte, kaufen. Auch deshalb war die Teilnahme an den Festlichkeiten in Ostberlin immer relativ groß.

Die zweithäufigste Stelle, wo sich die Bürger in Ostberlin versammelten, waren die Schlangen vor bestimmten Geschäften. Vor allem vor Geschäften wie Feinkost, in dem man Delikatessen aus der heimischen Herstellung bekommen konnte, und auch vor den Intershop-Geschäften. Im Intershop wurden die aus dem Westen eingeführten Artikel angeboten: Jacobs Kaffee, schottischer Whisky, Kaugummis, Kosmetik, Jeans, Milka Schokolade, Kameras und viele andere Waren. Bezahlt wurde hier selbstverständlich mit harter Valuta. In seltenen Fällen, wenn sie im Intershop Spargel bekamen, machten die Massen vor dem Geschäft den Massen bei Feierlichkeiten des 1. Mai richtige Konkurrenz. Balaz hatte das Gefühl, dass die Gesichter der Glücklichen, die Spargel ergattert hatten, mehr Freude ausstrahlten als die Gesichter der Menschen, die Honecker, Mielke, Hager, Krenz und anderen Genossen auf der gefüllten Tribüne an der breiten Karl-Marx-Allee zuwinkten.

Da die meisten Demonstranten sowieso keinen Spargel zu sehen bekamen, war das aus den Gesichtern strahlende Glück unverfälscht. Unverfälscht in der »Jubelzone«. Als »Jubelzone« bezeichneten die Menschen den mit weißen Strichen begrenzten Bereich vor der Haupttribüne. Die Balkone der Wohnblocks, die an der Marx-Allee standen, wurden mit rotem Stoff verziert, die Tribüne wurde mit rotem Baumwollstoff verhüllt, die Genossen hatten eine rote Nelke am Revers. Auch die im feierlichen Umzug schreitenden Mädchen in roten Miniröcken und roten Blusen winkten den Genossen mit roten Nelken. Das rote Meer ergänzten die Pioniere in weißen Hemden mit blauen Tüchern und blauen spitzen Mützen.

Der unendliche Umzug der Arbeiter schob sich langsam vom Strausberger Platz zur Tribüne. Im Bereich der Tribüne wurden die Kameras des DDR-Fernsehens aufgestellt, die alles aufzeichneten, was sich in der »Jubelzone« abspielte. Die müden und angeödeten Arbeiter standen schon seit dem frühen Morgen an den Stellplätzen. Sie versammelten sich in der weiter entfernten Frankfurter Allee und in den anliegenden Straßen. Alle dachten nur an das Eine, sie wollten das schnell hinter sich bringen und sich in den vielen Gartenkneipen Bratwürste und Bier gönnen, denn die waren preiswert und lecker. Sie könnten ihnen aber weggeschnappt werden von denen, die nur passiv von den Straßenrändern zuschauten. Vor der Vision des freien Nachmittags war es erst mal notwendig, die Begeisterung zu demonstrieren. Die Wurststände wurden durchdacht erst weit hinter der »Jubelzone« aufgestellt. Die Arbeiter rochen sie schon, die Nasen wurden gereizt, das Wasser lief ihnen schon im Mund zusammen und die Bäuche freuten sich schon darauf. Nur noch winken, rufen, ein paar Slogans präsentieren und dann gehörten die Köstlichkeiten ihnen. Je mehr sie sich dem Strich vor der Tribüne näherten, desto mehr schauten sie zu ihren Füßen, um den Strich nicht zu verpassen. Die Arbeiter mit längeren Haaren kämmten sie auf die Schnelle nach hinten, die Raucher löschten ihre Zigaretten, die Frauen korrigierten ihre Blusen oder zogen schnell ihre Lippen mit dem Lippenstift nach.

„Es sind Weltmeister in der Heuchelei. Sie können es kaum erwarten, wann sie die feiern werden, die sie hassen“, flüsterte der die Menschen im Umzug beobachtende Balaz verächtlich. Im nächsten Moment dachte er aber, wenn er dort dabei wäre, würde er sich genauso verhalten. „Du hast nur Glück, dass sie dich nicht dorthin geschickt haben. Vielleicht würdest du dich sogar in die ersten Reihen drängen, damit man dich besser sehen könnte“, ging es ihm durch den Kopf.

Nach dem Betreten der »Jubelzone« ertönten aus den Mündern, die bisher den Qualm der Juwel-, Club- oder Cabinetzigaretten rauspusteten, Rufe des Jubels auf die DDR, die SED, Honecker und andere Genossen. Gorbatschow wurde noch nicht hoch gefeiert. Während man in der Zeitepoche Breschnews, Andropows oder

Tschernenkos deren Porträts über den Köpfen trug, hörte man in der Zeit von Gorbatschow damit auf. Man schwenkte Faksimiles der Parteimitgliedsbücher der SED und große Aufschriften: »Ich bin Kandidat der SED«, »Wir erfüllen die Richtlinien des XI. Parteitages der SED«, »Auf Ewigkeiten mit Lenins Land verbunden«, »Für Frieden, für Sozialismus« und viele andere. Die Hersteller der Transparente konnten aus ungefähr fünfzig Slogans, die drei Wochen vor dem Ersten Mai die Tageszeitung des ZK der SED »Neues Deutschland« veröffentlicht hatte, frei wählen. Andere Slogans wurden nicht bewilligt. Fünfzig waren aber ausreichend auch für die anspruchsvollsten Sloganschreiber. Am meisten trug man Requisiten, die jedem Zensor recht waren, also rote Flaggen, Flaggen der DDR und anderer sozialistischer Staaten. Die Menschen vor der Tribüne gaben denen auf der Tribüne zu verstehen, wie gern sie sie haben und umgekehrt. Als die Umzugsteilnehmer von der linken Seite den weißen Strich überschritten, war jedem klar, dass sie aus der Sicht der Kameras herauskamen. Die »Jubelzone« war damit beendet und die Arbeiter schmissen die Transparente und andere Requisiten in die vorbereiteten Container, die gleich nach dem Umzugsende auf der Müllkippe landeten. Der Unterschied zwischen dem Umzug in Berlin und Bratislava bestand nur darin, dass der Dreck in den Straßen von Bratislava viel länger liegenblieb.

Bärbel Hannes arbeitete als Journalistin bei der Wochenzeitung »Freie Welt«, die sich mit dem Leben in den sozialistischen Ländern beschäftigte, ihr Ehemann Johannes war Cellist im Orchester des Staatsrundfunks der DDR. Sie wohnten mit der dreijährigen Tochter in einer feuchten Zweizimmerwohnung ohne Bad und mit gemeinsamer Toilette im Flur in der Senefelderstraße im Viertel Prenzlauer Berg, deren Fenster auf die immer dunkle, schäbige Straße gerichtet waren. Balaz lernte Bärbel bei einer der Pressekonferenzen im tschechoslowakischen Kulturzentrum bei der Eröffnung der Ausstellung zeitgenössischer tschechischer und slowakischer Malerei kennen. Bärbel war Spezialistin für bildende Kunst. Balazs Frau war Keramikerin, somit war die Freundschaft, die zwischen Balazs und Hannes' entstand, ein natürliches Ergebnis ihrer gemeinsamen

Interessen. Balaz schrieb neben seiner diplomatischen Arbeit an Fernsehdrehbüchern und hatte die Nähe zur Kunst. Über die Hannes' freundeten sich Balazs mit anderen Künstlern und Bildhauern an. Bei den ersten Zusammentreffen war man eher zurückhaltend, es wurden allgemeine Phrasen ausgetauscht, beide Seiten tasteten sich sozusagen ab. Während eines Besuchs bei Familie Hannes bot Bärbel traditionell Kaffee und Kuchen an. Die Debatte schob sich Stück für Stück von der Kunst zur Politik.

„Schauen Sie", zog Bärbel Johannes' Hemd hoch und zeigte ihnen den dunkelblauen Streifen auf seinem Rücken. „Er hat das bei der Demonstration abbekommen, bei der wir die Sowjetunion und Gorbatschow hochleben ließen. Das hier haben mir die Polizisten zerrissen", lachte Bärbel bitter und zeigte ein Stück von weißem Stoff, auf dem stand: »Freiheit ist immer die Freiheit der Andersdenkenden. Rosa Luxemburg.«

„Sie müssen schon große Angst haben, wenn sie den Menschen auch schon die Slogans der Sozialisten verbieten..."

Martuschka spielte mit der kleinen Bärbel, Anicka schlief auf dem Bett.

„Bekommst du keine Probleme, wenn du dich mit uns triffst?", fragte plötzlich Johannes.

„Warum? Seid ihr etwa als staatsfeindliche Elemente eingestuft worden?!", machte Balaz Witze.

Johannes stand ohne ein Wort zu sagen auf, ging kurz raus und kam in einer komischen grauen Uniform eines Angehörigen der DDR-Armee zurück. Balaz wusste, dass die richtigen Soldaten hellgrüne Uniformen hatten.

„Was ist das für eine Uniform?", fragte er. „So eine habe ich noch nie gesehen... Darf ich mich in der Uniform fotografieren lassen?" Johannes zog das »Kostüm« aus, Balaz zog alles an und Johannes machte von ihm Fotos. Marta beobachtete den Ehemann mit einem unguten Gefühl. „Wozu brauchst du das Foto?"

„Es ist nur zum Spaß", erwiderte Balaz und gab die Sachen Johannes zurück. „Woher hast du Sie?"

Johannes zündete sich eine Zigarette an. „Ich bin dem waffenlosen Wehrersatzdienst der Nationalen Volksarmee zugeteilt worden..."

„Was?... das sind doch die sogenannten Bausoldaten", schaute ihn Balaz fragend an.

„Ja... Sie haben mich einberufen, obwohl ich ein Jahr Aufschub hatte. Wir bereiten mit dem Orchester neue Aufnahmen vor, aber jetzt sind meine Finger so zerschunden von der Arbeit mit Chemikalien, dass ich in den nächsten Jahren sicher mit dem Cellospielen aufhören muss", stellte Johannes trocken fest.

„Warum haben sie dich einberufen?"

„Wir haben einen Ausreiseantrag aus der DDR gestellt. Bärbel wurde gleich danach gekündigt. Aufgrund der Forderung der Mitarbeiter des Verlags..."

„Also hast du im Prinzip recht. Wir sind staatsfeindliche Elemente...", ergänzte Bärbel mit bitterem Lächeln. „Deshalb habe ich dich gefragt, ob du keine Schwierigkeiten bekommst, wenn du mit uns im Kontakt bist."

„Das weiß ich nicht, und es ist mir im Grunde genommen auch egal", antwortete Balaz.

Jeder, der den Antrag auf Ausreise aus der DDR stellte, demonstrierte eigentlich seine negative Einstellung zum sozialistischen System. Familie Hannes gesellte sich zu den anderen 383.000 DDR-Bürgern, die schon das Land verlassen hatten oder das Interesse daran anmeldeten. Das Bewilligungsverfahren dauerte von einigen Monaten bis zu einigen Jahren. In dieser Zeit versuchte die Staatsmacht diese Menschen zu brechen und sie dazu zu zwingen, den Antrag wieder zurückzunehmen.

„Sie sind schon wieder hier..." Bärbel schob leicht die Gardine zur Seite. Auf dem Fußgängerweg gegenüber ihrem Eingang standen zwei Männer in aufgeregter Debatte. Einer von ihnen hatte eine Kamera, mit der er die Straße fotografierte. „Sie sehen aus wie Touristen. Wenigstens könnten sie verschiedene herschicken... aber sie haben wohl Mangel an Leuten..."

„Arschlöcher", zischte Johannes heraus.

„Deshalb hast du mir gesagt, dass wir zu Fuß kommen sollen...", begriff Balaz.

„Sicher. Ich wollte nicht, dass dein berühmter diplomatischer Trabant in der Straße gesehen wird, in der DDR-Abschaum wohnt."

Balaz schaute hinter der Gardine auf die komischen Männer auf der Straße und meinte, er müsse sich übergeben. Wegen sich selbst. Er diente diesem beschissenen System, aus dem die Menschen flüchten, das mit einer Mauer und Stacheldraht umgeben ist und Wachtürme mit Grenzsoldaten besitzt, die ihre Waffen gegen die eigenen Leute richten. Ihm war klar, egal, wie er das vor sich selbst schön zu reden versuche, egal, dass er niemandem etwas Böses antue, diene er einem Regime, das die eigenen Bürger unterdrückt. In schwachen Momenten dachte er darüber nach, alles hinzuschmeißen und aus der Diplomatie wegzugehen, um in Bratislava eine anständige Arbeit aufzunehmen. Unmittelbar danach hatte er den Gedanken, dass er niemandem schade, niemanden verletze, einmal in fünf Jahren wähle wie die anderen Bürger und wenn er dies nicht machen würde, dann käme vielleicht jemand anderer, ein schlechter und feiger an seine Stelle. Jeder dient dem Regime an seinem Platz. Er kam sich vor wie ein Held, weil sie sich mit Bärbel und Johannes trafen. Lächerliches sozialistisches »Absurdistan« mit seinen tagtäglichen Ausreden und Entschuldigungen.

Balazs trafen sich, seitdem sie Hannes' kennengelernt hatten, auch mit deren Freunden, die allmählich auch zu ihren Freunden wurden. Es waren meistens Künstler, mit denen sich zuerst Marta anfreundete. Sie ging zu einigen in ihre Ateliers, wo sie ihre Tonstatuen brannten. Balazs spürten, dass sie erst einmal sehr vorsichtig von den neuen Freunden angenommen wurden. Sie erklärten sich das so, dass die DDR-Bürger von den Diplomaten die Vorstellung hatten, dass alle Spione seien, die für die Geheimdienste ihres Landes arbeiten. Im Grunde hatten sie damit auch recht, dass jeder Diplomat mehr oder weniger ein Spion ist. Seine Aufgabe ist es, den Institutionen seines Gastlandes Informationen über sein Heimatland zu liefern und auf der anderen Seite ins Heimatland Informationen über sein Gastland zu senden. In den Zeiten des realen Sozialismus machte ein »Diplomat-Spion« nur in den nichtsozialistischen Ländern einen Sinn. Die DDR war ein sozialistisches Land und Spionage in einem Land zu betreiben, in dem sich die höchsten Partei- und Regierungsmitglieder beider Staaten Informationen austauschten, von denen ein Diplomat keine Ahnung hatte, war völliger

Unsinn. Vor allem arbeiteten die Geheimdienste der beiden Länder sehr intensiv zusammen. Die deutschen Freunde begriffen es relativ schnell, aber trotzdem hatte Balaz das Gefühl, dass sie ihm nicht ganz trauten.

Eines Tages bat ihn Bärbel, ob er nicht Post nach Westberlin mitnehmen und sie in die Bundesrepublik abschicken könnte. Balaz durfte mit einer Sondergenehmigung einmal im Monat Westberlin besuchen. Durch seinen Diplomatenstatus durfte er am Grenzübergang nicht kontrolliert werden – außer in den Fällen, in denen die ostdeutsche Grenzpolizei direkt Informationen besaß und auf Sicherheit ging. Als Bärbel mit dieser Bitte an Balaz herantrat, zögerte er. Bärbel merkte das. „Denkst du, dass ich dich teste?", fragte sie mit einem Lächeln im Gesicht.

„Entschuldige, ich weiß, es ist dumm, aber wenn sie mich an der Grenze damit schnappen, dann gehe ich nach Hause und kann als Bauarbeiter arbeiten. Im besseren Falle."

„Keine Angst, ich arbeite nicht für die Stasi." Balaz nahm die Post mit. Am Grenzübergang Checkpoint Charlie zwischen der sowjetischen und amerikanischen Zone hatte er ein ganz flaues Gefühl im Magen. Seiner Ehefrau sagte er lieber nichts davon. Als sie dann den Übergang hinter sich ließen, hielt er auf dem Weg zum Kurfürstendamm an der Post. Seinen Trabant mit dem diplomatischen Kennzeichen parkte er lieber in der Nebenstraße. Er drehte sich um und kontrollierte, ob ihn niemand beschattete, dann nahm er seinen Mut zusammen und holte aus dem Kofferraum zwei Pakete, mit denen er auf die Post ging. Das Gefühl, dass jeder der Angestellten in der Post entweder zur Stasi oder zum tschechoslowakischen Geheimdienst gehörte, ließ ihm keine Ruhe. Als er aus der Post herausging, war er ein wenig erleichtert. Das dumme Gefühl im Magen blieb aber bis zu dem Moment, als ihm Bärbel ungefähr zwei Wochen später sagte, die Pakete und Briefe seien gut angekommen. Seitdem nahm er die Post für seine ostdeutschen Freunde regelmäßig mit. Das beklemmende Magengefühl verließ ihn aber nie. Es ging erst lange Jahre nach dem Fall der Berliner Mauer verloren.

Bei Hannes' lernten Balazs auch den Journalisten Peter Greiner kennen. Er war ein netter, freundlicher und kommunikativer

Mensch. Obwohl die Diplomaten darauf hingewiesen wurden, dass jeder westliche Journalist wahrscheinlich auch für den Nachrichtendienst seines Landes arbeitete, war es Balaz egal. Er unterhielt sich mit Greiner ziemlich offen, da er spürte, dass man ihm vertrauen konnte. Umgekehrt war es genauso. Es gehörte zu Balazs Pflichten, nach jedem Treffen mit einem westlichen Diplomaten oder Journalisten einen Bericht zu schreiben, trotzdem tat er nach seinem Treffen mit den Hannes' oder Greiner dies nicht. Er war sich sicher, dass Greiner nicht für den ostdeutschen Geheimdienst arbeitete. Wenn es so gewesen wäre, hätte die tschechoslowakische Staatssicherheit von seinen nicht gemeldeten Besuchen ziemlich schnell etwas gewusst. Mit Greiner traf er sich bis zu seiner Rückkehr in die Tschechoslowakei. Während der ganzen Zeit war nichts geschehen.

Ende des Sommers 1987 machten Balazs mit den Familien Mihas, Hruska, Horacek und Moudry einen Sonntagsausflug zum Müggelsee. Die fünf Familien waren befreundet und vertrauten sich. Sie trafen sich in den Wohnungen mit der ganzen Familie, feierten Feste, Geburtstage, Namenstage, Weihnachten oder unterhielten sich einfach so und unterstützten sich. Freundschaft, die auf gegenseitigem Vertrauen basierte, war der wichtigste Teil des Lebens dieser Diplomaten. Fünf Jahre in Heuchelei und Misstrauen könnte man sicherlich auch schaffen, aber es hätte sehr viel psychische Kräfte gekostet. Die Männer standen mit Wein in der Hand am laut spielenden Plattenspieler, da sich niemand sicher sein konnte, dass seine Wohnung nicht abgehört wurde, und es wurden leidenschaftlich die neuesten Entwicklungen nicht nur in der DDR, sondern auch in der Sowjetunion diskutiert.

Es war ein wunderschöner Tag. Sie breiteten im Gras die Decken aus und machten ein Picknick. Unter den Berlinern war Picknick sehr beliebt. Man verbrachte jede freie Zeit in den Wochenendhäusern oder falls man keines besaß, einfach auf der Wiese in den Parks.

Eine Woche später begann Anicka zu husten, das Fieber stieg. Frau Balaz versuchte, sie mit traditionellen Mitteln gegen Grippe zu behandeln. Als nach zwei Wochen keine Besserung auftrat, sondern auch noch eine Apathie dazu kam, Anickas Hals steif wurde und sie ohne gegessen zu haben das Gefühl hatte, sich übergeben zu müssen, bekamen Balazs es mit der Angst zu tun.

„Waren sie mit dem Kind irgendwo in der letzten Zeit in der freien Natur? Irgendwo, wo Laubbäume stehen?“, fragte der Arzt im Diplomatenteil der Charité. Als sie nickten, teilte er ihnen mit, dass Anicka sich durch eine Zecke infiziert hatte. „Die serologischen Blutuntersuchungen zeigen, dass sie im Blut das Virus hat. In den meisten Fällen ist der Krankheitsverlauf nicht gefährlich. Leider scheint ihre Tochter zu den zehn Prozent zu gehören, bei denen man dauerhafte Schäden erwarten kann. Im besseren Falle sind es epileptische Anfälle, das Parkinson Syndrom, im schlimmeren Lähmungen. Die schlimmste Prognose haben die Kinder“, teilte der Arzt den schockierten Balazs mit.

„Was kann man dagegen tun?“

„Genau das ist das Problem. Gegen diese Krankheit haben wir keine wirkungsvollen Medikamente...“

„Was bedeutet das?“

„Dass wir ihr nur klassische Medikamente aus der Penizillinreihe geben können, aber deren Wirkung ist sehr schwach... praktisch null“, schaute düster der Arzt.

„Ich verstehe es aber nicht. Was soll das heißen, es gibt keine Medikamente?“, bebte Frau Balazova die Stimme.

„Junge Frau, es tut mir sehr leid... die Medizin kann schon vieles bewältigen, in der Medikamentenentwicklung gibt es immer neue Fortschritte, aber es gibt Krankheiten, gegen die es noch keine Arzneimittel gibt.“

„Sind Sie gläubig?“ Balazs schwiegen. „Beten Sie... damit ein Wunder passiert...“

„Das ist unmöglich... man muss doch etwas tun können... vor einem Monat war es noch ein gesundes Kind... Herr Doktor...“ Frau Balazova versagte die Stimme. Sie schaute sich ihre im Bett schlafende Tochter an. Die Arme und Beine waren mit hässlichen braunen Flecken übersät.

„Es gäbe vielleicht... eine theoretische Möglichkeit... wir haben die Information bekommen, dass in den USA ein Medikament gerade in der Testphase ist. Es ist aus der Cetriaxon- und Cetofaxim-

Gruppe. Es sind Impfstoffe, aber wie gesagt, erst im Stadium der klinischen Tests.“ Der Arzt reichte ihnen einen Zettel, auf dem das Wort Lendazin stand. „So heißt die neue amerikanische Vakzine. Ihre Tochter bräuchte mindestens zwanzig Ampullen von fünfundzwanzig Gramm. Ich sage es Ihnen ehrlich, ich weiß nicht, woher Sie die Ampullen beschaffen sollen... Versuchen Sie Ihr Möglichstes... Sie haben aber nicht viel Zeit...“

„Wie lange?“

„Maximal eine Woche...“

„Heute ist Sonntag. Also bis zum nächsten Montag?“

„Hoffen wir es.“ Der Arzt zuckte entschuldigend mit der Schulter.

Balaz sprach alle an, die er in Berlin und Prag kannte. Politiker, Ärzte, Journalisten und Diplomaten, alle gaben ihm die gleiche Antwort, dass die Vakzine erst im Stadium klinischer Tests sind und sie innerhalb von vier Tagen aus Amerika zu beschaffen praktisch unmöglich sei. Manche gaben ein allgemeines Versprechen, aber er hatte eher das Gefühl, dass sie es aus Mitgefühl taten. Der Zustand von Anicka verschlechterte sich rapide. Sie konnte den Kopf und die linke Hand nicht mehr bewegen. Auch auf die Eltern reagierte sie nur noch mit großer Anstrengung.

Marta, Martuschka und Jozef beteten zu Hause...

Als Balaz am Freitag den Dienst beenden wollte, klingelte in seinem Büro das Telefon. Der Pförtner meldete ihm einen Besuch an. Unten an der Pforte wartete Peter Greiner. Sie setzten sich in einenm seltsamen runden Besprechungsraum zusammen, in dem ihm Greiner zwei Schachteln gab. In jeder waren fünfundzwanzig Ampullen Lendazin.

„Hier ist die Gebrauchsanweisung. Die hiesigen Ärzte haben damit keine Erfahrungen.“

„Oh mein Gott, Peter... Wie kann ich dir jemals dafür danken?“

„Gar nicht. Die Belohnung wird für mich sein, wenn die Kleine wieder in Ordnung kommt. Verliere keine Zeit und lauf ins Krankenhaus... Und vielleicht werde ich ja mal auch deine Hilfe brauchen.“

Der gerührte Balaz umarmte Greiner. „Wenn es in meiner Macht stehen wird, tue ich für dich alles..." Noch an diesem Tag wurde das neue Medikament bei Anicka eingesetzt. Ihr Zustand begann sich nach einigen Tagen deutlich zu verbessern. Die Krankheit schwächte sich ab und einen Monat später wurde sie aus dem Krankenhaus entlassen.

Greiner ahnte noch gar nicht, wie schnell er Balazs Hilfe benötigen würde.

Kapitel 20

BERLIN (West) 1987

Peter Greiner saß mit Thomas in seiner Lieblingskneipe »Schupke«, die nur ein paar Meter von seiner Wohnung in der Triftstraße entfernt war. Sie warteten auf Thomas` Freundin Heike, die er vor einem halben Jahr kennenlernte. Noch vor einem Jahr hatte sie mit ihrem Lebensgefährten Günter Lorenz und dem zweijährigen Sohn Peter in Ostberlin zusammengelebt. Günter Lorenz war stellvertretender Chefarzt auf der Abteilung Innere Medizin der Universitätsklinik der Charité. Er war ein Spezialist für Herzkrankheiten, eine europäische Kapazität, um die ganz Europa die DDR beneidete. Er war kein SED-Mitglied und musste sich deswegen an die Anweisungen und Befehle der Dilettanten halten, die dank ihrer SED-Angehörigkeit eine bessere Position hatten.

Heike Klinsmann arbeitete als Grundschullehrerin. Die Kinder liebten sie, denn sie war anders als die anderen Lehrerinnen. Sie war zwar nicht wirklich anders, nur irgendwie normaler. Statt des Auswendiglernens und des Beibringens von Verhaltensregeln lehrte sie die Kinder Sachen, die sie wirklich im Leben gebrauchen konnten. Es nervten sie die ständigen Befehle, Anweisungen, Formulare, Sitzungen, Kontrollen und Berichte. Der Direktor hatte sie schon mehrmals verwarnt, sie hatte aber ihren eigenen Kopf. Der Topf kochte über, als sie das tägliche Ritual abschaffte, bei dem der

Klassenvorsitzende die Meldung über die Anwesenden, die nicht Anwesenden, die Entschuldigten oder die nicht Entschuldigten abgeben musste. Am Ende der täglichen Meldung musste der Klassensprecher fast salutierend sagen: „Die Klasse ist für den Unterricht bereit.“ Heike schaffte die Meldung ab und als Zugabe sagte sie den Kindern noch, dass das Tragen des Pionierhalstuchs nicht mehr Pflicht sei. Das war es in der DDR sowieso nicht, aber der Direktor dieser Schule sehnte sich sehr danach, den im Magistrat der Stadt bald freiwerdenden Posten des Oberschulinspektors zu bekommen. Im April 1986 rief er die Genossin Klinsmann zu sich und gab ihr die Anweisung, die Pflicht des Tuchtragens wieder einzuführen. Sie berief sich auf die Rede von Gorbatschow, bei der er unter anderem den Lehrern empfahl, eigenverantwortlich zu entscheiden, ob die Schüler das Halstuch tragen müssen. Das Berufen auf Gorbatschow brachte den staatstreuen Direktor fast zum Platzen. Er schlug Klinsmann vor, dass sie selbst das Arbeitsverhältnis beenden solle, ansonsten finde er einen Grund für die Kündigung. Sie hatte sowieso schon die Nase voll.

Zur gleichen Zeit verlor auch Lorenz die Nerven, der als Parteiloser in der Klinik in einer ähnlichen Situation war. Am Abend nach Heikes Rückkehr aus der Schule setzten sie sich zusammen und sie sprachen darüber, dass sie beide schon seit längerem den Gedanken an einen Ausreiseantrags im Kopf hatten. Heike war begeistert, Lorenz eher traurig. Er glaubte immer noch, dass auch in der DDR sich die Dinge nach dem Amtsantritt der neuen sowjetischen Führung zum Besseren wenden würden. In der Sowjetunion fanden in den Betrieben freie Wahlen der leitenden Mitarbeiter statt und die Führungsposten wurden auch mit Nicht-Parteimitgliedern besetzt. Schließlich waren sie sich einig, dass sie die Schule verlassen würde. Noch an diesem Tag gingen sie zur Abteilung Inneres des Stadtbezirks Pankow, in dem sie wohnten, und beantragten die Ausreise aus der DDR. Zu ihrer großen Überraschung wurde Heike vor Weihnachten 1986 vorgeladen und es wurde ihr mitgeteilt, dass sie im Laufe des Januars 1987 ausreisen könne. Vorläufig allein, über die Ausreise des Partners und des Kindes würden sie im Februar informiert werden.

Weihnachten 1986 war die schwerste Zeit in Heikes Leben. Die Entscheidung zwischen der Freiheit und dem Verlassen des Kindes war unerträglich. In der Benachrichtigung des Rathauses stand der Nachsatz, dass im Falle des Nichtakzeptierens des Angebots jedwede weiteren Schritte in der Ausreiseangelegenheit zu den Akten gelegt würden. Gleichzeitig stand dort das Versprechen, dass über die Ausreise von Günter Lorenz und ihrem Sohn schnellstens gemäß der Schlussakte der Konferenz für Sicherheit und Zusammenarbeit in Europa (KSZE) in Helsinki und dem zwischenstaatlichen Abkommen zwischen der DDR und BRD verhandelt werden wird. Sie musste aber das Einverständnis unterschreiben, dass sie bei nicht vorhersehbaren Geschehnissen damit einverstanden sein würde, das Sorgerecht für das Kind Günter Lorenz zu übertragen. Heike unterschrieb im absoluten Vertrauen zu Günter das Einverständnis. Beide wussten, dass die Bundesregierung von der DDR schon Zehntausende Antragsteller freigekauft hatte. Es handelte sich vor allem um hochqualifizierte Fachleute. Sie verließen sich darauf, dass für einen spitzenmäßigen Neurologie-Professor die Bundesrepublik Interesse zeigen würde. Als Heikes Mutter ohne zu zögern versprach, nach Berlin zu kommen und sich um Peter zu kümmern, war alles entschieden. Heike verabschiedete sich von Günther, küsste den kleinen Peter und fuhr zu einer Freundin nach Westberlin. Sie hatte sich entschieden, hier auf Peter und Günther zu warten, um danach mit ihnen nach München zu reisen, wo ihre Verwandten lebten.

Mit Günter telefonierte sie anfangs täglich. Die einzige und immer dringlichere Frage war, ob sich etwas in der Ausreiseangelegenheit getan hatte. Nichts hatte sich getan. Nicht nur, dass nichts geschah, Heike hatte im Zuge der verstreichenden Zeit das immer stärker werdende Gefühl, dass mit Günter etwas los war. Aus seiner Stimme klang nicht mehr die ehrliche Sehnsucht nach ihr, er gab den Telefonhörer nicht an Peter weiter, damit er der Mami die ersten Worte sagen konnte, die er mit der Oma lernte. Sie telefonierten immer seltener. Günter wurde Chefarzt der Neurochirurgie und gleichzeitig Dekan der medizinischen Fakultät der Humboldt-Universität. Er war der erste Dekan in der Nachkriegsgeschichte der Universität, der kein SED-Mitglied war. Sein Gehalt wurde erhöht und er durfte in die Welt reisen. Die Universität teilte ihm ungewöhnlich schnell eine Dreizimmerwohnung zu.

Im Herbst 1987 teilte er Heike mit, dass er seinen Ausreiseantrag zurückgezogen hat. Heike konnte es nicht glauben und wurde von kaltem Schweiß erfasst. Ihr Sohn Peter blieb bei der kränkelnden Mutter und bei dem Mann, von dem sie sich entfremdet hatte.

Lorenz behauptete, er könne in der sozialistischen DDR besser für den Jungen sorgen als die Mutter im unsicheren Westen und gab kein Einverständnis für die Ausreise des Jungen. Für Heike stürzte die Welt zusammen.

Obwohl sie erst fünfundzwanzig war, sah sie älter aus, das Gesicht wurde aschfahl, sie begann zu rauchen und die Hände zitterten. Die wunderschönen und edlen Gesichtszüge wurden durch Schmerz und Leid verdeckt. Die fast einjährige Trennung von ihrem Kind verursachte bei ihr ernsthafte Gesundheitsprobleme. Thomas wandte sich an alle alten politischen Mitstreiter, aber außer Versprechen geschah nichts. Sie liebten sich und versuchten sich zu helfen, soweit es ging. Nach einem halben Jahr heiratete er Heike. Er dachte, wenn auf diese Art und Weise Peter auch sein Sohn werden würde, wenn auch nur Stiefsohn, würde es einfacher sein, dass ihn die Mutter zurückbekäme.

Trotz der gelegentlichen Momente der Zuversicht verfiel Heike immer mehr in depressive Zustände. Sie bekam Sedativa. Immer öfter weinte sie ohne Grund, eine Herzrhythmusstörung machte sich bemerkbar. Die einzigen hellen Augenblicke in ihrem Leben waren die Momente, wenn Peter Greiner aus Ostberlin kam und die neuesten Fotos von Peter mitbrachte. Er erhielt sie von Heikes Mutter, bei der der Junge aufwuchs. Lorenz zeigte sich ab und zu, brachte dem Jungen ein paar Süßigkeiten aus dem Ausland und damit endete seine Fürsorge. Heikes Mutter schrieb, dass der Junge immer lebhafter würde und sie immer weniger Kräfte für ihn hätte. Sie ermutigte ihre Tochter, damit sie sich noch etwas ausdenke, um den Sohn in den Westen zu bringen.

Greiner hatte mit dem ostdeutschen Regime genügend Erfahrungen, um zu begreifen, dass das Verhalten der ostdeutschen Organe eine Art Bestrafung darstellte. Als er und Thomas Heikes Leiden nicht mehr zusehen konnten, entschieden sie sich, den kleinen Peter illegal in den Westen zu holen. Sie wussten, dass der einzige Weg, den Jungen über die Grenze zu fahren, der Diplomatenweg war. Die DDR-Organe hatten kein Recht, die ausländischen Diplomaten an den Grenzübergängen zu kontrollieren. Sie mussten nur einen zuverlässigen Diplomaten finden, der bereit wäre, den Jungen über die Grenze zu schmuggeln. Noch dazu wusste Greiner, dass in dieser Zeit am Grenzübergang Checkpoint Charlie Röntgengeräte installiert werden sollten, die menschliche Wärme anzeigen konnten. Falls solche Geräte schon installiert wurden, wäre das Herausschmuggeln des Kindes fast aussichtslos. Greiner ging in Gedanken alle Diplomaten durch, die er in Ostberlin kannte. Über keinen wusste er so viel, dass er es wagen würde, ihn um so einen Gefallen zu bitten. Die Blicke von Heike und Thomas waren aber so bittend und traurig, dass er sich entschied. Der Einzige, bei dem er das Gefühl hatte, um so etwas bitten zu können, war Jozef Balaz. Außerdem hatte er im Grunde das Leben von dessen Tochter gerettet und vielleicht würde Jozef die schrecklich verzweifelte Situation seiner Freunde verstehen und helfen.

Kapitel 21

BERLIN (Ost) 1987

Im April kam Michail Gorbatschow zum Staatsbesuch in die DDR. Zwei Tage nach seiner Abreise traf sich Balaz mit dem sowjetischen Botschaftsrat für Presse und Kultur Oljutschkin, der eindeutig die Gorbatschow-Linie vertrat. Balaz schrieb eine Chiffre, in der er alles wiedergab, was ihm Oljutschkin gesagt hatte. „Gorbatschow teilte bei dem Treffen mit den ausgesuchten sowjetischen Diplomaten mit, er habe das starke Gefühl, dass der Genosse Erich Honecker das Politbüro über die bisherigen Treffen nicht wahrheitsgemäß informiert hat. Deshalb bat Gorbatschow Honecker um die

Möglichkeit, sich mit dem gesamten Politbüro treffen zu können. Während dieses Treffens mit den Mitgliedern des Politbüros forderte Gorbatschow alle zur offenen Diskussion auf. Besonders wandte er sich an die jüngeren Mitglieder, an Krenz, Schabowski und Böhme, aber keiner von den zwanzig Mitgliedern und Kandidaten des Politbüros sagte nur ein Wort. Mit Gorbatschow diskutierte nur Honecker. Gorbatschow bemerkte zu den sowjetischen Diplomaten: Was kann man hier machen? Als ob man mit der Wand sprechen würde. In Berlin und Prag ist es am härtesten. Vielleicht werden wir ihnen ein wenig helfen müssen." Als der Botschafter den Bericht las, schaute er Balaz fragend an: „Das mit dem Abschnitt über Prag und seine Hilfe sagte Gorbatschow tatsächlich?" Balaz lächelte.

„Es ist in Ordnung." Der Botschafter Roucek unterschrieb den Bericht. Vielleicht deshalb, weil er schon zusammengepackt hatte und nur noch auf die Rente wartete, vielleicht weil er ein normaler Mensch war. Balaz tat es besonders leid, dass dieser herausragende Mensch seine Tätigkeit bei der Botschaft beendete. Einer seiner möglichen Nachfolger sollte ein Mensch sein, der für Balaz einen Albtraum darstellte.

Im Büro drehte er den Tisch um, damit er nicht dauernd auf die Berliner Mauer schauen musste. Das machte er nach dem Besuch des »Mauermuseums«, das sich direkt am Grenzübergang Checkpoint Charlie befand. Er war schon öfter in Westberlin, aber er hatte sich nie getraut, in das Museum hineinzugehen. In der Botschaft kursierten Gerüchte, dass die tschechoslowakischen Diplomaten während ihrer Reisen nach Westberlin durch die Mitarbeiter der Geheimdienste, der Botschaft und der Militärmission der Tschechoslowakei in Westberlin beschattet würden. Ob diese Informationen der Wahrheit entsprachen, wusste niemand, aber es hat auch niemand bewiesen, dass sie falsch waren. Die Botschaftsmitarbeiter dachten, dass jemand dies mit Absicht verbreitete, um unter den Bediensteten Angst zu verbreiten.

Nach Gorbatschows Besuch überwand er seine Furcht und betrat das Museum. Das, was er dort gesehen hatte, übertraf seine schlimmsten Vorstellungen. Die Berliner Mauer, eines der abscheulichsten Bauwerke auf der Welt. Eine drei Meter hohe Doppelmauer mit Bögen ganz oben, damit man dort keine Leiter festklemmen oder per Hand sich festhalten konnte, zwischen den Mauerwänden ein Absicherungssystem, Wachtürme, Schießscharten, ein mit Strom geladener Stacheldraht, die Führungsdrähte für Hunde, die an eben diesen Drähten befestigt waren, während der Nacht leuchtende Scheinwerfer. Fotos der Menschen, die auf der Flucht aus Ostberlin erschossen wurden, Gräber der Angeschossenen, die auf der Westseite starben – alles hinterließ schreckliche Spuren.

Nach dem Besuch des Museums brach in ihm etwas zusammen. Bei dem Gedanken, dass er ein Teil dieser ungeheuerlichen Unterdrückungsmaschinerie war, schämte er sich, aber gleichzeitig war ihm bewusst, dass er nur einer von Millionen war, die in diesem mit Stacheldraht umgebenen System lebten. Vor den ostdeutschen Freunden entschuldigte er sich fast dafür, dass er einmal im Monat Westberlin besuchen konnte, währenddessen sie es nicht durften. Er verteidigte sich vor sich selbst mit dem Argument, dass seine Kollegen Diplomaten im Westen waren und er in die DDR abgesandt wurde, und auch damit, dass er ab und zu seine Meinung äußerte, kritisierte und stichelte, während die anderen nur schwiegen und sich dabei ihren Teil dachten. Im Kreis der besten Freunde schimpften sie über Husak, Bilak oder Jakes, erzählten sich ein paar politische Witze, aber das war im Grunde alles, wozu sie imstande waren.

Während des Sommerurlaubs besuchte er die Kinder in Vrbove, wo sie ihre Ferien in der Hütte mit den Großeltern verbrachten. Seine Frau kochte wahrscheinlich in der Küche, denn vor dem Haus vermischten sich verlockende Düfte. Balaz schälte am Brunnen einen Haufen Kartoffeln. Sie hatten vor, für die Freunde, die für das Wochenende aus Bratislava kamen, Kartoffelpuffer zu backen. Kartoffelschalen fielen im ganz monotonen Rhythmus auf die Kulturseiten der vorgestrigen Ausgabe der Gewerkschaftszeitung »Praca«. Die Zeit beim Schälen verging langsam, also las er dabei aus Langeweile die Artikel in der feucht werdenden Zeitung. Irgendjemand schrieb, dass beim Filmfestival in Portugal der slowakische Film »Der Saisonanfang« den zweiten Preis gewann. „Bei den Filmstudios Koliba sind sie nicht besonders einfallsreich“, dachte er sich, „wenn sie zwei Filme mit fast gleichem Namen benennen.“ Als er aber las, dass den Hauptpreis für die beste männliche Rolle Karol L. Zachar gewann, fing es an, verdächtig zu werden. Der spielte nämlich die Hauptrolle in seinem Film »Das Saisonende«. So ging Balaz zu den Nachbarn, die ein Telefon hatten und rief die Dramaturgieleiterin des Films Olga Feldekova an. „Na ja, es ist ein wenig dumm, aber wir mussten den Titel verändern. Die Zensoren meinten, dass Saisonende zu pessimistisch klang und wir hatten die Wahl, entweder den Titel zu verändern oder den Film nicht herausbringen zu dürfen. Ich hoffe, du bist uns nicht allzu böse... Und noch ein Szenenbild musste ausgetauscht werden, die Szene im Schlafzimmer der Großeltern. Dort durfte über dem Bett kein Bild der Maria mit dem Christkind hängen... Also platzierten wir dort einen Blumenstrauß... Ansonsten wurde aber alles nach deinem Drehbuch gemacht. Ich gratuliere dir zum Erfolg."

Auf den Fluren der Botschaft kursierten unter den Diplomaten und anderen Angestellten sichere Informationen darüber, wer der Nachfolger von Botschafter Roucek sein würde. Es wurden verschiedene Namen erwähnt, aber mit der sich nähernden Zeit des Amtsantritts des neuen Botschafters erschien immer öfter nur ein einziger Name. Balaz bekam bei dieser Vorstellung Gänsehaut. Er hoffte auf einen Wink des Schicksals oder von jemandem aus dem ZK der KPTsch, damit dieser Mensch nicht in die DDR geschickt werden würde. In den letzten Wochen überlegte er, was er tun sollte, wenn die Nachricht sich als wahr herausstellen würde. Die Tatsache, dass im März der Ostslowake Paukovcin in der Funktion des Zweiten Sekretärs bei der Botschaft anfing, versprach nichts Gutes. Er war die rechte Hand von dem, der kommen sollte.

Die Befürchtungen bestätigten sich. Botschafter Roucek berief eine kurze Arbeitssitzung ein. Er teilte ihnen mit, dass die DDR dem neuen tschechoslowakischen Botschafter ein Agrément erteilte. Der Botschafter Jan Winter trat sein Amt am nächsten Montag an.

Kapitel 22
MOSKAU 1988

Gusew und Sascha freuten sich auf jedes Treffen wie beim ersten Mal. Er hielt sich bei ihr jetzt öfter auf, denn Josif lebte im Wohnheim des Militärclubs Sowjetflügel. Sergei war ein großer Eishockey-Anhänger und sie freundeten sich schnell an. Die meiste Zeit seines Lebens hatte er beim Militärdienst verbracht und erst bei Sascha wurde ihm bewusst, dass das Leben verging und außer Divisionen, Raketen und Flotten in ihm auch Frauen vorkamen. In der Kommunikation mit Sascha war er überraschend schüchtern, was sie eher anzog. Sie war achtunddreißig Jahre alt und eine immer noch sehr attraktive Frau. Einer der jüngsten Generalmajore der sowjetischen Armee, Gusew, hatte auch das Gefühl, dass er ihr nicht gleichgültig sei. Sascha versuchte immer sehr unauffällig, die Debatte von der Politik zu Sergeis Privatleben zu lenken. Eines Tages kam er mit einem Gerberablumenstrauß an. Sie konnte ihren Augen nicht trauen, denn Gerbera in Moskau zu finden war sehr schwierig.
„Ein Georgier gab sie mir..."

„Das musste ein Vermögen gekostet haben."

„Dann erlaube mir, dass ich mit diesem ganzen Vermögen um deine Hand anhalte."

Die Hochzeit war schlicht. Trauzeugen waren die Nachbarin Nina und Sergeis Vorgesetzter Piotr Iwasutin. Nach der Hochzeit zog er endgültig aus dem Militärwohnheim aus. Sie wussten nicht, was sie zusammenhielt, ob die Liebe oder nur das Gefühl, in dieser schwierigen Situation jemanden zu haben. Sie fühlten sich zusammen wohl und Sascha war nach langer Zeit wieder glücklich. Nach zwei Monaten sagte sie dem Ehemann, dass sie ein Kind erwarte. Sergei war fast verrückt vor Freude. Sascha hätte er am liebsten auf den Händen getragen. Im Juli 1988 wurde die Tochter Ninotschka geboren.

Die Menschen erfuhren jeden Tag neue Informationen über die katastrophale Situation, in die das Land hineinschlitterte. Der energische Sergei regte sich immer aufs Neue über die »Schweinereien« auf, die die Öffentlichkeit in den Zeitungen las, die der Zensur nicht unterlagen. Es zeigte sich, dass Schlamperei, Diebstahl und Betrug ein normaler Teil des sowjetischen Lebens war.

Eines Tages lachte Sascha laut. Sie zeigte Sergei die Augustausgabe der Gewerkschaftszeitung »Trud«.

„Du findest wohl keine Ruhe und schreibst auch schon Zeitungsartikel..." Sergei schaute sie verständnislos an. „Irgendein Sergei Gusew schreibt hier über einen Astachow, den Wirtschaftsdirektor des Betriebs für die Fischverarbeitung in der Region hinter dem Kaspischen Meer, bei dem sie in seinem Luxushaus fünf Autos, Goldbarren im Wert von 54.000 Rubel (das Monatsgehalt von Sascha waren 300 Rubel), weiteres Vermögen im Wert von 39.000 Rubel und auf Bankkonten noch 310.000 Rubel fanden." Sascha las zu Ende und Sergei schaute sie schockiert an. Der Artikel wurde von Sergei Gusew geschrieben, dem Ersten Stellvertreter des Vorsitzenden des Höchsten Gerichts. Weiter war zu lesen, dass sie Breschnews Schwiegersohn Curban wegen Betrugs und Korruption zu zwölf Jahren Arbeitslager verurteilt hatten und Breschnews Sekretär Browin neun Jahre wegen Korruption bekam."

Sascha und Sergei waren ähnlich wie alle Bürger der Sowjetunion in einem Schockzustand. Sie lasen den Artikel in »Trud« immer und immer wieder. Es war der erste unerbittlich offene kritische Artikel, der nach dem Wegfall der Zensur in den sowjetischen Zeitungen erschien. „Ich kann das nicht mehr lesen", reichte entsetzte Sascha Sergei die Zeitung, der weiterlas. „Während der Regierungszeit von Breschnew wurden die Posten praktisch auf allen Ebenen gekauft. Der Posten des Kreissekretärs kostete 150.000 Dollar (Die höheren Posten wurden nur in Dollar kalkuliert). Sogar die höchste sowjetische Staatsauszeichnung, der »Leninorden«, konnte für 750.000 Dollar gekauft werden. Der Ermittler Telman Gljan verklagte das komplette Zentralkomitee der Kommunistischen Partei Usbekistans."

Sergei legte die Zeitung weg und trank ein Glas Mineralwasser. Sein Mund war trocken, das Blut wallte und wenn jemand von der sowjetischen Nomenklatura bei ihm gewesen wäre, hätte er ihn umgebracht. Sascha las mit finsterer Miene weiter. „In der Sowjetunion wurden jährlich die Getreideerträge nach unten korrigiert. Es entsprach aber nicht ganz der Wahrheit. Das Getreide wuchs in vielen Jahren richtig üppig, aber das Problem war, dass es niemand erntete. Die sowjetischen Bauern hatten statistisch gesehen sechs bis sieben Mal mehr Traktoren als die Farmer in den USA und sogar sechzehn Mal mehr Mähdrescher. Die Maschinen waren aber oft nicht funktionstüchtig. Von hundert Maschinen konnte man maximal zehn bis zwanzig nutzen. Die meisten waren schon beim Verlassen der Fabrik fehlerhaft und der Rest wurde zu Ersatzteillagern umfunktioniert oder einfach als Schrott abgegeben." Gusew atmete schwer. „Und jetzt das Beste. Die schrecklichste Erkenntnis für die Ermittler boten aber die einfachen Bürger. Die wussten und sahen alles. In einer Kolchose in Usbekistan, in der sie das gestohlene Vermögen konfiszieren wollten, wurden seit einem halben Jahr keine Gehälter gezahlt. Niemand beschwerte sich. Im Gegenteil, viele von denen, die nicht entlohnt wurden, verteidigten sogar die Täter."

Sascha las zu Ende. Beide schwiegen sie schockiert. „Das sind unsere Leute. Das ist unser durch tausend Jahre lange Unterdrückung und Erniedrigung sich herausgebildeter russischer, ukrainischer, usbekischer oder kasachischer Charakter. Sie drücken unsere Köpfe in den Mist, aber wir tun so, als ob das gut wäre, und wenn wir keine Luft mehr bekommen, küssen wir dem Herren die Hand... zum Teufel... wenn wir diese Sklavennatur in uns nicht ändern, wird auch bei uns alles beim Alten bleiben... Ich befürchte, dass Gorbatschow genau daran scheitert..."

Osif interessierte sich immer weniger für Eishockey. Zum Training ging er eher sporadisch und Sascha schien es, als ob seine Augen manchmal glänzen würden. Es war der Glanz, den die sowjetischen Mütter und Ehefrauen am meisten fürchteten. Der Glanz in den Augen der Säufer. Osif verliebte sich unglücklich in die Schwester eines Mitspielers. Seitdem sie ihn verlassen hatte, versuchte er seine Trauer im Wodka zu ertränken. Der Trainer bat ihn zuerst, mit dem Trinken aufzuhören, dann erhöhte er den Druck und drohte ihm, aber nichts half. Osif wurde aus der ersten Mannschaft aussortiert und bald darauf auch aus der B-Mannschaft.

Anfang August 1987 bekam er den Einberufungsbefehl. Zeit und Ort des Beginns waren der 1. September und der Stab des 99. Pionierregiments in Tschernihow in der Nordukraine. Tschernihow war die Hauptstadt der Region, ungefähr achtzig Kilometer von Tschernobyl entfernt. Eine Region, aus der jeder flüchtete, der nur konnte. Sascha versuchte verzweifelt, Informationen über die Katastrophe und deren Folgen zu beschaffen. In den sowjetischen Medien wurde fast nichts geschrieben und auch wenn etwas geschrieben worden wäre, hätte die Informationen niemand geglaubt. »Die Stimme Amerikas« meldete, dass um Tschernobyl herum eine ungefähr dreißig Kilometer breite verbotene Zone errichtet wurde. Über dreihunderttausend Menschen wurden evakuiert und weitere Zehntausende warteten noch darauf. Die Radioaktivität in der Region war zehnmal höher als die erlaubten Werte. Die Fachleute schätzten die Zahl der Todesfälle in den nächsten zwei Jahren in der Nähe von Tschernobyl, Pripjat, Tschernihow, Brjansk und anderen Städten und Gemeinden auf vierzig- bis sechzigtausend. Die Erde in den Schutzzonen war durch radioaktives Cäsium Cs-137 kontaminiert, dessen Halbwertszeit dreißig Jahre betrug. Das bedeutete, dass die Verseuchung erst in sechzig Jahren auf relativ annehmbares Niveau fallen würde. Auf Saschas Stirn bildeten sich beim Hören dieser Nachrichten Schweißperlen.

Am letzten Augusttag fuhr Josif weg von Zuhause. Nach Tschernihow kam er als Unteroffizier, diesen Rang erhielt er noch im Militär-Eishockeyclub. Von Anfang an gehörte er zu den opferwilligsten Soldaten. Er sah um sich die ganzen elenden Menschen, die ihr Dach über dem Kopf, Felder und Äcker verloren, die sie ernährt hatten. In seiner naiven Vorstellung und unter dem Einfluss der politischen Instrukteure redete er sich ein, dass, je schneller das Ausströmen der Radioaktivität aus dem Reaktor gesenkt wird, desto schneller die Menschen nach Hause zurückkehren können. Er hörte mit dem Trinken auf und mit einer fanatischen Begeisterung eines Menschen, der die Liebe verloren und kein Lebensziel mehr hatte, stürzte er sich in den Kampf gegen die Verwüstung, die die Atomkatastrophe hinterließ. Freiwillig ließ er sich in den am meisten verseuchten Innenräumen des zerstörten Reaktors einsetzen, wo sie mit Tonnen von Beton und Eisen versuchten, die unzähligen Risse zu stopfen, aus denen die Radioaktivität entwich. Nach zwei Monaten verspürte er leichte Übelkeit, die er aber gut überwand. Der Organismus eines Leistungssportlers widerstand der Strahlung scheinbar besser als der der anderen Jungs. Er bekam die Auszeichnung »Für die Tapferkeit« verliehen, er wurde befördert und in die Außenschutzzone abkommandiert.

„Unsere Aufgabe besteht darin, die durch Radioaktivität verseuchte Region um Tschernobyl und um die heute tote, früher blühende fünfzigtausend Einwohner zählende Stadt Pripjat zu deaktivieren. Wir fahren die Erde aus der Außenzone in die verbotene Zone. In der verbotenen Zone verbrachte ich drei Monate. Manchmal hatte ich Schwindelanfälle und ich fühlte mich müde, aber ansonsten bin ich in Ordnung. Unsere Aufgabe ist jetzt, die vier Millionen Kubikmeter kontaminierter Erde umzulagern. In der verbotenen Zone gibt es zur Zeit achthundert Erde- und Müllkippen. Es soll gefährlich sein und es werden hier Gerüchte verbreitet, dass die Soldaten Krebs und andere Krankheiten bekommen. Ich glaube nicht, dass es der Wahrheit entspricht. Sie kümmern sich königlich um uns, das Essen schmeckt ausgezeichnet und die Unterkunft ist auch sehr ordentlich. Mami, ich liebe Dich. Dein Osja."

Die Mutter las den Brief zu Ende und es war ihr alles klar. Sie kannte Osja. Er versuchte immer, die Sachen zu verharmlosen, winkte die Eishockeyverletzungen ab, die Schwierigkeiten überwand er mit riesigem Willen und Überwindung. Nach der »Stimme Amerikas« musste jeder, der sich länger in diesem Gebiet aufhielt, im besseren Falle mit Dauerschädigung, im schlimmeren Falle mit verschiedenen Krebserkrankungen, die vor allem nach solchen atomaren Katastrophen wie Tschernobyl im Übermaß auftreten, mit einem meist tödlichen Verlauf rechnen. „Auch wenn sie mich umbringen, ich kriege dich da raus. Das tue ich", dachte sie. Ihr und Jozefs Sohn darf nicht so unsinnig sein Leben riskieren. „Du bleibst nicht da, Osja, mein Sohn, du nicht!!"

Sergei begriff, wenn Osja etwas passiert, würde diese Frau nicht mehr leben wollen. Der Generalmajor des sowjetischen militärischen Nachrichtendienstes wusste genau, wie die wirkliche Lage in Tschernobyl war. Er versprach alles zu tun, was in seiner Macht stand. Josifs Briefe kamen immer seltener. Sascha las aus den Zeilen heraus, dass etwas nicht in Ordnung war. Sie betete für ihn mehrmals am Tag. Sie ging in die Kirche und zündete Kerzen an. Sie betete zu Gott, damit er ihrem Sohn helfe. Ende November kam Gusew mit der freudigen Nachricht. Josif wurde sofort nach Moskau zum Nachrichtendienst abberufen. Sascha konnte vor Freude einige Nächte nicht schlafen. Der Ehemann nahm ihren Sohn unter seine Fittiche und er belegte einen speziellen Nachrichtenkurs. Josif wohnte in den Räumlichkeiten der GRU-Akademie. Gegenüber den Anderen hatte er einen riesigen Vorteil – hervorragende Deutschkenntnisse. Nach dem Absolvieren des Kurses trat eine Wende in seinem Leben ein, von der Sascha nicht einmal zu träumen gewagt hätte.

Josif und Sergei kamen in guter Laune nach Hause und baten Sascha, sich zu setzen. Als sie sich davon überzeugten, dass sie bereit war, die schockierende Nachricht anzunehmen, teilte ihr Josif mit, dass er mit einer Sondergenehmigung zum Leutnant befördert und nach Berlin als Sekretär des Militärattachés der Sowjetunion in der DDR abkommandiert wurde. Sascha begann in dem Augenblick zu glauben, dass es Wunder gibt. Vom Ort des wahrscheinlichen Todes geht ihr Sohn jetzt nach Ostberlin, in den Ort, von dem alle Rekruten und Angehörigen der sowjetischen Armee träumten. Sie erinnerte sich an die Momente, als sie den kleinen Osja überredete, Deutsch zu lernen, weil er das bestimmt noch gebrauchen würde. Oh Gott, und wie er das jetzt gebrauchen würde.

In der sowjetischen Botschaft in der Berliner Allee Unter den Linden meldete sich Josif bei einem alten Freund von Gusew, bei dem Militärattaché Oberst Vasili Nikolajewitsch Tarkowski.

Kapitel 23

PRAG / BERLIN (Ost) 1987

Der Leiter der internationalen Abteilung des ZK der KPTsch, der Ostslowake Stofanik, war von der Entscheidung Winters sehr überrascht. „Du bist einer unserer perspektivreichsten Diplomaten, direkt aus dem Parteiapparat. Es ist dir klar, dass nur die höchste Herausforderung dein Ziel sein kann. Chnoupek steht kurz vor dem Aus und wir brauchen dich auf dem Ministerposten. Du bist einer der Wenigen, der das den Tschechen wie auch den verwöhnten Bratislavaern zeigen kann. Ich meine jetzt damit nicht deinen Freund Janko Husak... das ist selbstverständlich etwas Anderes“, wurde er kurz nachdenklich bei der Erkenntnis, dass Winters Kommilitone Husak sein Schützling war. „Der Posten des Botschafters in Bonn ist aus politischer Sicht ein Schlüsselposten. Und ich spreche noch gar nicht von den deutlich besseren Finanzbedingungen als in der DDR. Ich verstehe nicht, warum du nicht hingehen willst.“

„Ich weiß, Genosse Leiter, ich weiß, aber ich denke, dass ich für den Posten des Botschafters in Bonn noch Zeit habe. Es soll Genosse Hlavac hingehen, der ein erfahrener Funktionär ist und ein gutes Deutsch spricht, er ist auch unser Mann und kommt aus Krajna Polana. Das ist sogar der Nachbarort von Krajna Bystra, woher der Genosse Sekretär Bilak stammt. Er hat sein vollstes Vertrauen. Auch in Berlin kann man ein gutes Stück Arbeit schaffen, vielleicht noch mehr als in Bonn. Die Genossen in der DDR haben große Probleme. Ähnlich wie wir. Moskau drückt uns in eine größere Offenheit – »Glasnos«“, wie sie es nennen“, versuchte Winter Überzeugungsarbeit zu leisten.

„Das endet nicht gut. Gorbatschow ist es nicht klar, dass, wenn er die Zügel in den Medien lockert, alles anfängt abzustürzen. Vasili sagte sehr richtig bei der Sitzung der ideologischen Kommission der Kommunistischen Partei der Tschechoslowakei, dass wir nicht automatisch und pauschal alles übernehmen können, was in der Sowjetunion passiert. Es gibt doch landesspezifische Merkmale."

„Aber wir haben immer behauptet, dass die Sowjetunion unser Beispiel sei", bohrte Winter nach. Stofanik war überrascht von seinem Selbstbewusstsein und der klaren Unterstützung der Linie von Gorbatschow, die er bis dato noch nie geäußert hatte. Stofanik ahnte nicht, dass Winter eine direkte Verbindung zu Schlüsselleuten in Moskau hatte. Er wusste, was die sowjetische Führung zur Unterstützung der Pro-Gorbatschow-Linie in der Prager Parteiführung beabsichtigt zu unternehmen.

„Ärgere mich bitte nicht... ja, aber doch nicht in allem... Vor allem nicht in der Zersetzung des Sozialismus... Auch du kennst Menschen, die den Widerruf der »Schlussfolgerungen... von 1968« gern erreichen würden. Wenn die Genossen in Moskau denken, dass ihre Reformen den Sozialismus stützen können, ist das ihre Sache. Ich denke das nicht, aber ich rede ihnen da nicht rein. Der Sekretär Hager sagte es ganz treffend: Wenn ihr Nachbar die Wohnung tapeziert, müssen sie deswegen nicht auch gleich mit Tapezieren anfangen. Das Hauptproblem ist, dass die Menschen die Idee des Sozialismus noch nicht verstanden haben, sie haben sie noch nicht verinnerlicht. Darin besteht unsere größte Aufgabe. Nicht den Sozialismus zu ändern oder sogar zu reformieren, sondern die Menschen davon zu überzeugen, dass es eine gute und richtige Sache ist."

Winter hatte mit Stofanik Mitleid. Er wusste, dass seine und seinesgleichen Tage schon gezählt waren. Er versuchte zu erraten, ob Stofanik es mit seiner Einstellung zum Sozialismus ehrlich meinte oder er nur Angst um seinen Posten hatte oder ein totaler Dummkopf war.

„Also, wenn du dich entschieden hast, nach Berlin zu gehen, dann weißt du bestimmt auch warum", schaute er Winter mit einem Blick an, der ihm sagte, dass er nicht an die Gründe glaubte, deretwegen er freiwillig auf den lukrativen Botschafterposten in Bonn verzichtet und nach Ostberlin gehen will. „Der sowjetische Botschaftsrat war bei mir. Auch er teilte mir seine Freude darüber mit, dass du nach Berlin gehst... Hmm... Also wünsche ich dir dort viel

Erfolg. Und vielleicht bleibst du auch nicht lange dort und wir berufen dich schneller nach Hause, als du denkst. Ich habe das Gefühl, dass bald einige radikale Personalveränderungen in der Regierung notwendig sein werden..." Stofanik gab Winter die Hand und klopfte ihm väterlich auf die Schulter.

Kapitel 24
PRAG 1987

Winter war mit dem Botschaftsrat der sowjetischen Botschaft Andrej Kirowkin, der erst vor ein paar Monaten in die Tschechoslowakei kam, befreundet. In diplomatischen Kreisen wurde er für einen Gorbatschow-Treuen gehalten. Man wusste von ihm, dass er ein guter Freund von Außenminister Eduard Schewardnadze war. Kirowkin wusste, dass Winter sich mit Jan Husak, dem Sohn des Generalsekretärs der KPTsch, trifft und er konnte auch schnell zuordnen, von wo der Wind in den höchsten Stellen weht. Kirowkin schloss mit Winter nicht nur wegen seiner Ansichten Freundschaft, sondern auch deshalb, weil er so wertvolle Informationen über das Geschehen in der obersten Führung der Kommunistischen Partei der Tschechoslowakei bekam, die der Perestroika von Gorbatschow nicht besonders wohlgesinnt war. Er verhielt sich Winter gegenüber ungewöhnlich offen und verheimlichte nicht die Unzufriedenheit von Moskau mit der Entwicklung der Situation in der Tschechoslowakei, DDR und in Rumänien.

Winter saß im Restaurant »Malostranska beseda«, las die Zeitung »Rude pravo«, in der informiert wurde, dass der Vorsitz des Zentralkomitees der Kommunistischen Partei der Tschechoslowakei die Rechtsgültigkeit der »Schlussfolgerung aus der Krisenentwicklung aus dem Jahre 1968« bestätigte und es ablehnte, die Reformen aus dem Jahr 1968 und die Zeitetappe der Normalisierung neu zu bewerten.

„Was liest du denn da?", fragte Kirowkin, dessen Ankommen Winter nicht wahrnahm.

„Dass sich unsere höchsten Genossen immer mehr einbetonieren", sagte Winter und legte die Zeitung weg.

„Was sagst du zu Dubceks Brief?", schaute Kirowkin ihn fragend an.

„Was für ein Brief?", verstand Winter nicht.

„Dubcek fordert in dem Brief an die Parteiführung der Tschechoslowakei die Demokratisierung der tschechoslowakischen Gesellschaft und er spricht sich für die Unterstützung der Perestroika in der Sowjetunion aus." Kirowkin legte den Brief von Dubcek auf den Tisch. „Wir haben in unserer Botschaft eine Kopie bekommen."

„Bei uns gab es in den Medien kein Wort darüber...", sagte Winter verärgert. Er bestellte beim Kellner zwei Bier. Die Diplomaten stießen an. „Bilak bezeichnet jeden, der nach Reformen des Sozialismus ruft, als Rechtsopportunisten. Seine besten Freunde sind die Honeckers."

„Jan, wo lebst du denn? Natürlich wünschen wir uns Reformen sowohl hier als auch in Berlin, aber wir werden sie für euch und für Berlin nicht ausführen." Lange und forschend sah er Winter an. Dann sagte er mit einer besonderen Betonung: „Ein wenig können wir aber helfen... auch mit Hilfe solcher Menschen wie du..." Sie tranken das Bier aus und diesmal bestellte Kirowkin. „Wir bearbeiten neue Ideen des globalen und europäischen Sicherheitssystems. Das ausgewogene Blocksystem verliert in ihm seinen Sinn. Breschnews Doktrin ist tot. Deutschlands Vereinigung ist das Ziel der allmählichen Umwandlung des politischen Klimas in Europa." Bei diesen Worten schaute ihn Winter überrascht an, Kirowkin erzählte aber weiter. „Ich muss dir sicher nicht erklären, wie die USA die Veränderungen, die bei uns stattfinden, ausnutzen. Europa muss gestützt werden und stark wird es nur sein, wenn es eine starke Achse Bonn bzw. Berlin – Moskau und eventuell Paris gibt. Je stärker diese Achse wird, desto schwächer wird die Achse Washington – London. Die Voraussetzung für diese Achse ist aber die Vereinigung von Deutschland. Und dazu brauchen wir eine grundsätzliche Wende in Ostberlin. Leider funktioniert es dort nicht so, wie wir uns es wünschten. Wir wären auch über deine Hilfe sehr erfreut..."

„Wie kann denn ich euch helfen?"

„Du bist ein hervorragender Diplomat, beherrschst Sprachen und vor allem Deutsch. Du selbst hast gesagt, dass wir die größten Probleme bei euch und in der DDR haben. In Prag können wir es bewältigen... aber schwer ist es in der DDR... und du kannst dort helfen..."

„Ich... ich gehe... ich soll doch nach Bonn gehen..."

„Du kannst, aber du musst nicht. Du könntest auch nach Ostberlin gehen. Die Honeckers haben die besten und tiefsten Kontakte mit Prag und Bukarest. Du kommst aus der Ostslowakei, wir erarbeiten für dich eine passende Biografie, wonach du Bilaks Mann bist. So werden sie dich besser aufnehmen und werden dir mehr vertrauen. Schließlich hast du auch gute Beziehungen zu Stofanik und seinen Vertrauen. Und er ist auch Bilaks Mann..."

„Ich verstehe immer noch nicht, worüber du sprichst."

„Dann sage ich dir das also klipp und klar." Kirowkin schaute sich um und legte irgendeinen Ausweis mit dem Staatsabzeichen der Sowjetunion auf den Tisch. Winter las langsam die russische Bezeichnung: »Glawnoje Raswedywatelnoje Uprawlenije«. Dann legte er den Ausweis hin, musste sich erst fassen und trank einen Schluck Bier.

„Die GRU. Das ist doch der sowjetische und jetzige russische Militär-Nachrichtendienst."

„Ja, Militär-Nachrichtendienst. Du bist doch ein »Mantel«... ein Absolvent..."

Winter schaute ihn verwundert an und wusste im ersten Moment nicht, worüber er spricht. „Unser Mitarbeiter doch."

Kirowkin beobachtete Winter, der die Stirn zusammenfaltete. Ja, während des Studiums am Institut für Politologie und Deutsche Sprache in Moskau absolvierte er zudem einen zweijährigen Spezialkurs für die Mitarbeiter des militärischen Nachrichtendienstes. Die größte sowjetische Spionageagentur, die sechsmal mehr Agenten als der KGB hatte, und zwar Spitzenagenten, konnte ihn während des Unistudiums für sich gewinnen. In seinem Gedächtnis liefen die Bilder des »Konservatoriums« ab. So nannten sie die Militär-Diplomatische Akademie der GRU. Ihre Absolventen arbeiteten als Zivildiplomaten in den Botschaften der Sowjetunion oder der brüderlichen sozialistischen Länder. Über die GRU erzählte man sich, dass man „zwar für nur einen Rubel eintreten konnte, aber zwei Rubel für den Austritt bezahlen musste". Das bedeutete, dass man praktisch gar nicht weggehen konnte. Die Hauptdevise der GRU war nämlich die totale Verschwiegenheit. Wenn jemand seine Zunge nicht im Zaum halten konnte, musste er damit rechnen, dass sie abgeschnitten wurde. Im besseren Fall war nur die Zunge dran, im schlimmeren fiel auch der Kopf. Der riesige Komplex des Nachrichtendienstes befand sich in der Choroschewska Straße in Moskau hinter einer ungewöhnlich hohen Mauer, deren Ende man kaum einsehen konnte. Hinter der Mauer war das berühmte »Aquarium«, die Hauptkommandantur des militärischen Nachrichtendienstes. In diesem gigantischen Komplex befanden sich auch die Flugzeug-Konstruktionsbüros Iljuschin, Mikojan Gurewitsch (MiG), Suchoi und Jakovlew, die Produktionsstätte für die Kampfflugzeuge MAPO, der Betrieb für Raketenbau, das Institut für kosmische Biologie und die Militär- und Flugakademie. Dominant im Komplex war das neunstöckige Glasgebäude, das sogenannte »Objekt K 200«. Winter wurde dort nie hineingelassen. Das Objekt des »Konservatoriums« befand sich in der Nähe der U-Bahn-Station »Oktoberplatz«. Die Absolventen nannte man »Mäntel« und sie waren für den Einsatz in den Botschaften bestimmt. Die Schulungen fanden sehr individuell statt.

„Jan, ich weiß, dass es für dich vielleicht überraschend kommt, aber... ich glaube, dass das, was ich von dir verlange, voll im Einklang mit deinem Gewissen ist. Du bist doch unser Mann. Die Demokratisierung und Reformierung des Sozialismus liegen dir am Herzen... Denkst du, dass die Greise hier und in Berlin von allein die Koffer packen? Du verlangst von uns, dass Gorbatschow euch helfen soll, und wer soll das hier denn übernehmen, wenn nicht solche wie du?! Kann ich mit deiner Hilfe in der DDR rechnen?" Kirowkin beobachtete Winter mit leicht geschlossenen Augen. „Wenn es sich in Berlin bewegt, wird es sich auch in Prag bewegen." Er streckte seine riesige Handfläche zu ihm aus. Winter lächelte. Sie gaben sich die Hand und bestellten die dritte Bierrunde.

Zu Hause überlegte er sich vernünftige Gründe, um der Ehefrau den Tausch von Bonn gegen Berlin zu erklären. Anfangs war er enttäuscht, aber als ihm bewusst wurde, dass er Balaz unter Kontrolle haben würde, lächelte er. Er lächelte auch bei den Erinnerungen an Moskau. Er erinnerte sich, wie einmal auf dem Flughafen Scheremetjewo das Flugzeug Verspätung hatte und er sich zu einem haarigen Vierzigjährigen hinsetzte, vor dem schon drei leere Wodkagläser standen. Es zeigte sich, dass er ein Bratislavaer war.

„Ich bin Horvath, Pavol“, stellte er sich vor.

„Winter, Jano.“ Sie duzten sich. Sie wollten beide die gleiche verspätete Maschine nehmen. Nach der letzten Meldung wurde erwartet, dass die Motorpanne frühestens in zwei Stunden behoben werden konnte. In der Sowjetunion bedeutete frühestens in zwei Stunden mindestens fünf Stunden. In fünf Stunden schafften es zwei slowakische Zöglinge der Moskauer Schulen, sich in ein ganz schönes Schlamassel hineinzumanövrieren. Mit der steigenden Anzahl von Wodka wuchs auch die Redebereitschaft von Horvath. Sie wuchs in dem Ausmaß, dass er anfing anzugeben. Winter lächelte dümmlich, als ihn Horvath der Zusammenarbeit mit den sowjetischen Geheimdiensten bezichtigte.

„Erzähl du mir nichts... jeder unserer Studenten in Russland ist ein Agent von irgendeinem Dienst... zivilem oder militärischem.“ Horvath goss das nächste Glas in sich rein.

„Und du, was machst du denn hier?“

„Ich komme hierher, um mich zu schämen... hiks“, schüttelte Horvath mit dem Kopf. Winter sah ihn verständnislos an. „Um mich zu schämen. Vor mir selbst. In Bratislava arbeite ich auf einem spezialisierten Arbeitsplatz des Instituts für kybernetische Systeme... Wir zerlegen die Elektronik, die russische Spione draußen aus den amerikanischen Pershings klauen, und mit unglaublich großen Mikroskopen von Carl Zeiss Jena erforschen wir, was in denen steckt...“

„Und warum kommst du zum Schämen her?“

„Weil ich mich dafür schäme... verstehst du... ich bin damit nicht einverstanden, was ich tue, aber... ach, scheiße, so ist das Leben...“

„Warum tust du etwas, womit du nicht einverstanden bist?“

„Du Idiot... verstehst du nicht?... Einmal hatte ich unter dem Einfluss vom Alkohol ein Mädel überfahren... ich hatte ihre Knochen ein wenig anders geordnet... und statt ins Gefängnis zu gehen, versprach ich ihnen, dass... verstehst du... Seitdem komme ich oft nach Zelinograd... hier unterhalb von Moskau... Es ist eine beschützte Stadt... aber warum zum Teufel erzähle ich dir das... hiks."

Nach vier Stunden kletterten sie ins Flugzeug und schliefen fast augenblicklich ein. Auf dem Flughafen in Bratislava verabschiedeten sie sich mit unangenehmen Gefühlen, weil sie sich mehr erzählt hatten, als sie sollten.

„Das, was wir gesagt haben, bleibt unter uns, Freundchen..."

„Klar." Sie verabschiedeten sich. Damals ahnten sie noch nicht, in was für einer unglaublichen Situation sie sich in ein paar Jahren treffen würden.

Kapitel 25
BERLIN (Ost) 1987

Der neue tschechoslowakische Botschafter in der DDR Jan Winter saß im Wohnzimmer von Kurt Womatschka, der Abteilungsleiter der Gewerkschaftsorganisation FDGB. Seine Mutter war eine Aussiedlerin aus dem ehemaligen Schlesien, das nach dem Potsdamer Abkommen Polen zugesprochen wurde. Der Vater fiel an der Ostfront. Kurt war das einzige Kind und bei dem Marsch aus dem schlesischen Tesin nach Bautzen in der sowjetischen Besatzungszone zwei Jahre alt. Das Schicksal der Familie war in ein Geheimnis gehüllt, die persönlichen Dokumente sind an der Front und beim Aussiedeln verloren gegangen. Im offiziellen Lebenslauf war angegeben, dass er in der Slowakei geboren wurde. Kurts Vater wurde als deutscher Staatsbürger der Slowakischen Republik zur Wehrmacht berufen. Er gehörte zu den aktiven Organisatoren des Karpaten-Deutschen Verbundes in der Slowakei. Im Jahre 1920 wurde er Gründer der Zipser Deutschen Partei (ZDP), die später mit der Deutschen Partei (DP) des Faschisten Franz Karmasin vereint wurde.

Die DP wurde nach dem Vorbild der NSDAP organisiert und hatte genauso wie die NSDAP ihre Militärorganisation »Schutzstaffel«, bekannt als »SS«, und eine paramilitärische Organisation »Freiwillige Schutzstaffel« (FS). Während die Mitglieder in Deutschland SS-Männer hießen, wurden sie in der Slowakei spöttisch die FS-Männer genannt. Die Männer schritten stolz in braunen Hemden mit Hakenkreuz am Ärmel. In ihren schwarzen Hosen, schwarzen Stiefeln und schwarzen Militärmützen jagten sie nicht nur den Juden Angst ein, sondern auch den Slowaken, die von der deutschen Anwesenheit in der Slowakei nicht begeistert waren. Nach der Gründung des Slowakischen Staates arbeiteten die Garden Hlinkas und die FS eng zusammen.

Nach der Unterdrückung des Aufstandes gegen die Deutschen im Herbst 1944 wurden in den Kellerräumen der Burg Kezmarok nicht nur die gefangen genommenen Partisanen, sondern auch viele Bürger jüdischer Abstammung, die resigniert darauf warten mussten, dass sie in Richtung Auschwitz transportiert werden, interniert. Die Burg wurde gemeinsam von Truppen der »Garden Hlinkas« und zwei »Einsatztruppen« (ET) bewacht. Der Anführer einer der ET-Truppen war der Scharführer Klaus Winter, der Vater von Jan Hans.

Kurt Womatschka und Jan Winter saßen im Wohnzimmer der neuen Wohnung von Womatschka in der Berliner Siedlung Marzahn. Da das Radio keine passende Musik spielte, wechselte Kurt ständig die Langspielplatten. In der DDR sagte man aus Spaß, dass ein Drittel des Mauerwerks aus Ziegeln, ein Drittel aus Putz und ein Drittel aus den Stasi-Wanzen bestand. Jeder, der in einer höheren Position arbeitete, musste damit rechnen, dass er abgehört wurde. Kurt rechnete damit, deshalb ließ er regelmäßig Wagner, Beethoven oder Bach laufen, obwohl er die Klassik hasste. Sie machte aber einen sehr nützlichen Lärm.

„Denkst du, dass es Balaz wissen könnte?“

„Ich weiß nicht, aber es ist kein tolles Gefühl“, dachte Winter nach.

„Es war Krieg“, versuchte ihn Womatschka aufzuheitern.

„Es ist jetzt vierzig Jahre her, und wenn sich bis jetzt kein Zeuge fand...“, winkte er ab.

„Aber der Schwiegervater von Balaz...“, presste Winter die Zähne zusammen. „Es ist unglaublich. Ich habe sogar versucht, mir seine Tochter zu angeln. Und jetzt ist sie Balazs Ehefrau. Mir wäre nicht mal im Traum eingefallen, dass Marta Balecka die Tochter des Mannes ist, der das alles gesehen hat...“

„Wann hast du das erfahren?“, fragte Womatschka.

„Als ich das letzte Mal in Wien war, besuchte mich im Hotel ein Mann. Er sprach Slowakisch mit starkem deutschen Akzent und gab mir eine Kopie aus dem österreichischen Militärarchiv. Leider sind manche Sachen geschwärzt. Es sind dort aber die Namen der Zeugen und sogar das Foto des Vaters über dem... über dem Toten... Als ich den Mann fragte, ob er dieses Dokument noch habe, verabschiedete er sich und verschwand. Seitdem habe ich ihn nicht mehr gesehen.“

Winter atmete auf und trank einen Schluck Whisky, den ihm Womatschka wieder einschenkte. „Niemand von denen lebt mehr. Ich habe nachgeforscht. Nur der Schwiegervater von Balaz. So ein Mist!“

„Mach dir keine Sorgen. Du kennst Balaz langsam eine Ewigkeit und während der ganzen Zeit ist nichts passiert.“

Winter zuckte unsicher mit der Schulter. „Der Gedanke, dass es jemand erfahren könnte, ist furchtbar... Nicht nur, dass meine Karriere zu Ende wäre, aber meine ganze Familie wäre erledigt. Kannst du dir die Schlagzeilen vorstellen? Der Vater des tschechoslowakischen Botschafters oder sogar Außenministers war ein SS-Mörder.“

„Also, wenn ich das jetzt richtig verstehe, hast du dich gegen Bonn entschieden, um deswegen hierherzukommen, um...“, schaute er Winter fragend an. Der saß in Gedanken versunken da, Womatschka hörte er gar nicht zu.

„Entschuldige, was hast du gefragt?“

„Ob du hierherkamst, um zu erfahren, wie es mit dem Dokument und mit Balaz aussieht?...“

„Ja, um etwas... um etwas damit zu machen“, schaute er entschlossen Womatschka in die Augen.

„Damit oder mit ihm?“ Winter schwieg. „Das wird nicht so einfach sein.“

„Ich weiß.“

„Hast du eine Idee?“, fragte Womatschka. Winter schüttelte mit dem Kopf. Womatschka beobachtete den tschechoslowakischen Botschafter einen Moment lang. Winter sah ihn an und hatte das Gefühl, dass Womatschka ihn verachtete.

„Es würde keinen Sinn machen, Balaz physisch zu beseitigen, obwohl es kein großes Problem wäre. Aber wir wissen gar nicht, ob er das Dokument überhaupt hat. Ich denke, ich habe eine Lösung“, sagte Womatschka langsam. Winter sah ihn gespannt an. „In solchen Fällen ist es das Beste, ihn damit zu erledigen, dass du seinen Ruf zerstörst. Du stellst ihm eine Falle nach der anderen, du zwingst ihn, Fehler zu machen, du schaffst das, ihn so richtig in Verruf zu bringen. Natürlich politisch. Ein im Misskredit gebrachter Mensch kann mit allen möglichen Behauptungen kommen, aber niemand schenkt ihm Glauben. Ideal wäre, wenn sie ihn zur Strafe zurück nach Prag beordern würden. Aus Gründen der Unzuverlässigkeit, grober Verstöße gegen die Arbeitsmoral oder... am besten wäre ein Komplott gegen ihn einzufädeln. Zum Beispiel eine Zusammenarbeit mit einem westlichen Agenten oder Informationsverrat. Du bist doch clever genug, denk dir etwas aus. Hauptsache, du wirst genug Argumente und vor allem ausreichende Beweise gegen ihn besitzen. Wenn sie ihn einmal aus politischen Gründen abberufen, war's das mit ihm.“ Winter hörte schweigend zu. „Wie äußert er sich politisch?“, schaute ihn Womatschka an.

„Er ist eindeutig auf der Linie von Gorbatschow.“

„Das ist doch hervorragend. Ich denke, dass die Genossen im Prager Zentralkomitee über einen solchen Diplomaten nicht sehr erfreut sein werden“, lachte Womatschka. „Also stelle Fallen auf, sammle Beweise von seiner antiparteilichen Einstellung und dann stelle alles der Personalabteilung in Prag zur Verfügung.“

Als Winter von Womatschka wegging, war er entschieden, Balaz um jeden Preis zu diskreditieren. Balaz selbst lieferte ihm dafür auch eine Menge an Gelegenheiten.

Kapitel 26
BERLIN (Ost) / MOSKAU 1989

Josif Josifowitsch Obicki war einer der jüngsten Leutnants der sowjetischen Armee. Die schnelle Beförderung erreichte er dank hervorragender Studienleistungen an der GRU-Akademie, der Auszeichnung für seinen Tschernobyl-Einsatz, aber vor allem dank des Stiefvaters, der es einrichten konnte, dass er in die Hauptstadt der DDR kam. Der Militärattaché Oberst Tarkowski freute sich über die Ankunft des jungen, ausgezeichnet Deutsch sprechenden Leutnants. Der neue Sekretär des FMA konnte sich schnell sowohl in der Botschaft als auch in Berlin orientieren. Tarkowski machte ihn mit Kollegen aus anderen Botschaften der sozialistischen Länder bekannt, er führte ihn im Verteidigungsministerium und Außenministerium der DDR ein und machte ihn auch mit Menschen in den Militärmissionen der Kontrollmächte – den USA, Großbritannien und Frankreich – bekannt.

Josif war einer der achtzig Prozent sowjetischer Soldaten und Offiziere, die aufgrund von Protektion in die DDR kamen. Er besaß einen diplomatischen Pass und ging regelmäßig nach Westberlin zu Militärmissionen der Tschechoslowakei, Polens und Jugoslawiens. Besonders zur tschechoslowakischen Mission hatte das Büro des FMA sehr gute Beziehungen. Es fanden hier formelle und informelle Treffen statt, auch freundschaftliche Debatten mit tschechoslowakischen und polnischen Kollegen. Dem tschechoslowakischen Militärattaché Oberst Hlavac brachte er verschiedene Dokumente mit dem Siegel des sowjetischen Attachés. Nach Westberlin kam er sehr gern. Nicht nur deshalb, weil er die Möglichkeit hatte, ein wenig die freie Atmosphäre zu genießen, sondern auch wegen der Einkäufe. Sowjetische Diplomaten, die in der DDR akkreditiert waren, bekamen monatlich symbolische Summen von Westmark, für die sie ein wenig Süßigkeiten, Kosmetik oder Kleidung kaufen konnten. Trotzdem brachten sie aus Westberlin nicht gerade die billigste Elektronik oder sogar Schmuck mit. Die Devisen besorgten sie sich mit dem Verkauf von russischem Wodka, Champagner oder Kaviar an Zwischenhändler. In der Nähe des Bahnhofs Zoo waren in den eng verschlungenen Gässchen viele Geschäfte der türkischen, jugoslawischen und vor allem polnischen Händler versteckt.

Oberst Tarkowski vertraute dem Sohn seines alten Freundes absolut und er selbst gab ihm die Kontaktinformationen von manchem Händler. Josif freundete sich mit Leszek an, dem jungen Polen, der ein Elektrogeschäft am Hardenbergerplatz hatte. Leszek kaufte von ihm vor allem Kaviar. Für eine Kilopackung zahlte er Josif 130 bis 150 Mark. Für die Hausenrogen bekam er das Dreifache und für die russischen Störrogen das Zweifache, ähnlich war das auch bei den sternförmigen Störrogen. Der Preis hing auch davon ab, wie viele Videorekorder, Kassettenrekorder oder Fernseher der sowjetische Offizier bei ihm kaufte. Für den Doppelkassettenrekorder von Sharp verlangte Leszek 250 Mark. Für diese Summe verkaufte er ein Kilo russischen Kaviars weiter. Wenn er gute Laune hatte, gab er ihm als Bonus ein paar Videokassetten mit. Im Falle eines außerordentlich guten Geschäfts konnte Josif zu sehr günstigen Preisen die neuesten Pornokassetten mitnehmen. Elektrogeräte, Kassetten und Kameras eigneten sich hervorragend als Bestechungsgeschenke, mit denen die sowjetischen Soldaten ihre Vorgesetzten in Moskau beschenkten, die es ihnen ermöglicht hatten, in die DDR zu kommen. Mit Hilfe der Elektrogeräte oder Pornokassetten konnte man eine anständige Laufbahn hinlegen und den Karriereanstieg deutlich beschleunigen.

Die tschechoslowakischen Diplomaten und deren Familien gingen regelmäßig am Mittwoch mit den Mitarbeitern der sowjetischen Botschaft in das sowjetische Sportareal in Berlin-Karlshorst. Balaz spielte mit der älteren Tochter Volleyball, seine Frau und Anicka gingen meistens schwimmen. In der Volleyballmannschaft der sowjetischen Botschaft waren ein paar wirklich gute Spieler und die Sowjets gewannen regelmäßig. Schließlich vereinbarten die beiden Mannschaften, dass sie in gemischter Zusammenstellung spielen werden. Balaz merkte, dass neben Martuschka fast immer der junge, sympathische Osja spielte. Schwarzhaarig, mit langer spitzer Nase, groß gewachsen mit toller Sprungkraft und harten Schlägen. Es war zu sehen, dass er ein Sportler war. Unter der Dusche bemerkte Balaz seinen durchtrainierten Körper.

„Sie spielen hervorragend."

„Ich habe früher ein wenig gespielt."

„Es ist einfach, so zu schlagen, wenn sie Hände wie zwei Schaufeln haben", lachten sie.

„Ich habe Volleyball nie professionell gespielt. Dafür aber Eishockey für die Sowjetflügel."

„Sind Sie bei der Botschaft?"

„Ich bin der Sekretär des Militärattachés."

„Vassili Nikolajewitsch ist Ihr Vorgesetzter?" Osja nickte. „Es ist ein anständiger Kerl."

„Ja, das ist er."

„Osja, was ist das für Name?"

„Josif. Sie sagen Jozef. So wie Sie" und zog seine Uniform an. Er saß auf der Bank und plötzlich holte er stark Luft. Er wurde blass und aus der Nase floss Blut. Balaz reichte ihm ein Papiertaschentuch. „Danke. Und siezen Sie mich bitte nicht. Sagen Sie ruhig Osja zu mir", versuchte er zu spaßen. Nach einem Moment hörte das Bluten auf, Josif zog sich an und verließ den Umkleideraum.

„Der ist ja mächtig in deine Tochter verschossen", stichelte Mihas, der nebenan duschte.

„Aus der Ferne sieht es so aus", lachte Balaz.

„Pass auf, dass es aus der Nähe nicht auch so aussieht. Alle sehen, wie sich deine Kleine zu ihm hat..."

„Weißt du, dass mir gerade klar wurde, warum sie plötzlich anfing, sich so für Volleyball zu interessieren? Sie kann den Mittwoch kaum erwarten", überlegte Balaz. Der junge sowjetische Offizier war ein direkter und lustiger Typ und er freundete sich mit Balaz allmählich an.

Martuschka sang und spielte Klavier. Bei einem Freundschaftstreffen mit den Mitarbeitern der sowjetischen Botschaft trat sie im sowjetischen Klub mit dem Lied von Bulat Okudzhava »Der Papiersoldat« auf. Der legendäre Protestsong des Sängers, der nach dem sowjetischen Einmarsch im Jahre 1968 mitteilte, dass er nicht bereit sei, in einem besetzten Land zu singen und erst dann in die Tschechoslowakei komme, wenn von dort die sowjetische Armee weggehe. Die zierliche Schwarzhaarige sang wie um ihr Leben.

„Es lebte in der Welt ein Soldat, mutig, schön und neu, aber niemand verehrte ihn, er war nämlich aus Papier.
Die ganze Welt wollte er umbauen und in ihr glücklich mit uns leben, er musste aber im Kinderzimmer bleiben, er war doch aus Papier.
Er wollte für uns ins Feuer schreiten, auf den Tod hatte er sich vorbereitet, wer würde ihn ins Feuer jagen? Er war doch aus Papier.
Du willst ins Feuer? Nun, dann so soll so sein: Er ging mit straffem Schritt...
Er verbrannte und hatte seinen Tod für einen Fünfer, er war doch aus Papier".

Sie sang auf Russisch, wunderschön, so wunderschön, dass die Anwesenden das Gefühl hatten, dass nicht sie singe, sondern ihr Herz. Balaz warf einen Blick zu seiner Frau. Ihre Augen waren feucht. Er schaute sich um und sah, dass nicht nur seine Frau gerührt war. Als Martuschka zu Ende spielte, herrschte eine lange Zeit Stille. Dann ertönte ein riesiger, nicht enden wollender Beifall. Alle Anwesenden standen auf. Auch sie stand am Klavier und bedankte sich aus Verlegenheit und lächelte. Noch nie sang sie ihr Lieblingslied so wunderschön.

Plötzlich trat ein junger Mann in der Uniform eines sowjetischen Leutnants an sie heran. Er schenkte ihr eine Rose und küsste ihre Hand. Das Mädchen wurde rot. Josif war der erste Mann in ihrem Leben, der ihre Hand küsste. „Ich danke dir, du hast von meinem Vater gesungen." Er legte sich die Hand ans Herz und verbeugte sich tief vor ihr.

Wenn Sascha nicht mehr wusste, wie sie Sergei von der Politik ablenken sollte, holte sie die Briefe von Josif und sie lasen sie zusammen. Es waren fantastische Momente, wenn beide die katastrophale Situation vergessen konnten, die sich seit dem Amtsantritt von Gorbatschow trotz aller Erwartungen noch verschlimmerte. Aus Berlin schrieb er seiner Mutter öfter als damals aus Tschernihow. Er lobte seinen Vorgesetzten und das Leben in Ostdeutschland. Er schrieb, dass er regelmäßig mit seinem Chef zum Sport nach Karlshorst ging. Jeden Mittwoch hatte er die Gelegenheit Martuschka, die Tochter vom tschechoslowakischen Presseattaché, zu sehen. Er hieß auch Jozef und war aus Bratislava, ungefähr vierzig und spielte ausgezeichnet Volleyball. Martuschka war eine Schönheit, die wunderbar Klavier spielte und vor kurzem beim Konzert im sowjetischen Klub den Papiersoldaten von Okudzhava spielte.

Den Brief, in dem Josif schrieb, dass Martuschkas Vater auch Jozef heiße, vierzig Jahre alt sei und hervorragend Volleyball spiele, legte sich Sascha in ihre Handtasche. Sie las ihn auf Arbeit, in der U-Bahn und im Park, in dem sie mit der kleinen Nina spazierte. Immer und immer wieder kam sie zu ihm zurück. Volleyballspieler Jozef aus Bratislava.

Sie schrieb Josif, sie freue sich darüber, dass es ihm so gut gehe. Beunruhigt fragte sie, warum er Probleme mit dem Hals habe und schlecht schlucken könne. Sie wollte wissen, ob er schon beim Arzt war. Dann machte sie noch Spaß und fragte, ob er etwa die junge Slowakin heiraten möchte. Als ihr dann Osja in einem Brief ein gemeinsames Foto der sowjetischen und tschechoslowakischen Volleyballspieler schickte, war ihr klar, dass der Vierzigjährige mit beginnenden grauen Haaren an den Schläfen Jozef war, ihre erste Liebe.

Kapitel 27
BERLIN (Ost) 1989

Im April 1989 lud Peter Greiner Balaz zu einem Freundschaftstreffen in seine Ostberliner Wohnung in der Leipziger Straße ein. Balaz war es klar, dass er für ein Treffen mit einem westdeutschen Journalisten das Einverständnis des Botschafters einholen müsste.

Seine Beziehungen zu dem Botschafter Winter waren aber angespannt und die allgemeine Situation begann sich nach dem Amtsantritt von Gorbatschow auch in den Beziehungen von Ost- und Westdiplomaten und -Journalisten zu lockern. Er entschied sich, keine Bewilligung zu beantragen. Er nahm seine Frau und eine Flasche Borowitschka mit und ging zu Besuch. Greiner stellte Balaz jedem von den Gästen vor. Balaz kannte von ihnen nur den Pressevertreter der Ständigen Vertretung der Bundesrepublik, Herrn Grabbe. Von vielen Namen behielt er nur zwei im Kopf – Rainer Eppelmann und Markus Meckel. Er wusste nicht, wer diese Menschen waren, er sah aber, dass sie nicht daran gewöhnt waren, an solchen gesellschaftlichen Veranstaltungen teilzunehmen. Auch die Gespräche unterschieden sich gänzlich von den Gesprächen mit Funktionären oder Journalisten der DDR, mit denen er meistens im Kontakt war. Es überraschten ihn die offenen Worte von Rainer Eppelmann, der sich darüber beklagte, dass in allen sozialistischen Ländern eine Bewegung in politischen Sachen zu verzeichnen war, nur in der DDR und Rumänien war alles wie festgefroren. Balaz diskutierte mit Eppelmann, Meckel und anderen und langsam begann er zu begreifen. Er war der einzige sozialistische Diplomat, der von Greiner zum Treffen eingeladen wurde, obwohl er wusste, dass es zu Balazs Pflichten gehörte, nach so einem Treffen ein Protokoll darüber zu schreiben. Er überlegte, warum ihn der westdeutsche Journalist in eine prekäre Lage bringen wollte. Als Peter an ihn herantrat, gingen sie in die Wohnzimmerecke und Balaz fragte ihn direkt danach.

„Ja, meine Gäste sind von der Opposition. Meistens sind es evangelische Priester, ein paar Künstler, ein paar von solchen, die einen Ausreiseantrag gestellt hatten...“

„Du hättest es mir sagen können, wer hier sein wird“, machte Balaz ihm einen Vorwurf.

„Wärest du dann gekommen? Du hast jetzt doch nicht die Hosen voll... Ich wollte dir damit zeigen, dass ich dir vertraue.“

„Du weißt aber, dass ich über so ein Treffen einen Bericht abgeben muss.“

„Dann schreib ihn. Niemand hier hat ein Problem damit.“

„Zum Teufel, ihr nicht, aber ich könnte eines haben.“

„Du wirst eines haben, wenn du etwas schreibst", schaute ihn Greiner an und wartete auf seine Reaktion.

„Jemand sagte mir, dass es hier so funktioniert, dass gegenüber jeder Wohnung, in der ein Westjournalist wohnt, eine Wohnung ist, wo die Stasi-Leute..." Balaz sah Greiner forschend an.

„Ich habe das auch gehört."

„Ganz toll!" Balaz trank einen Schluck Wein.

„Ich denke, dass es bald zu deinen Gunsten sein wird... Jozef, ich wollte dich fragen, ob du morgen mit mir nicht joggen möchtest. Im Friedrichshain. Du joggst doch dort... ich bereite mich auf den Berliner Marathon vor und habe keine Lust, allein zu laufen..."

„Ich weiß nicht... aber warum denn nicht", lächelte Balaz. Er hatte das Gefühl, dass es Greiner um etwas anderes ging als ums Laufen.

Peter wartete am nächsten Tag in Jogginghose und Turnschuhen vor dem Eingang in den Park hinter der Statue von Lenin. Nach kurzen Übungen zum Warmwerden begannen sie zu joggen.

„Und was hast du gemacht, hast du es dem Botschafter gemeldet?" Balaz nickte. Greiner sah ihn überrascht an. „Ich konnte nicht riskieren, dass er das von deinen Nachbarn von der Stasi erfährt."

„Und was sagte er?"

„Dass es unter uns bleibt."

„Er scheint ein vernünftiger Mensch zu sein", versuchte Greiner aus Balaz eine Meinung über den Botschafter herauszuholen. Eine Weile liefen sie ohne zu sprechen. „Entschuldige, dass ich dich hierher geholt habe, aber in der Wohnung oder im Auto kann ich mir nicht sicher sein, ob sie mich nicht abhören...", sagte er und schaute sich unbewusst um. Es schien in ihrer Umgebung niemand Verdächtiges zu sein. „Ich habe eine Bitte an dich. Eine große Bitte", begann er leicht verlegen. „Ein sehr guter Freund von mir in Westberlin hat eine Freundin. Sie ist vor zwei Jahren von hier weggegangen... Ihr Sohn blieb hier... Er ist bei der Großmutter, aber die hat schon große gesundheitliche Probleme... sie versucht verzweifelt, den Sohn hier herauszuholen, aber es gelingt nicht..." Sie liefen eine Runde nach der anderen, Greiner erzählte Balaz die Geschichte von Heike, ihrem Sohn und ihrem Freund Thomas. Balaz hörte zu und hatte das Gefühl, dass der Schweiß, der auf seiner Stirn ausbrach, nicht nur vom Laufen kam. Als ihn Greiner fragte, ob er ihnen nicht irgendwie helfen könnte, versagten fast seine Beine. Greiner merkte, wie blass Balaz wurde. „Entschuldige, ich will nicht, dass du etwas machst, was dich selbst gefährden könnte... Ich dachte nicht, dass du ihn über die Grenze fahren solltest. Ich habe das Gefühl, am Checkpoint Charlie haben sie schon Spezialgeräte dafür..."

„Gefährden? Du bist vollkommen verrückt geworden... Das würde mich nicht gefährden... Ich würde dafür direkt ins Gefängnis wandern... Der Botschafter wartet nur auf einen Anlass... Ich kann nicht ausschließen, dass wir auch jetzt verfolgt werden... Peter, ich würde dir so gerne helfen... Ich weiß, du hast uns auch sehr geholfen, aber das hier geht zu weit."

Eine Weile liefen sie noch. „Entschuldige, wenn es für dich so riskant ist, nimm es so, als ob ich dich um nichts gebeten hätte... und an unserer Freundschaft ändert sich auch gar nichts..." Balaz hörte ihm nicht mehr zu. Er wusste nicht mal, wie sie sich verabschiedeten. „Jozef, bitte, ich nehme es zurück,... denk nicht mehr daran, wir kommen schon irgendwie zurecht." Sie verabschiedeten sich und Balaz erinnerte sich nicht, wie er nach Hause kam.

Martuschka saß am Klavier und spielte die Klavierkonzerte von Liszt. In der Vase waren noch Rosen, die sie zu ihrem achtzehnten Geburtstag bekam. Obwohl sie offiziell ihre Volljährigkeit erreicht hatte, war sie für ihn immer noch wie ein kleines Mädchen, das er innig liebte, genauso wie seine zweite Tochter Anicka. Die war gerade beim Judo-Training. Die Frau besuchte einen Abendkurs für Deutsch. Er zog seine verschwitzten Sachen aus, duschte und schnitt dann alles klein, was er im Kühlschrank fand. Martuschka merkte, dass er sehr nachdenklich war.

„Hast du Probleme?"

„Nein, nein... und du?"

„Ich? Nein..."

Er strich eine Pastete auf sein Brot. Die Tochter lächelte ihn geheimnisvoll an. Sie dachte an ihr gestriges Rendezvous mit Osja, bei dem sie sich das erste Mal küssten. Balaz dachte nach und suchte nach einer Lösung. Es war ihm klar, dass Peter ihm keine Falle gestellt hatte und dass die Sache ernst war. Er wollte Greiner sehr helfen, aber er hatte einfach Angst. Im Falle des geringsten Verdachts konnte ihn die Grenzpolizei der DDR kontrollieren. Bei der Vorstellung, sie würden bei ihm im Kofferraum ein Kind finden, fröstelte es ihn. Das Ganze ist Unsinn, er hörte auch schon von den speziellen Röntgengeräten am Grenzübergang.

Der Einzige, der das Kind mit Sicherheit in den Westen bringen könnte, wäre ein Angehöriger einer der Besatzungsmächte, der den Übergang Glienickebrücke, welcher ausschließlich für diese Armeeangehörigen bestimmt war, nutzen könnte. Die Soldaten durften von den ostdeutschen Grenzbeamten in gar keinem Fall kontrolliert werden. Er kannte aber keinen Amerikaner, Franzosen oder Briten. Der einzige Soldat der Besatzungsarmee, den er kannte, war der Sekretär des Militärattachés der sowjetischen Botschaft Josif Josifowitsch Obicki.

Kapitel 28

BERLIN (Ost) / FRANKFURT (Oder) 1989

Die Presseabteilung des Außenministeriums veranstaltete für die in der DDR akkreditierten Presseattachés eine zweitägige Reise in die Region Frankfurt an der Oder. Die Gruppe wurde begleitet von drei Mitarbeitern der Presseabteilung und weiteren fünf Leuten, von denen niemand bestimmt wusste, wer die waren, aber alle ahnten es. Die Diplomaten wurden in einen festlich geschmückten Saal geführt, wo am Tisch der Parteisekretär der SED für diesen Kreis, ein gewisser Herr Neumann, der LPG-Vorsitzende Steglitz, seine zwei Stellvertreter und der beste Arbeiter der LPG Genosse Hartmann saßen. Der Parteisekretär gab einen ausführlichen Bericht von hervorragenden Leistungen, die die Bauern erreicht hatten, ab. Dann übernahm das Wort der Vorsitzende Steglitz.

„Genossinnen und Genossen“, sprach er stur die Gäste an, von denen die meisten Diplomaten aus den kapitalistischen Ländern waren. Die lächelten anfangs, aber als sie sahen, dass dem Vorsitzenden die Anrede Genosse schon in die Gene überging, gewöhnten sie sich daran. Der schwedische Attaché bemerkte, wenn er das gewusst hätte, er für die Dauer des Aufenthaltes in die SED eingetreten wäre. Im Saal war die Spannung zu spüren. Die Gastgeber sahen, dass die Gäste den Lobesreden nicht besonders große Beachtung schenkten. Der Vorsitzende setzte fort: „Unsere Genossinnen in der Hühnerabteilung erreichten die Erhöhung der Eierproduktion um 100 Prozent.“ Nach dem Verkünden der sensationellen Nachricht schaute er in den Saal und erwartete anerkennende Reaktionen. Die Gäste schauten sich ungläubig an.

„Die sind hier besser als damals bei uns der Schwager von Breschnew“, bemerkte Olutschkin, der neben Balaz saß. Er hob die Hand. „Genosse Vorsitzender, könnten Sie uns verraten, wie Sie das erreicht haben?“, fragte er sichtlich ironisch.

Der Vorsitzende bewegte sich unruhig hin und her. Einer seiner Stellvertreter entschuldigte sich kurz und verließ den Saal. Der andere schaute unter den Tisch.

„Ganz einfach. In der Einfachheit liegt das Prinzip“, sagte der Vorsitzende und gab dem Assistenten einen Wink. Der schaltete den Diaprojektor ein und an der Wand erschienen Käfige, in den drei Hennen waren. Auf dem nächsten Bild erschienen dann Käfige mit sechs Hennen. „So haben wir es erreicht“, nickte er bedeutungsvoll mit dem Kopf. Im Saal brach Gelächter aus. Die begleitenden Mitarbeiter des Außenministeriums versteckten ihre Gefühle auch nicht mehr und lachten zusammen mit den Gästen.

Olutschkin meldete sich wieder. „Genosse Vorsitzender, in jedem Käfig waren zuerst nur drei Hennen und dann sechs. Haben Sie nicht das Gefühl, dass es ihnen in den Käfigen eng wird?“

Der Vorsitzende wurde verlegen und konnte nicht antworten. Zu Hilfe kam ihm der Parteisekretär, der mit einer ernsten Stimme, aus der man Verärgerung spüren konnte, sagte: „Euch kann es vielleicht so vorkommen, dass es den Hennen in unseren Käfigen zu eng ist, aber wir wissen, dass sie sich wohl fühlen.“ Kaum sagte er das zu Ende, brach eine unverhohlene Freude im Saal aus. Es lachten sogar die geheimnisvollen Männer, die natürlich auch anwesend waren.

„Die SED-Führung weiß, dass sich die Hennen in den Käfigen wohl fühlen", wieherten die Diplomaten vor Lachen und wiederholten Neumanns Worte. Der unglückliche Sekretär war sich in seinem Starrsinn gar nicht dessen bewusst, was für eine phantastische Metapher er unabsichtlich gebildet hatte. Die ganze restliche Zeit der Reise wurde von Diskussionen darüber bestimmt, um wie viel Tausende die Zahl der Bürger anstieg, die aus dem DDR-Käfig ausziehen wollten. Neumann spürte, dass die Gäste ihm nicht glaubten, und so versuchte er sie beim Abschied noch einzeln zu überzeugen: „Unsere Bürger sind glücklich, nur viele von ihnen begreifen es noch nicht."

Anfang April besuchte eine hochrangige Delegation aus Prag die DDR. Nach Ostberlin kam der Sekretär des ZK der KPTsch Genosse Vasil Bilak, der entschlossen war, die kämpferischen Genossen der SED in ihrem „entscheidenden und nicht leichten Kampf gegen die Revisionisten und Opportunisten" zu ermutigen. Balaz freute sich, als der Botschafter ankündigte, dass der Genosse Sekretär das Interesse deutlich machte, sich mit den Diplomaten beim Arbeitsmittagessen zu treffen. Nie zuvor hatte einer von ihnen den Genossen Sekretär, von dessen »Redefertigkeit« schon Legenden erzählt wurden, live in Aktion gesehen.

„Ich esse vorher nichts!", machte sich schon seit dem frühen Morgen der Botschaftsrat Hubacek bemerkbar, der bekannt war durch seinen Geiz. „Heute ist Mittagessen mit Vasil, wir können uns, wie man sagt, den Bauch richtig vollschlagen. Der Koch Pepik sagte mir, dass er in Westberlin nach Hammelfleisch gesucht hat. Das soll der Genosse Sekretär sehr mögen. Und ich auch, Mann."

Das Mittagessen fand in der Botschafterresidenz statt. An einem wahnsinnig langen Tisch saßen alle fünfundzwanzig Diplomaten. Balaz bekam den Platz am Rande des Tisches gegenüber dem Botschaftsrat Hubacek. In der Mitte saß der Genosse Sekretär, ihm gegenüber der Botschafter. Im Interesse der Zeiteinsparung schlug der Sekretär vor, dass die Diskussion während des Essens stattfinden sollte. Die hungrigen Diplomaten nickten verständnisvoll. Der Genosse Sekretär bat ums Wort. Die Geschichten von seiner rhetorischen Begabung hatten sich bewahrheitet. Die am Tisch Sitzenden hatten sich nur auf eines konzentriert – dass sie nicht anfingen zu lachen. Bilaks Mischung von Slowakisch, Ruthenisch und Tschechisch war offensichtlich ein Unikat. Zum Glück. Dank dieser universellen Form konzentrierten sich die Zuhörer weniger auf den Inhalt der Rede.

„Deshalb muss ich sagen, sehr geehrte Genossen, dass es zu den unsterblichen Verdiensten von Wladimir Iljitsch Lenin gehört, dass er die revolutionäre Lehre der Arbeiterklasse vom Schlamm des Opportunismus gereinigt und die Lebensfähigkeit der Ideen des Marxismus verteidigt hatte!“

In dem Moment hörte man im Raum ein leichtes Platzgeräusch. Manche dachten, dass eine Glühbirne im Kristallkronleuchter gesprungen war, aber Balaz und seine Tischnachbarn wussten, dass es das Geräusch einer gebrochenen Zahnprothese war. Sie zerbrach dem Botschaftsrat Hubacek in dem Moment, als er mit übertriebenem Enthusiasmus begann, Pepiks tolle Hühnersuppe in sich hineinzustopfen. Pepik war für die großzügige Verwendung von Nudeln berühmt, auch diese Suppe war schön dick, eine Nudel neben der anderen. Und das war, wie sich zeigte, ein Problem. Das abgebrochene Stückchen Prothese in der Suppe zu finden wäre auch für einen Diplomaten mit weniger Dioptrien als Hubacek eine Herausforderung. Vor allem, wenn sie unter Zeitdruck stünden. Und er stand wahrlich unter Zeitdruck. Alle hatten schon zu Ende gegessen, die Kellner warteten nur noch auf ihn.

„Das Motto des Sozialismus mit menschlichem Antlitz war nur eine Maske, mit der man versucht hatte, das Gesicht der Konterrevolution zu verschleiern.“

„Hat es geschmeckt?“, fragte der Kellner höflich Hubacek, der den Kampf um die abgebrochene Prothese aufgab.

„Ja, danke“, schluckte Hubacek und verabschiedete sich nicht nur von der leckeren Nudelsuppe, sondern auch von dem Prothesenrest, der vom Kellner weggetragen wurde. Als Vorspeise gab es Schinken mit Meerrettichsahne. Hubacek unternahm einen Versuch, diesen zu essen, aber nach einer Weile gab er dann auf. Als der Genosse Sekretär ihn mehrmals streng anschaute, legte er sein Besteck weg und saß resigniert da. Seit dem Augenblick war er der einzige Diplomat, der aufmerksam den Worten von Bilak zuhörte.

„Stellen wir uns vor, Genossinen und Genossen (im Raum war keine einzige Genossin), so ein Bild. Ein Haus fängt an zu brennen. Es brennt und brennt und der Wirt ist so betäubt vom Alkohol oder Haschisch, dass er nicht löscht und auch niemanden zu Hilfe ruft."

„Hat es geschmeckt?", wurde Hubacek nach der Vorspeise vom Kellner gefragt, der den fast nicht angerührten Schinken mit Sahne wegtrug.

„Ja, danke, es ist sehr gut. Ich bin nur heute irgendwie satt...", lispelte er durch die verwackelte Prothese.

„Uns erfahrene Genossen kann niemand so leicht täuschen. Die alte Weisheit sagt, dass der Wolf immer Wolf bleibt, egal was für ein schönes Schafsfell er sich überwirft."

Hubacek hatte recht. Der Hauptgang war die Lieblingsspeise des Sekretärs – Hammelfleisch in Sahnesoße. Diesmal hatte sich Pepik auch richtig Mühe gegeben. Alle leckten sich die Finger, nur Hubacek saß heldenhaft da. Den Teller rührte er nicht an.

„Um Hilfe werden aber die Söhne bitten. Die Hilfe kommt und das Feuer ist gelöscht!"

„Ihnen scheint es heute aber nicht zu schmecken, Genosse Botschaftsrat", machte sich der Kellner unpassend lustig, als er die nicht angerührte Speise wieder wegbrachte. „Da wird sich Pepik aber nicht freuen."

„Den siegreichen Fortschritt des Kommunismus kann auf der Welt niemand mehr aufhalten!"

Nach dem Arbeitsmittagessen eilte der Genosse Sekretär nach Prag, um den Sozialismus zu retten. Balaz stieg gerade in dem Moment in den Fahrstuhl ein, als der Botschafter aus der Garage, in der er sich vom Genossen Sekretär verabschiedet hatte, nach oben fuhr. In dem kleinen Fahrstuhl waren sie nur zu zweit. Winter konnte sich nicht beherrschen und meinte offensichtlich sehr beeinflusst durch den Auftritt des Sekretärs: „Was für ein Idiot, nicht wahr?"

Am nächsten Tag nach der Abreise des Sekretärs klingelte bei Balaz das Telefon. Peter Greiner bat ihn um ein Treffen. „Auch du hast schon von unserem lustigen Genossen Sekretär gehört?", versuchte Balaz zu spaßen. Peters Stimme war aber ernst und er drängte zum schnellstmöglichen Treffen. „Es geht um unseren gemeinsamen Lauf..." Jozef wurde nervös. Seit dem gemeinsamen Lauf mit Peter war eine relativ lange Zeit vergangen und er hatte gehofft, dass die Angelegenheit mit dem Sohn seines Freundes irgendwie gelöst worden war. Beim Treffen bat ihn Greiner, zusammen mit ihm nach Westberlin zu fahren, wo er ihm den Ort zeigen wollte, wohin der sowjetische Soldat das Kind bringen sollte. Balaz besuchte Westberlin immer mit seiner Ehefrau. Die einzige Möglichkeit, Greiner ohne sie zu begleiten, war, schwarz rüberzugehen, ansonsten hätte er seine einmalige Monatserlaubnis verwenden müssen. Eine Sonderbewilligung, um Westberlin zu besuchen, stellte nur der Botschafter aus. Es hatte aber eher eine statistische und Kontrollbedeutung für die tschechoslowakische Seite. Die ostdeutschen und amerikanischen Soldaten am Grenzübergang Checkpoint Charlie fragten immer nur nach dem diplomatischen Ausweis mit der Akkreditierung für die DDR. Balaz nahm kein großes Risiko auf sich, denn Peter sagte ihm, er warte gleich hinter dem Grenzübergang an der Ecke Zimmerstraße/Friedrichstraße. Sie wollten nur in eine kleine Kneipe am Tiergarten gehen.

Als Balaz das erste Mal schwarz über die Grenze ging, war er leicht nervös. Er stellte sich vor, wie die deutschen Grenzposten seinen nichtbewilligten Übergang den tschechoslowakischen Organen meldeten und sah sich schon als Arbeiter im Dimitrow-Betrieb. Zum Glück ging er absolut routiniert auf die andere Seite. Peter wartete schon an der vereinbarten Stelle. Balaz setzte sich in sein Auto und über die Bellevuestraße und Tiergartenstraße kamen sie zur Kneipe »Zum Vogel« auf der Halbinsel des Neuersees. Sie gingen in einen unauffälligen Hof, der von der Straße durch dichtes Gebüsch verdeckt wurde. Das Hintertor war offen, aber ein Mann schloss es gleich. Peter stellte Balaz den Mann vor. Hans Vogel war der Kneipeninhaber und hatte mit Peter offensichtlich eine vertraute Beziehung. Die Männer gingen in einen Raum, der einen direkten Hofeingang hatte. Hinter den Türen hörte man Stimmen der Gäste und des angeschalteten Fernsehers. Hans bot Balaz Kaffee an, den er aber ablehnte. Er wollte so schnell wie möglich zurück. Vogel versicherte ihnen, dass er sich Tag und Nacht in der Kneipe aufhalte und dort im hinteren Trakt auch wohne.

Die Männer vereinbarten die Einzelheiten. Balaz beschwor Greiner, dass niemand erfahren dürfe, wer hinter der Entführung stecke. Peter schaute ihn mit einem Blick an, dass es Balaz fast leid tat, diese Selbstverständlichkeit ausgesprochen zu haben. Sie verabschiedeten sich. Sein ganzer Aufenthalt in Westberlin dauerte eine knappe Stunde. Es war um 3.00 Uhr Nachmittag. Er fuhr zwischen den Betonhindernissen am Checkpoint Charlie zum Grenzhäuschen, vor dem der DDR-Zollbeamte stand. Er gab ihm seinen Ausweis, der Polizist salutierte und Balaz war nach ein paar Metern wieder in Ostberlin. Er atmete auf und mit Erleichterung fuhr er in die Garage der Botschaft. Niemand hatte etwas bemerkt.

Nachdem der Trabant mit dem diplomatischen Kennzeichen die Grenze passiert hatte, schaute der Passbeamte, der direkt dem Ministerium für Staatssicherheit unterstand, im Eintragungsbuch nach. Aus Neugier wollte er wissen, wann der Trabant mit Diplomatenkennzeichen nach Westberlin gefahren war. Er erfuhr, dass der Trabant CD 02-32 genau fünfzig Minuten in Westberlin war. Es kam ihm aber verdächtig vor, dass der Trabant schon vor drei Tagen an dem Übergang war und er sonst regelmäßig einmal im Monat auf die andere Seite fuhr. Er rief seinen Vorgesetzten an, der kam und machte sich ein paar Notizen.

Eine Stunde später saß der Botschaftsrat Mlejnek im Büro des Botschafters. Mlejnek war offiziell der Attaché für Sicherheitsfragen, alle wussten aber, dass er der höchste Vertreter der tschechoslowakischen Staatssicherheit in der DDR ist. Eine der wichtigsten Aufgaben der Staatsicherheit war hier die Kontrolle der eigenen Diplomaten.

Auf dem Tisch lag die Meldung der ostdeutschen Staatssicherheit, der Abteilung für diplomatische Vertretungen, die die Information enthielt, dass der Erste Sekretär der tschechoslowakischen Botschaft Jozef Balaz sich in der Zeit von 14:03 bis 15:00 Uhr in Westberlin aufgehalten hatte.

„Was hast du damit jetzt vor?“, fragte Mlejnek.

„Lass es mir hier“, sagte Winter und schaute Mlejnek bedeutsam an.

„Ich würde daraus keine Staatsaffäre machen. Der Junge fährt in einem Monat nach Hause und es gab schon so viele, die schwarz auf der anderen Seite waren“, legte Mlejnek überraschend ein gutes Wort für Balaz ein.

„Alles hängt von ihm ab“, antwortete mit sarkastischem Lächeln Winter.

Kapitel 29

BERLIN (Ost) 1989

Am 3. Mai 1989 um 14.00 Uhr kam Osja in die Garage der tschechoslowakischen Botschaft. Die Einfahrt war an der Ecke Mohrenstraße und Mauerstraße. Osja kannte die Garage, da er täglich die Abteilungen des Militärattachés besuchte. Balazs Parkplatz war zum Glück am Ende, gleich neben den Plätzen für die Fahrzeuge der Abteilung des tschechoslowakischen Militärattachés. In diesem Teil der Garage gab es auch keine der sonst überall angebrachten Kameras. Zusätzlich war es bei der tschechoslowakischen Botschaft ein offenes Geheimnis, dass der junge, sympathische Leutnant der Freund der Tochter des Presseattachés ist. Wenn sie also in der Garage jemand zusammen sehen würde, wäre es nichts Ungewöhnliches.

14.00 Uhr war eine sehr passende Zeit. Nach der Mittagspause saßen die Diplomaten meistens in ihren Büros. Die Außentermine mit den Partnern erledigten sie in der Regel vormittags und gesellschaftliche Veranstaltungen fanden abends statt. Balaz hatte im Kofferraum seines Trabis einen großen Fernsehkarton, in dem schlief Peter ganz ruhig. Um seinen Schlaf hatte sich Greiner gekümmert, der von seinem Freund, einem Arzt, eine Spritze bekam. Die müsste mit Sicherheit noch mindestens drei Stunden wirken. Am Tag vorher trafen sie sich und Balaz erläuterte Josif alles bis ins kleinste Detail. Jetzt kam er in die Garage zu dem Platz, wo er sonst auch immer parkte. Er schaute leicht düster, aber er wirkte sicher und ruhig. Zusammen stellten sie den Karton in seinen dunkelgrünen Opel Ascona 1,6 mit einem großen Kofferraum. Sie gaben sich die Hand und Josif fuhr nach Süden zum Grenzübergang Glienicker Brücke. Der Übergang wurde weltberühmt, nachdem dort im Februar 1962 der Austausch der Spione Rudolf Abel und Garry Powers zwischen der Sowjetunion und den USA stattgefunden hatte.

Von Süden aus fuhr er um ganz Berlin herum und in dem Potsdamer Teil der Berliner Vorstadt nahm er die Berliner Straße zur Glienicker Brücke. Der ostdeutsche Grenzbeamte grüßte ihn höflich, fragte nach dem Pass und schaute ihn sich lange an. Obwohl der Beamte keinerlei Befugnisse hatte, wurde Josif ein wenig nervös. Es beruhigte ihn zwar, dass das Schlafmittel noch mindestens drei Stunden wirken musste, aber er schwitzte schon bei der Vorstellung, dass der Junge genau am Grenzübergang wach werden könnte. Der Soldat bedankte sich und machte eine Geste, die ihn zum Weiterfahren animieren sollte. Josif fuhr zwischen den Antipanzer-Igeln aus Beton in allen Farbtönen, die vom Lack vieler Autokarosserien stammten, die hier schon versucht hatten durchzufahren, weiter. Als er auf der linken Seite das Schloss Glienicke sah, beruhigte er sich. Er war in Westberlin. Er fuhr am Wannsee vorbei, am Nikolasee nahm er die Autobahn E 51. Hinter dem Messegelände fuhr er zum Kaiserdamm und durch die Bismarckstraße. Kurz darauf war er im Tiergarten. Für das Gartenrestaurant »Zum Vogel« warben schon die Hinweisschilder.

Der Hintereingang in den Hof war offen. Josif fuhr hinein und das Tor ging zu. Hans Vogel zeigte ihm an, dass er in die geräumige Garage fahren sollte. Dort wartete Peter Greiner mit Thomas. Auf die Schnelle gaben sie sich die Hand, Josif öffnete den Kofferraum und die Männer halfen ihm mit dem Karton. Als Thomas ihn anfasste, zitterten seine Hände dermaßen, dass Josif sie mit seinen riesigen Pranken festhalten musste. Sie trugen ihn in einen hinteren Raum, in dem Heike wartete und machten ihn auf. Als sie den schlafenden Sohn sah, riss es ihr die Beine weg und sie wurde bewusstlos. Thomas und Peter hatten Tränen in den Augen. Der junge russische Soldat stand da und beobachtete die gerührten Deutschen. Thomas trat an ihn heran und umarmte ihn ohne Worte. Er wollte ihm einen Umschlag in die Hände drücken, aber Josif lächelte höflich und lehnte ab. Er sagte, dass er zurück müsse. Er stieg in sein Auto, Vogel öffnete ihm das Tor und der Opel verlor sich am Ende der Straße.

Die Einkaufspassagen in der Nähe vom Zoologischen Garten waren nicht weit. Er ging bei Leszko vorbei und kaufte die Sachen nach der Liste, die ihm Oberst Tarkowski gegeben hatte. Er lief zum Kurfürstendamm und dann zur Hubertusallee, die ihn in die Podbielskiallee führte, in der sich die tschechoslowakische Militärmission im amerikanischen Sektor von Berlin befand. Dem diensthabenden Offizier übergab er die versiegelte Post von seinem Vorgesetzten und dann kehrte er zum Glienickeübergang zurück.

Als Josif weggefahren war, ging Balaz in sein Büro, machte die Tür zu, kniete sich hin und begann zu beten. Er betete zu Gott, dass alles klappe, dass der Wirt zu Hause wäre und dem jungen russischen Soldaten nichts passieren würde, dass das Kind nicht zu früh wach werden würde, dass so schnell wie möglich das Telefon klingeln würde und der vereinbarte Satz »Beim nächsten Mal komme ich auch Volleyball spielen« ertönen würde. Balaz war klar, dass er Josif sehr mochte. Er fühlte ihm gegenüber etwas, was er rational nicht erklären konnte, etwas, was nur Väter für ihre Söhne empfinden. Er hatte nur Töchter, aber er hatte das Gefühl, dass das Verhältnis zu einem Sohn so aussehen würde.

Josif kam in die Garage der sowjetischen Botschaft Unter den Linden und betrat sein Büro. Er nahm den Hörer und wählte Balazs Nummer. „Ich wollte Ihnen nur sagen, dass ich mich sehr darauf freue, wenn wir das nächste Mal zusammen Volleyball spielen."

Wenn in diesem Moment jemand in Balazs Büro gekommen wäre, würde er sicherlich nicht verstehen, wie ein erwachsener Mann so unglaublich herzlich über eine Einladung zu einem Volleyballspiel lachen konnte. Balaz klatschte sich vor Freude auf die Oberschenkel. Als er auflegte, verspürte er eine riesige Erleichterung. Das Gefühl war so stark, dass aus seinen Augen die Tränen schossen.

Kapitel 30

BERLIN (Ost) 1989

Am 4. Juni 1989 herrschte im großen Tagungsraum der tschechoslowakischen Botschaft eine festliche Atmosphäre. Es begann eine große diplomatische Sitzung, bei der sich Botschafter Ján Winter von seinen Mitarbeitern verabschiedete. Obwohl alle wussten, dass er ein Slowake war, schrieb er seinen Namen Jan immer auf Tschechisch ohne Strich über dem »a«.

„Genossen, heute ist der vierte Juni, mein letzter Arbeitstag in der Deutschen Demokratischen Republik. Ich verbrachte hier mit euch zwar nur zwei Jahre, aber ich möchte mich bei euch allen für die hervorragende Arbeit bedanken. Wie Sie alle sicherlich wissen, muss ich zurück nach Prag im Zusammenhang mit anderen wichtigen Aufgaben, mit denen ich betraut werde.“ Der Botschafter brachte überraschend auf Slowakisch eine Serie von Phrasen zum Besten, wie gut er mit diesem tollen Kollektiv zusammenarbeitete. Dann sah er die Mitarbeiter an, die von ihm während der ganzen Zeit seiner »eisernen Herrschaft« in Berlin mehr als von irgendjemand anderem die Nase voll hatten. „Und jetzt, Genossen, da ich hier Schluss mache und es Ihnen egal sein kann, äußern Sie ruhig Ihre Meinungen dazu, wie Sie mich fanden. Ich bitte Sie wirklich, seien Sie offen, es wird mir und Ihnen eine Bereicherung sein.“ Der Botschafter schaute in den Raum, in dem vor ihm fast dreißig eingeschüchterte Menschen saßen. Die Diplomaten nach der Meinung zu dem Menschen zu fragen, der unmittelbar davorsteht, deren Minister zu werden, ist ungefähr das Gleiche, wie den zum Tode Verurteilten kurz vor der Hinrichtung bei der Möglichkeit der Begnadigung nach seiner Meinung über den Henker zu fragen.

Die Diplomaten dankten einer nach dem anderen dem Botschafter für die tollen zwei Jahre, die ihnen das Schicksal mit ihm gönnte.

Balaz sagte als Einziger kein Wort.

Nach der Sitzung saß Winter im Ledersessel in seinem Büro, betrachtete die eingepackten Kartons und Bücher und er wurde ein wenig wehmütig. Der höchste GRU-Vertreter in Berlin entschied nach der Konsultation mit den Freunden in Prag, dass der Botschafter Winter in die Tschechoslowakei zurückkehren sollte. Es sei notwendig, dass die zuverlässigen Kräfte sich bereithalten würden, die entscheidenden Positionen in dem Augenblick, der langsam aber sicher komme, zu übernehmen.

„Setz dich", forderte er Balaz auf, der auf Winters Verlangen ins Büro kam. „Was trinkst du?... Komm, es ist so viel Saufstoff hier..."

„Danke, ich habe keinen Appetit."

„Bei der Sitzung hattest du keine besonders gute Laune... Also setz dich doch. Zum Teufel, die Klimaanlage funktioniert wieder nicht... Was schaust du so?", fragte der Botschafter.

„Du sprichst Slowakisch."

„Mir ist es gar nicht mehr bewusst. Aber ja, man sollte sich doch nicht schämen dafür, woher man kommt."

„Hast du dich etwa dafür geschämt, dass du ein Slowake bist?"

„Das sicherlich nicht, aber manchmal stelle ich mir die Frage, ob sich die Kinder für ihre Eltern schämen sollen?", sagte Winter und schaute forschend Balaz an, der die Frage nicht verstand. Er ahnte nicht, dass der Botschafter im kleinsten Zögern bei einer Antwort in seinem Gesicht nach einem Zeichen sucht, ob er etwas von dem Geheimnis seines Vaters wüsste.

„Das hängt davon ab, was unsere Eltern alles angestellt haben."

Der Botschafter grinste, stellte seinen Code auf der Aktentasche ein und holte irgendwelche Papiere heraus.

„Es sieht mit einer fünfzigprozentigen Wahrscheinlichkeit so aus, dass ich Minister werde. Der neue Generalsekretär Jakes mag mich zwar nicht besonders, aber seine Position wird schwächer..." Bedeutsam blickte er zu Balaz. „Und hinter mir stehen andere... Ich wollte dich fragen, wenn ich Minister werde, ob du mein Sprecher sein möchtest. Also der Sprecher des Außenministers." Balaz schaute ihn mit einem überraschten Gesichtsausdruck an. Plötzlich brauchte Winter denjenigen, den er während seiner ganzen Wirkungszeit im Ministerium in den Hintern trat. Und nebenbei gesagt, die tschechoslowakische Außenpolitik unter Jakes' Führung sich vorzustellen, kann nur ein Schwachsinniger.

„Ich weiß nicht, ob ich dazu geeignet bin... du kennst meine Ansichten, die sind nicht immer im Einklang damit, was die Genossen im Zentralkomitee erzählen..."

„Gerade deshalb. Wir brauchen Menschen, die ihre eigene Meinung haben und keine Angst haben, sie zu präsentieren. Über dich weiß ich, dass du ein Mensch dieser Sorte bist. Schau mal, ich weiß über dich einiges... und... ich schätze deine Ansichten... ich hätte dich gerne bei mir... ich vertraue dir." Winter sprach in einem Ton, den Balaz vorher bei ihm nicht kannte. Fast, als ob er sich bei ihm für irgendetwas entschuldigen würde.

„Jozef," sagte er plötzlich jovial, „es hatte zwischen uns vielleicht mal Reiberein gegeben, aber die Zeiten ändern sich... wir müssen uns helfen. Wir wissen nie, wo wir einmal sein werden... Ich biete dir auch meine Hilfe an... zum Beispiel so." Er legte die Meldung der Stasi vor ihn hin, wo alle Übertritte der Grenze zwischen Ost- und Westberlin des Diplomaten-Fahrzeugs CD 02-32 notiert wurden. Er beobachtete Balaz, der leicht rot wurde.

„Also ist es doch so", dachte er für sich selbst. „Wir ahnten es, dass jeder unserer Grenzübertritte notiert würde, und sie taten es tatsächlich."

„Wann warst du das letzte Mal drüben?"

„Dort steht es doch geschrieben." Balaz beobachtete ihn und versuchte aus seinen Gesten herauszufinden, was er von diesem letzten Übertritt wüsste. Er fühlte, wie sein Herz anfing zu rasen. Wenn sie über Josif Bescheid wissen, ist das das Ende nicht nur seiner Karriere, er würde auch strafrechtliche Konsequenzen tragen müssen.

„Genau siebenundfünfzig Minuten", schüttelte Winter mit dem Kopf. Was hätte Balaz dafür gegeben, wenn er nur geahnt hätte, was der Botschafter wusste.

„In einer Woche fahre ich nach Hause und ich wollte noch auf die Schnelle ein paar Kleinigkeiten kaufen. Und mein Limit war schon ausgeschöpft."

Winter musterte ihn. „Weißt du, dass dies eine grobe Verletzung der Arbeitsdisziplin ist, wegen der eine sofortige Abberufung in die Zentrale mit allen Konsequenzen erfolgen könnte?!" Balaz schwieg. „Konntest du nicht zu mir kommen? Ich hätte dir das Einverständnis gegeben. Jetzt wissen das alle in der sechsten Etage... Du hast Glück, dass ich die Meldung von Mlejnek bekommen hatte. Aufgrund dessen, dass du eh schon hier Schluss machst, haben wir vereinbart, dass es unter uns bleibt. Ansonsten kannst du dir vorstellen, was dich wegen des unerlaubten Grenzübertritts erwarten würde!" Balaz schaute ihn an und nickte verständnisvoll. „Musst du noch mal auf die andere Seite?"

„Nein, ich habe schon alles gekauft, was gebraucht wurde."

„Also das hier", Winter zeigte auf die Stasi-Meldung, „das bleibt unter uns."

„Ich danke dir." Balaz war sichtlich erleichtert. Aus dem Verhalten des Botschafters war ersichtlich, dass er keinen blassen Schimmer hatte, warum er tatsächlich drüben war.

„Das ist in Ordnung." Winter stand auf und gab Balaz die Hand. An der Tür hielt er ihn noch kurz an. „Denk über den Posten des Sprechers nach. Ich würde mich wirklich freuen. Versprich mir das wenigstens in dem Falle, dass ich Minister werde."

Jan Winter wurde nach seiner Rückkehr nach Prag zum Ersten Stellvertreter des Außenministers der Tschechoslowakischen Sozialistischen Republik ernannt.

Kapitel 31
BERLIN (Ost) / BRATISLAVA 1989

Balaz saß nachdenklich im Wohnzimmer und schaute auf die Masse an Kartons, Koffern und Kisten, die für den Umzug vorbereitet waren. Der nächste Tag sollte sein letzter in der DDR sein. Vor einigen Tagen wurde ihm beim Abschiedsmittagessen im Hotel »Stadt Berlin« vom Direktor der Presseabteilung des DDR-Außenministeriums Wolfgang Schleyer die Medaille der Liga für Völkerfreundschaft für die Festigung der Freundschaft zwischen den Nationen der DDR und Tschechoslowakei verliehen. Balaz mochte Schleyer. Er war einer der wenigen Funktionäre der DDR, die nicht viel redeten und als einer der Wenigen unterschied er konsequent zwischen Tschechen und Slowaken. In seiner Dankesrede sagte Balaz aus Spaß, wenn die DDR-Freunde wüssten, was er über sie in den Berichten nach Prag geschrieben hatte, hätten sie ihm keine Auszeichnung verliehen.

„Aber über dich habe ich immer nur Gutes berichtet", sah er Schleyer an.

„Na, ob das für mich gut ist, das weiß ich ehrlich gesagt nicht", lachte Schleyer.

„Ich verbrachte mehr als fünf Jahre unter euch. Ich habe erfahren, dass die Deutschen, egal ob im Osten oder im Westen, die gleichen Menschen sind wie wir. Mit ihren guten und schlechten Seiten, mit ihrer Kraft und ihren Schwächen, mit ihren Enttäuschungen und Hoffnungen. Ich möchte mich für die Medaille für die Festigung der Freundschaft zwischen Deutschen, Tschechen und Slowaken herzlich bedanken. Ich spreche absichtlich nicht von Ostdeutschen und Westdeutschen. Ich hoffe ganz fest, dass es nicht mehr lange dauern wird und ihr wieder nur noch Deutsche seid." Im Saal herrschte Grabesstille. Balaz sagte das, was alle Anwesenden dachten, aber niemand hatte es auszusprechen gewagt.

Zwei Wochen später durchschnitten Gyula Horn und Alois Mock die Stacheldrähte an der österreichisch-ungarischen Grenze. Der Eiserne Vorhang begann einzustürzen.

Er schaute sich im Wohnzimmer um und verabschiedete sich davon. Sein Blick fiel auf einen Schuhkarton, in dem Martuschka sorgsam ihre Briefe und Fotos aufbewahrte. Er schaute niemals den Töchtern in die Sachen, aber sein Interesse erweckte das Foto von Osja, das auf dem Karton obenauf lag. Er hatte es ihr beim Abschied zusammen mit einem Nelkenblumenstrauß und einer russischen Holzpuppe »Matrijoschka« geschenkt. Die Tochter verbarg ihre Traurigkeit tapfer. Beim Abschied von Osja merkte sie, dass er sehr oft schlucken musste und leicht krächzte. Es schien ihr, dass seine

Schilddrüse geschwollen war. Er sagte, er habe Fieber und sei erkältet. Sie versprachen sich zu schreiben, aber Martuschka wusste, dass ihre erste Liebe sich in der Unendlichkeit verlieren würde. Osja war ein Berufssoldat und ahnte nicht, wohin er in einem Monat oder in einem Jahr abkommandiert werden würde.

Er schaute sich das Foto des ungewöhnlichen sowjetischen Soldaten an. Nie war er auf die Idee gekommen, nach seinem Geburtsdatum zu fragen. Er erinnerte sich jetzt daran, wie Osja einmal erzählt hatte, dass er von seiner Mutter weiß, dass am Tag seiner Geburt die ganze Karpato-Ukraine den tschechoslowakischen Eishockeyspielern im Spiel gegen die Sowjetunion die Daumen gedrückt hatte. Die Tschechoslowaken hätten 4:3 gewonnen. Es war der bedeutsame Sieg im März 1969. Balaz hatte sich mit Sascha in Kiew im Juli 1968 geliebt...

Die Ehefrau kehrte mit den Kindern direkt nach Bratislava zurück. Balaz blieb in Prag. Nach seiner Rückkehr lud ihn der Chef der Presseabteilung des Föderalen Außenministeriums Ing. Karasek ein und informierte ihn darüber, dass die Ministeriumsleitung entschieden hatte, ihn als Pressesprecher vorzuschlagen. Er erklärte nicht genau, wer die »Leitung« darstellte, die ihn vorschlug. Im Grunde wurde er nur formell informiert, seine Ernennung wurde schon verabschiedet. Balaz verlangte eine Woche Bedenkzeit. Der Chef lehnte dies ab, die Position musste sofort besetzt werden, denn die Ereignisse begannen sich zu überschlagen. Die Zahl der ausländischen Journalisten, die nach Prag kamen, wuchs ständig. Es war notwendig, dass ihnen jemand die Schritte und Entscheidungen, die an den höchsten Stellen in der Partei und Regierung der Tschechoslowakei verabschiedet wurden, erklärte. Jemand, der ein Charisma besaß, jovial war und den Ruf genoss, ein Mensch mit eigener Meinung zu sein. Einer von denen, die dies erfüllten, war Balaz.

Die Spannung stieg, der Mut der Menschen wuchs angemessen dazu, wie sich die Lage in der Sowjetunion, Polen und Ungarn entwickelte. Die tschechoslowakische Führung reagierte auf die Gesellschaftsentwicklung nur mit formellen Statements. Balaz hatte nicht die geringste Lust derjenige zu sein, der es erklären würde und dies sogar verteidigen müsste. Er lehnte das Angebot des Direktors der Presseabteilung Karasek ab. Noch vor einem halben Jahr hätte er ernste Folgen dafür erwarten müssen, jetzt schaffte es Karasek nur festzustellen, dass im Falle, wenn er die Position nicht annähme, sie mit ihm in Prag nicht rechnen würden.

Am 1. Juli fing er also in seiner alten neuen Arbeitsstätte im Presse- und Informationszentrum in Bratislava an. Es war einige Tage danach, als die ausländischen Radiosender den Aufruf »Ein paar Sätze« in die Tschechoslowakei sendeten, den viele unterschrieben – Devaty, Havel, Krizan, Vondra, Bartoska, Zagorova und andere. In der Slowakei unterschrieben nur wenige – Milan Knazko und Jan Carnogursky. Sie forderten als unverzügliche Veränderungen die Entlassung der politischen Gefangenen, das Respektieren der Religionsfreiheit, die Beseitigung der Zensur, die Öffnung der Diskussion über die Fünfziger und das Jahr 1968, die Erlaubnis zur Gründung von Privatunternehmen und andere Dinge, mit denen man einfach einverstanden sein musste.

Auch nach Bratislava kamen immer mehr ausländische Journalisten. Er lernte interessante Persönlichkeiten des europäischen Journalismus kennen, deren Namen er bis zu dem Zeitpunkt nur aus den ausländischen Medien kannte. Einer der sympathischsten war der Berichterstatter des österreichischen Tagesblattes »Der Kurier«, Franz Eder. Er half ihm, viele bürokratische Hindernisse zu beseitigen, damit er die Leser seiner Zeitung darüber informieren konnte, was in dem Nachbarland Tschechoslowakei passierte. Mit Franz versuchten sie sogar einen gemeinsamen österreichisch-slowakischen Radiosender CD-International zu gründen. Ihre Debatten überschritten schon lange den vorgegebenen Rahmen, dessen Einhaltung er mit seiner Unterschrift in der Einverständniserklärung über die Einhaltung des Staatsgeheimnisses bestätigt hatte. Natürlich wurden die Besuche der Journalisten aus dem kapitalistischen Ausland durch die Staatssicherheit beobachtet.

An einem Augustnachmittag saß er mit Franz im traditionellen Weinkeller »Senkvicka«. Sie aßen hausgemachte Würste und das deftige Essen spülten sie mit einem Liter Wein runter. Balaz merkte, dass sie vom Nachbartisch von einem Mann mit Kamera beobachtet wurden. Als sie ausgetrunken hatten, fuhr Franz mit seinem Auto wieder nach Wien zurück. Am nächsten Tag kam Mandak zu ihm. Er fragte, wie Eders Besuch verlief. Balaz wusste, dass der Grenzübertritt jedes ausländischen Journalisten bei der Staatssicherheit sofort gemeldet wurde, er wusste aber nicht, was die Staatssicherheitsleute über ihre Aktivitäten im Landesinneren beobachteten. Er erzählte also im Zusammenschnitt den Verlauf des Besuchs im Wasserkraftwerk Gabcikovo – Nagymaros. Mandak fragte ihn aber weiter aus.

„Wie viel Wein haben Sie getrunken?“ Balaz war jetzt klar, dass der Mann in der Senkvicka-Kneipe ein Staatssicherheitsmann war.

„Was weiß ich... jeder zwei Gläschen...“

„Und euer gemeinsamer Besuch im Radio? Sie sollen dort über einen neuen Funksender... über einen österreichisch-slowakischen Radiosender verhandelt haben... Sie haben sogar gedolmetscht“, sah er Balaz fragend an, dem mit Entsetzen klar wurde, wo sie überall ihre Leute haben.

„Nun, wir haben zwar verhandelt... ja..., aber es wurde nichts daraus...“

„Können Sie mir mehr Einzelheiten über diese Verhandlungen erzählen?...“

„Daraus, was Sie sagen, schließe ich, dass Sie diese Einzelheiten schon haben und sie nur noch bestätigt wissen wollen“, sagte Balaz verärgert. Mandak schaute ihn lange an.

„Sie können mir vertrauen“, sagte er nach einer Weile überraschend. „Das Ganze ist sowieso im Arsch. Es kocht auch schon unter den Offizieren in der Staatssicherheit. Denken Sie etwa, dass es dort keine normalen Menschen gibt?“ Nach einem Moment fügte er noch hinzu: „Wenn ich eine Million Kronen hätte, würde ich das hier alles in die Luft sprengen.“ Balaz schaute ihn schweigend an. Er wusste nicht, ob Mandak seine Meinung ehrlich und offen sagte oder ob er nur provozierte, um seine Reaktion zu erfahren. Dann stand er auf und mit einem seltsamem, sich entschuldigenden Blick gab er Balaz die Hand. „Wenn wir uns nicht mehr treffen sollten, dann wünsche ich Ihnen im Leben nur alles Gute...“

Seitdem traf er Mandak nie wieder.

Siebzehn Jahre später sagten sie ihm im Institut des Nationalen Gedenkens, dass in den achtziger Jahren einige Dutzend Offiziere der Staatssicherheit mit Geldstrafen bestraft oder sogar aus dem Polizeidienst entlassen wurden. Sie hatten sich »schwarze Seelen« ausgedacht, also Agenten und Mitarbeiter, mit denen sie sich angeblich in verschiedenen Restaurants trafen oder für die sie teuren Alkohol kauften. Statt der Rechnungen schrieben sie eidesstattliche Erklärungen darüber, wie viel sie die »Verköstigung« der Agenten kostete, die davon keine Ahnung hatten. Mit dem teuren Alkohol betranken sich die Agenten der Staatssicherheit. Die Gelder, die sie aufgrund der ausgedachten Treffen bekamen, bedeuteten für sie ein zweites oder sogar drittes Gehalt. Mandak war einer von diesen Offizieren. Obwohl sie im Institut dafür genügend Beweise hatten, veröffentlichten sie diese niemals. Sie wollten offensichtlich nicht, dass die Vertrauenswürdigkeit des Instituts, das ausschließlich Staatssicherheitsunterlagen verwahrte, angezweifelt wird.

Kapitel 32
BERLIN (Ost) 1989

Nach dem Öffnen der österreichisch-ungarischen Grenze kamen Tausende DDR-Bürger nach Ungarn mit einem einzigen Ziel – in die BRD auszureisen. Nach der Verfassung der Bundesrepublik war jeder DDR-Bürger automatisch auch Bürger der BRD, da deutscher Abstammung. Schließlich gelang es bei der Stadt Sopron am 19. August 1989 ungefähr 900 Bürgern, im Rahmen des »Paneuropäischen Picknicks« nach Österreich zu fliehen. Sofort begann eine Flüchtlingswelle in die Botschaften der BRD in Ungarn und in der Tschechoslowakei. Nach komplizierten Verhandlungen erlaubten die Regierungen von Ungarn und der CSSR diesen Bürgern, überzusiedeln. Auf eine Ausreise aus der DDR warteten die nächsten mutigen 250.000 Antragsteller. In dieser Zeit besuchte der höchste und wahrscheinlich auch der senilste Repräsentant der DDR Erich Honecker einen elektrotechnischen Betrieb in Erfurt, wo er sogar ein paar Witze auf Lager hatte: „Den Sozialismus in seinem Lauf hält weder Ochs noch Esel auf." Gleichzeitig hob er »die riesige Arbeitsinitiative der Hunderttausenden Bürger vor dem sich nähernden 40. Jubiläum der DDR-Gründung« hervor.

Am 6. Oktober 1989 beleuchteten die Strahlen der Lasershow den Berliner Himmel. Die Strahlen waren frei und konnten auch ohne Einwilligung der ostdeutschen Behörden nach Westberlin gelangen. Als die Bürger beider Teile der Stadt die Farbeffekte am Himmel beobachteten, ahnten sie nicht, dass die Zeit, bis durch die Mauer nicht nur Strahlen, sondern auch sie durchkommen würden, reif ist. Die Lasershow wurde am Vorabend des 40. Jubiläums der DDR-Gründung vom Zentralkomitee der SED als Teil einer großartigen Manifestation der Mitglieder der Jugendorganisation FDJ, die in die Hauptstadt des Landes mit Hunderten von Bussen gebracht wurden, veranstaltet. Über ihren Köpfen wehten die DDR-Flaggen, blaue FDJ-Flaggen und Hunderte Fackeln. Als auf der Tribüne Erich Honecker und Michail Gorbatschow erschienen, ertönte donnerndes Skandieren: „Gorby, Gorby, Gorby!..." Honecker bejubelten nicht einmal seine treuesten Jugendlichen.

Nach der festlichen Versammlung wechselten die Gäste in den Palast der Republik. Erich Honecker trat mit einer festlichen Ansprache auf. Er drehte sich zu Gorbatschow und begann zu lesen: „Ich versichere Ihnen, dass der Sozialismus auf deutschem Boden, in der Heimat von Marx und Engels, auf einem unerschütterlichen Fundament steht." Der Dolmetscher übersetzte für Gorbatschow und seine Frau Raisa, die links von Honecker saßen, der mit seiner Altersfistel und sich überschlagenden Stimme sprach. Gorbatschow langweilte sich offensichtlich. Vielleicht dachte er an die, die sich zur gleichen Zeit ein paar Meter vom Palast der Republik entfernt an der Spree versammelten und laut riefen: »Freiheit, Freiheit.« Die Menschenmasse dort wurde immer größer und zog sich bis zum Roten Rathaus hin. Trotz der soliden Geräuschdämmung war es unmöglich, den Lärm von der Straße zu überhören. Honecker sprach zu Ende, stand auf und stieß mit Gorbatschow und Raisa an. Er lehnte sich über seine Frau Margot zum tschechoslowakischen Boss Jakes und zum rumänischen Diktator Ceausescu.

Es war der letzte Trinkspruch von Honecker. Zehn Tage später, während der »Woche des Brandschutzes der DDR« trat er »auf eigenen Wunsch« vom Posten des Generalsekretärs der SED zurück. Sein Nachfolger Egon Krenz war nur eine jüngere Ausgabe seines Vorgängers. Die Proteste wurden stärker.

Am 4. November riefen die Kunstverbände der DDR zu einer Manifestation auf, bei der sie Freiheit des Wortes, des Reisens, des Versammelns und freie Wahlen verlangten. Stefan Heym, Christa Wolf, Christoph Hein und weitere mehr als zwanzig erstrangige DDR-Künstler versuchten den Millionen Anwesenden aus der ganzen DDR Mut zuzusprechen. Die DDR-Führung bewältigte die Situation nicht. Es begann eine richtige Revolution. Es war ein sich Erheben nicht nur eines Teiles der deutschen Nation, sondern vor allem ein Aufstand der Bürger. Das Volk gab zu verstehen, dass es nicht nur eine Masse sein wollte, sondern Bürger mit menschlicher Würde und eigener bürgerlicher Verantwortung.

Auf Anweisung des neuen Zentralkomitees der SED und dessen Generalsekretärs Egon Krenz berief Günther Schabowski, Mitglied des Politbüros, für den 9. November 1989 für 18.00 Uhr eine Pressekonferenz im Ostberliner Pressezentrum ein. Die Öffentlichkeit erwartete grundsätzliche Entscheidungen. Die Luft im Raum konnte man kaum atmen. Das DDR-Fernsehen übertrug die Konferenz live. Der Berichterstatter der italienischen Agentur ANSA, Ricardo Ehrmann, verspätete sich, deshalb musste er sich unters Podium fast zu den Füßen von Schabowski hinsetzen. In dem Moment ahnte er noch nicht, dass hier Geschichte geschrieben werden wird. Fast eine Stunde erzählte Schabowski mit einer typischen Verschleierungsart von der Verbreiterung der Möglichkeiten der DDR-Bürger, in den Westen zu reisen. Der Saal fing an zu toben und er geriet unter den Druck der ungeduldigen Journalisten. Schließlich sagte er mit unsicherer Stimme:

„Die DDR-Bürger dürfen in die BRD reisen.“ Im Saal wurde es lauter. Ehrmann, der nur einen Meter von Schabowski entfernt saß, hob als Erster die Hand.

„Gilt es auch für Westberlin?“

„Eh...ja“, antwortete nach einem Moment des Zögerns Schabowski.

„Ab wann gilt es denn?“, ließ jemand im Saal die Schlüsselfrage verlauten. Schabowski schaute Ehrmann direkt in die Augen. Wer weiß, was ihm in diesem Moment durch den Kopf ging, aber plötzlich meldete er mit einer überraschend entschiedenen Stimme: „Das tritt nach meiner Kenntnis, das ist ab sofort, unverzüglich ein.“ Dann wurde er ein wenig zögerlicher, aber es war schon geschehen.

In dem Moment wurde in beiden Teilen Deutschlands gejubelt. Thomas und Heike umarmten sich. Die Nachricht übernahm die Agentur Reuters und so brachten es alle westdeutschen Fernseh- und Rundfunksender. Sie meldeten, dass alle Grenzübergänge mit sofortiger Wirkung offen waren. Obwohl das ostdeutsche Fernsehen noch versucht hatte, Schabowskis Meldung zu korrigieren, rollten schon Menschenmassen zu den Grenzübergängen. Der am meisten frequentierte Übergang war die Bornholmer Brücke in dem bevölkerungsreichen Viertel Prenzlauer Berg.

Als der Rundfunksender RIAS meldete, dass sich die Westbürger auf der Seite des Übergangs nach Ostberlin versammelten, konnten Thomas und Heike der Versuchung, dabei zu sein, nicht widerstehen. Der Übergang war nur ein paar Straßen vom Haus im Westberliner Viertel Wedding, in dem sie wohnten, entfernt. Heike bat ihre Nachbarin, auf den schlafenden Peter aufzupassen. Schnell zogen sie dicke warme Jacken an und zogen los. Die Straßen waren voll. Aber nicht so voll wie von der östlichen Seite des Übergangs. Die Massen skandierten: „Tor auf, Tor auf!“ Die Grenzpolizisten waren offensichtlich nervös. Die Bürger, die vorn standen, diskutierten mit den Grenzleuten. Die Spannung war unerträglich. Niemand wusste, ob die höchste Führung am Ende doch nicht Gewalt anwenden lässt. Die Waffen der Polizisten waren geladen. Vorbereitet waren auch Maschinengewehre und Wasserkanonen. Schließlich rief der diensthabende Offizier Oberstleutnant Jäger in der Stasizentrale an. Er bekam nur eine verlegene Antwort: „Versuchen Sie so viele Menschen wie möglich zurückzudrängen. Und die aggressivsten lassen Sie gehen..." Jäger legte den Hörer auf und begriff nichts. Es war ihm klar, dass die in der Zentrale der allmächtigen Geheimpolizei am Ende waren. Sie hatten wahrscheinlich den Befehl, keine Gewalt anzuwenden. Blitzschnell analysierte er jetzt die Situation. Wenn es so einen Befehl nicht gäbe, hätte er bestimmt die Anweisung erhalten, alle Mittel anzuwenden. So eine Anweisung hatte er aber nicht bekommen. Es lag also an ihm, wie er sich entscheidet. Wiederholt versuchte er, in der Zentrale anzurufen, um die Erlaubnis einzuholen, die Grenzkontrollen einzustellen. Ans Fenster seines Büros in der Holzbaracke pochten die von der Leidenschaft erfassten DDR-Bürger. Auf der anderen Seite des Übergangs riefen die Westberliner: „Lasst sie raus! Lasst sie raus!!!" Das Telefon klingelte, aber niemand ging dran. Er legte auf, dachte kurz nach und dann entschied er auf eigene Faust. Er ging hinaus und hob die Schranke. Es war genau um 22.00 Uhr. Der Grenzübergang Bornholmer Brücke und sein diensthabender Offizier wurden zu dem legendären schwächsten Glied der Kette, das aufspringen musste, um alle anderen Glieder zu befreien.

Es zeigte sich, dass die Hühner im Käfig, den man DDR nannte, nicht zufrieden waren. Die Menschen strömten nach Westberlin, tanzten, umarmten sich und weinten. Ihnen entgegen kamen die Brüder und Schwestern aus Westberlin. Hunderte Trabants und Wartburgs drängten sich zwischen den Menschen, die zu Fuß in den Westen gingen. Thomas und Heike umarmten sich gegenseitig, danach auch mit den Menschen aus dem Osten. Allmählich wurden bis um 2.00 Uhr alle Grenzübergänge in die BRD und Westberlin geöffnet. Die Wirte auf dem Ku'damm zapften Bier umsonst. Thomas ging mit Heike zum Brandenburger Tor, dem Symbol der Teilung Deutschlands. Hunderte Menschen standen an der Mauer. Thomas schaute sie an. Er hätte nie geglaubt, dass man auch auf der Mauer tanzen könnte. Heike konnte sich nicht mehr halten und lief auf der Allee Unter den Linden. Sie war mehr als vier Jahre nicht hier gewesen. In einer Art Amokzustand umarmte sie jeden, den sie traf. Sie hatte schon lange den Gedanken verworfen, ihre geliebte Allee noch einmal zu sehen.

Es war schon fast früh am Morgen, als auf dem Pariser Platz vor dem Brandenburger Tor ein Megaphon zu hören war. Ein Offizier der Grenzpolizei der DDR bat die Bürger energisch, den Platz zu räumen. Das Gebiet vor dem Brandenburger Tor wurde wieder zur geschlossenen Zone. Aber nur noch für ein paar Stunden. Am zweiundzwanzigsten wurde das Brandenburger Tor definitiv für offen erklärt. Silvester feierten hier fast eine halbe Million Deutsche gemeinsam.

Am nächsten Tag um neun klingelte im Büro von Egon Krenz, des Generalsekretärs des ZKs der SED, das Telefon. Die Vermittlerin meldete den sowjetischen Botschafter Wjatscheslaw Kotschemasow an. „Genosse Krenz, ich wollte nur das Erstaunen von Moskau darüber ausdrücken, dass ihr einseitig die Grenzen nach Westberlin geöffnet habt."

„Entschuldigen Sie, Genosse Botschafter, aber es war mit Ihrem Außenminister Schewardnadse so vereinbart."

„Ja, aber nur das Öffnen der Grenzen zwischen der DDR und der BRD, nicht in Berlin. Sie brachen damit die eigenständigen Besatzungsrechte und das Berliner Statut." Kotschemasow redete zu Ende und legte auf. Krenz setzte sich und fing an, die Frühberichte des Geheimdienstes zu lesen. Nach einer Weile legte er sie angewidert weg. Er blätterte in der Zeitung, aber er konnte sich nicht konzentrieren, durch den Kopf ging ihm das Telefonat mit dem sowjetischen Botschafter. Es wurde doch zwischen den Außenministern Fischer und Schewardnadse klar gesagt. Er ließ Fischer zu sich rufen, der bestätigte, dass in der mündlichen Absprache zwischen ihm und Schewardnadse auch die Übergänge in Berlin dazu gehörten. In Moskau war jedoch keine politische Entscheidung verabschiedet worden. Schewardnadse hatte sich nur mit Gorbatschow abgesprochen. Die höchste sowjetische Führung wusste nichts davon.

Nach einer Stunde rief Kotschemasow wieder an. „Lieber Egon, ich wollte noch herzliche Grüße von Michail Sergejewitsch überbringen. Er gratuliert unseren deutschen Freunden. Das, was ihr heute Nacht getan habt, hält er für einen mutigen Schritt." Krenz bedankte sich. Er dachte darüber nach, was in der Zwischenzeit in Moskau passiert war, wenn der Botschafter innerhalb von zwei Stunden zwei so unterschiedliche Statements präsentierte. Noch vor zehn Tagen, während des offiziellen Besuches in Moskau, antwortete ihm Gorbatschow auf die Frage, welche Stellung er der DDR und der BRD in Europa zuschreibt, ganz klar: „Ich verstehe nicht, was du mich jetzt fragst. Ich kenne in der Welt keinen klugen Politiker, der sich ein einheitliches Deutschland wünschte. Wir stehen hinter euch“. Gorbatschow drückte Krenz fest die Hand.

Während dieser Stunde in Moskau passierte etwas, was Krenz' Blick über Moskau geändert hatte. Er begriff, dass die DDR verloren war. Gorbatschow hatte aus bis jetzt unbekannten Gründen plötzlich die Vereinigung Deutschlands bevorzugt. Schließlich ist es auch die Meinung der überwältigenden Mehrheit unserer Menschen. Er erwischte sich bei der Frage, ob er sich das selbst auch nicht wünschte. Es war ihm klar, dass in diesem Moment das Ende des gesellschaftlichen Systems eingeläutet wurde, aber auch das Ende von einem System, an dem er immer mehr zweifelte.

Thomas und Heike konnten lange nicht schlafen. Sie fanden es komisch, dass ihr bester Freund, der Journalist Peter Greiner, der sie manchmal zwei-, dreimal am Tag anrief, in diesen sensationellen Augenblicken schwieg. Kaum hatte Thomas den Gedanken zu Ende geführt, klingelte das Telefon. Es rief Gabi an, Greiners Ehefrau. Sie informierte die beiden, dass es um Peter schlecht stand. Nach der Pressekonferenz konnte er noch eine Nachricht an die Redaktion schicken, danach verlor er das Bewusstsein. Er wurde sofort ins Krankenhaus eingeliefert. Sie stellten einen starken Herzinfarkt fest. Gabi weinte. Thomas machte sich auf den Weg zu ihr. „Es war zu viel für sein Herz... ich sagte ihm, er solle sich schonen... und da wollte er nächste Woche nach Prag fahren“, weinte sie.

„Keine Angst, es wird alles gut werden... er hat eine starke Konstitution. Er ist Marathonläufer“, tröstete Thomas sie.

„Hoffentlich... ich wollte euch nicht beunruhigen, aber in der letzten Zeit wurde er ein paar Mal ohnmächtig...“

Am 17. November am Nachmittag brachen die Studentenunruhen in Prag aus. Peter Greiner erfuhr nicht mehr davon. Er starb an dem Tag um 20.00 Uhr.

TEIL III

Kapitel 1

PRAG / BRATISLAVA 1989

Der Präsident der Republik Gustav Husak verfolgte im Wohnzimmer des Präsidentenhäuschens im Garten der Prager Burg die Abendnachrichten. Schon längere Zeit versuchte er, die starke Müdigkeit zu überwinden. Seit seiner dritten Hirnblutung, die er im Frühjahr hatte, konnte er sich nicht mehr voll auf die Arbeit konzentrieren. Er klagte über Schwindelattacken und verlor ab und zu sein Bewusstsein. Er dachte darüber nach, ob sein unerschütterlicher lebenslanger Glaube an Werte, die schon lange in ihrem Herkunftsland aufgehört haben zu gelten, richtig war. Er verjagte den Gedanken, denn er hatte keinen Mut und auch keine Energie dazu, sein Leben zu analysieren oder sogar an seinem Lebensabend bestimmte schon getroffene Entscheidungen anzuzweifeln.

In den Nachrichten wurden die Aufnahmen aus Bratislava gezeigt, wo sich gestern, am 16. November 1989, auf dem Friedensplatz einige hundert Studenten am Vorabend des Internationalen Studententages versammelten. Die jungen Leute marschierten dann zum Schulministerium, wo mit ihnen der ideologische Sekretär des Zentralkomitees der Kommunistischen Partei der Slowakei, Gejza Slapka, diskutierte. Die meisten Anwesenden wussten nicht, wer Slapka war und warum sie gerade mit ihm diskutieren sollten. Husak schaute sich den untersetzten kommunistischen Funktionär an und aus seinem Mund kam unwillkürlich: „Dieser hier? Um Gottes Willen...“ Dann erschien auf den Aufnahmen der Erste Sekretär des Zentralkomitees der Kommunistischen Partei der Tschechoslowakei, Milos Jakes. Husak wurde nervös und zündete sich eine Zigarette an, obwohl ihm das die Ärzte streng verboten hatten. Jakes konnte er überhaupt nicht ausstehen. Ihm war klar, dass in der Parteiführung niemand war, der wirklich an den Reformen interessiert wäre. Auch Stepan und den jungen Parteiradikalen ging es nur um die Macht.

Der Präsident der Republik verfolgte die Nachrichten schon seit dem frühen Morgen. Niemand brachte ihm den Überblick der geheimen Informationen, also war er auf die gängigen Pressemeldungen angewiesen. Er schenkte sich von seinem Lieblingscognac ein. Dann suchte er auf seinem Radio den Sender »Freies Europa«. Er überlegte, ob er nicht seinen Posten zur Verfügung stellen und auch auf den Posten des Vorsitzenden des Zentralkomitees der Kommunistischen Partei der Tschechoslowakei verzichten sollte. Er verwarf aber den Gedanken wieder, denn es war klar, dass dann nur die Anhänger von Jakes, Bilak und Indra im Vorsitz bleiben.

Auch davon, dass sich um 16.00 Uhr im Hof des Pathologischen Instituts der medizinischen Fakultät in Albertov um die zehntausend Studenten versammelten, erfuhr der Präsident aus der Sendung des »Freien Europas«. Er war ein wenig überrascht von der großen Anzahl der jungen Leute.

„Es ist sehr passend, dass wir das Störsignal abgestellt hatten, sonst würde ich gar nicht erfahren, was in diesem Land, dessen Präsident ich bin, vor sich geht", dachte er und lächelte sarkastisch. Die Studentenversammlung wurde vom Hochschulausschuss des Sozialistischen Jugendverbandes in Prag zum 50. Jahrestag der Demonstration der tschechischen Studenten gegen Nazismus veranstaltet. Die Erlaubnis zum Organisieren der Versammlung erteilten die städtischen Behörden schon vor vierzehn Tagen. Der siebzehnte November war der internationale Studententag, aber die scharfsinnigeren Beobachter merkten, dass zwei Wochen später auf Malta das Treffen der höchsten Vertreter der USA und Sowjetunion, Bush und Gorbatschow, stattfinden würde. Der Zusammenhang zwischen den beiden Ereignissen war nicht auszuschließen.

Um die Spannung während der Versammlung kümmerte sich Dr. Jozef Sarka, der im Jahre 1939 an der Bestattungszeremonie für den Studenten Jan Opletal teilgenommen hatte und der jetzt die Studenten zum Kampf für die Freiheit aufforderte. Von Albertov sollten sie zum Karlsplatz ziehen, dann über die Stepanska Straße in die Opletalova Straße, wo die Versammlung mit einer Blumenniederle-

gung im Park vor dem Hauptbahnhof enden sollte. Auf Druck der Sicherheitskräfte führten die Veranstalter die Trasse des Umzugs aus dem Stadtzentrum zum Grab des Dichters Karel Hynek Macha auf Vysehrad. Auf der Versammlung sollte auch Alexander Dubcek auftreten, der in der Zeit in Prag war. Er reiste wegen eines schon früher vereinbarten Treffens mit einem italienischen Journalisten an, der ihn interviewen wollte. Er hielt sich in der Wohnung der Familie Jaros auf. Jaros war sein ehemaliger Sekretär. Gerade in der Zeit, als dieser von einem Freund über die Studentenmanifestation informiert und dazu eingeladen wurde, war Dubcek dabei und entschloss sich spontan mitzugehen. Das Telefon seines ehemaligen Sekretärs wurde aber abgehört und so erfuhr die Staatssicherheit von der geplanten Teilnahme Dubceks an der Manifestation. Den ehemaligen Ersten Mann des Prager Frühlings hielt die Staatssicherheit für drei Stunden fest und verhinderte so seinen Auftritt.

Ein Teil der Studenten bewegte sich nach dem Niederlegen der Blumen an der Moldau entlang zum Nationaltheater. Die Bewohner der Häuser an der Národní třída, Perstyn und Umgebung waren überrascht, als ungefähr zwei Stunden vor der Ankunft des Umzugs der Straßenbahnverkehr eingestellt wurde und die Hausmeister den Befehl erhielten, alle Eingangstüren abzuschließen. Die Einsatztruppen der Polizei waren in der Mikulandska und Konviktska Straße schon drei Stunden vor der Ankunft des Umzugs in Bereitschaft. Das Einsatzkommando »ÚRNA«, bekannt auch unter dem Namen »Rote Baretten«, war auch einsatzbereit.

Am Vormittag dieses Tages gab der Innenminister František Kincl vor, gesundheitliche Probleme zu haben, und flog zu seiner Familie nach Ostrava. Die Leitung des Ministeriums übernahm sein Stellvertreter, der Hauptkommandant der Staatssicherheit General Alojz Lorenc. In der Zeit, als die Studenten von Vysehrad zur Národní třída zogen, saß Lozenz in der Villa des Innenministeriums in Brevnov beim Dinner mit der Delegation des sowjetischen KGB unter der Leitung seines Stellvertreters, General Viktor Gruskow. Dieser Besuch war schon länger geplant. Es sollten Angelegenheiten des sowjetischen und tschechoslowakischen Abwehrdienstes besprochen werden.

Wann der Besuch eines anderen Generals, und zwar Generals Gennadij Teslenko, eingeplant wurde, wusste niemand. Der sowjetische General vom Innenministerium war während der Zeit der Demonstration in der Národní třída im leitenden Einsatzstab des Oberstleutnants Danisovic, der das Vorgehen gegen die Demonstranten leitete.

Am 17. November unterschrieben beide Delegationen das Endprotokoll. Bevor General Lorenc zum Abendessen mit der sowjetischen Delegation ging, hatte er den Ersten Sekretär des Zentralkomitees der Kommunistischen Partei der Tschechoslowakei Jakes angerufen und einen kurzen Bericht über den Verlauf der Demonstration gegeben. Er informierte darüber, dass es sich um eine staatsfeindliche Demonstration mit klarer politischer Ausrichtung handelte. Jakes nahm die Information zur Kenntnis.

„Was hast du jetzt vor?", fragte er.

„Ich gab den Befehl, keine Gewalt anzuwenden, das würde sowieso zu nichts führen."

Jakes dachte einen Moment nach und dann sagte er lakonisch dazu: „Gut. Ich fahre in mein Wochenendhaus in Slapy. Wenn etwas ist, ruf mich an", fügte Jakes noch hinzu und legte auf.

An dem Tag nahm Vaclav Havel am Vormittag die Freundin Jitka Vodnanska mit und fuhr mit ihr zu seiner Hütte auf Hradecek. Die ganze Führung der Charta '77 einschließlich ihrer Familien verließ Prag. Es blieben nur Uhl, Benda und Nemcova. Jemand wollte wahrscheinlich nicht riskieren, dass sie verhaftet werden würden. Havel und auch niemand anderer der Charta-Unterzeichner nahmen an den Geschehnissen des 17. November teil.

Das Abendessen der sowjetischen und tschechoslowakischen Delegation wurde ständig unterbrochen, also entschuldigte sich Lorenc um halb neun bei Gruskow und fuhr zur Národní třída (Nationalallee), um sich selbst von der Lage zu überzeugen. Ungefähr fünftausend Studenten wurde von der Polizei der Weg zur Národní třída versperrt. Die Studenten gaben sich in nächster Nähe zur Postenkette alle die Hände und riefen laut: „Wir haben leere Hände, wir haben leere Hände!" Sie gaben den Polizisten Nelken. Nach einer knappen Stunde begannen die Polizisten, die Studenten rauszudrän-

gen. Zu Wort meldeten sich die Knüppel. Einige hundert Menschen wurden schätzungsweise verletzt.

General Lorenc kehrte in sein Büro zurück und versuchte mehrmals telefonisch, sich mit dem Innenminister in Verbindung zu setzen. Kincl ging aber nicht ans Telefon.

Gustav Husak schaltete wieder den Fernseher in der Hoffnung an, dass er erfahren würde, was los war. Das tschechoslowakische Fernsehen informierte vom Ende der Demonstration in der Národní třída, währenddessen ungefähr fünfzehn Studenten durch die Ordnungskräfte verletzt wurden. Am nächsten Tag wurde die ganze Republik durch Falschmeldungen in Rage versetzt, die von der »Stimme Amerikas«, der »BBC«, der »Deutschen Welle«, dem Sender »Freies Europa« und vor allem vom österreichischen und westdeutschen Fernsehen kamen. In der Národní třída sollen die gepanzerten Fahrzeuge eingesetzt worden sein und während der Ausschreitungen mit der Polizei soll der Student Martin Smid gestorben sein. Obwohl auf der Národní třída keiner die gepanzerten Transporter gesehen hatte, es auch keinen Toten gegeben hatte und der Student Smid am nächsten Tag für das tschechoslowakische Fernsehen berichtete, setzte sich die Nation in Bewegung. Sie beschäftigte sich nicht damit, dass der Student Smid vom Leutnant der Staatssicherheit Zifcak gespielt wurde. Die Lüge half diesmal der gerechten Sache. Nichts kann in den Menschen so die Emotionen zum Kochen bringen wie der Tod eines unschuldigen Menschen. Die verbreitete falsche Nachricht ging um die Welt und die Tage des kommunistischen Regimes waren gezählt.

Vaclav Havel und manche andere Chartisten kamen am Samstag schnellstens aus ihren Wochenendhäusern zurück nach Prag. Am Abend wurde im Schauspielhaus »Cinoherni Klub« das Bürgerforum »Obcianske Forum« gegründet und es wurden die ersten vorsichtigen Forderungen formuliert. Man verlangte das Abtreten der korrupten Politiker, die Entlassung der politischen Gefangenen und einen Generalstreik. Für eine Revolution war es ziemlich wenig. Die Macht lag am Boden und die Führungskräfte des Bürgerforums fingen an, mit den Mächtigen zu verhandeln, statt sie sofort ihrer Posten zu entheben. So wurde die Macht von der Öffentlichkeit er-

griffen. Am Montag, dem 20. November 1989, fand am Wenzelsplatz die erste Massendemonstration mit ungefähr einhunderttausend Menschen statt. Sie hatte keinen Anführer, die fanden sich erst am nächsten Tag. Vor der zweihunderttausend großen Menschenmasse erschien das erste Mal in der Öffentlichkeit Vaclav Havel. Am Freitag, dem 24. November, trat der gesamte Vorsitz des Zentralkomitees der Kommunistischen Partei der Tschechoslowakei mit Milos Jakes an der Spitze zurück. Er wurde durch den blassen und unscheinbaren Karel Urbanek ersetzt. Man sagte, dass er deshalb Erster Mann der Kommunistischen Partei geworden ist, weil er zufällig gerade vorbeikam...

Der slowakische Schauspieler Milan Knazko war durch ein Zusammenspiel von Zufällen am Sonntag, dem 19. November, in Prag. Irgendeiner der tschechischen Kollegen nahm ihn mit ins Schauspielhaus. Knazko gab auch seine Unterschrift unter die Erklärung des Bürgerforums »Obcianske Forum«. Er nahm die Kopie der Erklärung mit und setzte sich in den nächsten Schnellzug nach Bratislava. Noch am Sonntagabend trafen sich im Klub der bildenden Künste in der Dostojewski Straße in Bratislava ungefähr fünfhundert Mitglieder der Kunstverbände. Milan Knazko las die Protesterklärung zu den Ereignissen in Prag. Am 20. November fand auf dem Hviezdoslavplatz die Studentendemonstration statt, bei der Knazko nochmals die Erklärung verlas. Am gleichen Tag präsentierte sich das erste Mal die gerade entstehende slowakische Bewegung »Öffentlichkeit gegen Gewalt (VPN)« in der Eingangshalle der »Kleinen Szene des Nationaltheaters« als Antwort auf das tschechische Bürgerforum. Die Polizei griff nicht ein. Am Abend präsentierten die Vertreter der VPN mit Jan Budaj an der Spitze in der Aula der Komensky Universität das erste offene Dokument: »Öffentlichkeit gegen Gewalt«. Am 21. November traf sich im Klub der bildenden Künstler der erste Koordinierungsausschuss der VPN. Vertreten waren Milan Knazko, Jan Budaj, Ladislav Snopko, Eugen Gindl, Peter Zajac, Vladimir Kompanek, Martin Butora, Lubomir Feldek, Fedor Gal, Rudolf Sikora, Miroslav Kusy, Milan Simecka, Maria Filkova, Jozef Kucerak, Martin Porubjak und einige andere.

Vor dem Justizpalast fanden am 21. und 22. November Versammlungen statt, bei denen die Freilassung von Jan Carnogursky gefordert wurde, der zusammen mit Miroslav Kusy, Anton Selecky, Vladimir Manak und Hana Ponicka der Zerrüttung der Republik beschuldigt worden waren. Am nächsten Tag begannen die Massenzusammenkünfte auf dem Platz des Slowakischen Nationalaufstandes (SNP-Platz) in Bratislava wie auch in vielen anderen Städten in der Slowakei. Am 23. November wurde Jan Carnogursky vom Strafsenat des Amtsgerichtes in Bratislava freigesprochen. Lubomir Feldek trug auf dem SNP-Platz die Erklärung der einfachen Mitglieder der Kommunistischen Partei vor, in der die Unterzeichner die Streichung des Artikel 4 der Verfassung der Tschechoslowakei, in dem die führende Rolle der Kommunistischen Partei in der Gesellschaft festgeschrieben ist, forderten. Am 25. November fand auf dem Letenska Plan in Prag ein Meeting statt, an dem eine dreiviertel Million Menschen teilnahmen. Als Redner hatten auch Vaclav Havel und Alexander Dubcek ihren Auftritt. Am 27. November fand ein Generalwarnstreik in der ganzen Tschechoslowakei statt. Am 29. November hob die Föderale Versammlung den Artikel 4 der Verfassung auf. Am 30. November trat Viliam Salgovic vom Posten des Vorsitzenden des Slowakischen Nationalrates zurück, er verübte später Selbstmord und an seine Stelle trat Rudolf Schuster. Am 7. Dezember wurde der Slowake Marian Calfa, der Ladislav Adamec ersetzte, von Gustav Husak damit betraut, die föderale Regierung zusammenzustellen. Dadurch, dass ein Slowake den Posten des Regierungsvorsitzenden übernahm, war für alle klar, dass der Präsident der Tschechoslowakischen Sozialistischen Republik der Tscheche Vaclav Havel sein wird. Es war eine überraschende Entscheidung, denn die tschechische und slowakische Öffentlichkeit erwartete, dass der in der Öffentlichkeit bekanntere und populäre Slowake Dubcek zum Präsidenten ernannt wird. Gustav Husak kündigte an, dass er am 10. Dezember von der Funktion des Präsidenten zurücktreten würde. Am 28. Dezember wurde Dubcek zum Vorsitzenden der Föderalversammlung bestimmt und einen Tag später wählte die kommunistische Föderalversammlung den ehemals zum Staatsfeind erklärten Vaclav Havel zum Präsidenten. Ende Februar

1990 begannen die Verhandlungen über den Abzug der sowjetischen Armee aus der Tschechoslowakei. Mit dem Abzug des 126. sowjetischen Artillerieregiments aus Roznava endete am 22. Dezember die zweiundzwanzigjährige Besetzung des Landes.

Im April 1990 kam Papst Johannes Paul II. zu einem Besuch der Tschechoslowakei. Am 20. Juni endete der sogenannte »Bindestrich-Krieg« und die Tschechoslowakische Sozialistische Republik wurde umbenannt in Tschechische und Slowakische Föderative Republik. Am 8. und 9. Juni fanden die ersten freien Wahlen seit 1946 statt, an denen 95,39 Prozent der Bürger teilnahmen. Zum neuen Vorsitzenden des frei gewählten Slowakischen Nationalrates wurde Frantisek Miklosko. Mit dem Zusammenstellen der Regierung wurde nach Milan Cic Vladimir Meciar betraut. Während der Erinnerungsfeierlichkeiten an Andrej Hlinka in Ruzomberok im August 1990 wurden das erste Mal in größerem Ausmaß die Rufe nach einer eigenständigen Slowakei laut. Die Tschechoslowakische Republik begann langsam, aber sicher auseinander zu fallen.

Kapitel 2
BRATISLAVA / PRAG 1989

Am 10. November reichte Balaz mit seiner Ehefrau das erste Mal im Leben einen Antrag auf eine Tagesbewilligung für einen touristischen Aufenthalt in Österreich ein. In Wien wurde eine Keramikausstellung eröffnet, die seine Frau besuchen wollte.

Am 15. November 1989 rief ihn der Chefredakteur der Wochenzeitung »Nove Slovo« an. Er bat ihn, einen Kommentar zu den Ereignissen in der DDR zu schreiben, die gerade den 40. Jahrestag der Gründung gefeiert hatte. Er hätte zwar schon einen bekommen, aber der sei unbrauchbar, da er die Situation in der DDR nur unkritisch beschrieb.

„Du warst dort fünf Jahre, du weißt, worum es geht, schreib bitte etwas, aber so, dass man es lesen kann“, bat ihn der Chefredakteur. Balaz schrieb einen halbseitigen Kommentar mit dem Titel »Jubelzone«. Im Artikel kritisierte er hart Honeckers Ablehnung der sowjetischen Perestroika, er beschrieb die Atmosphäre der Angst und Heuchelei, Schönreden der Tatsachen, Betrügereien, er beschrieb offen die Gründe, warum Tausende der DDR-Bürger ihr Land verlassen wollten. Der Chefredakteur las den Artikel und rief ihn an: „Es ist zwar happig, aber ich lasse es drucken. Entweder sie klatschen uns Beifall oder wir werden zu Arbeitern im Dimitrowka-Betrieb.“ Der Artikel wurde am 16. November gedruckt. Am nächsten Tag kam es zu den Ereignissen in der Národní třída in Prag. Ein paar Tage später klingelte bei Balaz das Telefon. Der Stellvertreter des Außenministers, Genosse Jan Winter, lud ihn im Zusammenhang mit der Beschwerde der DDR-Botschaft zu dem Artikel in der Wochenzeitung »Nove Slovo« zum Gespräch nach Prag ein.

Balazs Ehefrau war Künstlerin und Mitglied des Verbandes der slowakischen bildenden Künstler, dessen Sitz das Kunstforum in der Dostojewski Straße war.

„Die vom Verband haben mich angerufen“, erzählte sie dem Mann mit ernstem Gesicht. „Wenn ich will, kann ich die Erklärung irgendeines Forums »Öffentlichkeit gegen Gewalt« unterschreiben.“ Balaz dachte nach. Es war ihm klar, genauso wie allen normal denkenden Menschen, dass die Zeit kam, in der gemütlich zu Hause zu hocken nicht nur Flucht vor Realität bedeutet, sondern direkt Feigheit. „Du bist aber ein Staatsbeamter... ich weiß nicht...“ Balazova dachte laut nach.

„Willst du da hingehen?“

„Ganz bestimmt“, antwortete sie.

„Dann gehen wir zusammen hin.“

Im Kunstforum fand gerade eine Ausstellung statt. Es waren ungewöhnlich viele Menschen dort. Gerade ging ein Meeting zu Ende, bei dem Milan Knazko auftrat. Aus dem großen Ausstellungsraum kamen bekannte Künstler heraus und unterzeichneten einer nach dem anderen die Erklärung der VPN. Balaz unterschrieb gleich nach seiner Ehefrau. Dann gingen sie zum Biertrinken in das nahe Café

Krim. Sie hatten Grund zum Feiern. An dem Tag bekamen sie die Benachrichtigung von der Polizei, dass ihnen die Bewilligung für einen Österreichbesuch erteilt wurde. Es war zwei Wochen, nachdem die tschechoslowakische Regierung über das Entfernen der Stacheldrahthindernisse an der Grenze entschieden hatte und jeder frei reisen konnte, aber sie bekamen das erste Mal ein Ausreisevisum für den »Westen« und obwohl es verspätet kam, wollten sie dieses Gefühl auskosten.

In der Zeit, als die Meetings in tschechischen und slowakischen Städten schon laufend stattfanden, wurde Balaz von einem Freund, dem Regisseur des Trnavaer Theaters, angerufen. Er bat ihn, bei einer Zusammenkunft auf dem Balkon des Trnavaer Theaters aufzutreten. Das Meeting fand auf dem Platz der Heiligen Dreifaltigkeit statt und der Theaterbalkon wurde natürlich zur Tribüne.

Balaz trat am Mittag des 22. November das erste Mal im Leben auf eine Tribüne. Niemals zuvor hatte er vor einer Masse von zwanzigtausend Leuten gesprochen. Den Organisatoren gefiel wohl die Rede, denn sie luden ihn auch zwei Tage später wieder ein. Aufgemuntert durch den vorgestrigen Erfolg trat er mit einem Lächeln auf die Tribüne. Manche erkannten ihn und winkten ihm freundlich von unten zu. Es fiel Schneeregen, die Scheinwerfer leuchteten ihn an wie bei einer Theatervorstellung. Unter dem Balkon standen einige angetrunkene Fans der »Weißen Engel«, des populären Fußballklubs Spartak Trnava. Balaz ließ sich mitreißen, bis die Masse zu schreien anfingen: „Wer ist schuld daran?... Wer ist schuld daran?... Wer ist schuld daran?..." Der überraschte Redner stand kurz da und dann machte er eine Geste, die nicht einmal er selbst erwartet hatte. Vielleicht war die Massenpsychose die Ursache, vielleicht verlor er kurz den Sinn für die Realität. Er hob die Hände und beruhigte die Leute. Dann machte er seine Lederjacke auf, zeigte auf sich selbst und sagte: „Wir Kommunisten." Auf dem Platz war kurz Totenstille, danach entfachte sich unglaublicher Lärm. Die einen klatschten ob seiner Ehrlichkeit Beifall, die anderen riefen oder spuckten in seine Richtung, auf den Balkon flogen Apfelreste.

Die Menschen beruhigten sich, als der nächste Redner zum Mikrofon kam. „Du bist vollkommen verrückt geworden. Um dich herum sind alles ehemalige Kommunisten. Trnava war die Festung der konservativsten. Du warst in der Partei der letzte Wurm und nimmst das jetzt alles auf dich?“, fragte ohne Verständnis der Theaterdirektor. Balaz schwieg. Er zündete sich eine Zigarette an. Plötzlich drängte sich zu ihm durch die überfüllte Eingangshalle des Theaters irgendein Mann, der auf ihn zeigte und rief:

„Wenigstens hat er es zugegeben. Ich kenne ihn gut. Es ist einfach ein Schwein!“ Er kam zu Balaz. „Du hast überhaupt kein Recht, auf diesem Balkon aufzutreten. Gut, dass sie dich ausgepfiffen haben. Du warst ein Kommunist und du wirst dafür, was ihr hier angerichtet habt, Verantwortung tragen. Wir werden euch jagen wie räudige Hunde!!“ Balaz hob müde seinen Kopf. Vor ihm stand ein Mensch, den er schon irgendwo getroffen hatte. Er konnte sich daran erinnern, wer das war. „Tu nicht so, als ob du mich nicht kennen würdest... Wir haben zusammen bei Chirana gearbeitet“, erklärte den Herumstehenden Remenar, der Gauner und Dieb, gegen dessen Aufnahme in die Kommunistische Partei Balaz damals stimmte. Balaz verließ wortlos das Theater. Er ging durch die Menschenmasse zu seinem am Prior-Kaufhaus geparkten Auto und kehrte nach Bratislava zurück.

Die nächsten Tage verbrachte er bei den Meetings auf dem SNP-Platz. Er forderte auch die Kollegen im Pressezentrum auf, dorthin zu gehen: „Je mehr wir dort sein werden, desto schneller fällt das alles zusammen.“

„Sei nicht so ein Optimist. Die Partei hält das fest in der Hand. Ich würde an deiner Stelle vorsichtiger sein“, tat der Kollege Vrablec wichtig, den sie aus unbekannten Gründen vor ein paar Tagen aus dem Außenministerium in Prag ins Pressezentrum nach Bratislava abschoben. „Ich habe keine Zeit für irgendwelche unsinnigen Meetings.“

Am 23. November las der Dichter Lubo Feldek von der Tribüne auf dem SNP-Platz in Bratislava „Die Erklärung der gewöhnlichen Kommunisten“. Durch den Platz donnerten die Worte: „Wir, die gewöhnlichen Kommunisten und Unterzeichner, haben uns mit der Erklärung der Bewegung Öffentlichkeit gegen Gewalt bekanntgemacht und schließen uns dieser Meinung ohne Einwände an... Die

Regierungen der CSSR, der SSR und CSR bezeichnen die Reformbestrebungen als Tätigkeit antistaatlicher Elemente... Wir sind der Meinung, wer die Jugend und Öffentlichkeit des eigenen Landes als antistaatliche Elemente bezeichnet, hat kein moralisches Recht, sich weiterhin Regierung zu nennen... Wir sind davon überzeugt, dass die Elemente erst ganz oben gesucht werden sollten... Die Kommunistische Partei kann sich nur auf eine Art und Weise säubern und zwar, indem sie freiwillig und sofort ihre unrechtmäßige und durch Gewalt gehaltene Führungsstellung in der Gesellschaft aufgibt..."

Als man seinen Namen, als einen der Unterzeichner, rief, gab es auf dem Platz Beifall. Balaz war mit sich zufrieden und fühlte sich fast wie ein Held. Weniger couragiert war er am nächsten Tag in der Unterführung in Suche Myto, wo die »Erklärung der gewöhnlichen Kommunisten« mit den Namen der Unterzeichner an die Mauer geklebt und darüber mit großen Buchstaben die Aufschrift »Verräter« angebracht war.

Als Lubo Feldek mit dieser Forderung nach Aufgabe der Führungsposition der Kommunistischen Partei im Prager Bürgerforum auftrat, kommentierte das Vaclav Havel: „Die Slowaken sind vor uns."

In tschechischen und slowakischen Städten protestierten die Bürger gegen die Zusammensetzung der neuen von Adamec ernannten Regierung, in der wieder die Meisten Kommunisten waren. Balaz setzte sich nach der Rückkehr von der Demonstration auf dem SNP-Platz an seinen Schreibtisch und schrieb dem Vorsitzenden seiner Grundorganisation der Kommunistischen Partei einen Brief. Aus Protest trete er wegen der ständigen Ausflüchte der Führungskräfte der Partei aus der Kommunistischen Partei aus. Er schrieb, sie seien unbelehrbar und haben nichts begriffen. Am 5. Dezember früh brachte er den Brief dem Vorsitzenden und eine Kopie schickte er an die Personalabteilung des Föderalen Außenministeriums. Dann ging er spazieren in seinen geliebten Wald Sitina in Karlova Ves. Immer, wenn es ihm schlecht ging, lief er zu einer Wiese oben versteckt am Kamm liegend und meditierte zusammen mit den schweigenden und klugen Bäumen. Er freute sich, dass das politische System, in dem der Aufschwung des Geistes von Dummköpfen und Bürokraten gebremst wurde, zu Ende ging. Er freute sich, obwohl er wusste, wo gehobelt wird, fallen Späne, die einfach abspringen und zerfallen können, ungebraucht und vergessen. Ihm wurde es bewusst, dass er auch ein Teil der Maschinerie war, gegen die er jetzt ankämpfte. Er nahm zwar nur kleine Krümel, die ihm die verhassten Mächtigen hinwarfen, aber waren es wirklich nur Krümel? Ein Diplomat zu sein, auch wenn nur in der DDR, war im Sozialismus nicht das Schlechteste. In vier Jahren konnte er Geld für einen Schiguli zusammensparen. Er beugte sich vor den Mächtigen, um eine Wohnung zu bekommen, um einen höheren Posten zu bekommen. Es war erniedrigend, sich vor Dummköpfen zu verbeugen, aber die Macht hatten sie. Er hatte keine, aber nicht deshalb, weil sie ihm diese nicht anboten. Er wollte sie einfach nicht. Er sehnte sich nie nach Macht. Im Gegenteil, gegenüber Mächtigen hatte er eine Abneigung. Er entschuldigte sich vor sich selbst, beruhigte seine Gewissensbisse und glaubte, dass die neue Macht endlich den Raum für die Anständigen, Klugen und Ehrlichen schaffe. Er war ein idealistischer Träumer, der keine Erfahrungen mit der Demokratie hatte und so auch nicht wissen konnte, dass die Macht in der Demokratie genauso unerbittlich und hinterhältig wie im totalitären System ist. Ihre Methoden sind überall und immer gleich.

Am 9. Dezember saß der Stellvertretende Außenminister Jan Winter im Sessel seines geräumigen Büros mit dem Ausblick auf die Loreta-Kirche. Ihm gegenüber hatte am Konferenztisch Balaz Platz genommen. Winter hatte die Kopie des Artikels »Jubelzone«, bei dem als Anlage das Protestschreiben der DDR-Botschaft beigelegt war, vor sich liegen. Der Botschafter verwahrte sich gegen den Artikel des Autors Jozef Balaz, einem Mitarbeiter des Föderalen Außenministeriums. Er verlangte von der tschechoslowakischen Seite die Information, welche Maßnahmen ergriffen wurden, damit solche Schmierartikel nicht mehr veröffentlicht werden. Winter las den Artikel und lachte laut.

„Von den Hühnern in Käfigen hast du mir nie erzählt... und die Situation mit Honeckers Kratzen am Hinterkopf, das war damals am Flughafen. Ich erinnere mich, ja, ich erinnere mich. Na ja, wir hatten es nicht leicht. Aber schließlich konnten wir die Angelegenheiten in die richtige Richtung lenken." Zufrieden mit sich selbst nickte er mit dem Kopf. „Die DDR-Vertreter wollen über unsere Maßnahmen informiert werden, damit sich die Situation nicht mehr wiederholt..." Er legte den Artikel auf den Tisch. „Hast du einen Vorschlag für die Maßnahme?"

„Ja," antwortete Balaz. „Sie sollen sich so schnell wie möglich zum Teufel scheren."

„Du bist irgendwie in Fahrt gekommen..." Winter rief seine Sekretärin. „Evicka, schreiben Sie bitte: »Das Föderale Außenministerium... mit aller Ehre... bla-bla-bla... und erlaubt sich Genossen... nein warten Sie, schreiben Sie Herrn Botschafter zu informieren, dass mit dem Autor des Artikels ein grundlegendes Gespräch stattgefunden hat, in dem dieser versprach, alles dafür zu tun, damit in der DDR die Situation sich in die richtige Richtung beginnen würde zu entwickeln«." Dann drehte er sich zu Balaz. „Kann es so bleiben?"

„Was bedeutet »die richtige Richtung«?"

„Das sollen sie sich doch selbst erklären."

„Es kann so bleiben."

Die Sekretärin ging hinaus. Winter holte aus der Bar eine Flasche Chivas Regal und goss ein.

„Was ist in Bratislava los?", begann er direkt. „Ich habe Informationen, dass du Treffen von Dubcek mit ausländischen Journalisten organisierst, dass du für unser Geld ins Ausland telefonierst und den westlichen Journalisten Informationen gegen uns weitergibst, ganze Tage bei Meetings verbringst, eine Österreichisch-Slowakische Gesellschaft organisierst, irgendwelche Treffen mit Österreichern moderierst und, was das Schlimmste ist, die Genossen beschweren sich, dass du ihnen keinerlei Informationen zur Verfügung stellst."

„Ich wollte dir sagen, dass ich damit schon Schluss gemacht habe. Ich bin aus der Kommunistischen Partei ausgetreten." Er gab Winter die Kopie des Briefes mit der Nummer des Parteiausweises. Winter nahm die Information überraschend ruhig zur Kenntnis.

„Ist es nicht zu früh?"

„Wozu zu früh?"

„Zum Austreten aus der Partei. Du siehst, was hier los ist. Die Partei war hier und wird wohl auch weiterhin bleiben. Es ist nur notwendig, dass die verantwortungsvollen Funktionen von ehrlichen und aufrichtigen Menschen besetzt werden. Warum hast du mich nicht angerufen? Wir haben mit dir gerechnet. Ich befürchte, dass ohne Parteiangehörigkeit es auch weiterhin nicht möglich sein wird, die Schlüsselpositionen zu bekommen. Und gerade jetzt bräuchten wir solche Menschen wie dich. Zum Teufel, kann man es nicht mehr rückgängig machen?“

„Wenn ich dir einen guten Rat geben kann... tu es auch, und zwar so schnell wie möglich... Und wenn ich noch einen Tipp geben kann... diktiere der Sekretärin deinen Rücktritt und tritt freiwillig von dem Posten des Stellvertreters des Außenministers ab...“

„Jetzt, wenn Calfa eine neue Regierung bildet und einen Minister sucht?“

„Wo lebst du denn? Weißt du nicht, dass das Bürgerforum »OF« und Calfa schon lange Dienstbier als Minister abgesprochen haben? Denkst du wirklich, dass ein Botschafter, der zur Nomenklatur des Vorsitzes des ZK der KPTsch gehört, eine Chance hat, in der neuen Regierung Karriere zu machen?“ Winter dachte nach.

„Das, was du sagtest, ist wahr, aber du weißt nicht alles. Entschuldige, es gibt Dinge, von denen kann ich dir nicht erzählen.“ Winter schwieg lange und dann rief er die Sekretärin. Vor dem erstaunten Balaz diktierte er ihr einen Brief an den Außenminister, in dem er ihn informiert, dass er freiwillig von seinem Posten zurücktrete.

„Bringen Sie es gleich zum Sekretariat des Ministers und die Kopie mit der Annahmeunterschrift bringen Sie mir wieder“, befahl er der Sekretärin.

„Ich gratuliere dir. Ich dachte, dass du es nicht schaffst, dich zu entscheiden“, gab ihm Balaz anerkennend die Hand. Winter lächelte nachdenklich.

„Also, ich gehe dann wohl.“

„Nein, nein,... warte... ich hätte gerne in einer Sache noch Klarheit...“ Balaz sah, dass er nicht wusste, wie er beginnen sollte. „Ich wollte dich schon früher fragen, wie dein Leben mit Marta ist.“

„Mit Marta?“, schaute er überraschend seinen ehemaligen Rivalen an. „Normal... Warum?“

„Und der Schwiegervater? Netter Kerl?“

„Ja, das ist er."

„Hast du mit ihm jemals darüber gesprochen... darüber, was früher mal war?"

„Ich verstehe nicht... worüber, was früher war?"

„Zum Beispiel von seinem Leben in Kezmarok und so..."

„Ab und zu erwähnte er etwas, seine Mutter war die Postmeisterin"

„Na ja, na ja... sie war wohl eine nette Frau... Erwähnte er nicht manchmal meinen Vater? Er hieß Klaus", sondierte Winter. Balaz schwieg und schaute vor sich . „Erwähnte er nicht?"

„Nein, tat er nicht... Warum fragst du?" Einen Moment lang schauten sie sich in die Augen. Balaz spürte, wie er von Winter durchleuchtet wurde, als ob er aus seinem tiefsten Inneren herausfinden wollte, was er über seinen Vater wusste.

„Dann entschuldige, bitte... vergiss es einfach..."

„Warum fragst du so eindringlich?"

„Er könnte vielleicht etwas über ihn wissen... ich hatte ihn nicht gekannt. Er ging von zu Hause weg im Sommer 1944. Wohl in den Aufstand von Warschau... Seitdem hat die Mutter nichts von ihm gehört... Im Frühjahr 1945 wurde ich geboren."

„Warum sollte mein Schwiegervater über ihn etwas wissen?"

„Vergiss es einfach." Er dankte Balaz für sein Kommen und gab ihm die Hand. „Wenn wir uns nicht mehr sehen sollten... viel Glück für die Zukunft..." Balaz spürte an seinem Rücken den langen forschenden Blick. Winter begann seine Schubladen auszuräumen und seine Sachen zu packen.

Kapitel 3

MOSKAU 1989 - 1991

Im Herbst 1989 machte der Chef des sowjetischen Geheimdienstes KGB, Wladimir Krjutzkow, der von Gorbatschow in seine Position eingesetzt wurde, den Chef des Kreml auf die ungünstige

Entwicklung in der DDR aufmerksam, wo die nach einer Wiedervereinigung rufenden Stimmen immer lauter wurden. Gorbatschow begriff, dass es zu einer Wiedervereinigung Deutschlands keine Alternativen gab, und unternahm trotz der ablehnenden Haltung von Frankreich, Großbritannien und den USA nichts gegen diese Rufe des deutschen Volkes. Er wollte auch um keinen Preis eine Konfrontation mit den USA und die Wiedervereinigung konnten nur die in der DDR stationierten bewaffneten sowjetischen Kräfte verhindern.

Der Chef des KGB und die meisten Konservativen in der sowjetischen Führung hielten die diplomatische Unterstützung Gorbatschows und des Außenministers Schewardnadze, die beide den USA im Krieg gegen den Irak angeboten hatten, für eine Beleidigung der Sowjetunion. Sie konnten Gorbatschow auch nicht verzeihen, mit welcher Leichtfertigkeit er dem Westen die DDR überließ. Selbst der westdeutsche Bundeskanzler Helmut Kohl bereitete sich auf lange und schwere Verhandlungen vor und war überrascht, wie leicht Gorbatschow mit dem Anschluss der DDR an die BRD sogar im Rahmen der NATO einverstanden war.

Gorbatschow trat in dieser Zeit schon der Reformopposition mit dem Vorsitzenden des Obersten Sowjets der Russischen Föderation, Boris Jelzin, der aus der Kommunistischen Partei ausgetreten war, auf die Fersen. Jelzin begriff, dass der Stern der Sowjetunion unterging, aber der Stern Russland aufging. Der ehemalige Volleyballspieler mit eckiger Schulter und volksnahen Manieren gewann in Russland schnell an Popularität. Die Konservativen aus der Partei zusammen mit dem KGB machten auf Gorbatschow Druck, damit er die Reformversuche ablehnte.

Die antirussische Stimmung in den Baltikumrepubliken, aber auch in der Ukraine, Georgien, Armenien und Aserbajdzan wurde immer stärker. Jelzin war die Unaufhaltsamkeit dieses Prozesses klar und er unterstützte den Zerfall der Sowjetunion, der den Übergang zur Marktwirtschaft beschleunigen würde. Der erste Schlag für Gorbatschow kam durch Rücktritt des nähesten Verbündeten, von Außenminister Eduard Schewardnadze, der zwei Jahre später zum ersten Präsidenten des unabhängigen Georgien wurde. Als er in seiner Abschiedsrede im Parlament vor der kommenden Diktatur mit diesen Worten warnte: „Ich kann nicht mit der kommenden Diktatur einverstanden sein. Niemand weiß, wer zum Diktator wird", erntete er einen riesigen Beifall.

Der KGB machte auf Gorbatschow Druck, um den Ausnahmezustand zu erklären und die »harte Hand« einzusetzen. Michail Sergejewitsch ging betrübt durch die Flure des Kreml und wiederholte: „Ich bin ein schlechter Zar. Ein guter Zar hat keine Hemmungen zu töten! Ich bin kein Diktator!"

Und doch versuchten die Einsatztruppen des KGB Alfa in der Mitte des Januar die unabhängigen Regierungen von Litauen, Lettland und Estland zu stürzen. Währenddessen Gorbatschow versuchte, sie zu decken, reiste Jelzin nach Litauen und sprach den Anhängern der Unabhängigkeit seine Unterstützung aus. Am 12. Juni 1991 wurde Jelzin zum Präsidenten von Russland gewählt. Das ehemalige Mitglied des Politbüros und Vorsitzender der Moskauer Organisation der Kommunistischen Partei der Sowjetunion legte den Präsidentenschwur zur Musik aus der Oper von Glinka »Das Leben des Zaren« ab. Der Zerfall der Sowjetunion näherte sich. Der KGB verlor seine Geduld. Am 5. August, einen Tag nach der Abreise Gorbatschows auf die Krim, wo er oft Urlaub machte, trafen sich im Sanatorium des KGB am Stadtrand von Moskau sein Chef Krjutzkow mit dem Innenminister Boris Pugo und Verteidigungsminister Dimitrij Jazow, um den Staatsausschuss für den Ausnahmezustand zu gründen. Der KGB-Chef ließ zwei Etagen im Gefängnis Lefortowo leerräumen für die erwarteten frisch verhafteten Führungsvertreter.

Am 18. August versuchten Gorbatschows Verbündete ihn zu überzeugen, seine Befugnisse in die Hände des Ausschusses zu legen. Umsonst. Er wurde auf der Krim interniert und wegen des schlechten Gesundheitszustandes für untauglich erklärt, sein Amt auszuüben. Die Anführer der Verschwörer trafen sich im Büro-Nr. 49 im Kreml, in dem der Vizepräsident Janajew residierte, der an der Spitze des provisorischen Ausschusses stand. Die Ironie des Schicksals wollte, dass in den Stalinzeiten in diesem Büro der Chef der Geheimpolizei Berija gesessen hatte. Janajew war ein Schwächling, fast immer betrunken. Zwischen Zigaretten und Wodkagläsern unterschrieb er das Dekret, das Gorbatschow entmachtete. Es zeigte sich aber, dass die Konservativen nur eine Truppe unfähiger Greise war, die keiner Radikalaktion fähig waren. Die meisten höheren Offiziere des KGB standen nicht hinter ihnen.

Der Versuch eines Staatsputsches scheiterte vor allem wegen der Entschiedenheit von Boris Jelzin. Er kam direkt ins Parlament, von wo er die Maßnahmen gegen die Putsch-Anhänger leitete. Aus einem Panzer heraus hielt er eine öffentlichkeitswirksame Rede. Dann telefonierte er zwischen zwei Wodkagläsern mit den regionalen Leitungen des KGB. Er begann mit Petersburg, wo als Chef Wladimir Putin tätig war, der es ablehnte, sich dem Putsch anzuschließen. Die Zeit der Verwirrung nutzten Lettland und Estland und riefen ihre Unabhängigkeit aus. Innenminister Pugo beging Selbstmord. Zwei Tage später wurde von Jelzin die Tätigkeit der Kommunistischen Partei auf dem Gebiet Russlands verboten. Am nächsten Tag trat Gorbatschow vom Posten des Generalsekretärs zurück.

Die begeisterte Menge der Moskauer versammelte sich nach dem vereitelten Putschversuch vor der Zentrale des KGB auf dem Lubjanka Platz und stürzte die riesige Statue des Gründers des KGB, Felix Dserschinski, vom Podest.

Die Großmacht lag noch vier Monate im Todeskampf. Am 6. September 1991 erkannte Moskau die Unabhängigkeit von Litauen, Lettland und Estland an. Die Ukrainer entschieden sich in einem Referendum für die Trennung von der Sowjetunion. Am 25. Dezember, am ersten Weihnachtsfeiertag, gab Gorbatschow den Posten des Präsidenten der Sowjetunion auf. Am 26. Dezember fand die letzte Versammlung des Präsidiums des Obersten Sowjets der Sowjetunion mit einem einzigen Programmpunkt statt – der Abstimmung über die Erklärung zum Untergang der Sowjetunion. Von dreihundertvierundsiebzig Abgeordneten erschienen nur vierundzwanzig, die die Erklärung verabschiedeten. Über dem Kreml wehte ab diesem Zeitpunkt statt der roten sowjetischen Fahne die Fahne von Russland. Vierundsiebzig Jahre der Herrschaft der Kommunistischen Partei sind zu Ende gegangen.

Kapitel 4
BERLIN (Ost) 1989

Nach genau fünfzig Tagen in der Funktion des SED-Chefs trat am 6. Dezember 1989 Egon Krenz von seinem Posten zurück und mit ihm die ganze SED-Führung. Der neue Vorstand benannte die Partei in PDS – Partei des demokratischen Sozialismus – um. Nach der Öffnung der Grenze wurde aus dem Motto »Wir sind das Volk« immer mehr ein »Wir sind ein Volk« und »Deutschland, einig Vaterland“. Die Massen wünschten sich keine »andere« DDR, sondern ein vereintes Deutschland.

Während des Treffens von Gorbatschow mit dem Bundeskanzler Helmut Kohl in Moskau am 10. Februar 1990 begann man über konkrete Schritte des Prozesses der Vereinigung zu sprechen. Kohl hatte fälschlicherweise angenommen, dass die NATO ihr Wirken nicht auf das Gebiet der damaligen DDR ausdehnen konnte.

Am 18. März 1990 fanden nach fast sechzig Jahren in der DDR freie Wahlen statt. Im neuen Kabinett des Ministerpräsidenten Lothar de Maiziére wurde ein Sozialdemokrat zum Außenminister, der evangelische Pastor Markus Meckel und zum Verteidigungsminister ein evangelischer Pfarrer, Rainer Eppelmann. Am 1. Juli 1990 trat der Vertrag über die Währungs-, Wirtschafts- und Sozialunion zwischen der Bundesrepublik Deutschland und der Deutschen Demokratischen Republik in Kraft. Die erträumte westdeutsche Mark wurde zum Zahlungsmittel auch in der DDR. Während des Kaukasus-Besuchs von Helmut Kohl und Hans Dietrich Genscher vom 14.-16. Juli 1990 gab die sowjetische Seite ihre Einwände gegen die Mitgliedschaft eines gemeinsamen Deutschlands in der NATO auf.

Am 3. Oktober 1990 wurden die Deutschen wiedervereint, die Bundesrepublik Deutschland blieb und die Deutsche Demokratische Republik war nach – fast auf den Tag genau – 41 Jahren Geschichte.

Thomas und Heike schauten zusammen mit dreihunderttausend Zuschauern ein knappes Jahr nach dem Fall der Berliner Mauer in einer fantastischen Atmosphäre auf dem Potsdamer Platz einem Wunder zu.

Die berühmte Rockband Pink Floyd führte am 21. Juli 1990 ihr Mammutprojekt »The Wall« (die Mauer) durch. Niemals davor und auch niemals danach nahm so eine Menschenmenge an einem Rockkonzert teil. Auf die Einladung von Roger Waters kamen nach Berlin mehr als zwanzig Pop- und Rockstars. Zusammen oder als Solisten sangen sie die größten Hits von Pink Floyd. Thomas kam es in manchen Momenten vor, als ob er einen erstaunlichen Traum träume, den er schon mal als Student geträumt hatte – er wäre bei einem Konzert von Pink Floyd. Es tat ihm nur leid, dass David Gilmour nicht kam. Trotzdem war es überwältigend, Roger Waters und Andy Wallace am Klavier oder Stars wie van Morrison, Bryan Adams, Johny Mitchell oder die Scorpions live zu erleben. Als die ersten Töne des Liedes »Mutter« von Sinéad O'Connor ertönten, wurden die Dreihunderttausend still. Manche weinten. Der famose Gesang von Sinéad ließ die Menschen frösteln. Pink Floyd, unterstützt von den Scorpions, von einem Chor, vom Philharmonieorchester des Ostberliner Rundfunks und vom Militärorchester der Zentralgruppe der sowjetischen Streitkräfte in Deutschland holten aus den dreihunderttausend Herzen auf dem Potsdamer Platz und aus weiteren dreihundert Millionen am Fernsehbildschirm eine solche Energie heraus, dass sie in diesen Momenten die Berliner Mauer zum zweiten Mal zu Fall brachten. Unter den Millionen Fernsehzuschauern war auch Bärbel und sie konnte die Tränen nicht aufhalten. Irgendwo auf dem Podium spielte auch ihr Johannes mit. Sie wurden nicht in die Freiheit rausgelassen, aber die Freiheit kam zu ihnen.

Hinter dem Podium ging die Sonne unter. Am roten Himmel erschien ein riesiges bärtiges Ungeheuer, das von einem Kran auf die Mauer herunter gelassen wurde. Es hielt sie mit ihren Krallen fest und tat nichts, es schaute sich nur die Menschen an. Unter seiner Aufsicht wurden die letzten Löcher in der Mauer zugemacht, durch die noch die Strahlen der untergehenden Sonne durchkamen.

Als die riesige symbolische Mauer zum Schluss des Konzerts zum Stürzen gebracht wurde und die sowjetischen Militärmusikanten für immer die Berliner Szene verließen, wurde Millionen Seelen die Vergänglichkeit der Mächtigen und die geduldige Demut der Hilflosen bewusst. Thomas` und Heikes Hände winkten zusammen mit Tausenden anderen den sowjetischen Soldaten zum Abschied und verspürten ihnen gegenüber keinen Hass. Sie taten ihnen eher leid. Wie sie sich selbst auch leid taten. Wer gibt ihnen die Jugendjahre ohne Freiheit zurück? Wer trägt die Schuld daran? Sind es diejenigen, die ihnen die Freiheit nahmen oder sie selbst, die sie sich hatten nehmen lassen?

Der Potsdamer Platz, die Abrissstelle mit den Resten des Anhalter Bahnhofs, das Niemandsland, knapp neben der abscheulichen Mauer, war für ein paar Stunden zum Zentrum der Welt geworden. Tausende Stimmen sangen: »We don't need your Education«.

Ziegel für Ziegel von der symbolischen Mauer fiel unter tobendem Jubel. Der Staub fiel auf das Podium, aber in diesem Moment störte es niemanden. Roger Waters in einer Soldatenuniform sang: „Ich will nach Hause gehen und die Uniform ausziehen." Am Ende des Konzerts war die Mauer niedergerissen. Auf dem riesigen Plakat erschienen Hunderte Kreuze, die sowjetischen Soldatentrommeln wirbelten die Luft auf und der letzte Ziegel fiel. Sowjetische Militär-LKW's luden die eigenen Leute ein und verließen symbolisch die Stadt. Waters sang: »Bring the Boys back home« Thomas drückte Heike unwillkürlich an sich heran. Er schwor sich, dass er nie zulasse, dass aus ihren Kindern jemals Soldaten würden.

Kapitel 5
BRATISLAVA 1989

Balazs feierten das erste Weihnachten im alten Weinberghäuschen, das sie in Bratislava gekauft hatten. Nach Mitternacht erlagen Balecka, Marta und beide Töchter der Müdigkeit und gingen zu Bett.

Balaz blieb mit dem Schwiegervater allein. Es war das erste Mal, dass sie in der mysteriösen Weihnachtsatmosphäre so gegenübersaßen. Niemals zuvor hatten sie die Gelegenheit, sich ruhig zu unterhalten. Nach langem Überlegen fragte Balaz den Schwiegervater, ob ihm der Name Klaus Winter etwas sage. Der Schwiegervater dachte kurz nach, nickte und begann zu erzählen.

„Ich habe schon darauf gewartet, wann du mich das fragst. Du denkst an den Vater deines lebenslangen »Freundes«". Bei diesen Worten lächelte er bitter. „Entschuldige, dass ich nicht von allein angefangen habe, darüber zu sprechen, aber irgendwie fehlte mir der Mut, und so habe ich mir gesagt, dass ich dies dem Schicksal überlasse... Hmm..." Der Schwiegervater holte tief Luft. „Nach der Unterdrückung des Aufstandes im Herbst 1944 waren im Keller der Kezmaroker Burg nicht nur viele Partisanen interniert, sondern auch viele jüdische Bürger, die auf ihre Transporte Richtung Auschwitz warteten. Die Burg wurde gemeinsam von Hlinkas Garden und zwei Einsatztruppen (ET) bewacht. Der Führer einer dieser Truppen war Scharführer Klaus Winter. Der Vater von Hans, deines ehemaligen Botschafters." Balecky wurde still.

„Und weiter?", drängte Balaz.

„Es ist schon fünfzig Jahre her..."

„Ich habe das Gefühl, etwas bedrückt dich...", schaute er den Schwiegervater an und versuchte sein Seelenleben zu ergründen.

„Das, was man über Winters Vater sagt, stimmt nicht. Das ist in diesem Moment das Wichtigste. Hier sind die Beweise. In diesem Umschlag." Balecky holte aus der Jackentasche einen relativ dicken, zugeklebten Postbriefumschlag. Er gab ihn Balaz.

„Du hast vorausgesehen, dass ich dich fragen werde?"

„Gib es ihm", wich Balecky der Frage aus. „Aber erst, wenn ich gestorben bin. Bis dahin bewahre es gut auf."

„Ich weiß nicht, was man über Winters Vater erzählt."

„Dass er im Hof der Burg in Kezmarok den Sägewerkbetreiber aus Podolinec, Müller, erschossen hatte."

„Deshalb hatte Winter solche Angst vor mir. Er dachte, dass ich es weiß..." Dann drehte er sich heftig zu seinem Schwiegervater. „Hast du den Umschlag immer bei dir?"

„Ich habe ihn bei mir, seitdem ich weiß, dass ich dich treffe. Ich fand keinen Mut, ihn dir zu geben... ich habe aber das Gefühl, ich werde nicht mehr lange da sein... es wird mir leichter gehen, wenn ich schon im Grab liege." Balecky trank einen Schluck aus seinem Glas.

„Vertraust du mir so wenig, dass du dich fürchtest, mir so etwas Schwerwiegendes zu sagen?"

Der Schwiegervater begann langsam zu sprechen. Weißt du, der Vater von Winter war in der DP, die ähnlich organisiert wurde wie NSDAP in Deutschland. Und ich... ich war in Hlinkas slowakischer Volkspartei", sagte Balecky leise.

„Quält dich das?", fragte nach langem Schweigen Balaz. „Dort waren damals alle, eine andere Partei gab es im slowakischen Staat nicht."

„So wie die Deutsche Partei ihre Schutzstaffel (SS) hatte, gab es das auch in der Slowakei, die nannte sich »Freiwillige Schutzstaffel (FS)« und auch Hlinkas Partei (HG) hatte ihre eigene »SS«, die hießen »Hlinkas Garden«", erzählte Balecky langsam weiter.

„Aber", Balaz wollte etwas sagen, doch der Schwiegervater gab ihm mit einer Geste zu verstehen, dass er ihn nicht unterbrechen sollte.

„Die Ergebensten in den Freiwilligen Schutzstaffeln wurden für die Einsatztruppen (ET) ausgesucht. Dort war auch Winter... Und die Besten aus Hlinkas Garden wurden für die Bereitschaftstruppen HG ausgesucht... Und dort war ich." Balaz zog beim Zuhören unwillkürlich die Stirn in Falten. Balecky wurde still. „Was weiter passierte, steht in diesem Umschlag. Wenn der junge Winter möchte, kann er dir das erzählen. Es wird nicht mehr lange dauern... Ich habe schon Metastasen im Dickdarm. Der Arzt schlug mir vor, einen Teil davon wegzuschneiden. Aber ich schere mich einen Dreck darum."

„Vater, du weißt, dass ich dich ehre und dich gern habe. Was deine Krankheit betrifft, tun wir alles dafür, dass du hier mit uns so lange wie möglich bleibst... Aber entschuldige, ich denke, du würdest zufriedener sterben können, wenn du mir erzählen würdest... wovor du solche Angst hast... du hast mein Wort, dass das, was du mir hier sagst, niemand erfahren wird... nicht mal deine Tochter..." Balaz schaute den Schwiegervater an, weil er das starke Gefühl hatte, er habe Angst davor, seine Töchter würden etwas erfahren, was ihre Meinung über ihn als tollen, liebenden und ergebenen Familienvater ändern würde.

Balecky dachte nach und plötzlich sagte er heftig und unerwartet: „Damals im Hof der Kezmaroker Burg war ich auch dabei. Aber nicht als der Pflasterleger, wie es im Bericht steht, sondern als Mitglied der Bereitschaftsgruppe Hlinkas Garden. Zusammen mit der FS sicherten wir den Transport der Juden ab..."

Es entstand eine lange Pause. Balaz fühlte, dass es unpassend wäre, etwas aus dem Schwiegervater herauspressen zu wollen. Trotzdem konnte er sich nicht beherrschen und fragte: „Du hast mir gesagt, dass du bis 1948 in der Demokratischen Partei warst und dann zu den Kommunisten gegangen bist, aber du hast nie erwähnt..."

„Was wirfst du mir vor? Ja, ich war in Hlinkas Partei, weil ich davon überzeugt war, dass ich so der Slowakei am meisten helfen konnte. Ich wollte für das Land was tun. Im Jahr 1943 begann ich mit dem Jurastudium, weil ich Gerechtigkeit wollte... ha-ha-ha...", lächelte Balecky bitter. „Als nach dem Krieg im März 1946 die Katholiken mit dem Vorsitzenden der Demokratischen Partei Lettrich in Modra vereinbarten, dass die Demokratische Partei die einfachen Mitglieder der Partei Hlinkas übernehmen würde, trat ich auch ein. Ich trat auch deshalb ein, weil ich die Aggressivität sah, mit der die Kommunisten hier aufgetreten waren. Ich wollte nicht, dass dieses Land in ihre Hände fallen würde. Ich war immer ein Vertreter des Katholizismus, der Ordnung und der Demokratie. Wir gewannen im Mai 1946 überwältigend die Wahlen und das war dann auch alles. Nach dem Putsch im Februar 1948 war klar, dass mit dieser Partei Schluss ist. Es gab nur noch Druck, Ausschreitungen und Gefängnisstrafen. Als Lettrich mit seinem Bruder im März 1948 nach Österreich flüchtete, war es sicher, dass alles vorbei ist... Ich war schon seit drei Jahren verheiratet und im Juni 1948 hätte ich meine Staatsprüfung an der juristischen Fakultät gehabt. Ich war der beste Student. Eva, deine Schwägerin, war schon zwei Jahre alt... wir warteten auf die Wohnung... Ungefähr einen Monat vor dem Abschluss rief mich der Dekan der Fakultät... dass die Kommunistische Partei neue Leute brauche... Die Demokratische Partei war schon aufgelöst... Außer derjenigen, die nicht in den Westen flüchteten, waren alle in einer ähnlichen Situation wie ich und traten ein... Der Dekan deutete mir auch an, dass sie einiges von meiner Vergangenheit wissen... Ich, der die Kommunisten nicht mal riechen konnte, war plötzlich unter ihnen... Als ich ein Jahr später die juristische Fachprüfung bestand, bekam ich auch eine Zweizimmerwohnung... Es war für uns eine Befreiung... Ich lebte bis zu dem Zeitpunkt mit meiner Frau und einem Kind in einer Einzimmerwohnung mit meiner Mutter zusammen..." Balecky schenkte sich wieder ein.

„Bist du noch Mitglied der Kommunistischen Partei?", fragte Balaz.

„Weiß ich gar nicht... Ich denke, nicht mehr... als ich in Rente ging, habe ich aufgehört hinzugehen und den Jahresbeitrag zu bezahlen. Zuerst hatten sie mich noch dazu aufgefordert, aber es war mir ziemlich egal... Seit zehn Jahren lassen sie mich in Ruhe."

„Ich bin vor drei Wochen aus der Partei ausgetreten."

„Das hast du gut gemacht."

„Nie wieder in meinem Leben trete ich in irgendeine Partei ein... Nie wieder," sagte Balaz energisch.

„Ha-ha-ha…", lachte Balecky.

"Was findest du denn so lustig?"

„So schnell und endgültig hatte ich mich auch damals entschieden, als ich in Hlinkas Partei aufgehört hatte... Weißt du, was an uns, den kleinen Völkern, das Dümmste ist? Dass, solange die großen Nationen im Verlauf der Geschichte immer wie Gangster auftreten, benehmen wir kleinen uns wie die Prostituierten. Aber während die Prostituierte wenigstens nach Geld verlangt, gaben die Slowaken immer umsonst und freiwillig! Entschuldige. Also vergiss den Umschlag nicht. Aber erst öffnen, wenn ich nicht mehr da sein werde!"

Kapitel 6
BRATISLAVA 1989 - 1991

Kurz nach dem 6. Januar, dem Heiligendreikönigstag, klingelte in der Wohnung von Balazs das Telefon. Es rief Peter Horacek an, mit dem er zusammen bei der Botschaft in Berlin gedient hatte. Ein toller Junge, ein Freund, dem man auch die persönlichsten Sachen sagen konnte. Dies stärkte ihn und half in der Atmosphäre der Angst und Verdächtigungen. Peter gehörte zu der Fünfergruppe mit Balaz, Hruska, Moudry und Mihas, die sich Weihnachten und Ostern trafen, den Kindern den Nikolaus vorspielten, zusammen Ausflüge unternahmen, offen über alles diskutierten. Sie bildeten in der damaligen tschechoslowakischen Botschaft eine Insel, auf der man frei atmen konnte. Peters Stimme klang nervös und dringlich. Er teilte ihm mit, dass er eine Woche später in Bratislava sein werde und sich gerne mit ihm treffen würde. Es reichen ihm fünf Minuten.

„Wieso nur fünf Minuten? Wenn du schon hier sein wirst, kommst du zu uns und kannst bei uns auch ein paar Tage bleiben“, schlug Balaz vor.

„Nein, das geht leider nicht, ich werde gleich zurückfahren müssen. Das, was ich dir sagen will, ist aber sehr dringend.“

„Dann mache wenigstens eine Andeutung... brauchst du Hilfe?“

„Nein, danke.“

Mit Horacek traf er sich im Cafe des Hotels Krivan unterhalb des Hauptbahnhofs. Er behauptete, er habe es eilig, aber trotzdem sprach er überraschend ausführlich über ihre Zusammenarbeit und Freundschaft in Berlin. Balaz spürte, dass es nichts Gutes war, weshalb Peter angereist war. Und dann kam es. „Weißt du, Jozef, es gibt Situationen, die verzeiht man sich bis zu seinem Tode nicht. Ich... ich... erinnerst du dich, wie wir uns in Berlin alles erzählt hatten... wie wir gegen Winter angekämpft hatten... es hatte uns sehr geholfen... aber ich wollte dir sagen, ich war derjenige, der damals auf euch angesetzt worden war... Auf Honza, Vlasto, Juraj und manche andere... Ich schwöre dir, dass ich nie über euch etwas gesagt hatte, was euch hätte schaden können, aber... entschuldige... ich konnte es so nicht ertragen... ich konnte mit dieser Last nicht ein neues Leben anfangen... ich musste das endlich loswerden... entschuldige, bitte..." Peter hatte rote Augen.

Balaz saß wie angewurzelt und wusste nicht, ob er sich äußern sollte.

„Ich wollte dir sagen, dass du weiterhin mein guter Freund bist. Ich weiß, in welchen Zeiten wir gelebt hatten, und ich weiß, dass du nie im Leben etwas Schlimmes getan hättest..."

„Entschuldige..." Peter drehte sich um und ging schnell weg vom Tisch. Sie haben sich nie wieder getroffen.

Balaz schaute Nachrichten, in denen sie über die ersten Amnestierten berichteten, die aus den Gefängnissen zurückkehrten. Vor knapp drei Wochen hatte Präsident Havel eine allgemeine Amnestie angekündigt. Dank ihr bekamen auch Wiederholungstäter und Tausende Schwerverbrecher ihre Freiheit wieder. Balaz schüttelte ungläubig den Kopf. „Wenn dieser Mensch etwas von Geschichte wissen würde, hätte er so was nie gemacht. Als Italien von den Amerikanern befreit wurde, waren die Ersten, die laut gerufen hatten, dass sie die Opfer des faschistischen Terrors waren, die größten Verbrecher. Während der Mussolini-Herrschaft wurden sie hinter Gitter geschickt wegen Mord und anderer Straftaten, deswegen würden sie in jedem Regime hinter Gittern landen", bemerkte Balaz zu seiner Ehefrau, die in der Küche Geschirr abwusch.

„Nimm diesen Hund mit nach draußen. Hörst du nicht, dass er spinnt?!"

Balaz nahm Pesina mit und spazierte mit ihr durch die verschneiten Straßen des Liscie Udolie. Die Information, die ihm heute sein Freund Vasek aus Prag mitteilte, ging ihm durch den Kopf. Für die Stelle des neuen tschechoslowakischen Botschafters in Österreich wurde Jaromir Komorous vorgeschlagen. Vasek musste Balaz nichts mehr erzählen. Er wusste, was das für die Slowaken bedeuten würde. Komorous kannte er noch aus der Zeit seiner Tätigkeit in Prag. Er war ein unangenehmer Mensch, der viele nicht mochte, aber am meisten mochte er die Slowaken nicht. Balaz war klar, wenn er zum Botschafter in Österreich werden würde, wäre der einzige direkte Kanal in den Westen für die Slowakei zubetoniert.

Er spazierte mit dem Hund durch die Gassen des Liscie Udolie und dachte darüber nach, was zu tun wäre. Er wusste nur, dass Komorous nicht zum neuen Botschafter in Österreich werden kann. Wenn er aber die Hoffnung am Leben erhalten wollte, dass sein Ausbooten gelingen würde, musste er jemanden vorschlagen, der dafür besser geeignet wäre. Fieberhaft ging er im Kopf seine möglichen geeigneten Kandidaten durch, die er kannte. Er erinnerte sich an die Bilder des angenehmen Abendessens, das er mit seiner Frau vor ein paar Tagen bei Hana Kunova genoss. Hana, eine berühmte Schauspielerin, hatte überlegt, mit der Schauspielerei aufzuhören und eine neue Lebensaufgabe zu suchen. In der Politik hatte sie den Überblick, sie war ein tschechoslowakischer Star und sprach perfekt Deutsch. Zum Teufel, dass er nicht früher darauf gekommen war. Er ging wieder nach Hause und überlegte dabei, ob es für sie bei den neuen Machthabern nicht von Schaden sein könnte, dass sie die Anticharta mit unterschrieben hatte und zur Nomenklatur des Vorsitzes des ZK der Kommunistischen Partei gehörte, aber er glaubte an deren Toleranz und Verständnis. Komorous könnte von Präsident Havel in jedem Moment ernannt werden. Er band den Hund an und eilte zur Schreibmaschine. Er nahm seinen ganzen Mut zusammen und schlug dem Außenminister Jiri Dienstbier Hana Kunova als Kandidatin für den Posten der Botschafterin in Österreich vor. Er las den Brief ein paar Mal, korrigierte Kleinigkeiten und klebte den Umschlag zu. Er glaubte fest daran, dass ihn für diese waghalsige Tat bis zum nächsten Morgen nicht der Mut verlassen würde und er den Brief abschickt. Danach ging er zu seinem Freund Kamil, dem Sprecher der VPN. Auf dem Flur des Mozarthauses, des Sitzes von VPN, stieß er mit Gabo zusammen, der ihm mal seinen Schiguli reparierte. „Hallo, Alter! Willkommen im Koordinationszentrum."

„Arbeitest du nicht mehr im Heizungskeller?"

„Nein, jetzt bin ich hier!", lief er schnell die Treppen hinunter.

Kamil gab die Idee von Balaz an Milan weiter, der in dieser Zeit der Berater von Präsident Havel war. Den amüsierte am Anfang dieser Vorschlag von Balaz sehr, aber schließlich schlug er Hana dem Präsidenten als Kandidatin vor.

Anfang Februar 1990 wurde Hana Kunova zum Föderalen Außenministerium eingeladen. Das Koordinationszentrum der »Öffentlichkeit gegen Gewalt« schlug sie offiziell als Kandidatin für den Posten der Botschafterin in Österreich vor. Ihre Nominierung wurde vom Minister Dienstbier unterstützt. Ein paar Tage später wurde sie auch durch Präsident Havel bestätigt.

Die Beglaubigungsurkunde übergab sie am 10. April 1990 im Kaiserpalast der Hofburg dem Präsidenten Kurt Waldheim. Balaz war von Anfang an nicht nur ihr Stellvertreter, sondern auch ihr Schutzengel.

Am 14. März 1991 kam es auf dem SNP-Platz in Bratislava zu Angriffen der radikalen slowakischen Nationalisten auf Präsident Havel. Es wurde der zweiundfünfzigste Jahrestag der Gründung des Slowakischen Staates gefeiert. Die Radikalen beschimpften und bespuckten den Präsidenten. Zu den aktivsten gehörte auch Balazs ehemaliger Kollege Vrablec, der im November noch keine Zeit hatte für „unsinnige Meetings". Vor der Tribüne versammelten sich unerwartet viele Fotografen und ausländische Fernsehteams, die das weiß nur Gott woher erfahren hatten, was passieren sollte. Am nächsten Tag zeigten sie der Welt die chauvinistischen Slowaken, die sich bemühten, die Tschechische und Slowakische Föderative Republik zu zerschlagen.

Der tschechoslowakische Innenminister Sacher löste am 17. Feburar 1990 die Staatliche Geheime Sicherheit (StB) auf. Es war aber nur ein formales Auflösen, denn viele Mitglieder der Staatssicherheit gingen in die neu entstandenen Organe über. Statt der Staatssicherheit entstanden neue Institutionen, viele mit dem alten Gesicht. Aus der I. Verwaltung, der geheimen Staatssicherheit, wurde das Amt für ausländische Kontakte und Informationen. In den Führungspositionen brauchten sie neue Gesichter. Eines davon wurde Jan Winter. Er hatte seine Stelle beim Föderalen Außenministerium gekündigt und begann beim Amt für ausländische Kontakte und Informationen. Er meldete sich bei seinem neuen Vorgesetzten. Als er in sein Büro hineinkam, konnte er seine Überraschung kaum verbergen. Am Tisch saß der Mann, mit dem sich Winter einmal am Flughafen Scheremetevo betrunken hatte.

„Ich hoffe, dass du nicht sehr überrascht bist, mich hier zu sehen", lächelte Pavol Horvath und gab ihm die Hand.

Kapitel 7
BERLIN 1991

Reiner, Bodo, Walter, Dietrich und Thomas saßen im Gartenrestaurant »Unter der Linde«, tranken Bier und erinnerten sich an die alten Zeiten, wie sie damals als Studenten zusammen gegen den amerikanischen Krieg in Vietnam, die sowjetische Invasion in die Tschechoslowakei, die Hochschulreform, die Regierung in Bonn und praktisch gegen alles, was protestwürdig war, revoltierten. Thomas war überrascht, dass sich bei ihm die ehemaligen Freunde gemeldet hatten. Nach seinem Eintritt in die Politik waren sie nicht im Guten auseinandergegangen. Das war aber vor vielen Jahren. Sie unterhielten sich und scherzten schon seit einer Stunde, aber er spürte, dass das Hauptthema, wegen dem sie sich trafen, noch unausgesprochen blieb. Thomas schaute auf die Uhr.

„Jungs, es ist wirklich sehr nett, sich an die alten Geschichten zu erinnern, aber entschuldigt mich bitte, die Zeit drängt und ich habe in einer halben Stunde einen Termin in Charlottenburg." Die Jungs schauten Reiner an, der sich ein wenig zierte.

„Schau mal, Thomas, obwohl du nicht mehr in der Politik bist, genießt du trotzdem in der Öffentlichkeit einen hervorragenden Ruf... und es ist schade, dass du dich nicht mehr engagierst. Es geht um... um diese riesige Diebesgeschichte, die auch Privatisierung genannt wird", begann Bodo vorsichtig.

„Ich verstehe dich nicht."

„Du siehst nicht, was in der ehemaligen Ostzone vorgeht? Mehr als achttausendfünfhundert Betriebe mit vier Millionen Beschäftigten werden hier von den Mafiagruppierungen auseinandergenommen, die ganze Treuhandgeschichte ist ein großer Betrug."

„Warum denkst du das?"

„Wenn die Betriebe privatisiert werden würden, um deren Produktionsausstoß voranzutreiben, wäre das in Ordnung. Aber die meisten werden deswegen privatisiert, damit die Produktion stehenbleibt. Die Fabrik lassen sie verkommen und kurz vor dem Konkurs wird sie von ein paar Gutmütigen im Treuhandfond an deren Freunde für einen lächerlichen Preis verhökert... Tausende Menschen verlieren ihre Arbeit." Thomas hatte das Gefühl, dass die Ungerechtigkeiten, die in der Privatisierung vorkamen, den Jungs gelegen kamen. So hatten sie wieder einen Grund, der Öffentlichkeit zu zeigen, dass die Reste der RAF und anderer Gruppierungen noch am Leben seien.

„Ich behaupte nicht, dass keine Unrechtmäßigkeiten passieren, aber ich bin davon überzeugt, dass das Finanzministerium die Angelegenheit unter Kontrolle hat." Die Jungs fingen laut zu lachen an. „Und ich befürchte, dass die meisten ehemaligen volkseigenen Betriebe wirklich nicht konkurrenzfähig sind."

„Du sprichst, als ob du selbst auf manche dein Auge geworfen hättest. Siehst du nicht oder willst du nicht sehen, dass Millionen Mark der Bundesregierung zur Unterstützung der Privatisierung und Sicherung der Arbeitsplätze die Gauner vom Treuhandfond in ihre eigenen Taschen stecken?"

„Was erwartet ihr jetzt von mir?"

„Wir sagten es dir bereits. Wenn in der Öffentlichkeit jemand mit deinem Ansehen auftreten würde, würde vielleicht jemand in der Regierung nachdenklich werden. Man sagt, dass Rohwedder in ein paar Monaten zu einem der einflussreichsten Männer in Deutschland wurde. Vielleicht würde es reichen, wenn du zu ihm gingest und ihm die Sache eindringlich klarmachen würdest!"

„Ich kenne den Menschen doch gar nicht. Und ich denke, dass ihr meine Möglichkeiten stark überschätzt. Ich bin kein Abgeordneter mehr. Was habt ihr vor?"

„Er kriegt wohl eins auf die Schnauze. So, dass er das bis zum Ende seines Lebens nicht vergessen wird. Wenn er am Leben bleibt... Du könntest es verhindern..."

„Hört endlich auf mit den komischen Drohungen. Auch wenn er von seinem Posten abgesetzt werden würde oder ihr ihn beseitigt, was denkt ihr, was sich ändern wird? Es kommt ein neuer Chef und..."

„... dann kommt eben ein neuer, aber die Warnung wird klar sein. Wir wollen aber das Schlimmste verhindern!", fiel ihm Reiner ins Wort. „Und dafür brauchen wir dich. Du bist vertrauenswürdig und in politischen Kreisen wird deine Meinung immer noch respektiert!" Thomas dachte kurz nach.

„Freunde, ich sage nicht, dass ihr nicht recht habt. Aber es ist Unsinn. Es wird sich sowieso nichts ändern. Bei jeder Privatisierung gibt es auch Ungerechtigkeiten. Diebesgeschäfte werden erst enden, wenn die Privatisierung beendet ist."

„Ich kann nicht aufhören zu staunen. Das hier ist Thomas Ankermann, der ehemalige Revolutionär?", versuchte Bodo, ihn auf diese Art zu erpressen.

„Alle wissen, dass du einer der wenigen Leute bist, die freiwillig aus der Politik gegangen sind – aufgrund der eigenen freien Entscheidung. Es gibt unter deinem Namen keinen Skandal, du hast nichts gestohlen... du hast saubere Hände... Du hast dich sogar von Angelika wegen ihres Vaters scheiden lassen", leistete Reiner weiterhin Überzeugungsarbeit.

„Ich habe mich von Angelika nicht wegen ihres Vaters scheiden lassen, sondern ganz schlicht deswegen, weil es zwischen uns nicht mehr funktionierte. Auch von der Politik oder von euch habe ich mich deshalb getrennt, weil wir uns nicht mehr verstanden hatten." Es herrschte kurz Stille, die von Reiner unterbrochen wurde.

„Weißt du, aber... damals, als du uns im Fernsehen als Kriminelle dargestellt hattest, das war nicht schön... Auch das war nicht schön, wie du als Herr Abgeordneter zugeschaut hattest, wie der Polizist mit seinem Knüppel gegen meinen Kopf geschlagen hatte und nichts gesagt hattest... Aber das ist schon vergessen."

„Entschuldige, aber die Aktion in Kreuzberg war totaler Unsinn. Ihr wusstet das, ihr wolltet nur auf euch aufmerksam machen. Als du damals die Proteste in Mutlangen gegen die amerikanischen Raketen organisiert hast, da bin ich auch gekommen, weil es einen Sinn hatte. Nein, Jungs, seid mir nicht böse... nein, nein", schüttelte Thomas mit dem Kopf und schaute Reiner ein paar Sekunden in die Augen.

Er dachte an den großen Auftrag des internationalen Konzerns Alumetall für eine fünfjährige Zusammenarbeit mit der Firma seiner Frau bei der Vorbereitung der Führungskräfte in zweiunddreißig Ländern, wo der Konzern seine Filialen hatte. Alumetall war eine Firma, die durch die Privatisierung des ehemaligen ostdeutschen Betriebs VEB Aluminiumwerke entstand.

„Ist das dein letztes Wort?!" Thomas nickte. „In Ordnung. Du hättest ihn retten können."

Die Jungs gingen und Thomas schaute ihnen mit einem unguten Gefühl hinterher.

Am ersten April in der Nacht saß Detlev Karsten Rohwedder, der Chef des deutschen Fonds des nationalen Eigentums der Treuhandgesellschaft, am Tisch in seinem Arbeitszimmer seiner Düsseldorfer Villa. Die Gardinen waren nicht zugezogen. Als er vom Tisch aufstand war, traf ihn eine Kugel aus sechzig Meter Entfernung. Die Ehefrau, die ihm zu Hilfe kommen wollte, wurde auch von einer Kugel getroffen. Im Gegensatz zu ihrem Mann waren ihre Verletzungen nicht tödlich.

Der Mord an Rohwedder wurde bis heute nicht aufgeklärt. Nach der Aussage der Ermittler war es angeblich der letzte terroristische Anschlag der RAF in Deutschland.

Die Bilanz der Privatisierung unter seiner Treuhandleitung war katastrophal. Den Gewinnen in Höhe von sechzig Milliarden Mark standen vermutlich Verluste an Ausgaben in Höhe von mehr als dreihundert Milliarden Mark entgegen. Die größte Diebstahlgeschichte in der neueren deutschen Geschichte wurde schnell vergessen. Ähnlich wie in Polen, Ungarn, Tschechien, der Slowakei, Russland, Bulgarien, Rumänien und anderen Ländern kamen viele Menschen, die zur richtigen Zeit am richtigen Ort waren, zu einem Vermögen, das Millionen Menschen im Schweiße ihres Angesichts über Generationen hinweg aufgebaut hatten.

Kapitel 8
WIEN / PRAG 1992

Am 4. Oktober 1991 verabschiedete die Föderale Versammlung das Lustrationsgesetz, gegen das viele Abgeordnete stimmten. Der Vorsitzende des föderalen Parlaments Alexander Dubcek lehnte es ab, das Gesetz zu unterschreiben, mit der Begründung, dass es unmöglich sei, den Unterlagen einer Verbrecherorganisation zu vertrauen, für die Lügen, Betrug, Skandale, Erpressungen und Morde zu Arbeitsmethoden gehörten. Die Listen der angeblichen Mitarbeiter der Geheimpolizei erschienen bald in der Presse und wurden vor allem von politischen Opponenten zur gegenseitigen Verleumdung genutzt. Der Schlammschlacht entging auch Präsident Havel nicht, der als Kandidat der geheimen Zusammenarbeit (mit der StB) bezeichnet wurde. Obwohl die Polizeiakten voll von Informationen über die, die angeblich angeworben wurden, waren, störte es überraschenderweise niemanden, dass sie geschwiegen haben über diejenigen, die sie eingestellt hatten. Die Namen der Angehörigen der geheimen Staatssicherheit erfuhr die Öffentlichkeit nie. In der Zeitung »Lidove Noviny« erschien eine Karikatur von zwei Männern, die sich in Prag vor dem Parlament unterhielten: „Ich habe vor der Überprüfung keine Angst", sagte der eine von ihnen, „ich war kein Mitarbeiter, ich habe nur die Befehle erteilt."

Ende März 1992 wurde Balaz zum stellvertretenden Außenminister Langer nach Prag zu einem Gespräch geladen. Dieser war vom »Obcianske Forum« (Bürgerforum) nominiert worden als ein gutmütiger Mensch, der von der Diplomatie keine Ahnung hatte. Seine Komplexe löste er damit, dass er trank. Die Whisky-Flasche, die ihm Balaz mitgebracht hatte, nahm er mit Dank an. Seiner Ehre diente es, dass er sie im Gegenteil zu anderen Mitbürgern auch gleich öffnete.

„Ich habe eine schlechte Nachricht für Sie. Aufgrund des Überprüfungsgesetzes müssen wir Ihnen mitteilen, dass wir Unterlagen über Ihre frühere Zusammenarbeit mit der geheimen Staatssicherheit erhalten haben."

„Nennen Sie es bitte nicht Zusammenarbeit. Zusammenarbeit ist etwas, was Initiative verlangt. Ich wurde zur Staatssicherheit nur vorgeladen. Ich bin nie aus eigener Initiative hingegangen. Vor meiner Tätigkeit als tschechoslowakischer Gesandter in Wien habe ich die Verantwortlichen im Ministerium darüber informiert, dass ich während des alten Regimes in meiner Funktion des Leiters des Pressezentrums in Bratislava von der Staatssicherheit kontrolliert wurde. Ich habe selbst die Personalabteilung darum gebeten, dass sie meine Angelegenheiten überprüfen."

„Es tut mir leid, aber es wurden neue Tatsachen entdeckt."

„Welche? Es können keine anderen Tatsachen auftauchen als die, die ich selbst angegeben hatte. Es gibt sogar ein Protokoll darüber."

„Das Problem besteht außerdem darin, dass der damalige Direktor der Personalverwaltung, Herr Doktor Zihal, wie sich gezeigt hatte, auch etwas mit der Staatssicherheit zu tun gehabt hat... Er ist schon seines Amtes enthoben worden."

„Können Sie mir eine konkrete Sache nennen, in der ich mir etwas zuschulden habe kommen lassen?"

„Das kann ich leider nicht... also... ich weiß es nicht", goss Langer wieder sich und Balaz ein und trank sein Glas gleich aus. „Alle unsere Unterlagen habe ich hier im Blechschrank."

„Dann zeigen Sie sie mir."

„Das darf ich nicht," sagte Langer unsicher. Balaz hatte das Gefühl, dass da gar nichts war. „Ich habe keine Zeit, solchen Unsinn zu lesen. Das haben eh die Bullen geschrieben."

„Also gehen Sie von irgendwelchen Unterlagen aus, die nicht vertrauenswürdige Personen geschrieben hatten und aufgrund dessen urteilen Sie über mich..."

„Ich urteile über niemanden. Mir geht das Ganze am Arsch vorbei. Persönlich kann ich Ihnen sagen, dass Sie für mich einer der fähigsten Diplomaten sind, die wir haben... aber es existieren eben diese Sachen.“ Langer holte tief Luft und schenkte sich wieder ein.

„Entschuldigen Sie, ich habe das Gefühl, dass es nicht wichtig ist.“

„Und was ist wichtig?“, schaute ihn fragend der Stellvertreter an.

„Herr Langer, ich bin kein kleiner Junge. Ich sehe, was los ist. Es ist klar, dass die Republik auseinanderfällt.“

„Sagen Sie so etwas nicht einmal flüsterleise! Ich lasse nicht zu, dass die tschechoslowakischen Diplomaten, auch wenn es Slowaken sind, über so etwas überhaupt nachdenken.“

„Warum kommen dann verschiedene Kommissionen vom Ministerium, in denen nur tschechische Staatsbürger vertreten sind und die Vermögenswerte zusammentragen? Aus Bratislava kam bis jetzt noch keine.“

„Es konnte auch keine kommen, sie hätte keinerlei Kompetenzen.“

„Herr Stellvertreter, es ist ein Prozess, den man nicht verhindern kann. Es ist klar, dass das Vermögen geteilt wird und vom Vermögen gibt es in Wien reichlich... Na, und es ist klar, dass es für... für Prag... inakzeptabel ist, dass die Nummer Eins und Zwei bei so einer wichtigen Botschaft wie der Wiener Botschaft Slowaken sind. Ich verstehe, dass auch die tschechische Seite über die Eigentumsverhältnisse den Überblick behalten möchte.“ Balaz schaute Langer eine Weile an.

„Also, Sie haben es ziemlich genau ausgedrückt... ich danke Ihnen. Sie haben mir die Verlegenheit erspart.“

„Also ist es klar, dass meine Tätigkeit in Wien beendet ist. Nicht wegen einer Angelegenheit mit der Staatssicherheit, sondern deswegen... Übrigens, Lado Korecky wird ein guter stellvertretender Botschafter sein.“

„Es fiel noch kein konkreter Name.“

„Entschuldigen Sie, ich bin schon ein paar Jahre länger als Sie bei diesem Ministerium. Hier fallen die Namen schon, bevor sie ausgesprochen werden. Ich werde die Situation nicht komplizierter machen und beantrage daher die Beendigung des Arbeitsverhältnisses.“

Am 31. Juli 1992 beendete Balaz seine Tätigkeit beim föderalen Außenministerium der Tschechischen und Slowakischen Föderativen Republik.

Am 17. Juli 1992 verabschiedete der Slowakische Nationalrat die Deklaration der Souveränität der Slowakischen Republik als Grundlage für einen souveränen Staat des slowakischen Volkes. An dem gleichen Abend trat Vaclav Havel vom Posten des Präsidenten der Tschechischen und Slowakischen Föderativen Republik zurück. Eine Woche später vereinbarten Vaclav Klaus, der tschechische Ministerpräsident und Vladimir Meciar, der slowakische Regierungschef, die Teilung der Tschechoslowakei mit Gültigkeit ab dem 1. Januar 1993. Das versprochene Referendum zu dieser Angelegenheit fand niemals statt.

Kapitel 9

MOSKAU / KIEW 1991 - 2005

Nach der Auflösung der Sowjetunion wurden über Nacht aus den meisten Funktionären der Kommunistischen Partei, die im Lande etwas zu sagen hatten, Demokraten. Den Prozess der Demokratisierung unterstützten die ehemaligen Nomenklaturkader der Kommunistischen Partei der Sowjetunion, die Mitglieder vom Staatsapparat, des KGB und der Mafia. Die ehemaligen Parteifunktionäre wurden größtenteils zu Bankern und Unternehmern.

Ähnlich wie ehemals der Zar Nikolaus II. war auch der neue russische Präsident Boris Jelzin im Kreml mehr abwesend als anwesend. Der kranke Präsident weilte am meisten im Präsidenten-Erholungskomplex am Schwarzen Meer in Sotschi, wo er unter dem Einfluss der Medikamente gegen Depression stand und sich den Rücken von den Händen der kaukasischen Wunderheilerinnen massieren ließ. Die inoffizielle Chefin des Kreml und von Russland wurde Jelzins Tochter Tatiana Djacenkowa, aus ihrem Büro mit der Nummer 262 wurde das riesige Land im Prinzip regiert. Das Regieren des Landes bedeutete nach der Meinung des ehemaligen KGB-Agenten

Vladimir Putin ungefähr so viel, dass jedes Jahr im Zeitraum von 1991 bis 2000 illegal zwanzig Milliarden Dollar ins Ausland transferiert wurden.

Im Laufe des Jahres 1991 meldeten die ehemaligen Unionsrepubliken die Unabhängigkeit an. Am 24. August 1991 tat dies auch der Oberste Sowjet der Ukraine. Das Land konstituierte seine unabhängigen Organe und gebraucht wurde jeder, der Erfahrungen hatte. Die geschicktesten Menschen verblieben aber in Moskau und viele nahmen die russische Staatsbürgerschaft an.

Sergei Gusew bekam zu Beginn des Jahres das Angebot, in Kiew den ukrainischen Abwehrdienst zu gründen. Er war einer der Ukrainer, der bereitwillig und auch bereit war, die gut bezahlte Stelle in Moskau zu verlassen und nach Hause zurückzukehren. Nach Kiew zog die Familie Ende Mai. General Gusew bekam in der Nähe des Stadtzentrums von Kiew eine Dienstwohnung. Die Eltern von Sascha freuten sich, dass ihre Tochter mit dem Ehemann und der Enkelin Nina der Heimat näher sein werden.

Saschas Vater traf sich mit seinem alten Freund, dem hervorragenden Banker Vadym Hetman, der im März 1992 in den Vorstand der ukrainischen Nationalbank als deren Vorsitzender gewählt wurde. Josif Grytsenko war für Hetman so eine Vertrauensperson, dass Sascha kurz darauf zu seiner Sekretariatschefin wurde. Sie war voller Enthusiasmus und hatte Erfahrungen. Als Hetman 1993 diesen Posten aufgab - im Jahre 1998 wurde er erschossen – übernahm seine Stellung ein Freund von ihm und ein Mensch, dem Hetman vertraut hatte. Es war der junge Wirtschaftler Wiktor Juschtschenko, Absolvent der Buchhaltung am Technopyl-Finanz- und Wirtschaftsinstitut. Hetman gab ihm die Empfehlungen von vielen ausgezeichneten Mitarbeitern der Bank. Eine davon war auch Sascha. Nach einer gewissen Zeit mochte der Vorstandsvorsitzende sie sehr. Ihr Arbeitsfleiß und ihr ausgeprägtes Verantwortungsgefühl imponierten dem dynamischen und ambitionierten Chef der Nationalbank, den das ukrainische Parlament im Jahre 1997 auch ein zweites Mal in seiner Funktion bestätigte. Lange blieb er dort nicht mehr. Präsident Leonid Kutschma ernannte ihn unerwartet zum Regierungsvorsitzenden, als Ende November 1999 Waleri Pustowojtenko zurücktrat. Als Juschtschenko im Jahre 2001 das Vertrauen durch das Parlament abgesprochen worden war, gründete er die politische Partei »Unsere Ukraine«, die zwar die Wahlen gewann, aber in der Opposition landete.

Im Jahre 2004 beendete der leidenschaftliche Kartenspieler Präsident Kutschma seine Wahlperiode und sein Nachfolger sollte zwischen den zwei Wiktors entschieden werden, Wiktor Juschtschenko und Wiktor Janukowitsch.

Anfang September 2004 aß Juschtschenko mit dem Chef des ukrainischen Sicherheitsdienstes Igor Smesko in seiner Hütte zu Abend. Anwesend war auch Smeskos Vertreter Wolodymir Sacjuk. Es sollte die Neutralität der Spezialdienste vor den Präsidentschaftswahlen besprochen werden. Am nächsten Tag deuteten sich bei Juschtschenko die ersten Anzeichen der Verschlechterung seines Gesundheitszustandes an. Er wurde sofort in eine Spezialklinik in Wien gebracht. Die Ärzte äußerten den Verdacht, dass er mit Dioxin vergiftet worden war. Juschtschenko durchlebte wohl seinen schwersten Lebensabschnitt. Seine Ehefrau Katarina, seine fünf Kinder, aber auch seine engsten Freunde standen ihm in diesen Stunden bei.

Trotz ernster gesundheitlicher Probleme gewann er die Wahlen mit einem knappen Ergebnis. Er erhielt aber nicht die erforderlichen fünfzig Prozent der Stimmen und in der zweiten Runde gewann wiederum sein Gegenkandidat auch ganz knapp. Die Ergebnisse wurden als Betrug dargestellt. Die zentrale Wahlkommission erkannte die 300 Proteste aus Juschtschenkos Wahlstab nicht an, die Juschtschenkos Anwalt vorlegen wollte. In die Räume der Kommission wurde er mit der Begründung nicht hineingelassen, dass der Schlüssel nicht gefunden werden konnte. Am 25. November forderte Juschtschenko die Menschen auf, in den Generalstreik zu treten. Hunderttausende Ukrainer gingen auf die Straßen. Es begann die »Orange Revolution«, die beide Lager mobilisierte, das von Juschtschenko wie auch das von Janukowitsch. Die berühmte Popsängerin Ruslana, die in dem Jahr den Eurovision Song Contest gewonnen hatte, trat zur Unterstützung von Juschtschenko in den Hungerstreik. Tausende Menschen lebten bei eisigem Novemberwetter in den Zelten auf dem Hauptboulevard Krescatik in Kiew. Schließlich wurde die Wiederholung der zweiten Runde der Präsidentschaftswahlen für den 26. 12. 2004 bekanntgegeben. Juschtschenko gewann mit zweiundfünfzig Prozent, Janukowitsch hatte 44 Prozent. Am 23. Januar 2005 fand die feierliche Amtseinführung des neuen Präsidenten statt.

Sascha, ihr Ehemann, ihre Mutter, ihr Bruder und die Schwägerin, die Nachbarn und Vasil mit seiner Ehefrau saßen im Elternhaus in Kolodne vor dem Fernsehbildschirm. Auf dem Tisch lagen viele Leckereien, die man im Winter in dem ukrainischen Dorf besorgen konnte. Zum Glück funktionierte der Markt in Irsawa auch im Winter relativ gut und es gab auch genügend Reserven. Würste, Käse, Symyky, Teigtaschen, Vareniky, Sosyski, gesalzenes Schweinefleisch, Kartoffelpuffer, Fische, Borschtsch, Horilka Schnaps, Sergeis beliebtestes Bier Obolon und die besten Weine der Krim verbogen den Tisch. Allmählich kamen die nächsten Nachbarn. Im Raum war es verqualmt, Sergei spendierte in der Runde seine Prima-Zigaretten. Die Menschen lachten, unterhielten sich über die Zukunft des Landes, über die stürmischen Tage, die gerade zu Ende gingen. Sie kritisierten diejenigen, die auf der Seite von Janukowitsch standen, die Westukraine wählte Juschtschenko. Sie erwogen die Möglichkeit der Teilung des Landes, die auch manche politischen Kräfte in der Umgebung der ostukrainischen Region um Donezk vorschlugen. Immer wurden aber solche Überlegungen abgelehnt und man tendierte dazu, dass die Einheit zu bewahren das Wichtigste sei, worum der neue Präsident sich bemühen müsse.

„Sascha, Sascha, hörst du? Du musst Wiktor Andrejewitsch sagen, dass wir alle hinter ihm stehen, aber er muss sich irgendwie mit Janukowitsch einigen. Und wir wollen auch keinen Zwist mit Moskau“, wandte sich jemand an Sascha. Sie saß neben ihrem Ehemann und lächelte angestrengt, wie abwesend. Sie beobachtete die Freunde und ihr gingen die Bilder der stürmischen Tage der letzten Wochen, die sie erlebt hatte, durch den Kopf. Für Wiktor Andrejewitsch Juschtschenko, den neuen Präsidenten des Landes und ihren langjährigen Chef, würde sie ihr Leben opfern. Die langen Tage voll Stress, als die Ukraine fast am Rande des Bürgerkrieges stand, gingen endlich zu Ende. Vor ihren Augen mischten sich Bilder der Tausenden von Menschen auf dem Kreschtschatik-Platz in Kiew und die Bilder der feierlichen Ernennung von Wiktor Juschtschenko, die das Fernsehen in einer Live-Übertragung brachte. Sie konnte sich aber auf die Augenblicke, die die ganze Welt beobachtete, nicht konzentrieren. Als ihr die Tränen kamen, drückte sie ihr Ehemann Sergei sanft an sich.

„Ach komm, Sascha... es wird gut... alles geht vorbei." Die Nachbarn wurden still. Sascha wollte nicht die allgemeine Freude mit ihrer Trauer trüben. Mit ihrer großen, unendlichen Trauer, die ihre Seele und ihr Herz zerriss. Wenn sie könnte, würde sie irgendwohin flüchten, wo es niemanden gibt, wo sie allein mit ihrem Leid wäre. Sie hielt es nicht aus und ging auf den Flur. Sergei ging hinterher. Er wusste, wohin sie gehen würde. Er half ihr, den Wintermantel anzuziehen und zog sich seinen auch an. Sie gingen an der Kneipe im Gebäude des ehemaligen Baubetriebes vorbei, dann an ein paar Häusern, bis sie zum Ende der Straße kamen. Sie liefen an den durch den ersten Schnee bedeckten Grundstücken vorbei bis zum Bach, überquerten eine Holzbrücke und dahinter war der Friedhof. Es gab dort ein einziges frisches Grab.

Kapitel 10

BRATISLAVA 1992 - 1999

Silvester 1992 war bei der Familie Balaz, ähnlich wie in vielen tschechischen und slowakischen Familien, sehr seltsam. Die Tschechoslowakei wurde geteilt und obwohl die Hauptplätze mit Zehntausenden feiernden Menschen gefüllt waren, hatten die meisten keinen Grund zum Jubeln. Sie warteten ab, bis sich zeigt, ob die

Trennung gut oder schlecht war. Die Slowaken spürten Erleichterung und ein aufregendes Gefühl, verursacht durch das Erreichen der angestrebten Staatlichkeit. Aber gleichzeitig befürchteten sie mögliche ökonomische Probleme. Die Medien sagten der slowakischen Wirtschaft einen schnellen Fall voraus. Die einen nahmen die Gründung der Republik mit Nostalgie und Trauer an, die anderen waren in Erwartung dessen, was der jüngste Staat in Europa erreichen könnte.

Balazs verfolgten die pathetische Neujahrsansprache des Vorsitzenden des Slowakischen Nationalrates Ivan Gasparovic und des Premiers Vladimir Meciar. Der Lärm des Feuerwerks vermischte sich mit den Tönen der Volksfeier. Martuschka und die jüngere Anicka hörten der Debatte der Eltern zu, in der es darum ging, ob die Teilung der Republik und die Einführung der Grenzkontrollen ihre Kommunikation mit der Familie des Schwagers beeinflussen würde. Martas Schwester Eva hatte im mährischen Olomouc studiert und heiratete den fröhlichen und sympathischen Tschechen Eman. Nach Mitternacht telefonierten sie miteinander. Im Prinzip wurde nichts gesagt. Sie schwiegen und waren dem Weinen nahe. Es gab auf beiden Seiten der neuen Grenze Tausende von solchen gemischten Familien. Zum Glück zeigte sich, dass der Verkehr zwischen den beiden neuen Staaten nicht besonders kompliziert gemacht wurde. Man musste nur ab und zu an der Grenze warten. Die Grenzbeamten tolerierten sogar, wenn die slowakischen Bauern ihre Felder auf der tschechischen Seite bearbeiteten und umgekehrt.

„Sie haben die Republik nur deshalb zerschlagen, weil sie sich nicht einigen konnten, wer in der gemeinsamen Republik das Sagen hat. So wird jeder sein kleines Häufchen regieren“, regte sich Balecky auf. In der letzten Zeit hat er merklich abgenommen, die Dioptrienzahl wurde größer, aber seine Psyche funktionierte einwandfrei. Täglich verfolgte er die Nachrichten, las alle möglichen Zeitungen und kommentierte die Situation aus einer Distanz des Menschen, der schon alles im Leben durchgemacht hat. „Alle Drecksgeschichten konnten nicht wegen des Mutes der Machtgierigen geschehen, sondern dank der Feigheit derjenigen, die Angst hatten, nein zu sagen. Hier gab es keine Machtgierigen auf der einen und Ehrliche auf der anderen Seite. Hier sind alle gefräßig. Sie übten sich vierzig Jahre im Stehlen. Damals war es heimlich und jetzt kommt endlich die Zeit, wo sie sich legal die Taschen vollstopfen können."

„Sei still, es könnte dich jemand hören!", warnte ihn die Ehefrau. Das Stereotyp des Warnens wurde in der Demokratie erfolgreich weiterentwickelt. Im totalitären Regime hatte die Frau niemanden gewarnt, da hatte sie Angst. Jetzt gab es nichts, wovor man Angst haben müsste und das Warnen fing ihr an zu gefallen. Sie gehörte zu den Leuten, die, nachdem das geschah, wovor sie gewarnt hatten, bedeutungsvoll sagten: „Ich habe euch gewarnt!"

„Na, das wäre noch schöner, dass du mir befehlen willst, wann ich was sagen kann. Das würde mir noch fehlen!", schenkte sich der leicht beschwipste Schwiegervater vom Traminer-Wein aus Pezinok ein und machte seinem Ärger Luft.

„Jozef, nimm ihm bitte die Flasche weg. Der Opa betrinkt sich!", verlangte die Schwiegermutter energisch vom Schwiegersohn.

„Oma, lass ihn. Er hat es wieder mit seinem slowakischen Staat."

„Was ist denn in Wirklichkeit eure sogenannte samtene Revolution? Nur der Start des Wettrennens um den Trog. Der Starter hielt schon seine Pistole bereit, aber als er den Schuss abgab, sah er nur noch die Rücken der trampelnden Läufer und den durch sie aufgewirbelten Staub. Hinter dem Mammon sind spornstreichs die Karrieristen, Kommunisten, Nichtkommunisten, Kirchengänger, Staatssicherheitsmitglieder, Polizisten, Soldaten, Schauspieler, Betrüger, Schmuggler und... und solche wie hier her. Schau mal." Der Schwiegervater legte eine juristische Fachzeitschrift auf den Tisch. „Ein Kollektiv von Autoren analysiert unsere neue Verfassung. Schön ist sie, nicht?" Er zitierte ein paar Paragrafen. „Die Menschen haben das Recht, politische Parteien und Bewegungen zu gründen, die getrennt vom Staat sind. Die rechtliche Aufarbeitung aller politischen Rechte und Freiheiten und deren Erklärungen müssen den freien Wettbewerb der politischen Kräfte in der demokratischen Gesellschaft ermöglichen und beschützen." Er legte die Zeitschrift hin. „Genial! Der freie Wettbewerb der politischen Kräfte!"

„Woher hast du denn die juristische Zeitschrift?"

„Ich kaufe sie mir manchmal. Ich bin doch Anwalt!"

„Was findest du am freien Wettbewerb der politischen Kräfte schlecht?“, verstand Balaz nicht.

„Nichts. Im Gegenteil. Es ist hervorragend, bis auf die Tatsache, dass der Herr Akademiker, das Mitglied des Autorenkollektivs der demokratischen Verfassung, mir in den Achtzigern das hier um den Kopf geschlagen hatte.“ Balecky holte das Buch »Die geschichtlichen Lehren aus der Krisenentwicklung des Jahres 1968« hervor. „Vor zwölf Jahren behauptete der Herr Akademiker: Das gefährlichste Anzeichen des rechten Revisionismus stellt das Ablehnen der Führungsrolle der Kommunistischen Partei im sozialistischen Staat dar. Das Hauptziel der rechten Opportunisten war, die sozialistische Demokratie durch ein pluralistisches Verstehen der Demokratie zu ersetzen, die viele Ansatzpunkte, Institutionen und Systemtechniken der bourgeoisen Demokratie übernehmen sollte, vor allem das System des freien Wettbewerbs der politischen Kräfte!“ Balecky warf die Broschüre entsetzt auf den Tisch. „Einen normalen Menschen kann davon nur der Schlag treffen. Der Herr Akademiker war bei uns in der Überprüfungskommission und warf uns dafür ′raus, dass wir damals das behaupteten, was er jetzt feststellt. Heute ist er ein anerkanntes Mitglied des Autorenteams der demokratischen Verfassung und diejenigen, die er damals rausgeschmissen hatte, können bis heute nicht mit einer Rehabilitierung rechnen. Und er spielt hier heute den Helden... Mir wird von diesen ganzen verspäteten Helden übel! Wenn es nach dem Kampf geht, erscheinen sie in den ersten Reihen und versuchen um jeden Preis den Sterbenden totzukriegen. Ich kann mich an keinen slowakischen Dissidenten vor dem November erinnern. Heute sind sie zahlreicher als die Fliegen. Sie sind schon fast wie die Partisanen. Je länger der Aufstand von 1944 vorbei ist, desto mehr werden sie. Ich erwarte, dass sie in ein paar Jahren die Liste der Anticharta-Anhänger an die der Charta-Anhänger anfügen. So werden wir in der Slowakei wenigstens welche haben. Auch deine ehemalige Chefin, der größte Star des sozialistischen Filmes, ein Nomenklaturkader des Sekretariats des Zentralkomitees der Kommunistischen Partei der Slowakei, eine verdiente Künstlerin mit der Tagesgage, die mit dem Monatsgehalt eines Arbeiters vergleichbar war, beschwert sich bitterlich, wie sehr sie gelitten hatte!“

Angewidert schaute er den Schwiegersohn an. „Gott sei Dank, dass in der Politik auch einige Idioten waren. Die hatten aber keine Chance, denn wie richtige Dummköpfe standen sie brav an der Startlinie und warteten auf den Startschuss. Alle hatten die Schnauze voll von Demokratie, Ehre und Gerechtigkeit. Und währenddessen? Das Zielband rissen die kirchlichen und kommunistischen großen Tiere herunter, die sich bereits in allen Parteien bereichert hatten. Die einen wie auch die anderen haben auf der Jagd nach dem Reichtum die größten Erfahrungen. Sie hassten sich nur deshalb, weil sie sich gegenseitig auch das Letzte wegschnappen würden. Jetzt zeigt sich in voller Nacktheit, dass Antikommunismus nicht der Kampf um Demokratie war, sondern Kampf um die Beseitigung der kommunistischen Diktatur mit dem Ziel, sie durch das kirchliche totalitäre Regime zu ersetzen. Vatikan statt Moskau. Es ist das Einfachste, denn die Nation ist es gewöhnt, sich vor den Mächtigen zu verbeugen. Es reicht, die Herrschenden auszutauschen, und schon kann sich die Nation vor den neuen Machthabern verbeugen. Bei der Jagd nach Geld stört sie gar nicht, dass sich Jesus an diesem Rennen nicht beteiligt. Sie haben ihn aus der Mannschaft geworfen, weil er ihnen im Weg stand! Zum Teufel mit denen!“, schlug der wütende Schwiegervater auf den Zeitungshaufen auf dem Tisch.

„Ich bitte euch, müsst ihr sogar zu Silvester politisieren?!“, fiel Marta ins Gespräch.

„Wirklich. Hört zu, wie schön dieser Pavol Habera singt“. Die Schwiegermutter, bei der das Gehör mit der Zeit schwächer wurde, stellte den Fernseher lauter. *Das letzte Mal werde ich stehen auf der Kreuzung der Gleise, du versteckst dein Gesicht in den Zeitungen, Liebe ist keine Pflicht...* „Er könnte aber auch seine Haare schneiden lassen“, kommentierte der Schwiegervater seine Sängerleistung. Dann wurde er still und schaute auf den Bildschirm.

Balazs Blick fiel auf die Schlagzeile im Tagesblatt »Neues Leben«, das, als der Schwiegervater auf den Zeitungshaufen schlug, auf den Boden fiel. „Diese waren die bewaffnete Faust in Chirana.“ Er begann den Artikel zu lesen, in dem irgendein journalistischer Eleve kompromisslos und prinzipientreu die Wirkung der Volksmilizen im Betrieb Chirana verurteilte. Er hatte auf der Liste auch den

Namen Julius Grajtak gefunden. Am Listenende stand eine kurze Information darüber, dass der Ingenieur Grajtak die unsinnigen Beschuldigungen nicht ertragen konnte und versucht hatte, sich das Leben zu nehmen.

Im Januar wurde die Slowakei in die UNO aufgenommen. Im Februar wählte das Parlament Michal Kovac als Präsidenten der Republik und ab Mitternacht des 8. Februar trat die neue Währung in Kraft – die slowakische Krone. Diejenigen, die größere Summen der tschechoslowakischen Kronen besaßen, trugen sie erst im letzten Moment in Koffern in die tschechischen Banken in Erwartung des radikalen Falles der slowakischen Krone gegenüber der tschechischen Krone. Manche sind so richtig reich geworden. Die Sozialsituation der Bürger hatte sich dramatisch verschlechtert. Die Preise praktisch von allem schossen in die Höhe. Das Fahrzeug Skoda Favorit kostete am Lebensabend des Sozialismus um die siebzigtausend Kronen. Ein paar Monate später schoss der Preis auf hundertdreißigtausend und die Menschen schüttelten nur mit den Köpfen, wohin das noch gehen soll. Als er zweihundertdreißigtausend, dreihundertdreißigtausend Kronen kostete, hörten die Menschen auf zu zählen.

Balaz beendete seine Einarbeitung in der Wiener Leasinggesellschaft Raiffeisen Leasing, die ein halbes Jahr dauerte, und wurde ab Januar 1993 mit der Aufgabe betraut, die neue Gesellschaft Tatra Leasing in Bratislava aufzubauen. Gleichzeitig wurde er mit der Funktion ihres ersten Direktors betraut. Er brauchte in der Firma geschickte Leute und wenigstens einen richtigen Fachmann für die Autos. Er erinnerte sich an Gabo.

„Ich grüße dich, hier ist Jozef. Wie geht es dir?"

„Alles prima. Und dir?"

„Mir geht es auch gut. Ich gründe eine neue Leasinggesellschaft und brauche jemanden für die technische Abteilung, der sich gut mit den Autos auskennt. Hättest du nicht Interesse?"

„Das ist sehr nett von dir, aber ich bin selber Unternehmer. Ich habe mit Freunden die Werkstatt „Druzstevny servis" privatisiert."

„Diese Werkstatt? Sie war zu sozialistischen Zeiten die größte

Autowerkstatt in der Stadt. Wie ist dir denn das gelungen?“

„Ich war zum richtigen Zeitpunkt an der richtigen Stelle. Wenn du Probleme mit deinem Auto haben solltest, meine Techniker stehen dir zur Verfügung. Also, mach’s gut.“

Kapitel 11

PRAG / BRATISLAVA 1992 - 1998

Jan Winter wurde von Präsident Havel kurz vor seiner Abdankung zum Botschafter der Tschechischen und Slowakischen Föderativen Republik in Argentinien ernannt. Ein paar Tage vor dem Unterschreiben der Ernennung zum Botschafter traf er sich mit Korowkin im Hradschin-Restaurant »Na Vikarce«. Den Weinkeller mochte auch Präsident Havel.

„Die Angelegenheit mit Argentinien geht in Ordnung. Nur wenn du dann da bist, würde ich dir empfehlen, mit deiner extremen protschechischen Rhetorik aufzuhören. Es wäre nicht gut, wenn die dortigen Slowaken es mitbekommen würden. Der Zerfall der Republik ist unaufhaltsam. Nach unseren Informationen werden sich beide Republiken am letzten Tag des Jahres 1992 gegenseitig diplomatisch anerkennen. Für die Russische Föderation ist die Slowakei ein Schlüsselpartner in Mitteleuropa. Wir kennen die Mentalität und Ansichten der Slowaken. Wir verlassen uns auf euch. Gute Beziehungen zu Deutschland und Russland sind für ein stabiles Europa von enormer Wichtigkeit. Die Slowakei liegt geographisch zwischen unseren Ländern. Auf Tschechien, Polen und Ungarn können wir uns aus bekannten Gründen nicht verlassen. Du hast das Vertrauen sowohl von den einen als auch von den anderen.“

Am 1. Dezember 1992 bekam Jan Winter die Zustimmung der argentinischen Regierung und zwei Wochen später trat er in Buenos Aires sein Amt an. Von Beginn an sprach er in reinem Slowakisch. Schnell gewann er die Sympathien seiner Landsleute. Sein guter

Ruf aufgrund seiner Professionalität kam auch in der Slowakei den verantwortlichen Politikern zu Ohren. Er blieb in Argentinien fast sechs Jahre, was in der Diplomatie überdurchschnittlich lange war.

Er hätte die Slowakei sicherlich noch länger vertreten, wenn die Regierung des Premiers Kluciar ihn während seiner Stundensitzung im Präsidentenpalast am 3. März 1998 nicht nach Hause beordert hätte. Nach der Rückkehr aus Argentinien nahm er den Posten des Direktors der Abteilung für strategische Angelegenheiten im Außenministerium an, die eine der Schlüsselabteilungen des Ministeriums war.

Kurz danach traf er sich mit dem neuen Botschaftsrat der Vertretung der Russischen Föderation in der Slowakei, Nikolai Iwanowitsch Borzow, der ihm direkt sagte, dass er die Informationen über Winter von Korowkin hatte. Er deutete an, dass es hervorragend wäre, wenn ein Diplomat mit so gutem Ruf sich mehr in der Politik engagieren würde. Borzow musste Winter nicht lange überreden. Dieser dachte schon länger über seinen Eintritt in die Politik nach. Ein paar Tage später brachten alle slowakischen Tagesblätter die Information, dass der international anerkannte slowakische Diplomat Jan Winter in die Bürgerpartei »Obcianska strana (OS)« eingetreten ist. Die langjährige diplomatische Erfahrung im Verstellen und in der Kommunikation zahlte sich aus. Mit seiner glatten Art, seinem Lächeln, seinem jovialen Auftreten und der Bereitschaft, die Journalistenfragen zu beantworten, punktete er allmählich bei der Öffentlichkeit. In der Beliebtheitsskala der Politiker stieg er immer weiter nach oben und die Türen zu seiner politischen Karriere öffneten sich.

Kapitel 12

BERLIN 1990 - 2005

Thomas gründete als ehemaliger Politiker das Institut für politische Analysen und Prognosen (IPAP). Er begriff, dass die aktive Politik nur für Menschen sein könne, die ihre Moralansprüche nicht sehr hochgeschraubt hatten. Politik interessierte ihn aber weiterhin und die Möglichkeit, den Medien, Schulen oder Institutionen unabhängige Analysen zur Verfügung zu stellen, machte sein Leben aufregend. Dank seines guten Rufes, den er sich in der Politik erarbeitet hatte, stieg das Interesse an seiner Firma. Die Klientel wuchs, er warb neue Mitarbeiter an und die IPAP wurde bald zu einer international anerkannten Agentur.

Seit der Geburt der Zwillinge Marlies und Claudie im November 2000 widmete sich Mama Heike immer mehr den Töchtern. Ihre Personalberaterfirma lief zum Glück schon hervorragend.

Weder Thomas noch Heike hatten jedoch genügend Argumente, um dem jungen sportlichen Mann, der Peter geworden war, die Karriere als Berufssoldat auszureden. Seit seiner Kindheit reizten ihn das Abenteuer und die weiten Länder. Er wurde Berliner Karate-Schülermeister. Während die meisten seiner Freunde dem Fußball hinterherrannten, trainierte er zu Hause komische Bewegungsabläufe mit Stöcken, Ketten oder einfach so mit bloßen Händen. Er war fest davon überzeugt, nach dem Abitur an der Offiziersschule des Heeres in Dresden ein Studium aufnehmen zu können.

Kurz nach dem Abschluss des Studiums meldete er sich für einen zweiwöchigen Kurs einer Spezialvorbereitung für die Soldaten an, die sich für ausländische Einsätze der Bundeswehr zur Verfügung stellten. Auf dem Übungsgelände in der Altmark absolvierte er die Vorbereitung für Minenentschärfung und für Kommunikationstechnik, den Grundkurs im Bergsteigen, das Training im Durchsuchen von Personen und Autos, die Katastrophenhilfe und selbstverständlich einen Spezialkurs für den Kampf gegen die Terroristen. Auch in Anbetracht seiner jahrelangen Vorbereitung in den Kampfkünsten beendete er den Kurs mit hervorragenden Ergebnissen. Vor den Weihnachtsfeiertagen im Jahre 2005 fuhr er persönlich nach Potsdam und füllte die notwendigen Unterlagen für einen Auslandseinsatz aus. Kurz nach dem Neuen Jahr wurde er mit einigen Kommilitonen aus Dresden zum Gespräch eingeladen, das aus psychologischen Tests und einem Konditionstest bestand. Er erreichte von allen Teilnehmern die besten Ergebnisse. Dann nahmen die Geschehnisse einen schnellen Verlauf. Ende Februar wurde er zum Führungsoffizier der Offiziersschule in Dresden bestellt, dort wurde er zum Leutnant befördert und gleich danach der Einheit zur Sicherung des Wiederaufbaus in Feyzabad, der Hauptstadt der afghanischen Provinz Badachsan, zugeteilt.

Ende Februar kam Peter für drei Tage nach Hause, um sich von seinen Schwestern und Eltern zu verabschieden. Der Abschied bestand zum größten Teil aus Schweigen. Heike hielt nur schwerlich die Tränen zurück und Thomas wiederholte ständig: „Es ist ja deine Entscheidung." Peter wirkte eigenartigerweise am ruhigsten.

Am 1. März 2005 flog er mit seinen Freunden Hans und Joachim aus Berlin nach Köln, wo er sich beim Leiter der nach Kabul abfliegenden Gruppe, dem Major Diestel, meldete. Als auf dem Flughafen der Airbus A 310 mit den Soldaten, die aus Kabul zurückkehrten, landete, ging es unter den vielen wartenden Ehefrauen und Freundinnen hektisch zu. Dann strömten schon die Soldaten in die Abfertigungshalle. Sie wirkten müde, aber offensichtlich glücklich, dass sie zu Hause sind. Peter sah bei den Ankommenden seinen älteren Kommilitonen aus Dresden Erich Lummer. Er kam zu ihm, sie umarmten sich und Erich fragte leicht dämlich: „Du gehst dorthin?" Peter nickte.

„Wohin?"

„Feyzabad."

„Ich war auch so blöd. Ich habe mich mit dem Geld locken lassen... Sie kriegen mich nie wieder dorthin... Hals und Beinbruch!"

Am Nachmittag um zwei Uhr startete der riesige Airbus aus Köln Richtung Termez in Usbekistan, wo die Militärbasis der deutschen und holländischen Streitkräfte war. Peters Gruppe stieg dann in ein Vier-Propeller-Flugzeug Herkules und flog weiter nach Feyzabad, das ungefähr dreihundert Kilometer Luftlinie entfernt lag. Als das Flugzeug auf der Rollbahn aufsetzte, hatte Peter das Gefühl, es würden ihm alle Zähne ausgeschlagen. „Zum Glück hatten die Russen diese Landebahn gebaut, sonst könnte hier die NATO gar nicht landen", bemerkte sarkastisch Joachim.

Es zeigte sich, dass die Provinz Badachsan relativ ruhig war. Die vier Monate des Einsatzes von Peter näherten sich ihrem Ende. Bis zur Rückkehr nach Hause waren es noch zwei Wochen, als er Magen-Probleme mit starken Durchfällen bekam. Der Arzt verordnete ihm Bettruhe und so flog an seiner Stelle Joachim zum Standard-Kontroll-Flug nach Kunduz. Die Besatzung des Hubschraubers BO 105M, die aus vier Personen bestand, startete um 11.00 Uhr. Eine halbe Stunde später wurde der Hubschrauber von den Mudzahedin mit einer Stinger-Rakete abgeschossen. Es war eine der Raketen, die sie vor fünfzehn Jahren über die USA für den Kampf gegen die sowjetischen Truppen bekommen hatten. Es überlebte niemand.

Nach seiner Rückkehr aus Afghanistan beantragte Peter seine Entlassung aus dem Dienst der Bundeswehr.

Kapitel 13

BRATISLAVA 2001 - 2004

Im März 2001 nach dem Anschauen des Filmes »Gandhi« hatte Balaz das Gefühl, dass der slowakischen politischen Szene zur Vollkommenheit nur noch eines fehle – er selbst. Es tat ihm ein wenig leid, dass das Land nicht durch die britischen Kolonialkräfte wie Indien okkupiert wurde, da wäre sein Eintritt in die Szene des Kampfes gegen sie unweigerlich imposanter. So nahm er gerne wenigstens die Einladung des Chefs eines großen privaten Fernsehsenders zum Kaffee an. Nach einigen Treffen, bei denen sie sich gegenseitig davon überzeugten, dass die Slowakei ohne sie in den Ruin treibe, gab er den lukrativen Job des Geschäftsführer für Wirtschaftspolitik einer der größten Firmen in der Slowakei auf. Im April gründete er zusammen mit weiteren Idealisten die Partei PALO – Die richtige Allianz der liberalen Bürger. Er entschied sich dafür, Politiker zu werden, den Zauber der Macht und des Beherrschens der anderen zu erleben. Er ahnte nicht, dass die Politik zwar hilft, Macht über die anderen zu haben, aber es vor allem bedeutet, die Macht über sich selbst zu verlieren.

Eine liberale Partei in der völkisch-katholisch-kommunistischen Slowakei zu gründen war mutig, aber Balaz wurde von der

Überzeugung motiviert, dass eine Partei, die persönliche Freiheit und persönliche Verantwortung durchsetzen werde, in der Slowakei lebenswichtig war. Menschen, die über Generationen nicht an eine kollektive Verantwortung herangeführt wurden, können keine Selbstehre verspüren oder ein Selbstwertgefühl besitzen. Dabei war es für ihn auch wichtig, den Einfluss des privaten Fernsehsenders »Angelika«, dessen Inhaber der Vorsitzende der PALO-Partei war, zu nutzen, denn der Einfluss des Fernsehens zeigte sich als sehr entscheidend. Die PALO-Partei wurde stärker und als sie in den Umfragen der öffentlichen Meinung dauerhaft zwischen sieben bis neun Prozent erreicht hatte, versuchten auch solche, die ihr zu Anfang nicht besonders vertrauten, einzutreten. Im Leben ist es überwiegend so, dass gerade diejenigen, die leise in ihren verlässlichen Verstecken abwarteten, dann ganz erholt auf die Strecke liefen und mit einer Leichtigkeit diejenigen überholten, die hart gekämpft und die Sache von Anfang an durchgesetzt hatten.

Der Wahltermin für den Nationalrat war der einzige Termin, an den sich Balaz mit Sicherheit erinnerte. Es war nämlich der Tag seiner Geburt. In den Wahlen am 27. September 2002 gelang es der PALO-Partei, nicht nur in den Nationalrat, sondern auch in die Regierung zu kommen. Der Nationalrat der Slowakischen Republik wählte Balaz zum Leiter seiner ständigen Delegation in der Parlamentsversammlung der NATO und später wurde er auch der Verantwortliche der ständigen Delegation des Nationalrates der Slowakischen Republik im Europarat. Dank seiner lebenslangen Tätigkeit im Außenhandel und in der Diplomatie entwickelte er sich schnell zu einem der vorrangigen Fachleute für Außen- und Sicherheitspolitik.

Am 15. November 2002 führte Balaz zum ersten Mal die Delegation des Nationalrates der Slowakischen Republik bei der Plenarsitzung der Parlamentsversammlung der NATO im türkischen Istanbul. Am zweiten Tag nach der Ankunft schritt er durch die Korridore des Kongresszentrums in den Raum, wo der politische Ausschuss tagte. Bis er sich in den riesigen Räumlichkeiten zurechtfand, hatte die Sitzung des Ausschusses schon begonnen. Balaz nahm seinen Platz am Tisch mit dem zweisprachigen Schild Slovakia/Slovaquie ein und hörte den Worten des Berichterstatters zu. Der Mann mit kurzen, grau gewordenen Haaren, dem dicken Bart und einem passablen Englisch analysierte die internationale Sicherheitslage. Plötzlich konnte er irgendein Wort nicht auf Englisch sagen, so ging er in fließendes Deutsch über. Vor sich hatte er das Namensschild, das aber durch einen Haufen von Unterlagen verdeckt war. Balaz dachte angestrengt nach, woher er diesen Menschen kannte. In der Pause ging er ihn begrüßen.

„Ich bin Jozef Balaz, der neue Leiter der slowakischen Delegation."

„Ich bin Markus Meckel, der Leiter der Delegation des Bundestages."

Balaz spürte, dass ihn Meckel genauso neugierig musterte, als ob er auch darüber nachdenken würde, woher sie sich kannten.

Beim gemeinsamen Abendessen der Delegationsleiter am gleichen Tag erinnerten sich beide lächelnd an das besondere Treffen bei Peter Greiner im Land, das nicht mehr existierte. Nach dem Fall des kommunistischen Regimes in der DDR war Meckel ein paar Monate der Außenminister. In den ersten freien Wahlen wurde er in die Volkskammer der DDR gewählt und nach der Vereinigung Deutschlands automatisch Abgeordneter im Bundestag. Auch dank der freundschaftlichen Hilfe und des politischen Einflusses von Markus wurde Balaz später einer der fünf Vizepräsidenten der Parlamentsversammlung der NATO.

Im Nationalrat widmete er sich dem außenpolitischen Bereich und der Sicherheit und mischte sich in die innenpolitischen Angelegenheiten oder die Wirtschaft nicht ein. Allmählich erkannte er, dass in der Politik das Sich-Nicht-Einmischen nicht möglich war, denn spätestens beim Abstimmen musste er seine Meinung äußern. Er begann zu begreifen, dass eine eigene Meinung in der Politik zu haben nicht nur unwillkommen war, sondern für den Meinungsäußerer auch sehr risikoreich. Eine politische Partei ist im Prinzip nur die organisierte Meinung ihres Vorsitzenden, dessen Aufgabe darin besteht, die Meinung seiner Finanzgeber in die Partei zu übertragen. Er passte auf, dass er sich nicht in irgendwelche »Geschäfte« 'reinziehen ließ, aufgrund derer er von dem Einen oder dem Anderen erpressbar wäre. In der Politik ist derjenige am erfolgreichsten, der das meiste über die anderen weiß. Die politische Stabilität basiert auf dem gegenseitigen Erpressen. Wenn ein beginnender Politiker noch keine Leiche im Keller hat, dann bemühte man sich, für ihn schnell »eine« zu finden. Es war aber nicht einfach, denn Balaz stahl nicht, privatisierte nicht, betrog nicht, bestach nicht und nahm auch keine Bestechungsgelder an. Er hatte saubere Hände und damit war er frei. Ein freier Mensch wird in der Politik für unzuverlässig bzw. unberechenbar gehalten. Die zuverlässigen Abgeordneten stimmen ohne nachzudenken nach den Anweisungen der Parteiführung ab. Sie denken keine Sekunde über die Eventualität einer freien Entscheidung nach. Es ist nicht nur weniger risikoreich, sondern auch bequemer. Die Bürger nehmen jeden, der in der Politik war, als einen Teil des Machtgetriebes wahr mit einem einzigen Ziel – sich persönlich zu bereichern.

Die Menschen nehmen fälschlicherweise an, dass die Minister oder sogar die Abgeordneten Macht besitzen. Das ist eine Illusion, die die Medien über die Politiker schufen. Die Macht besitzen vor allem diejenigen, die in den Wirtschafts- und Handelsvorständen, Banken, Entwicklungsbüros saßen, die Großinvestoren, Juristen und Medienbesitzer, die im richtigen Moment am richtigen Platz waren. Die Politiker liegen denen zu Füßen und das Volk verehrt die Politiker in der Annahme, dass diese entscheiden dürfen.

Er war traurig, als er einmal gesehen hatte, wie sich im Abgeordnetensaal des Nationalrates ein Oppositions- und ein Koalitionspolitiker verabredet hatten, wie sie sich vor den Fernsehkameras in die Haare kriegten, um die Wähler zu beeindrucken. Danach tranken sie ein Bier zusammen und warteten ungeduldig auf die nächsten Meinungsumfragen, wie viel Prozent mehr sie durch diesen »Streit« gewonnen hatten. Es machte ihn auch traurig, wenn er hörte, wie die Abgeordneten immer wieder unter sich damit prahlten, wer, was und bei welchem Minister erledigen konnte und was wer dafür von dem, für den er das tat, bekäme. Es tat ihm auch leid, als ein Oppositionspolitiker mit einem vernünftigen Gesetzesvorschlag kam, aber Balaz die Anweisung erhielt, nur aus dem Grund gegen ihn abzustimmen, weil er einer Oppositionspartei angehörte. Die Interessen und der Geiz der Sponsoren, Parteien und Einzelpersonen standen auf einem viel höheren Podest als der Dienst am Menschen, für den laut Werbung gemacht wurde.

Leid tat ihm auch, dass er den irrationalen Hass zwischen dem amtierenden und zukünftigen Regierungschef miterlebte, der auch in persönlichen Hass umgeschwungen war. Er lehnte es ab zu hassen und suchte auch die Zusammenarbeit mit der Opposition. Und es tat ihm auch sehr leid, als in der schweren Situation, in der er um seine Ehre kämpfte, er von der ganzen Opposition unterstützt wurde und seine eigenen christlich-demokratischen Regierenden ihm den Rücken zugekehrt hatten.

Ab und zu ertappte er sich bei den Überlegungen, dass er aus der Politik weggehen sollte, wenn es ihm nicht mehr gefalle. Dann überzeugte er sich, dass er zu den Ehrlichen gehöre und es gut sei, dass es auch solche in der Politik gäbe. Das Gute an der Politik war auch das Geld, das er ohne außerordentlich großen Arbeitsaufwand verdiente. Und es gefiel ihm auch die Möglichkeit, viel zu reisen. Ein Journalist rechnete aus, dass er der am meisten reisende Abgeordnete des Nationalrates war.

Ende April 2004 bat der Redakteur der Wochenzeitschrift »Domino Rum« Marian Lagovic den Abgeordneten Balaz um ein Gespräch. Balaz kannte Lagovic als einen jungen, wahrheitssuchenden Journalisten. »Domino Rum« war eine Wochenzeitschrift, die sich unter der Leitung ihres Chefredakteurs das Image eines kompromisslosen Kämpfers gegen den Kommunismus aufgebaut hatte. Obwohl sie gegen diese Gesellschaftsform leicht verspätet ankämpften, imponierte das offensichtlich den jungen, nichtsahnenden Redakteuren. Balaz bestellte Kaffee für beide und fragte Lagovic ganz nebenbei, wie es dem Herrn Chefredakteur ginge. Der wurde für die jungen Journalisten fast zum Prototyp eines antikommunistischen Kämpfers.

„Sie sind mit dem Herrn Chefredakteur bekannt?“, fragte überrascht Lagovic. Balaz war für ihn im Unterschied zu seinem Chefredakteur der Prototyp eines charakterlosen Menschen.

„Natürlich kenne ich ihn. Schon länger als dreißig Jahre...“

„Und woher kennen Sie sich, wenn ich fragen darf?“

„Wir haben zusammen die Wehrpflicht absolviert. In der Klement-Gottwald-Militär- und Politikakademie in Bratislava", lächelte Balaz und beobachtete den jungen journalistischen Kämpfer für Gerechtigkeit. „Das haben Sie nicht vermutet, dass der Herr Chefredakteur seinen Wehrpflichtdienst in der Gottwald-Akademie leistete, nicht wahr?" Lagovic schaute Balaz geschockt an. „Und dass der Stellvertreter Ihres Chefredakteurs mal Funktionär der Kommunistischen Partei war und das Anticharta-Dokument sicherheitshalber zweimal unterschieben hatte, das wissen Sie?" Der schockierte Lagovic schwieg. „Grüßen Sie beide schön von mir." Es herrschte eine peinliche Stille. „Wissen Sie, wen ich nicht ausstehen kann?", sagte Balaz und sah Lagovic direkt in die Augen. „Männer wie Ihre Chefs, die ihre Vergangenheit totschweigen, als ob sie bis zum Jahre 1989 auf dem Mond gelebt hätten. Sie tun so, als ob sie das kommunistische Regime zum Einsturz gebracht hätten. Gehen Sie doch im Internet auf ihre Webseiten und klicken Sie sich in ihre Lebensläufe ein. Sie werden feststellen, dass sie erst im Jahr 1989 beginnen. Die wissen ganz bestimmt, warum es so ist. Nehmen Sie es mir nicht übel, Sie sind ein junger Mensch und sollten deshalb umso mehr Ihre älteren Kollegen fragen, wie sie sich in den alten Zeiten verhalten hatten. Ich habe während der kommunistischen Zeit nie gehört, dass solche Leute wie Ihre Chefs gegen das Regime gekämpft hätten. Ganz im Gegenteil."

Am 7. Mai veröffentlichte Lagovic das Gespräch mit Balaz. Die Hälfte des Interviews bildeten die Fragen, die konkrete Geschehnisse und Namen aus der Zeit vor mehr als dreißig Jahren enthielten, an die sich Balaz selbst kaum noch erinnerte. Der naive Lagovic erwähnte aber ganz genaue Namen, Zeiten und Orte. Es war klar, dass er für die Fragen seine Akte als Quelle benutzt hatte, die sich aber nach der Information des Instituts des Nationalen Gedenkens erst »im Stadium der Vorbereitung für die Veröffentlichung« befand.

Einer der Mitarbeiter des Instituts des Nationalen Gedenkens gab Balaz gegenüber schließlich zu, dass die Akte den Medien vom Verwaltungsratsmitglied des Instituts Horvath initiativ zur Verfügung gestellt wurde mit der Bemerkung, dass er ihnen einen »großen Fang« präsentiere. Balaz bekam die Kopie der Akte am 13. September 2004, vier Monate nachdem Horvath die Informationen Lagovic zur Verfügung gestellt hatte. Aufgrund dieser Tatsachen zögerte Balaz nicht und machte im Nationalrat den Vorschlag, Horvath vom Posten des Mitglieds des Verwaltungsrates des Instituts des Nationalen Gedenkens zu entheben. Er führte auch andere Gründe an, aus denen man schlussfolgern konnte, dass Horvath im alten Regime keine saubere Weste hatte. Der Vorschlag ist im Nationalrat nicht durchgegangen, denn es fehlten dazu drei Stimmen. Horvath erhielt die Unterstützung seiner »christlichen« Freunde.

In seiner Akte, die fünfundachtzig Seiten hatte, fand Balaz fünfundsechzig Seiten voll von Betrugsgeschichten, die man ihm aber nicht beweisen konnte. Zum Glück fand er in der Akte auch einen Brief mit seiner angeblichen Unterschrift. Auf den ersten Blick war es offensichtlich, dass es sich um einen ganz anderen Schriftzug handelt als um denjenigen, den Balaz vor fünfundzwanzig Jahren hatte, als er den Brief angeblich hat unterschreiben sollen. Er besaß aus der Zeit reichlich schriftliche Unterlagen, damit die Graphologen beweisen könnten, dass es sich um eine Fälschung handle. Dazu war aber die Fotokopie des Briefes nicht ausreichend, sie brauchten das Original. Horvath lehnte es kategorisch ab, das Original des Briefes zur Expertise herauszugeben. Balaz wusste, dass die Medienjagd auf ihn genau von Horvath organisiert wurde. In der Begründung für die Amtsenthebung deutete Balaz im Nationalrat klar an, dass er über Horvaths Vergangenheit Bescheid wisse. Da Horvath nicht ahnte, was alles Balaz wusste, entschied er sich, ihn mit Hilfe der Medien zu beseitigen.

Als die meinungsbildende Tageszeitung in Balazs Akte nichts fand, brachte sie als triumphalen Beweis ein Zitat des Gesprächs mit Kapitän Mandak, der angegeben hatte, Balaz habe ihn informiert, dass der österreichische Journalist Eder mit ihm zwei Gläser Wein getrunken habe.

Balaz bestand auf der Herausgabe des Brieforiginals, er kämpfte dafür, er forderte in den Medien von Horvath, das Original herauszugeben. Nicht mal Horvaths Freunde verstanden sein hartnäckiges Ablehnen der Herausgabe. An die Öffentlichkeit gelangten Informationen, dass in Horvaths Institut mit den Originalen der Akten Geschäfte gemacht wurden und manche wirklich verlorengegangen seien.

Balaz meldete sich einige Male als Abgeordneter des Nationalrates an, aber wie er an der Pforte informiert wurde, flüchtete Horvath immer durch den Hintereingang. Einmal traf er ihn zufällig auf der Straße.

„Herr Horvath, wovor haben Sie solche Angst? Wenn Sie Recht haben, dann geben Sie das Original den Graphologen zur Analyse und beweisen Sie, dass es sich um meine Unterschrift handelt! Sie haben doch die einzigartige Gelegenheit, mich als unglaubwürdig darzustellen. Sie wissen aber ganz genau, dass ich nichts unterschrieben hatte und das ist der Grund, warum Sie es nicht aus den Händen geben wollen. Sie nutzen Ihr Amt politisch aus, sie erpressen die Leute und versuchen sie auf Bestellung Ihrer politischen Sponsoren als korrupt darzustellen. Wenn Sie ein Mann sind..." Balaz konnte nicht zu Ende sprechen, denn Horvath lief zu der ankommenden Straßenbahn und sprang hinein. Balaz wusste, ohne das Original kann er sich von der Beschuldigung nicht reinwaschen.

Also bat er wieder und zum letzten Mal um einen Besuchstermin. Als Abgeordneten musste ihn per Gesetz ein Staatsbeamter empfangen. Als er zum besprochenen Termin im Institut erschien, sagte ihm eine Beamtin mit ironischem Lächeln, dass Herr Horvath plötzlich weggehen musste und sie nicht wisse, wann er zurückkomme.

„Sagen Sie dem Armen", verlor Balaz die Geduld, „dass es seine letzte Chance war. Sagen Sie ihm, dass jetzt der ganze Spaß aufhört!"

„Soll das eine Drohung sein, Herr Abgeordneter?"

Balaz knallte die Tür zu und ging weg.

Kapitel 14
BRATISLAVA 2004

Vor den Wahlen im Jahr 2002 hatten Balazs ihre Schwiegereltern aus Presov zu sich ins Haus nach Bratislava geholt. Balecky und seine Ehefrau überschritten schon die achtzig und Marta wollte sie in diesem gesegneten Alter nicht allein wohnen lassen. Sie teilten die große Wohnung mit einer Querwand in zwei Teile und in dem kleineren brachten sie die Schwiegereltern unter. Gesundheitlich waren sie noch ganz gut drauf, nur der Opa verlor langsam seine Sehkraft und die Oma ihre Hörkraft, wobei sie sich gegenseitig ergänzten. Die Oma beschrieb dem Opa, was die Schauspieler auf dem Fernsehbildschirm machen und dafür rief ihr der Opa zu, was sie sagen. Schlecht war es nur beim Verfolgen der Nachrichten. Das war also mehrmals am Tag. Baleckys begannen damit um 15.00 Uhr, und es kam auch gleich zu den ersten Auseinandersetzungen, denn die Oma wollte die Nachrichten auf dem Sender »Markiza« anschauen, was in Anbetracht ihres Hörhandicaps verständlich war, der Opa wollte wiederum die Sendung »Radiojournal« im Slowakischen Rundfunk anhören. Gewöhnlich endete der Streit so, dass der Opa die Nachrichten von einem Transistorradio im Bad hörte. Um 18.30 Uhr tauschten sie die Informationen aus, was nicht besonders klug war. Beim anschließenden gemeinsamen Ansehen der Neunzehn-Uhr-Nachrichten hatten sie das Gefühl, dass die Nachrichten sie nicht besonders bereicherten und sie die meisten Informationen schon kannten. 30 Minuten später kam dann die zweite Spannungswelle. Die Oma wollte die Nachrichten auf dem Sender »JOJ«, der Opa weiter im »Slowakischen Fernsehen« anschauen. Weil sie nur einen Fernseher hatten, endete die komplizierte Situation so, dass sie, selbstverständlich, die Nachrichten auf »JOJ« schaute. Der Opa wollte die Niederlage nicht zugeben und breitete demonstrativ vor dem Fernseher die Decke aus, entkleidete sich bis auf die Unterwäsche und begann Yoga zu üben. Der Platz vor dem Fernseher war die einzige größere Fläche, auf der die Decke Platz hatte. Opas Lieblingsübung war die »Kerze«. Dabei hob er die Beine genau so, dass er der Oma komplett die Sicht auf den Fernsehbildschirm verdeckte. Der Sessel, in dem sie saß, war aus schwerem Mahagoni, es lag nicht in ihren Kräften, den zu verrücken, um eine bessere Sicht zu bekommen. Der Opa hatte zum Verrücken keine Zeit, da er beim Üben war. Obwohl er in Joga gut war, hielt er das mit den Beinen über dem Kopf nicht länger als drei Minuten aus. Das Blut floss in seinen Kopf und bei der Vorstellung, dass er so noch siebzehn Minuten hätte aushalten müssen (so lange dauerten die »JOJ«-

Nachrichten), gab er auf. Er wechselte die Übungsart, bei der er das Signal störte, das von der Zimmerantenne in den Fernseher ging.

„Kannst du die Beine nicht auf die andere Seite tun?“, zischte die tobende Ehefrau.

„Kann ich nicht! Auf der anderen Seite sitzt du“, freute sich Balecky. „Wozu guckst du dic Nachrichten überhaupt, du hast die schon dreimal gesehen.“

„Weder bei »STV« noch bei „Markiza“ sagten sie, dass die Christlich-Demokratische Partei KDH bereit sei, mit Fico, dem Chef der »Smer«-Partei, zu verhandeln.“

„Fico wird deinen Heiligen so einheizen, dass sie nicht aufhören werden, sich zu wundern“, zischte der Opa in der »Halasan«-Lage.

„Also ich finde, dass Fico lieber mit ihnen in die Regierung gehen würde als mit dem Chef der slowakischen Nationalisten Slota.“

„Das würde heißen, das die KDH mit Meciar koalieren würde und zusammen würden sie seine Amnestien ausheben“, erwiderte Balecky, stand schnell auf und warf dabei ungewollt die Zimmerantenne genau in dem Moment um, als Fico sein Statement zur möglichen Zusammenarbeit mit der KDH abgab. „Und jetzt ist sie kaputt!“

„Das ist typisch für dich! Wir haben so lange gebraucht, um sie richtig einzustellen!“, fuhr die Oma den Ehemann an. In ähnlich schlimmen Augenblicken ging sie zu ihrer Tochter, um sich zu beklagen. Normalerweise kam sie gerade in dem Augenblick, als Marta den Getreidebrei zusammenrührte oder wusch oder beim Modellieren war, auf der Leiter stand oder die Uhr verfolgte, damit die Eier nicht hart kochten. Solange Anicka noch zu Hause bei den Eltern wohnte, musste sie sich um die Oma kümmern. Anicka erzählte ihr die neuesten Klatschgeschichten aus dem Showbusiness, mit denen dann Oma vor dem Opa prahlte. Seit die Tochter ausgezogen war, musste Marta die Mutter selbst trösten. Zu ihrer Beruhigung konnte sie nur die Methoden anwenden, die sie in ihrer Jugend von ihr abgeschaut hatte. Zuerst redete sie schnell auf sie ein. Schnell deshalb, weil sie wusste, dass es, mit ihrer Mutter es auf die gute Art zu versuchen, eigentlich nur eine Zeitverschwendung war. Deshalb erledigte sie das schnell und dann schrie sie sie zusammen. Balecka hatte meistens geweint und laut gejammert, dass sie ein Geschwür habe, aber alles sich nur um den Opa drehe, der sich den Krebs nur ausgedacht habe.

Es zeigte sich, dass der Opa sich den Krebs nicht ausdachte. Das weit fortgeschrittene Stadium bestätigte auch der Arzt. Er hörte auf, Yoga zu machen, ging selten aus dem Haus, der Garten interessierte ihn nicht mehr, genauso wie die Politik. Er verschloss sich vor der Außenwelt und hörte fast auf, mit der Umgebung zu kommunizieren.

Jan Winter gewann immer größere Sympathien in der Öffentlichkeit. Im April 2004 gab er ein großes Interview für das »Slowakische Fernsehen«, in dem er seine Kandidatur für den Posten des Präsidenten nicht ausschloss. Es war das erste Mal, dass sein Name in diesem Zusammenhang erwähnt wurde. Nicht einmal drei Wochen nach diesem Gespräch erschien in der Tageszeitung »Slovensky Kurier« ein umfangreicher Artikel über die Abschiebung der slowakischen Juden in die Konzentrationslager in der Zeit des mit Hitler verbündeten Slowakischen Staates. Winter las den Artikel sehr aufmerksam und hatte kein gutes Gefühl dabei. In der kurzen Einleitung zum Artikel schrieb der Autor, ein unbekannter Journalist – sicherlich unter einem Pseudonym –, dass mehrere Dokumente zu dieser Problematik veröffentlicht werden. Die Fortsetzung, die eine Woche später erschien, beschäftigte sich mit den Judentransporten aus der Zipser Region. Winter trat beim Lesen kalter Schweiß auf die Stirn, da der Autor angegeben hatte, dass einer der Offiziere in Kezmarok auch Klaus W. war. Es war klar, dass die Artikelreihe nur ein einziges Ziel verfolgte – den Namen seines Vaters noch vor der beginnenden Kampagne für die Präsidentschaftswahlen zu veröffentlichen. Er nahm sein Handy in die Hand und rief Balaz an.

„Ich würde dich gerne treffen. So schnell wie möglich. Wenn du kommen kannst, dann auch sofort“, wobei er seine Wut in der Stimme nicht unterdrücken konnte.

„Heute kann ich nicht“, erwiderte ruhig und fast traurig Balaz.

„Was kann schon wichtiger sein als alte Freunde?...“

„Ich muss zur Beerdigung. Mein Schwiegervater ist gestorben. Aber gut, dass du anrufst. Er hat hier für dich einen Umschlag gelassen. Morgen könnte ich ihn dir geben.“

„Gut, dann also morgen. Wenn ich bitten dürfte, ich würde dich ungern in meinem Büro treffen... Ich schlage ein Mittagessen in unserem Club vor. Ich lasse einen Tisch reservieren."

„Ahnst du nicht, was da drin ist?", fragte Winter nervös beim Zerstören des Siegels, das schon so hart war, dass er es gegen die Tischkante schlagen musste. Vorher bat er noch die Kellnerin, sie ungestört zu lassen. Mit einer kleinen Verbeugung schloss sie die gepolsterte Tür.

„Lies es ruhig durch, ich werde dich nicht stören."

Winter öffnete den Briefumschlag. Darin lagen zwei Blätter. „Das habe ich in fünf Minuten." Er schaute dankbar zu Balaz, der aufstand und hinausging.

„Sehr geehrter Herr Winter! Es ist ein wenig dumm, dass ich Sie auf diese Art anspreche, aber eine mutigere Anrede habe ich nicht gewagt. Diesen Brief schrieb ich am 15. Mai 1987. Zu dieser Zeit traten sie den Posten des Botschafters in Berlin an. Ich wusste, dass früher oder später der Moment kommen würde, wenn es im Interesse der Wahrheit, aber auch im Interesse des guten Rufs Ihres Vaters notwendig sein würde, etwas zu erzählen. Hiermit tue ich das, entschuldigen Sie bitte, dass es so spät kommt.

Im Februar 1953 wurde ich als Zeuge zum Prozess gegen den ehemaligen Sekretär der Bezirksverwaltung in Kezmarok, Jan Mlynar, geladen. Es war zwei Monate, nachdem in einem Schauprozess Clementis, Slansky, Geminder, Sling, Frank und andere hingerichtet wurden, was zwei Jahre vorher auch Horakova geschah. Es war sicherlich die schwierigste Zeit in meinem Leben, aber unumstritten auch im Leben vieler anderer Menschen. Die Prozesse fanden nicht nur in den oberen Ebenen statt, sondern gingen auch in die niedrigeren. Dies war notwendig, damit das schockierte Volk die »Helfershelfer der Nazis« auch unter den Menschen aufspüren konnte, die es aus dem täglichen Zusammenleben kannte. Mlynar war einer von ihnen. Er war ein ehrlicher Kerl. Zum Glück wurde er nicht hingerichtet, sondern bekam nur 15 Jahre. Im Jahre 1960 wurde er entlassen, aber er starb an den Folgen des Gefängnisaufenthaltes. Im Prozess wurde er der Beteiligung an den Juden-Transporten aus der Region Kezmarok in die Konzentrationslager angeklagt.

Erlauben Sie mir, dass ich aus der Rede des Anklägers zitiere: „Nach der Unterdrückung des Aufstandes im Herbst 1944 wurden in den Kellerräumen der Kezmaroker Burg nicht nur die gefangengenommenen Partisanen interniert, sondern auch viele Menschen jüdischer Abstammung, die auf ihren Transport nach Auschwitz oder Majdanek warteten. Die Burg wurde gemeinsam von Hlinkas Garden und zwei Einsatztruppen bewacht. Der Führer einer dieser Truppen war Scharführer Klaus Winter..."

Winter las den Auszug aus dem Prozess, den er schon aus den Akten der geheimen Staatspolizei kannte. Trotzdem war er aufgeregt. Er holte Luft, trank ein Gläschen Cognac und las weiter.

„Unter den internierten Juden war auch Leo Müller, der Sägewerkinhaber in dem nahen Podolinec, zusammen mit seiner Frau und seinem Sohn. Die Schicksale der Gefangenen hingen völlig von der Lust und der Laune ihrer Wächter ab, die oft sehr betrunken waren. An einem Nachmittag suchten sich ein paar Soldaten einige jüdische Frauen aus, die zum »Amüsieren« bestimmt waren. Das bedeutete, dass sie von den Soldaten vergewaltigt wurden. Unter den ausgesuchten Frauen war auch Elsa Müller. Als sie sie aus dem Keller nach oben schleppten, hielt sie ihr Mann ganz fest und ließ sie nicht los. Die Gefangenen zitterten vor Angst, als die betrunkenen Soldaten beide Eheleute mit den im Keller aufbewahrten Holzstöcken brutal misshandelten. Ihr dreijähriger Sohn Leo weinte und verstand nicht, warum seine Eltern geschlagen wurden. Als es ihnen nicht gelang, sie voneinander zu trennen, wurden sie in den Hof geschleppt. Der Leiter der ET-Truppe Klaus Winter zog die Pistole und forderte Müller das letzte Mal auf, seine Ehefrau loszulassen. Müllers knieten in fester Umarmung. Manche Mitglieder der Hlinkas Garde lachten sich dabei kaputt, manche senkten ihren Blick, ein paar andere gingen weg. Der Leiter der Gruppe, die die Wege pflasterten, Jozef Balecky, zusammen mit den Pflasterern Hladik, Lukac und Lieskovsky beobachteten die Szene. „Klaus, bist du verrückt geworden?!", rief Balecky. Winter wurde verlegen, aber die ganzen Menschen, die sich im Hof befanden, schauten ihn an. Er wusste, wenn er nachgeben würde, wäre seine Autorität als Führungsoffizier weg. Ein letztes Mal forderte er Müller auf, die Ehefrau loszulassen. Er hob seine Hand, die sichtbar zitterte. Dann ertönte der Schuss. Müller fiel tot auf das Kopfsteinpflaster. Winter trat ganz aufgeregt an ihn heran. In dem Moment kam auch der Angeklagte Mlynar, der die ganze Szene beobachtet hatte. Er war damals Leiter der Einsatztruppe der Hlinkas Garde.

Er ist tot!, sagte Mlynar. Winter schüttelte Müller noch ein paar Mal und als er sah, dass er nicht mehr atmete, zogen sie ihn zusammen in den Keller.

Herr Zeuge, war es so?, fragte mich der Ankläger.

Nach langem Überlegen nickte ich. Sehr geehrter Herr Winter, in dem Moment fiel meine Welt zusammen. Ich nickte, weil sie mich vor der Verhandlung in den Polizeiverhörraum bestellt hatten und mich unter Androhungen von Folter und Erpressung zwangen, diese Falschaussage zu machen. Die Wahrheit ist die, dass Ihr Vater niemals auf diesen Mann geschossen hatte. Geschossen hatte ein Major der SS, der erst am Tag vorher das erste Mal bei uns gesichtet wurde. Niemand hatte ihn vorher gesehen. Ihr Vater war zwar in der Tatzeit da, aber er gab die Schüsse nicht ab. Ich war in der nächsten Nähe und ich sah mit meinen eigenen Augen, wie der Schuss aus der Pistole des Majors abgefeuert wurde. Ich war dort nämlich nicht als Leiter der Pflasterer, wie das der Ankläger nach meiner Zusage der Falschaussage angegeben hatte, sondern als Soldat der Bereitschaftstruppe der Garde Hlinkas. Ich hatte damals große Angst, vor dem Gericht die Wahrheit zu sagen.

Ich habe keine Kraft mehr, meine Vergangenheit vor Ihnen auszubreiten, versuchen Sie mich bitte zu verstehen. Eines ist aber sicher, dass Ihr Vater niemanden getötet hatte. Es gab damals mehrere Zeugen, es waren Angehörige der SS, der FS und der Bereitschaftstruppen der Hlinkas Garde. Manche von ihnen leben sicherlich noch, aber Sie verstehen bestimmt, dass wir kein Recht haben, sie als Zeugen für die Ereignisse zu rufen, was nichts mehr an den Schicksalen der Toten wie der Lebenden ändern würde.

Als in der Stadt erzählt wurde, dass Ihr Vater Müller erschossen hatte, verlor er die Nerven und ohne sich von Ihrer Mutter zu verabschieden, verließ er die Stadt. Seitdem haben wir ihn nie wieder gesehen. Ich hörte nur, dass er wohl nach Warschau gegangen ist, wo er sich freiwillig den Aufständischen angeschlossen hatte.

Sehr geehrter Herr Winter, vielleicht machen Sie mir jetzt zum Vorwurf, dass ich Ihnen diese Informationen nicht schon früher gegeben habe. Ich weiß nicht, ob es Sinn gehabt hätte, denn für meine Behauptungen gibt es keine Zeugen. Ich weiß aber, was ich sage. Und die anderen Gründe, warum ich mich nicht schon früher bei Ihnen gemeldet hatte, sind offensichtlich. Es liegt nun an Ihnen, was sie davon meinem Schwiegersohn erzählen werden. Ich wünsche Ihnen, dass Sie zu so einem fairen Menschen werden, wie Ihr Vater einer war. Unterschrieben..."

Winter las zu Ende. Dann holte er Balaz wieder. Er sagte ihm vom Inhalt das, was er für richtig hielt. „Ich muss mich bei dir entschuldigen. Die ganze Zeit habe ich gedacht, dass du hinter der Schweinerei in der Zeitung steckst. Entschuldige, bitte ."

Schweigend aßen sie zu Ende.

Winter stand auf und zog sein Jackett an. „Ich muss gehen, ich habe um zwei die Vorstandssitzung." Sie verließen den Club und verabschiedeten sich. Winter rief im Sekretariat des Instituts des Nationalen Gedenkens an, wo ihm die Sekretärin mitteilte, dass Herr Horvath an seinem Arbeitsplatz ist. „Richten Sie ihm aus, dass ich ihn besuchen komme. Ich bin in zehn Minuten da."

„Herr Winter", sagte die Sekretärin und führte ihn in Horvaths Büro.

„Willkommen. Was ist denn so plötzlich los? Möchtest du einen Kaffee?"

„Also, mein Freund, jetzt habe ich endgültig die Nase voll", begann Winter und sein Gesicht wurde aschfahl. Er warf ihm den Artikel vom »Kurier« auf den Tisch. „Das haben sie von dir!"

„Bist du verrückt geworden?!"

„Solche Unterlagen konnten sie nirgendwo außer in deinem Institut beschaffen! Also hör zu, mein Lieber", zitterte Winter, „die zweite Folge war gleichzeitig auch die letzte! Ist das klar?"

„Aber... aber ich... das... was willst du damit sagen!? Dass ich hinter diesem Verleumdungsversuch stecke?!"

„Und wer sonst, du Dreckskerl?!"

„Sei bitte so genehm und überdenke deine Wortwahl!", versuchte Horvath die Ruhe zu bewahren.

Winter stand heftig auf. „Ich werde es nicht noch mal wiederholen. Es ist kein Problem, einen neuen Antrag auf deine Abberufung zu stellen und diesmal wird er von der notwendigen Mehrheit unterstützt, das garantiere ich dir!", schrie er fast.

„Begreife bitte, dass ich nicht dahinterstecke!"

„Das erzähle deinen Tippsen, denen du die Sachen diktierst!"

Horvath fing an, schallend zu lachen.

„Was findest du denn so lustig?"

„Ich war schon Abgeordneter und kenne die Rechtsordnung. Mit dem zweiten Antrag in der gleichen Angelegenheit kann der Nationalrat erst ein halbes Jahr später kommen, das würde also erst nach den Präsidentschaftswahlen sein... Ha-ha-ha..."

„Und ich sage dir das letzte Mal, dass du damit aufhören sollst!" Winter drehte sich schlagartig um und ging weg. Horvath goss sich einen Wodka ein und trank den mit der Geste eines Alkoholikers. Lange fettige Haare klebten an seiner Stirn. Bösartig lächelte er. Drei Tage später, am 5. Oktober, erschien in der Tageszeitung »Slovensky Kurier« die dritte Fortsetzung der Serie über die Zipser Juden. Der Leiter der Einsatztruppe wurde immer noch als Klaus W. bezeichnet. Im Schlussabsatz wurde gesagt, dass der Autor in der letzten, vierten Fortsetzung versucht, die vollen Namen mancher Beteiligter zu rekonstruieren.

Am 8. Oktober brachten alle Zeitungen auf der Titelseite die Nachricht, dass der Stellvertreter des Vorstands des Instituts des Nationalen Gedenkens Pavol Horvath in der Ostslowakei während einer Dienstreise mit dem Auto verunglückt war. Er war auf der Stelle tot.

Kapitel 15
KIEW 2005

Am 20. Oktober 2005 war es in Kiew nasskalt. Auf die Fensterbretter des Empfangssalons des Präsidenten fiel feiner Regen. Am langen weißen Tisch saß auf der einen Seite Präsident Viktor Juschtschenko zusammen mit dem Außenminister Boris Tarasjuk, dem Delegationschef des Ukrainischen Obersten Rates bei der Parlamentsversammlung der NATO, Oleg Zarubinski, dem Dolmetscher und der Protokollantin. Gegenüber hatte die Delegation der Parlamentsversammlung der NATO, Präsident Pierre Lellouche, zwei Vizepräsidenten – der Türke Vahit Erdem und der Slowake Jozef Balaz –, der Generalsekretär Simon Lunn, sein Vertreter David Hobbs und Svetlana, die Ukrainerin, die in der Parlamentsversammlung für die Beziehungen mit der Ukraine zuständig war, Platz genommen. Viktor Juschtschenko unterschrieb ein paar Dokumente, die ihm noch schnell sein persönlicher Sekretär vorlegte und dann schaute er seine Gäste freundlich an.

„Entschuldigt bitte meine Verspätung, aber mein Gespräch mit der Vorsitzenden des grusinischen Parlaments Nino Burjadze hat ein wenig länger gedauert. Jetzt habe ich aber genug Zeit für euch." Er lächelte. In dem Moment, als es so aussah, dass sich in seinem Gesicht ein breites Lächeln ansiedelt, stoppte ihn etwas. Vielleicht war es Schmerz. Sein aschfahles Gesicht, gezeichnet durch die Folgen einer angeblich versuchten Vergiftung, erweckte den Eindruck der Steifheit. Trotz der Narben war Viktor Andrejewitsch ein eleganter Mann. Im schwarzen Anzug mit einem bordeauxfarbenen Schlips und Taschentuch in seiner Brusttasche sah er aus wie ein Fotomodell. Leicht gräuliche Haare über den Schläfen bedeckten sein deformiertes Ohr.

„Frau Burjadze ist eine charmante Dame und wir haben vollstes Verständnis dafür", erwiderte Pierre Lellouche mit einem Lächeln, das diesem Franzosen auch die Türen öffnete, die für die anderen geschlossen blieben. Pierre informierte den Präsidenten über den Besuch der Marinebasis in Sewastopol und dankte den Ukrainern für die ausgezeichnete Gastfreundschaft. Der Präsident war offensichtlich in guter Form. Er sprach fesselnd, glänzte mit klaren Argumenten, machte sogar bei ernsten Themen Witze. Lellouche, Erdem, Lunn und Hobbs hörten aufmerksam zu. Sie stellten sich diesen Mann auf der Tribüne des ukrainischen Unabhängigkeitsplatzes im Winter 2004 vor, als Juschtschenko die »Orange Revolution« anführte.

Balaz saß wie angewurzelt da. Er konnte sich nicht konzentrieren und die Worte des Präsidenten gingen an ihm vorbei. In seinen Gedanken liefen die Bilder vom Platz des Slowakischen Nationalen Widerstands, der Sturova Straße, Banskobystricka, Firschnal und weiterer Straßen und Plätze aus Bratislava vom August 1968 voller sowjetischer Panzer ab. Sie vermischten sich mit unangenehmen Angstgefühlen, die er immer verspürte, wenn er an die Betonsperren am Checkpoint Charlie – an dem Grenzübergang zwischen Ost- und Westberlin – dachte. Die Bilder kamen allmählich und verblassten wieder, aber sie blieben. Sie saß ihm gegenüber und Balaz konnte seine Augen nicht von ihr lassen. Wenn sie es ab und zu tat, schien sie ihn zu mustern. Ein paar Mal schaute sie ihn mit ihren grünen Augen an, die sie dann augenblicklich senkte. Das Gespräch näherte sich seinem Ende. Der Präsident widmete der Delegation zwanzig Minuten mehr als geplant. Der Protokollarchef führte sie aus dem Präsidentenpalast heraus. In dem Umkleideraum bekamen sie ihre Mäntel. Beim Vorbeigehen an den Soldaten der Präsidentenwache drehte sich Balaz unwillkürlich um. Hinter einer Marmorsäule in der Galerie in der ersten Etage der riesigen Vorhalle des Präsidentenpalastes stand die Protokollantin Sascha und sah ihn mit ihren durchdringenden türkisfarbenen Augen an, die unvergesslich waren. Als sich ihre Blicke trafen, schien sie zu lächeln. Dann drehte sie sich um und verschwand in dem mächtigen Säulengang.

Die Fahrt ins Hotel dauerte ewig lange. Kaum hielt der Dienst-BMW an, schoss Balaz die Treppen hoch. Dann holte er aus dem Papierberg auf dem Tisch einen Umschlag heraus, den sie von der ukrainischen Seite bekommen hatten. Im Umschlag war das Programm des Besuches inklusive aller ukrainischen Vertreter, mit denen sie sich im Laufe der Tage treffen. Er suchte nach der Seite mit den Angaben zur Audienz beim Präsidenten. Auf der Rückseite war die Zusammensetzung der ukrainischen Delegation vermerkt. Auf dem letzten Platz wurde als Protokollantin des Präsidenten Alexandra Josifowna Guseva gelistet. Obwohl ihm der Familienname nichts sagte, war sie das ohne Zweifel.

Er saß am Bettrand und verstand gar nichts mehr. Nach siebenunddreißig Jahren traf er seine erste Liebe wieder. Er schaute auf die Protokollliste und seine Hände zitterten. Dann holte er das Telefon und rief die Delegationssekretärin, die Ukrainerin Svetlana, an. Er bat sie, eine Verbindung mit Frau Alexandra Josifowna Gusewa im Sekretariat des Präsidenten herzustellen.

„Das ist eine ziemlich ungewöhnliche Forderung, Herr Vizepräsident“, erwiderte Svetlana.

„Svetlana, ich weiß es, aber ich bitte Sie sehr darum... Es wäre für mich enorm wichtig.“

„Und Frau Gusewa kennt Sie?“

„Ich denke... ja... Sie sollte es“, erwog Balaz.

„Ich verstehe. Ich tue, was ich kann... Warten Sie am Apparat.“

Balaz legte sich aufs Bett und schaute aus dem Fenster zum Haus gegenüber. Vor Nervosität zersprang fast sein Kopf. Was ist, wenn sie es doch nicht ist? Nein, nein. Es ist klar, dass sie das ist. Der Blick in der Empfangshalle war eindeutig. Warum hätte sie ihm sonst so hinterhergeschaut. Seit dem Gespräch mit Svetlana waren knapp zwanzig Minuten vergangen, als das Telefon klingelte. Balaz versuchte, ganz schnell ´ranzugehen.

„Herr Balaz?“

„Ja.“

„Hier ist die Rezeption. Warten Sie bitte, ich verbinde Sie mit dem Büro des Präsidenten Juschtschenko.“

Balazs Herz schlug ganz heftig. Obwohl er versuchte, sich zu beruhigen, war es nicht möglich. Das zwanzigste Mal wiederholte er für sich, was er ihr sagen würde. Zum Glück hatte er sein Russisch in den paar Tagen in der Ukraine gut aufgefrischt.

„Allo,“ meldete sich im Hörer eine Frauenstimme, die scheu, sentimental und traurig klang. Ein einziges „Hallo“, ausgesprochen auf russisch-französische Art ohne »h«.

„Hallo... hier ist Jozef... Jozef Balaz aus Bratislava...“

Langes Schweigen. Langes – viel zu langes, überleitendes Schweigen.

„Ich grüße dich, Osja... hier ist Sascha...“

Osja, mein Gott, Osja... so sprach sie das letzte Mal zu mir vor siebenunddreißig Jahren.

„Entschuldige, dass ich mich so lange nicht gemeldet hatte... aber“, in dem Moment wusste er, dass er keine größere Dummheit hätte sagen können.

„Ich weiß. Du konntest nicht... ich weiß... Verzeih du mir auch... Ich konnte nicht... wusste nicht, wie...“

Jozef spürte, wie Saschas Stimme am anderen Ende zitterte.

„Ich würde dich gerne sehen... Ich weiß gar nicht, wie du lebst? Bist du allein, verheiratet, geschieden?“

„Verheiratet, mein Lieber, verheiratet... und ich habe einen tollen Mann... Ich will dich auch sehen... ja, ich will dich sehen... Heute kann ich nicht. Morgen seid ihr noch in Kiew. Ich habe euren Terminplan. Entschuldige dich morgen Abend bei dem Empfang mit unseren Abgeordneten. Mein Mann holt dich um sieben im Hotel ab. Er heißt Gusew, Sergei Gusew.“

„Ja... ja... ich freue mich sehr auf dich.“

„Ich auch... ich auch... mein Gott...“, seufzte Sascha noch ins Telefon und legte auf.

Gusew brachte Jozef in die geräumige Wohnung in der Nähe des Bessarabsky Platzes. Sascha hatte ein ähnliches Kostüm wie bei dem Empfang beim Präsidenten an. Es stand ihr sehr gut. Balaz brachte ihr einen Rosenblumenstrauß und slowakischen Borowitschka mit. Als sie sich im Vorzimmer trafen, spürte Sergei, dass der Moment nur den zweien gehören sollte und eilte ins Zimmer.

„Willkommen...“

„Danke...“ Er reichte ihr den Blumenstrauß.

„Er ist wunderschön...“ Balaz beugte sich zu ihr und wollte ihr einen Kuss auf die Wange geben, aber sie wich scheu aus. „Kommst du nicht herein?..."

Im Esszimmer war für drei gedeckt. Sascha merkte, dass Josif ein wenig überrascht war. „Wir werden zu dritt sein... die Tochter ist gerade bei der Oma in der Karpato-Ukraine... Bitte..." Sie setzten sich an den Tisch. Die erste Verlegenheit wurde von Gusew unterbrochen. „Sascha hat mir alles über Sie erzählt... auch über die komischen Zeiten, die wir damals durchlebt haben... Also, seien Sie noch mal herzlich bei uns willkommen!" Gusew hob das Glas mit Horilka-Schnaps und sie stießen an. Die Dame des Hauses brachte Borschtsch, dazwischen aßen sie die Spezialitäten der kalten ukrainischen Küche.

„Das sind doch unsere Brimsennockerln", lachte Balaz.

„Ja, die hatte mir noch meine Oma beigebracht..."

„Ja, ich erinnere mich, deine Oma war Slowakin..."

„Hört zu, ihr duzt euch und ich sitze hier wie euer Onkel... Also, ich bin Sergei", drehte sich Gusew zu Balaz um. „Für Freunde Serjoscha..."

„Ich bin Jozef... für Freunde... Osja...", lachte Balaz herzlich. Gusew und Sascha sahen aus, als ob sie für einen Moment nachgedacht hätten. „Entschuldige, falls es dir nicht passt...", entschuldigte sich Balaz verlegen. „Oh nein, nein... alles in Ordnung... Osja... das ist hervorragend...", lächelte Gusew.

Und dann erzählten sie und erzählten. Sascha erklärte, wie sie zu Präsident Juschtschenko kam. Mit dem steigenden Horilka- und Borowitschka-Verbrauch wurden sie lauter, fielen sich ins Wort, lachten und erinnerten sich an einiges. Sie konnten nicht verstehen, dass im Leben auch solche Zufälle möglich sind, wie es bei ihnen der Fall war. Balaz war angenehm überrascht, an welche Details und Namen aus der Volleyballmannschaft sich Sascha noch erinnerte.

„Der mit der Donnerstimme, den man nicht überschreien konnte... was macht der?"

„Brblos? Er ist Chef eines Hotels in der Tatra."

„Und der smarte Gitarrenspieler, mit dem du zusammen gespielt hattest?"

„Juro Chochol. Er ist immer noch ein smarter Typ."

„Und der Dicke, der so sehr schwitzte? Der, von dem wir immer dachten, er würde uns kontrollieren... er hatte so starke lockige Haare... ihr nanntet ihn Kügelchen..."

„Winter... Der ist jetzt ein großer Herr... er kandidiert sogar für den Posten des Präsidenten..." Gusew schaute Balaz überrascht an, als ob er etwas fragen wollte, aber im nächsten Augenblick stand er auf und ging zu seinem Schreibtisch. Er holte einen Umschlag mit Fotos heraus.

„Wie bitte? Er will Präsident werden?", wunderte sich Sascha. „Ist er so gut?"

„Ich kenne diesen Winter ein wenig. Er heißt Jan, nicht wahr?, lächelte Gusew. „Hier habe ich ihn, den Schönen. Molodetz, er war... ein Molodetz." Gusew reichte Balaz ein Foto, auf dem er mit Winter auf einem Ausflugsschiff war. Balaz wurde rot.

„Entschuldige... was ist das für ein Foto?"

„Ich sollte dir es vielleicht nicht erzählen, aber die Zeiten sind eh vorbei... und du bist ja Vizepräsident der Versammlung der NATO und Juschtschenkos Regierung will so schnell wie möglich in die Allianz... Wir müssen uns vertrauen... Ich war damals im Generalstab der sowjetischen Armee... zu uns gehörte auch die GRU – der militärische Abwehrdienst... Ich unterrichtete an der Militär-Diplomatischen Akademie des Abwehrdienstes... Ungefähr einen Monat hatte ich auch Winter unterrichtet... Aber dieses Foto entstand ungefähr vor fünf Jahren. Er besuchte mich in Moskau." Gusew schaute Balaz an. „Sei mir nicht böse, ich erzähle dir keine Details. Ich erinnere mich, dass er sehr an die Perestroika glaubte. Ein guter Mann!" Balaz stand verduzt da, dann zog er seine Arme leicht zusammen. „Also zum Wohl! Wir haben vergessen zu trinken... Und das Foto kannst du ihm geben... Ich lasse ihn herzlich grüßen."

Sascha und Sergei spürten die ganze Zeit Balazs Nervosität. Als ob er etwas fragen wollte, aber nicht wusste, wie er das anstellen sollte. Manchmal drehte er sich um, als ob er warten würde, dass noch jemand erscheint.

„Im September werden wir in der Familie eine Hochzeit feiern", bemerkte Sascha.

„Heiratet der Sohn?", fragte er erwartungsvoll.

„Der.Sohn? Warum denn der Sohn?“, sah Gusew Balaz an. „Die Tochter. Ninotschka.“

„Die Hochzeit wird in der Karpato-Ukraine sein. In Kolodne. Im Dorf, wo ich geboren bin. Dort lebt noch meine Mutter und wir haben ein schönes Elternhaus. Nina wollte die Hochzeit auf dem Lande ausrichten... das ist jetzt der neueste Modeschrei bei uns...“, fügte Sascha hinzu.

„Also eine Tochter, Nina... ich gratuliere“, sagte Balaz mit gezwungenem Lächeln.

„Osja, und du kommst zur Hochzeit! Du musst kommen. Hast du schon mal eine ukrainische Hochzeit erlebt?“, fragte Gusew und fing Feuer.

„Nein.“

„Dann ist alles klar. Du bist eingeladen. Der zweite Septembersamstag nächstes Jahr. Es ist schon jetzt alles besprochen. Kolodne, nicht vergessen. Das phantastischste Dorf auf der Welt. Zwei Kühe pro Dorfbewohner... Ha-ha-ha... Schreibe es dir auf. Die Einladung bekommst du dann auch noch. Und keine Ausreden. Es wird für uns eine große Ehre sein, wenn zur Hochzeit ein slowakischer Abgeordneter und Vizepräsident der Parlamentsversammlung der NATO kommt.“

„Sehr gerne... gerne, ich hoffe nur, dass in dieser Zeit nichts Wichtiges sein wird...“

„Nichts kann wichtiger sein als die Hochzeit unserer Tochter“, fasste Gusew Balaz um den Hals und küsste ihn heftig auf slawische Art. Es war zu sehen, dass der Alkohol wirkte und er schon genug hatte. Als er langsam auf der Couch einzuschlummern begann, stand Balaz auf und machte sich auf den Weg ins Hotel. Sascha begleitete ihn hinaus. Sie war immer noch wunderschön und anziehend. Sie beobachtete ihn, wie er seine Schuhe anzog, höflich half sie ihm in den Mantel, reichte ihm die Handschuhe. Er zog sich mit Absicht langsam an, als ob er nach einem geeigneten Augenblick suchte, um sie nach dem Wichtigsten zu fragen, weshalb er gekommen war. Er spürte, dass sie ihm auch etwas gerne sagen wollte, aber es ging nicht. Ihre Wege führten schon sehr weit weg voneinander und der Staub, der sie bedeckte, war viel zu hoch.

„Sascha, Sascha, wo bist du... wo zum Teufel steckst du...? Bring mir bitte aus dem Speiseraum saure Gurken, oh Gott, ist mir schlecht... Hörst du mich?!“, wurde der Mann wach und lief zur Toilette, von wo unangenehme Geräusche des Übergebens zu hören waren.

„Und Osja? Wie geht es ihm?“, konnte Balaz sich nicht beherrschen.

„Du musst gehen... Komm zur Hochzeit. Er wird auch in Kolodne sein.“

„Sascha, zum Teufel, wo bist du denn!...“, ärgerte sich Gusew.

„Kommst du nächstes Jahr zur Hochzeit?... Du musst kommen... Kommst du?“

„Ich komme...“ Sie gab ihm die Hand. Er wollte sie auf die Wange küssen, aber mit einer Handbewegung stieß sie ihn sanft von sich weg.

Kapitel 16
BRATISLAVA 2005

Bis zur ersten Runde der Präsidentschaftswahlen der Slowakischen Republik am 3. Dezember 2005 blieben noch zwei Wochen. Die Straßen der slowakischen Städte und Dörfer wurden mit den Plakaten der Kandidaten übersät. Der eine wünschte den Menschen ein »Fröhliches Neues Jahr«, der zweite kündigte an, dass er »gleich komme«, der dritte »dankte den Bürgern für alles, was sie schon zusammen geschafft hatten«, der vierte forderte zum »Mut für gute Entscheidungen«, der fünfte wünschte »der Slowakei Guten Tag«, der sechste teilte den Menschen mit, dass „sie nicht alleine seien“, der siebte versprach, dass „er immer bei ihnen bleibe“. Die Kandidaten verteilten euphorisch Plastiktüten, Stifte, kochten Gulaschsuppe, Tee obwohl es kalt war, zapften sie Bier, schenkten Grog aus, besuchten Krankenhäuser, Eishockeyspiele, Kirchenmessen und Obdachlosenheime. Wenn einer der Kandidaten irgendwo eine Kamera sichtete, stand er sofort davor.

Die Schauspieler, Sänger, Moderatoren oder Sportler unterstützten die Kandidaten, die ihnen am meisten gezahlt hatten. Winters Gesicht erschien auf den großen Werbeplakaten oder in den Printmedien nicht sehr oft, seine Kampagne gehörte nicht zu den kostenintensiven. Trotzdem widmeten ihm die Medien Aufmerksamkeit. Ein Mensch, der noch zwei Jahre zuvor praktisch unbekannt war, zog plötzlich das Interesse der Öffentlichkeit auf sich. Die Fachleute erklärten sich seinen Erfolg durch die Verdrossenheit der Bürger, die keine »verbrauchten« Politiker mehr wollten. Winter war im Prinzip das einzige neue Gesicht unter den Kandidaten. Die Zeitungen versuchten herauszufinden, wer hinter ihm stand. Obwohl sich die politischen Gegner mit Respekt über ihn äußerten, räumten ihm die Zeitungen ganz gute Chancen ein. Allmählich kämpfte er sich unter die Favoriten. In den Umfragen der öffentlichen Meinung stand er auf dem vierten, fünften Platz, aber er war der einzige Kandidat, der ständig in den Werten anstieg. Und die Unterschiede zu den Favoriten waren nicht unüberwindbar. Obwohl manche Journalisten auf seine kommunistische Vergangenheit hingewiesen hatten, störte das die Menschen nicht. Schließlich waren fünf von sieben der stärksten Kandidaten ehemalige Mitglieder der Kommunistischen Partei.

In den Fernsehdebatten trat er wie ein erfahrener Politiker vor allem auf der internationalen Bühne auf. Politische Kommentatoren vergaßen nicht, seine Verdienste beim Fall der sozialistischen Diktatur in der DDR hervorzuheben. Der Journalist Milan Debnar deutete überraschend eine mögliche Verbindung von Winter mit den sowjetischen und später russischen Nachrichtendiensten an. Winter las den Artikel und lächelte.

Seit der Rückkehr aus Kiew dachte Balaz nur über eine Sache nach. Sollte er zu Winter gehen und den Rückzug der Kandidatur fordern oder sollte er dem einfach freien Lauf lassen? Das Foto von Gusew verursachte ein ungutes Gefühl, das ihm schlaflose Nächte bereitete. Er konnte sich nicht vorstellen, dass der mögliche neue Präsident der Slowakei für einen ausländischen Nachrichtendienst tätig sein sollte. Er fragte sich ständig, ob gerade er das Recht hatte, zu moralisieren und über jemanden zu urteilen. Er mochte Winter nicht, aber er wusste, dass einige von den Kandidaten viel mehr »auf dem Kerbholz« haben als sein ehemaliger Chef. Er hatte aber keine Beweise. Vielleicht war die ganze Sache auch schon lange beendet, Gusew war ja schon in Rente... Aber er könnte damit erpressbar sein. Schließlich entschied er sich.

„Was hast du denn“, reagierte Winter kühl, als er am Telefon Balazs Stimme hörte.

„Ich würde gerne mit dir sprechen.“

„Ich bin sehr beschäftigt... du kennst das, pausenlos Termine, Treffen, Meetings... hm... können wir das nicht nach den Wahlen erledigen?“

„Nein, es ist wichtig.“

„Ich befürchte, dass es vor den Wahlen wirklich nicht geht.“

„Ich bitte dich dringlich um fünf Minuten deiner Zeit. Ich möchte dir nur etwas zeigen. Etwas, was für dich von großer Bedeutung ist.“

„Wir haben doch wohl die Sache mit Kezmarok abgeschlossen.“

„Es geht nicht um Kezmarok!“

„Also gut. Komm morgen früh in meine Zentrale. Früh um acht. Du hast fünf Minuten.“

Balaz scannte das Foto von Gusew ein. Er druckte es mit einem guten Drucker aus und vergrößerte es gleichzeitig. Winter wartete mit dem demonstrativ über sein Handgelenk geworfenen Mantel auf ihn.

„Entschuldige, dass es so auf die Schnelle ist, aber wenn man erfolgreich sein möchte, muss man mehr als die anderen ackern... Was hast du denn?“

„Ich wollte dich auffordern, deine Kandidatur zurückzunehmen.“

„Was soll ich?“

„Die Kandidatur zurückziehen.“ Winter setzte sich hin, hängte seinen Mantel über die Stuhllehne und schaute Balaz lange forschend an.

„Und das aus welchem Grund?“

„Aus diesem“, indem er ihm das Foto reichte. Kalter Schweiß überlief Winter, er wurde rot und fing an, unangemessen zu schwitzen.

„Woher hast du das?“, schaute er Balaz mit einem durchdringenden Blick an.

„Das ist doch nicht wichtig. Du hast bestimmt gemerkt, dass es nur eine Kopie ist. Das Original wird an einem sicheren Ort aufbewahrt. Im Falle, dass mir etwas zustoßen sollte, werden die Leute, bei denen ich es deponiert habe, den versiegelten Umschlag aufmachen und den Inhalt veröffentlichen.“ Winter schaute ihn verblüfft an.

„Ich dachte, dass wir Freunde seien. Du hast es die ganze Zeit gehabt und hast mir nichts gesagt?“

„Nein, ich hatte es nicht.“

„Und woher hast du das?“

„Hm... wie man bei uns sagt... ich fand es auf dem Tisch... Das ist doch vollkommen unwichtig. Wichtig ist, dass es wahr ist.“

„Das beweist noch gar nichts.“

„Aber ich weiß es und ich kenne auch den Menschen, der dort mit dir auf dem Foto ist.“

„Was weißt du noch?“

„Ziehe die Kandidatur zurück“, wich Balaz der Frage aus.

„Das geht nicht. Weißt du, wie viele Menschen, Sponsoren, Journalisten, Analytiker, Berater und viele andere daran beteiligt sind? Weißt du, wie viel Mittel, Energie und Zeit sie schon in mich investiert haben? Und ich steige immer weiter, die Chance zeigt sich als durchaus realistisch. In diesem Moment geben mir den Umfragen nach ungefähr vierhunderttausend Menschen ihre Stimme! Und du kommst einfach so her und willst, dass diese vierhunderttausend Menschen jetzt einfach darauf pfeifen sollen?!“

„Wenn sie erfahren, wer du wirklich bist, werden sie nicht nur darauf pfeifen, sie werden dich von hier wegjagen!“

Winter dachte kurz nach, dann beugte er sich zu Balaz vor: „Jozef, wir zwei müssen uns doch nichts erzählen. Fast das ganze Leben gingen wir einen gemeinsamen Weg... Das sind doch Sachen, die schon lange hinter uns sind... Holen wir nicht schon längst Vergessenes heraus. Es hat doch keinen Sinn.“

„Hier geht es doch nicht um dich, sondern um die Slowakische Republik. Es darf doch nicht möglich sein, dass ein Präsident erpressbar ist.“

Winter bestellte Kaffee, befahl der Sekretärin, das nächste Treffen zu verschieben, und schenkte sich und Balaz von seinem Lieblingskognak ein. „Zum Wohl." Balazs Glas blieb auf dem Tisch.

„Du meinst es mit der Drohung, oder besser gesagt, mit deiner Erpressung wirklich ernst? Wer hat dich hierher geschickt?"

„Niemand. Entschuldige, aber ich kann nicht anders. Du hast vielleicht nur Pech, dass ich davon weiß, jemand anderen würde es vielleicht gar nicht stören. Aber es ist nun mal so." Balaz schaute vor sich hin.

„Also, zum Wohl", hob Winter versöhnlich sein Glas, aber Balaz berührte seines wieder nicht. „Ist das dein letztes Wort?" Balaz nickte. „Denke darüber gut nach. Ist das wirklich dein letztes Wort!?", erhöhte er seine Stimme. Balaz nickte wieder und sah ihm direkt in die Augen. Winter überlegte, atmete tief, an den Schläfen waren die Adern geschwollen.

„Ich dachte, dass ich nie wieder dazu zurückkehren müsste, aber..." Er trat an seinen Tresor, aus dem er einen A4-Umschlag holte. Eine Weile zögerte er noch, ob er ihn Balaz zeigen sollte, dann reichte er ihm den Umschlag.

„Das hier wird dich bestimmt interessieren!" Balaz holte schockiert aus dem Umschlag ein ungefähr einen Zentimeter dickes Bündel A4-Blätter, mit einer Farbschleife zusammengebunden und mit dem Staatswappen versiegelt.

„Aber das ist... das ist doch...", konnte er kaum aussprechen.

„Ja, das ist das Original deiner Akte des Instituts des Nationalen Gedenkens."

„Aber ich habe drei Jahre wie ein Idiot gekämpft, damit Horvath es den Graphologen zur Verfügung stellt..." Dann nahm er fieberhaft die Akte in die Hand und blätterte die Seite sechsundvierzig auf. Er las: „Der Direktor des Presse- und Informationszentrums für ausländische Journalisten Jozef Balaz nahm am 1. Mai 1978 vom Kapitän Mandak die Belohnung in Höhe von 1.000 Kronen an. Unterschrift Jozef Balaz." Balaz schaute auf das Papier und sein Hals wurde trocken. Auf einmal trank er seinen Kognak aus. „Das ist das Original?!" Wie von Sinnen wiederholte er das.

„Ja, das ist das Original. Das, was du jahrelang verzweifelt von Horvath gefordert hast. Das, auf dessen Grundlage die Zeitungen aus dir einen Dreckskerl gemacht haben."

„Aber ich habe deswegen sogar das Gesetz ändern lassen. Verstehst du? Der Nationalrat änderte das Gesetz, um Horvath dazu zu zwingen, dieses Dokument herauszugeben. Trotzdem hatte er das andauernd verweigert! Hat er dir das gegeben?!"

„Ich habe es ihm geklaut. Er lieh mir deine Akte und ich habe es einfach behalten."

„Und er wollte es nicht zurück?"

„Natürlich wollte er es zurück", murmelte Winter beim Auspusten des Zigarettenqualms. „Ich habe mich ganz gut amüsiert über euer damaliges Gefecht, ha-ha-ha..."

„Also konnte er es gar nicht zur Analyse geben, denn er hatte es gar nicht!!"

„Ganz genau!"

„Und wir haben uns immer mal getroffen und du hast mir nichts gesagt? Das ist unerhört. Das ist... Ich finde dafür keine Worte... Du hast doch gewusst, wie ich um meine Ehre kämpfe, welche Schlüsselrolle das Original dieses Dokumentes für die Graphologen gespielt hat. Und du hast es gehabt und hast nichts gesagt?"

„Und wie zum Teufel hätte ich es dir geben sollen? Es tut mir leid. Ich habe es in der Zeit bei mir behalten, als ich davon überzeugt war, dass du die Vergangenheit meines Vaters kanntest. Ich habe es als letzten Trumpf aufbewahrt, den ich dir anbieten würde, falls du mich erpressen würdest. Es zeigte sich aber, dass es dank deines Schwiegervaters nicht notwendig war. Danach hatte es keinen Sinn mehr."

„Wie meinst du das... es hatte keinen Sinn..., du ekelhaftes Schwein, wie hätte es keinen Sinn haben sollen?!", fing Balaz an, hysterisch zu schreien. „Du wusstest, dass dieses Dokument für mich entscheidend ist!!!"

„Was regst du dich jetzt um Gottes Willen auf?! Du bist nicht der Einzige, dessen Akte verlorengegangen ist", erhöhte Winter seine Stimme.

„Es ist von dir wirklich eine unwahrscheinliche Schweinerei", schüttelte Balaz ungläubig den Kopf. „Deshalb hat Horvath die ganze Zeit geschwiegen, sonst hätte er zugeben müssen, dass er gegen die Gesetzesbestimmung das Original einer Akte herausgegeben hat... Scheiße, das ist zum Mäusemelken, was soll ich jetzt mit dem beschissenen Original machen?!"

„Ich biete es dir an. Gib es den Graphologen, um es endlich analysieren zu lassen. Es ist die Chance deines Lebens. Endlich kannst du deinen Namen bereinigen! Ich biete dir dein ersehntes Original zum Austausch für das Originalfoto von dir!"

„Hör zu", zitterten Balaz die Hände. „Du bist ein noch viel größerer Idiot, als ich dachte. Und was soll ich den Graphologen sagen, woher ich das Original habe?! Wo habe ich es her?! Das Original darf von dem Institut laut Gesetz nur an Institutionen, nicht an Privatleute ausgehändigt werden. Es sei denn, du gibst es schön zurück... Ja, zurück", kam Balaz die rettende Idee. „Ja, ich nehme es, aber vom Institut des Nationalen Gedenkens und dann gebe ich dir das Foto."

„Bist du verrückt geworden? Soll der Präsidentschaftskandidat zugeben, dass...", verstummte Winter.

„...dass du ein Dieb bist! Ja, wenn du es zugibst, bekommst du das Foto. Das ist die einzige Chance, wie du mir helfen kannst! Und vor allem dir selbst!"

Winter kippte ein Glas in sich hinein und zündete sich eine Zigarette an. „Es tut mir leid. Wirklich. Begreif doch, ich wollte dich nicht erpressen. Ich habe das Original nur behalten, um etwas in der Reserve zu haben. Ich war davon überzeugt, dass du von der Vergangenheit meines Vaters gewusst hattest und dass du, dass du es im günstigen Augenblick gegen mich verwenden würdest... Entschuldige... Es tut mir wirklich sehr leid..." Winter schwitzte und atmete schwer.

„Dass ich es im günstigen Augenblick verwende. Glaubst du, dass alle so denken wie du?..."

„Dann vereinbarst du es mit irgendeinem Graphologen, der es angeblich zufällig auf seinem Tisch finden würde... Auch so etwas passiert...", schlug Winter nicht sehr überzeugend vor.

„Du bist nicht nur dumm, du bist ein wirkliches Arschloch. So kann nur ein schlechter Mensch denken. Und du bist ein schlechter Mensch. Ja, mein Freund, das bist du. Du bist ein wirkliches Schwein.“ Balaz versenkte sein Gesicht in seinen Handflächen. „Also hast du das die ganze Zeit bei dir gehabt. Du hast gesehen, wie die Zeitungen meinen Ruf, meine Familie vernichteten... und irgendwo zu Hause hast du dich kaputtgelacht über mich und über den schmierigen Horvath. Du bist ein unglaubliches Arschloch!“

„Jetzt beruhige dich. Ich habe mit dem Erpressen nicht angefangen. Du bist gekommen, um mich zu erpressen! Wer von uns zweien ist ein Schwein?! Der Dieb ruft: »Fangt den Dieb!« Mir ist völlig egal, ob du im Parlament bist oder nicht. Ich mache deine Karriere nicht kaputt! Du machst aber meine kaputt!“ Winter erhöhte wieder die Stimme und rauchte nervös die nächste Zigarette.

„Ich hätte dir damals in Berlin mit dem Eisenstock doch deinen Kopf zerschlagen sollen.“

„Dafür müsstest du eine andere Courage besitzen.“

„Ja, dafür hat sie mir gefehlt“, dachte Balaz nach und nickte traurig. „Ich hatte auch damals in Kezmarok keine, als du deinen Betrug nicht zugegeben hattest. Ich hätte dir eine auf die Schnauze geben sollen, als du über uns aus Kiew oder Berlin Meldungen abgegeben hattest. Ich hätte dir einen Stein an den Kopf schmeißen sollen, als du die Steine in die Fenster der russischen Kommandantur in Bratislava geworfen hattest... mein Gott, und du besitzt noch die Frechheit, für den Präsidentenposten zu kandidieren!? Ein normaler Mensch würde sich im letzten Loch verkriechen.“

„Du bist genau der Richtige, der das Recht hat zu moralisieren“, goss sich Winter wieder Kognak ein. Einen Augenblick schwiegen sie beide. Balaz stand auf. „Also bleibst du bei deiner Erpressung!?“, fragte Winter mit einer seltsamen Drohung in der Stimme.

„Ja, ich bleibe dabei. Wenn morgen in den Zeitungen nicht die Meldung über deinen Rücktritt steht, wird übermorgen alles in den Medien verbreitet, zusammen mit dem Kommentar, den mir die Person aus dem russischen Abwehrdienst über dich erzählt hatte. Ich denke, das wird eine interessante Lektüre sein! Mach's gut!“ Winter kicherte komisch, schüttelte den Kopf und trank und rauchte abwechselnd. Balaz drehte sich noch in der Tür um und sagte: „Der Autounfall von Horvath war wirklich sehr geheimnisvoll...“

Winter trank die Flasche aus und besiegelte damit seine Niederlage. Am nächsten Tag waren alle Auflagen der Tagesblätter verkauft. Auf den ersten Seiten brachten sie die Information über den unerwarteten Rückzug der Kandidatur eines der favorisierten Präsidentschaftsanwärter, Jan Winter.

Kapitel 17

BERLIN / BRATISLAVA 2006

Nach dem Aus für die slowakische Regierungskoalition wurden für Juni vorzeitige Wahlen anberaumt, und so war die Plenarsitzung der Parlamentsversammlung der NATO im Frühjahr 2006 in Berlin die letzte, an der Balaz teilnahm. In dem Tagungsraum des Unterausschusses für transatlantische Verteidigungs- und Sicherheitszusammenarbeit fand gerade die Vorlesung des IPAP - Instituts zum Thema »Neue Qualität der Beziehungen zwischen den USA und Europa nach der Krise 2003« statt. Das Thema war äußerst aktuell und er war neugierig, wie die Meinung der Fachleute aus dem renommierten Institut ist. Als Vizepräsident konnte er an allen Tagungen und Vorlesungen jedes Ausschusses teilnehmen. Er ging leise in den Raum, schloss vorsichtig die Tür und setzte sich in die letzte Reihe. Auf dem Podium stand ein gut aussehender Fünfzigjähriger und sprach fesselnd über die Perspektiven der Beziehungsentwicklung zwischen Europa und den USA.

„Die wichtigste Frage ist, ob man die Beziehungen zwischen den USA und Europa nach dem Krieg im Irak in den Vorkriegszustand bringen kann oder ob die Verbindungen zwischen den beiden für immer geschwächt wurden? Auf beiden Seiten des Atlantik gibt es zwei Lager. Die Optimisten behaupten, dass der Irakkrieg ganz Europa außer Großbritannien von den USA getrennt hatte, ähnlich wie damals die Stationierung der Pershing II-Raketen mit atomaren Sprengköpfen in Europa. Aber die NATO hatte es überlebt. Es war damals auch eine enorm angespannte Zeit", erzählte der Redner und trank einen Schluck Mineralwasser. Mit einem Lächeln fügte er hinzu: „Ich weiß, wovon ich spreche, ich habe selbst gegen die Stationierung protestiert..." Im Saal hörte man ein leises Lachen. Balaz fand irgendetwas an diesem Mann anziehend. Er kam ihm irgendwie bekannt vor. Die lebhafte Gestik, der leicht nervöse Gang zum Podium, er legte oft seine Brille ab und wischte sich die Augen. Gerade diese Geste erinnerte ihn an jemanden. Er beobachtete den Redner und obwohl alle die Vorlesung mit großer Aufmerksamkeit verfolgten, konnte Balaz sich nicht konzentrieren. Diesen Mann hatte er schon einmal getroffen. Durch den Kopf liefen ihm alle seine deutschen Kontakte, er versuchte sich an die Gesichter der verschiedenen Vorlesenden der Seminare bei Reemtsma in Hamburg oder in anderen Seminaren der NATO oder des Europarats zu erinnern. Trotzdem konnte er diesen Mann nirgendwohin zuordnen. Er ging an den nächsten Tisch und las das Programm des heutigen Tages. Die Vorlesung hielt der Direktor des IPAP - Instituts Thomas Ankermann. Jozef kehrte zurück in den Saal und konnte es kaum glauben. Er beobachtete angestrengt diesen Mann. Es gab keine Zweifel. Es war Thomas. Als Thomas die Vorlesung beendete, kam er in die Halle an den Tisch mit Kaffee. Er stand allein, da die Abgeordneten schon in den Saal gingen, in dem zwanzig Minuten später die Abschlusssitzung mit der Teilnahme des Generalsekretärs der NATO begann. Es war der letzte Tag der Tagung der Parlamentsversammlung.

„Entschuldigen Sie, mein Name ist Jozef Balaz. Ich bin der Vizepräsident der Versammlung." Er erkannte ihn nicht.

„Ankermann. Firma IPAP." Er erwartete, dass ihn Balaz etwas zum Thema der Vorlesung fragen würde.

„Haben Sie mal in Neuwied Volleyball gespielt?" Thomas stellte den Kaffee hin und nickte überrascht. „Und Sie spielten Banjo."

„Ja, das habe ich gemacht... Woher wissen Sie das?"

„Und sie waren auch im August 1968 in der Tschechoslowakei..."

„Ja... Ja, es stimmt... ich war da... Um Gottes Willen... Oh, Gott... Sepp... Das kann nicht wahr sein..."

„Da hast du wohl recht, das kann nicht wahr sein... Und doch ist es so, Thomas..."

Die Männer schauten sich lange an, ohne es glauben zu können.

„Tantsui, tantsui, vikrutsai...", sang Thomas ein slowakisches Volkslied, schnappte den Jozef und sie begannen zu tanzen. Sie umarmten sich und es kamen ihnen die Tränen. Die Vorbeigehenden schauten überrascht die zwei erwachsenen Männer an, wie sie abwechselnd tanzten, sich umarmten und in die Rücken schlugen. Jozefs Vizepräsidentenstuhl blieb während der Plenarsitzung leer. Um halb drei sollte das Flugzeug von Berlin nach Wien fliegen, für das die slowakische Delegation Flugtickets hatte. In den zwei Stunden im Restaurant des Kongresszentrums schafften sie es nur, sich einen Bruchteil dessen zu erzählen, was sie wollten. Sie vereinbarten, dass Thomas mit Heike im Sommer nach Bratislava kommen sollte.

Thomas kam dann nach Bratislava, aber erst am 6. September. Er konnte nicht früher, denn er musste sein Seminar zu Ende führen, zu dem sich vierzig Leute anmeldeten. Heike musste zu Hause bleiben, weil die Mädchen eingeschult wurden, und sie wollte sie nicht der achtzigjährigen Mutter überlassen.

Am Abend machte Jozef Feuer und Marta die slowakischen Spezialitäten. Es kamen auch die Tochter Anicka mit ihrem Freund, die Schwestern mit Ehemännern und einige Nachbarn. Sie diskutierten, tranken, aßen und erinnerten sich an die alten Zeiten. Jozef holte seine Gitarre und sie spielten das Lied »Tancuj, tancuj, vykrucaj«. Thomas kannte die ganze erste Strophe. Als die Gäste gegangen waren, blieb Jozef mit Thomas allein. Marta spürte, dass es der Moment war, auf den die grauhaarigen Männer mit dünner gewordenem Haar und Brillen warteten. Es war eine schöne warme Septembernacht und das Feuer flammte. Balazs Lieblingsplanet Venus leuchtete so stark wie schon lange nicht. Die Zirpen hörten auf zu singen, es wurde still, als ob die Natur diesen zwei Männern ermöglichen wollte, sich ungestört den Erinnerungen hinzugeben.

„Es ist unglaublich. Wir haben uns schon so viel gesagt und trotzdem sind wir immer noch am Anfang", seufzte Thomas. Er erzählte Jozef über die Volleyballspieler aus Neuwied, über seine Studentenjahre, über den Fall der Mauer, über die Familie und über sein Wirken in der Politik. Jozef wiederum gab zum Besten, was er erlebt hatte. Die Männer fielen sich ins Wort, ergänzten sich gegenseitig und verstanden gar nicht, wie schnell die Zeit vergangen war. Als Jozef ihm von seiner beruflichen Tätigkeit in Ostberlin berichtete, erzählte ihm Thomas die Geschichte des sowjetischen Soldaten, der auf ganz mutige Art und Weise seinen Stiefsohn nach Westberlin geschmuggelt hatte.

„Hast du den Soldaten gesehen?“, fragte unerwartet Jozef.

„Warum fragst du?“

„War er groß und schwarzhaarig?“

„Ja, ich denke schon. Als ich von ihm den Jungen genommen hatte, waren wir sehr nervös. Ich gebe zu, dass ich mich an ihn nicht genau erinnere. Was ich mitgekriegt habe, ist, dass er ungewöhnlich große Hände hatte. Ich wollte ihm auch Geld geben, aber er nahm nichts an. Ich hatte auch keine Zeit, ihm zu danken. Er setzte sich ins Auto und fuhr weg. Aber...aber“, Thomas Stimme versagte, „wenn ich noch mal diesen Menschen treffen könnte...und mich bei ihm bedanken...“ Balaz schaute ihn lange an.

„Hm... ich kannte auch so einen Fall... Jetzt reden wir schon seit zwei Tagen, aber wie soll man in zwei Tagen die ganze Geschichte Mitteleuropas durcharbeiten... du solltest mindestens einen Monat hier bleiben.“

„Ich würde gern, aber nächste Woche beginnt das neue Semester. Du weißt, wie es ist, man dreht sich immer im Kreis. Ist das dieser Schnaps, den du mir damals für meinen Vater gegeben hattest?“, fragte Thomas.

„Ja, Zipser Borowitschka. Mir schmeckt er am besten.“

„Mein Vater gab ihn nur den besten Freunden.“

Als es zwei Stunden später schon dämmerte, unterhielten sie sich immer noch, als ob sie gerade begonnen hätten. Thomas` Banjo und Jozefs Gitarre lagen übereinander im Gras. Sie schwiegen, so wie ab und zu auch ihre Herren schwiegen. Wenn sich nach fast vierzig Jahren zwei Menschen treffen, haben sie sich so viel zu erzählen, dass es plötzlich keine Worte gibt, um mit ihnen alles ausdrücken zu können.

Erst am nächsten Tag, als die Tochter Anicka mit ihrem Freund Tomas kam, ging die Debatte voll los. Die jungen Leute fragten solche Sachen, die Thomas und Jozef als selbstverständlich empfanden.

Marta brachte einen Haufen Post, von dem das meiste Anicka gehörte. Obwohl sie mit den Eltern nicht mehr zusammenwohnte, kam ihre Post immer noch an diese Adresse.

„Du hast hier etwas aus der Ukraine“, sagte Anicka und gab ihrem Vater einen ungewöhnlichen Umschlag.

„Das wird bestimmt die Einladung sein“, öffnete er diesen ungeduldig. „Nina Alexandrovna Gusewa und Jurij Grigorjewitsch Schewtschenko erlauben sich zu bekunden, dass der Samstag, der 9. September 2006, zu ihrem Hochzeitstag wird. Die Trauung wird in der Kirche des heiligen Basil in Kolodne, Irsawaer Region in der Karpato-Ukraine stattfinden. Jozef Balaz und seine Familie sind herzlich eingeladen.“ Der Einladung war noch ein Brief beigelegt, in dem Sascha und ihr Mann Jozef an sein Versprechen erinnerten, dass er zur Hochzeit kommen würde.

„Wo hat denn der Brief so lange gesteckt?“, schüttelte Balaz mit dem Kopf. Auf dem Umschlag war als Absenderdatum der 1. September 2006 gestempelt.

„Du weißt ja... dort beeilen sie sich nicht so wie bei uns“, lächelte Marta.

„Also fahren wir in die Karpato-Ukraine!“

„Ich habe dir schon mal gesagt, dass ich nicht fahren kann. Ich habe fast meinen gesamten Urlaub für dieses Jahr schon genutzt. Du bist Rentner, du kannst machen, was du möchtest“, sagte Marta.

„Lieber Thomas, der freieste Mensch auf der Welt ist der Rentner. Ich wünsche dir nichts mehr, als einmal den Zustand zu erreichen, wenn du dich nur um die Erdbeeren im Garten kümmern wirst und deine Ehefrau für den Unterhalt sorgen wird zusammen mit den Bürgern, die sich an deiner Rentenzahlung beteiligen. Fantastisch!“, lachte Balaz. Dann drehte er sich zu Thomas um. „Ich möchte ganz, ganz gern dorthin gehen. Und ich denke, dass du es auch wollen wirst. Warst du schon jemals in der Ukraine?“ Thomas verneinte es. „Du hast gesagt, dass dein Semester erst in einer Woche beginnt.

Wann musst du in Berlin sein?"

„Am Dienstagabend. Spätestens."

„Also fährst du mit. Deutschland hat mit der Ukraine ein visumfreies Abkommen, einen Pass hast du. Ich rufe dort an, dass wir als internationale Delegation kommen."

„Aber das ist doch bestimmt für mindestens drei Tage. Und wir haben noch so vieles, was wir uns erzählen wollten", versuchte Thomas zu widersprechen. „Und was sagt diese Familie, wenn wir einfach so, ohne Voranmeldung dort erscheinen?"

„Also gut, dann sage ich dir was. Wir sitzen jetzt den zweiten Tag hier und stöbern in der Vergangenheit. Du hast mir auch die Geschichte erzählt, wie im Jahre 1989 ein sowjetischer Soldat den Jungen in einem Fernsehkarton zum Restaurant »Zum Vogel« gebracht hatte?"

„Sicherlich hab ich es erzählt, das kann man nicht vergessen. Dem Soldaten sind wir bis zum Ende unseres Lebens dankbar."

„Erinnerst du dich, wie Peter Greiner das damals alles organisiert hat?"

„Natürlich erinnere ich mich. Ich habe dir schon viele Details darüber erzählt, schon einige Male. Der Peter hatte so viel für meine Familie getan wie kaum jemand anderer."

„Und weißt du, wer am Wochenende heiratet? Die Schwester von diesem russischen Soldaten, der damals den Jungen...deinen Jungen...aus Ostberlin geschmuggelt hatte... Er wird auch da sein..."

„Wer wird da sein?", verstand Thomas nicht.

„Der Soldat, der damals den Sohn deiner Freundin in den Westen geschmuggelt hatte!", freute sich Balaz über die Überraschung, die er Thomas bereitete.

„Jozef, entschuldige, aber kannst du mir bitte erklären, was hier los ist? Du kennst den russischen Soldaten, der meinen Sohn gerettet hat?" Jozef dachte einen langen Augenblick nach.

„Ja, ich kenne ihn...", fing er mit ruhiger Stimme an zu erzählen. „Du hast vergessen zu sagen, dass Heike damals vor Glück das Bewusstsein verloren hat..."

„Oh, Gott, woher weißt du das? Hat dir das der Soldat erzählt?", konnte sich Thomas nicht beherrschen und unterbrach Jozef.

„Nein. Erzählt hat es mir Peter Greiner. Ich wusste nur nicht, dass der Mensch, dem geholfen werden sollte, du warst... Peter habe ich seitdem nicht gesehen... Und den Soldaten auch nicht. Sie verschwanden beide aus meinem Blickfeld.“

Dann erzählte Balaz Thomas, aber auch der Tochter Anicka und seiner Frau die Geschichte, die trotz der Tatsache, dass sie unglaublich klang, wirklich passiert war. „Ganz zufällig habe ich vor einem halben Jahr die Mutter des Soldaten in Kiew getroffen“, setzte er das Erzählen fort.

Obwohl sie alle schon hungrig waren, wollte sich keiner an den gedeckten Tisch setzen.

„Peter Greiner ist gestorben. Kurz vor dem Mauerfall.“ Alle wurden still. Dann erzählten sie sich Geschichten über Greiner und auch darüber, wie Jozef mit Osif Volleyball gespielt hatte.

„Aber es ist doch schon zwanzig Jahre her. Diese Menschen leben ihr eigenes Leben... Es ist so unerwartet... Ich weiß nicht, ob es gut ist, wenn wir dorthin kommen...“, widersprach Thomas immer noch ein wenig. „Obwohl... diesem Menschen würde ich gerne die Hand drücken...“

„Also fahren wir. Hab keine Angst.“ Balaz wählte eine überlange Telefonnummer. Am anderen Ende meldete sich Sascha. Er hätte gar nicht fragen müssen, ob er auch einen sehr sympathischen Deutschen und einen guten Freund mitbringen könnte, den er nach siebenunddreißig Jahren wiedergetroffen hatte. Es sollte eine Überraschung für sie und für Josif sein. Thomas, Marta und Anicka beobachteten Balaz, der sich herzlich mit der Ukrainerin am anderen Ende der Leitung unterhielt. „Gut. Wenn wir am Grenzübergang in Berezow kommen, rufe ich dich an. Sergei wird uns dort erwarten... ausgezeichnet... Bei euch.... Wie viel? Nur sechzig Kilometer von der Grenze? Super! Wir kommen. Ich freue mich! Grüße lieb auch Ninotschka und Josif und richte ihnen aus, dass wir uns schon sehr auf sie freuen.“

Balaz legte auf und schlug vor, dass sie am Freitag früh Richtung Ukraine starten.

„Wie bist du, bitte, auf diesen Menschen gestoßen? Ist er das wirklich? Woher weißt du, dass er es ist?“, ließ Thomas nicht locker.

„Wir werden während der Fahrt genug Zeit haben, um uns darüber zu unterhalten.“

„Ich war noch nie im Leben dort und ich würde da auch bestimmt nie mehr hinfahren. Ist es nicht viel zu riskant? Es sollen dort auch viele Autos geklaut werden...“

„Nichts ist riskant. An der Grenze wartet ein Mann auf uns, der General der ukrainischen Armee war. Einen besseren Begleiter können wir nicht haben!“, lachte Balaz.

„Warum wird uns ein ukrainischer General begleiten?“

„Weil er der Vater der Braut ist... Ein toller Kerl... Hab keine Angst, es ist alles in Ordnung!“

„Also gut. Heike rufe ich erst an, wenn wir zurückkommen, damit sie nicht zu nervös wird. Und los...ab in die Ukraine!“, ordnete er sich freudig der Einladung von Balaz unter.

Am Donnerstag vor der Fahrt besuchten sie noch die sechsundachtzigjährige Mutter von Jozef. Sie lag in der Geriatrieabteilung des Krankenhauses in Podunajske Biskupice. Die hervorragenden Ärzte und tollen Krankenschwestern zauberten ein wenig Licht in ihr schmerzverzerrtes, immer weniger lächelndes Gesicht. Thomas hatte den Wunsch geäußert, Jozefs Mutter sehen zu wollen. Die Frau, die der erste Bürger der Tschechoslowakei war, mit dem Thomas nach der sowjetischen Invasion im Jahre 1968 telefoniert hatte.

Die Mutter lag auf dem Bett und schaute in die Weite. Die ihr verbliebene Lebenszeit wurde immer kürzer und die Ärzte gaben ihr nicht mehr viele Tage. Manchmal hatte sie aber helle Momente und dann erinnerte sie sich überraschend genau an manche Augenblicke in ihrem Leben.

Sie war eine alte Einwohnerin von Bratislava und in jeder echten Bratislavaer Familie sprach man slowakisch, ungarisch und deutsch. Jozef sprach seine Mutter manchmal mit dem ungarischen »Édesanyám« oder auf Deutsch »Mutti« an, vor Fremden sprach er aber immer auf Slowakisch. Als sie an ihr Bett kamen, hatte sie die Augen geschlossen. Jozef sprach sie an, aber sie reagierte nicht. Er nahm ihre Hand. Sie bekam Infusionen mit wichtigen Nährstoffen, deshalb hatte sie die Arme voll von blauen Flecken, die durch die Spritzen entstanden. Sie gab den Händedruck wieder.

„Ich habe dir Besuch mitgebracht... Thomas... Das ist der deutsche Junge, der damals nicht kommen konnte... Weißt du, auf den wir gewartet haben..." Die Mutter schaute schweigend vor sich hin. Der Arzt, die Schwestern, Thomas und Jozef standen am Bett und beobachteten Frau Balazova. Sie öffnete langsam die Augen. Zuerst schaute sie in die Richtung, aus der Jozefs Stimme kam. „Er verspätete sich ein wenig, aber jetzt ist er gekommen..." Thomas trat ans Bett und nahm ihre Hand. Er wusste nicht, ob sie ihn anschaute oder nicht. Sie gab ihm aber den Händedruck zurück und sagte ganz leise: „Weinen Sie nicht... Hat er gesagt..."

„Ja, genau das habe ich damals gesagt..." Die alte Dame versuchte, ihre linke Hand zu heben und sie auf Thomas` Hand zu legen, aber sie hatte nicht genug Kraft. Sie schloss die Augen und aus einem kam eine Träne. Eine Weile standen sie noch an ihrem Bett.

„Sie ist müde", bemerkte der Arzt. Langsam verließen sie das Krankenhaus.

Am Nachmittag ging Jozef einkaufen, um Sliwowitz, Borowitschka, slowakische Käsesorten und Geschenke für das Brautpaar und für Sascha und Sergei zu kaufen. Sicherheitshalber nahm er auch einen Karton Zigaretten mit. Er war in seinem Leben noch nicht in der Karpato-Ukraine, er ahnte nicht, wie die Menschen dort leben, deshalb kaufte er als Reserve auch Konserven, Brot, Speck und andere Lebensmittel. Er erinnerte sich daran, dass Osja sehr gerne fotografierte. Er kaufte deshalb eine Olympus-Kamera mit sechstausend Pixel. Er vermutete, dass er in seinem Alter bestimmt schon verheiratet ist und kaufte ein wunderschönes Halsband mit roten Granatsteinchen für seine Ehefrau. Für die Kinder, er wusste zwar nicht warum, aber er war sich sicher, dass er zwei Kinder hatte, besorgte er von seinem Freund von einer Computerfirma einen neuen Laptop. Er hatte schon für alle ein Geschenk, nur für Osjas Schwester – die Braut Nina – hatte er nichts. Die Geschäfte wurden langsam geschlossen, und er lief verzweifelt von einem zum anderen. Dann kam er auf eine tolle Idee.

Das elfenbein-türkisfarbene Kostüm. Er hatte es schon längst vergessen und konnte sich auch nicht daran erinnern, wo es sein könnte. Schließlich fand er es auf dem Dachboden in einem Karton. Die KaDeWe-Tüte schützte es gut. Es sah genauso aus wie damals, als er es in Neuwied gekauft hatte.

„Was sagst du denn dazu?“, zeigte er es seiner Frau.

„Wo hast du es denn gefunden?“

„Ich bin schnell nach Parndorf gefahren...“, schwindelte er ein wenig.

„Er ist wunderschön. Solche kommen jetzt wieder in Mode.“

„Es ist ein Geschenk für die Braut.“

„Du kaufst ein, als ob du für die eigenen Kinder einkaufen würdest“, bemerkte seine Frau.

„Mein Schatz, ich fahre doch zu einer Hochzeit. Ich bin Abgeordneter, ich kann dort nicht mit einer Flasche Borowitschka ankommen“, lächelte Balaz darüber, dass seine Frau nicht ahnte, wie nah sie der Wahrheit kam. Er dachte die ganze Zeit darüber nach, wie Josifs Frau aussah und wie seine Kinder heißen würden. Er tippte, dass der Sohn bestimmt Josif hieß. „Mal sehen“, lächelte er.

Am Freitagmorgen fuhr Jozef mit Thomas in dem Nissan Almera in Richtung Kolodne los.

Kapitel 18

KOLODNE 2006

Die Fahrt war angenehm und verging relativ schnell. Jozef und Thomas erzählten und debattierten fortwährend. „Ich habe das Gefühl, dass mir diese Fahrt in die Ukraine zu gefallen beginnt“, war Thomas von der wunderschönen slowakischen Natur begeistert. Als bei der Stadt Liptovsky Mikulas der Berg Krivan erschien, konnte er es nicht aushalten und bat Jozef, kurz anzuhalten. Bei Zavazna Poruba fuhren sie von der Autobahn ab, er holte seine Kamera und machte ein paar Aufnahmen des majestätischen Berges, der von der gelben Herbstsonne angestrahlt wurde.

„Ähnliche Aufnahmen habe ich zu Hause. Schwarzweiß. Ich habe sie damals in irgendeinem Souvenir-Kiosk gekauft. Wie heißt dieser Berg?“

„Krivan.“

„Ja, Krivan.“ versuchte Thomas den Namen so sauber wie möglich auszusprechen. „Ich kann mich an ihn wegen dieses Indianerkopfes erinnern.“

„Ja, der hat so eine Form wie ein Indianerkopf.“

„Entschuldige, jetzt können wir weiter fahren.“

Trotz Thomas` Versprechen, dass sie nirgendwo mehr anhalten müssen, zeigte ihm Jozef Spisska Sobota, Levoca und die Zipser Burg. Während der Fahrt rief Sergei zweimal an, um herauszufinden, wo sie sich befanden und ob alles in Ordnung sei. In dem Grenzdörfchen Ubla kamen sie am Abend um 21.00 Uhr an. Die Grenzkontrolle erinnerte an die sozialistischen Zeiten und Thomas bekam wegen der zweistündigen Wartezeit, obwohl da nur ein paar Autos standen, fast einen hysterischen Anfall. Auf slowakischer Seite ging alles glatt, aber die Ukrainer kontrollierten den Pass des Deutschen fast wie mit einer Lupe, dabei gaben sie zu verstehen, dass man die ganze Prozedur auch bestimmt beschleunigen könnte. Zwanzig Euro taten dann das Übrige und der lächelnde Zollbeamte wünschte ihnen einen angenehmen Aufenthalt in der Ukraine. Obwohl der ukrainische Teil des Zollamtes schwächer beleuchtet wurde, konnten sie den fröhlich winkenden und springenden Sergei Gusew nicht übersehen. Nach dem Umarmen und Küsseverteilen mit Jozef hatte Sergei das Gleiche genauso herzlich mit Thomas getan, der ein wenig verlegen war, aber durch diese Freundschaftsgeste wurde er die Befürchtungen los, die er von dem ersten Kontakt mit den Ukrainern hatte.

„Jozefs Freunde sind auch meine Freunde“, sagte Sergei kategorisch. „Habt ihr Hunger?“

„Nein.“

„Durst?“

„Danke, während des Wartens an der Grenze haben wir uns erfrischt.“

„Wir können in Perecin halten, denn von hier ist es etwas mehr als eine Stunde zu uns.“

„Das ist völlig in Ordnung, wir müssen nicht anhalten."

„Sascha hat das Abendessen vorbereitet. Ihr müsst wissen, das ganze Dorf steht Kopf. Es ist ein kleines Dorf und es gibt dort nicht so oft Hochzeiten... und schon gar nicht mit so angesehenen Gästen... Also, Jungs, ich fahre vor euch. Wenn etwas wäre, rufen wir uns an. Wir fahren nach Mukatschewo, dann an der Stadt vorbei und zuletzt die ganze Zeit die Straße A 265 Richtung Chust entlang. Wenn wir die Hauptstraße verlassen, wird es ein wenig holprig, aber wie gesagt, Kolodne ist ein kleines Dorf und der Straßenbelag wurde das letzte Mal noch während der Chruschtschow-Zeiten erneuert", lachte Sergei.

Jozef und Thomas waren überrascht davon, dass die Dörfer und Städtchen nicht beleuchtet wurden. Sie hatten fast die ganze Fahrt die Fernlichter an. Bei der Fahrt durch Mukatschewo führte sie Sergei mit einer Abkürzung durch die Stadt, sie verließen die Hauptstraße und befuhren Nebenstraßen, die Sergeis Worte über den alten Straßenbelag bewiesen. Nach einigen Kilometern kehrten sie zur Hauptstraße zurück, die eine überraschend gute Qualität hatte. Obwohl es schon dunkel war, bemerkten die beiden eine ungewöhnlich hohe Anzahl an Polizeipatrouillen. Sie standen meistens zwanzig Meter hinter den Verkehrszeichen mit Geschwindigkeitsbegrenzung. Zum Glück wurden sie kein einziges Mal angehalten, obwohl Sergei sie darauf aufmerksam machte, dass die Polizisten besonders auf die Ausländer scharf wären. Als sie durch das Dorf Zaluzie fuhren, bogen sie am Fischerteich nach links und Sergei hielt an.

„Jetzt fahren wir leicht abenteuerlich durch den Wald. Es ist eine Abkürzung, wir fahren über den Fluss Krivula durch Zwidau-Zavidovo und dann sind wir schon in Kolodne."

Nicht einmal die ältesten Bewohner von Kolodne erinnerten sich an so eine Hochzeit. Seit dem Samstagmorgen ging es im Dorf sehr hektisch zu. Der örtliche Milizionär Stepan kündigte großzügig an, dass er allen Autofahrern eine Ausnahme bewillige und sie auch unter Alkoholeinfluss fahren dürfen. Natürlich sagte er das nicht laut, sondern er ließ die wichtige Nachricht von Mund zu Mund verbreiten. Auf die Frage, was die anderen Autofahrer, die das Dorf durchfahren, dazu sagen würden, antwortete er gelassen, wenn in Kolodne die Hochzeit des Jahrhunderts sei, fahren sie alle durch das Dorf auf eigenes Risiko.

Der Vorsitzende des Dorfes kam persönlich, um die verehrten ausländischen Gäste – den Abgeordneten des Parlaments der Slowakischen Republik Jozef Balaz und den deutschen »Businessman« Thomas Ankermann willkommen zu heißen. Im Hof von Olga Iwanovna, Saschas Mutter und einer sympathischen Witwe, waren die Tische schon vorbereitet und die Gäste konnten seit dem frühen Morgen Horilka, Sliwowitz, Barackpalinka (Aprikosenschnaps), Whisky, grusinischen, armenischen oder französischen Cognac, aber auch slowakischen Borowitschka kosten. Auch der altertümliche Brunnen wurde mit weißen Luftballons geschmückt. In Anbetracht der großen Zahl der Gäste mussten sich Jozef und Thomas mit einem Zimmer im hinteren Teil des Hauses zufriedengeben.

Die Latrine war seit dem frühen Morgen der am meisten besuchte Ort des großen Hauses. Wenn sie besetzt war, gingen die Männer einfach zum Heu und erledigten die Angelegenheit dort. Auch die Kühe und Schweine, die nicht in der Hochzeitspfanne gelandet waren, schienen sich darüber zu freuen, dass sie mit dem Leben davonkamen. Die kleine Kuh Malina und das schwerste Schwein Julia, wie sie mit Liebe von der Oma Olga Iwanovna genannt wurden, lagen schon zum Teil auf dem Hochzeitstisch. Das Meiste wurde aber schon von den Frauen, die Sascha halfen, ins Kulturhaus getragen, wo das Hochzeitsessen stattfinden sollte. Der zufriedene Brautvater Sergei spazierte schon seit dem Morgen in der festlichen Generaluniform herum. Er grüßte jeden, sie stießen zusammen an und vor elf war er freiwillig in die Sommerküche gegangen, um ein Nickerchen zu machen.

Er schlief aber nicht richtig, denn das Trio der Musikanten aus Irsawa probte unter den Fenstern der Küche das Hochzeitsrepertoire. Zu ihnen gesellte sich auch der angeheiterte Wasja, der von Zuhause Vaters alte Zimbeln holte und versuchte, den Rhythmus zu halten. Meistens gelang es ihm auch.

Die Braut Ninotschka saß im mittleren Zimmer vor dem Spiegel und die Friseurin machte ihre Dauerwelle fertig. Trotz der Tatsache, dass sie im vierten Monat schwanger war, wurden in ihre Haare weiße Schleifen eingeflochten, die nach den dörflichen Traditionen die Unschuld der Braut symbolisierten. Die Brautjungfern bereiteten ihr wunderschönes Brautkleid vor. Den weißen Nelkenblumenstrauß ließen sie in Mukatschewo anfertigen. Das Wetter war herrlich. Es war warm wie im Sommer, ideal zum gemeinsamen Beginn des neuen Lebens.

Thomas saß sehr gut gelaunt im Hof und unterhielt sich überraschend gut mit den zusammenkommenden Hochzeitsgästen. Schnell freundete er sich mit Rudy Schuster an, dem Traktorfahrer aus der ehemaligen deutschen Gemeinde Zwidau-Zavidovo. Rudy erklärte ihm in gebrochenem Deutsch, dass seine Eltern Alois und Maria aus Österreich stammten und mit ihren Eltern noch als kleine Kinder vor dem Ersten Weltkrieg aus Kärnten gekommen waren. Der Vater war ein berühmter Schmied. Beide Eltern wurden in den Bergen auf dem deutschen Friedhof begraben.

»Den Germanen« mochten alle ziemlich schnell. Sie tranken mit ihm auf den Frieden, auf Stalingrad, auf die Freundschaft und irgendein Radfan trank sogar auf Uwe Ampler. Thomas wusste nicht, wer das sein sollte, stieß aber auch mit Freude an. „Alles gut, gut", wiederholten ständig die Bewohner von Kolodne.

„Karascho, karascho", dankte wiederholt Thomas.

Balaz unterhielt sich auf Russisch mal mit einem, mal mit dem anderen Nachbarn. Lange redete er auch mit Sergei. Pausenlos beobachtete er die umherstehenden Vierzigjährigen und dachte nach, welcher von denen Josif sein könnte. Es waren knapp zwanzig Jahre vergangen, seitdem er ihn das letzte Mal sah. Er konnte sich kaum so verändert haben, dass er ihn nicht mehr wiedererkennen würde. Keiner der Männer hatte auch nur wenig Ähnlichkeit mit ihm. Als Sascha aus dem Haus kam, hielt er sie an und ohne seine Ungeduld verstecken zu wollen fragte er sie, wann denn Josif komme.

„Keine Angst, du wirst ihn schon sehen! Am Nachmittag..."

„Wo ist er? Kommt er auch mit seiner Familie?"

Sascha lief eilig zurück ins Haus. „Dann, dann... Sag Thomas, dass er sich fertigmachen soll. Um eins gehen wir in die Kirche. Es sollen nur die engsten Familienangehörigen dabei sein. Ihr seid eine Ausnahme. Ihr seid unsere Ehrengäste“, lächelte sie irgendwie traurig und müde.

In der Zwischenzeit rannten ungefähr zehn junge Männer, alles Freunde des Bräutigams, ins Haus hinein und nach alter Tradition entführten sie die Braut. Die setzten sie vor dem Haus in den Skoda Superb, drei andere gesellten sich hinzu, die übrigen fuhren mit zwei Autos hinterher. Der Bräutigam war in der Zwischenzeit »in Gefangenschaft« bei den Freunden. Als sie ihm Bescheid sagten, dass die Braut entführt wurde, kam er in einem Fiat und fing an, sie zu suchen. Die Dorfbewohner schickten ihn mit Absicht kreuz und quer und hatten enormen Spaß daran. Jurij dankte jedem für seine Hilfe, schenkte ihm Schnaps ein und ging weiter zum nächsten Haus. Der Tradition nach musste die Braut in einem der Dorfhäuser versteckt werden. Obwohl Kolodne ein kleines Dorf war, dauerte es doch eine Weile, bis er das richtige Haus gefunden hatte. Wenn der Milizionär Stepan das Einverständnis zum Autofahren unter Alkoholeinfluss nicht gegeben hätte, wäre die Braut bestimmt nicht im Zeitlimit gefunden worden. So brachte Jurij sie rechtzeitig zu den Brauteltern zurück und es begann das Ritual der Übergabe.

Der Bräutigam nannte alle guten Eigenschaften der Eltern der Braut und versprach ihnen dann, dass er sich bis zu seinem Tod um seine Braut kümmern würde. Die Frauen weinten und die Männer hatten auch gerötete Augen. Jozef übersetzte flüsterleise für Thomas, worum es ging. Die Brautübergabe war ein wichtiger Teil der Hochzeitszeremonie, bei dem die ganze Familie anwesend war. Es fehlte nur Josif. Balaz beruhigte sich damit, dass bestimmt nichts Ernsthaftes passiert war, da Sascha ihm versprochen hatte, dass er ihn am Nachmittag treffen würde.

Die Kirche des heiligen Basil war um die hundert Jahre alt. Neben dem Haupteingang war eine Gedenktafel aus dem Jahr 1999, in dem die Kirche rekonstruiert und wieder für heilig erklärt wurde. Obwohl es von Saschas Elternhaus nicht weit war, stiegen alle nächsten Angehörigen in die festlich geschmückten Skodas. Die Braut und der Bräutigam nahmen im neuesten Volvo Platz, den der Vater als General von der Militärverwaltung in Uzgorod besorgte. Das Kennzeichen war mit der roten Aufschrift »Vesilija« (Feierlichkeit) verdeckt und das Auto wurde mit weißen Luftballons geschmückt. Ninotschka mit dem Brautzeugen, der Bräutigam Jurij mit der Brautzeugin, die Eltern und die Schwester des Bräutigams, die Eltern von Ninotschka, Jozef, Thomas, einige Frauen, wahrscheinlich Patentanten oder Omas und der Messdiener warteten auf den Priester, den Popen Feodosij. Als die Nervosität stieg, hielt vor dem Eingang in die Kirche ein Skooter, mit dem der heilige Vater aus Irsawa hergedüst war. Er eilte in die Kirche, zog in der Sakristei das festliche Gewand an. Kaum stand er vor dem Altar, begann der Messdiener Hrehor mit dem Gesang. Mit sichtlicher Freude führte er sich vor den Hochzeitsgästen vor. Er hatte eine klangvolle Stimme, die in der sonnendurchfluteten Kirche bis zur Decke getragen wurde und dann weiter zum Himmel in der Hoffnung, dass der Herr ihn erhören würde und Hrehor den Weg zu sich erleichtern würde. Feodosij gab ihm unauffällig zu verstehen, dass er aufhören sollte. Dann begannen sie zusammen zu singen und alles erinnerte Balaz an so eine Art Gospelduett.

„Gospodi, pomyluj ny.

Žiju krste, pomiluj ny!

Gospodi, glasy naše.

Daj nam wšem, Gospodi, Žizň a mir v zemi!

Gospodi, pomiluj ny...“ So sangen sie bis zum Ende des Hochzeitsrituals.

Jozef schaute sich in der wunderschönen, weißen Kirche, die mit verschiedenen Ikonen geschmückt war, um. Der Hauptgang zum Altar war mit Flaggen geschmückt, auf denen die Porträts der orthodoxen Heiligen waren. Die Brautzeugen, die hinter dem Brautpaar standen, ließen vor Müdigkeit die Arme ′runterhängen, denn sie hatten die ganze Zeit abwechselnd den rechten oder den linken Arm gehoben, um die Kronen über den Köpfen der Frischvermählten zu halten. Jozefs Blick traf sich ab und zu mit Saschas Blick, die auf der linken Seite unter Frauen saß. Auf der rechten Seite saßen die Männer.

Als die Zeremonie zu Ende ging, klingelte in der Kirche ein Handy. Der Pope Feodosij strafte mit seinem Blick die Hochzeitsgäste, die verschreckt zu dem Gekreuzigten schauten. Das Klingeln hörte nicht auf. Nach einer Weile wurde es dem Popen klar, dass das Handy bei ihm klingelte. Verärgert holte er es heraus, ging ran und rief in das Gerät: „Jetzt kann ich doch nicht!“ Alle in der Kirche mussten laut lachen, auch der Pope lachte mit. Schließlich wurde die Zeremonie erfolgreich und fröhlich beendet. Das Hochzeitspaar ging jetzt nach dem Wunsch von Jurijs Oma, die ernsthaft erkrankt war und nicht kommen konnte, nach Irsawa ins Krankenhaus, um sie zu begrüßen. Vor der Kirche warteten die Dorfbewohner, die sich langsam auf den Weg nach Hause machten. Die eingeladenen Gäste gingen ins Kulturhaus. Thomas und Jozef kamen zu Sascha.

„Josif kam nicht... Ist ihm etwas passiert?“

„Ja... es ist etwas passiert... komm...“

„Thomas würde gerne mitkommen“. Sascha dachte eine Weile nach, dann zuckte sie mit der Schulter und nickte. In ihren Pflichten als Brautmutter hatte sie gerade ein wenig Zeit, also schritt sie voran.

„Wir gehen zu dem Soldaten“, erklärte er Thomas. Die Männer folgten ihr mit einer unguten Ahnung. Sie gingen etwa zehn Minuten. Sie liefen an der Kneipe im Gebäude des ehemaligen Baubetriebs vorbei, dann kamen ein paar Häuser, bis sie zum Ende der Straße gelangten. Sie gingen bis zum Bach und überquerten eine Holzbrücke. Danach erreichten sie den Friedhof. Sie gingen zu einem wunderschönen Grabstein mit einem Foto eines jungen Mannes, der Jozef sehr bekannt vorkam. Auf dem Grabstein stand: Josif Josifowitsch Obicki, geboren am 28. März 1969, gestorben am 5. Januar 2004.

Koniec, vsjo, Ende, Amen. Vor dem Grab stand eine geschmackvolle Bank, auf dem Grab waren frische Blumen und ein wunderschöner Kranz. Sascha bückte sich und zupfte die Schleife zurecht.

„Er ist an Leukämie gestorben“, sagte sie und setzte sich auf die Bank. Jozef setzte sich schweigend dazu. Thomas spürte, dass die beiden dort allein sein wollten, und so ging er schweigend zum Friedhofstor.

„Thomas, bitte, bleiben Sie hier... bitte“, sagte sie auf Russisch. Jozef übersetzte ihm, dass er bleiben sollte. Die Bank war breit genug, er setzte sich. Der Himmel hatte eine satte blaue Farbe ohne eine einzige Wolke. Eine Herrlichkeit, die gar nicht zum Leid der einstmals ineinander Verliebten und jetzt verwaisten Eltern passte.

Thomas spürte, er sollte sie allein lassen. Er traute sich aber nicht, ohne die Beiden zurückzugehen, so lief er zum oberen Teil des Friedhofs, über dem Raben flogen, in der Ferne pfiff ein Zug. Sie schwiegen. Sascha holte aus der Schürze einen Plastikumschlag hervor, in dem Briefe waren. Langsam begann sie zu lesen.

„Meine liebe Mami, ich gehe regelmäßig mit meinem Chef in Karlshorst zum Sport. Obwohl Soldaten nicht mit ihren Vorgesetzten Sport machen sollten, hatte mir mein Chef erlaubt, mit Freunden aus der Tschechoslowakei Volleyball zu spielen. Damit habe ich jeden Mittwoch die Möglichkeit, Martuschka, die Tochter vom tschechoslowakischen Presseattaché, zu sehen. Er heißt auch Josif und kommt aus Bratislava. Er ist vierzig Jahre alt und spielt hervorragend Volleyball. Martuschka ist wunderschön. Ich habe sie gern und habe das Gefühl, sie mag mich auch. Sie spielt wunderschön Klavier. Letztens spielte sie zum Konzert im sowjetischen Klub den »Papiersoldaten« von Okudzhawa." Sascha legte den Brief zusammen und holte den nächsten. Die Tränen liefen ihr die Wangen runter. Jozef drückte sie an sich. Sie wehrte sich nicht.

„Stell dir vor, Mami, wie toll die Balazs als Familie sind. Wir hatten ein Freundschaftstreffen in einem eigenartigen Restaurant an einem See östlich von Berlin. Es heißt Koliba. Balaz hatte auch seine Gitarre dabei. Er spielte viele slowakische Volkslieder, dann aber auch russische. Dann Villon von Okudzhawa, Wysockij und auch Kalinka. Zuletzt spielten sie zusammen – er, seine Frau und Martuschka – Csardaschlieder. Alle sangen mit. Es sangen die »unseren« wie auch die Tschechoslowaken. Wir haben auch ein wenig getrunken. Dann war ich etwas frische Luft schnappen, es war sehr verqualmt drin, du weißt, dass ich keinen Zigarettengeruch mag. Stell dir vor, Martuschka kam auch mit nach draußen. Es war sehr angenehm und wir sind lange spazieren gegangen. Dann habe ich ihre Hand gehalten und, Mami, es war so schön mit ihr. Dann wurde es kühler, deshalb lieh ich ihr meine Uniform. Und sie lachte."

Sie schwiegen.

„Wie lebte er?", fragte Jozef.

„Eher passend wäre...wie starb er“, lächelte Sascha bitter. „Er wurde vor unseren Augen schwächer und schwächer. Immer war er müde, nahm ab... In der letzten Zeit schaffte er es nicht einmal mehr, auf seinen Lieblingsberg »Lysa« zu kommen. Er hatte Fieber, Nasen- und Zahnfleischbluten, die Lymphknoten waren geschwollen, die Leber vergrößert... Der arme Kerl litt richtig... Und das alles wegen dieses verdammten Tschernobyl... Was für ein toller Kerl war er vorher, so ein schicker Mann... Mein Gott...“

„Also hatte er sich gequält.“

Sascha schwieg.

Sie holte drei zugeklebte Briefe mit Adresse, die mit einer schweren, überarbeiteten Hand geschrieben wurde. Die Adresse war: Sehr geehrtes Fräulein Martuschka Balazova, Bratislava, Slowakei. „Das sind drei Briefe, die Osja deiner Tochter schrieb. Sie wurden nie abgeschickt. Wenn du denkst, dass sie sich über sie freut, gib sie ihr... Ich würde das Mädchen gerne kennenlernen... Sie muss ein fantastischer Mensch sein, wenn sie Osja sie so geliebt hatte... Gib sie ihr.“

„Sascha“, er wusste nicht, wie er anfangen sollte. Er holte tief Luft und fragte: „War das unser Sohn?“

Hinter sich hörten sie Schritte. Thomas trat ans Grab heran. Er hatte rote Augen und er kam verlegen auf Sascha zu. Er bat Jozef, dass er für ihn übersetzte.

„Alexandra... es ist ... vielleicht ist es dumm, aber ich weiß nicht, wie ich meine Dankbarkeit ausdrücken soll. Ich hatte mal einen Bruder. Nicholas. Er war sechs Jahre alt. Es war nach dem Krieg im November 1945. Der Vater war in der englischen Gefangenschaft und meine Mutter war eine der Tausenden deutscher Trümmerfrauen... Eine von denen, die in ihren Händen das ganze zerbombte Deutschland getragen hatten. Nicholas half der Mutter, die gesäuberten Ziegel zu stapeln... und die gesamte Mauer fiel auf ihn... Die Mutter versuchte, ihn herauszugraben, aber sie fanden ihn nicht... Dafür gruben sie diese Sache heraus... Sie gab sie mir mit der Bitte, sie einmal einer russischen Mutter zu schenken, die auch einen fabelhaften Sohn hat... Ich ... Entschuldigen Sie mich...“ Thomas Stimme zitterte. „Ich weiß, was Ihr Sohn für meinen getan hat... Und so sagte ich mir, dass ich es Ihnen gebe... Das grub sie aus den Ruinen heraus... Wahrscheinlich verlor es dort einer Ihrer Soldaten..." Thomas zog eine kleine Hülle heraus, holte daraus die Kette mit einem Anhänger, auf dem »Ljubow« (Liebe) stand. Er reichte sie ihr und küsste ihr die Hand. Sascha schaute ohne Worte auf das Geschenk.

Dann kniete er am Grab nieder und flüsterte leise: „Vater unser im Himmel. Geheiligt werde Dein Name. Dein Reich komme..." Er betete das Vaterunser laut auf Deutsch. Sascha und Jozef knieten sich auch hin. „Otče naš, ščo esi na nebesach. Nechaj svjatitsja Imja Tvoje. Nechaj pride Carstvo Tvoje… dein Wille geschehe wie im Himmel so auf Erden... Nechaj bude volja Tvoja jak na nebi, tak i na zemlji... Chlieb náš každodenný daj nám dnes, odpusť nám viny, ako my odpúšťame svojim vinníkom... I ne vvedi nas y spokusu… sondern erlöse uns von dem Bösen... Pretože Tvoje je kráľovstvo, moc i sláva..."

Vor dem Kulturhaus wurde herumgestanden, diskutiert, geraucht, getrunken, eine Menge Menschen lachte und tanzte. In Kolodne war es üblich, dass auch diejenigen, die nicht in den Saal eingeladen wurden, sich von den reichgedeckten Tischen bedienen durften, die vor dem Kulturhaus aufgestellt worden sind. Am Ende waren doch alle eingeladen, denn die Dorfbewohner gingen ein und aus und niemand kontrollierte, wer eingeladen war und wer nicht. Das Gebäude des ehemaligen Dorfsowjets, in das die jungen Leute zur standesamtlichen Trauung gegangen waren, stand in der Nähe des Kulturhauses, wo die Hochzeitsfeier stattfinden sollte, was einen Vorteil hatte: im Kulturzentrum gab es zwei voneinander getrennte Holzklos für Männer und Frauen.

Nach Erzählungen von Zeitzeugen fuhr im Jahre 1958 der Erste Sekretär des Zentralkomitees der Kommunistischen Partei der Sowjetunion Nikita Sergejewitsch Chruschtschow, der ein Ukrainer war und gerne Kwas trank, durch das Dorf. Kwas wirkt aber harntreibend.

Nikita musste bei der Fahrt durch das Dorf Kolodne genau vor dem Kulturhaus auf die Toilette. Die Wagenkolonne hielt an, Nikita Sergejewitsch lief auf das Holzklo, dort saß aber gerade Zinaida und so war Nikita gezwungen, sich neben dem Holzklo Erleichterung zu verschaffen. Bevor er dann in das Regierungsfahrzeug stieg, wunderte er sich darüber, dass sie in Kolodne nur ein Holzklo hatten. Nach der Information seines Kultursekretärs hatte jedes Kulturhaus getrennte Holzklos. „Ich werde wieder belogen, wie gewöhnlich!“, stellte der angewiderte sowjetische Führer fest und verließ Kolodne.

Der Vorsitzende des Dorfsowjets ließ dann sicherheitshalber noch ein Holzklo bauen, denn der Teufel schläft nie und Nikita Sergejewitsch könnte bei der nächsten Dorfdurchfahrt mal wieder den Harndrang verspüren. Das zweite Holzklo war jahrelang geschlossen für den Fall, dass Nikita wirklich wieder durch das Dorf fahren würde. Da es praktisch ungenutzt war, stimmten die Mitglieder des Dorfsowjets demokratisch ab, dass das zweite Holzklo nur bei festlichen Veranstaltungen genutzt werden dürfe. Die Vermählung von Nina Sergejewna Gusewa und Jurij Grigorievitsch Schewtschenko war eine solche Veranstaltung.

Die Hochzeit gewann richtig an Dynamik. Um acht Uhr am Abend tanzten schon die Frauen zusammen, die Männer inklusive des Vorsitzenden des Dorfes, des Popen Feodosij und Milizionärs Stepan waren schon außerhalb des Bereichs der Wahrnehmung angelangt. Das Letzte, woran sich Stepan erinnerte, war die Führerscheinabnahme von Matwej. Der provozierte Stepan, indem er total betrunken vor den Augen aller Hochzeitsgäste aus dem Auto ausstieg, statt es auf dem Parkplatz daneben zu parken. Stepan konnte nicht riskieren, seine Autorität zu verlieren und ließ ihn einen Alkoholtest machen. Als es ihm endlich gelungen war, das Röhrchen in den Mund zu stecken, wurde es grün wie Frühlingsgras.

„Also, das sieht nach der Abgabe des Führerscheins aus, Freundchen!“, befahl Stepan rasant. Matwej holte den Führerschein aus der Tasche und gab ihn reumütig dem Milizionär.

„Das ist in dieser Woche schon der zweite, den du mir wegnimmst“, schimpfte er und hielt sich dabei an der Motorhaube fest, um nicht hinzufallen. „Das macht aber nichts, ich habe ja noch einen... ha-ha-ha“, lachte er und alle, die dort standen, lachten mit.

„Woher hast du noch einen!?“, forschte Stepan nach.

„Erinnerst du dich nicht mehr? Du hast mir ihn doch zum Geburtstag geschenkt.“

Stepan konnte sich offensichtlich nicht mehr erinnern, aber in diesem Augenblick kramte er umsonst in seinem Gedächtnis. Mit letzter Kraft bat er Matwej, dass er ihn nach Hause fahren sollte.

„Ich habe aber getrunken", widersprach der.

„Keine Angst, wer soll dich denn schnappen, ich bin doch bei dir!" Die Ehefrau war bei der Hochzeitsfeier, also legte ihn Matwej allein fürsorglich ins Bett.

Der traditionelle Tanz, bei dem die Braut ihr Taschentuch vor ihrem ausgewählten Tänzer hinlegt und ihn um den Tanz bittet, fand nur noch in einer reinen Frauengesellschaft statt. Einige Männer schliefen vor dem Kulturhaus auf den Holzbänken, die Köpfe auf den Eichentisch gelegt. Diejenigen, die noch konnten, rauchten. Diejenigen, die nicht schliefen, nicht tranken und nicht rauchten, kotzten hinter dem Holzklo. Die letzten Frischen rangen miteinander auf einem Platz, der an einen Parkplatz erinnerte. Der Parkplatz selbst war das ganze Jahr nicht ausgelastet, denn in Kolodne fuhren nur paar Autos und die parkten in den Höfen. So nutzte man diese Fläche einfach nur bei Festlichkeiten. Der Dorfvorsitzende zeigte seinen hohen Gästen den Parkplatz und sagte stolz: „Wie gut, dass wir ihn gebaut hatten."

Den stark betrunkenen Sergei fuhr jemand nach Hause. Jozef wich Sascha nicht von der Seite. Er hatte das Gefühl, dass ihr seine Anwesenheit nicht unangenehm war. Sie tanzten, sangen, manchmal hielten sie kurz ihre Hände und freuten sich auf die Momente, die sie noch zusammen hatten. Der beliebte Sänger Verka Serdjucka gab ein temperamentvolles Lied zum Besten.

„Ja netol'ko z moroza...
Ja ne majskaja roza
Kto sogrejet neznaju
Bez l'ubvy zamerzaju... bez l'ubvy zamerzaju...
ohne Liebe erfriere ich."

Und sie tanzten und tanzten, drehten sich und waren fröhlich, wie es meist die Menschen tun, die ahnen, dass sie sich nie wiedersehen werden.

Nach Mitternacht kam die Braut Nina in den Saal, die schon das Hochzeitskleid abgelegt und sich umgezogen hatte. Der Saal verstummte vor Bewunderung. In dem traumhaften elfenbein-türkisfarbenen Kostüm strahlte sie. Ninotschka und ihr Mann traten zu Jozef und Sascha. Die Braut küsste Jozef. „Herzlichen Dank für das Geschenk. Es ist wunderschön", dankte sie in einer Mischung von Slowakisch und Russisch. Auch ihr Mann drückte Balaz die Hand. Dann gingen sie wieder zum Tanzen.

Es war um fünf Uhr am Morgen, die Sonne zeigte sich schon, die Hochzeitsgäste gingen langsam auseinander und Jozef und Thomas legten sich auch ins Bett. Um elf Uhr wurde Jozef wach, zog sich an und ging in den Hof. Die Oma hatte sich um die Tiere gekümmert, die Hochzeitsgäste schliefen noch. Unter dem großen Nussbaum sah er Sascha.

„Kannst du nicht schlafen?"

„Und du?", antwortete sie ruhig, als ob sie dort auf ihn gewartet hätte. „Ich hatte der Oma geholfen, die Kühe zu melken... es ist schon zuviel für sie. Ich sage ihr immer, sie soll nur noch die Schweine behalten, aber du weißt, wie es ist...alte Leute lassen sich nichts sagen... Sie wird noch von der Arbeit sterben."

„Arbeit hält sie doch am Leben."

„Wohin wolltest du gehen?"

„Einfach so laufen. Es ist ein wunderschöner Tag, ich wollte zur Wiese am Fluss spazieren. Hast du nicht Lust mitzukommen?"

„Warte, ich ziehe etwas Passenderes an und komme gleich." Nach wenigen Minuten kam sie wieder. Es war zu sehen, dass sie sich auf die Schnelle leicht geschminkt hatte. Jozef merkte, dass sie immer noch wunderschön war. Nur die Haare waren leicht gräulich geworden, aber aus den Augen strahlte der unbeschreibliche Glanz und die Güte. Sie schritten nebeneinander durch die Wiese.

„Nach dem Mittag fährst du also..."

„Ich muss. Thomas wird morgen auch schon wieder arbeiten... Hier war es aber unglaublich schön."

Sie gingen am Fluss entlang und erzählten sich, was sie am Tag vorher nicht geschafft hatten. Sie sprachen über das, was in knapp zwei Stunden zwei Menschen sich sagen können, die einander geliebt hatten und doch getrennte Wege gehen mussten.

„Etwas wollte ich dir noch vorlesen“, sagte sie plötzlich und holte einen auf altem gelblich gewordenem Papier geschriebenen Brief. Sie setzte sich eine komische altmodische Brille auf und las: „Liebe Saschenka, ich schicke dir die versprochene Brille, ich hoffe, dass sie in Ordnung ist. Die Dioptrien hatte ich genau nach deinen Angaben ausgesucht. Ich hoffe, dass sie dir passt und dass deine unglaublichen türkisfarbenen Augen dahinter noch mehr zur Geltung kommen. Nur nicht so sehr, dass sie auch von den anderen wahrgenommen werden. Ich weiß nicht, was mit mir passierte, aber seit der Rückkehr aus Kiew bin ich wie ein anderer Mensch. Du hast mich mit deinen Kenntnissen der Slowakei, unserer Geschichte und Literatur sehr überrascht. Ich erlaubte mir, dir die neueste Ausgabe der Marina von Sladkovic zu schicken. Die erste Strophe sollte allerdings so heißen:

»Ich süße Sehnsucht, Sehnsucht nach der Schönheit, singe durch Schönheit beeindruckt... doch Zentrum, Element, Himmel, Einheit der Schönheit ist meine Saschenka.«

Entschuldige meine Ehrlichkeit, aber ich habe mich wirklich in dich verliebt. Ich hoffe, dass wir uns bald wiedersehen.“

Sie legte die Brille wieder ab und schaute mit einem tiefen Blick voller Liebe und unerfüllter Sehnsucht in Jozefs Augen.

„Ist das die Brille?“, fragte er lächelnd.

„Ja, sie hat nur ein wenig stärkere Gläser.“

EPILOG

Balaz wurde NATO-Botschafter der Slowakischen Republik in Brüssel. Seine Frau blieb in Bratislava. Sie wollte nicht die nächsten vier Jahre damit vergeuden, unsinnige und überflüssige Empfänge, Premieren, Vernissagen, Ausstellungen oder Konzerte zu besuchen. Lieber widmete sie sich ihrer Liebe und ihrem Talent – der Keramik. Er saß im Nordatlantischen Rat der NATO, des höchsten Organs der größten Militärorganisation auf der Welt. Jedes Ratsmitglied hatte das Veto-Recht. Trotzdem nutzte niemand dieses Recht. Wenn abgestimmt wurde, beobachtete Balaz den Botschafter der USA und fast immer stimmte er so ab wie er. Manchmal lächelte er. Er erinnerte sich daran, wie er in den Zeiten seines diplomatischen Wirkens in der DDR bei internationalen Sitzungen wie der sowjetische Kollege abgestimmt hatte. Damals wie auch heute stimmte er immer richtig ab. Die meisten Botschafter machten es so ähnlich.

Manchmal kam er sich peinlich vor, aber er tröstete sich damit, dass fast alle gleich angepasst sind und dass auf ihn jeden Monat eine Gehaltsabrechnung mit einer Summe wartete, von der die meisten Slowaken nicht einmal zu träumen gewagt hätten. Er schuf sich seine eigene Welt, in die er sich zurückzog und aus der er nur dann herauskam, wenn er jemanden beklatschen oder sich Beifall für sich selbst abholen wollte.

Die jüngere Tochter Anicka beendete erfolgreich ihr Studium und arbeitet als Rundfunk- und Fernsehmoderatorin. Die ältere Tochter Martuschka heiratete. Die Hochzeit feierte sie im gleichen Saal eines Hotels in Bratislava, in dem Breschnew, Ulbricht, Gomulka, Kadar und Schiwkow zwei Wochen vor der sowjetischen Invasion am 21. August 1968 die tschechoslowakischen Vertreter damit vertrösteten, dass alles in Ordnung sei. An dem Tag, als ihr Vater diesen Roman beendete, hatte sie in Prag ihre Tochter Natali zur Welt gebracht.

Winter wurde ein erfolgreicher Unternehmer, von dem man erzählt, dass er alle politischen Parlamentsparteien finanziell unterstützt.

Thomas gab Vorlesungen in Politologie an einer privaten Hochschule. Manche Studenten waren totale Dummköpfe und er hätte sie am liebsten sofort exmatrikuliert. Der Rektor und Mitbesitzer der Hochschule warnte ihn aber, dass sie sich das nicht leisten können, denn vom Schulgeld, das für die Söhnchen und Töchterchen aus den reichen Familien gezahlt wird, lebte auch Thomas und seine Familie.

Sascha wurde immer verschlossener. Sergei verfiel immer mehr dem Alkohol und den nostalgischen Erinnerungen an die Sowjetunion und so wurde er vorzeitig in Rente geschickt. Manchmal gab er seiner Frau im betrunkenen Zustand eine Ohrfeige, aber im Vergleich dazu, wie sich andere Männer zu ihren Ehefrauen benahmen, konnte sie Sergei nicht genug loben. Sie kümmerte sich liebevoll um ihn.

Nach der Hochzeit in Kolodne schrieben sich Josif und Sascha ab und zu, sie schickten sich eine Postkarte oder einen Brief. Im Laufe der Zeit wurde die Kommunikation immer seltener, bis sie dann ganz aufhörte. Thomas kam nach Bratislava zur ersten öffentlichen Vorstellung dieses Buches in slowakischer Sprache und seit seiner Rückkehr nach Berlin schreiben sie sich sporadisch E-Mails.

Diejenigen, die die Freundschaftsspuren auf dem Weg hinterlassen hatten, haben keine Zeit und Energie dafür, dass sie den Staub daran hindern würden, diese Spuren immer mehr zu verwischen. Vielleicht werden die Kinder wissen wollen, wie ihre Eltern in der Jubelzone gelebt haben, damit sie das Hier und Heute verstehen.

Jozef Banáš

Bratislava, 23. April 2008 / 12. August 2010